조강환 칼럼집 · 광화문 30년

나남
nanam

나남신서 · 1418

조강환 칼럼집

광화문 30년

2009년 10월 1일 발행
2009년 10월 1일 1쇄

저자_ 曺康煥
발행자_ 趙相浩
발행처_ (주) 나남
주소_ 413-756 경기도 파주시 교하읍
출판도시 518-4
전화_ (031) 955-4600 (代)
FAX_ (031) 955-4555
등록_ 제 1-71호(79.5.12)
홈페이지_ http://www.nanam.net
전자우편_ post@nanam.net

ISBN 978-89-300-8418-5
ISBN 978-89-300-8001-9
책값은 뒤표지에 있습니다.

조강환 칼럼집 · 광화문 30년

나남
nanam

:: 머리말

글이란 광대와 비슷하다. 겉치장, 분장 많이 하고 남의 앞에 나서 온갖 연희(演戲), 갖은 시늉 다 한다. 글은 남을 위해 쓰지, 자신을 위해 쓰지 않는다. 글이란 잘 못 쓰는 것은 내 책임이고 비판하는 것은 남의 권리다. 글은 무엇인가를 위해서 쓴다. 돈을 위해, 명예를 위해, 사랑을 위해 쓰는가 하면 기쁨을 위해, 슬픔을 달래기 위해, 또는 무료함을 해소하기 위해 쓰기도 한다.

이탈리아 속담에 '많이 생각하고 조금 떠들고 아주 적게 쓰라'는 경구가 있다. 그러나 영국의 언어철학자 비트겐슈타인은 《반철학적 단장(斷章)》에서 이렇게 표현했다. '내가 여기에 적고 있는 것은 하찮은 것일지도 모른다. 사실 내게는 위대한 것, 중요한 것을 끌어낼 힘이 없다. 그러나 하찮은 문장 속에 위대한 전망이 감춰져 있을 수도 있다.'

말이란 흩어져버리고 한계가 있어 공간적으로 멀리까지, 시간적으로 오래도록 전하기 위해 글이 생겨났다. 말이 그렇듯 글도 필자를 닮는다. 사람과 그 사람이 쓴 글은 똑같다고 한다. 그래서 글은 곧 사람이라고 한다. 글은 생각의 그림이며 사상(思想)의 옷이다.

필자는 1966년 1월 동아일보 편집국에 입사, 기자 부장 논설위원 등으로 동아일보에서 30여 년 근무했다. 방송에도 관심을 가져 방송위원회 부위원장, 상임위원을 역임했고 방송사 사장을 지냈다. 대학 객원교수로 강단에 섰고 방송통신연구원장을 맡았다. 그러는 동안에도 필자는 뉴스의 흐름에서 한 순간도 눈을 뗀 적이 없다. 파란만장한 격동의 전환기를 겪어온 평생 언론인으로서 당연한 책무다.

이 책은 그동안 동아일보 칼럼남 〈오늘과 내일〉, 〈동아광장〉, 〈광화문〉 등에 게재한 칼럼과 횡설수설 및 외부잡지 등에 기고한 일부 내용을 묶은 것이다. 군사독재 권력에 대해 항상 비판적인 동아일보에 근무한 데다 사회정의 실현을 갈망하는 비판언론인으로서의 사명감 속에 꺾이지 않는 직필을 펼쳤다고 생각한다. 필자는 언제나 객관성, 공정성, 정통성을 잃지 않는 시각에서 쓰기 위해 노력했다고 자부한다.

필자가 다뤘던 각종 이슈들은 제기될 당시에는 모두가 그 시대 논쟁의 중심에 자리 잡았던 핵심 테마다. 지금에 와서 보면 모두 흘러간 옛 이야기일 수 있다. 그러나 그것은 우리 삶의 발자취이며 역사적 기록이다. 또 많은 내용들이 분명 지금도 계속 진행되고 있는 현상이며 그런 상황은 앞으로도 되풀이될 것이다.

인간은 어떤 것에 대해서건 백만분의 일만큼의 지식도 없다는 말이 있다. 필자 역시 많은 면에서 모자라고 아는 것이 얇고 짧으며 매사에 미흡한 점이 많다. 또 경륜도, 판단력도, 통찰력도 크게 부족하다. 그런데도 지금까지 글을 쓸 때마다 가장 유식한 체하고 경륜이 높고 판단력, 통찰력에 예지력까지 갖춘 것처럼 기술했다. 아무래도 동아일보의 입장에서 전문지식을 갖춘 논객 자격으로 썼기 때문에 글에 권위를 보태기 위해 그랬을 것이다.

그러나 글을 쓸 때는 나름대로 내가 알고 있는 가장 진실된 내용을 썼다. 허위와 위선과 오만에서 벗어나 진실과 정직과 순수한 자세로 임하려고 노력했다. 신문 사설이나 칼럼 모두 공명정대함이 기본이다. 사사로움이 있어서는 안 된다. 논설위원이 지향해야 하는 바는 권력에 대한 감시, 각 분야 비리비판, 사회적 약자보호, 사회공동체 발전에 기여하는 자세다. 박학과 필력을 갖춰야겠지만 더 필수적인 것은 사회정의에 어긋나지 않는 집필자세다. 그러려면 지식보다 견식(見識)이 필요하다. 지식이란 떠받들어 숭배하는 대상이 아니라 활용의 대상이다. 그러나 견식은 인간 됨됨의 내용을 말하는 것으로 집필자가 갖춰야 할 최선의 덕목이라고 생각한다.

글을 쓰는 데는 이런 측면도 있다. 어떤 사람의 글이 강력하고 황홀하게 표현되었다고 해서 그의 인생이 강력하고 황홀하기만 했던 것은 아닐 것이다. 또 그의 글이 슬프고 절망적이었다고 해서 그의 인생이 슬프고 절망적이었다고 할 수는 없다. 오히려 글에 안타까움과 서러움을 담을 수 있었기 때문에 그는 자유롭게, 그리고 담담하게 새로운 경험을 향해 나아갈 수 있을 것이다.

사람이 일을 벌였으면 종결을 지어야 한다. 서재에 수북이 쌓인 기사 사설 칼럼 등 스크랩을 모두 폐기해 버릴까 하는 생각도 해보았지만 역시 정리해 두는 것이 바른 자세라고 생각했다. 지난 시대를 돌이켜보는 것은 곧 앞날을 내다본다는 의미가 있다. 또 한편으로는 필자가 집필활동을 할 때 참고자료가 없어 애태운 적이 한두 번이 아니어서 같은 길을 걷는 많은 사람들에게 유익한 자료가 될 수도, 반면교사 역할을 할 수도 있을 것이다.

미숙한 원고를 출판해 준 나남의 조상호 사장과 편집담당 직원들에게 고마움을 표한다.

2009년 9월

조강환 칼럼집 · 광화문 30년

차 례

• 머리말 5

1

봄 · 꿈 · 멋 · 참 · 빛 [교양/도덕성]

온갖 것 다 뿌리치고 돌아갈까 27 | 젊음이란 잠시 소유할 뿐… 29
빈부는 마음먹기에 달렸다 30 | 손에 손잡고 32
우리의 진정한 민족은 인류 33 | 교조적 이론 수준 34
인류발전에 공헌한 인물들 36 | 봄·꿈·멋·참·빛 37
세상 모든 일, 손에 달려 있다 41 | 자살은 패배의 고백 42
말똥도 모르는 마의馬医 44 | 자존심과 협조 정신 46
그것은 자존심의 문제다 49 | 양심, 본능, 자아 53
유일한 남성장관 김옥길 54| 이기주의는 재앙이다 55

과정은 결과에 이르는 선 57 | 1990년의 깨우침 60
죽음은 최후의 휴식 63 | 애타정신愛他精神과 명예회복 65
태극기를 흔들면 눈물이 난다 68 | '불이야! 공중도덕 어디로 갔나' 69
얼굴 없는 전화폭력 70 | 사체死體는 말한다 72
헤세의 가을, 릴케의 가을 73 | 이기주의와 이타정신 74
천직의식과 근로의 질 76 | 목적 없으면 곧 시든다 77
정직과 성실은 최선의 길 81 | 부자父子의 정까지 끊는 이념 83
홀로서기와 마주보기 84 | 아버지답기는 쉽지 않다 87
전북인의 뿌리와 자존 88 | 적법수사 강조 판결 92
실패는 전진 위한 훈련 94 | 왼손이 모르게 95 | 참되고 밝고 기쁘게 96
퍼스트 레이디 98 | 아침은 천지창조의 시작 99 | 큰소쩍새 101
청춘의 끓는 피 102 | 책임감은 인간을 인간답게 한다 105
향약鄕約… 권선징악의 율법 109 | 띠뱃놀이 110
성철性徹스님의 무한생명 111 | 서울 정도定都는 600년 아니라 2012년 113
불리한 약속은 더 지킨다 114 | 어떤 것이 창조적인 삶인가 117

2

저 불쌍한 정치쟁이들 [정치]

대통령과 공영방송 123 | 골 빈 정치인 126

최규하 씨가 한 일이 무엇인가 128 | 저 불쌍한 정치쟁이들 129

'호남배제연합'은 안 된다 132 | 대권욕大權慾과 대영단大英斷 136

다중에 뿌리 두는 진보정당 돼야 140 | 국민야당 창출 마지막 기회 143

야합과 대권밀약설 146 | '노태우를 백담사로' 148

국회의장… 지역주의의 사생아? 149 | 더 나쁜 정치인 150

국회 무용론無用論 152 | 내각제 합의각서 파문 153

나의 때는 이미 끝났다 154 | 세대교체론 156 | 여성 정계진출 157

지방의회 의원들 158 | 전직 대통령 과잉 경호 160

공정언론과 공명선거 161 | 사연구私緣區, TK구 162 | 돈선거 163

무소속 당선자 입도선매 165 | 노태우 대통령의 44가지 잘못 166

전직 대통령 최소한의 체통 167 | 관권선거와 연기군민들의 생각 168

청와대 선심관광 172 | 민간단체와 여당 당적 173 | 장애인 참정권 174

헌 정치도 못할 사람들 176 | 대선후보 TV토론 177

대선후보 TV 토론 무산 178 | 국정성패는 용인用人에 달렸다 179

선거중립 내세운 행정공백 181 | 관권官權·금권金權·매권賣權 182

종교지도자 선거운동 183 | 마구잡이 선거사범 단속 185

대통령직은 고급 노예 186 | 철새정치꾼 187
김영삼 대통령에게 바란다 188 | 정권 말기 오찬대통령 192
사면권 남용 193 | 대통령 취임식의 해괴한 종치기 195
훈장이 전리품이라서 나눠 갖나 196 | 정부투자기관 이사장 자리 197
지방 청와대 198 | "소인小人이 대신大臣되면 천하의 환患…" 200
청와대 감사 201 | "여자의 눈물 믿지 말라" 202
천하를 나눠먹나? TK, PK 203 | '기무사 정권' 205 | 국회의원 광고출연 206

3

인분과 금과 사치 망국지수 [경제/기업윤리]

혼수타령은 매매혼이다 211 | 패션은 최고 부가가치 상품 212
소비자 우롱하는 사기세일 213 | 직장이 존재하는 한 상사는 밉다 215
한중韓中관계와 신경제권 217 | 인분과 금과 사치 망국지수 219
증권과 전쟁 222 | 비자금 224 | 세계에서 가장 비싼 땅 225
대기업체의 식수오염 227 | 지폐는 공동재산, 공통언어 228
과소비 부추기는 서비스업 229 | 부동산 투기 231
평화를 불태우는 가투꾼 232 | 보신탕용 개까지 수입 233
너무 일찍 터뜨린 샴페인 235 | 물가파동이 쓰나미처럼… 236
호화예식과 알뜰결혼식 237 | 지지도와 경제문제 239

백화점 사기세일 240 | 경제동물적 속성 241
기름값보다 비싸진 물값 243 | 이李·장張 사건 244
돈의 가치는 쓰는 데 달렸다 245 | 동해·서해 어장 확대 246
경마 승부 조작 248 | 책을 덮으니 서점이 망하네 249
65메가 D램 공적 다툼 250 | 중국교포들의 밀수 251
장인정신이 부족하다 253 | 산업스파이 256 | 한국의 헤파이스토스 257
미인도 돈으로 사는 세상 261 | 피라미드 판매 262 | 오렌지족과 졸부 263
유명 해외도피 사범들 265 | 망국의 땅투기 266 | 추석과 해외여행 267
공기업, 빼먹고 보나 268 | 지하철공사 뺑튀기 청사진 269
텅 빈 건물 불 켜놓기 271 | 부끄러운 세계 1위 272
비열한 부유층 졸장부 273 | 서머타임제 274

4

새 시대 새 공직자상 [행정/공직(公職)]

치안부재 상태 279 | 한심한 경찰, 용감한 시민 280 | 공직자의 책임 281
공인의 진퇴 283 | 국회의원과 의연금 284 | 출세형 공직자의 특성 285
592년형과 사형폐지론 287 | 후안무치 국회의원들 288
뇌물 망국의 늪 290 | 청백리, 천년의 소금 291 | 공직자 재산공개 293
판검사들… 만인이 보고 있다 294 | 어떤 못난 구의원 296

권력형 부패 손대다 말어, 왜? 297 | 기초의원들 추태 298
초호화 공직자 사무실 300 | 신도시 들자마자 너덜너덜 301
전화번호 감추는 권력기관 302 | 직장 내 차별 304
쭉 뻗은 도로행정 아쉽다 305 | 부정부패 악순환 306
누구를 위한 경찰인가 307 | 군은 기강도 팔아치웠나? 311
천박한 경찰관 312 | 북한산서 미군총포 훈련 313 | 공무원 선거운동 314
공무원 부정부패 316 | 수돗물은 허드렛물 아니다 317
참화 부르는 날림 준공검사 318 | 부처다툼에 고통 받는 신도시 주민 320
스스로를 허무는 군軍의 부패 321 | 중국의 쌀 태풍 주의보 322
공직자 재산공개 324 | 민원民願과 민원民怨은 이웃에 있다 325
국회의장의 부동산 투기 326 | 새 시대 새 공직자상 327
고위공직자와 토지수용 330 | '벌집' 주인이 알고 보니 국회의원 332
검사 홍준표 333 | 칭병외유稱病外遊 334 | 국민연금에 정부간섭 말라 335
불성실한 공무원 재산신고 336 | 변호사라고 다 나쁠까마는… 338
군軍 대신 민주산악회 낙하산 339

5

'신과 인류에게 죄를 졌나이다' [사회/사건사고]

여성시대 열렸다. 우리도 문을 열자 343 | '신과 인류에게 죄를 졌나이다' 344
거짓말은 자기 자신도 속인다 345 | 경상 · 전라 · 충청도 만세 347
살인 목사와 땡초 난투극 348 | 자신이 자신의 사형집행인 349
의료분쟁이 이렇게 많다니 351 | 사람이 파리가 되는 겁나는 세상 352
어린 소녀의 술시중 353 | 심각한 농촌 공동화空洞化 355
벽에 다리 걸치고 자는 쪽방 356 | 과잉취재 357
어린이를 짐승 잡듯이… 359 | 화성에 악마가 나타났다 360
정병주 사령관과 김오랑 소령 361 | 고아수출국 1위 오명 363
맹견주인이 맹수가 되어… 364 | 비열하고 야비한 도청 366
총은 쏘기 위한 것이라도… 367 | 암장… 짐승들의 합주곡 368
군사문화가 씨 뿌린 제복의 떼도둑 370 | 만혼풍조 371 | 법정 난동 372
독극물 주입 374 | 고스톱, 온 국민이 노름꾼? 375
실종자 가족의 고통 376 | 외국인 범죄 사회문제화 378
인신매매 노리는 구인광고 379 | 택시까지 노래방 영업 380
치안사각지대 캠퍼스 381 | 마약과의 전쟁 383
런던 택시와 한국 택시 384 | 월남전의 고엽제 385
지하철 도둑승차 386 | 가증스런 학교주변 폭력배 388

미군 포로 생체실험 389 | 꼬리 무는 동반 익사 390 | 낙태 허용 392
사기수법의 백화점 393 | 언론비방 보안교육 394
천년왕국과 공중들림 395 | 범죄와 학력 397 | 고엽제 전상자 지원 398
동성애자 군입대 규제 399 | 국립묘지의 명암 400 | 슬롯머신 중독 402
망월동 묘역 403 | 사이비 언론 404 | 모성실종… 아이들을 죽음으로 405
동료 구하려다 숨진 수녀 7명 406 | 기장의 외마디 "오 맙!" 408
비판 받아야 할 언론 409 | 할 게 없어 사고 세계 1위인가 410
왕릉에서 음주 가무 411 | 농촌총각 울리는 연변처녀 412
마약 종말론 414 | 악행惡行 재악용 강도 415
전통포술 어디가고 오발포탄만… 416

6

다시 일왕日王의 패악悖惡을 생각한다 [역사]

눈도 입도 없고 가슴만 꿈틀거려 421 | 일본열도 옮길 수도 없고 422
김씨 왕조의 역사조작 423 | 역사발전은 자유의식의 진보 425
33인 대표에 대한 평가 426 | 보상과 배상 427 | 고르바초프의 사관史觀 429
최남선에 대한 평가 430 | 문화재는 돌려받아야 431
희생자 유골 송환 433 | 다시 일왕의 패악悖惡을 생각한다 434
한국과 샌프란시스코 인연 438 | 광복…역사의 패배와 승리 439

청산리, 70년 전의 승전고 443 | 안중근 의사, 목숨 바쳐 천년 사네 444
아편 들고 모국방문 446 | 남경 대학살 447
조선 정신대 20만 명의 눈물 449 | 인류 종지부, 전쟁이 찍다 450
비암산 일송정의 부활 451 | 러시아 삼색기三色旗 453
위구르 자치구 수난의 역사 454 | 대만 중국 양안의 풍운 455
앙코르와트 457 | 거북선 신화 458 | 외국교과서에 잘못 쓰인 한국 459
조상 잊는 것은 원류 없는 시냇물 461 | 왜곡된 교과서 현대사 463
왕건릉王建陵의 삼우도三友圖 464 | 항일·반독재의 장준하張俊河 일생 466
경국대전 467 | 서재필 유골 468 | 기록은 생생한 역사 469
독립운동 해외유적지 보존 471 | 정통성 과시 위한 역사왜곡 472
제3국행 포로들, 40년 만의 귀국 473 | 고종의 을사조약무효 친서 474
역사는 선례로 가르치는 철학 475

7

아침에 고치고 저녁에 바꾸고 [교육]

조령모개 교육제도 481 | 내신비율 대학에 맡겨라 483
대학총장님의 고민 486 | 업힌 자식한테도 배운다 489
실패에서 더 많은 지혜 배운다 491 | 졸업은 도착 아닌 출발 492
김정일 생일과 캠퍼스 대자보 493 | 쌍두雙頭총장과 대학파괴 495

선생님의 향기 498 | 이런 대학 문 닫을 수 없나 500
여름방학은 더 배우는 기간 501 | 바람직한 농활 502
사교육비, 스스로 진 멍에 504 | 엉터리 수험상품 505
교사 수당 올려야 506 | 겨울방학, 부모의 자녀지도기간 508
지진학생 지도 509 | 새 대입제도 2~3년 연기해야 510
어린이 과보호 513 | 해외도피 학원이사장들 515
망국의 입시부정 엄단하라 516 | 대학입시제도 519
교육부의 부정입학 면죄부 521 | 당장 도덕교육부터 시작하자 522
캠퍼스가 집회장소인가 524 | 한약 조제권 분쟁 526
실종된 교육개혁 의지 527 | 국민학교 명칭 530 | 시험 부정행위 531
지방에 대학촌 건설하자 533 | 육사 인기 부침의 내막 534
어쩌다 대학이 이 지경으로… 535 | 저질교수가 만드는 저질대학 539
사학 발전 처방은 역시 '자율' 540 | 교육모리배가 만든 속 빈 강정 542
유신 산물 국민교육헌장 544 | 창의교육으로의 대전환 545
넘쳐나는 박사 실업자 547 | 경쟁시대의 입시제도 549
수범垂範과 방임 552 | 대학 졸업식, 썰렁한 마침표 553
영어기피증 회화공포증 555 | 대졸 후 전문대 입학 558
중고교생 술·담배 559 | 아침에 고치고 저녁에 바뀌고 560
한글 못 읽는 중학생 561 | 예능교수들의 개인레슨 563
마약 같은 대마초 교수 564

8

통일의 실마리 풀 수 없을까 [국제/북한]

인민대회당과 자존심 569 | 문제를 싣고 오는 보트 피플 572
일본총리와 한국 573 | 통일의 실마리 풀 수 없을까 575
강택민의 정수불범하수론井水不犯河水論 576 | 북한 화학무기, 누굴 죽이려고? 577
영토보다 마음의 통일 579 | 제4독일국과 한반도 580
두브체크와 프라하의 봄 581 | 가레아와 고리아 583
공산주의의 디즈니랜드류 584 | 에이즈 소년의 참 용기 585
소련의 한민족韓民族 공화국 설립 587 | 남북예멘 통일과 한반도 588
수치 여사, 미얀마의 빛나는 별 589 | 한・소 정상회담 591
노태우 대통령의 외교 592 | 서울-평양 항공노선 593
한라산에서 백두산까지 595 | 제3세계 새 군사강국 18개국 596
아랍은 하나? 597 | 한인가게 불매운동 599 | 해외 파병 600
북・일 묘향산 대좌 602 | 한・소 수교의 전제조건 603
남북대화의 전제 605 | 금세기 대표인물 고르비 606
통일열기 악용 말라 607 | 90년대는 세기의 징검다리 611
테러의 죄와 벌 613 | 절대독재 절대붕괴 614 | 김일성 배지의 비밀 616
쿠르드족 617 | 일日・소蘇 간 4개 섬 반환문제 618
일본의 세계 공영권 꿈 620 | 히틀러 유겐트와 조선소년단 621

인도의 비극 623 | 김일성의 역사 날조 624
서울·모스크바 자매결연 625 | 반인도적 인질억류 627
보리스 옐친 628 | 소련 신문 방송 통신의 변신 629
중국과 북한의 강제수용소 631 | 유고, 유혈의 이전투구 632
한흑韓黑 갈등, 검은 폭력 633 | 철나비 이멜다 635
김일성의 대원수 칭호 636 | 김일성의 80회 생일잔치 637
LA흑인폭동의 뒷사정 639 | 이산가족들의 애절한 사연 640
한·우즈베크 좋은 이웃이기를… 641 | 체코와 슬로바키아 분리 독립 643
살아서 돌아다니는 나치망령 644 | 보트피플 새 보금자리 645
언젠가는 돌아가야 할 곳 646 | 프란체스카 여사와 왕진王震 부주석 648
국제정세는 격변하는데… 649

9

위대한 영화, 위대한 배우 [문화/언론/스포츠]

땅과 하늘과 미로…바둑 653 | 노벨문학상과 한국 문학 654
탑 이야기 655 | 정명훈과 베를리오즈 657 | 위대한 영화, 위대한 배우 658
파업중의 프로가 더 좋았다 659 | 관영방송의 뉴스 보도 661
선수들의 약물복용 662 | 이창호 국수 시대 663 | 상트페테르부르크 665
최고의 발레리나 마고 폰테인 666 | 제주도, 삼무三無 아닌 삼보三宝 668

명동 에레지 669 | TV의 언어폭력 670 | 빼앗기고 흘러간 문화재 672
라디오·TV·컴퓨터 세대 673 | 장승백이 장승이 우상숭배? 674
방송과 명예훼손 676 | 집행유예執行猶豫중에 하키협회장 677
누드 공연 678 | 최연소 세계정상 680 | 골키퍼 홍덕영의 기도 681
스포츠신문 음란만화 682 | 달리는 한국 마라톤 684
극성팬 기절하는 광기 685 | 동계 올림픽 첫 금메달 686
짐승 울음소리와 좋은 방송 688 | 부채, 백 가지 바람과 멋 691
안익태安益泰 기념관 692 | 무숙이 타령 사설 발견 693 | 독립공원 훼손 695
고창팔절高敞八絶 696 | 한국문학 해외번역 700 | 갈릴레오 복권 701
저질 왜색만화 702 | TV가 바람났다 704 | 퇴폐 TV 드라마 707
북한문화재 해외 밀반출 708 | 한인비하 영화 〈폴링다운〉 709
음주 흡연 부추기는 TV 711 | 된장바둑 712 | 한국 호랑이의 귀향 713
전쟁기념관과 국립박물관 714 | 세계제패 여궁사들 716 | 올림픽 유치 717
사람 잡는 TV광고 718 | 풍산개, 임전무퇴 전설의 개 719
방송의 언어공해 721 | 사람보다 나은 개 724
인간 한계 넘어서는 도전 725 | 찬란했던 대보름 풍속 726

10

생명에 대하여 [환경/과학]

자연파괴에 대한 대가 731 | 술 마시는 데도 법도 있다 732
2023년에 세계인구 백억 명 733 | 영하 43.6도와 88.3도 735
독재자 위한 생체실험 736 | 지구, 몸이 아파 달아오르나? 737
그린벨트는 20세기 인류 유산 739 | 남산은 서울의 중핵, 손대지 말라 740
끽연권과 혐연권 741 | 술이 사람을 마셔서야 743 | 동물보호법 744
핵보다 무서운 화학무기 746 | 관동팔경 사라지나 747
용서 못할 나무학대 749 | 콩나물과 농약 750 | 태아 성감별은 인공재앙 751
자연휴식년제 753 | 새만금간척사업 754 | 독감, 인류의 오랜 숙적 755
금연엔 의지력이 당방當方 756 | 신토불이… 최선의 처방 758
첫 한국 인공위성 759 | 80dB 이상이면 청력손실 760 | 생명에 대하여 761
쓰레기 공해 764 | 엽도獵道 766 | 한강 못 살리면 파멸 767
에너지 비상 770 | 시각장애아의 놀라운 창의력 771
환경파괴는 인간파괴 773 | 쓰레기 매립지 아파트 774
당뇨병과 일병식재一病息災 775 | 장수장락보주長壽長樂寶酒 776
종種의 멸종이 부르는 연쇄 멸종 778 | 러시아 과학자들 유치 779
서양인 닮아가는 얼굴 780 | 환자권리장전 781
그린벨트는 푸른 생명선 783 | 중국발 공해 784 | 소음과 청력손실 785

수질 악화 786 | 천지수와 백록담수의 합환 787 | 나무사랑 인간사랑 789
폐타이어도 자원이다 790 | 한강 물 죽이는 납 오염 791
썩은 수돗물을 마시라고? 792 | 의료보험과 국민건강 794
질병은 천 가지, 건강은 단 하나 798

11

참된 아름다움, 생활 속에서 찾자 [가정/생활]

고향, 시골 찾아가 배우자 805 | 홀로 얼마나 적적하실까 806
분노와 어리석음은 나란히 걷는다 807 | 장모권丈母權과 처권妻權 809
말띠의 속설과 허설 810 | 5월을 되돌려 주소서 811 | 어머니, 어머니 813
어린이는 하늘의 계시 814 | 아삼삼한 삭은 맛, 김치 815
화장火葬, 깨끗한 땅에의 귀향 817 | 근검절약과 주인 의식 818
입춘하면 대길 822 | 참된 아름다움, 생활 속에서 찾자 824 | 어린이 보호 827
노인 공경 829 | 고속도로 휴게소 위생 830 | 필적은 뇌적腦跡 831
살신성인… 제 목숨을 바쳐 832 | 동화는 어린이의 자양분 834
주차전쟁 835 | 불쾌한 연하장 836 | 근검절약은 좋은 인생 만드는 기술 838
가정을 소중히 여기자 841 | 5월은 사랑과 공경의 달 844
농촌민박 프로그램 848 | 보신탕과 개도둑 850 | 담배자판기 설치 통제 851
교통안전은 운전에 달렸다 852 | 편리한 가스, 부주의면 큰 재앙 854

분유는 모유에 비길 것이 못 된다 855 | 은행 앞의 오토바이 856
윤달과 '손 없는 날' 857 | 패륜에 묻힌 효도전통 859 | 교통대란 체증혼란 860
문제는 사람답게 사는 것 861 | 안전사고… 널려 있는 죽음 862
해수욕장 철조망 철거 863 | 고향으로 돌아가자 865 | 주차장 무료개방 866
흙처럼 무너지는 철길 867 | 고속도 난폭운전은 죽음의 지름길 868
팔도八道 김치 869 | 좌측통행 사고 많다 871
약화藥禍, 약엔 독이 들어있다 872 | 설맞이 예의 873
한국인 승객 푸대접 874 | 흔들리는 가정윤리 875

• 약 력 879

1

봄 · 꿈 · 멋 · 참 · 빛 [교양/도덕성]

온갖 것 다 뿌리치고 돌아갈까

나의 고향은 전라도(全羅道) 산골이다. 전북(全北) 고창읍(高敞邑)에서 장성(長城)쪽으로 2㎞ 남짓 산을 끼고 꼬불꼬불 돌아 올라가면 닿는 조그마한 마을 월산리(月山里)다. 앞뒤 좌우에 큰 산이 둘러 있는데 그 중 동쪽의 방장산(方丈山)은 해발 700m나 된다.

마을 앞쪽과 왼편에 개천이 흐르고 뒤쪽엔 아담한 저수지가 있다. 저수지에 빠져 죽은 처녀귀신이 물속으로 끌어당긴다고 하여 어렸을 땐 아예 물가에 접근도 못했지만 맑디맑은 물 위에 비친 주변 산의 모습은 참으로 아름답다. 깊은 물이 위험하여 어른들이 만들어낸 이야기이겠지만 우리는 그대로 믿고 저수지를 피해 마을 앞과 왼편 개천에서 놀았다. 추운 겨울이 가고 날씨가 따뜻한 5월쯤 되면 우리 대여섯 살 꼬마들은 온통 마을 주변 야산과 개천을 쏘다니며 하루해가 지는 줄 몰랐다.

야산에서는 상수리 줍고 칡 캐고 생소나무 꺾어 껍질을 벗겨 달콤한 즙을 빨아먹곤 했다. 우리는 큰 돌로 상수리나무 밑동을 쳐 우수수 떨어지는 상수리를 줍곤 했다. 해마다 돌로 때려 상수리나무 밑동은 상처투성이였다.

칡을 캐기 위해서는 아예 톱과 괭이를 가지고 다녔는데 힘이 들어 돌아가면서 괭이질을 했다. 파내어 톱으로 잘라 먹으면 감초 비슷한 맛이 입맛을 당겼다. 칡 씹는 것도 시들해지면 생소나무 작은 가지 꺾어 껍질을 벗기고 하모니카 불듯 빨아먹는다. 약간 송진 냄새가 나긴 하지만 달콤한 맛이 그토록 좋았다.

산에 다니는 일이 싫증나면 우리는 개천으로 몰려간다. 물고기 잡는 일보다 더 재미있는 일은 없다. 낚시질도 많이 했지만 하루 종일 낚시를 드리우고 있어도 조그마한 고기 몇 마리 잡는 데 그쳤다. 이 때문에 아이들은 가물어 개울물이 줄어드는 것을 그토록 좋아했다. 가물어 물이 줄어들면 아침밥을 먹자마자 달려간다. 개울의 돌로 한쪽으로 물이 흐르도록 작은 둑을 쌓아 물을 뺀다. 남아 있는 물은 퍼낸 다음 고기를 잡는다. 그렇게 물길을 막고 고기를 잡을 만한 곳이 많지는 않아 우리는 적당한 곳을 찾느라 개천을 오르락내리락했다.

약초를 풀어 잡기도 했다. 어린 꼬마들에겐 약간 어렵고 위험하긴 했지만 형들과 함께 어울려 잡았다. 우리는 약초를 식별해낼 줄 모르기 때문에 형들을 따라가 캤다. 약초를 널따란 돌 위에 올려놓고 다른 돌로 마구 찧어 물에 푼다. 한참 있으면 고기들이 힘을 잃고 흐느적흐느적 다니거나 물 위에 뜬다. 세상에 이렇게 쉽게 잡는 방법이 또 있을까. 그 중 장어가 제일 늦게 나온다. 장어도 견디지를 못하고 물 위로 나와 마구 헤엄치고 다니는데 미끄러워서 잡을 수가 없다. 두 손으로 움켜쥐어도 금세 빠져나가 버린다. 그래서 장어는 물 밖으로 건어낸 다음 모래를 묻혀 잡곤 했다.

5월이 되면 농가는 한창 바쁠 때다. 밭일도 급하거니와 논에 모도 내어야 한다. 농촌은 모를 낼 즈음엔 희망에 가득 차 있다. 농군들에겐 모는 그야말로 그들의 자식과 같은 귀중한 것이다. 이때는 우리의 어머니들은 일꾼들에게 밥해내기에 눈코 뜰 새가 없다. 큰 함지에 밥을 그득 담고 김치나 나물은 물론 갈치, 고등어나 홍어 등을 준비해 막걸리와 함께 광주리에 담아 머리에 이고 일터로 나간다. 아이들은 그 뒤를 줄레줄레 따라가 빨갛게 고추장에 비빈 밥과 갈치토막을 얻어먹는다. 그 맛은 이루 형언할 수 없을 정도다.

농군들은 하루에 밥을 다섯 끼 먹는다. 아침, 점심, 저녁에 중간에 참밥을 먹기 때문이다. 이들은 들에서 참밥에 막걸리를 마시다가 지나가는 사람이 있으면 부른다. 이 과객은 부르지 않아도 다가가 막걸리 한잔 얻어먹고 올해는 대풍일 거라며 덕담 한 마디 하고 떠난다. 이들이 담배 한 대 피우고 다시 논으로 들어서면 아낙네들은 식기 등을 챙겨 돌아온다.

아이들은 주변 야산이나 풀밭으로 들어간다.

연초록 잎사귀가 부드러운 풀밭에서 뛰어 놀면 놀란 꿩이 푸드덕 날아간다. 바람에 풍기는 나른한 5월의 향기 속에 멀리서 뻐꾸기가 운다. 지금도 귓가에 쟁쟁한 그 뻐꾸기 울음은 언제 들어도 반가운 노랫소리다. 이 산에서 울고 저 산에서 울고, 그러다 보면 꾀꼬리, 종달새도 운다. 그윽하고 구슬프면서도 아름다운 새들의 그 노랫소리를 어찌 잊을 수 있을까. 지금이라도 온갖 것 다 뿌리치고 돌아가고 싶다. 고향으로….

《롯데쇼핑》 1988. 5. 6.

젊음이란 잠시 소유할 뿐…

우리나라의 학생운동은 역사 속에서 찬연히 빛난다. 기미년 3・1운동 때는 전국의 학생들이 총궐기했고 7년 뒤의 6・10 만세사건 때도 중앙고보 등의 학생들이 일제의 폭압에 맞서 민족의 저력을 과시, 전국에서 천여 명이 투옥됐다. 그 3년 뒤의 광주학생 독립투쟁 때 역시 광주고보를 비롯해 광주학생들이 일어나 전국에서 194개교 5만 4천여 명이 참가, 580여 명이 투옥됐다. 1945년 신의주 학생의거 때도 소련 군정의 강압정책과 소련군의 약탈, 부녀폭행 등에 저항해 23명이 살해되고 700명이 부상했다.

그런데 요즘 전교조와 관련, 곳곳에서 상당수의 고교생들이 항의시위 등 갖가지 집단행동을 보였다. 이 같은 시위농성은 고등학교 총학생회도 아닌 '참민족교육을 위한 고교생대책위', '바른 학생회 쟁취연합' 등 이름도 생소한 운동권 유사단체가 중심이 되고 있는 데 놀라지 않을 수 없다. 이 밖에도 광주에서 '광고협'(光高協)이 결성되더니 뒤이어 서울, 부산, 인천 등지에서 '서고협', '부고협' 등이 생겨났다.

지금 우리나라는 이것저것 온통 걱정거리투성이다. 심각한 현안들이 산적해 있는데 그 중에서도 전교조 사태와 관련, 개학이 얼마 남지 않은 고교생들의 동향이 참으로 걱정된다. 학교 측에서 학생들의 동태를 알기 어려운 방학기간 동안에 각종 여름캠프에서 의식화 교육이 행해지고 운동권과의 연계조직이 확산되어 가면서 새 학기엔 더 어려운 사태가 빚어질지 모른다. 마치 태풍전야, 지진전조와 같은 불길한 예감이 든다.

이런 답답한 상황에서 정부당국이나 여야나 일부 극단의 전교조 운동권은 모두 제각각이다. 서로 한 발짝씩 물러나도록 자제를 호소하는 것밖에 더 할 말이 없다. 우리 젊은 학생들 역시 자각해야 한다. 학생들은 당연히 옳다고 생각하는 바를 좇아야 한다. 불의는 용납할 수 없다. 그런데 한 가지, 지난날 선배학생들의 운동은 민족적 의기와 뜨거운 애국심에서 침략자들을 상대로 목숨을 바쳤다는 사실을 잊어서는 안 된다. 젊은 학생들은 상황파악을 제대로 해야 한다. 젊음은 다시 돌아오지 않는다. 사람은 그 시기를 잠시 소유할 뿐 나머지 기간은 그것을 추억할 뿐이다. 어른들 싸움에 이용당해 귀중한 학창시절이 쓸쓸한 추억으로 남아서야 되겠는가.

《동아일보》 1989. 8. 10

빈부는 마음먹기에 달렸다

이 세상 최고의 부자는 누구일까. 산업이 발달하고 자본주의가 어떻고 해도 역시 부자는 예나 지금이나 제왕들이다. 미국의 시사경제지 〈포춘〉의 1989년도 조사에 따르면 세계 제일의 부자는 250억 달러(16조 7천 5백억 원)의 재산을 소유한 브루나이의 볼키아 국왕, 두 번째 부자는 180억 달러의 사우디아라비아 파드 국왕이며 영국 엘리자베스 여왕도 109억 달러로 4위를 차지한다.

그러면 역사상 최고의 부자는 누구인가. 구약성서에 따르면 역시 이스라엘의 왕 다윗으로 10만 3천 달란트의 황금과 100만 7천 달란트의 은을 소유했다. 성서에 나오는 이 수치는 물론 신빙성이 약하지만 오늘의 구매력으로 치면 1천 2백억 달러에 해당한다. 이 재산은 볼키아 국왕 등 현존 세계 10대 부호의 재산합계와 맞먹는다.

볼키아 국왕은 어느 정도 부자인가. 방이 1,788개나 되는 호화로운 왕궁에서 산다. 그는 때때로 헬리콥터 727전용기를 직접 조종하며 군사훈련에 취미를 갖고 있어 엑조세미사일을 직접 발사하기도 한다. 또 세계 곳곳에 금융투자를 하고 호텔 등 거대한 부동산도 사들인다. 미 행정부에 천만 달러를 지원, 니카라과 반군을 돕는 등 재력을 이용한 국제적 영향력을 과시한다. 그는 지난 84년 우리나라를 방문, 갖가지 화제를 뿌리기도 했다. 브루나이 국민들은 납세라는 것을 모르며 대학까지의 모든 학비와 의료시설도 평생 무료다.

우리나라는 어떤가. 〈포브스〉지가 선정한 제왕들 이외의 세계 10대 부자 중에 롯데그룹의 총수이며 재일교포인 신격호 씨가 우리나라 사람으로는 유일하게 5위에 올랐다. 재산규모는 80억 달러. 신 씨의 치부술도 결국 부동산투자로 전해진다. '사람들은 누구나 부자의 친척'이란 말이 있다. 풍족하면 먼 친척도 모여들고 가난하면 형제들도 흩어진다.

영국 속담에 '부족한 것보다 넉넉한 편이 낫다'는 말이 있고 우리 속담에는 '내 배 부르니 평안감사가 조카 같다'는 말이 있다. 가난함과 부유함은 마음 갖기에 달려 있지 않을까. 생각하기에 따라 부유하면서도 가난하게 느껴지고 가난하면서도 부유하게 살 수 있지 않을까. 자기 소유 이상으로 탐하지 않는 자가 바로 부자다.

《동아일보》 1989. 8. 24

손에 손잡고

20세기는 자유·평화·저항·박애정신을 바탕으로 하는 휴먼파워 시대다. '유럽은 스스로 통제 못하는 핵무기의 창고가 되고 있다.' 지난 81년 11월 백여만 명이 참가한 유럽의 반핵시위는 제 2차 세계대전 후 유럽에서 벌어진 최대 규모의 시위였다. 이 시위는 단순한 반핵이 아니라 지상에서 전쟁을 추방하자는 평화애호정신이 저변에 깔려있는 유럽인 자존(自尊) 운동이었다. 그 뒤 1985년 7월 대서양을 사이에 두고 영국 런던과 미국 필라델피아를 연결한 가운데 성대하게 열린 아프리카 난민 돕기 팝 자선공연은 굶주림에 허덕이는 이웃을 돕자는 지구촌의 대합창이었다.

'위아 더 월드' 물결 속에 펼쳐진 이 지상 최대의 쇼엔 록스타 봅겔도프를 비롯한 저명한 가수 2백여 명이 출연했고 수십만 관객이 참여, 열광 속에 아프리카 인들을 도왔다. 이듬해 5월 25일 역시 아프리카 빈민을 돕기 위한 지상 최대의 모금행사 '스포츠 에이드' 달리기 대회가 5대륙 78개 국가에서 2천만 명 이상이 참가한 가운데 열려 1억 달러 이상의 기금이 모아졌다. 같은 날 미국에선 미국의 빈민을 돕기 위한 '핸즈 어크로스 아메리카' 운동이 벌어져 뉴욕에서 로스앤젤레스까지 손을 맞잡는 손길이 이어졌다. 지형과 기후 탓으로 연결 안 된 곳도 있었지만 레이건 전 대통령에서 죄수에 이르기까지 400여만 명이 참가했다.

지난 23일엔 에스토니아, 라트비아, 리투아니아 등 소련의 발트해 연안 3개 공화국 주민 2백여만 명이 그들의 땅을 소련에 편입시킨 히틀러와 스탈린 사이의 독소 비밀협정체결 50돌을 맞아 이 협정의 무효화와 독립을 요구하며 세 공화국 수도를 잇는 거대한 휴먼체인을 이룩했다. 장장 600㎞를 끊긴 데 없이 이은 3개국 남녀노소 시민들은 저마다 각 공화국의 깃발과 촛불을 들고 소련통합 이전의 국가를 부르며 '비파투스'(자유)를 외쳤다.

휴먼체인(*human chain*), 서양언론은 그렇게 부르지만 '체인'은 '사슬'이란 뜻 외에 연쇄, 연대 등의 뜻이 있다. 연쇄란 '사슬과 같이 맺어 이룬 통일체', 연대란 '서로 연결하여 공동으로 책임짐'이란 뜻이다. 손에 손잡는 그 '인간고리'는 숭고한 인류애, 평화애호의 상징이다. 그것은 바로 '인간연대'요, '인간손길'이다.

《동아일보》 1989. 8. 26

우리의 진정한 민족은 인류

우랄산맥 이남, 카스피 해 동쪽, 천산산맥 서쪽이 곧 중앙아시아지방이다. 아직 정론은 없지만 한족은 이곳에서 구석기시대를 전후해서 몽고지방으로 이동했고 거기서 다시 남하, 한반도에 들어와 살게 됐다. 우랄알타이 어족인 원시 퉁구스족의 한 갈래로 고대 중국에선 동이(東夷)라고 부른 민족이 바로 우리 조상이다.

형질상 특징으로는 우선 눈에 속쌍꺼풀이 있으며 두드러진 광대뼈와 중키에 몸매는 옆으로 바라졌다. 속쌍꺼풀에 실눈과 광대뼈는 오랫동안 추위와 싸우고 감기, 축농증, 폐렴 등의 병을 이겨낸 사람들에게서 볼 수 있는 것으로 빙하기 때 바이칼 호 남동쪽에 펼쳐졌던 빙하에 막혀 내려오지 못하는 동안 추위에 적응하면서 생겨난 것. 또 다른 특징은 머리뼈로 뒤통수에서 눈까지는 짧고 양 귀 사이는 넓으며 높이가 세계인종 중 가장 길다.

단일민족, 단일혈통을 자랑하는 한민족이 세계 곳곳으로 유민과 이민을 시작한 것은 불과 100여 년 전. 구한말의 기근과 일본 군국주의에 희생되어 조국을 떠나면서 시작됐다. 외국 땅으로 간 사람들에게는 유례없는 고통과 시련의 역사였지만 현재 세계 백여 개국에서 약 5백만 명이 낯선 민족의 틈바구니에 끼어 살아오면서도 끈질기고 굳세며 우수한 전통을 이어왔다.

'한민족, 한마음, 영원한 내 조국'의 구호 아래 소련·중국동포 등 세계 50개국 1천 3백여 명이 참가한 한민족 체육대회가 민속경기 줄다리기를 끝으로 막을 내렸다. 이번에 반세기만에 고국을 찾은 동포들은 꿈에도 잊지 못하던 가족, 친지들을 부둥켜안고 어린아이처럼 엉엉 울었다. 옛 고향 산천을 둘러보고 성묘도 했다. 고향의 그리움과 귀향의 기쁨은 떠나가 있어 보지 않은 사람은 모른다.

이번에 온 동포들 중엔 소련, 카자흐, 우즈베크공화국에서 온 분들도 있다. 그곳은 우리 선조들이 동쪽으로 이동하기 전에 살던 바로 그 중앙아시아 지방이다. 한민족의 중앙아시아 기원설이 옳다면 이 동포들은 만 년, 아니 수만 년 전 선조들이 떠나온 그 원고향(?)에서 현재 살고 있는 셈이다. 낯설고 물선 그곳이 '원적지'로 느껴질리 만무하지만 인류는 부단히 이동하고 그 후세들은 새 터전에서 새 문화를 창조한다. '우리의 진정한 민족은 인류'라는 말을 절감케 한다.

《동아일보》 1989. 10. 2

교조적 이론 수준

북한에서의 이른바 '주체론'(主體論)은 원래는 반김일성적인 이론이었다. 소련군정 당국이 33세의 김일성을 통치의 앞잡이로 내세우자 국내의 토착공산세력이 반발했다. '남의 나라에 가서 중공당원 소련군 장교를 지낸 사람이 어떻게 조선혁명의 주체가 될 수 있는가' 하는 분위기에서 주체론이 대두됐다. 이때만 해도 김일성은 '주체'라는 용어를 일체 사용하지 않았다. 휴전 후 소련파 연안파(延安派) 남노당계 등을 깡그리 숙청한 뒤 스탈린 사망 후 그의 격하운동이 벌어지자 김일성은 자신만이 사대주의, 교조주의를 범하지 않고 혁명을 완수했다며 처음으로 '사상에서의 주체'를 내걸었다.

김일성의 주체사상은 명분은 그럴 듯하나 실제로는 그의 1인 통치이념에 지나지 않는다. 더구나 부자계승까지 합리화하는 이론으로 타락했다. 북한의 인민들은 김일성의 지시대로 생각하고 당의 지령대로 생활하며 김 부자의 정책을 수행하기 전에는 죽을 자유조차 없는 노예의 처지로 전락했다. 모든 규범과 선택이 김일성에 의해 결정되어 인민들에겐 맹목적 순종만 있다. 그것은 인간 주체적 사상이 아니라 가장 비주체적 사상이었다.

지금 동구에서는 그야말로 역사의 주체가 인간임을 재확인하는 민주화의 대변혁이 일고 있다. 폴란드에서는 비공산정권이 탄생했고 헝가리의 집권공산당은 스스로 서구식 사회당으로 탈바꿈했다. 동독에서는 재야와의 대화가 이루어지고 반정부사범 대사면령이 내려졌다. 체코에서도 '프라하의 봄'이 다시 움트고 있다. 변치 않은 김일성 체제에 대해 최근 서울에 온 소련 시사주간지 〈뉴타임스〉 편집장 이그나텐코는 "사회주의 국가만이 아니라 모든 국가가 개혁을 필요로 한다. 북한도 물론 예외일 수 없다"고 말한다.

요즘 대학가에선 총학생회 선거운동 전초전이 한창이다. '민족해방론 주사파'와 '민중해방론 PD파' 등 양대 운동권 세력 간에 주도권 쟁탈전이 치열하다. 이번 선거가 90년대 학생운동의 방향을 결정지을 수도 있다. 학생들이 내걸고 있는 공안통치, 5공 비리, 반민주악법철폐는 물론 전교조 지지, 미군철수, 노학연대, 보안사 폐지 등 무엇이든지 좋다. 그러나 주사파니 비주사파니 하는 교조적 이론 수준에서만은 탈피해야 한다. 특히 '어버이수령님의 교시'를 복사한 듯한 이론은 뭐라 형언하기 어려운 시대착오다. 작은 그릇엔 작은 음식밖에 담기지 않듯 품격이 작고서는 큰 사상을 담을 수 없다.

《동아일보》 1989. 10. 28

인류발전에 공헌한 인물들

올해로 탄생 백주년을 맞은 세계적인 인물들이 많다. 20세기에 첫손 꼽히는 역사사상가 아널드 토인비를 비롯, 금세기 최악의 독재자 아돌프 히틀러, 히틀러를 모델로 제국주의를 풍자한 '영화의 아버지' 찰스 채플린, '발레의 신' 바스라프 니진스키, 시인 장 콕토, 실존철학의 태두 하이데거 등이 꼭 백 년 전에 태어나 세계사에 커다란 족적을 남겼다.

한편 올해에 사라진 거목들이 유난히 많다. 소련의 저명한 인권운동가인 물리학자 안드레이 사하로프 박사(68)가 지난 14일 별세했다. '수폭(水爆)의 아버지'로 불리면서도 핵무기 반대에 앞장서온 그는 암흑기 소련의 양심을 지켜온 대표적 지성이다. 이란의 최고 지도자로 중동전역을 공포에 휩싸이게 했던 호메이니 옹(89), 일본을 62년간 통치해 온 히로히토 일왕(87), 필리핀을 혼란의 도가니에 몰아넣은 마르코스 전 대통령(72), 중국공산당을 이끌어왔고 천안문사태가 빚어지게 한 호요방(胡耀邦; 73), 28년간 외무장관을 역임한 소련 외교의 주역 안드레이 그로미코(79)가 올해 타계했다.

금년에 사라진 인물들 중엔 특히 예술가가 많다. 30여 년간 베를린 필하모니를 이끌어온 헤르베르트 폰 카라얀(81), 낭만파 음악의 마지막 대가 블라디미르 호로비츠(85), 초현실파의 거장 살바도르 달리(84), 배우·연출가·제작자로 금세기 '무대의 절대자' 로렌스 올리비에(82), 아카데미상을 두 번 수상하고 100여 편에서 주연한 베티 데이비스(81), TV쇼 〈루시〉로 미국의 초상이 된 루실 볼(77) 등이 있다. 천연자원 보호의 선구자 조지 애덤슨(83), 불멸의 복서 슈거 레이 로빈슨(67)도 사라졌다.

국내에도 유난히 많았다. 재불 원로화가 이응노(李應魯) 옹, 김철준(金哲埈) 정신문화연구원장, 김현철(金顯哲) 전 내각수반이 1월에 타계한 데 이어 사상가이며 재야원로인 함석헌(咸錫憲) 옹, 4선 의원 신상초(申相楚) 씨, 연극인 이해랑(李海浪) 씨, 마지막 황태자비 이방자(李方子) 여사, 이효상(李孝祥) 전 국회의장, 국사학의 태두 이병도(李丙燾) 박사, 이양구(李洋球) 동양시멘트 창업자, 황산덕(黃山德) 전 문교·법무장관, 최덕신(崔德新) 전 천도교 교령, 국어학의 거목 이희승(李熙昇) 박사가 타계했다. 사람은 태어나고 활동하고 죽고 이름을 남기기도 한다. 인류발전에 공헌한 이름이 있는가 하면 돌이킬 수 없는 해악을 끼친 악명도 있다.

《동아일보》 1989. 12. 25

봄·꿈·멋·참·빛

장밋빛 구름 사이로 새봄이 파란 눈빛으로 미소를 짓는다. 찬란하고 영롱한 계절, 생명의 경이와 신비의 계절, 구름 꽃 피어오르는 언덕에서 피리 부는 계절이다. 집 뜰의 조그만 화단에서 서성대며 사색에 잠긴다. 벚나무, 매화나무 어린 가지에 희열이 충만한 생명의 수액이 흐르고 잔설이 남아 있는 흙더미에서 봄 내음이 풍긴다. 잊은 지 오래인 친구 생각, 돌아가신 어머니 생각, 어렸을 적 향긋한 추억들이 새록새록 되살아나 사무치는 그리움으로 가슴 저 아래에서 솟아오른다. 베르테르의 편지를 떠올리는 계절, 저절로 노래가 나오고 눈물이 흐르기도 하는 계절인 봄은 다정한 누나의 미소처럼 다가온다.

산과 들판에 엷게 깔린 젖빛 봄 안개가 자락을 거두면 따스한 봄볕이 나른한 춘곤(春困)을 간질인다. 회색 봄빛이 황금색을 띠면서 대지는 갈아입을 푸른 의상을 준비한다. 봄은 희망을 속삭이는 계절, 감미로운 꿈의 계절이다. 산다는 것이 한낱 꿈이 아닐까. 기쁨도 슬픔도, 사랑도 미움도, 영화도 패배도 봄볕 속에 앉아 꾸는 일장춘몽이 아닐까. 그것도 풀잎 끝에 맺혀 있는 한 방울의 아침 이슬처럼, 망망대해에 일었다가 사라지는 물거품처럼 너무나도 짧은 꿈이 아닌가.

주고픈 마음 되찾자

젊은이는 늙고 산 자는 죽고 피었던 것들은 사라진다. 삶은 만나서 알고 사랑하고 헤어지는 슬픈 이야기이다. 삶에는 고뇌와 우수가 깃들고 기쁨과 보람도 있다. 넘어야 할 고개가 있고 건너야 할 냇물도 있다. 또한 품어야 할 이상이 있고 성취해야 할 꿈이 있다. 항해하는 배는 풍파를 피할 수 없다. 격랑은 두렵지만 풍파 없는 항해 또한 얼마나 단조롭겠는가. 격랑은 어차피 꿈과 희망을 안고 바다를 헤쳐 나가는 고독한 항해사의 동반자일 수밖에 없다.

공화국을 일으킴도 하나의 꿈에서 비롯된다. 꿈이 없다면 노력할 것도 인내할 것도 근면할 것도 절약할 것도 성취할 것도 없다. 꿈은 그것을 소망하여 진실을 추구하는 자를 함부로 외면하지 않는다. 그러나 우리가 지금 몸담고 있는 이 사회는 꿈도 희망도 메말라 버린 삭막한 폐허 같다. 계층간의 대립과 갈등만 심화되고, 협동도 이해도 사랑도 없는 종말적 현상만 눈앞에 벌어진다.

파당간의 극심한 정치적 이해다툼, 분배의 불공정으로 빚어진 노사갈등, 부의 편재로 인해 가속화하는 부익부 빈익빈, 지역차별로 인한 골 깊은 지역감정이 배타, 반목, 질시로 우리 사회 저변에 깔려 있다. 그 결과 무엇이 빚어지고 있는가. 지금 우리는 유례없는 극한적 폭력 사태로 공포에 휩싸여 있다. 최근에만도 룸살롱 집단 살인사건을 비롯해 미장원 강도, 주택가 연쇄 방화가 꼬리를 물고 일어나더니 전 대통령 저택까지 털렸다. 부인들이 택시를 탔다가 성폭행당하고, 길 가다가 찔려 죽고 납치되고, 집안에 있다가 가정파괴범의 희생물이 됐다. 그동안 식언, 거짓말만 일삼아온 행정당국은 20여 일간의 119건의 연쇄방화에도 속수무책인 상태다. 이로 인해 피해는 대부분 서민들에게 돌아간다. 당하는 쪽에선 가진 자들이 이런 범죄에 시달린다면 이런 절망적 상황에까지 이르도록 방치되지는 않았을 것이라고 생각할 수도 있다. 꿈이 있는 사람이라면 이렇게 방치해 두지는 않았을 것이다. 이는 정권적 차원에서 책임져야 할 엄청난 참화다.

우리말에는 '준다'는 말이 많다. '먹여 준다', '돌봐 준다', '보내 준다', '갚아 준다', '빌려 준다' 등. 본디 우리는 주기를 좋아하는 민족이었나 보다. 주고받는 데는 인정이 넘쳐흐른다. 줌으로써 주는 사람과 받는 사람이 '우리'가 되고, 주지 않음으로써 '나'와 '너'로 갈라진다. 여유가 있어 그냥도 줄 수 있는 것을 당연히 주어야 할 것조차 주지 않아 불화가 생기고, 이를 해결하려는 수단이 어쩔 수 없는 폭력으로 나타나는 것은 아닐까.

거짓은 모든 것의 파멸

우리는 지금 물질적 풍요를 지선(至善)으로 여기는 사조(思潮)에 휘말려 있다. 내 욕심만 채우면 그만인 세상이 돼 버렸다. 이제 이 비극적 악몽에서 깨어나야 한다. 다시 주기를 좋아하는 민족성을 되찾아야 한다. 욕망의 노예에서 벗어나 베푸는 주인이 되어야 한다. 그래서 여유를 찾아 멋을 가지고 살아가면 얼마나 좋을까. 멋이란 말쑥한 얼굴이나 날씬한 몸매에 있지 않다. 지나치게 짜임새 있고 빈틈이 없는 것도 멋지지 않다. 멋은 아름다움과 참됨을 동경하고 그것을 실현하려는 순수한 노력 그 자체다. 참으로 흠잡을 데 없는 우아한 멋은 자연 그대로, 본연 그대로 행동하며 멋 자체를 의식하지 않고 있을 때 빛이 난다. 참 멋은 내부의 생명력에서 우러난다. 멋은 진실을 바탕으로 할 때 가장 아름답다.

진실은 이 세상 덕목 중 지고(至高)의 가치다. 남에 대한 거짓은 자신에 대한 거짓보다는 유해하지 않다. 남에 대한 것은 허영심을 만족시키는 데 그칠 수도 있지만 자신에 대한 것은 스스로는 물론 모든 것을 파멸시킨다. 그런데도 사람들은 진실엔 얼음같이 차면서 거짓엔 불처럼 뜨거워진다. 반쪽의 진실은 허위보다 더 무섭다. 교묘히 꾸며 빈틈없게 응대하는 사람, 겉 다르고 속 다른 그런 사람이 넓은 아량과 높은 덕망을 쌓을 리 없다. 아량이 없으면 외면당하고 덕망이 없으면 존경받지 못한다. '덕은 외롭지 않고 반드시 이웃이 있다'고 공자는 설파했다. 맹자는 '덕은 몸을 빛나게 한다'고 가르쳤다.

지금 나라의 운명을 좌우하는 우리의 정치지도자나 치안책임을 지고 있는 고위당국자들은 국민들로부터 존경받고 있는가. 많은 사람들이 실망한 나머지 그들을 존경하기는커녕 멸시하는 것 같다. 솔직히 말해 도덕성을 기대하기는커녕 염치라도 좀 차려 주었으면 좋겠다.

무릇 어떠한 진실에도 그릇된 씨앗이 있고 어떠한 잘못에도 아직 진실의 껍질은 남아 있다. 늦었다는 것은 있을 수 없다. 시작하는 때가 제일 빠른 것이다. 진실은 가까운 곳에 있다. 사람들이 그것에 주의하지 않을 뿐 찾으면 진실은 항상 옆에서 기다리고 있다. 하나의 참은 아흔 아홉 가지의 거짓을 이긴다지 않은가. 참을 위해 헌신하면 어둠을 사르고 아침

해가 솟아오르듯 광명이 비친다. 태양은 대지 위에 끊임없이 창조력을 발휘한다. 장미에서 벌레에 이르기까지 공평하게 빛을 주어 생명을 불어넣는다. 빛은 순수하다. 더러운 곳을 뚫고 지나가도 그대로다. 찬란한 태양이 빛나는 한 우리 가슴속에 항상 희망은 살아 있다. 희망은 영원한 기쁨이며 불행한 사람에게 제 2의 혼이다. 희망 속에 온 누리에 광명이 비칠 때 대지에 평화가 깃든다. 내가 먼저 주고 내가 먼저 사양할 때, 굶주리는 삶도 눈물짓는 이웃도 한 맺힌 형제도 이 땅에서 사라져 화해와 환희와 사랑이 넘쳐흐른다.

《동아일보》 1990. 2. 14.

세상 모든 일, 손에 달려 있다

인간사는 대체로 손(手)에 의해 이루어진다. 요즘 우리 농촌처럼 인력이 부족한 경우 손이 모자란다고 한다. 어떤 일에 능한 사람을 우리는 선수라고 한다. 우리를 도와주는 사람도 조인(助人)이라고 하지 않고 조수(助手)라고 한다. 일에 있어서는 손이 사람을 대표하는 것이다. 무슨 일이 마음대로 될 때 내 수중에 들어있다고 한다. 어떤 일과 관계를 끊을 때 손을 뗀다고 한다. 일처리를 잘할 때 수완이 있다고 한다. 수예(手藝), 수공(手工), 수교(手巧), 수단(手段), 수화(手話), 수결(手決) 등은 모두 손의 능력을 표시한 말이다.

두뇌가 아무리 행동을 명령하더라도 이를 수행할 손이 없으면 두뇌는 제약을 받는다. 손 아닌 신체의 다른 어떤 부분이 포도껍질을 벗기고 호두를 까고 글을 쓰고 전화 다이얼을 돌리고 아기를 간질이고 심장수술을 할 수 있겠는가. 손은 어둠 속에서도 만져 '볼 수' 있고 〈모나리자〉와 같은 그림을 그리며 1분에 2백 타를 타자로 칠 수 있다. 손은 찾고 만지고 신호하고 가리키고 거부하고 위협하고 안심시키고 때로는 감정을 전달하기도 한다.

지금 시내에서 상영 중인 〈마루타〉는 1938년부터 1945년 일본 패전 때까지 만주에 주둔해 있던 일제 생체실험 부대의 잔학상을 다룬 영화다. 전쟁포로 등 3천여 명이 생화학 전쟁을 위한 실험용으로 살상되는 내용이다. 그 중에서도 가장 몸서리쳐지는 대목은 손에 관한 것. 산 사람의 손에 계속 얼음물을 부어 얼린 뒤 탁 치면 석고 손처럼 툭 부러져나간다. 또 얼린 손을 끓는 물에 담가두었다 꺼내 훑으면 뼈만 앙상하게 남는다. 참으로 잔혹한 일본인, 아니 인간의 그 가증스런 마성(魔性)에 소름끼친다.

며칠 전 경북영천에서 폭력조직의 한 행동대원이 라이벌 조직의 대원들로부터 참혹한 폭행을 당했다. 왼쪽 손등에 공기총 3발을 쏘아 관통시켜 손을 쓰지 못하게 만들어 놓고 오른쪽 손목은 생선회칼로 완전히 잘라냈다. 이제 겨우 17세 소년이 다른 사람의 손에 의해 손목이 잘린 채 창창한 장래를 어떻게 살아갈 수 있을까. 오셀로의 손은 사랑하는 데스데모나를 애무하던 손이기도 했지만 그녀의 목을 조른 피의 손이기도 하다. 이 세상 모든 일들이 인간의 손놀림에 달려있다는 것을 새삼 명심해야겠다.

《동아일보》 1990. 4. 24

자살은 패배의 고백

트로이 전쟁 때 용감히 싸우다 전사한 용장 프로테실라오스의 아내 라오다메이아는 신혼 초에 사랑하는 남편을 전장에 보내고 남편이 그리워 남편의 납상(蠟像)을 만들어 침대 속에서 껴안고 잤다. 그러던 중 남편의 전사소식이 왔다. 비탄에 빠진 그녀는 신에게 세 시간만이라도 좋으니 남편을 한번만 만나게 해달라고 애원했다. 제우스신은 그 소원을 들어주어 남편 망령을 찾아 납상 속에 넣어주었다. 납상은 산 남편으로 변했다. 꿈같은 감미로운 세 시간이 끝나자 그녀는 남편 품에 안긴 채 스스로 목숨을 끊어버렸다.

아리스토텔레스는 가난이라든가 실연이라든가 그 밖의 다른 괴로움으로부터 벗어나고자 자기 생명을 끊어버리는 자는 용감하거나 훌륭한 사람이 아니라 겁쟁이라고 지적했다. 왜냐하면 괴로움을 피하는 것은 비겁하거나 게으름뱅이가 할 짓이라는 것. 알베르 카뮈도 자살은 멜로드라마에서 볼 수 있는 패배의 고백이라고 표현했다. 자살은 인생에 패배했다는 것, 인생을 이해하지 못했다는 것의 고백에 불과하다는 것이다.

며칠 전 30대 농촌총각 형제가 마을 가게에서 함께 술을 마신 뒤 귀가해 다시 소주 한 병을 나눠 마시고 가난과 결혼 못한 것을 비관, 함께 분신자살했다. 이 형제가 자살직전 서로 무슨 말을 나눴을까 하고 생각해 보면 가슴이 저려 온다. 농촌총각 결혼대책위원회에 따르면 지난 한 해 동안 비관 자살한 농촌총각이 30명이 넘는다는 것. 근래 들어 우리 사회가 개인주의, 물질만능주의, 출세지상주의로 흐르면서 스스로 목숨을 끊어버리는 일이 빈번하게 발생한다. 특히 우리 젊은이들은 이성문제, 가정불화, 공부압박을 못 이겨 생을 쉽게 끝내버린다.

20대 고아 청년이 외로움을 비관, 어렵게 모은 돈을 불우한 소년가장과 심장병 환자를 위해 써달라는 유서를 남기고 자살했다. 유서에는 "부모님 사랑이 그리워 어찌할 수가 없다. 공부해서 예쁜 색시 만나 사랑과 정을 받고 싶었다"고 적혀 있었다. 이 청년은 불우 소년가장을 위해 자신의 몸까지 바친다고 유서에 남겼다. 그토록 착하고 아름답고 훌륭한 생각을 가진 청년이 꼭 세상을 등져야만 하는 것일까. 세상의 가치관이 뒤죽박죽이 되어 어이없는 자살사건이 잇따르고 있다. 안타까운 사회병리현상이다.

《동아일보》 1990. 5. 29

말똥도 모르는 마의馬医

영국의 사상가이자 정치가이자 법률가이며 신학자이기도 한 '토머스 모어'경은 영국 하원의장에 대법관까지 지냈고 명저 《유토피아》로도 유명하다. 모어 경은 '헨리 8세'가 교회의 주권까지 독점하려 하자 반대했다가 처형됐다. 평소 소임과 책임에 관해 엄격했던 모어 경은 단두대에 올라서면서 부축하는 장교에게 "내가 넘어지지 않도록 잘 붙들게. 그것이 대위의 임무가 아닌가"라고 했다. 그는 이어 도끼를 든 형리에게 "내 목은 매우 짧으니 빗나가지 않게 조심하게. 그것이 자네의 성실성과 함께 책임을 다하는 일이 아니겠나"라고 했다.

어린아이가 혼자 장난감을 가지고 놀다 갑자기 울어대면 엄마가 하던 일을 멈추고 달려간다. "내 새끼를 누가 그랬어" 하면 천진난만한 아이는 장난감을 가리킨다. 장난감이 때렸다는 것이다. 엄마가 "왜 우리 예쁜 아가 때렸어"하며 장난감을 때려주면 아이는 웃는다. 이 같은 어린이 태도론은 어른이 되어서도 자주 반복된다. 자기의 실수나 잘못의 책임을 남에게 미루는 일은 인류역사만큼이나 길게 이어져 왔다. 아담조차도 금단의 열매를 따 먹은 죄를 남에게 씌우지 않았던가. 이브가 따 줘서 먹었노라고….

사람은 누구나 태어나서 사회에 참여했다가 사라진다. 앙가주망이란 자기 자신에게만이 아니라 다른 사람에게도 연대책임을 지는 행동이다. 그 책임지는 행동은 신의 힘이나 어떤 종교적인 힘을 빌리지 않고, 또 사술(詐術)에 의하지도 않고 인간의 바른 길을 찾는 행위이다. 그 행위는 책임을 지는 데서 비롯된다.

우리는 일상적으로 남의 이야기를 많이 하고 남을 헐뜯거나 비방하는 말을 한다. 모든 것이 동료나 상사의 잘못으로 직장이 요 모양 요 꼴이 되었다고 한다. 회사나 부서의 책임자가 무능하고 부패하고 욕심만 많아서 경쟁사에 뒤떨어지고 발전하지 못한다는 것이다. 어디까지나 그들에게 잘못이 있지, 자신들에게는 아무런 책임이 없다는 것이다. 책임자들 또한 다를 것이 없다. 자신들의 탓이 아니라 아래 직원들이 능력과 성의가 없어 회사가 발전하지 못하는 것이라고 생각한다.

이럴 때 냉정하게 상황을 살펴보면 대체로 양측에 모두 책임이 있지 않겠느냐는 생각이 든다. 바로 상사, 동료, 부하직원을 매도하는 당사자에게 잘못이 있고 책임이 있는 것이다. 물론 모든 과오와 부진과 미달을 다 책임지라는 것은 아니다. 또 아무 말도 하지 말라는 것도 아니다. 묘판 위를 나는 새에 대해 이를 감시해야 할 허수아비가 어쩔 수 없듯이 마음속에 스쳐 지나가는 나쁜 생각에 대해 책임을 따질 수는 없다. 이런 경우 오직 해야 할 것은 그런 것들이 마음속에 자리 잡지 못하게 하는 것이다.

최근 '기독교 윤리실천운동'이 눈길을 끌었다. 이 모임은 '우리 사회의 도덕적 타락에 대해 다른 아무에게도 책임을 전가할 수 없으며 모든 부조리가 기독교인들 자신의 불의 때문에 비롯됐다'고 고백했다. 밝고 아름다운 고백이다. '레오나르도 다빈치'의 독백이 생생하게 떠오른다. 이 르네상스의 만능인은 왕의 품에 안겨 "내가 해 온 일이 내가 할 일에 못 이르렀기 때문에 나는 신과 인간에게 죄를 졌나이다"라며 숨을 거뒀다. '말똥도 모르고 마의(馬醫) 노릇을 한다'는 격언이 있다. 어떤 전문분야를 잘 알지도 못하면서 중대한 일을 맡아 하고 있다는 말이다. 바로 필자를 두고 한 말이 아닌가 싶다.

《동우》(東友) 1990. 7.

자존심과 협조 정신

천지간에 '나'라는 것이 생겨난 이상 나 자신의 힘으로 살아간다는 강력한 신념, 그것이 곧 자존심이다. 자존심이란 결코 배타(排他)가 아니다. 또한 교만도 아니다. 그것은 자기 확립이며 자기 강조다. 자존심이 없는 곳에는 얄미운 아첨이 있다. 비굴한 치욕이 있다. 더러운 굴복이 있다. 넋 빠진 우상숭배가 있다. 위대한 개인, 위대한 민족이 필경 다른 것이 아니다. 오직 이 자존심으로 결정되는 것이다.

자존심은 인격의 기초요, 가옥의 기둥과 같으며 나라의 정신과 같은 것이다. 자존심 없는 사람은 비굴하고 주체의식이 없다. 분명 히틀러 시대엔 독일인의 주체의식이 없었다. 히틀러의 독재는 그런 바탕에서 생겨났고 또 그런 독재 정치 아래서는 국민의 주체의식이 싹틀 수도 없다. 그렇게 자존심이 강하던 독일인은 그 시대에 모두 자존심을 잃고 말았다.

반면 유태인은 자존심이 대단하다. 땅덩어리는 좁고 인구라야 3~4백만 명 정도밖에 안 되는데도 중동 지방에서 가장 강력한 민족으로 군림하고 있다. 선민사상(選民思想)에서 생긴 자존심은 2천여 년 동안 나라를 잃었는데도 불구하고 오늘날 고지(故地)에 나라를 이룩했다. 미국에서의 그들의 경제력도 대단하다. 세계에서 버젓이 두각을 나타내고 살아가고 있는 것은 그들의 자존심이 남다르게 강하기 때문이다.

그런데 해방 이후 우리 국민의 자존심은 어떠했는가. 일제 35년간 온갖 수모를 다 겪으며 질긴 목숨으로 지탱해 온 우리는 건국 이후 독립된 국민으로서 얼마나 자존심을 내세우며 살아왔는가. 5·16 이후 우리 국민의 자존심은 여지없이 짓밟혔다. 지금까지의 비정(秕政)은 본질적으로 국민들의 자존심 결여에서 생겨난 것이다. 주체의식이 깨어 있지 못한 그 같은 상황에서 통치자가 무슨 일인들 못하겠는가. 자존심 없는 국민은 그렇게 다스릴 수밖에 없지 않은가.

사실 우리는 고하(高下)를 막론하고 자존심 잃은 사람들로부터 수많은 죄악이 저질러지는 것을 계속 보았다. 저급한 인간들은 갖가지 흉악 패륜 범죄를 저지르고 직위 높은 사람들은 부정과 협잡을 저지르는 것을 목격했다. 이들은 자존심을 잃었으므로 치욕(恥辱)을 알지 못한다. 지금 우리 사회에서 일어나는 모든 해악(害惡)은 자존심을 상실한 데서 생기는 것이다. 자존심이 있는 사람은 언행을 자기 양심의 뜻대로 한다. 자기가 감당할 수 없는 일은 아무리 명리(名利)를 얻는다 해도 탐하지 않는다. 자존심 있는 사람은 남을 존경할 줄 알고 아낄 줄도 안다.

서양 속담에 '사람이 자존심을 잃으면 모든 것을 잃는다'는 말이 있다. 자존심이 미덕 그 자체는 아니라 하더라도 그것은 많은 미덕의 어버이라는 말도 있다. 허영심이 모든 악덕의 원천이라면 자존심은 밝은 미덕의 원천이라고 할 수 있다. 미덕은 이 세상의 지고선(至高善)이다. 미덕을 지향하는 사회, 미덕의 향기가 그윽한 사회, 미덕을 실천하는 사회가 바로 역사에 순응하고 역사를 창조하며 역사를 빛내는 사회다.

역사가 치욕의 장(章)으로 걷지 않고 꾸준히 향상의 길을 내닫게 하는 데는 협동, 협조가 있어야 한다. 국민들의 협조가 없으면 그 나라의 역사는 제자리에서 맴돌 수밖에 없다. 후퇴할 수도 있다. 협조로써 역사를 이끌어 간다면 그 국민은 꾸준히 향상하고 역사에 승리하는 것이다. 인류는 옛적부터 오늘에 이르기까지 항상 협조하면서 이어져 왔다. 그 협조 정신의 결과가 인류문화의 발전을 가져왔다. 사람은 다리, 손, 눈꺼풀, 그리고 아래턱과 위턱처럼 서로 협조하기 위해 태어났다. 우리는 한 다리로 걸을 수 없고 한 손으로 손뼉을 칠 수 없으며 위아래 눈꺼풀이 눈을 뜨게 하고 위아래 턱으로 음식을 먹는다. 벌들이 협조하지 않고는 아무것도 얻지 못하는 것처럼 인간도 협조하지 않고는 아무것도 이룰 수가 없다.

협조에는 무엇보다 이해가 필요하다. 자기 생각만 고집하지 말고 상대편의 입장을 이해하면 모든 것이 수긍이 간다. 남의 견해를 이해하지 않고 우격다짐으로 제압하려 한다면 협조가 이루어질 수 없다. 협조에는 관용도 필요하다. 나에게 의견이 있으면 남의 의견도 경청할 줄 알아야 한다. 내게 그만한 권리가 있으면 남도 그만한 권리가 있다.

양보와 타협 또한 필요하다. 서로 이해한 뒤에 오는 것이 양보와 타협이다. 서로 의견이 엇갈렸을 때 양보하지 않으면 타협이 이루어지지 않는다. 상식에 비추어 상대방의 의견이 10분의 6이 옳으면 내 의견은 10분의 4에서 만족하고 양보하는 자세가 중요하다. 타협은 옹고집에서는 이루어질 수가 없으며 이해, 관용, 양보에서 결실을 맺는다.

지금 우리 현실은 국가영위(營爲)의 근간이 되는 정치부터 서로 으르렁대면서 적대감이 팽배해 있다. 주변이나 상대방을 경외(敬畏)하고 아끼는 기색은커녕 그저 상대편의 약점을 찾는 데 혈안이다. 정치는 없고 정략만 있을 뿐이다. 정략도 하략(下略) 중의 졸략이 판을 친다. 경제에서도 노사 간의 대립만 첨예하다. 상대편의 입장은 전혀 고려하지 않고 내 입장만 내세우고 내 이익만 찾는다. 공동의 큰 이익보다 작은 내 이익만 차리면 그만이다.

국가 장래가 걸려 있는 학원가도 마찬가지다. 누구나 대학 구내에 들어서면 쉽게 대자보를 볼 수 있다. 그때마다 가슴이 섬뜩하다. 살기까지 번득이는 것을 부인하기가 어렵다. 그 내용을 보면 대체로 존경받아야 될 사람들이 젊은 학생들로부터 멸시와 모욕을 당하고 있다. 교수들도 필설로 표현하기 어려운 비판을 받는다. 대학총장이 학교에서 쫓겨나는 수난도 겪고 있다. 국가나 기업이나 학교나 윗분이 존경받지 못하고 아랫사람을 믿지 못하면 그 집단은 희망이 없다. 아무리 높은 지위에 올랐다 하더라도 권위나 권리를 남용하면 존경받을 수가 없다. 주변의 이해를 구하지 못하고 협조 정신이 없을 때는 따돌림 당한다. 아랫사람의 경우도 마찬가지이다.

요즘 우리 사회에서 일어나는 많은 어려운 문제들이 모두 그 나름의 원인과 동기가 있겠으나 가장 근본적인 요인은 비열(卑劣)과 사악(邪惡)을 억제할 자존심이 없는 데다 서로 돕는 협조 정신이 부족하기 때문이다.

'이 세상의 어느 것 하나도 나와 관계없는 것은 없다. 인류의 문제도 나의 일이며 도덕의 문제도 나의 일이며 진리와 자유와 정의와 인도(人道)의 문제도 나의 일이다. 순전히 제 한 몸 제 일만 생각하는 자 부끄러워하라.' 로마의 대사상가 아우렐리우스 아우구스티누스의 경고다.

《대한생명》 1990. 7.

그것은 자존심의 문제다

나라에 이로운 육정신(六正臣)이 있고 나라에 해로운 육사신(六邪臣)이 있다. 성신(聖臣), 양신(良臣), 충신(忠臣), 지신(智臣), 정신(貞臣), 직신(直臣)이 육정신이고 사신(邪臣), 구신(具臣), 유신(諛臣), 간신(奸臣), 참신(讒臣), 적신(賊臣)이 육사신이다. 사신은 사악한 마음에 부정을 일삼는 신하, 구신은 아무 구실도 못하면서 수효만 채우고 있는 신하, 유신은 윗분의 말은 늑대를 양이라고 해도 옳다며 아첨만 일삼는 신하, 간신은 남을 해칠 것만 궁리하는 겉과 속이 다른 간사한 신하, 참신은 남을 헐뜯어 없는 죄도 있는 것처럼 꾸며 고해바치는 신하, 적신은 반역하는 신하를 말한다. 예나 지금이나 공직자가 어떠했으며 또 어떠해야 하는지를 환히 밝혀 주는 관리 성향구분이다.

매관매직 하면 조선 시대 세도정치 때나 자유당 시대 부정부패가 극심했던 때가 연상된다. 그러나 그게 아니다. 며칠 전까지 경북도지사를 지낸 김상조(金相祚) 씨의 부정혐의 중에 사무관·서기관 승진 또는 자리이동에 1천만 원씩의 뇌물을 받았다는 한심한 내용이 포함돼 있다. 참관(讒官) 중에서도 최하질의 이 원천적 부정부패가 대망의 1990년대에 대통령 동기동창생 도백에 의해 저질러졌다. 도지사뿐 아니라 철도청장, 수협중앙회장을 비롯해 행정부 고위관리나 사회공직자들이 요즘 줄줄이 수갑을 차고 있다. 그뿐이 아니다. 국민들이 직접 뽑은 국회의원들까지 상가 특혜분양을 받아 유권자들 얼굴에 먹칠을 했다. 의원들의 부조리가 폭넓고 심각하다는 것은 널리 알려졌지만 상가분양에까지 끼어든 데다 이번엔 집단개입 형태를 취해 처량하고 불쌍하기까지 하다. 선량이라는 사람들이 국정을 논한다면서 어린이들까지 보는 앞에서 시정잡배들처럼 악을 쓰고 욕지거리를 해대는가하면, 불량배들처럼 멱살과 넥타이를 잡아끌고 까딱하면 단상에 겹겹이 올라가 서로 삿대질을 해댄다.

요즘처럼 청와대 특명사정활동이 서릿발 같으면 공직자들은 바싹 움츠러들어 언제 철퇴를 얻어맞을지 몰라 초조와 불안에 떤다. 호화유흥업소 출입이나 골프치는 것도 삼간다. 소나기는 피해 가는 법이다. 이렇게 근신하는 체하지만 언제나 그 때뿐이다. 집중단속이 끝나면 도로 아미타불이 되어버린다. 물론 사정책임자도 이를 잘 알고 있다. 오죽했으면 '한국에서는 뇌물 안 주면 관청의 민원이 해결되지 않는다'고까지 외국 신문이 보도했겠는가.

특명 사정(司正)도 그 때뿐

다산 정약용은 '목민관(牧民官)이 부임할 때 청렴한 선비의 행장은 이부자리에 속옷, 그리고 고작해야 책 한 수레쯤 싣고 가면 되지 않겠는가' 했다. 그는 재임중 해야 할 일로 자애, 아랫사람들에게 도타운 사랑을 베풀 것을 강조했다. 그는 자애로우려면 청렴해야 하고 청렴하려면 반드시 절약해야 한다고 했다.

다산의 경지를 기대하기야 어렵겠지만 그래도 요즘 우리 현실은 너무나도 걱정스럽고 창피하다. 지금 아무리 새 정신 운동을 전개하고 사정활동을 강화한다 해도 은밀하게 저질러지는 부정을 어떻게 할 것인가.

외압적인 것은 아무리 강력해도 안에서 움트는 것을 승복시킬 수 없다. 진실로 속마음에서 우러나오는 것만이 힘을 발휘한다. 무엇보다 마음자세가 중요하다. 항상 변치 않는 항심(恒心)으로 자신의 품위를 스스로 높게 가지려는 자존심에 모든 것이 달려 있다. 제 힘으로 꿋꿋하게 살아가겠다는 강력한 신념, 그것이 곧 자존심이다. 자존심은 배타가 아니다. 교만도 오만도 거만함도 아니다. 그것은 자기 확립이며 자기 실현이다. 자존심 없는 곳엔 얄미운 아첨이 있다. 비굴한 치욕이 있다. 더러운 굴복이 있을 뿐이다. 자존심은 인격의 기초요, 가옥의 기둥과 같다. 또한 사회의 윤리요, 국가의 이념과 같다. 위대한 개인, 위대한 민족은 필경 다른 것이 아니다. 오직 자존심 하나로 모든 것이 결정된다.

히틀러 시대엔 독일인의 자존심을 찾아볼 수 없었다. 히틀러의 독재는 그런 바탕에서 팽창해 갔다. 그렇게도 자존심이 강하던 독일인들이 그 시대엔 모두 자존심을 잃고 있었다. 그러나 지금 독일인은 그들의 진정한 자존심을 되찾았다. 가시밭길을 넘고 건너 재통일을 이룩해 놓았다.

유태인의 자존심은 대단하다. 좁은 땅덩어리에 인구 4백만여 명밖에 되지 않는데도 중동에서 가장 강력한 민족으로 군림한다. 선민사상(選民思想)에 깊은 뿌리를 둔 자존심은 2천여 년 동안 나라를 잃고 있었는데도 오늘날 고지(故地)에 국가를 건설했다.

우리 민족의 자존심은 어떠한가. 일제 35년간 온갖 수모를 다 겪으며 목숨이 질겨 지탱해 온 우리다. 건국 이후에라도 독립된 국민으로서 제대로 자존심을 내세우며 살아왔는가. 4·19를 열매 맺게 한 국민적 자존심은 5·16으로 여지없이 깎아내려졌다. 그 후 그 많은 어지러운 비정(秕政)과 백성들의 고통은 근본적으로 자존심 결여에서 비롯됐다.

공직자 재산 공개를 확대해야

우리는 그동안 고하를 막론하고 자존심 없는 사람들이 수많은 죄악을 저지르는 것을 보아 왔다. 저급한 인간들의 갖가지 흉악한 범죄가, 높은 직위를 차지한 사람들의 부패·협잡이 판치는 것을 목격해 왔다. 그들은 자존심을 잃어 치욕을 알지 못한다. 자존심 있는 사람은 감당할 수 없는 일은 아무리 명리를 얻는다 해도 탐하지 않는다. 자존심 있는 사람은 이웃을 아낄 줄 알고 존경할 줄 안다. 각종 폭력과 공직자 부조리 등 지금 우리 사회에서 일어나고 있는 모든 해악은 비열과 모리(謀利)와 패륜을 떨어버릴 자존심이 없기 때문이다. 자존심은 염치는 물론 명예도, 양심은 물론 절의(節義)도 지켜 준다.

국민의 녹봉을 먹는 공직자들이 국민 앞에 재산을 공개하는 것은 최소한의 자존심을 지키는 예의가 아닐까. 재산공개를 위한 공직자윤리법 개정안이 국회에 넘겨진 지 오래지만 의원들의 외면으로 3년째 낮잠을 자고 있다. 재산공개 대상도 겨우 차관급 이상으로 되어 있다. 당연히 3~4급 이상으로 확대해 조속히 처리해야 한다.

의심받을 만한 수백억대 이상의 재산이 있거나 그 직위를 최대한 이용해 치부할 생각이라면 이제는 물러서야 한다. 권력을 쥐고 눈가림하면서 앞으로는 사유재산 침해 운운하고 뒤로는 재산증식에 여념이 없는 공직자는 이제 사라져야 한다. 아무리 숨겨도 자식들이 알고 친척들이 알고 종내는 민의가 알게 된다. 장사 쪽으로 나서면 욕심껏 모을 수 있지 않은가. 생선이 부패한 것은 썩은 냄새로 알고 공직자가 부패한 것은 자존심을 팽개친 눈먼 치부로 안다.

《동아일보》 1990. 7. 4.

양심, 본능, 자아

얼마 전 장안의 화제가 됐던 영화 〈미션〉. 18세기 남미 이과수폭포 상류에 살던 원주민 과라니족은 폭포를 기어 올라와 전도하려는 예수회 수사들을 오는 족족 폭포 밑으로 떨어뜨려 죽인다. 그러다 가브리엘 신부가 이들을 감화시켜 정글에서 끌어내 영농을 도와주고 천주교로 개종시킨다. 포르투갈 식민 당국이 이곳을 무력으로 점령하려 하고 교황이 추기경을 파견, 타협을 시도한다. 그러나 수사(修士), 원주민 모두 막무가내다. 원주민은 가브리엘을 따르는 무저항 순교파와 멘도사 수사가 이끄는 무력대항파로 갈라진다.

멘도사는 노예상인으로 악명 높았고 여자관계로 동생을 살해한 뒤 죄책감에 시달릴 때 가브리엘의 도움으로 귀의했다. 마침내 식민정부군이 쳐들어왔고 싸웠건 안 싸웠건 수사와 원주민 모두 죽고 만다. 추기경은 수사들에게 모두 몰살당할 테니 원주민과 정글로 들어가 종교활동만 하라고 간곡히 당부했지만 실패했다. 가브리엘의 눈으로 볼 때 추기경은 비겁하고 교활하며 통치자의 하수인인지 진정한 추기경인지 분명치가 않았다. 멘도사의 눈엔 추기경은 허세만 부리는 위선자요, 졸장부였다.

서울 의대 조두영(趙斗英) 교수(정신과학)는 이 세 성직자가 각기 사람의 마음을 이루는 세 가지 영역을 대변한다고 분석했다. 가브리엘은 '양심', 멘도사는 '본능', 추기경은 '자아'를 상징한다는 것. 추기경은 '현실 속의 생존'을 내세워 지나치게 팽배해진 양심과 본능 양쪽을 모두 견제하려 했으나 '오직 우리만 옳다', '죽어도 싸우겠다'는 주장을 끝내 꺾지 못한다. 이 영화는 무저항과 항거의 교훈도 남겼지만 양심과 본능의 힘이 커져 자아를 압도해버리면 모두 멸망하고 만다는 여운도 남겼다.

"실상 죽은 것은 나요, 산 것은 저들"이란 추기경의 마지막 독백을 들으면 오히려 그런 추기경이 더 인간적이며 결국 문명·문화의 발전과 수호의 계승자는 바로 이런 사람들이 아닌가 하는 생각이 든다. 정의구현사제단 신부 15명이 평양에서 통일염원 미사를 갖겠다며 방북신청을 했다. 북한에 가더라도 주마간산 격으로 보고 말하지 말고 오랫동안 체류하며 자아를 잃지 않고 진실을 보고 왔으면 좋겠다. 양심·본능·자아가 조화를 이루는 신부가 이 시대의 참 신부상이 아닐까.

《동아일보》 1990. 8. 2

유일한 남성장관 김옥길

“학원의 모든 것을 학교장과 선생님들에게 맡긴다.” 10·26 이후 김옥길(金玉吉) 이대 명예총장이 내각의 문교장관에 취임하면서 내건 학원자율화 캐치프레이즈다. 김 장관은 취임하자마자 제적학생 복교, 해직교수 복직, 학도호국단 개선 등 당면과제를 들고 나왔다. 김 장관은 또 “교복은 현행대로 입히든지 학교별로 특색 있는 제복을 고안해 입히든지 모든 것은 학교장이 알아서 할 일”이라며 교복자율화에 자유복장까지 포함시켰다.

김 장관이 취임했을 때 유신 이후 학원사태 등과 관련, 제적된 학생이 전국 40개교 786명이었고 교수 재임용에서 탈락된 교수는 181명이었다. 이들은 김 장관 취임 이후 거의 모두 복교, 복직됐다. 그의 교복자율화 방침은 제동이 걸려 제복은 그대로 두되 색상이나 모양은 학교장이 학교별로 통일해 변형시킬 수 있는 선에서 매듭지어졌다. 교복자율화는 그가 물러난 2년 뒤에 실현됐다.

김 장관은 기회 있을 때마다 책임, 약속, 남의 자유 존중을 강조했다.

그는 "책임질 줄 모르는 사람은 아무것도 이룰 수가 없고 자신에게 불리한 약속일수록 더 잘 지켜야 하며 내 자유가 소중하다면 남의 자유도 소중하다는 것을 알아야 한다"고 되풀이해 강조했다. 김 장관은 1980년 들어 학원소요가 격심해지자 "지금 우리나라의 5, 6개월은 가장 중요한 시기이며 이 기간은 다른 때 다른 나라의 50~60년보다 더 긴 세월이라는 것을 모두 통감해야 한다"고 호소했다. 그의 이러한 예측은 끝내 불행 쪽으로 흘러 5·18사태로 민주화 기운에 검은 장막이 내렸다.

이대 총장을 역임한 지 18년 만에 만류를 뿌리치고 사임한 그는 우리 여성교육에 큰 업적을 남겼다. 그러나 그는 '소리가 나는 사람', '말만 화려한 사람'이란 평을 듣기도 했다. 그렇지만 국무회의에 총리가 입장할 때 기립하는 것을 없애자고 제의해 관철시키는 등 '유일한 남성장관'으로 여겨질 만큼 할 말을 한 분이었다. 문경새재에 은둔해 있을 때 찾아가 어떻게 지내느냐고 했더니 '옥길(玉吉) 냉면'을 내놓으며 "자서전이라도 써보려 했으나 모두 내가 잘했던 일만 생각나 그만두었어. 사람이 남겨놓으면 무엇을 얼마나 남겨 놓겠어" 하면서 예의 호탕한 웃음을 웃었다. 그런 그가 세상을 떴다. 만인의 사표(師表) 인 그의 명복을 빈다.

《동아일보》 1990. 8. 25

이기주의는 재앙이다

춘추시대 노(魯) 나라의 철학자 묵자(墨子) 는 모든 사람을 두루 사랑하는 겸애사상(兼愛思想) 을 펴 서로 사랑하여 다른 사람에게 이롭게 하면 하늘의 뜻과 일치해 천하가 태평해진다는 겸애교리설(兼愛交利說) 을 주장했다. 반면 전국(戰國) 시대의 사상가 양자(楊子) 는 노자(老子) 의 무위

독선설(無爲獨善說)을 따라 쾌락적 인생관을 세우고 개인주의를 주장했다. 맹자는 이 설에 대해 나만 위하는 주의(主義)로 터럭 한 오라기를 뽑아서 천하가 이롭게 되는 일이라도 하지 않을 극단적 이기주의라고 비판했다.

지금 우리는 유례없는 재앙을 당해 많은 사람들이 합심해 복구에 열성을 쏟고 있다. 16일 일산(一山)과 능곡(陵谷) 일대에는 휴일도 잊은 채 이른 아침부터 서울 등지에서 회사 또는 단체별로 지원하기 위해 찾아오는 사람들의 행렬이 이어졌다. 일부 행정기관에선 수해마을과 자매결연을 맺고 공무원들이 발 벗고 나서 도왔고 어떤 회사에서는 지난 주말 수해복구에 나설 자원자를 사내방송을 통해 모집하여 이날 저녁 늦게까지 이재민들과 한마음이 되어 복구에 나섰다. 또 대학생 청년단체에서도 달려와 젖은 가재도구를 씻어 말리고 도로복구, 벼 세우기 작업을 도왔다.

그러나 이날 오전 하행 고속도로, 경춘국도, 벽제 부근 유원지로 가는 길은 행락차량들로 엄청나게 붐볐다. 길이 꽉 막힐 정도로 정체된 곳도 많았다. 이날 한강변엔 유난히 낚시꾼들이 많이 나와 즐겼다. 한강변이 수마에 할퀴어 온통 앙상한 모습인데도 여기에 손길을 주는 모습은 찾기 어려웠다. 골프장에 몰려가 한가로이 골프 치는 사람들도 많았다. 일부 지역에서는 기관장과 주요 상공인들이 함께 어울려 즐기는 단체모임까지 있었다.

이기주의는 아름다운 사회적 결합을 해치고 인간관계를 와해시킨다. 이기주의는 천재 못지않은 재앙이다. 인류의 최대재앙은 인재라고 주장하는 사람도 있다. 지금 무질서, 범죄의 횡행, 윤리의 타락 등이 우리 생활환경을 극도로 위협하고 있다. 수해복구는 말할 것도 없고 민생안정, 경제회복, 정치정상화, 남북대화도 상호협동정신 없이는 이룩할 수 없다. 이 세상의 어느 것 하나 나와 관계없는 것은 없다. 인류의 문제도, 도덕의 문제도 나의 일이며 자유·정의·인도의 문제도 나의 일이다. 오로

지 제 일만 생각하는 이기주의자는 부끄러워할 줄 알아야 한다.

《동아일보》 1990. 9. 17

과정은 결과에 이르는 선

'다 써서 완결된 책은 죽인 라이온과 같다', 어니스트 헤밍웨이가 즐겨 쓴 말이다. 정말로 흥미 있고 해볼 만한 일은 쏘아 잡은 라이온이 아니라 그 라이온을 잡기까지의 과정이며 다음에 쏘려는 라이온이라는 것이다. 즉 무엇을 이끌어 가는 과정이 중요한 것으로 관심을 갖게 되는 것이지, 결과가 나타나 있는 완결된 책은 독자에게는 어떨지 모르나 그 책을 집필한 작가에게는 다 타버린 재에 불과하다는 것이다.

과정 끝에 있는 점(點)이 결과라면 과정은 그 결과에 이르는 선(線)이다. 결과는 점으로 단절되어 끝나 버리지만 과정은 선으로 한없이 이어진다. 사람이 30세를 못 넘기든, 90 평생을 살든 살아가는 그 세월이 중요하지, 이 세상을 하직하는 마지막 순간이 더 중요할 수는 없다.

그런데도 사람들은 돈이나 권력이나 명예나 모든 것의 선을 단축하고 생략해 버리고 비약해서 종말인 점에 빨리 이르려고 서두르고 발버둥 친다. 이런 모습은 어찌 보면 무한한 가능성이 있는 삶을 서둘러 줄여 조속히 인생을 끝내 버리려는 것과 같다. 이는 한 마디로 참다운 삶의 방법을 모르는 저능한 얼간이나 할 짓이다.

이 얼간이 짓은 특히 정치의 장(場)에서 가장 두드러지게 나타난다. 얼마 전 우리는 집권당이 번갯불에 콩 구워 먹듯 편법과 변칙으로 문제투성이의 법률안을 통과시켜 버린 광란의 추태를 목격했다. 단 30초 만에 무려 26개나 되는 중요한 법안들이 본회의장에서 날치기로 통과됐다. 의회

민주주의 존재의 근거인 토론이 없어져 버린 것이다.

민주주의 체제가 전체주의 체제와 무엇이 다른가. 두 체제 모두 개인의 행복과 집단의 번영을 칭송하고 국민이 주권자임을 천명하는 정치적 수사에 있어서는 다를 것이 없다. 특히 전체주의 정권의 핵심 지도부가 뱉어내는 정의사회 구현, 복지사회 건설, 민족중흥 등 화려한 정치적 언어, 특히 정치적 목표를 서술하는 대목에서는 그 체제가 민주 체제인지 반민주 체제인지를 분간하기 어렵다.

이 두 체제의 본질을 밝혀 주는 기준 중의 하나로 절차를 존중하고 있는지의 여부를 들고 싶다. 목표를 지향해 가는 과정인 절차가 중요하다. 목표가 아무리 이상적이고 숭고하다 할지라도, 그것을 이루어 나가는 절차가 온당한 것이 아닐 때는 민주체제라고 할 수가 없다. 전체주의 체제에서는 목표를 신속하게 달성해 그 목표를 성취했다는 것을 과시하기 위해 제도화된 '폭력'과 '편법'을 마구 사용, 보다 능률적인 효과를 과시한다. 여기에서는 다른 의견, 특히 반대의견은 고개를 들 수 없다. 고개를 들지 못하게 만들어져 있다. 의회민주주의는 합리적 토론과 비판의 절차, 즉 훌륭한 과정을 거칠 때 비로소 살아난다.

전쟁에서는 가능한 모든 수단을 써서 우선 이기고 보는 것이다. 거기에는 정면으로 싸우는 정공법이 있고 몰래 쳐들어가는 기습전이 있으며 후방을 교란하는 게릴라전도 있다. 무력으로 적을 칠 뿐 아니라 갖가지 계교와 술수를 구사하여 승리를 쟁취한다. 전쟁에는 윤리나 도덕이 없다. 이기는 것이 정의다. 여기에서 목적은 모든 수단을 정당화한다. 부도덕한 행위도, 비겁한 짓도, 심지어 보다 많은 인명을 살상하는 것이 최고의 미덕이 된다.

이 같은 전쟁의 논리를 정치, 경제, 사회 각 분야에 적용시키는 그릇된 생각이 우리 주변에 팽배해 있다. 특히 개인의 영달을 위해 약육강식의 수법을 철저히 추종한다. 전쟁도 아닌데 인정사정 보지 않고 전쟁보다도 더 잔인하게 사리(私利)를 취하는 데 급급하다.

사실 전쟁도 국가의 성격에 따라, 장수의 인품에 따라, 군사들의 인간성에 따라 스타일에 큰 차이가 난다. 위대한 국가와 민족, 역사적으로 길이 남는 명장은 승리 하나보다는 절차와 과정을 중시했다. 하물며 일상·사회생활에서야 이겼다는 것 자체보다 어떻게 이겼느냐가 중요하지 않겠는가. 스포츠 정신에 비유해서 어디까지나 정직하고 떳떳하고 정정당당해야 한다. 목적이 모든 수단을 정당화할 수는 없다.

사람이 인간으로 태어나서 다른 동물들과 같이 살 수는 없다. 두말할 것도 없이 인간답게 살아야 하는데 어떻게 인간답게 사느냐가 중요하다. 그것은 수많은 역경을 이겨내고 옳게 살아가는 삶이다. 인생은 전체가 고비의 연속이라고 할 수 있다. 이 고비를 잘 넘기고 못 넘기는 데 따라 인생의 성패가 달려 있다. 아무리 어려운 고비라도 바르게 잘 넘기면 다음 고비를 쉽게 넘길 수 있지만 부정한 수단으로 넘기게 되면 뒤에 오는 고비는 더욱 어려워진다. 주어진 역경을 마다하거나 피하지 말고 있는 대로 받아들여 인내력을 가지고 진실하게 극복하면 보람이 있기 마련이다.

사치보다는 우아함을, 유행보다는 세련됨을, 부유보다는 넉넉함을 바라며 살아가는 과정에서 조용히 생각하고 열심히 노력하고 부드럽게 이야기하고 솔직하게 행동하고 유아와 현인들의 말을 경청하며 결코 서두르지 않는 삶, 그런 삶이야말로 이 세상에 태어나서 살 가치가 있는 참다운 삶이 아니겠는가.

《엠디(종근당)》 1990. 10.

1990년의 깨우침

'천 년 사직이 남가일몽(南柯一夢)이었고 태자(太子) 가신 지 또다시 천 년이 지났으니 유구한 영겁으로 보면 천 년도 수유(須臾)던가. 고작 칠십 생애에 희로애락을 싣고 한 움큼 부토로 돌아가는 것이 인생이라 생각하니 의지 없는 나그네의 마음은 암연히 수수(愁愁)롭다.' 한 해가 저무는 이맘때가 되면 세월의 무상유전(無常流轉) 속에 마음이 무겁고 착잡해진다. 빠른 세월에 대한 적막감이 그렇고 못다 이룬 일에 대한 회한 또한 가볍지 않다.

현재는 화살처럼 날아가고 미래는 시시각각 다가선다. 21세기의 문턱에 이르는 1990년도 막이 내린다. 얼마나 많은 기대와 좌절, 충격과 분노, 절망과 비탄이 가슴을 저민 한 해였던가. 1990년의 의미를 지금 성급하게 평가할 수는 없지만 역사의 부평초가 되지 않고 역사의 주역으로 자세를 갖추려면 이 한 해가 빚어 놓은 명암의 체험을 외면할 수는 없다.

하루의 일과든 한 세기의 역사든 빛과 그늘이 있게 마련이다. 밝은 쪽을 바라보며 기대에 차 있을 때 우리는 우리 민족의 기세가 용솟음침을 느낀다. 40여 년간 적대관계에 있던 한·소 양국이 샌프란시스코 정상회담에 이어 외교관계를 맺고 2차 정상회담을 가진 뒤 모스크바 선언을 공표했다. 동북아를 비롯한 세계질서 재편 과정에서 공동보조를 취하고 우리의 대북한 정책에 대한 소련의 지지를 도출해 냈다. 우리가 쏟은 정성에 비해 불행했던 과거 청산 등이 미흡했지만 우리를 멸시와 비방의 대상으로 여겨왔던 소련이 자국의 개발을 위해 추파를 던질 정도로 우리는 우뚝 섰다. 중국 무역대표부 또한 개설됐다. 6·25의 비극을 몸소 체험했던 세대에게는 눈물겨운 감회와 함께 감격의 마음이 솟아오를 것이다.

3차에 걸친 남북 고위급 회담과 음악교류도 민족통일의 역사에 큰 획을 그어 놓았다. 고위급 회담에 임하는 양측의 입장과 추구하는 목적이 달라 큰 진전은 거두지 못했지만 분단 이후 처음 이뤄진 공식대좌만으로도 희망을 안겨 주었다.

분노와 비탄의 세월

하지만 1990년의 어두운 쪽을 향해 섰을 때 우리의 마음은 갈기갈기 찢기는 고통 속에 얼어붙는다. 엽기적 살인에 강도, 강간, 인신매매 등 인륜을 저버린 흉악범죄가 갈수록 늘어나고 수법 또한 잔인해졌다. 도저히 저항할 수 없는 70, 80대 노인과 다섯 살 난 어린이까지 일가족 4명을 생매장한 사건은 이 시대의 황폐화된 도덕의식을 그대로 반영한다. 인간의 양심을 조금이라도 지녔다면 살려 달라고 애원하는 죄 없는 어린아이를 그대로 구덩이에 처넣고 생매장할 수 있겠는가. 단돈 20만 원의 증거 인멸을 위해 그토록 참혹한 범행을 저지를 수 있단 말인가. 인간성의 상실, 인륜의식의 마비가 지금 이 지경에 이르렀다. 더구나 '범죄와의 전쟁'중에 이런 끔찍한 사건이 발생해 우리 사회가 극악무도의 살인범죄에 무방비 상태로 노출되어 있음이 드러났다.

꼬리를 물고 발생하는 살인사건들이 동기부터 이상해졌다. 단순히 공중전화를 오래 건다고 죽이고, 반말한다고 죽이고, 담뱃불 빌려 주지 않는다고 죽이고, 시비 걸어놓고 반응이 없다고 해쳤다. 그런가 하면 아버지가 딸을 윤락가에 팔아넘기고 어머니도 딸을 팔아먹었다. 아무데서나 폭행하고 납치해 거리를 나다니기도, 집안에 들어앉아 있기도 무서운 세상이 돼 버렸다. 화성에서는 부녀자 사냥을 일삼는 연쇄강간 살해범이 귀가 길의 어린 여중생에게 끔찍한 추행을 하고 아홉 번째 희생자로 삼아 이 지역을 공포의 도가니 속에 몰아넣었다.

범죄와의 전쟁을 선포한 정부가 모처럼 조직폭력의 핵심에 접근해 보니 그들의 배후 또는 주변에 국회의원, 판사, 검사들이 도사리고 있음이 드러났다. 폭력과 사직당국이 물고 물리는 판국이 돼 버렸다. 곤혹과 낭패에 앞서 전율과 구토의 역겨움이 온몸을 휘감는다. 근원적으로 권력이 사리(私利)만 좇는 부패에 젖어 있기 때문에 빚어지는 현상이다. 치안기강 확보는 국가의 기본 존립요건이다. 이에 실패한 정권은 머뭇거림 없이 퇴진해 마땅하다.

1990년 정치의 장은 한술 더 떠 우리들을 절망과 비탄 속에 몰아넣었다. 이른바 3당 밀실담합 합당은 내각제 개헌추진 및 당권 합의각서를 둘러싼 계파 간의 끊임없는 갈등으로 정국안정에 기여하기는커녕 온 나라를 혼란의 도가니 속에 빠뜨렸다. 처음부터 끝까지 사리당략에 눈이 먼 여권 지도자들은 철면피의 행각을 거듭 연출, 국민들이 파기(破棄)해 버릴 단계에 이르렀다. 여기에 군국조직법, 방송법 등 무더기 날치기 통과는 야당 의원들의 사퇴로 의정의 오랜 공백 상태를 초래했다. 야권통합 무산 역시 실망만 안겨 주었다.

경제도 작년부터 무역수지 흑자폭이 줄어들더니 올해엔 적자로 돌아서 버렸다. 내년 전망은 더욱 어둡기만 하다. 토지 공개념은 종이호랑이가 되어 전국의 땅값, 집값은 계속 치솟고 우루과이라운드 파문 역시 폭풍전야 상태다.

탐욕 없는 애타신념(愛他信念)

사회가 병들었다는 것은 상식과 신뢰와 도덕이 붕괴되면서 개인적·집단적 이기주의가 팽배해 있음을 말한다. 오직 나만 알고 이웃에 대한 배려가 전혀 없는 도덕불감증의 탐욕적 이기주의는 큰 전쟁이나 재앙보다도 무섭다. 따지고 보면 주의란 본래 한쪽만을 응시하는 안목의 표상일 뿐이다. 무슨무슨 주의에 중독된 눈으로 보는 현상은 항상 한쪽 견해에 몰입된다.

이기주의는 항상 만족에 도달하지 못하고 끝까지 제 욕심만 채우려는 무한한 노력 속에 자신을 탕진하고 만다. 탐욕적 인간은 얻은 것을 다 삼키고도 입만 더 크게 벌리고, 크나큰 은혜를 입고도 더 큰 은혜만 끝없이 갈망한다. 결국 자신이 가진 것의 노예로 전락, 평생 그것만 섬기다가 마음이 가난한 채로 비참한 최후를 맞는다. 이기심이나 탐욕은 눈먼 괴력을 갖고 있어 세상의 어떤 논증을 동원해도 이기적이고 탐욕스럽다는 것을 납득시킬 수 없다. 바로 이 결정적 약점 때문에 이기주의는 결국은 파멸에 이르는 병이 된다.

이기심과 행복은 가까워질 수 없다. 서로를 모르고 관련이 없기 때문에 만날 수가 없다. 알고 보면 주변의 어느 것 하나도 나와 관련 없는 것이 없다. 나의 존재 자체가 남이 존재함으로써 가능하다. 내가 호흡하고 먹고 자고 일하는 곳, 내가 사랑하고 미워하고 기뻐하고 슬퍼하는 모든 곳에 내가 돕고 아껴야 할 이웃, 내가 사랑받고 은혜 입은 이웃이 있다.

1990년이 우리에게 남겨 놓는 역사적 의미는 무엇이며 교훈은 어떤 것인가. 그것은 역사 창조의 무한한 잠재력에 대한 일깨움이다. 그리고 좌절, 분노, 비탄에서 벗어날 수 있는 길은 애타주의에 대한 굳은 신념뿐이라는 깨달음이 아닐까.

《동아일보》 1990. 12. 19.

죽음은 최후의 휴식

죽음은 직분을 다한 자에게 오는 해임사령(解任辭令)이요, 안식(安息)의 은전(恩典)인 동시에 우주의 침체를 쇄신하는 대이동이라고 한다. 사람은 태어나면서부터 죽음이 시작된다고 하지만 1990년에도 아까운 분들이 커다란 족적을 남기고 사라졌다. 올해에는 특히 수많은 사람들의 심금을 울린 불후의 예술인들이 많이 타계해 많은 팬들이 아쉬워했고 슬픔에 젖었다.

카라얀에 이어 가장 탁월한 지휘자이며 작곡가, 피아니스트인 레너드 번스타인이 타계했으며 발레곡 〈애팔래치아의 봄〉을 연상케 하는 현대적 신고전주의 음악가 아론 코플랜드도 별세했다. 올해에는 특히 왕년의 대스타들이 많이 떨어졌다. 고혹적이며 신비스런 연기로 인기를 끌고 만년에는 숨어 살던 그레타 가르보, 요염한 자태로 관객을 뇌쇄시킨 에바 가드너, 항상 친근한 명우 새미 데이비스 2세, 고결한 품위의 렉스 해리슨이 타계했다.

냉혹한 인간조건을 소재로 집필한 네오리얼리즘 작가 알베르토 모라비아, 행태학을 과학으로 정립한 B. F. 스키너, 미국인들의 물질만능의 환상을 형상화한 억만장자 잡지발행인 맬컴 포브스, 동서진영 가교역할을 한 석유왕 아먼드 해머가 세상을 떴다. 이 밖에 정치가로는 미국 월맹의 파리평화회담 대표로 명성을 날린 레둑토와 엘살바도르 최초의 민선대통령 호세 나폴레옹 두아르테도 별세.

국내에서도 많은 문인, 화가, 배우가 타계했다. 현대문학 발전에 큰 업적을 남긴 〈렌의 애가〉(哀歌)의 모윤숙(毛允淑), 〈지맥〉, 〈인맥〉, 〈천맥〉 등 많은 작품을 남긴 원로작가 최정희(崔貞熙), 중견작가 이문희(李文熙), 〈휴전선〉의 시인 박봉우(朴鳳宇) 등이 사라졌다. 해탈, 고성(古城) 등 영원함을 소재로 다른 원로화가 남관(南寬), 새·나무·집을 소재로 탈속의 작품세계를 보여준 장욱진(張旭鎭), 서울대 교수를 역임한 원로화가 박득정(朴得諄) 옹이 타계했다. 원로배우 최남현(崔湳鉉)·최봉(崔峰), 코미디언 양석천(楊錫川)도 세상을 떴다.

해위(海葦) 윤보선(尹潽善) 전 대통령이 별세했으며 전 감사원장 신두

영(申斗泳), 국회부의장 임철호(任哲鎬), 문교장관을 역임한 이대 명예총장 김옥길(金玉吉), 전 중소기협중앙회장 김봉재(金奉才), 국립박물관장 김재원(金載元), 자연보호중앙회장 이민재(李敏載), 동아무역회장 나익진(羅翼鎭), 은행장 문종건(文鍾健), 이헌승(李憲升), 인권변호사 조영래(趙英來), 박태선(朴泰善) 장로도 별세했다. 죽음은 최후의 휴식이지만 인간의 모든 비밀과 음모, 업적의 베일을 벗긴다.

《동아일보》 1990. 12. 29

애타정신愛他精神과 명예회복

10년밖에 남지 않았다. 21세기는 이제 미래가 아니라 우리 눈앞에 다가와 있다. 새로운 세기에는 우리가 역사상 경험했던 세기와는 전연 다른 문명과 문화가 대기하고 있다. 오늘날의 국제정세 변천 양상과 전자문명(電子文明), 유전공학(遺傳工學) 발달이 그런 것들을 암시해 주고 있다. 그런 문명의 시계(時計) 앞에서 우리는 지금 무엇을 하고 있는가. 자신 갖고 도전에 대처하기는커녕 감당할 능력이 미흡할 뿐 아니라 우선 자세부터가 되어 있지 않다.

우리는 올림픽을 치르고 한때 선진도약의 보랏빛 꿈에 부풀어 있었다. 그러던 것이 2년이 지난 지금 경제는 침체되고, 힘든 일을 싫어하는가 하면, 향락과 사치풍조가 만연하더니 급기야는 범죄와의 전쟁까지 선포하게 되었다. 신문 사회면을 메우고 있는 범죄와 강간, 인신매매 등 패륜 행위가 갈수록 늘어나고 수법 또한 잔인해졌다. 인간성의 상실, 인륜의식의 마비가 지금 이런 지경에 이르러 있다.

규범의 붕괴와 인륜의 파탄은 우리 사회가 중병에 걸려 있음을 말한다.

상식, 신뢰, 협력, 도덕성이 상실되어 가면서 개인적·집단적 에고이즘만이 팽배해져 간다. 오직 내 이익만 챙기고 이웃에 대한 배려는 전혀 하지 않는 탐욕적 이기주의만 남아 있다. 이기주의란 원래 그 속성이 항상 만족에 도달하지 못하는 것으로, 계속 욕심만 채우려는 무한한 노력 속에서 자신을 탕진하고 만다. 그러다가 종내는 자신이 가진 것의 노예가 되어 평생 하찮은 소유물만 섬기다가 가장 마음이 가난한 채로 처참한 최후를 맞게 된다. 이기심은 항상 진실한 행복과 근접해 있을 수가 없다. 이기주의자는 아무리 둘러보아도 친구가 없고 편들어 줄 사람도 없다. 동시에 편들어 주고 싶은 상대도 찾지 못한다.

도덕 불감증에서 벗어나 붕괴된 도덕성을 회복하려면 무엇보다 사리사욕의 이기주의에서 깨어나 이웃을 사랑하는 이타주의(利他主義)에 대한 굳은 신념을 갖는 것이 필요하다. 그러나 우리가 아무리 도덕 재무장이나 애타(愛他) 정신을 강조해도 그 목소리는 허공 속에 사라질 뿐 기대했던 결실이 맺어지지가 않는다. 아무리 강력하게 주입해도 자발적인 수용이 이루어지지 않으면 효력을 갖지 못하며 진실로 속마음에서 움터 오르는 것이 아니면 힘을 발휘하지 못한다.

여기에서 우리에게 중요한 것은 자신의 자세를 깨끗하고 품위 있게 가지려는 진심에서 우러나오는 선의(善意)의 자존심과 순수한 명예를 회복하는 일이다.

우리는 지금 이기주의에 사로잡혀 있는 구태(旧態)에서 탈피해 국민적 명예를 되찾아야 한다. 이 어려운 국면을 극복해 갈 수 있는 길은 자존심에 바탕을 둔 신뢰와 명예회복의 길뿐이다. 사사로운 개인의 명예욕이야 허무하기 이를 데 없지만 도덕적 존엄이 주위에서 승인되고 존경되고 상찬되는 명예는 사멸되지 않는 영원한 가치다. 가장 훌륭한 사람은 모든 것을 버리고 그 중에서 다만 하나를 선택한다고 한다. 그것은 도덕적 존엄 위에 자리잡은 명예다. 비록 죽음이라 할지라도 명예로운 종말은 불명예의 삶보다 훨씬 낫다. 개인의 명예가 그러할진대 사회의 명예, 국가의 명예는 더욱 소중하다. 국가의 명예는 국가의 안녕보다 중요하며 국민의 생활 자체보다도 중요하다고 한다. 국가의 명예는 가장 소중한 가치가 있는 국가의 재산이다.

역사는 그 스스로 되풀이된다지만 한반도를 둘러싼 오늘의 세계정세는 여러 측면에서 1세기 전 구한말(旧韓末)과 비슷한 점이 너무 많다. 당시 한반도는 미국, 일본, 러시아, 청(淸)나라 등 4대 열강에 둘러싸여 있었다. 지금과 다른 점이 있다면 우리가 남북한으로 갈라져 있고 국민들의 자세와 국력이 그때와는 다르다는 점뿐이다. 어떻든 그 당시 미국, 일본 등 해양세력에게는 대륙 진출을 위한 전초기지로, 러시아, 청나라에게는 태평양으로의 도약을 위한 징검다리로서 한반도의 지정학적 위치는 중대한 것이었다. 이 같은 백 년 전의 한반도의 위상(位相)이 21세기를 맞고 있는 지금 이 시점에도 그대로 적용되고 있는 상황이다. 그런데도 우리 모두가 알량한 사적 이기심에서 벗어나지 못해서야 되겠는가.

1688년에 일어난 영국혁명은 의회가 왕권에 도전해 승리를 거둔 시민혁명으로 역사에 찬연히 빛난다. 이 혁명은 피를 흘리지 않고 통치자를 바꿔 입헌정치의 기초를 닦았다는 데서 명예혁명이란 칭호를 받았다. 우리도 정신적인 의식개혁, 그야말로 한(韓)민족의 명예를 회복하는 정신적 혁명을 이룩해야 한다. 아집과 탐욕의 이기주의에서 벗어나 시민적 미덕(美德)에 대한 찬란한 보상으로서 자존심에 기초한 한민족 명예회복(名譽回復)이 성취되어야 한다. '자랑스럽게 사는 것이 그 이상 가능하지 않을 때 인간은 자랑스럽게 종말을 맞는다'는 자세로 명예를 회복하는 것이 1991년을 맞는 우리들의 역사적 의미라고 확신하고 싶다.

《주공소식》 1991. 1.

태극기를 흔들면 눈물이 난다

오른쪽엔 성조기, 왼쪽엔 일장기와 赤旗(소련)를 거느린 채 태극기가 하늘로 솟아오른다. 88 서울 올림픽 유도경기 시상식장 광경이다. 이 모습을 보고 많은 사람들이 콧등이 찡해오는 감격을 느꼈을 것이다. 낯선 외국에서 태극기를 보게 되면 우리는 가슴 뭉클해진다. 우리가 일제로부터 해방되던 날 우리 선조들은 어디에서 났는지 손에 손에 태극기를 흔들며 눈물을 쏟는 장면을 볼 수 있었다. 국기는 한 폭의 천에 불과하지만 이상한 위력을 갖는다. 국기는 나라의 상징이며 국민통합의 의미를 갖는다.

올림픽 취재차 내한한 미(美) NBC방송의 일부 직원들이 태극기를 모독하는 T셔츠를 주문했었다. 앞쪽엔 "우리는 복싱을 한다", "우리가 나쁘다"라는 내용의 영문표기를 넣고 등 쪽엔 "무질서한 88투어"란 영어제목 아래 태극기를 그려놓고 태극 안에 권투경기 하는 모습을 박았다. 당시 NBC의 편파보도와 관련, 우리 관중이 미국팀에 야유를 보냈는가 하면 미국의 상대팀인 소련팀에까지 일방적 응원을 보냈다. NBC 측이 뒤늦게 사과했지만 국기란 그것이 자국기(自國旗)든 타국기든 존중해야 한다. 국기를 훼손·모독하지 않는 것은 문화국민의 최소한의 양식이다.

지난 1989년 5월 K대생들이 학교 정문 앞길에 성조기(星條旗)를 그려놓고 밟고 다니는 캠페인을 벌였다. 미국의 대학정문 앞길 바닥에 태극기를 그려놓고 학생들이 직신직신 밟고 다니는 모습을 한번 연상해보자. 아무리 무딘 사람도 마음이 편하진 않을 것이다. 그 모습을 직접 목격하는 재미(在美) 교포들의 마음은 오죽하겠는가. 우리 국기가 중요하면 남의 국기도 존중해줄 줄 알아야한다. 일제에 항거한 우리 애국지사(愛國志士)들이 가슴에 태극기를 두르고 죽음도 두려워하지 않고 싸운 것과 같이 미국인들도 수십만 명이 성조기 앞에 기꺼이 목숨을 바쳤다.

19일 K대 일부 학생들이 걸프전쟁에의 군 수송기 파견 등을 반대하며 성조기를 불태웠다. 국기엔 국민의 자존심이 담겨있다. 우리가 국기를 밟고 불태울 정도로 미국이 적대국인지를 다시 한 번 생각해보았으면 싶다. 미국이 때때로 우리를 섭섭하게 했다고 해도 넓은 마음으로 그들의 국기는 존중해줄 줄 알아야 한다. 그런 모습이 바로 우리 자신을 높이는 길이다.

《동아일보》 1991. 2. 20

'불이야! 공중도덕 어디로 갔나'

우리 민족이 고대부터 범법 처벌에 엄격했다는 것은 중국의 사서에도 기록돼있다. 국법의 준엄함은 말할 것도 없고 각 촌락의 자치적 제재도 엄격하게 집행됐다. '돌림'이라 하여 마을 공동생활에서 일탈한 사람과는 일상생활에서 접촉을 끊고 소외시켜 마을을 떠나도록 했다. 더 적극적인 형태로는 자치재판 형식인 동내(洞內) 공사(회의)에 부쳐 범법의 경중에 따라 멍석말이, 동네매, 부락 추방, 훈계 등의 제재를 가했다. 이 동내공사는 일종의 생활공동체의 도덕률 향상을 위한 수단으로 해방 직전까지도 남아 있었다.

근대화와 함께 이런 전래풍습이 사라지고 대신 사법제도가 자리 잡아 범죄는 법에 따라 처벌을 받게 됐다. 그러나 그토록 엄격한 법률의 집행에도 범죄는 날로 늘어나고 공중도덕은 땅에 떨어졌다. 질서 없는 혼돈의 사회가 돼버렸다. 우선 사람들이 질서준수의 첫걸음인 차례 기다릴 줄을 모른다. 돈이나 권력을 쥔 사람일수록 더욱 그렇다. 또 스스로 우월하다고 생각하는 사람, 헛배워 교만해진 사람들이 보통 사람들과 어울려 줄을 서려 하지 않는다.

사실 줄을 서는 사람에게도 인내가 요구된다. 그러나 인내는 권리의 떳떳한 행사를 보장해 준다. 이런 사람은 다른 사람의 권리도 인정해줄 줄 알아 새치기나 앞지르기를 않는다. 동시에 휴지나 담배꽁초를 함부로 버리지 않으며 이웃에 피해를 주는 행동을 삼간다. 그런데 지금 우리 사회에는 공중도덕을 지킬 줄 모르는 사람이 너무나 많다. 치안본부가 최근 1주일 동안의 단속에서 무려 12만 2천 6백여 명의 질서문란사범을 적발했다. 정부는 현재 4,000~4,500원인 범칙금을 4월 초부터 최고 25,000원까지로 올린다.

질서준수는 정신의 건전이며 육체의 건강이며 도시의 평화이며 나아가 국가의 안전이다. 질서의식은 어려서부터 몸과 마음속에 배게 가르쳐야 한다. 미국의 유치원에서는 줄을 길게 매어놓고 줄을 따라 앞에까지 갔다가 다시 꽁무니로 돌아가는 줄서기 교육을 반복해서 가르친다. 공중도덕은 학교에서 가르치지만 실제로 어린이에게 가장 큰 귀감이 되는 것은 부모의 일상 행동이다. 주먹을 휘두르는 것만이 폭력이 아니다. 내 이익을 위해 남의 권리를 침범하고 공중도덕을 지키지 않는 것도 폭력이라는 것을 어린이들에게 먼저 가르쳐야 한다.

《동아일보》 1991. 3. 29

얼굴 없는 전화폭력

"왓슨 군 이리 와서 나 좀 보게." 전화를 발명한 알렉산더 그레이엄 벨이 1876년 3월 10일 조수 토머스 왓슨에게 한 이 말이 세계 최초의 전화통화다. 지금 전 세계 전화가입자는 4억 7천 6백만 명에 이른다. 하루 미국에서만 울리는 따르릉 소리가 5억 번을 넘는다고 한다. 전화벨 소리만큼 희망이나 공포, 안도, 기쁨, 근심 따위의 감정을 불러일으키는 소리도 드물다. 어느 작가의 말대로 전화는 이제 '사회에 대한 우리의 말초신경'이 됐다.

일상생활의 필수품이 된 전화가 요즘 '얼굴 없는 폭력'으로 등장, 많은 가정이 이 전화공해에 시달리고 있다. 최근 복지법인 "사랑의 전화"가 조사한 것을 보면 성인여성의 95.5%가 '장난전화 폭력'을 경험했으며 이로 인해 68.5%가 부부 간에 문제가 생겼다는 것. 거의 매일 시달리는 경우도 있는데 밤 10시～새벽 4시가 가장 많고 다음은 오후 2～5시였다. 내용은 물론 성희롱이 압도적이었으며 욕설, 외로움 호소, 장난, 협박 순이었다.

전화로 협박해 어린 여학생 또는 주부를 불러내 성폭행까지 했다가 구속된 경우도 있다. 얼마 전 부산에서 전화를 받은 여학생에게 "시키는 대로 하지 않으면 가족들을 몰살시켜버리겠다"고 위협해 불러내는 수법으로 여 초교생, 여중생을 5명이나 욕보였다. 또 주부에게 "남편이 교통사고를 당해 중상을 입었으니 급히 나와 달라"고 속여 불러낸 뒤 성폭행했다. 계속 걸려오는 전화를 끊으려 하면 남편에게 간통한 사실을 알리겠다고 협박하기도 하는데 10년 동안이나 계속 동일인으로부터 희롱, 협박전화를 받아오다 남편과 이혼한 경우도 있다.

미국, 일본 등에서도 성희롱 협박전화에 골머리를 앓는다. 미국에선 발신자 전화번호를 아는 장치가 개발됐으나 이어 발신자 번호를 알 수 없게 하는 장치도 개발됐다. 우리나라에서도 전화가 걸려오면 상대편 목소리 녹음을 내보내거나 자동경고음을 보내는 장치가 개발돼 시판중이다. 관계전문가는 범인을 만나자고 유인해 경찰에 넘기는 방법도 있으나 피해를 줄이는 일차적인 방법은 놀라거나 대꾸하지 않고 끊는 것이라고 조언한다.

《동아일보》 1991. 5. 1

사체死體는 말한다

지난 1987년 국립과학수사연구소 법의학 과장으로 박종철(朴鍾哲) 군 부검을 맡았던 황적준(黃迪駿) 박사는 온갖 협박과 회유에도 굴복하지 않고 '쇼크에 의한 심장마비'가 아니라 '경부(頸部) 압박 치사'라고 밝혀 고문치사임을 세상에 알렸다. 이듬해 박군 사망 1주기를 기해 그는 다시 자신의 1년 전 일기장을 공개, 당시 강민창(姜玫昌) 치안본부장과 치안본부 간부들이 고문치사를 쇼크사로 은폐·조작하려했음을 폭로했다. 경찰 수뇌부가 구속됐고 그 자신은 사표를 냈다. 그러면서 그는 "법의학은 죽은 자의 한을 풀어주는 인권존중의 학문"이라고 선언했다.

그는 그 후 1년 반 동안 실직상태에 있으면서 숱한 협박전화 등에 시달렸다. 그러나 진실은 빛을 보게 마련. 모교 교단에 서는 것이 평생 꿈이었는데 그 꿈이 이뤄져 모교인 고대 의대의 부교수로 임용됐다. 황 교수가 7일 성대생(成大生) 김귀정(金貴井) 양 부검에 검찰 측 부검의로 참여했다. 부검을 마친 검찰 측 부검의인 이정빈(李正彬) 교수 등은 일단 가슴압박에 의한 질식사로 추정했다. 대책위 측 부검의들도 대체로 동의했다. 공식부검 결과는 오는 11일에 발표된다.

'사체(死體)는 말한다.' 법의학에서 자주 인용하는 말이다. 모든 변사체는 검시를 통해 사인이 밝혀진다는 뜻. 부검을 통한 사인판명률은 90%가 넘는다. 검시방법은 외표검사(外表檢査)하는 검안(檢案)에서부터 신체를 절개해 내부를 보는 부검으로 들어가 병명의 확인을 위한 병리조직검사, 위내용물 및 혈액, 뇌척수액, 담즙, 뇨(尿) 등의 검사에 X선 및 세균검사를 병행하기도 한다.

김양 사인규명을 위해 강제적으로라도 부검하겠다는 검찰, 최루가스에 의한 질식사라며 선(先)수사를 요구한 대책위, 억울하게 죽은 시신에

칼을 대 두 번 죽일 수 없다는 유족 측이 그동안 팽팽히 맞서왔다. 이런 일은 시국사건 희생자가 나올 때마다 되풀이됐다. 강경대(姜慶大) 군의 경우 서로 버티다 검안에 그쳤고 박창수(朴昌洙) 씨의 경우 영안실 벽을 뚫고 들어가 시신을 압수해 부검을 하기도 했다. 권력이나 운동권의 편견 때문에 죽음의 진실이 은폐돼서는 안 된다. 진실의 최대의 적은 편견이다.

《동아일보》 1991. 6. 8

헤세의 가을, 릴케의 가을

"…여름이 그 마지막을 향해/잠잠히 몸부림친다/잎새들이 하나씩 금빛 물방울이 되어/높은 아카시아 나무에서 굴러 떨어진다/죽어가는 정원의 꿈속에서/여름이 깜짝 놀라 피로한 웃음을 띤다/여름은 지금 잠시 동안/장미꽃과 더불어 잠들고 싶어한다/이윽고 여름은 서서히/피로한 그 큰 눈을 감는다…". 헤르만 헤세의 〈9월〉이다. 9월은 산들바람, 높푸른 하늘, 기러기, 단풍 든 잎새, 황국(黃菊)의 향기, 고독과 애수의 계절이다.

"주여 어느덧 가을입니다/지나간 여름은 위대했습니다/태양 시계 위에 당신의 그림자를 눕히고/광야로 바람을 보내주시옵소서/일 년의 마지막 과일이 익도록/따뜻한 남국의 햇빛을 이틀만 더 베풀어 주십시오/…혼자만인 사람은 언제까지나 혼자 있을 것입니다/한밤중 눈을 뜨고 책을 읽으며/긴 편지를 쓸 것입니다/나뭇잎이 떨어질 때 불안스러이/가로수가 나란히 서 있는 길을/왔다 갔다 걸어다닐 것입니다". 라이너 마리아 릴케의 〈가을날〉이다.

이광수는 가을은 비애의 감정을 일으키게 한다고 했고 정비석은 서글프고 애달픈 계절이라고 했다. 유리알처럼 파랗게 갠 가을하늘을 홀로 우러러보고 있노라면 마음은 까닭 없이 서글퍼진다. 우수수 부는 가을바람, 흩날리는 낙엽, 섬돌 밑에서 밤새워 울어대는 귀뚜라미의 구슬픈 울음소리는 세월의 덧없음과 속세의 허무함, 무엇 하나 해놓지 못했다는 공허감을 안겨준다.

엄청난 수해로 인명·재산손실이 컸고 10년 만에 발생한 콜레라로 근심 걱정이 쌓였던 8월도 가고 이젠 9월이다. 가을은 쓸쓸하고 스산한 계절이지만 그래도 결실의 계절, 수확의 계절이다. 오곡백과가 여물고 익어가며 모든 것이 풍성하다. 이 달은 중추야(仲秋夜) 밝은 달 떠오르는 추석과 백로 추분의 절기다. 기러기 울어 예는 가을, 황국향 그윽한 가을은 독서의 법열(法悅)을 깨우치는 등화가친(燈火可親)의 계절이기도 하다. 세파에 시달리고 쫓기고 서성대다 보니 자연히 책과도 멀어진다. 올 가을은 좀더 느긋하게 여유를 찾아 독서삼매(讀書三昧)경에 빠져보자.

《동아일보》 1991. 9. 1

이기주의와 이타정신

지난 20일 경남 양산에서 한 덤프트럭 운전사가 적재함을 올린 채로 철교 밑을 달리다 적재함이 철교를 들이받았다. 마침 사고현장에서 400여 미터 떨어진 취수장 확장공사장 작업반장 김삼중(金三重)씨가 이를 목격했다. 이 철로는 열차왕래가 빈번한 경부선이다. 현장으로 달려간 김씨는 철로가 심하게 휘어져 있는 것을 발견했다. 금세라도 열차가 달려올지도 모른다. 그랬다가는 대형 참사가 빚어질 것은 뻔한 일이다. 아니나 다를까, 멀리서 열차가 달려오고 있었다.

김씨는 잠바를 벗어 혼신의 힘을 다해 흔들어 속도를 줄이도록 유도했다. 그 열차는 많은 승객을 태운 부산발 서울행 제 82 무궁화호였다. 이를 본 기관사는 최선을 다해 속력을 줄였다. 그러나 관성 때문에 멈추지는 못하고 저속으로 철교에 진입했다. 5량이 탈선하고 3량이 전복, 승객 28명이 중경상을 입었다. 그렇지만 대형 참사는 면했다. 김씨가 아니었더라면 수십 명, 수백 명이 희생됐을지도 모른다. 덤프트럭 운전사가 당연히 해야 할 일을 외면해버린 것을 멀리 작업장에서 일하던 김씨가 뛰어와 해냈다.

최근 이틀 새 벌어진 대구의 나이트클럽 방화사건과 여의도의 자동차 폭주 사건으로 근 40명이 목숨을 잃거나 크게 다쳤다. 방화와 폭주가 빚은 인명손실이다. 참으로 암울한 사건이다. 생명의 존엄성이라곤 눈곱만큼도 고려치 않는 반윤리적 참화다. 이 사건들에서 더욱 충격을 받는 것은 상대가 어린이든 어른이든, 인명피해가 10명이든 100명이든 아무 상관이 없다는 사고방식이다. 남이야 어찌됐든 내 알 바 아니라는 심보다. 우리는 지금 인간성 상실의 비극의 시대에 살고 있다.

규범의 붕괴와 도덕적 파탄으로 중병에 걸려 있는 우리 사회는 신뢰와 협조정신을 잃어버린 채 탐욕적 이기주의가 팽배해있다. 이런 각박한 세태 속에서도 솔선해 인명을 구하는 데 앞장선 작업반장 김삼중 씨의 애타(愛他)정신이야말로 우리 모두가 귀감으로 삼아야 할 덕목이다. 의당 트럭운전사에게 책임을 물어야 하고 작업반장에게는 영예로운 보상을 마련해 주어야 한다.

《동아일보》 1991. 10. 22

천직의식과 근로의 질

세계에서 우리나라 근로자들의 근로시간이 가장 길었으나 최근 들어 여가선용에 대한 관심이 높아지고 노조활동이 강화되면서 계속 줄어들고 있다. 1986년 주당 근로시간이 52.5시간이던 것이 1988년 51.1시간으로 줄더니 1990년엔 48.2시간, 금년 1/4분기엔 46.3시간으로 5년 새 6.2시간이나 줄었다. 1989년 현재 미국 38.5시간, 서독 40.9시간, 일본 42.9시간에 비해 아직도 길지만 최근엔 격주 토요휴무제가 확산되어 가면서 더 줄어들고 있다.

서구 근로자들은 근무시간은 짧지만 일하는 동안은 최선을 다해 열심히 하는데 우리의 경우 일터에 오랜 시간 머물러 있으면서 시간만 채우는 경우가 많다고들 말한다. 이 말을 증명이라도 하는듯한 근로자의식·성향조사가 발표돼 눈길을 끈다. 한국노동연구원에 따르면 우리 근로자들이 회사에 체류하는 시간과 실제 근로시간에는 큰 격차를 보여 하루 8시간 이상 근무할 경우 작업 이외에 보내는 시간이 최소 1시간에서 최고 3시간에 달한다는 것.

일이란 근무시간의 길고 짧음보다 근무노동의 진하고 엷음이 중요하다. 이보다 더 중요한 것은 의욕을 갖고 일하는 마음자세다. 귀찮은 일, 괴로운 일이라고 생각하면 그 일이 힘들고 진척도 되지 않는다. 다정한 사람과 걸으면 10리 길도 멀지 않지만 가기 싫은 길은 5리 길도 지겨운 법이다. 의욕 못지않게 근면도 중요하다. 재능 있는 사람은 근면이 그 재능을 더욱 빛나게 해주고 재능이 없다 해도 근면이 그 결점을 보충해준다.

노동연구원 조사내용을 보면 응답 근로자의 55%가 기회가 있으면 일자리를 옮기겠다고 했고 근무중인 회사를 평생직장으로 여기겠다는 근로자는 22.5%밖에 되지 않았다. 회사에 대한 귀속의식이 극히 희박하다.

이런 현상은 물론 사용자 측에도 책임이 있겠지만 우리 근로자들이 대체로 천직의식이 부족한 것 같다. 헨리 포드는 처음부터 자동차사업에서 대성할 포부로 자동차공장의 직공이 되지 않았다. 맡은 일을 열심히 하는 동안 한 계단 두 계단 올라가 자동차 왕이 되었다. 인간에게 가장 소중한 것은 바로 지금 자신이 하고 있는 일이다.

《동아일보》 1991. 12. 21

목적 없으면 곧 시든다

관포지교(管鮑之交)로 널리 알려진 관중(管中)은 제(齊)나라 환공(桓公)의 재상이 되어 부국강병책을 써 나라를 부강케 한 정치가이며 법가다. 부민(富民), 치국(治國)을 역설한 저서 《관자》(管子) 86편이 유명하다. BC 7세기의 인물인데도 관중은 목적의식과 인생의 설계에 탁월한 식견을 남겼다.

목적의식 가진 사람은 스스로 성장

한 해의 계획은 봄에 달려 있고 하루의 계획은 아침에 달려 있다. 봄에 논밭을 갈지 않으면 가을에 거둘 것이 없고 아침 일찍 일어나 서두르지 않으면 그날 할 일을 다 하지 못한다. 젊은 시절을 한 해로 치면 봄이고 하루로 치면 아침이다. 봄엔 화사한 꽃이 만발해 눈과 귀를 유혹하는 것들이 많다. 이목의 향락을 좇느냐, 부지런히 논밭을 가느냐에 따라 인생의 수확이 있고 없고가 결판난다고 관중은 경고했다.

관중은 또 일 년의 계획은 오곡을 기르는 일보다 더한 것이 없고 십 년의 계획은 나무를 기르는 일보다 더한 것이 없으며 평생의 계획은 사람을 기르는 일보다 더한 것이 없다고 했다. 관중은 인간사에서 사람을 기르고 가르치고 도와주는 일보다 더 원대한 목표는 없다고 가르쳤다. 그 같은 숭고한 목표가 아니더라도 인간은 어떤 목적을 가짐으로써 스스로 성장한다. 목적하는 바가 모두 다 엄청난 것일 수는 없다. 사실 사람이 서 있는 그 지점이 바로 숭고한 목적으로 나아갈 수 있는 출발점인 것이다. 자신이 놓여 있는 그 환경과 그 시점이 바로 목적을 향한 출발점이다.

많은 사람들이 무슨 일을 할까 말까 망설이기만 하고 결정하지 못한다. 방황과 주저다. 우리가 겪게 되는 고민이란 어떤 일을 시작했기 때문에 생긴다기보다 할까 말까 망설이고 주저하는 데서 더 많이 생기는 것 같다. 이것도 아니고 저것도 아니고 하여 오래오래 멈칫거리는 것은 문제해결에 아무 도움이 되지 않는다. 결심하는 것이 중요하며 미리 실패를 두려워할 것은 없다. '진인사대천명'(盡人事待天命), 바로 그것이다. 무슨 일을 망설이는 것보다 불완전하더라도 시작하는 것이 한 걸음 앞서는 것이다.

영국의 역사학자 토머스 칼라일은 '목적을 갖고 있지 않은 사람은 곧 시들어 사람다울 수가 없다. 좀 심하다고 여길지 모르지만 전연 목적이 없는 것보다는 비록 사악(邪惡) 한 목적이라도 있는 편이 낫다'고 주장했다.

희생 따르더라도 이타주의 자세 필요

새해를 맞을 때마다 무슨 엄청난 목표를 세우고 그 달성을 위해 일로매진할 필요까지야 없겠지만, 중심을 세워 흔들리지 않고 한 해를 꾸려 나가는 것은 참으로 바람직하다. 인생을 설계해 영위해 가는 데 필요한 덕목(德目) 은 수없이 많다. 정직, 겸손, 관대, 순수, 성실, 근면, 검소, 용기, 협동, 인내 외에도 창의력을 기른다든가, 이웃사랑을 하겠다든가, 술과

도박을 않겠다든가, 재산을 늘려야겠다는 등등. 모두가 다 한 해의 목표로 설정하는 데 조금도 부족함이 없는 항목들이지만 관중(管中)이 특히 강조한 '사람을 기르고 가르치고 도와주는 것'보다 더 원대한 목표는 없는 것이라는 말이 큰 가르침으로 와 닿는다.

사람을 기르고 가르치는 일은 쉬운 일이 아니지만, 자세를 갖추고 마음만 먹으면 나름대로 이웃이나 주변을 도울 수는 있다. 주변을 돕다 보면 부하직원이나 후배 사원을 기르고 가르칠 수도 있을 것이다. 큰 스승으로서가 아니라 가깝고 다정한 조언자로서 일익을 할 수 있다.

지금 우리 사회는 범죄의 만연, 규범의 붕괴, 신뢰의 상실로 도덕성과 이웃사랑이 땅에 떨어져 있다. 오직 내 이익만 챙기고 이웃에 대한 배려는 않는 탐욕적 이기주의가 팽배해 있다. 이런 세태 속에서 서로 돕지 않으면 공멸의 위기에 놓이게 된다. 사리사욕의 이기주의에서 벗어나 이웃을 돕는 이타주의(利他主義)에 대한 군건한 마음가짐이 있어야겠다.

양보와 협조는 인류문화 발전 위한 왕도

자신이 앞장서 양보할 때 상대편도 양보하게 된다. 아무것도 양보하지 않는 사람은 곧 양보할 만한 아무 것도 갖지 못하게 된다. 평생에 걸쳐 길을 양보해도 1백 보도 안 될 것이며 평생 동안 밭두렁을 양보해도 반 마지기도 안 될 것이다.

어떤 직장, 어떤 사회에서도 양보와 협조의 자세가 환영받지 않을 곳이 없다. 인류는 예로부터 오늘에 이르기까지 서로 협조하면서 이어져 내려왔다. 상호 협조하는 정신의 결과가 인류문화의 발전을 가져온다. 상호부조는 자연의 법칙으로서 인간뿐만 아니라 생물 전체의 진화의 중대한 요건이다.

이같은 본질적 현상을 들춰낼 것도 없이 사람이 살아가면서 이웃이나 주변을 돕는 것은 더할 수 없이 아름답다. 이웃을 돕는 것도 도와보지 않고는 도울 줄 모른다. 도와보고 나서야 그 기쁨과 만족을 알 수 있다. 대체로 도울 수 있는 입장에 있는 사람이 도움을 받아야 할 입장에 있는 사람을 도우면 양쪽 모두가 즐겁다. 여유 있는 측이 약자를 돕지 않고 외면해 버릴 경우 약자는 물론 모두 좋은 것은 없다. 이런 정도의 감정을 깨닫지 못한다면 그 사람이야말로 가장 마음이 가난한 약자인 것이다.

직장에서 동료, 상사, 아래 직원이 어려움에 처해 있을 때 사람에 따라 돕기도 하고 모른 체하기도 하고 심한 경우 음해(陰害)까지도 서슴지 않는다. 음해를 한다고 해도 한계가 있을 것이며 그래 보았자 결국은 주변에서 알게 돼 효과나 이득을 보기는커녕 결국은 심각한 손실만 입을 뿐이다. 모른 체하는 사람이야말로 두말할 것도 없이 바보다. 이 사람은 다른 아무것도 이룩해 낼 수 없는 하찮은 졸장부이기 때문이다.

어려움에 처해 있을 때 알게 모르게 도우려고 나서는 사람이 주변의 공감을 얻게 되고 어떤 일을 성취해 내며 결국은 성취하게 된다. 도우려는 사람은 우선 주변에 대해 떳떳하다. 비겁하게 회피하고 숨기려 드는 것이 없기 때문에 자연스럽다. 매사에 자신만만해질 수밖에 없다. 맨 처음 음해하려던 사람이나 모른 체하던 사람도 결국은 이 도우려는 사람, 떳떳하고 자연스럽고 자신만만해진 사람에게 굽히지 않을 수가 없다. 그 길이 대도(大道)이기 때문이다. 상대편이 굽혀 와서가 아니라 주변을 도우려는 자세야말로 인간사에서 가장 가치 있는 일이 아닐 수 없다. 그 길만이 발전이 기약된 왕도(王道)다.

우리 속담에 '외손뼉이 못 울고 한 다리로 가지 못한다'는 말이 있다. 유태(猶太) 속담에 '개 두 마리가 모이면 사자도 죽일 수 있다'는 말이 있다. 동료·상사·아래 직원을 기르지는 못하더라도 도와줄 수는 있다. 이것을 시작하는 시점이 바로 목표에 도달하게 되는 과정이 된다.

《우성가족》 1992. 1.

정직과 성실은 최선의 길

전생(前生)이니 내세(來世)니 천국이니 지옥이니 하는 것들은 모두 자신도 자존도 없는 하찮은 인생의 기복(祈福) 사상에서 비롯된 것이라면 인간은 다른 무엇도 아닌 단순한 시간(時間)이란 생각이 든다. 주어진 일정한 시간을 살다가 시간이 되면 떠나가는 것이다. 인간이 얼마나 하찮은 것인가를 한번 눈여겨보라. 어제까지만 해도 태아였던 것이 오늘을 살다가 내일엔 뻣뻣한 시체나 한 줌의 재로 변해버린다. 인생 각자의 몫으로 할당된 시간은 그토록 짧다.

과거 · 현재 · 미래의 세 가지 시간이 있다고 모두들 알고 있다. 그러나 좀더 정확하게 말한다면 과거의 것의 현재, 현재의 것의 현재, 미래의 것의 현재가 있다고 보아야 한다. 미래의 현재는 주저하지 않고 다가오고, 현재는 쏜살같이 날아가 버리며 과거는 영원히 정지한 채로 있다. 우리는 시간을 초 · 분 · 시 · 일 · 월 · 한 해 · 한 세기 등으로 구분해 역사를 기록해 나간다. 그러나 엄밀히 따져 보면 시간에는 그 경과를 표시하는 구분이 있을 수 없다. 새 날이나 새 달이나 새 해를 알리는 뇌성이나 벽력같은 것도 없다. 신세기(新世紀)가 시작될 때도 우리들끼리 나팔을 불고 예포를 울리는 것이다.

사람도 그 무엇도 기다리지 않고 계속 흐르는 시간이 지금 인간들이 만들어놓은 달력의 1992년의 첫 장(章)을 시작한다. 인간들의 한 해가 속절없이 사라지고 또 한 해가 시작된 것이다. 평소 인간사란 모두 부질없다는 것쯤은 느끼고 있어 작년 한 해가 시작할 때도 별다른 포부 같은 것은 없었다. 그러나 좀더 내실 있고 소중하게 보내야겠다는 생각은 했었다. 보통 사람은 시간을 소비하는 것에 마음을 쓰고 재능 있는 사람은 시간을 이용하는 데 마음을 쓴다고 한다. 나도 시간을 유익하게 써 소기의 욕망도 채우고 보람 있는 한 해를 장식하고도 싶었다. 그러나 그렇게 된 것 같지가 않다. 3분의 1 수준에나 이르렀을까. 아니면 실패작이라고나 할까. 그러나 한 가지, 뜨거운 열정(熱情) 만은 아직 남아 있다는 자신감에 위안이 된다.

새해에는 이 열정을 발휘해 맡은 일에 더욱 충실해야겠다는 생각이다. 시간을 알차게 보내는 방법은 열심히 활동하는 것이다. 안일(安逸) 에 파묻히면 시간은 견딜 수 없이 지루하다. 시간을 충실하게 보내는 것만큼 행복한 것도 없다. 시간뿐만 아니라 모든 것에 성실한 것만큼 만족감을 얻는 방법은 없다. 사람은 성실할수록 자신을 얻게 된다. 성실할수록 태도가 안정되어 가며 매사에 긍정적이고 적극적인 자세를 갖게 된다. 누구나 마음속에 식지 않는 열과 성의를 가지면 최소한도의 소기의 목적을 달성할 수 있다고 생각한다. 열성과 정직은 백 권의 책보다, 천만금의 돈보다 강하다. 정직과 성실만큼 사람을 움직이고 감동시키는 것은 없을 것이다.

그러나 필설(筆舌) 은 쉽지만 양심적인 실천은 쉽지 않다. 내 자신이 그만한 소양을 갖추고 있는지 자신이 없다. 그러나 날마다 아침에 일어날 때부터 매사에 대한 나의 성실을 독려하고 한 발 두 발 실천에 옮겨 가야겠다. 인생은 비록 짧은 시간이지만 무심히 흘려보내는 것이 아니라 성실과 정직으로 내용을 이루어 나가는 것이라고 생각된다. 내게 주어진 시간을 정직과 성실로 채워 나가야겠다. 사실 우리는 시간 외에는 아무것도 가진 게 없지 않은가. 잘만 선용하면 시간은 내 인생에 충분하다는 자신감을 가져 본다.

《롯데쇼핑》 1992. 1.

부자父子의 정까지 끊는 이념

"두려울 때 자신을 잃지 않는 대담성을 갖고 정직한 패배에 부끄러워하지 않으며 승리에 겸손한 아들을 저에게 주옵소서. 고난과 도전에 직면해 분투할 줄 알도록 인도해주시어 폭풍우 속에서도 용감히 싸울 줄 알고 패자를 관용할 줄 알도록 가르쳐 주옵소서. 마음이 깨끗하고 목표가 높은 아들을, 남을 정복하려고 하기 전에 자신을 다스릴 줄 아는 아들을, 장래를 바라봄과 동시에 지난날을 잊지 않는 아들을 저에게 주옵소서."

널리 알려진 맥아더 장군의 기도문 중 "내가 원하는 아들"의 한 구절이다. "자기 자신에게 지나치게 집착하지 말게 하시고 겸허한 마음을 갖게 하시어 참된 위대성은 소박함에 있음을 알게 하시고 참된 지혜는 열린 마음에 있으며 참된 힘은 온유함에 있음을 명심하게 하옵소서. 그리하여 나 아버지는 어느 날 내 인생을 헛되이 살지 않았노라고 고백할 수 있도록 도와주시옵소서"로 이 기도문은 끝맺는다. 언제 읽어도 세상의 모든 아버지가 아들을 위해 기도하고 싶은 감동적인 내용이다.

'불면 날까 쥐면 꺼질까.' 부모가 자식을 애지중지 키운다는 우리 속담이다. 그러나 자식은 죽을 때까지 부모의 그 은공을 다 모른다. '어린 자식은 부모의 마음을 밟고 큰 자식은 부모의 혼을 밟는다'는 영국 속담도 있다. 전대협 대표로 북한에 파견됐다가 현재 베를린에서 망명 요청을 해 놓고 있는 성용승(成墉乘) 군(건국대 4년)의 아버지 성춘경(成春慶) 씨가 그동안 아들의 행각에 대한 배신감과 애틋한 부정(父情), 주위의 따가운 시선 등으로 고민해 오다 11일 숨졌다.

성씨는 유난히 사랑했던 용승 군이 작년 6월 한 마디 의논도 없이 출국하면서부터 당혹함과 아들에 대한 그리움으로 웃음을 잃은 채 한숨의 나날을 지내 왔다. 성씨는 베를린에까지 가서도 아들을 못 만나고 돌아온 후 약국 문까지 닫고 식음을 전폐하다시피 지내다 당뇨병이 도져 숨을 거뒀다. 성씨는 '대한민국의 아들임을 잊지 말라'는 당부로 결코 미워할 수 없는 자식 사랑의 유언을 남겼다. 이념이 도대체 뭐기에 부자간의 정까지 끊으려 하는가. 부모의 사랑과도 맞닿을 수 없는 자녀의 마음이 너무나 냉혹하기만 하다.

《동아일보》 1992. 2. 13

홀로서기와 마주보기

'여러분은 백 년을 살 작정으로 일하라. 여러분은 내일 죽는다는 셈치고 놀아라'고 벤저민 프랭클린은 근로의 중요성을 역설했다. 그러나 이 경구가 현대의 노동현장에서 얼마나 먹혀들지 의심스럽다. 노동쟁의가 절정에 달했던 지난 '90년 한 해 동안 우리의 근로손실일수는 무려 445만 일이었다. 일본 근로손실일수의 열 배를 훨씬 넘는 수치다. 하지만 다행하게도 작년엔 상당히 줄어 322만 8천 일이었다. 전체적으로 안정희구 쪽으로 흐르고 있는 느낌이다. 이를 두고 정부당국은 노사(勞使)가 그동안의 시행착오를 바탕으로 협상의 지혜와 기술을 쌓았기 때문이라고 분석했고, 재야노동단체 측은 가중되는 탄압에 의한 강요된 침묵이라고 해석했다. 어떻든 외견상 노사관계가 향상되어 가고 있는 느낌이다.

노사 양측의 극한대립 속에 노조 측의 파업결행으로 심대한 타격을 입은 회사가 한둘이 아니다. 아주 결딴난 기업도 많다. 반면 노조 측의 자발적인 구사결의로 회사가 정상을 되찾은 것은 물론, 이를 계기로 노사 양측이 더욱 이해하고 협조해 산업평화를 정착시켜 기업을 더욱 발전시킨 경우도 없지 않다. 또 외국인 사주(社主)의 일방적인 폐업신고로 존폐의

기로에 섰던 기업이 노사 간의 끈질긴 정상화 노력으로 되살아나 해외에 제 2공장까지 세운 예도 있다. 파업농성 끝에 '우리가 회사를 살리자'고 나서서 문 닫은 회사를 더욱 번창시킨 것이다.

원만한 노사관계에 있어서는 국내 최고임을 자부하는 회사도 있다. '일할 맛 나는 직장'으로 인정받아 한국경영자총협회로부터 '보람의 일터' 대상을 받은 업체가 그곳이다. 유압실린더와 특장차를 생산하는 'D기전(機電)(주)'는 합리적인 급여 체계와 인사관리, 임원과 생산·사무 간의 평등 유지, 복지제도 완비, 일반 사원의 경영참여 등으로 노사가 함께 일하고 함께 대우받는 분위기를 조성해 놓았다.

노사관계 안정을 위한 방안은 무엇일까. 그것은 두말할 것도 없이 노조는 무리한 요구를 자제하고 기업은 대우를 잘해 주면서 복지사업을 확대해 가는 것이다. 그러나 그런 일을 실행에 옮기는 것이 쉽지가 않다. 실질적으로는 가장 극난(極難)한 일이다.

얼마 전 한국노동연구원이 임금투쟁과 관련된 노사분규를 막기 위한 방안을 모색하기 위해 몇 가지 조사를 했다. 그 결과 회사의 이익을 노사가 합의에 의해 적절한 수준에서 나눠 갖는 성과배분제도를 실시하는 기업들이 노사분규도 적고 생산성도 높은 것으로 밝혀졌다. 미국, 일본 등 선진국에서 이미 상당한 성과를 거둔 이 제도는 노사 합의에 따라 기업의 경영이익이 목표액을 넘을 경우 이익의 일정 부분을 근로자에게 돌린다. 현금, 주식, 사내 복지기금 등의 형태로 배분해 주는데, 이를 통해 생산성 향상과 함께 노사 공동체 의식을 높여 분규억제 효과를 거두는 것.

한 마디로 사용자 측은 기업의 이익을 나눠 갖는 공정분배의 실현에 심혈을 기울이고, 노동자 측은 분배 원천의 증대를 위해 생산력 제고에 총력을 기울이면 된다. 그러나 이익을 나눠 갖는다는 것은 쉬운 일이 아니다. 원래 욕심은 만족을 모르는 불가사리다. 사람들은 살아가기에 충분한 재산을 갖고도 항상 적다고만 불평한다. 욕심은 욕심을 낳고 눈을 어둡게 한다. 달리는 사슴을 보고 얻은 토끼를 잃는다는 우리 속담이 있다. 멧돼지 잡으러 갔다가 집돼지 잃었다는 속담도 있다.

서양 일화에도 비슷한 내용이 많다. 눈 내리는 어느 날 밤 목동이 한 떼의 양을 몰고 동굴 속으로 눈을 피하러 들어갔다. 그 속에는 살찐 야생 양 한 떼가 역시 눈을 피하고 있었다. 목동은 살찐 야생 양을 제 것으로 만들려고 제 양떼는 버려두고 야생 양에만 건초를 먹였다. 눈이 멎자 건초를 먹고 기운이 난 야생 양들은 동굴을 뛰쳐나가 달아나 버렸다. 실망한 목동이 자신이 몰고 온 양떼를 보았더니 건초를 안 준 탓으로 모두 죽어 있더라는 것이다. 지나치게 욕심 부리다가는 도리어 손해 볼 뿐이라는 이야기다. 욕심을 잉태한즉 죄를 낳고 죄가 장성한즉 사망을 낳는다는 성서 구절도 있다.

원래 모든 것을 탐내면 모든 것을 잃는다. 사람은 나누어 준 것은 크다고 생각한다. 공정분배란 이렇듯 쉬운 일이 아니다. 이 사회는 함께 사는 사회다. 정의로운 사회, 신뢰할 만한 사회, 밝은 사회를 만들어 나가기 위해 사용자 측이 먼저 공정분배를 위해 노력해야 한다. 모든 것은 욕심이 없는 사람에게 모이기 마련. 욕심을 같이 하는 사람은 서로 미워하고 사랑을 같이 하는 사람은 서로 친하게 지낸다. 이기주의야말로 인류 최대의 재앙이다. 이기주의에서 벗어나야 산업평화가 이룩될 수 있다는 것은 노동자에게도 해당된다. 사용자 측이 이기심에서 헤어나 공정분배에 노력해야 하는 것과 같이 노동자도 분배 원천을 마련하기 위해 성심성의껏 일해야 한다. 비스마르크가 청년에게 고한 단 세 마디는 참으로 인상적이다. '일하라, 더욱 일하라, 끝까지 일하라'는 경구가 그것이다. 휴식과 재산과 행복은 누구나 갈망하는 바이지만 그것은 오직 열심히 일하는 데서만 얻어진다.

사람은 다만 명상하고 느끼고 꿈꾸고 노래하기 위해 존재하는 것이 아니다. 사람은 가치 있는 일을 하기 위해 이 세상에 태어난 것이다. 참다운 노동자는 자기의 일을 마치 아내를 대하는 것처럼 애정을 갖고 대하는 사람이다. 이런 노동이야말로 생산성을 제고해 분배 원천을 확대하는 값진 행동이다.

톨스토이는 일을 부지런히 해 손에 굳은살이 박인 사람은 식탁의 제일 상좌에 앉아 따뜻한 밥을 먹을 수 있지만, 아무 일도 않고 빈둥빈둥 놀아서 손에 굳은살이 박이지 않은 사람은 식탁의 제일 하좌에 앉아 남이 먹다 남은 찌꺼기의 찬밥을 맨 나중에 먹어야 한다고 설파했다. 이것이 사람이 사는 사회의 법률이요 종교요 도덕이요 철학이라는 것이다.

양식을 구하기 위해 노동을 할 필요가 없는 사람도 건강을 위해 일할 필요가 있다. 노동은 육체건강에 좋을 뿐만 아니라 정신건강에도 좋다. 대화나 교섭, 타협과 양보, 이해와 협조, 근면과 성실, 존중과 사랑이 조금씩 싹을 틔워 가면 아무리 험난한 노사관계라도 봄눈 녹듯 녹을 것이다.

《대우전자 소식》 1992. 5.

아버지답기는 쉽지 않다

요즘 우리 어린이들은 아버지를 '회사 가는 사람, 일하는 사람, 신문 보는 사람, 술 마시는 사람'으로, 어머니는 '밥하고 밥 주며 설거지하고 옷 갈아입혀주며 같이 자는 사람'으로 알고 있다. 특히 아버지는 자녀와의 대화나 접촉이 유달리 적은 것이 사실이다. 생업에 바빠 자녀와 보낼 시간이 부족하겠지만 그에 앞서 아예 관심부터가 모자란다. 어쩌다가 자녀와 대할 적마다 '공부해라'만 되뇌는 것이 우리의 부모상이 아닌가 싶다.

구미 지역의 부모들은 산책이나 운동, 게임을 자녀와 함께 하는 경우가 많다. 자녀들의 공부를 돌봐주는 경우도 흔하다. 그러나 우리의 아버지들은 대부분 직장을 핑계 삼아 집안일이나 아이들 교육을 몽땅 어머니에게 미뤄버린다. 어머니 역시 이제 여성도 집안에서 희생만 하고 있을 수 없다며 기회만 있으면 외출해버린다. 자녀들은 어떤가. 잘못된 교육환경 속에서 친구마저 경쟁상대로 적대감을 품은 채 시험공부에만 매달린다.

이런 상황에서 자녀들이 제대로 성장하기는 어렵다. 빈발하는 청소년 범죄나 어린이 사고는 대체로 아버지가 아버지 역할을, 어머니가 어머니 역할을 제대로 하지 못하는 데서 비롯된다. 동서고금을 통해 엄격한 아버지, 인자한 어머니의 모습은 불변의 모럴이다. 그러나 지금 우리의 부모상은 그렇지 못한 것 같다. 자녀와의 대화가 끊기고 자녀로부터 존경받지 못하는 아버지의 모습은 참담하기만 하다.

미성년 아들이 성폭행을 했을 경우 친권자인 아버지에게도 아들에 대한 감독을 소홀히 한 것에 대한 배상책임이 있다는 판결이 나왔다. 또 서울경찰청은 7월부터 6세 미만 어린이를 교통사고 위험이 있는 길거리에서 놀게 한 부모에게 교통안전교육을 한 뒤 범칙금을 물리기로 했다. '아버지가 되기는 쉽다. 그러나 아버지답기는 어렵다'는 옛말이 있다. 육아서로 유명한 스포크 박사는 가정교육에서 가장 중요한 것은 부모의 도덕적 신념이라고 말한다. 부모들은 이 신념을 자녀에게 보여주고 자녀들이 이를 자연스럽게 본받게 해야 한다고 충고한다.

《동아일보》 1992. 6. 30

전북인의 뿌리와 자존

우리나라에서는 구석기 시대 유적은 발견되지 않고 신석기 시대 유적이 발견됐는데, 그 중에서도 부안군(扶安郡) 계화도(界火島)에서 발견된 유적은 참으로 특이하고 신비스럽다. 이곳에서 출토된 돌도끼 중에 달나라에서 토끼가 계수나무를 찍는다는 동요에서나 들어 볼 수 있는 옥도끼 2점이 섞여 있다. 투명한 젖빛에 자줏빛 흘림무늬가 박힌 옥수(玉髓)를 정교하게 갈고 다듬은 것이다.

또 이 부근에서 우리나라에서는 처음으로 볍씨 자국이 찍힌 기원전(紀元前)의 유물 토기(土器) 조각이 발견됐다. 이로 미루어 보아 우리 민족의 주식인 쌀농사가 기후·지질 등 살기 좋은 천혜의 조건을 두루 갖춘 전북(全北) 지역을 중심으로 펼쳐지지 않았는가 하는 추정이 가능하다. 기원전 3~4세기의 청동기 문화도 금강 어귀로 들어와 익산(益山) 지역에 정착했던 것 같다. 익산의 오금산 기슭이나 함열에서 발견된 구리칼, 구리거울 등이 이를 입증해 준다.

익산 지역에 근거한 마한 시대(馬韓時代)는 참으로 아름답고 찬란한 문화를 꽃피운 시대였다. 마한의 진왕은 54개 부족국가로 이루어진 마한과 24개 부족국가인 변한 및 진한까지를 영도하는 영군(英君)이었다. 마한을 뒤이은 백제(百濟)는 비류왕 6년에 우리나라에서 연대가 가장 앞서고 규모도 가장 큰 저수지인 벽골제를 김제(金堤)에 쌓아 농자천하지대본의 국가 기틀을 잡았다. 백제는 일본에 문물을 가르쳐 준 스승의 나라다. 금강을 통해 이지방의 목수, 석수, 기와장이, 대장장이, 가죽장이, 조각가, 화가는 물론 논어와 불경을 가르치는 학자와 스님들도 건너가 미개 사회인 일본에 찬란한 아스카 문화 시대를 열게 해 주었다.

백제는 외세(外勢)를 끌어들인 신라의 통일 의지에 희생되었다. 백제는 고구려처럼 내분으로 망한 것도 아니요, 신라처럼 피폐와 난정(亂政)과 내란(內亂)으로 망한 것도 아니요, 고려처럼 무신을 업신여기다가 쿠데타로 망한 것도 아니요, 조선처럼 당파(黨派) 싸움과 외세와 결탁한 친일파 때문에 망한 것도 아니다. 신라가 우리 민족과는 숙원(宿怨) 관계인 당나라를 끌어들여 힘이 부쳐 나라를 잃은 것이다. 신라도 종내는 당나라

휘하에 예속되고 고구려 구토(旧土)도 거의 모두 빼앗겼다. 백제인의 대당(對唐) 항쟁은 특히 부안, 정읍, 완주 등지에서 완강했다. 이 지역에 관련 유적들도 많이 남아 있다. 후백제를 세워 백제 복원의 기치를 내건 것도 전북 지방이다. 견훤(甄萱)은 전주에 도읍을 정하고 줄기차게 항쟁했다. 진정한 삼국 통일은 신라와 후백제, 후고구려 인들이 합심해 당군(唐軍)을 몰아내면서 이룩됐다.

왜구(倭寇)는 수천 년을 두고 우리를 괴롭혔다. 이 왜구를 가장 통렬하게 격퇴·전멸시킨 곳이 남원 운봉 땅이다. 이성계는 아지발도(阿只拔都)가 이끄는 왜구 2만 대병을 맞아 고려의 존망을 건 대혈전을 벌여 대승을 거뒀다. 바로 황산대첩(荒山大捷)이다. 임진왜란(壬辰倭亂)과 정유재란(丁酉再亂) 때도 전북 지역의 민관군(民官軍)은 풍전등화의 국운(國運)을 죽음으로 지켰다. 남원의 만인의총(萬人義塚)과 지금은 충남(忠南)으로 편입된 금산의 칠백의총(七百義塚), 그리고 진안의 태치대첩(態峙大捷)을 거둔 천인의총(千人義塚) 등 3대 의총이 모두 이 고장에 있다.

아울러 한말(韓末)의 구국혼(救國魂)을 불태운 의병 중에 이 고장 출신들이 많다. 의병장 면암(勉庵) 최익현(崔益鉉)이 최초로 봉기한 곳도 태인과 순창이다. 전봉준(全琫準) 손화중(孫化中) 등 전북지역 인물들이 앞장선 동학혁명(東學革命) 발원지도 역시 이 고장이다. 나라의 정치가 썩어가자 녹두장군은 '제폭구민', '보국안민'의 기치를 높이 들고 일어섰다. 이들은 이 고장이 낳은 일대 풍운아일 뿐만 아니라 이 나라 근대 농민혁명의 지도자다.

전북은 국악(國樂)의 성소(聖所)라고도 할 수 있다. 남원의 송흥록(宋興祿)은 조선 말기 판소리 명창으로 가왕(歌王)의 칭호까지 받았다. 판소리의 중시조(中始祖)다. 또 고창의 신재효(申在孝)는 종래 계통 없이 불리던 광대소리를 정리하여 〈심청가〉, 〈박타령〉, 〈토끼타령〉 등 판소리 6마당으로 체계를 세웠다. 판소리 사설문학을 집대성해 놓았다. 남원의 박초월(朴初月), 고창의 김소희(金素姬) 등이 이 악성(樂聖) 들의 뒤를 이었다.

전북지방은 한 마디로 인걸(人傑)의 고장이기도 하다. 독립투사로 정읍이 배출한 백정기(白貞基) 의사는 3열사(烈士) 중 한 분이며 익산이 낳은 가람 이병기(李秉岐), 장수 출생의 정인승(鄭寅承) 선생도 한글학자로서의 명성 못지않게 독립운동에 헌신한 분들이다. 이 밖에도 고창의 인촌(仁村) 김성수(金性洙), 근촌(芹村) 백관수(白寬洙), 순창의 가인(街人) 김병노(金炳魯)를 비롯하여 소선규(蘇宣奎), 양일동(梁一東), 나용균(羅容均), 윤제술(尹濟述), 조한백(趙漢栢), 이철승(李哲承) 등 수많은 지도자들을 배출했다. 또 고창이 낳은 시인 서정주(徐廷柱), 부안의 신석정(辛夕汀)도 빼놓을 수 없는 전북의 자랑이다.

전북 사람들은 베풀기를 좋아한다. 내 편 네 편을 가르고 혼자서 몽땅 움켜쥐겠다는 생각은 대체로 권력추구에 눈이 먼 사람들이 하는 것이다. 중앙의 세도에서 멀리 떨어져 있는 전북 사람들은 가르기보다는 모으기를, 잘라내기보다는 온전하게 보전하기를, 외면하기보다는 따뜻하게 관심을 갖는 것을 그 마음의 본바탕으로 하고 있다. 중앙에서 멀리 비켜서 있는, 도 남해안에 접해 있거나 북쪽 국경선에 접해 있는 지역 사람들처럼 그악하거나 강인하지 못한 데가 있다. 항상 따뜻하여 정이 많고 구슬픈 가락 속에 젖어 있는 성품이다. 그러나 언제나 풍월이나 읊으며 한가롭게 있는 사람들은 아니다. 역사가 증명하듯 왕성한 저항 정신에 활화산 같은 활력도 지니고 있다.

이와 함께 전북인들은 의타하지 않고 자신의 힘으로 살아간다는 강력한 신념, 곧 자존(自尊) 의식이 강하다. 자존심이란 결코 배타가 아니며 교만도 아니다. 자존심은 인격의 기초요, 나라의 정신과 같다. 자존 의식이 약한 사람은 비굴하고 불쌍하며 주인 의식이 없다. 우리나라는 지금 자존심 없는 사람들로 인해 수많은 죄악이 저질러지고 있다. 보잘것없는 인간들은 갖가지 흉악범죄를 저지르고 어떻게 해서 높은 직위에 오른 인간들은 부정부패와 협잡을 일삼고 있다. 그들은 자존심을 상실해 불명예와 치욕을 알지 못한다. 지금 우리 사회에서 일어나는 각종 해악은 모두 자존심을 상실한 데서 비롯된 것이다.

지난해부터 시작된 새만금(萬金) 간척 종합개발사업은 2004년까지 1조 3천억 원을 들여 세계 최장의 방조제(총연장 33㎞)를 축조해 4만여 ha의 뭍을 일구는 대역사다. 연간 하역능력 5천만 t의 국제항도 건설된다. 바야흐로 전북이 중심이 되는 서해안 시대가 다가오고 있다.

전북인은 서해안 시대에 걸맞은 의연한 자세를 잃지 않아야 한다. 꾸준히 향상의 길로 나아가기 위해서는 자기 확립을 위한 자존 의식의 정립과 함께 이웃과의 협동·협조·협력 정신을 길러야 한다. 우리는 옛적부터 항상 협조하면서 이어져 왔고 그래서 자랑스러운 전북의 역사를 이룩했다. 우리의 전북을 청사(靑史)에 더욱 빛내기 위해서도 전북인의 자존 의식에 바탕을 둔 협조 정신을 더욱 키워 나가야겠다.

《전북시대》 1992. 7.

적법수사 강조 판결

지난 1963년 3월 미국 애리조나에서 강간 등 혐의로 경찰에 구금된 어니스트 미란다라는 피의자가 변호인의 조력을 받을 권리와 묵비권 등을 수사관으로부터 사전에 고지 받지 못한 채 자신의 범죄를 자백하고 이 자백을 토대로 유죄를 선고받았다. 그러나 재판 과정에서 담당경관 2명은 피의자의 기본권을 충분히 보장하지 않은 채 수사했음을 시인, 결국 1966년 미 연방 대법원은 "헌법에 보장된 묵비권을 침해해 얻은 자백은 배척한다"며 원심파기판결을 내렸다.

형사소송절차의 준수를 특히 강조하는 미국에서는 수사관이 피의자를 연행할 때 묵비권 행사, 변호인의 조력을 받을 권리, 자신의 진술이 법정에서 불리한 증거로 채택될 수 있음을 사전에 알려주는 '미란다 경고'가 관행으로 정착돼 있다. 그동안 우리나라 수사기관은 열악한 근무조건과 낙후된 장비 등을 내세워 적법수사 등 피의자 인권보호를 등한시해 왔다. 국민들도 수사관의 무리한 수사를 어느 정도 용인해 온 것도 사실이다.

그러나 최근 대법원의 판결이 달라지고 있다. 지난 6월 대법원은 범죄단체조직 등 혐의로 원심에서 중형을 선고받고 상고한 피고인에게 피의자 방어권 보장 판결을 내렸다. 수사기관이 피의자에게 진술을 거부할 수 있는 형사소송법상의 권리가 있음을 사전에 알리지 않았다면 혐의가 인정되는 진술도 피해자나 관련 피고인의 유죄증거로 삼을 수 없다는 인권보호 측면의 판결을 내린 것.

이 같이 적법수사를 강조하는 판결이 최근 계속 내려졌다. 8월 들어 대법원은 증거부족을 이유로 3건이나 원심을 깨고 무죄취지의 파기환송 판결을 내렸다. 부인치사, 상습절도 등 3건의 상고심에서 대법원은 "비록 유죄의 심증이 있다 하더라도 증거가 부족할 경우 피고인의 이익으로 돌려야 한다"는 취지의 판결을 내렸다. 두말할 것도 없이 우리 형사소송법도 증거재판주의를 채택하고 있다. 최근의 인권존중 성향의 잇단 판결은 참으로 바람직하다. 특히 고문 등에 의한 자백강요가 다시는 고개 들지 못하도록 인권보호와 적법수사의 틀을 확립해주는 방향으로 판결이 내려져야 한다.

《동아일보》 1992. 8. 20

실패는 전진 위한 훈련

흔히 사람들은 일을 시작해 놓고 그 일이 실패로 돌아갈까 전전긍긍한다. 심한 경우 '만일 이번 일에 실패하면 나는 끝장이다. 자살이라도 해버려야겠다'며 조바심한다. 운명의 손이 자기를 돌봐주기만을 바라는 이런 사람들은 일종의 자기 열등감에 사로잡힌다. 실패하지 않고 나아가기만을 바라기 때문에 패배감이나 열등감의 노예가 된다. 고귀한 실패는 저속한 성공의 수준을 얼마나 멀리 뛰어넘고 있는지를 이런 사람들은 전혀 알지 못한다.

버트런드 러셀은 이런 사람들에게 충고한다. "자기의 어제의 실패에 대해 스스로를 괴롭히지 말라. 한 가지 실패로 자꾸 괴로워하는 것은 다음 일도 실패로 이끄는 원인이 된다. 한 가지의 실패는 그것으로 막을 내리게 하는 것이 중요하다. 모든 자기학대 감정은 체념이 부족한 탓이다. 자기학대는 자기만을 다칠 뿐 아니라 나아가 남을 다치게 한다." 실패하는 것은 전진하기 위한 훈련이다. 실패란 하나의 교훈에 다름 아니다. 우리는 때때로 인간의 성공에서보다 실패에서 더 많은 것을 배운다.

100여 개 4년제 대학에 응시한 수험생 59만여 명은 지금 더할 수 없는 초조 속에 결과를 기다린다. 금명간에 합격·불합격이 발표되기 때문이다. 응시생 7명 중 2명만이 합격하고 나머지는 실패의 쓰라림 속에 좌절과 절망감을 안게 될 것이다. 낙방생 학부모들도 마찬가지다. 그 밖의 가족, 친지들도 가슴 아파한다. 문제는 수십만 명의 낙방생들이 겪게 될 쓰라린 역경을 어떻게 극복하고 굳건히 재기하느냐에 달려있다.

산다는 것은 항상 자기가 좋아하는 상태에만 놓여있을 수는 없다. 역경과 시련을 극복해가는 과정에서 보람을 느끼고 행복감을 갖는다. 결단과 끈기로 재도전하는 강력한 의지가 중요하다. 한 번쯤의 실패는 전혀 두려워할 것이 못된다. 반면 합격생들도 겸허한 자세를 가져야한다. 그릇이 작은 사람일수록 성공하면 제 자랑으로 삼고 실패하면 남의 탓으로 돌린다. 선생님과 부모의 덕택으로 돌리는 겸손한 몸가짐은 주변에서 보기에도 아름답다.

《동아일보》 1992. 12. 26

왼손이 모르게

"그동안 최선을 다해 미련은 없다. 이 합격증을 그동안 고마웠던 친구에게 주고 싶다." 돈이 없어 진학을 포기한 대학 합격생이 옛 고아원 동기생들에게 남긴 메모내용이다. 부산 '소년의 집' 출신인 유명휘(柳明輝) 군은 대학진학의 꿈을 버리지 못해 직장까지 그만두고 열심히 공부해 성균관대에 합격했으나 등록금을 마련할 길이 없어 친구를 찾아가 이 쪽지를 남기고 사라졌다. 그러나 고아원 동기생들이 어려운 처지인데도 더욱 어려운 친구를 위해 돈을 모아 유군의 등록금을 내주어 진학의 꿈을 이루게 했다.

하늘 아래 어느 누구에게도 의지할 데 없는 고아. 그래서 이들의 우정은 더욱 다습고 이들의 인정은 더욱 포근하다. 이웃돕기가 유난히 메말랐던 지난 연말에 화제가 됐던 '서대문공원 노인들의 아들'이 생각난다. 매일 점심시간에 김밥이나 빵, 음료수 등이 담긴 박스를 둘러메고 서대문공원에 나타나 점심 굶는 노인들에게 무료로 나눠주었다. 7년 동안이나 이 선행을 계속하고 있는 김종은(金鍾殷) 씨도 고아원 출신이다. 배고팠던 고아원시절이 문득문득 떠올라 이 일을 하고 있다는 것.

무료급식소로 문을 연 대구 '요셉의 집' 앞엔 매일 '기적'이 일어나고 있다한다. 외로운 노인 신체장애자, 부랑아들을 거두어 따뜻한 식사를 제공하는 이 집 앞엔 매일 아침이면 누가 갖다놓았는지 쌀, 배추, 생선 등 음식거리와 휴지, 치약 등 생필품이 한 아름씩 쌓여 있다는 것. 준다는 것은 그 자체가 기쁨이다. 누군가에게 사랑을 준다는 것은 더욱 큰 기쁨이다. 이처럼 오른손이 하는 일을 왼손이 모르게 베푸는 것은 그 무엇과도 바꿀 수 없는 커다란 기쁨이다.

흔히들 사회를 위해 무엇인가를 내놓을 때마다 이름이 크게 밝혀지기를 바란다. 이것은 주는 이상으로 받으려는 마음이 아닐까 싶다. 신문이나 TV에 자주 비치는 성금기부자 명단에 많은 사람들이 감명을 느끼지 못하는 것은 그 때문이다. 요즘 각 대학마다 등록금을 받고 있다. 그것도 엄청나게 오른 액수다. 공부하고 싶어 하는 어려운 처지의 입학생이 돈이 없어 진학을 포기하는 일이 없도록 우리 주변을 한번 살펴보자.

《동아일보》 1993. 1. 8

참되고 밝고 기쁘게

이래도 한 세상 저래도 한 세상 사는 인생이라면 이왕이면 참되고 밝고 기쁘게 살아야 하지 않겠는가. 세상만사가 진실을 바탕으로 할 때 더욱 값지고 아름답다. 진실은 항상 가까운 곳에 있다. 사람들이 그것에 주의하지 않을 뿐, 찾아보면 진실은 바로 곁에 있다. 진실하게 행동하면 어둠을 사르고 아침 해가 솟아오르듯 광명이 비친다. 태양은 대지 위에서 끊임없이 창조력을 발휘해 만물에 생명력을 불어넣는다. 그 무엇에도 비길 수 없는 가장 값진 생명. 새로 태어나는 그 생명에 우리가 축복과 감사를 보내는 것은 그것이 모든 어둡고 낡은 것들을 헤집고 밝고 새로운 것으로 솟아나기 때문이다.

밝은 세상, 밝은 삶은 우리 모두의 소망이다. 온갖 흑심, 야욕, 음흉을 털어내 버리고 밝고 생동감 넘치게 피어나는 생기 있는 삶을 살자. 참되고 밝은 삶에 기쁨을 더하면 금상첨화다. 기쁨은 사람에게 생동감을 안겨주고 쾌활함은 수명을 연장시킨다. 기쁨 없는 인생은 기름 없는 램프와 같다. 기쁨은 열심히 추구해서 소유하는 것이 아니다. 그것은 생활을 참되게 영위할 때 자연히 안겨지는 것이다.

기쁨은 인생의 욕구이며 힘이며 소망이다. 인간은 누구나 기쁨에 대한 욕구를 갖고 있으며 기쁨을 가질 권리를 갖고 있다. 그러나 참다운 기쁨은 대단한 명예나 커다란 이익을 구하는 데 있지 않다. 가령 대단한 출세를 하고 큰 부(富)를 쌓아서 영광스럽고 행복하더라도 그대 자신과 같이 그것을 마음으로부터 진정으로 기뻐해 주는 사람이 없다고 한다면 그것이 어떻게 큰 기쁨이라고 할 수 있겠는가. 슬픔은 홀로 삭이는 것이며, 또 저절로 해결이 된다고 한다. 그러나 기쁨은 그 진가를 찾으려면 함께 나눌 사람이 있어야 한다.

많은 사람들이 명성을 얻고 지위가 높음이 즐거운 것인 줄 알고 있다. 그러나 참 기쁨은 명성이나 지위와 관련이 없다. 정말로 참 기쁨은 가장 단순한, 비용이 들지 않는, 있는 그대로의 순수한 즐거움이다. 어찌 보면 기쁨은 마음가짐, 정신자세에 달려 있는 것이다.

《논어》(論語)에 '학이시습지 불역열호 유붕자원방래 불역낙호'(學而時習之 不亦說乎 有朋自遠方來 不亦樂乎)란 공자 말씀이 있다. 배우고 때때로 익히면 기쁘지 않느냐. 벗이 있어 먼 곳에서 찾아오면 또한 즐겁지 않느냐는 뜻이다. 진실로 반갑고 기뻐하는 모습을 '함소상희'(含笑相喜)라고 한다. 오랜만에 찾아온 자식이나 친지를 맞아 보고 또 보면서 웃음을 머금고 서로 기뻐한다는 말이다. '환천희지'(歡天喜地)란 말도 있다. 날뛸 정도로 너무너무 기쁘다는 뜻.

괴테는 기쁨을 약간 색다르게 표현했다. '기쁨에는 괴로움이, 괴로움에는 기쁨이 없으면 안 된다'고 했다. 또 '기쁨이 있는 곳에 사람과 사람 사이의 좋은 결합이 이루어지며 사람과 사람 사이의 결합이 있는 곳에 기쁨이 있다'고 했다. 《걸리버 여행기》의 저자 조나단 스위프트는 '환희는 짧고 무상한 것이며 유쾌는 정착되어 항구적이다' 라고 표현했다. 기쁨이란 신열과 마찬가지로 단 하루뿐이라는 말도 있고 보면 역시 기쁨이란 순간적인 면이 없지 않고 유쾌함은 은은한 면이 있다. 너무 좋다고 날뛸 것도 없고, 너무 싫다고 침체해 있을 것도 없다. 어차피 한평생 살아가는 데 잡다한 고뇌는 털어 버리고 유쾌하게 살아가자. 모든 일을 기쁜 마음으로 대하면 거기에서 다시 기쁨이 솟아난다. 고뇌는 고뇌를 재생산하고 기쁜 마음은 기쁨을 재생산한다. 참되고 밝고 기쁘게 살자.

《제일은행》 1993. 2.

퍼스트 레이디

퍼스트 레이디 중에는 남편의 그늘 아래서 조용히 뒷바라지하는 것으로 만족하는 주부형이 있고 일을 찾아 정치, 사회에 적극 참여하는 활동형이 있다. 주부형으로 평판이 높은 퍼스트 레이디는 드골 대통령 부인 이본 여사. 여사는 엘리제궁 안주인 시절 직접 시장에 가 줄을 서서 가족들의 식료품을 사들고 왔다. 그러나 대부분의 퍼스트 레이디들은 활동형에 속하는데 국민들로부터 존경받는 유형과 잇따른 구설수에 오르는 유형이 있다.

프랭클린 루스벨트 부인 엘리노 여사는 내주장(內主張)으로 인한 말썽이 전혀 없었으며 갖가지 헌신적인 사회사업을 꾸준히 펴 국민의 존경과 사랑을 한 몸에 받았다. 1982년 미국 100여 개 대학 역사학 교수들을 대상으로 역대 퍼스트 레이디들에 대해 국가공헌도, 성실성, 리더십, 지성, 개성, 용기, 이미지 등에 평점을 매기도록 했다. 여기에서 엘리노 여사가 단연 으뜸이었고 레이건 대통령 부인 낸시 여사가 최하위인 15위였다.

미국 언론들은 도널드 리건 백악관 비서실장을 쫓아낸 낸시 여사를 무력한 남편 대신 칼자루를 휘두르는 '드레곤 레이디'라고 불렀다. 또 심약한 남편 대신 단검을 집어든 '맥베스의 부인'이라고 꼬집고 '권력에 굶주린 퍼스트 레이디'라고 혹평했다. 낸시와는 다르지만 클린턴 대통령 부인 힐러리 여사는 6개 부처 장관을 거느리는 의료행정 개선특위 의장직을 맡는 등 맹렬한 활약으로 막강한 권한을 행사한다. 그래서 빌러리 대통령이란 말까지 생겨났다.

부시와 미테랑 대통령에 공통점이 한 가지 있다고 한다. 그것은 본인들은 인기가 없는데 바바라 여사와 다니엘 여사는 인기가 높다는 점. 우리나라엔 국민들로부터 존경받은 퍼스트 레이디가 없었다. 비명에 간 육영수 여사는 좀 다르지만 대체로 사랑받은 분이 없었다. 김영삼 대통령의 취임식 날 의외로 손명순 여사가 눈길을 끌었다. 항상 대통령 뒷전에 서서 접하는 사람마다 모두에게 깊숙이 허리 굽혀 인사했다. 오랜만에 허리 굽혀 인사하는 퍼스트 레이디를 본다.

《동아일보》 1993. 2. 27

아침은 천지창조의 시작

아침은 새벽과 함께 열리는 여명, 개벽, 곧 천지창조의 시작을 상징한다. 아침은 해돋이에 의한 신선한 빛과 밝음을 상징하면서 어둠이나 밤의 상징과 대립하여 암흑을 몰아내는 힘을 뜻한다. 어둠을 지워버리고 새로이 솟아나는 힘은 다시 태어나는 것, 곧 재생을 상징한다. 아침 해가 떠오르는 곳을 향하여 꾸준히 이주해 온 우리 민족은 그래서 아침의 민족으로 일컬어진다.

고조선이라는 국호에서의 아침 조(朝) 자도 우리 민족의 근본과 여명개벽을 의미하는 아침의 상징성을 함유하고 있다. 또 신라시조 박혁거세의 박자도 처음 떠오른 해침 해와 같이 밝(明; 박) 다는 뜻이다. 고구려 시조 동명왕의 동명도 해 뜨는 동녘처럼 밝다는 뜻이다. 원효대사 역시 첫새벽 아침을 뜻하는 이름이다. 그런 연유로 하여 우리나라는 전 세계에 '조용한 아침의 나라'로 알려져 왔다.

우리 전래풍습에도 아침결을 가장 영험하게 여겼다. 부스럼이나 종기가 났을 때 자고 일어나 말하기 전의 침을 바르면 낫는다고 여겼다. 장티푸스, 말라리아 등의 예방과 치료 역시 아침 해가 뜨는 쪽으로 뻗어난 복숭아나무 가지로 때리면 병이 낫는 것으로 믿었다. 또 눈 아픈 사람은 아침 해를 보도록 했는데 아침은 영기가 가득 찬 힘이 있는 시간이라는 점에서 그 힘으로 질병을 쫓을 수 있다고 믿은 데서 비롯된 것이다.

시작이 좋아야 끝이 좋다든지, 시작이 반이라는 사고에 젖어있는 우리나라 사람에게는 아침은 하루를 시작하는 때로 그 중요성이 강조된 경우가 많다. 동아일보가 창간 73주년을 맞아 4월 1일부터 아침에 배달된다. 빛이 있는 아침, 소리가 있는 아침, 동아일보가 독자 여러분의 새아침을 연다. 창간 이래 줄곧 언론 정도를 걸어온 동아일보는 지면쇄신과 함께 정론(正論), 직필(直筆), 공정보도의 자세를 새롭게 가다듬어 새아침에 독자 여러분을 찾아간다.

《동아일보》 1993. 4. 1

큰소쩍새

명저 《우울의 해부》의 작가 로버트 버튼은 "소쩍새는 저보다 더 잘 노래하는 새가 있다면 부끄러워 죽고 말 것"이라고 표현했다. 심장을 지근지근 찢어버리는 듯 울음 우는 소쩍새, 멸종위기의 그 큰소쩍새 번식지가 국내 처음으로 춘천에서 발견됐다고 한다. 천연기념물 제 324호인 큰소쩍새가 농가부근 100년 된 밤나무 구멍에 둥지를 틀고 새끼 낳고 사는 것이 발견돼 학계의 관심을 끌고 있다.

소쩍새는 중국 촉나라 두우(杜宇)란 이름의 망제(望帝)가 믿었던 신하에게 나라를 빼앗기고 원사(寃死)해 두견새가 되어 밤마다 목구멍에서 피가 나도록 우는 새라 전해진다. 그래서 두견새, 두견(杜鵑), 두우(杜宇), 두백(杜魄), 망제혼(望帝魂), 불여귀(不如歸), 귀촉도(歸蜀道), 촉혼(蜀魂), 촉백(蜀魄), 촉조(蜀鳥) 등으로 불리며 자규(子規), 접동새라고도 한다. 소쩍새는 동서고금 시제로 자주 등장한다.

고려 때 정서(鄭敍)는 유배지에서 "내님을 그리사와 우니다니 산접동새 난 이슷하요이다"라 읊었고 조선의 정충신은 "공산이 적막한데 슬피 우는 저 두견아 촉국흥망이 어제오늘 아니거든 지금에 피나게 울어 남의 애를 끊나니"하고 한탄했다. 서정주도 "한 송이 국화꽃을 피우기 위해 봄부터 소쩍새는 그렇게 울었나 보다"고 노래했고 신석초도 "접동새, 우는 접동새야 네 우지 말아라/무슨 원한이 그다지 골수에 사무치길래 밤중 빈 달에 피나게 울어 남의 애를 끊느니"하고 읊었다.

신록의 계절 5월은 가고 녹음방초의 6월이 다가왔다. 녹엽 사이에 일어나는 가느다란 파동, 비단같이 매끈하고 부드러운 녹향청훈(綠香靑薰)의 촉수. 휘영청 달 밝은 산촌의 밤이면 소쩍새가 피 어린 흐느낌 속에 가슴 찢는 울음을 운다. 자연은 인간의 영원한 안식처다. 욕망과 굴욕, 고

통과 번민, 마음의 온갖 티끌을 쓸어내고 별과 하늘과 바람과 녹음 속에 두견의 울음에 귀 기울이며 잠시라도 세속의 고뇌를 잊어보자.

《동아일보》 1993. 5. 30

청춘의 끓는 피

'청춘, 이는 듣기만 하여도 가슴이 설레는 말이다. 청춘, 너의 두 손을 가슴에 대고 물방아 같은 심장의 고동을 들어 보라. 청춘의 피는 끓는다. 끓는 피에 뛰노는 심장은 거선(巨船)의 기관같이 힘이 있다. 이것이다. 인류의 역사를 꾸며 내려온 동력은 꼭 이것이다.' 민태원(閔泰瑗)의 〈청춘예찬〉(青春禮讚)이다. 저명한 영국의 소설가 오스카 와일드는 '인간이 소유할 가치가 있는 유일한 것이 청춘'이라고 했다. 영국의 정치가 벤저민 디즈레일리는 '청춘 시절의 실책은 장년의 승리나 노년의 성공보다도 더 믿음직한 것'이라고 했다.

민태원은 청춘의 끓는 피를 다음과 같이 노래했다.

'이성(理性)은 투명하되 얼음과 같으며 지혜는 날카로우나 갑 속에 든 칼이다. 청춘의 끓는 피가 아니었다면 인간이 얼마나 쓸쓸했을까. 얼음에 싸인 만물은 죽음이 있을 뿐이다. 그들에게 생명을 불어넣는 것은 따뜻한 봄바람이다. 풀밭에 속잎 나고 가지에 싹이 트고 꽃 피고 새 우는 봄날의 천지는 얼마나 기쁘며 얼마나 아름다운가. 이것을 얼음 속에서 불러내는 것이 따뜻한 봄바람이다. 인생에 따뜻한 봄바람을 불어 보내는 것은 청춘의 끓는 피다. 청춘의 피가 뜨거운지라 인간의 동산에는 사랑의 풀이 돋고 이상의 꽃이 피고 희망의 놀이 뜨고 열락(悅樂)의 새가 운다.'

프랑스의 작가 앙드레 지드는 '아아, 청춘…, 사람은 그것을 일시적으로 소유할 뿐이고 나머지 시간은 그것을 추억할 뿐'이라고 표현했다. 독일의 극작가 실러는 '인생의 5월은 다만 한번 꽃필 뿐 또다시 피는 일이 없다'고 했다.

민태원은 청춘의 고귀한 이상을 찬탄했다. '이상! 빛나고 귀중한 이상! 그것은 청춘의 누리는 바 특권이다. 그들은 순진한지라 감동하기 쉽고, 그들은 점염(點染: 조금씩 젖어 물듦)이 적은지라 죄악에 병들지 아니하고, 그들은 앞이 긴지라 착목(着目)하는 곳이 원대하고, 그들은 피가 더운지라 실현에 대한 자신과 용기가 있다. 그러므로 그들은 이상의 보배를 능히 품으며 그들의 이상은 아름답고 소담한 열매를 맺어 우리 인생을 풍부하게 한다.'

돈이 있으면 이 세상에서 많은 것을 살 수 있다. 그러나 청춘은 살 수 없다. 5월에 단 한 번 꽃필 뿐 다시 피지 않는다. 인생은 청춘을 일시적으로 소유하며, 나머지 기간은 그것을 추억할 뿐이다. 청춘은 바람처럼 지나가고 화살처럼 날아간다. 인생은 두 번 다시 똑같은 강물 속에 서 있을 수 없다. 강물이 흘러가기 때문이다. 시간도 그렇다. 인생은 항상 같은 현실 속에 머물러 있을 수 없다. 어떤 상황에 부닥치지만 그 상황은 금방 지나가고 새로운 현실에 직면하게 된다. 새로 맞은 이 상황 또한 금방 지나가 버린다.

인간들이 재치를 자랑하고 욕심을 내고 돈과 명성을 뒤쫓지만 인생이 얼마나 무상한 것인지를 한번 눈여겨보라. 어제까지만 해도 태아이던 것이 내일이면 뻣뻣한 시체나 한 줌의 재가 되어 버린다. 시간은 순간순간 과거를 낳고 그 과거의 퇴적은 곧 죽음을 의미한다. 인생에 할당된 시간의 몫은 그토록 짧다. 짧은 인생은 시간의 낭비로 인해 더욱 짧아진다. 쇼펜하우어는 '보통 사람은 시간을 소비하는 것에 마음을 쓰고, 재능 있는 사람은 시간을 이용하는 것에 마음을 쓴다'고 했다. 시간은 돈이라고 하고 시간은 생명이라고 한다. 시간을 충실하게 메워 나가는 것이 행복이다. 스위스의 철학자 힐티는 그의 명저 《행복론》(幸福論)에서 시간을 버는 가장 훌륭한 방법은 일주일에 6일 동안 일정한 시간에 규칙적으로 성실하게 일하는 것이라고 정의했다.

성실함이란 인간이 갖는 가장 고귀한 것이다. 사람은 성실할수록 자신감을 갖게 된다. 성실해질수록 태도가 안전성을 갖는다. 하늘과 땅 앞에 자기가 엄연히 존재해 있다는 깨우침은 성실할 때 비로소 얻어지는 자각이다. 우리가 만약 어떤 목표 없이 인생을 허송세월한다면 그 일생은 단 하루도 인생의 존귀함을 모르고 말 것이다.

인생이란 무엇인가? 이에 대한 대답은 성실한 태도로 살아가는 사람들에게는 저절로 감득되는 것이다. 인생은 흘려보내는 것이 아니고 성실로써 그 내용을 이루어가는 것이다. 하루하루를 내가 가진, 내가 이룩한 그 무엇으로 차곡차곡 채워가는 것이다.

청춘의 피가 끓는 미래의 주인공, 고귀한 이상을 품은 역사의 주역인 청년들은 항상 마음속에 식지 않는 열(熱)과 성(誠)을 간직해야 한다. 매사에 열정적이고 성실하게 임하면 이룩되지 않는 것이 없다. 열정과 성실과 함께 정직과 겸손을 갖춘다면 더할 나위가 없다. 정직한 인간은 신이 창조한 것 중 가장 기품이 높은 작품이라고 한다. 겸손은 천국의 문을 열고 오만은 지옥의 문을 연다고 한다.

인간이 모든 덕목을 다 갖출 수는 없다. 열정·성실·정직·겸손 중 한 가지라도 강력한 의지(意志)를 갖고 제대로 실천하면 큰 보람을 얻게 된다. 가령 정직이나 성실을 그대의 벗으로 삼아 보라. 아무리 친한 벗이라도 그대 자신의 내면으로부터 나오는 벗, 정직이나 성실만큼 그대를 돕지 못할 것이다. 신뢰를 잃었을 때 인간은 가장 비참해진다. 이웃이 그대는 정직하다고 믿는다면 그대는 매사에 자신이 생기게 된다. 이웃이 성실하다고 믿는다면 그보다 더한 큰 힘이 없을 것이다. 백 권, 천 권의 책보다 단 한 가지 정직한 마음이 사람들을 움직이는 데 큰 힘이 될 것이다. 성실도 마찬가지다. 정직이든 성실이든 그대의 뱃속에서 나온 것이 아니면 남의 마음을 움직일 수 없을 것이다. 어떤 일에 부딪쳤을 때 지혜를 짜내려고 애쓰기보다 먼저 정직한 마음으로 성실하게 대해 보라. 사람이 지혜가 부족해서 일에 실패하는 경우는 극히 드물다. 사람에게 늘 부족한 것은 정직, 성실이다. 성실하면 지혜도 생기지만 성실하지 못하면 있는 지혜도 흐려진다.

금실로 지은 옷은 다시 얻을 수 있다. 그러나 청춘은 다시 얻을 수 없다. 작별 없이 지나간 청춘은 방정맞은 소조(小鳥)와 같이 한번 앉았던 가지로 다시 돌아올 줄 모르고 성냥불처럼 확 하고 커졌던 정열은 재가 되고 먼지로 화하여 자취 없이 사라진다. 그래서 아나톨 프랑스는 외쳤다. '내가 만약 신(神)이었다면 나는 청춘을 인생의 맨 끝에 배치했을 것이다'라고. 내 청춘, 내게 주어진 오늘을 어찌 소홀하게 넘기고 말 것인가. 열성을 다하여 충만하게 채워가자. 청춘의 피는 끓는다.

《전경》 여름호 1993.

책임감은 인간을 인간답게 한다

카네기는 '나이 먹는 것이 성장이 아니다'라는 글에서 책임 전가에 대해 이야기했다.

'아장걸음의 우리 아이가 어느 날 조그만 의자를 부엌으로 끌고 가 그것을 발판삼아 냉장고 위로 기어오르려고 했다. 나는 놀라서 달려갔지만 아이는 이미 마루에 굴러 떨어지고 난 뒤였다. 안아 일으켜 주니까 아이는 의자를 걷어차고는 아주 화가 난 목소리로 "의자자식 나쁜 놈, 나를 떨어뜨리고!"라고 외쳤다. 어린 아이를 다루어 본 경험이 있다면 이 같은 경우를 더러 겪었을 것이다. 어린 아이는 자기의 곤경이나 실패의 책임을 죄 없는 무생물이나 구경꾼에게 뒤집어씌우는 경우가 흔히 있다. 그러나 문제는 어린이 같은 태도가 어른이 되어서도 계속될 때 발생한다. 이런 사람들은 책임의 소재에 관해 분별할 수 있는 성인이 되어서도 자기의 실수나 잘못의 책임을 남에게 미루는 것이다.'

이 같은 경우 나이가 먹었어도 성장한 것이 아니라는 것이 카네기가 하고자 하는 이야기다. 자신의 실수나 잘못을 남에게 떠넘기는 경향은 인류의 역사와 비슷할 만큼 길어서 옛날부터 계속돼 왔다. 아담조차도 금단의 열매를 먹은 죄를 남에게 뒤집어씌웠다. "여자가 그 실과를 주었으므로 내가 먹었나이다"라고 떠넘겼던 것이다.

대체로 사람들은 모든 일에 책임을 지려 하지 않는다. 가정과 직장에서 혹은 사회생활을 하면서 가능하면 책임은 지지 않고 편리나 이익은 앞서 차지하려 한다. 그러나 역사상 위대한 인물들은 항상 맡은 일에 책임을 지려고 했다. 책임을 회피하기는커녕 적당히 넘어갈 수 있는 경우에도 구태여 자신의 책임을 분명히 해 어물어물 넘어가지 않았다.

미국의 에이브러햄 링컨 대통령은 불우한 환경 속에서도 역경을 딛고 대통령이 됐다. 그는 평생 매사에 책임지려 했다. 그는 "미국의 국민에 대하여, 그리스도교의 세계에 대하여, 역사에 대하여, 더욱 '나'라는 일개 인간의 궁극의 인격에 있어서 하나님 앞에 책임을 지지 않으면 안 된다"고 천명했다.

책임에 관한 한 명화 중의 명화 〈모나리자〉를 남긴 레오나르도 다빈치의 명언을 잊을 수 없다. 다빈치는 화가・조각가・건축가이며, 시인・음악가・기술자로서 르네상스 시대의 만능인이었다. 이 밖에도 해부학・광학・조류학・공기역학 등에도 조예가 깊었다. 그런 그가 왕의 품속에서 숨을 거두며 이렇게 말했다. "내가 해 온 일이 내가 해야 할 일에 못 이르렀기 때문에 나는 신과 인류에게 죄를 지었나이다."

우리 주변의 이 사람도 저 사람도 모두들 기회만 있으면 책임을 회피하려고 정신이 없다. 거의 대부분의 관공서에서 서로들 책임을 미루기 일쑤다. 경찰서나 파출소들은 관할 경계선에서 사건이 발생했을 경우 서로 자신의 관할 지역이 아니라고 떠밀다 범인을 놓치고 마는 경우가 적지 않다. 행정관서 민원창구에서도 직원들이 자신의 재량권으로 충분히 판단·결정할 수 있는 것을 혼자 책임지지 않기 위해 관련 부서에 가 협조 공문을 떼어 오라고 해서 민원인들이 여기저기 돌아다니느라 고생한다.

일반 직장에서도 딱 떨어지는 일이 아니면 서로 책임지지 않으려고 타부서나 주변에 미룬다. 솔선해서 책임지고 업무를 추진하지 않아도 자신의 인사고과에 별 지장이 없는 풍토이므로 조금이라도 탈이 날지도 모를 일은 맡으려 하지 않는 것이다. 실제로 우리나라의 많은 직장에서는 이리저리 책임을 회피하는 사람이 오래 붙어 있고 승진도 제대로 한다. 이것이 문제다.

어느 큰 회사에서 부장과 담당 중역 사이에 있었던 책임회피 에피소드는 한동안 주변에서 큰 화제가 됐다. 이사가 부장에게 새로운 사업계획을 시켜 놓고는 부장 결재가 난 관련서류가 올라오자 연필로 결재 사인을 했다. 뒤에 그 사업이 잘 진척되지 않고 문제가 생길 경우 책임을 지지 않기 위해 언제든지 지우개로 사인을 지울 수 있게 해 놓은 것. 담당 부장은 잘못하면 모든 것이 자신의 책임으로 돌아올 것이 두려워 중역의 연필 사인 위에 스카치테이프를 붙이고 그 옆에 자신의 도장을 찍어 고칠 수 없게 해 놓았다는 것이다. 참으로 한심스런 일이지만 우리의 책임전가 습성의 한 단면을 들여다보는 것 같다.

정치인들은 더하다. 책임질 수 있는 말을 하는 사람을 찾아보기 힘들며 설혹 책임질 각오로 언급했던 것도 얼마 지나면 흐지부지 넘겨 버린다. 그리고는 약속을 지키지 않는 것은 물론 책임도 지지 않는다. 실제로 각종 선거 때마다 얼마나 많은 공약이 쏟아져 나오는가. 대통령 선거, 국회의원 선거, 각종 지방의회 선거 때마다 요란하고 엄청난 공약들이 제시되지만 지켜진 것들은 별로 없다. 선거뿐만 아니라 정부 각 부서 당국자들의 책임의식은 참으로 미약하다. 민생치안 확립·민의 수렴·질서 확립·대민 봉사 등 민원 분야뿐만 아니라 교육·납세·병역·문화 등 각 분야에서 말뿐인 시책이 수두룩하다. 그런데도 누구 하나 제대로 책임지려는 사람은 없다. 그런 사람들은 대부분 자신의 무책임한 행위는 덮어두고 남의 무책임만 비웃고 등 뒤에서 헐뜯는다.

인간의 어떤 행위가 그 행위의 주체로 돌아가는 것을 책임이라고 한다. 책임이란 도맡아 해야 할 임무이며, 떠맡아 하지 않으면 안 되는 임무다. 우리 사회에서 만약 의무라는 것이 없어지면 기둥이 빠져 나간 건물처럼 서 있지 못한다. 의무가 없어지면 책임도 없어지고, 책임이 없어지면 모든 것이 없어진다.

죽는 순간까지도 의무와 책임을 강조한 인물이 있다. 저서 《유토피아》에서 이상 국가를 그린 영국의 정치가 토머스 모어는 헨리 8세의 압정에 반대했다가 처형당했다. 그는 단두대에 올라서서 도끼를 든 형리에게 말했다. "너의 직무를 제대로 수행하라. 내 목은 아주 짧으므로 빗나가지 않도록 조심하라. 너대로의 성실성을 지키는 것이 네 책임이 아닌가."

프랑스의 작가 생텍쥐페리도 "별빛 아래서 양 몇 마리를 지키는 사람이라도 만일 그의 역할을 의식한다면 자신이 하나의 하인 이상임을 발견하게 된다. 그는 보초인 것이다. 보초 한 명 한 명은 나라 전체에 대해 책임이 있는 것이다"라고 지적했다. 독일의 문호 괴테는 "각자가 자기의 문 앞을 쓸자. 그러면 거리의 온 구석이 청결해진다. 각자 자기의 과제를 다하자. 그러면 그 사회는 문제가 없어진다"고 말했다.

동양 명언에 이런 말이 있다. "비록 부엌에서 불을 때고 파의 껍질을 벗기는 하찮은 잡역일지라도 그것 역시 이 세상을 움직이게 하는 일이다."

책임이 너의 문을 두드릴 때 기꺼이 맞으라. 기다리게 하면 그는 돌아가더라도 다시 찾아올 것이다. 그때는 일곱 개의 다른 책임을 데리고 함께 온다.

《남해화학》 1993. 6.

향약鄕約… 권선징악의 율법

인간생활은 자연에 대한 순응과 인간집단에 대한 적응이다. 우리의 옛 촌락 관습의 가장 중요한 요인은 협동이었다. 협동방법으로는 동제(洞祭), 동회(洞會), 계, 두레, 품앗이 등이 있었다. 그 중 동회에서는 촌락사회의 1년간의 공동생활에 관한 규범, 규제내용 등 모든 문제를 토의하고 결정한다. 동제와 동회운영을 비롯, 수로 · 농로 · 친목 · 제재 · 풍기 · 품앗이 · 임금 · 부조 · 오락 · 모곡(募穀) · 구휼 등을 논의, 결정한다.

개화기 때 우리나라 전국을 돌며 복음을 편 선교사들이 한국인에게서 몇 가지 불가사의를 발견했다. 별로 배우지도 않았는데 도덕성이 높고 종교도 거의 없는데 선량하며 당장 끼니를 때우기도 어려운데 느긋해하는 점이다. 그 무엇이 이처럼 사람을 양질로 만들고 있는 것일까 하고 의아해 하다가 마을마다 권선징악을 취지로 한 향촌의 자치규약이 있는 것을 알고는 그 궁금증이 풀렸다 한다.

소규모 지방자치체 규약이라고 할 수 있는 향약(鄕約)이다. 20세 연장자는 부모처럼 대하고 남녀 간은 길에서 외면하며 연장 · 농기구 빌려주는 데 인색하지 않고 과객에게 밥과 잠자리를 마련해주며 이웃집에 불이 나면 함께 불을 끄고 양식을 갹출해주며 복구작업에 봉사한다. 향약 위반엔 태형(笞刑) 등 처벌내용도 강경하다. 옆집에 연기가 나지 않는 것을 사흘 동안 모르고 지내도 벌을 받는다. 가장 큰 벌은 출향(黜鄕)이다. 마을에서 쫓겨나는 것이다. 이 모든 것을 마을촌장과 유지들이 합의해 처리했다.

지금 우리 지역사회는 어떤가. 산업화・도시화로 모든 것이 변해버렸지만 그 중에서도 협동정신과 도덕성을 찾아보기 어렵다. 사직 당국은 지역사회에서 직책 등을 이용해 주민을 괴롭혀 온 지역유지와 악질토호 400명의 명단을 파악, 조사중이다. 요즘 지역사회에 비리가 만연돼 있다한다. 비리 지방유지들에 대해서는 '현대판 출향' 조치라도 취해 깨끗한 지역 사회 보전에 힘써야겠다.

《동아일보》 1993. 6. 23

띠뱃놀이

중요무형문화재 제 82호 위도 띠뱃놀이. 띠풀짚, 싸리나무 등을 엮어 길이 3m, 너비 2m 가량의 모형배를 만들고 배 안에 떡, 밥, 고기, 나물, 과일 등을 넣고 허수아비, 돛대 등을 만들어 세운다. 작은 판자 쪽엔 '대풍어 용왕님 귀하'라 써 붙여 놓는다. 바닷가에 용왕상을 차리고 여자들이 고깔 쓰고 장구, 징, 소고 등을 치며 용왕굿을 한다. 탈을 쓴 여인들이 노래에 맞춰 춤도 춘다.

띠배가 모선에 끌려 바다로 나간다. 옆에선 호위선들이 오색 뱃기를 휘날리고 모선에서는 농악과 〈술배노래〉 등이 어울려 띠뱃놀이의 절정에 이른다. 바다 가운데에 이르러 모선에 연결된 줄을 풀어버리고 마을사람들이 합장하거나 절을 하며 띠배가 마을의 모든 액을 싣고 멀리 떠나가기를 기원한다. 매년 정원 초사흗날 위도(蝟島)에서 베풀어지는 마을의 평안과 어민들의 풍어를 기원하는 마을 공동제의(祭儀)다.

위도는 변산 국립공원과 연결되는 천혜의 관광지이자 바다낚시터로 이름난 곳. 수려한 풍광과 은빛 백사장에 주변 청정해역의 풍부한 수산자원으로 강성돔, 농어, 숭어, 보구치, 우럭 등이 모두 모이는 바다낚시의 황금어장이다. 홍길동이 건설한 이상향 '율도국'도 바로 이 섬이라는 전설이 전해온다. 이 위도 부근 해상에서 서해 훼리호가 파도와 돌풍으로 침몰, 200명가량이 사망, 실종됐다. 재난을 예방하는 띠뱃놀이의 기원도 아랑곳없이 대형참사가 발생했다.

그러나 위도 주민들은 구조활동에 헌신적이었다. 침몰소식이 전해지자 악천후의 바다로 40여 척의 소형 어선을 끌고나가 60여 명의 목숨을 구하는 생사를 건 숭고한 인간애를 발휘했다. 지난번 아시아나기 추락사고 때 해남의 마천마을 주민들처럼 위도 주민들도 아직도 메마르지 않은 훈훈한 인정과 헌신적 봉사정신을 한껏 발휘, 위도 띠뱃놀이의 숨은 뜻을 과시했다.

《동아일보》 1993. 10. 12

성철性徹스님의 무한생명

우리 역사상 고승은 신라에서 많이 배출됐다. 혜초의 《왕오천축국전》, 원효의 《대승기신논소》(大乘起信論疏), 원측의 《해심밀경소》(解深密經疏)는 세계적인 불교저작들이다. 원측은 일찍이 당에 유학, 평생 중국에 머무르면서 많은 경전을 번역했고 유식학(唯識學)의 대가로서 당대 최고의 학승이었다. 현장법사도 인도에 유학해 새 학문을 들여왔지만 원측법사는 독자적으로 학문을 닦아 현장의 미흡한 점을 보완했다.

원측에게는 타고난 총기와 어학에 대한 천부적 재능이 있었다. 중국어는 물론 티베트어, 범어 등 6개 국어에 능통했다. 그래서 수많은 경전 번역으로 아시아 제국에 명성을 떨쳤다. 4일 입적한 성철 스님도 타고난 총명으로 영·독·불·일·중국어 등 5개 국어에 능통했다. 〈타임〉지를 정기구독했고 물리학, 심리학에서 심령학까지 두루 섭렵했으며 불경 해석에서도 높은 경지에 이르렀다.

성철 스님은 많은 기행을 남겼다. 1935년 승려가 된 해인사 백련암을 입적할 때까지 뜨지 않았다. 1981년 조계종 종정직을 수락하면서도 추대식장에 모습을 드러내지 않고 "산은 산이요, 물은 물이로다"는 법어로 대신했다. 꼿꼿이 앉은 채 자고 입도 열지 않는다는 8년간의 장좌(長坐) 수행으로도 유명하다. 속인은 물론 승려들조차 잘 만나주지 않았다. 다만 부처에 대한 신심의 증표로 3천 배의 절을 한 사람에게는 접견을 허용했다.

'깨달은 뒤에도 더 닦아야한다'는 돈오점수(頓悟漸修) 와 '깨달으면 됐지 무엇을 더 닦느냐'는 돈오돈수(頓悟頓修) 논쟁이 지금 우리 불교계에 맞서있다. 지난 1981년 성철 스님이 저서 《선문정로》(禪門正路) 에서 보조국사의 점수설(漸修說) 을 강하게 비판하면서부터다. 성철 스님은 점수가 수행하는 사람에게 얼마나 무서운 피해를 끼치는가를 논증하면서 깨달음 뒤에도 번뇌가 남는다면 그 깨달음은 무슨 깨달음이냐고 반박했다. 이 깨달음관을 엘리트 정선주의(精選主義) 라고 비판하는 점수설과 앞으로의 논쟁귀추가 주목된다. 어떻든 한국불교의 고승 한 분이 열반했다.

《동아일보》 1993. 11. 5

서울 정도定都는 600년 아니라 2012년

백제(百濟)의 수도 하면 으레 부여(夫餘)를 떠올린다. 그러나 사실은 백제 678년 동안 이곳이 수도였던 기간은 120여 년밖에 안 되고 서울 부근을 수도로 했던 기간은 근 500년에 이른다. 시조 온조가 남하해 BC 18년 한강 북쪽 지금의 서울 지역인 위례부락에 건국했다. 그 후 300여 년 뒤인 서기 290년대 제 9대 책계왕(責稽王) 때 한강 남쪽으로 옮겨 지금의 광주 춘관리(春官里) 부근으로 천도했다. BC 6년 천도설도 있으나 신빙성이 희박하다.

한강 북쪽 도읍지를 하북(河北) 위례성, 광주 지역을 하남(河南) 위례성이라 불렀는데 백제의 전성기는 바로 이 하남 시기다. 마한(馬韓)을 합치고 대방(帶方)을 차지했으며 고구려를 쳐 평양까지 점령하고 고국원왕(故國原王)을 죽였다. 중국 동진(東晋)과 일본과도 손잡았다. 그러나 고구려 광개토왕(廣開土王), 장수왕(長壽王)의 남진에 밀려 475년 공주로 천도했고 서울은 77년간 남평양이라 불렸다. 그 후 63년 만인 538년 백제는 다시 부여로 천도했다.

1394년 조선 태조가 서울인 한양을 수도로 정해 이듬해 천도했으나 정종(定宗) 때 다시 개성으로 옮겼다가 태종(太宗) 때 6년 8개월 만에 또 다시 서울로 돌아왔다. 서울시는 '1994년은 서울이 수도가 된지 600년이 되는 해'라며 대대적인 정도(定都) 600년 기념사업을 준비하고 있다. 그러나 엄밀히 따지면 1994년은 조선정도(朝鮮定都) 600년일 뿐이며 서울 정도는 2012년이다. 나라나 도시나 유구한 역사 전통을 살리기 위해 긴 기간 쪽을 택하는 것이 상례다.

서울시는 정도 600년 사업의 마스코트 이름을 현상모집하고 있다. 잊혔던 역사와 뿌리를 되찾는다면 백제의 서울 도읍 500년을 되돌아봐도 좋지 않을까. 마스코트 마련도 좋지만 깊은 역사의식과 함께 내실을 기해야 한다. 세계에서 열 손가락 안에 꼽히는 대도시가 지금 교통지옥, 수질, 대기오염 등으로 심각한 위기상태다. 지금부터라도 21세기 통일수도로서의 기반을 잡아가야 한다.

《동아일보》 1993. 12. 11

불리한 약속은 더 지킨다

공자(孔子)의 제자 증자(曾子)의 아내가 어느 날 시장에 가려는데 아이가 울면서 뒤쫓아 나왔다. 증자의 아내는 '자. 빨리 집에 가 있거라. 장에 갔다 오면 돼지를 잡아서 맛있는 돼지고기 요리를 해 주겠다'고 달래 놓고는 나갔다. 이 부인이 시장에서 돌아오니 증자가 돼지를 잡으려고 하고 있어 깜짝 놀라 '난 그저 농담으로 한 얘기예요' 하고 말했다. 그러자 증자는 '아이들에게 그런 농을 해서는 안 되오. 부모에게서 여러 가지를 배우는 아이들에게 그런 거짓말을 하면 그 아이들이 거짓말하는 법을 배우게 될 것 아니오? 또 거짓말인 줄 알게 되면 어미인 당신까지 믿지 않으려 할 것이오' 하고는 아이와 약속한 대로 돼지를 잡아 먹였다.

우리 선인들은 약속을 매우 중요시했고 또 약속에 관한 의식(儀式)도 많다. 주종(主從)의 결의(結義)나 수양모자(收養母子)를 맺을 때 가랑이 밑을 통과하게 함으로써 주종이나 모자의 약속을 보증하는 습속이 있었다. 옛날 신라가 탐라를 복속시킬 때도 탐라도주(耽羅島主)가 신라의 가랑이를 통과하는 의식을 가졌다.

또 두 쪽이 붙어 있는 쪽밤 의식도 있었다. 첫날밤 신방에 들이는 주안상에는 쪽밤이 놓였다. 신랑 신부가 이 쪽밤을 나눠 먹음으로써 백년해로를 약속하는 아름다운 의식이다. 또한 새끼손가락을 거는 약속 의식은 지금에 와서도 널리 통용된다. 둘이서 약속을 하고 그 불변함을 보증하기 위해 서로의 새끼손가락을 건다. 그 약속 보증을 더욱 강조하고 싶을 때는 새끼손가락을 걸고서 엄지손가락을 도장 찍듯 힘껏 붙였다 뗀다.

조선 중종 때의 학자 이언적(李彦迪)의 《회재집》(晦齋集)에 다음과 같은 고사(古事)가 인용되어 있다. '미생지신'(尾生之信)이다. 옛날에 미생(尾生)이라는 사람이 다리 밑 기둥 옆에서 여인과 만나기로 했는데 여인이 오지 않았다. 그 사이에 홍수가 나 큰물이 밀어닥쳤는데도 미생은 신의를 잃지 않으려고 자리를 뜨지 않고 다리 기둥을 끌어안고 있다가 익사했다.

이화여대 총장과 문교부장관을 역임한 고 김옥길 장관과 대화를 나누던 중 가장 소중히 여기는 것을 물은 적이 있다. 김 장관은 머뭇거리지 않고 약속이라고 했다. 일단 약속한 것은 모두 지켜야 하는데 그 중에서도 자신에게 불리한 약속은 더욱 지켜야 한다고 강조했다. 필자도 약속 지키는 것을 그 무엇에도 뒤지지 않는 중요한 덕목이라고 생각해 왔지만, 김 장관의 그 이야기를 듣고 평소 내게 불리하다고 여겨지는 약속일수록 더욱 지키려고 노력하고 있다. 어떤 약속을 한 뒤 상황이 불리하게 진전됐을 때 그 약속을 지키지 않으면 어떨까 하는 생각을 해 볼 수도 있다. 그러나 그 불리한 약속을 지켰을 때 입는 손실보다 약속을 지키지 않는 것 자체로 입게 되는 비루함, 상실감, 부끄러움으로 인한 손실이 훨씬 크다는 것을 알아야 한다.

인간은 기대감에서 약속을 하고 공포감에서 약속을 지킨다고 한다. 사실 약속이란 할 때와 지킬 때의 사정이 다르다. 얼른 약속을 하지만 지킬 시점이 되면 주위의 상황은 물론 마음 자세가 달라지는 경우가 많다. 주변 여건이 자신에게 불리하게 바뀌어 있을 때는 생각이 달라지기 마련이다. 그래서 폭풍이 한창일 때의 약속은 바람이 잔잔해지면 잊힌다고 하지 않는가.

'약속과 파이의 껍질은 깨뜨려지기 위해서 만들어진 것이다'라는 말이 있다. 또 약속을 지키는 최상의 방법은 결코 약속을 하지 않는 것이라는 말도 있다. 그만큼 약속이란 지키기 어려운 것이다. 약속을 지키기가 어렵다고 생각하는 사람이면 일단 그 사람은 양심적인 사람이다. 왜냐하면 약속을 해 놓고 지키지 않으면서도 아무런 거리낌을 느끼지 않는 사람에 비해 약속을 지키기 위해 노력하고 있는 사람이기 때문이다.

인간은 자기 입에 올린 말이면 그 말에 충실하고 믿음이 있어야 한다. 일단 약속한 일은 열성과 진실로써 행동에 옮겨야 한다. 옛날 격언에 '적에 대해서도 약속은 지켜야 한다'고 했다. 사실 용기 있는 사람은 모두가 약속을 지킨다. 약속을 지키지 않는 사람을 보면 다른 어떤 일에서도 용기 있는 행동을 찾아볼 수 없다.

약속은 곧 책임이다. 약속을 지키지 않는 것은 책임을 지지 않는 것과 같다. 사실 많은 사람들이 책임을 회피하려고 한다. 약속을 지키는 것이나 책임을 지는 것은 당연히 해야 할 임무이며, 하지 않으면 안 되는 의무이다. 약속을 지키지 않는 순간은 짧지만 지키지 않은 사실 그 자체는 두고두고 남아 자신을 괴롭힌다.

약속은 신용이다. 신용을 잃는 자는 더 이상 잃을 것이 없는 자다. 신용은 그 자체가 중요한 재산이다. 신용은 영혼의 긍정을 받아들이는 데서 이루어지고 불신은 영혼의 부정을 받아들이는 데서 이루어진다고 한다. 신용이 없으면 공통된 목적과 방법을 세우기부터가 불가능하다. 곧 그런 사람과는 아무 것도 함께 할 수가 없다는 이야기다. 신용을 잃은 자는 이 세상에 대하여 죽은 자와 같다. 약속을 지키지 않는 자는 곧 그토록 소중한 신용을 내팽개치는 자와 다를 것이 없다.

러시아 속담에 '약속을 했는가? 그럼 그것을 지켜라. 약속을 안 했는가? 그럼 그걸로 밀고 나가라'는 말이 있다. 또 중국 속담에 '한번 약속을 어기는 것보다 백 번 거절해서 기분을 상하게 하는 편이 낫다'는 말이 있다. 우리도 장부일언중천금(丈夫一言重千金)이란 말을 상용하다시피 한다.

'미생지신'은 변통이 없다거나 우직하게 약속만 지킨다는 내용으로도 쓰인다. 그러나 요즘과 같은 불신 시대에는 오히려 그같이 변통이 없고 우직한 미생의 행동이 돋보인다. 비록 못난 짓이란 비난을 받더라도 미생과 비슷한 행동이 사회 곳곳에서 발생해 주었으면 싶다. 그래서 모두가 일약(一約)은 천금(千金)이며 약속은 생명과 같이 소중한 것이란 것을 인식했으면 싶다.

《샘터》 1994. 9.

어떤 것이 창조적인 삶인가

윌리스 박사의 증언

윌리스 박사는 다윈과 더불어 진화론(進化論)을 주장한 사람이었으나 87세가 되어 그 학설을 포기하고 그가 처음에 품고 있던 창세기에 나타난 대로의 창조설(創造說)을 믿는 신앙으로 돌아갔다. 이때 그는 다음과 같은 두 가지 증언을 남겨 놓았다.

"첫째, 진화론은 인간의 영혼 문제에 대해서는 아무런 설명을 할 수가 없다. 인간과 다른 동물과의 차이점을 도저히 메울 수가 없다. 둘째, 대자연을 진실한 태도로 살펴보면 지구의 역사상 어느 한 때는 반드시 창조가 있었다는 것을 부인할 수 없다. 이 창조는 지구가 과거에 갖지 못했던 어떤 물건을 신으로부터 부여받은 선물이다. 그리고 이로부터 생명의 선물이 나와서 모든 물체가 그 무한하고 경이로운 번식을 이룩하게 됐다."

그러나 인류의 역사는 그를 잊고 다윈을 기억하고, 다윈을 배우고, 다윈을 추종했다. 다윈이야말로 위대한 생물학자, 과학자로 인류역사에 영원히 빛날 것이다. 창조설에 의존했던 사람은 사라지지만 스스로 창조해 가는 사람은 인류역사를 이끌어 간다. 인간은 창조 행위를 함으로써 피조물로서의 자신을 초월하고 자기 존재의 피동성과 우연성에서 목적성과 자유의 영역으로 스스로를 끌어올렸다. 창조 행위는 그 자체가 진리의 실현이다. 창조에 대한 기쁨을 깨우쳐 주는 것이 바로 바른 교육이다.

교육은 인격자를 창조하고, 독서는 좋은 친구를 창조하며, 완성하려는 의지는 완벽한 인간을 창조한다. 그러나 지금까지의 우리 교육은 인격을 도야하는 교육이 되지 못했다. 인격자를 제대로 배출해 내지 못했다. 우리 교육은 교사 혼자서 떠들어대는 교육이었고 학생들은 수업이 끝날 때까지 질문 한 번 하지 않는 교육이었다. 말 그대로 일방적 주입식 훈련이었다. 이 같은 현실에서는 창의성을 발휘하게 하는 교육이 이루어질 수 없다.

인격을 도야하는 데는 교육 못지않게 독서도 중요하다. 그러나 우리는 너무나 책을 읽지 않는다. 최근 한 대기업이 9월 들어 사원들에 대해 '술과 책'을 주제로 설문조사를 했더니 한 달 평균 술값이 책 구입비의 10배를 넘는 것으로 나타났다. 설문 응답자가 '양심의 가책'을 받아서 그 정도로 답변했을지도 모른다. 실제로는 백 배가 넘을지도 모른다.

우리는 무엇을 끝까지 마무리하려는 의지(意志)가 미약한 것 같다. 한마디로 완성도가 떨어진다. 가다가 중지하면 아니 가는 것만 못하다고 하지 않던가. 무엇을 시작했으면 끝마무리를 잘해야 빛이 난다. "위대한 완성은 태양이 식을 때까지 지속될 하나의 기념비를 세우는 것"이라고 한다.

완성된 인간, 헬렌 켈러

이 세상에서 어떤 남성, 어떤 사람도 따를 수 없는 완성된 인간이 헬렌 켈러라고 생각한다. 그녀는 소경, 귀머거리, 벙어리였지만 하버드 대학에 입학, 세계 최초의 대학 교육을 받은 맹농아자(盲聾啞者)로 전 세계에 걸쳐 장애인 복지사업에 큰 공헌을 남겼다. 사회사업가, 저술가로도 유명하다. 마크 트웨인은 '3중고를 짊어지고도 마음의 힘, 정신의 힘으로 오늘의 영예를 차지했다'며 그녀를 치하했다. 헬렌 켈러는 '희망은 사람을 성공으로 이끄는 신앙'이라고 갈파했다. 희망이 없다면 이 세상에서 아무 것도 이룩할 수가 없다고 강조했다. 바라는 것, 즉 소망이 없으면 삶이나 창조 자체가 의미가 없어진다. 희망이야말로 창조의 어머니다. 창조라는 것은 어떤 특정 집단의 전유물이 아니다. 사람마다 천부의 능력을 갖고 태어나지 않았다고 해서 자포자기해 버린다면 인류문명은 벌써 소멸해 버렸을 것이다. 창조적인 인간은 어떤 일을 수행하기 위한 능력을 갖추기 위해 부단히 노력하면서 목표 의식을 갖고 자신 있게 추진해 나간다.

또한 비록 숭고한 목표가 아니더라도 사람은 어떤 목적을 가짐으로써 스스로 창조해 나간다. 목적하는 바가 모두 다 대단한 것일 수는 없다. 많은 사람들이 무슨 일을 할까 말까 하고 결정하지 못하는 경우가 많다. 방황과 주저다. 이것도 저것도 아닌 채 멈칫거리고 있는 것은 문제 해결에 전혀 도움이 되지 않는다. 미리 실패를 두려워할 필요는 없다. 토마스 칼라일은 '목적을 갖고 있지 않은 사람은 곧 시들게 돼 사람다울 수가 없다. 지나치다고 할지 모르겠지만 전연 목적이 없는 것보다는 비록 사악(邪惡)한 목적이라도 있는 편이 낫다'고 주장했다. 불완전하더라도 목표를 갖고 시작하는 것이 한 걸음 앞서는 것이며 창조적인 삶을 영위하는 것이다.

목표 설정 다음으로 중요한 것은 자신을 갖는 것이다. 확신을 갖고 최후의 순간까지 활로를 개척해 나가는 것이 중요하다. 예로부터 큰일을 성취하고 세계를 움직인 사람은 비범한 재능을 가진 사람보다 목적이 뚜렷하고 자신감이 강한 창조적인 사람이었다. 창조적인 사람이라 해서 유별난 사람인 것은 아니다. 자신이 하고 있는 일을 소중히 여겨 그 일에 확신을 가지고 정성을 쏟는 사람이야말로 창조적인 인간이다.

어떤 사람에게나 가장 소중한 것은 지금 그 사람이 하고 있는 바로 그 일이다. 이 세상에 할 일이 없는 것처럼 가슴 아픈 것도 없다. 그렇지만 사람은 항상 원하는 일이나 유쾌한 일만 할 수는 없다. 현재 하고 있는 일이 마음에 들지 않더라도 주어진 일을 열심히 하면 대성할 수도 있다. 이런 의지가 바로 창조적인 삶이다.

《남해화학》 1994. 10.

2

저 불쌍한 정치쟁이들 [정치]

대통령과 공영방송

KBS·MBC 양 TV의 저녁 9시 뉴스와 관련, 전 대통령의 호(號)는 '오늘', 이순자(李順子) 여사의 호는 '또한'이라는 유행어가 나돌았다. 이는 매일 저녁 9시 뉴스가 '오늘 전두환(全斗煥) 대통령은…'으로 시작되고 바로 이어 '또한 이순자 여사는…'으로 따라붙는 것에 대한 일종의 '국민적 야유'에서 생겨난 것이다. 이와 함께 두 분은 9시 뉴스마다 등장해 '9시 연속극의 주연배우'라는 말도 유행했다. 9시 뉴스는 또 '땡전(全) 뉴스'라는 별칭도 갖고 있었다. 그것은 '땡'하고 뉴스가 시작되면 전(全) 대통령이 나온다는 데서 비롯된 은어다.

양 TV의 간판 뉴스프로인 9시 뉴스의 톱 아이템은 거의 대통령의 동정(動靜) 거리였다. 그것도 톱이 될 만한 동정이라면 괜찮겠으나 하다못해 '아프리카' 어느 구석에 있는 인구 수십만 소국(小國)의 보잘것없는 외교관 접견도 무조건 톱이었다. 대통령 동정 말고는 그 어떤 빅뉴스도 두 번째 아이템 이하였다. 설마 대통령께서 그런 것을 무조건 톱으로 다루라고 지시했겠는가. 그것은 바로 아랫분, 또 그 아랫분들이 알아서 다 처리한 것 아니었겠는가.

우리 TV가 안고 있는 가장 큰 문제점이라면 두말할 것도 없이 편파보도다. 지난번 대통령 선거 때 여당후보를 당선시키는데 '1등 공신' 역할을 한 것은 '양김'(兩金) '양방'(兩放) '양도'(兩道) 라는 이야기가 있다. 그만큼 양 TV의 역할이 컸던 것.

최근의 편파보도는 지난번 2·12총선 때부터 본격화되기 시작했다. 그 후 사회 각계의 민주화요구 관련보도에 편파성을 드러냈고 계속 정부 여당의 '홍보기관'으로 행세하더니, 6·29선언 이후 민주화 열기와 시청료 거부 캠페인 등에 직면하자 '양적(量的) 편파'에서 '질적(質的) 편파'로 방향을 전환했다.

대통령 선거 관련보도에서 화면구성, 음향, 보도시간 등 거의 모든 부문에 걸쳐 여당 후보는 긍정적인 내용 위주로 방송효과를 극대화한 반면, 야권 후보는 갈등·대립 위주로 불리한 면을 교묘하게 부각시켰다는 비판을 받았다. 2·12총선 때 양적 편파보도로 여당이 별로 득을 보지 못하자 12·16선거 때는 질적 편파로 방향을 바꾸었다. 선거 관련 보도문제가 이 시점에서 다시 제기되는 것은 대통령 선거 등에서 나타난 편파보도가 다가온 국회의원 총선에서는 과연 공정보도로 바뀔 것인지가 의문시되기 때문이다.

새 시대를 맞아 언론기본법이 폐지되고 새 방송법과 한국방송공사법이 제정·개정됐다. 정부·여당 측은 방송의 자율화와 민주화요청을 대폭 수용했다고 한다. 그러나 학계, 언론계, 재야나 관계 단체들은 입을 모아 새 방송법 등은 방송의 자율성 보장 측면에서 크게 미흡하다고 주장한다.

이 주장들을 대충 요약해 보면 먼저 새 방송법은 방송위원회가 방송의 운용·편성 등 기본 정책을 포함한 거의 전권을 행사할 수 있게 되어 있고 심의를 통한 방송내용에 대한 시정 및 제재 조치권까지 갖고 있어 방송언론의 숨통을 죄고 있다는 것이다. 또 각 방송사가 매일 방송한 내용을 방송위원회와 문공부 장관에게 정기적으로 제출토록 되어 있는데 이는 위헌적 요소까지 내포한 '검열'에 해당한다는 것이다. 여기에 가장 영향력이 큰 방송위원회 위원들을 대통령이 임명토록 해 집권층의 손아귀에서 벗어날 수가 없게 돼 있어 기본적으로 새 방송법은 방송을 항상 통제하고 있겠다는 의도에서 졸속 제정된 편법이라는 것이다.

여러 방송관계 단체들과 방송전문가들이 지적하듯 새 방송법과 한국방송공사법, 전파관리법, 한국방송광고공사법 등 방송관련 법규에 여러 가지 문제점이 도사리고 있다. 정부는 이 같은 주장들을 긍정적으로 수용, 방송위원회는 방송사 간의 이해조정과 연구 및 지원기능을 맡도록 하고 심의기능은 자율심의기구에서 맡는 방향으로 나가는 것이 옳을 것 같다. KBS 운영도 현행 정부투자기관에서 벗어나 실질적으로 독립시키는 것이 온당하며 사장도 이사회의 추천과 방송위원회의 인준수준에서 임명되어야 한다.

이처럼 법을 고치고 제도를 바꿔 문제를 해결해 나갈 수도 있다. 그러나 사실은 법규나 제도가 중요한 것이 아니다. 그 무엇보다 중요한 것은 운용이라고 생각된다. 제도가 미흡하기는 구미 선진국들도 마찬가지다. 공영(公營) 방송의 종주국인 영국에서도 국왕이 10년마다 BBC의 인허장을 갱신해 주고 또 국왕이 임명한 경영위원회 위원 12명이 BBC의 사장을 뽑는다. 그래도 아무도 BBC를 관영(官營) 방송 또는 체제홍보방송이라고 하지 않는다. 그것은 정부가 실질적으로 간섭을 하지 않기 때문이다.

우리의 경우도 앞으로 법규나 제도의 개폐와 관계없이 노태우 대통령이나 그 주변에서 양 TV를 정권의 도구로 악용하지 않으면 아무런 문제가 없을 것이다. 지금까지 정권이 양 방송사를 장악·통제하는데 눈에 띄게 나타난 것은 역시 사장 임명과정이었다. 그동안 양사의 사장은 거의 모두 청와대 대변인 출신이 도맡았다. 청와대에 있다가 나와 방송사에서 '충복'으로 봉사하게 되고 잘 받들면 또 영전된다. 방송사 사장에서 문공부장관이 된 분이 어디 한두 사람인가. 그런 분이 문공부장관으로 가서는 또 가만히 있겠는가. 제 5공화국에서 직업방송인 출신이 사장이 된 경우는 단 한 번도 없는 것으로 안다.

결국 문제는 정부가 방송을 정권의 방송으로 종속시켜 두느냐 아니면 국민의 방송으로 독립시키느냐에 달려있다. 대통령은 사장에게 형식상 임명장을 주는 것에 그치고 여당·야당·법조·종교·언론·노동·여성·학계·지역대표 등으로 구성된 방송위원회에서 '국민의 대변인' 자격이 있는 분을 사장으로 뽑으면 된다. 이렇게 선출된 사장은 집권층의 눈치를 보지 않고 국민의 눈치를 볼 것이다. 곧 국민에 대해 책임을 진다는 말이다.

'국민의 대변인'이 방송사 사장으로 선출된 뒤 어느 날 청와대 대변인이 사장에게 전화를 건다.

"저… 어른과 김(金)여사 동정거리인데 9시 뉴스에 내주면 좋아하실 것 같은데… 꼭 좀…"

"지금 무슨 소리를 하고 있는 거요. 공영방송이란 걸 잊고 있는 겁니까. 공영이 아닌 신문사에나 부탁해 보시지."

이 같은 대화가 '보통 대통령'의 재임기간 5년 안에 없으리란 법도 없다. 그렇게 되면 TV 드라마나 쇼 역시 잃어버렸던 인간의 노래를 되찾아 애청자들과 조용한 목소리로 진실의 대화를 나누게 될 것이다. 편파방송이 좋은 방송으로 탈바꿈할 것이다.

《동아일보》 1988. 3. 3.

골 빈 정치인

원자력 발전소에서 잡역을 한 일이 있는 근로자의 부인이 두 차례나 뇌 없는 아이를 유산해 방사능오염 가능성을 둘러싸고 화제다. 최근 미국에서는 뇌 없이 태어난 아이가 다섯 번째 생일을 맞아 의학계를 놀라게 했다. 버지니아 주에서 태어난 앤드류 군은 두개골 속이 액체로 가득 찬 이른바 무뇌수두증 환자로 키 90㎝, 체중 14.5㎏의 건강한 아이로 자라고 있다. 금발에 푸른 눈을 가진 이 아이는 실명상태이나 끊임없이 움직이려 한다.

그런데 무뇌아가 의외로 많다. 지난 1979년부터 1986년까지 연세대 세브란스병원에서만 25명이 태어났다. 특히 북유럽에 많아 천 명 중 8명이나 된다. 뇌는 인간의 모든 감각과 행동, 지능을 다스리는 사령탑이다. 성인의 뇌는 세계 평균 1.4kg의 무게에 정신활동과 관련 있는 140억 개의 신경세포가 있어 어려운 문제들을 풀어내고 옛일을 기억해내며 고민하고 사랑하고 미워하고 공포를 느끼는 등의 기능을 해낸다.

전쟁터에서 위험을 느낄 때 자신도 모르게 철모를 쓴 자기 머리를 감싸쥐는 것만 보아도 뇌가 인체에 얼마나 중요한 곳인지를 알 수 있다. 따라서 뇌는 물로 싸여 충격이 완화되도록 되어있고 그 바깥은 연막, 지주막, 경막으로 덮여있으며 두께 6㎜ 내외의 단단한 두개골에 두피, 머리카락까지 7겹의 요새 안에 보호되어 있다. 혈액순환이 10초 동안만 정지되어도 끝장인 뇌는 체중의 2%밖에 안 되는데도 몸 전체 산소 소요량의 20%를 사용한다.

지각이 없는 것을 '골이 비었다'고 한다. 요즘 돌아가는 세태를 보면 적잖은 수가 뇌 없는 사람들이 아닌가 하는 의심이 든다. 인신매매, 살인강도, 마약확산 등 만성이 되어버린 사회병리는 제쳐놓고라도 이념의 혼란과 공권력의 붕괴 속에서 기회만 있으면 되지 않는 말을 함부로 뱉는다. 특히 정치인들은 토론이나 협상도 없이 무엇이든지 사당(私黨)적 입장에서 한마디로 매도해버린다. 온 국민을 위기감 속에 몰아넣어 허덕이게 하는 이 나라의 많은 위정자들에게서 도무지 지각을 엿볼 수가 없다. 이념도 신념도 안목도 경륜도 지혜도 절제도 없는 무뇌 상태의 정치인들에게 국민들은 역겨움을 느낀다.

《동아일보》 1989. 8. 2

최규하 씨가 한 일이 무엇인가

"타는 목마름으로 민주화를 요구하는 국민의 여망에 따라 유신독재의 질곡을 청산하고 민주정부 탄생의 산파역을 맡아 평화적 정부이양의 막중한 임무를 다해야 한다는 것이 국민의 기대이고 나는 그 소임을 기꺼이 다 하겠다." 1979년 12월 21일의 최규하(崔圭夏) 전 대통령의 취임사다. 그는 당시 자신의 정부를 '위기관리정부'라고 말하고 가급적 빠른 시일 안에 정권을 이양하겠다고 약속했다.

그러나 그는 민주정부수립을 위한 새 헌법을 마련하는 데만 무려 1년이라는 터무니없이 긴 기간을 잡은 데다 그것을 정부가 주도하겠다고 했다. 그러자 정권이양을 늦추려는 의도가 아니냐는 여론이 분분했다. 4·19 직후 허정(許政) 내각을 통해 바람직한 과도정부의 모델을 익히 알고 있는 국민들이 용납할 리가 없었다. 결국 국민들은 정치일정 단축을 요구하는 등 저항하기 시작했고 마침내 정치군인들에게 탈권야욕 발동의 빌미를 주어 5·17 계엄확대조치와 5·18 광주항쟁의 처절한 비극을 낳았다.

이 일련의 격동 속에서 최 씨가 한 일이 무엇인가. 전두환 씨에게 별이나 높여 달아주고 그로 하여금 탈권의 무풍가도를 달리는 데 필요하고도 충분한 조건을 만들어 준 것 외에 그가 국민을 위해 무엇을 했는가. 12·12 사태만 해도 그렇다. 대통령 권한대행으로서 모든 것을 걸고 이를 무산시키는 데 신명을 바쳤어야 했다. 1980년 8월의 그의 한심스런 하야성명이 떠오른다. "국정의 최고책임자가 국익 우선의 차원에서 임기 전이라도 스스로의 판단으로 정부를 승계권자에게 이양하는 것은 확실히 정치발전의 하나"라는 것. 정상적인 사고의 소유자인지조차 의심스런 발상이다.

지난 15일의 여야총재회담에서 5공 청산을 마무리 짓기 위한 11개항이 타결됐다. 그러나 그 중에서 단 한 가지 최규하 전 대통령의 증언문제만 타결되지 않아 앞으로 여야중진회담에서 논의하기로 했다. 5공 탄생 책임의 일부는 그의 무능·무위·무책에 있다. 실패로 끝난 전직 대통령자리의 권위만을 내세울 것이 아니라 지금이라도 직접 나서 12·12 사태를 비롯하여 그가 사임하기까지 무슨 일이 있었는지 국민 앞에 소상히 밝혀야 한다. 그것만이 그나마 공인으로서 민족과 역사 앞에 마지막으로 속죄하는 길이 될 것이다.

《동아일보》 1989. 12. 18

저 불쌍한 정치쟁이들

"증인 증인 증인…" 예닐곱 번 불러도 응답이 없다. 큰소리로 불렀는데도 안 들렸을까. 응답을 않기로 처음부터 작정한 것일까. 전 대통령을 증인이라고 불러 언짢아서였을까. 아니면 응답을 원래 그렇게 하는 분일까. 지난 31일 전두환 전 대통령의 국회 증언 중 특위위원장이 수차례 부르자 뒤늦게 고개를 들고 멀거니 허공을 쳐다보는 전씨의 멍한 표정과 우두커니 서있는 모습은 '저런 분이 어떻게 대통령이 되고 그 직을 수행할 수 있었을까'하는 의구심이 솟게 했다.

이 날의 5공 청산 증언대는 한 마디로 '한탄' 자체였다. 5공 비리를 추궁하는 청문회가 아니라 시나리오답변을 시정 연설하는 식으로 일방 전달하는 자리였다. 결국 전씨가 자기정당화를 위해 변명하도록 도와준 꼴이 됐다. 말로는 '죄송하다'는 식이었지만 내용은 모든 것이 불가피했다는 투에 과오은폐, 핵심회피 일변도였다. 반성이나 참회의 자세는커녕 그동안 '억울했던 누명'을 벗는 절호의 기회로 이용했다.

야당의원들이 들고 일어나자 여당의원들이 맞받아 나섰다. 고함, 삿대질, 욕설이 오가더니 육탄돌격이 벌어졌다. 한 야당의원은 증인에게 다가가 '살인마' 운운하고 다른 의원은 증언대를 향해 명패를 집어던졌다. 이것이 지금 우리 의정의 모습이다.

고함치는 의원들 중엔 TV화면을 통한 출신지역 유권자를 의식하는 모습이 역력했다. 폼 잡고 계속 대갈일성하면 TV화면은 따라가게 마련이다. 이토록 좋은 기회를 놓칠 수가 있겠는가. 큰소리치다가 흥분해서 제풀에 이성을 잃어버리는 의원도 있었다. 자제력과는 담을 쌓은 듯했다. 증인을 두둔하는 의원들 모습도 가관이었다. 전 당 총재이자 전직 대통령에 대한 예우에 신경을 쓰는 것은 가상하나 상식을 넘은 욕설이나 뻔뻔스런 모습은 가련하기까지 했다. 전씨는 어차피 이것으로 인격적 처단이 끝났지만 의원들까지 이 모양이어서 비참한 몰골이 한심스러웠다. 외국인들이 볼까 두렵고 어린이들에게 부끄럽고 창피했다. 이번 청문회는 다시는 있어서는 안 될 본보기로 보존해야 할 것이다.

정치쟁이는 다음 선거를 생각하고 정치가는 다음 세대를 생각한다. 정치가는 양의 털을 깎는데 정치쟁이는 양의 가죽을 벗긴다는 격언도 있다. 그리스의 희극작가 아리스토파네스는 더욱 실감나는 독설을 퍼붓는다. '오늘날 정치를 하는 것은 학식 있는 사람이나 성품 바른 사람이 아니라 불학무식(不學無識) 한 깡패들에게나 알맞은 직업이다.'

이따금 우리나라를 방문하는 외국 기자들로부터 '한국은 학계, 재계, 법조계 등에는 세계적 수준의 인재가 모여 있는데 정치인들의 지적 수준은 놀랍도록 낮다'는 말을 듣는다. 솔직히 말해 다른 분야는 발전하고 있는데 정치 분야만 뒤떨어져 다른 분야 발전까지 가로막고 있다는 여론이 높다.

이번 청문회는 증언하는 태도도 한심스러웠지만 증인이 항목별 답변을 회피하고 질문내용의 상당부분을 제외시킨 채 두루뭉수리 식의 애매모호한 해명에 가까운 증언을 한 데 문제가 있었다. 전씨 측은 준비기간 부족과 4당 총재의 합의에 따른 것이라고 주장할 것이다. 실제로 이런 수준의 증언이 있게 된 데는 4당 총재의 책임이 크다. 역사적인 타결을 6개월 전, 아니 하다못해 한 달 전에만 했더라도 이렇지는 않았을 것이다. 공리국략(公利國略)을 외면한 채 사리당략(私利黨略) 속에서 질질 끌어 오다 벼랑 끝에 이르러서야 졸속 타협한 1노(盧) 3김(金)의 무책임하고 통찰력 없고 분별력 부족한 급속처리로 인해 결국 국민들만 부담과 고통을 떠안게 됐다. 4인 구도는 끝이 나야 한다는 것이 이번에 또 한 번 확인됐다.

뼈 깎는 자기성찰을

우리는 지금 엄청난 변혁으로 새 국제질서가 편성될 인류 문명사의 21세기를 맞는 금세기 마지막 10년의 문턱에 서 있다. 해방 45년과 분단 40년, 지난 반세기 동안 우리는 전쟁·독재·빈곤·좌절·갈등의 세월을 살았다. 그러면서 미래에 대한 탐색보다 과거에 대한 집착에 너무 많은 시간을 소모했다. 이제 세계사적 흐름에 뒤지지 않을 기틀을 마련해야 할 때다.

그러기 위해서는 미래지향적 신사고로 정신무장해야 한다. 정치인들이 또다시 실패의 역사를 기술하도록 허용할 수는 없다. 불만스런 지도자를 숙명으로 받아들이던 시대는 갔다. 그 선택에 대한 책임이 국민에게 돌아올 뿐이다. 지금 그 어느 때보다도 각 계층의 불만이 고조되어 있다. 근로자·경영주, 학생·교사, 농어민, 공무원 모두가 이대로는 안 된다는 생각을 하고 있다. 뭔가 변혁이 이뤄지기를 바라고 있다.

이번 청문회에서 잘 나타난 정치인들의 파쟁 에고이즘, 국가와 민족의 이익보다도 지역싸움과 당리당략을 앞세우는 야만적 행위는 정치가 국가의 발전과 국민의 행복을 지상명제로 하고 있다는 기본개념조차 망각한 것이다. 정치인들은 시대가 요망하는 진솔한 변신을 하든지 대승적 차원에서 개혁을 주도할 새 지도자에게 자리를 비켜 주어야 한다.

앞으로의 10년은 우리에게 있어 기회의 시대다. 우리가 단결해 방향만 제대로 설정하면 세계를 우리 무대로 삼아 마음껏 활동할 수 있을 것이다. 문예부흥, 프랑스 대혁명, 제 2차 세계대전과 버금갈 세계사의 대변혁이 지금 동구에서 일고 있다. 이 변혁은 머지않아 유럽에서 끝이 나고 곧바로 아시아 대륙으로 옮겨올 것이다. 그 기운은 이미 상륙했다. 우리는 지금 거창한 역사적 드라마의 중간선상에 서 있다. 역사의 수레바퀴가 갑자기 빨라졌음을 심장의 고동으로 느낀다. 우리도 모르는 사이 역사의 소용돌이에 휘말릴 수도 있다. 그러나 역사란 명확한 경험이다. 그것은 한 판의 승부로 판가름이 나지 않는다. 역사는 정직하고 책임질 줄 아는 편의 승리를 참을성 있게 기다려 준다.

다가오는 태평양 시대에 우리가 주역으로 등단할 수 있는 길은 두말할 것도 없이 진정한 민주주의의 실현과 제 2의 경제도약으로 집약된다. 여기에서 전제되는 것은 정치인들의 뼈를 깎는 자기성찰(自己省察)과 함께 민주이념을 개인은 체질화, 국가는 토양화하는 것이다.

《동아일보》 1990. 1. 3.

'호남배제연합'은 안 된다

정계개편이 의외로 앞당겨 이루어질 조짐이 보인다. 연초 개편을 둘러싼 협조설득과 속마음 읽기, 여야영수회담이 끝난 뒤 여러 갈래 개편구도가 떠오르더니 이젠 지방의회선거에 앞서 개편이 매듭지어질 움직임까지 나타나고 있다. 당초 김대중 총재는 4당 체제의 현상유지를, 김영삼·김종필 총재는 4당 구조의 변혁을 역설했고 노태우 대통령은 아직 구상을 밝히지 않은 상태다.

지금까지 거론된 개편 형태는 민주·공화 통합, 민정·민주·공화 연합 또는 통합, 민정·평민 연합가능성, 희박하지만 평민·민주 통합, 민주당이 앞장서는 신당 결성, 민정당을 중심으로 한 중도 연합 등이다. 이 중 가장 큰 비중을 차지하면서 거대한 그림자 형태로 떠오르고 있는 구도는 보혁(保革) 논리에 따른 민정·민주·공화의 보수 대연합 체제다. 내각제 개헌을 바탕에 깔고 있는 이 구도는 후계 주자가 마땅치 않은 민정당의 고민과 단독 대권도전이 쉽지 않을 것으로 여겨진 김영삼·김종필 씨의 절충이 맞아 떨어진다. 이 구도는 현재 지역당 형태의 4당 체제로는 정국안정을 기할 수 없고 앞으로의 정계는 보혁(保革) 구도에 일본의 자민당 같은 대정당이 필요하다는 명분을 내세우고 있다. 이에 김대중 씨는 평민당은 온건 중도노선이며 현 정치풍토에서의 보혁구도는 비현실적이라고 응수한다.

이 같은 3김(金) 씨의 생각들을 한 꺼풀 벗겨 보면 모두가 가깝게는 야권주도권을, 멀리는 대권을 잡아 보려는 헤게모니 쟁탈전임을 어렵지 않게 감지할 수 있다. 내각제까지 도입하려는 쪽이나 개편 자체를 반대하는 쪽 모두 마찬가지다.

대다수의 국민들은 지금 4당이 펼치고 있는 화려한 개편 쇼의 관객일 뿐 그 본질을 알지 못한다. 그러나 국민들은 1노(盧) 3김(金)이란 지역당 보스들이 현재의 과두지배(寡頭支配) 체제를 그들 또는 일부의 구미에 맞게 재편성해 놓는 데 그치지 않기를 바란다. 새 구도는 사리당략을 떠나 국민에게 희망을 안겨 주는 정치판이 되어야 한다.

대권병서 깨어나야

이번 개편 모색에서 보수 대연합 체제를 향한 보혁구도의 화살이 이미 시위를 떠나지 않았나 하는 느낌이다. 지금 우리나라에 혁신이라 불릴 세력이 자리를 잡고 있는 것인지는 잘 모르겠으나 보혁구도는 앞으로의 새로운 산업사회에 대비하고 이 땅에 바람직한 정당체제를 정착시키는 데 기여할 수도 있다. 이 구도에서 보수 연합 체제를 구성하는 데 있어 오랜 세월 반독재 투쟁을 펴온 정통야당과 과거 어두운 역사를 지니고 있는 공화당, 5공의 뿌리를 안고 있는 민정당의 통합에 어려움이 없을 리 없다. 민주당 내에서의 갈등 못지않게 수많은 지지자들의 도덕적 정서를 크게 해칠 것이다. 그러나 그 같은 통합이 역사의 흐름이라면 그 역시 어쩔 수가 없다.

여기에서 문제는 앞으로 나타날 엄청난 부작용이다. 민정·민주·공화 연합의 이 보혁구도는 특정지역을 고립시켜 버려두거나 포위해 버리는 형태로 나타나게 된다. 어떤 명분에서도 그런 형태는 용납되지 않는다. 그 지역이 대구·경북이어서도 안 되고 부산·경남이나 충청지역이서도 안되며 호남지역이어서도 안 된다. 좀더 솔직히 말해 그 중에서도 가장 걱정되는 것이 호남지역이다. 한 마디로 비호남 연합 형태가 두렵다. 광주항쟁 이후 전라도 지역의 고립화는 날이 갈수록 심화하고 있다. 정치·경제뿐 아니라 취업·승진·결혼·교우 등 일상생활에까지 엄청난 영향을 미치고 있다. 그 구체적 사례를 여기에서 열거할 필요도 없다.

3당이 보수연합으로 통합하면 홀로 남는 평민당은 정부에 대한 협조 자세에서 반노(反盧) 투쟁으로 돌아섬은 물론, 김대중 씨와 김영삼, 김종필 씨의 관계는 극도로 악화할 것이다. 그렇게 될 경우 새 시대를 향한 정계개편은 '정계개판'이 되고 만다. 정국이 험악해지고 민주발전이 열매를 맺지 못하고 평민당이 어려움을 겪게 되더라도 그것은 어디까지나 정계나 정당들의 문제다. 다시 말해 평민이란 당이 어떻게 된다는 데는 별 관심이 없다. 그러나 그것이 곧바로 특정지역을 고도(孤島)로 버림받게 만드는 결과를 빚는다면 찬성할 수가 없다. 우리는 이미 망국의 지역감정에 대해 잘 알고 있다. 지역성을 배제하기 위해 시도한 정계개편이 더욱 심각한 지역갈등을 조장하도록 해서야 되겠는가. 보혁구도로의 개편은 어디까지나 지역문제에서 벗어난 정통 보수진영과 재야를 포함한 진보·혁신세력 간의 구도여야 한다.

40대 50대 기수론

정계개편은 한번 이루어지면 바꾸기가 여간 어렵지 않다. 개편이 국민들의 생각에 거슬리는 정파 간의 졸속야합으로 이루어져서는 결코 안 된다. 지금 노 대통령은 단임이라는 초연한 입장에서 야권의 악수(惡手)로 인한 어부지리를 취할 수 있는 유리한 고지에 있고, 3김(金)씨는 자신들의 향후 입지를 감안해 유리한 구도를 도안하는 데 안간힘을 쓰고 있다. 양식 있는 국민들 대다수는 지난번 대통령 선거 전부터 민주화 투쟁세력의 대동단결을 바랐고 지금도 평민 민주당 일부 의원들은 이를 추진하고 있다. 양(兩) 김씨는 이를 실망시켰고 '민주 반민주'의 형태마저 짓밟고 있다.

따지고 보면 40대 기수론으로 야당의 지도자가 된 양 김씨는 지금 칠십 고개를 바라보면서도 그대로 버티고 있다. 요즘 '땡전(全) 뉴스' 대신 '땡김(金) 뉴스'가 자리 잡았다고 한다. 5공 때 KBS·MBC뉴스가 시작되면 바로 전두환 대통령이 나온다는 데서 생겨난 땡전뉴스 시간대를 지금은 양 김씨가 차지하고 구색 맞추기로 김종필 씨가 등장, 골든아워를 차지해 버리는 데서 비롯된 것. 이 현상은 신문도 마찬가지다. 이들에 대한 시시콜콜한 가십조차 놓치지 않고 3등분 해 게재하고 있다.

3김씨에게 지나치게 의존하는 정치도, 3김씨에게 쏠리는 잇단 영수회담도 이젠 탈피해야 한다. 그들이 자신에게 맡겨진 마지막 역할이 무엇인지 모르고 구태의연한 지역주의에서 벗어나지 못한 채 부질없는 편 가르기나 주도권 쟁탈, 대권병(大權病)을 앓는다면 아무리 강력한 지도자 이미지도 이슬처럼 사라질 것이다. 지금 40대 기수 나오지 말란 법 없고 50대 기수 안 나오리란 보장 없다. 후계주자는 누구도 키워 주지 않는다. 대권주자는 스스로 개척해 나가야 한다. 양 김씨도 당시 별 기반도 없이 기치를 들어올렸다. 육지에 앉아 좋은 선장이 될 수 없다. 폭풍이 유능한 선장을 만든다. 참 용기는 정적(政敵)은 물론 정복자의 마음까지도 움직일 수 있다.

《동아일보》 1990. 1. 17.

대권욕大權慾과 대영단大英斷

'3당 합당은 국민주권과 선거의 권리를 근본적으로 부정한 반란행위다, 제2의 10월 유신이다, 6월 항쟁에 대한 반역이다, 부도덕한 기득권 유지를 위한 음모다, 5공 독재의 맥을 이으려는 쿠데타다' 3당 통합을 극력 반대하는 목소리들이다. 이 주장에 동조하는 측도 있지만 동조하지 않는 측도 있다. 동조를 않는 이유도 상당한 타당성을 갖고 있다. 그러나 3당 합당은 갖가지 명분과 수사(修辭)에도 불구하고 노태우·김영삼·김종필 씨 등 3인의 '권력분점담합'(權力分占談合) 이라는 의미를 빼놓고는 합당의 본질을 이해하기 어렵다. 통합에 앞서 보혁(保革) 대결이니 중도온건세력 결집이니 하는 인위적 기치를 내건 것이나, 밀실대화를 통해 어느 날 갑자기 진천동지(震天動地)의 합당 선언을 한 것에서도 그 일면을 엿볼 수 있다. 합당 뒤 내각제 개헌 양원제(兩院制) 거론, 이원집정제(二元執政制) 논란이 일었던 것에서도 권력분점의 향방과 속셈을 읽을 수 있었다.

이번 3당 통합은 노 대통령의 결심에서 시작돼 김종필 씨의 찬동과 김영삼 씨의 영합으로 끝났다. 노 대통령은 3년여의 잔여임기 동안은 물론 임기 뒤의 안전 확보, 마땅한 후속주자도 없는 판에 민정당의 재집권은 어렵겠다는 전망, 민정당이 야당이 되었을 때의 와해가능성 등을 내다보고 사후보장을 끌어낸 셈이다.

30년 정통의 맥 끊어

김영삼 씨의 경우 진정한 구국 차원에서 합당한 것이라고 하지만 지난 대통령 선거 때와 4·26 총선거 때 군사독재정권 타도를 외치고 선명야당을 자임하면서 국민들로부터 받았던 지지를 일거에 뒤집어엎었다. 그의 표현대로 '천추의 한'을 안겨준 김대중 씨를 따돌릴 절호의 기회라는 판단에 휩쓸렸는지는 모르겠지만 30년 정통 야당의 맥을 끊어 버리면서까지 대권의 꿈에 집착해야 했는지 그 신뢰성에 의심이 간다. 이 세상에 믿을 사람 없다는 배반의 도덕률을 또 한 번 확인시켜 주었다.

그로서는 제 2야당 신세도 서럽지만 지난 두 번의 국회의원 재선거 때의 참패가 지방자치선거에서도 재현될 것이 뻔히 보이고 대권에의 길목은 멀기만 해 '역성혁명'(易姓革命)을 해서라도 변신하고 싶었을 것이다. '내각제 개헌 후 첫 총리'라는 3자 간 묵시적 합의에다 신당의 분포로 보아 민정당 측이 대구 경북, 서울 또는 5공 세력으로 갈라질 때 그의 파벌은 가장 확실한 큰 세력이 되어 차기 집권이 용이하리라는 속셈도 작용했을 것이다.

김종필 씨는 어떤가. 우선 공화당이 장차 4당 구조에서의 4위조차 계속 확보할 수 있으리란 보장이 없다. 변화를 구해야 기회가 생길 수 있는 입장이다. 거기에 지금은 소파벌이지만 앞으로 당내 파벌경쟁의 양상에 따라서는 판도가 달라질지도 모른다. 이들이 누구인가. 개발독재의 황금시절 테크너크랫의 탁월한 기술을 연마한 그들이다. 더구나 민정당 현직 의원 중에서도 김재순 국회의장, 박준규 전 대표위원을 비롯해 3공과 유신 때 의정활동을 했던 거물급이 13명이나 되며 박태준 대표위원을 비롯해 허다한 실권자들이 공화당과 구연을 맺은 인사들이 아닌가. 'JP태풍'이 언제 어떻게 불지 알 수 없다. 그 역시 두말할 것도 없이 차기 또는 다음 대권과 함께 '실력자' 자리를 노리고 있음이 분명하다.

노 대통령 재집권의 길도 전혀 없는 것은 아니다. 특히 이원집정제 개헌론의 배경에는 그의 조기퇴진과 총선을 통한 대통령 재추대의 의도가 깔려있는 게 아니냐는 의구심도 없지 않다.

1노 2김이 이런 생각들을 전혀 갖고 있지 않다고 강변할 수도 있다. 그러나 당 지도체제, 권력구조, 통치권 누수방지책, 의회제도 등 상당히 구체적인 부분까지 내적 합의가 이미 이루어진 것으로 알려졌다. 단지 그 내용들이 처음부터 거론될 경우 신당의 이미지가 무조건 합당이 아닌 야합으로 상징될까 우려해 공표하지 않고 있을 뿐이다. 어떻든 이들의 '욕심'이 여기에까지 이르러 결과적으로 호남지역만 고도(孤島)로 포위된 형국의 3당 통합이 이루어졌다.

반면 김대중 씨의 '욕심'은 어떤가. 그는 5공 청산 이후의 정국은 '김대중과 함께하는 정치'가 될 것으로 낙관한 듯하다. 그는 평민당을 제쳐놓지 않았다는 정치적 알리바이를 만들기 위한 포석이었을지도 모를 노 대통령의 연정(聯政) 제의를 거부했다. 이와 함께 노 대통령·김영삼·김종필 씨를 너무 얕잡아보았는지도 모르겠다. 또 4당이 처해 있는 상황에서 평민 쪽이 가장 장래가 밝다고 낙관했는지도 모른다.

2선으로 물러서야

어떻든 평민당이 당한 꼴이 된 현 시점에서 변화를 꾀해야 할 쪽은 평민당과 김대중 씨다. 1노 2김이 평민당을 호남당으로 묶어 놓은 분별력 없는 행위는 역사가 심판해 줄 것이지만 평민당 역시 상당부분의 책임을 면키 어렵다. 평민당의 당장의 지상과제는 지역당 탈피다. 이어 파당의 껍질, 사당(私黨)의 오명도 벗어야 한다. 신당을 비난하거나 극한투쟁을 벌이는 일보다 수권정당, 국민정당으로의 발전이 급선무다. 명실상부한 유일야당이란 확고한 자리를 차지하려는 노력에 국민들은 성원과 지지를 보낼 것이다.

김대중 씨는 29일 당 체제를 집단지도 체제로 바꿀 용의가 있으나 2선으로 물러나지는 않겠다고 밝혔다. 대안도 비전도 없는 후퇴는 분명 당을 해칠 우려가 있다. 그러나 평민당은 당연히 집단지도 체제로 바뀌고 김대중 씨는 2선으로 물러서는 것이 현명한 판단이라고 생각한다. 그가 원했든 아니든 선거에서 무서우리만큼 특정지역의 절대 지지를 받았고, 다른 지역에서는 철저한 외면을 당했다. 이 한계를 뛰어넘기 위해서도 집단지도 체제로 문호를 개방해 지역당을 탈피하고 김 총재는 2선에 물러서 있다가 삼고, 아니 사고초려 끝에 차기 대권후보로 영입될 수도 있다. 사실 야 측엔 1노 2김에 대적할 다른 인물이 없는 실정이다. 솔직히 말해 김 총재가 아무리 현직에서 물러서더라도 그의 영향력을 따를 사람은 없다. 지금 물러서는 것은 자신은 물론 당과 나라를 구하는 영단(英斷)으로 역사에 길이 빛날 것이다. 모든 것을 버릴 각오가 돼 있을 때 모든 것을 얻는다. 주는 것이 곧 받는 것이며 져 주는 것이 바로 이기는 것이다. 동유럽에 민주화, 자유화의 물결을 일으킨 폴란드의 바웬사는 세계사를 찬연히 빛낸 거목이다. 그도 대권을 양보했다. 등소평도 중국 공산당 최고 직을 단 한 번도 역임하지 않았다. 어려운 시국에 김대중 씨가 자신을 희생해 이 나라에 참 야당을 이룩했다면 그것만으로도 이 땅의 위대한 정치가로 기록될 것이다. 모든 위대한 인물이 걸어온 길은 하나같이 자기희생의 길이었다. 희생은 희생할 자격이 있는 자가 할 때 더욱 빛난다.

김대중 씨의 양보는 현실정치에서도 득을 볼 수 있다. 특히 민주당에서 신당으로 가려는 집단 안에서 동요가 일 것이다. 그들 중 앞으로의 여야 개념을 '보수 대 혁신'으로 보려는 측은 신당으로 가겠지만 '반민주 대 민주'로 보는 측은 돌아설 것이다. 나무랄 데 없는 '민주'를 보고 떠나는 것은 '반민주'이기 때문이다. 그렇게 되면 신당의 개헌선 확보가 무너질지도 모른다. 본디 제 1당이 국회의석의 과반수를 약간 상회하는 데 그치는 것이 민주정치의 순리다. 이로 인한 타격은 즉각 김영삼·김종필 씨에게 떨어질 것이다. 그들이 다음 대권경쟁에서 이긴다는 보장도 없어진다. 문전성시를 이루는 상도동 저택이 '제 2의 청와대'라는 농담도 사라질 것이다.

이 땅에서 '호남당'이 사라졌을 때 가장 가슴을 펴고 활보할 사람은 바로 호남 사람이다.

《동아일보》 1990. 1. 31.

다중에 뿌리 두는 진보정당 돼야

자유는 진보(進步)의 숨결이다. 인간은 스스로를 향상시키려고 부단히 노력한다. 그 살아 있는 의식이 진보다. 그러나 진보는 우발적으로 되는 것이 아니라 필연에 의해 성취된다. 남의 덕에 업혀 되는 것이 아니라 스스로 터득해서 이루어진다. 국민적 진보란 무엇인가. 그것은 각 개인이 나태, 이기심, 악덕에서 벗어나서 근면, 정력, 정직을 결집시키는 데서 나온다. 이것이 참 진보다.

그러면 지금 우리나라의 '정치적 진보'란 무엇인가. 그것은 앞서 열거한 것들의 바탕에서 국민적 진보를 성취하는 것이다. 국민적 진보는 의식 있는 국민들의 사명이다. 그렇다면 진보적 정당은 어떤가. 자유와 살아 있는 의식을 지향하는 방향의 진보정당은 탄생되어야 한다.

시대적 상황에 비추어 볼 때 진보정당이 대다수의 국민들에게 편안함을 안겨 줄 수 있을까 하는 데에는 의문이 있을 수 있다. 지금 진보정당을 추진하는 사람들이 진실로 참 진보의 기수들인가. 이 같은 물음에 대해 많은 사람들이 전체적, 또는 부분적으로 긍정 또는 부정할 것이다.

지금 진보정당이 닻을 올리고 있다. 이 세력은 합법정당을 창당하고 이 기구를 통해 정치 세력화할 것이며 이 새로운 판도는 1990년대 우리 정치 풍향에 큰 영향을 미칠 것이다. 특히 1990년대엔 우리 정계가 보·혁(保·革) 구도로 개편될 가능성이 없지 않아 통합 3당의 범보수 세력에 대한 대응정당으로서 제도권 내에서 활약하게 될 것이다. 여기에는 물론 범보수 세력과 관련, 야권개편과도 얽혀 있어 그 방향을 쉽게 점칠 수는 없다. 그러나 1990년대에 진보 세력이 우리 정치사에 큰 영향을 미칠 것임에는 의심할 여지가 없다.

이 세력이 '민중세력의 독자적 정치 세력화'를 내세워 정치판에 뛰어든 것은 지난 '87년의 대통령 선거 때였다. 이들은 재야인사 백기완 씨를 추대, 대학로 유세에서 15만 청중을 동원하는 등 바람을 일으켰다. 그러나 허약한 조직과 소수파의 한계를 넘어서지 못하고 좌절했다. 이어 '88년 국회의원 선거에서도 민중의당과 한겨레민주당을 결성, 재도전했으나 참패하고 물러섰다. 이같이 참패한 데에는 많은 구실이 있을 수 있다. 그러나 아무리 그럴듯한 구실을 열거해도 지금 대다수의 국민들은 진보세력의 등단을 탐탁하게 여기지 않고 있다는 점을 부인할 수가 없다.

물론 진보세력의 의회 진출 등을 어렵게 하는 데는 법적·제도적 제약도 있다. 노조의 정치활동 금지조항이나 보안법 등의 개정작업이 지연되고 있으며 선거법이나 각종 제도가 군소세력에 불리하게 돼 있는 것은 사실이다. 통합 3당은 보혁구도를 입으로만 생색내고 외칠 것이 아니라 법적·제도적으로 실질 도움이 되게 해 놓는 등 양심적인 대결 구도를 갖춰 나가야 한다. 그래야만 보혁구도가 '거대한 국민적 보수와 왜소한 개별적 혁신'을 지향하는 것이 아니라고 변명할 수 있을 것이다.

진보세력의 입장에서도 많은 과제가 산적해 있다. 우선 진보정당 준비모임의 현실적인 세력규합에서부터 차질을 빚고 있다. 진보세력의 분열은 정당 성장에 큰 지장을 준다. 지역주의, 족벌주의, 사당화(私黨化)의 양상을 보이는 기존 정당에 도전하기 위해서는 우선 초파벌적으로 단결해야 한다. 또 급속한 산업화와 이에 따른 사회변동에 능동적으로 대처할 수 있는 역량도 갖춰야 한다. 임기응변적 대응만으로는 안 된다.

대다수 국민들의 호응을 외면하는 극단적 구호나 선정적 정책에도 문제는 있다. '독재와 외세에 굴종하는 진보라는 이름의 보수', '군사독재로부터의 조속한 민주화 성취' 등의 구호로 얼마나 많은 지지를 받을 것인지 의문이다. 소수가 아닌 다수를 상대로 이해를 구하고 또 그들로부터 자발적인 호응을 얻을 수 있을 때 진정한 진보의 입지(立地)가 마련될 것이다.

진보정당이 하나의 장식품이 아니라 변혁세력을 실질적으로 대변하는 정당으로 제도권에 진입하고, 이를 통해 곳곳에서 무분별하게 분출되는 욕구를 수용·여과시켜 낙후된 제도를 개혁하는 방향으로 연결시켜 준다면 실로 커다란 발전이 아닐 수 없다. 진보정당이 대중운동의 각 영역에서 제기되는 각종 요구를 수렴하여 이를 정책적 차원으로 발전시켜 나간다면 많은 국민들로부터 긍정적 반응을 얻을 수 있다. 그러기 위해서는 정당 자체의 노선이 중요하다. '온건 진보'로까지의 전환은 하지 않더라도 다중(多衆)에 뿌리를 둔 '신진보'(新進步)를 개척해 나가야 한다.

《한국인》 1990. 3.

국민야당 창출 마지막 기회

민자당이 보궐선거에 참패한 것은 거대여당을 이룩해 놓고 실정만 거듭했기 때문이다. 3당 통합에 대한 거부감도 작용했겠지만 그보다 비대권력의 독주와 남용을 민의가 먼저 알고 견제한 결과였다.

솔직히 말해 민자당은 출범 이후 지금까지 당초 내세운 '신사고'나 '새정치'와는 거리가 먼 모습이었고 국민들에게 희망을 안겨 주지 못했다. 개혁의지의 실종과 함께 구 정치로의 복고 조짐까지 노출해 국민들을 절망감에 빠지게 했다. 우선 민자당 탄생 직후 열린 임시 국회에서 군 조직법 개정안의 변칙처리로 구태와 독주의 발톱을 드러냈다. 당내 문제에서도 합당 때의 '권력분점담합'의 오명을 벗어나지 못한 채 철저하게 나눠먹기 식 인사를 단행, 전근대적 붕당의 모습을 여실히 드러냈다. 밀실정치의 폐습 또한 옛 그대로다.

공작정치 부른 야합

이밖에도 지자제 등 민주화 입법에 극히 소극적이었고 선거공약인 실명제 역시 공개사과 한 마디 없이 백지화시켜 버렸다. '중평'(中評)에 이어 또 한 번 중대한 약속을 어겼다. 치안 부재로 국민들은 불안에 떨고 물가 급등, 서민들의 집 없는 설움, 유례없는 증권시장의 몰락 등이 파탄경제를 대변하고 있다. 이번 보선에서도 정호용(鄭鎬溶) 후보를 사퇴시키기 위해 유형 · 무형의 압력을 가했고 40여 명의 현역의원까지 선거운동원으로 뛰게 하는 등 수단과 방법을 가리지 않는 '구악'(舊惡)을 재연했다.

결국 지난날의 집권당과 달라진 점을 보여주지 못했다. 집권그룹의 이 같은 위약(違約)과 퇴영적(退嬰的) 처신은 수의 힘만 과신한 나머지 야당을 무시하고 국민을 얕잡아보는 자만과 안일에서 비롯된 것이다. 민자당은 원내 다수의석이 마치 국민 수도 그만큼 확보한 양 거들먹거리다가 이번 선거에서 그 거대의석이 허구일 수 있음을 알게 됐다.

'야합'(野合)으로 이뤄진 정당은 탄탄대로를 달릴 수 없다. 당 최고위원이 화가 나 당사에 출근하지 않는 것은 물론 대통령이 참석하는 청와대 당직자회의 참석까지 보이콧했다. 김영삼 최고위원은 '공작정치하고 망하지 않은 정권 없다. 나는 30년 야당 생활하면서도 견뎌낸 사람'이라며 공작정치를 배격한다고 선언했다. 이에 박철언 정무장관이 '3당 합당 당시 김 최고위원이 취한 일련의 일들이나 방소(訪蘇) 중 그가 했던 숨겨진 일들을 공개하면 그의 정치생명은 하루아침에 끝난다'고 반박했다. 공작정치가 되살아났다는 것도 한심스런 작태지만 3당 통합이 야합이었음을 스스로 자인한 꼴이 됐다. 대 여당을 이끌어가는 실권자들이 이런 추태를 부리는 일은 국민을 우롱하는 폭거다.

국민의 참뜻을 모르기는 야권도 마찬가지다. 이번 보선결과를 놓고 평민당도 민주당도 아전인수식 해석을 하고 있다. 미처 창당 작업도 못한 민주당이 거대여당과 홀로 대결, 사실상의 승리를 거둔 것은 쾌거다. 그러나 방자한 거여(巨與)를 견제하고 허약한 야권을 지원해 주자는 뜻에서 유권자들이 민자당에 등을 돌린 것이지 야당이 잘해서 그런 것은 아니다. 민주당이 이를 발판삼아 야권 내 지분이나 확대하여 유리한 입장에 서려는 욕심은 용납될 수 없다. 평민당도 보선결과를 3당 합당에 대한 국민의 거부현상이라고 몰아가면서 민주당을 견제하려고만 해서도 안 된다. 이 시점에서 야권이 국민의 뜻에 보답하는 길은 수구적 거여에 대적할 든든한 국민정당 차원의 야당을 창출하는 것이다. 야합이 아닌 역사 앞에 떳떳한 공명정당을 탄생시키는 일이다.

한 마디로 지금의 평민당으로는 안 된다. 보선에서도 국회를 해산하자는 입장에서 후보를 내지 않은 것이라고 하지만 조금도 승산이 없어 후보조차 못 냈다는 것이 더 솔직한 고백이 아닐까. 지역당의 한계를 못 벗어나는 슬픈 입장을 무어라 변명할 수 있겠는가. 평민당이 다음 총선에서 호남지역을 석권하고 서울 일부를 차지한다 해도 현 수준에서 벗어나지 못할 것이다. 그런 상황에서 김대중 총재가 대권을 잡을 수 없다는 것은 불을 보듯 뻔하다. 더욱이 지금 누리는 것에 만족하고 있을 수만은 없는 노릇 아닌가.

지금 거여를 견제할 단일야당 출현을 고대하는 민의의 성심이 하늘을 뚫을 듯하다. 평민당, 민주당, 구 야권 정치원로들 사이에 범야통합 추진을 위한 교섭이 활발히 전개되고 있다. 범야통합에 장애가 된다면 단일지도 체제를 집단지도 체제로 바꾸고 당명도 바꿀 용의가 있다는 평민당 측이 이번에는 김대중 총재에게 통합야당의 대통령 후보직을 보장해 준다면 정치일선에서 후퇴할 수도 있다는 통합조건까지 비친 모양이다. 대야(大野)를 이루기 위한 희생적 양보임에 틀림없다. 그러나 야합이나 공작정치는 말할 것 없고 사리파략(私利派略)의 조건에 얽매이는 것 역시 수권정당, 국민정당으로 가는 길의 정도가 아니라고 생각된다. 김 총재가 대통령 후보가 되는 것을 찬성하지 않는 측도 있겠지만 적극 찬성하는 측도 많다. 나라를 위하는 큰 뜻으로 한 발 물러섰다가 정정당당하게 후보경쟁에 나서 지명을 받으면 그뿐이다.

당당한 대통령 후보

현 시점에서 뭐니 뭐니 해도 '대야'(大野)를 성사시킬 수 있는 열쇠는 김 총재가 쥐고 있다. 모든 것이 그에게서 비롯된다고도 볼 수 있다. 국민들은 대승적 결단을 내리는 정치가를 결코 외면하지 않을 것이다. 거여를 등에 업고 공작정치가 판을 치는 이 난국을 수습해 준 정치가를 빼놓고 누구를 유일야당의 대통령 후보로 추대할 수 있겠는가.

우리는 역사가 베푸는 이 기회를 놓칠 수 없다. 기회는 얻기는 어렵고 잃기는 쉽다. 스스로 돕지 않는 자에게는 기회도 힘을 빌려 주지 않는다. 결단을 내려야 할 때 내리지 않는 것은 최대의 해악이다. 결단은 용자(勇者)의 전유물이다. 대용자(大勇者)만이 경애탄상(敬愛歎賞)을 받을 자격이 있다.

한 번도 평화적으로 정권을 잡아 보지 못한 이 땅의 야당, 우리 야당도 혁신적 탈태(奪胎)를 할 때가 됐다. 생업을 못 구해 야당가에서 서성거리는 사람, 어깨 너머로 술수나 익히는 사람, 지역주민 청탁에 얽혀 있는 사람, 입만 벌리면 동교동, 상도동 하는 사람, 돈으로 전국구를 산 사람은 이제 사라질 때가 됐다.

또 야당이 '골동'(骨董) 정치꾼들의 노인정이 되어서도 안 된다. 구 야당 총재급 등 원로들이 야당 통합을 도와주는 것은 좋다. 그러나 이 나라 민주발전에 도움을 주기는커녕 뿌리째 썩게 했던 일부 '골동품'(骨董品)들에게 놀음판을 마련해 주자고 이 역사(役事)를 하고 있는 것은 아니지 않는가. 더구나 지역당 탈피 모양을 갖추려고 그런 시도를 한다면 국민들이 먼저 알고 용납하지 않을 것이다.

《동아일보》 1990. 4. 11.

야합과 대권밀약설

"국민이 원한다면 대통령직을 사임하겠다." 1960년 4월 26일 꼭 30년 전 오늘, 이승만(李承晩) 대통령은 대통령직에서 물러나겠다는 중대 성명을 발표했다. 부정선거와 자유당의 폭정에 항의하는 4·18, 4·19 유혈학생데모와 4·25 교수단 데모에 이어 이날 역사적인 4월 민주혁명이 승리를 거두었다. 그날 횡설수설은 "아아 자유와 민주에 목 타는 국민이여! 고귀한 젊은이들의 피의 대가여! 민권은 마침내 승리했구나"라고 묘사했다.

4월 혁명은 국민이 주인임을 선언하고 그 어떤 독재정권도 용납지 않는 자유·민주·정의의 학생-시민혁명이었다. 아무리 모든 권력을 혼자 쥐고 있는 대통령이라도 국민의 지지를 받지 못하고 국민이 따르지 않으면 결국 파멸하고 마는 역사적 교훈을 생생하게 전해주었다. 천하 없는 대권을 쥐었더라도 그것이 국민에 의한 것이 아니고 야합이나 부정으로 이루어진 것이라면 하루아침에 이슬처럼 사라지고 만다는 것을 꼭 30년 전 오늘 이 대통령 하야가 여실히 증명해주었다.

요즘 민자당의 대권밀약설(大權密約說)이 큰 파문을 일으키고 있다. 1992년 이후의 후계구도를 담은 것으로 알려진 각서설이 꼬리를 물고 의혹을 자아낸다. 거여(巨與) 민자당의 탄생은 역시 야합으로 이루어졌음을 또 한 번 확인해주는 꼴이 됐다. 요즘 정치꾼들의 이 같은 저열한 야합 작태를 보고 있노라면 옛날과 다를 것이 없다는 생각이 들기도 한다. 한마디로 오늘의 우리 정치상황은 '도덕부재', '비전부재' 바로 그런 상태다.

윈스턴 처칠은 이런 말을 했다. "정치가는 내일, 내달, 내년에 무슨 일이 일어날 것인지를 예언할 수 있는 재능을 가져야 한다." 이어 그는 "그 예언이 들어맞지 않았을 때 그 이유를 설명할 수 있어야 한다"고 덧붙였다. 대권주자는 당연히 국민의사를 바탕으로 한 당원들의 의사 결집으로 결정되어야 하며 대통령은 그런 정치가가 국민의 동의를 얻어 탄생해야 한다. 밀약으로 대권을 잡으려 한다면 이제는 국민이 용납하지 않을 것이다. 처칠이 말한 재능은 갖추지 못하더라도 최소한 민주적 사고방식이라도 가져야 하지 않겠는가.

《동아일보》 1990. 4. 26

'노태우를 백담사로'

미국에서는 이미 1820년대부터 여론조사가 활발하게 시행됐다. 많은 조사를 하다 보니 빗나가는 경우도 많았다. 1936년 대통령선거 때는 어떤 조사기관이 1천 명으로부터 설문을 수집해 본 결과 A. M. 랜던 후보 지지가 압도적으로 높게 나타났다. 그에 대한 지지율이 57.1%였고 F. D. 루스벨트 후보는 42.9%에 지나지 않았다. 그러나 선거 후 뚜껑을 열어 보니 루스벨트가 62.5%라는 엄청난 지지를 얻어 당선됐다.

민주정치는 여론정치라는 데 이의를 제기할 사람은 별로 없을 것이다. 특히 요즘같이 언론자유가 보장되어 있는 시기에는 더욱 그렇다. 따라서 위정자는 여론을 무시하거나 여론의 눈치를 살피지 않고는 정치를 할 수가 없다. 그러나 권위주의가 팽배했던 시절, 여론은 정치권력에 의해 떡 주무르듯 조작될 수 있었다. 정치권력이 정보조작으로 여론을 만들어냈다. 마치 위폐 찍어내듯 관제(官製) 여론을 만들어냈다. 자유당 시절에는 여론조작을 하다못해 '우의마의'(牛意馬意)까지 동원돼 웃음거리가 된 적도 있다.

민자당 부속 사회개발연구소가 최근 실시한 여론조사에 따르면 민자당은 정당별 지지도에서 형편없는 꼴찌로 집계됐다. 가칭 민주당이 23.8%로 단연 앞서 있고 평민당 18.8%, 민자당 14%순이었다. 민자당 최고위원 스스로도 "모여서 잘하겠다고 해놓고는 집안싸움만 벌인 결과가 아니겠느냐"고 개탄할 정도다. 1936년 미국 대통령선거 때의 여론조사처럼 틀릴 수도 있지 않겠느냐고 반문할 사람이 있을지 모르겠으나 민정계의 한 소장파 의원은 "요즘 지역구를 다녀보면 체감 지지도는 10%도 안 된다"고 털어놓는다.

이 같은 결과는 단순히 박철언 발언 파문이나 당권밀약설 때문만은 아닐 것이다. 3당 통합 후 정치·경제·치안 상태 모두가 하강을 거듭, 난파상태다. 요즘 증권회사 유리문과 내부 벽 등에는 '노태우를 백담사로', '전두환을 청와대로'라는 대자보도 나붙었다고 한다. 민심이 5공 시절을 그리워한다면 1차적인 책임이 누구한테 있겠는가. 민자당 하는 꼴을 보면 일이 잘못돼도 크게 잘못되어가고 있음을 느낀다.

《동아일보》 1990. 4. 29

국회의장… 지역주의의 사생아?

유구한 의회사를 가진 영국의 국회의장은 국왕에 대해 하원을 대변하고 하원에 대해 국왕을 대변한다. 그래서 의장을 스피커라고 한다. 영국 국회의장의 권위는 지금도 대단하다. 개회에 앞서 의장은 거창한 행렬을 거느리고 입장식을 갖는데 이걸 구경하러 많은 사람들이 모여든다. 물론 의장을 고를 때는 여러 가지 까다로운 조건들이 뒤따른다.

첫째, 어느 당에 대해 편파적이거나 시비하기를 좋아하는 인물은 제외된다. 또 의사를 진행하는 데 공평무사한 인물이어야 한다. 각료출신도 기피인물이다. 행정부 입장을 두둔해서도 안 되기 때문. 설령 의회가 해산되더라도 영국의 국회의장은 거의 바뀌지 않는다. 대체로 의장의 지역구에는 다른 당이 후보를 내지 않으므로 낙선도 있을 수 없다. 의장은 아무나 함부로 만날 수 없다. 누구와 유착되어 있다는 얘기를 듣게 될 우려 때문에 스스로 피한다.

민자당은 오는 29일로 임기가 끝나는 김재순(金在淳) 국회의장 후임에 박준규(朴浚圭) 의원을 내정한 것으로 알려졌다. 최고위원 3명이 아침을 먹으면서 이같이 의견을 모아 노 대통령에게 건의하기로 했다는 것. 국회의장을 이런 식으로 뽑을 수밖에 없는 것인지 답답한 느낌이 든다. 그러면서도 지금까지의 우리 국회의장의 권위와 권한, 영향력과 해온 일을 생각해보면 그 정도밖에 되지 않을 성도 싶다. 그런데 박 의원이 의장이 될 경우 대통령, 대법원장에 이어 국회의장까지 영남지역 출신 일색이어서 3부 요인이 모두 특정지역 인사라는 문제점이 제기된다.

민자당의 한 고위당직자는 이일규(李一珪) 대법원장이 금년 말로 정년퇴임하므로 큰 문제는 아니라고 강조했다. 그렇다면 내년 초 대법원장 임명 때도 머지않아 총선으로 국회의장이 바뀔 것이므로 다시 영남지역 출신을 대법원장으로 임명해도 큰 문제는 아니라는 이야기가 나오지 않겠는가. 그리고 현행 헌법대로라면 총선 뒤 새 국회의장 선출 때는 또다시 대통령 임기가 1년도 안 남았으니 영남출신 의장을 뽑아도 큰 문제가 아니라는 주장이 나올 수 있다. 망국의 지역감정을 부추긴 장본인은 그들의 목적과 야망을 채우기 위해 수단 방법을 가리지 않는 정치인들이 아니었던가. 인사의 지역편중은 시정되어야 한다.

《동아일보》 1990. 5. 22

더 나쁜 정치인

프랑스의 조르주 클레망소는 총리 겸 국방장관으로 제 1차 세계대전을 승리로 이끈 대정치가다. 그는 문필가로도 이름을 날려 《승리의 명예와 비참》이란 명저를 남기기도 했다. 만년의 어느 날 클레망소는 "당신이 아는 가장 나쁜 정치가는 누구인가"라는 질문을 받았다. 그는 한참 머뭇거리더니 "그것은 참으로 어려운 질문이다. 이놈이야말로 가장 나쁜 정치가라고 판정한 순간에 바로 더 나쁜 놈이 꼭 나오게 마련이니까"라고 응답했다.

자유당시대까지 거슬러 올라가지 않아도 우리는 당리당략(黨利黨略)에 욕심투성이인 정치꾼들을 수없이 보아왔다. 지난번 대통령선거 때만 해도 3김(金)이 끝까지 분열, 낙선의 고배를 마셨고 뒤이은 야당분열과 3당 통합도 권력분점(權力分占) 담합이니 밀실(密室) 정치니 하는 지탄을 받았다. 야당(野黨) 통합도 지분확대에만 신경을 쓰더니 갖가지 졸렬한 정치쇼만 연출한 끝에 끝내 실패하고 말았다. 야당들은 거여(巨與)를 견제할 단일야당 출현을 고대하는 국민들의 뜨거운 열망을 또 한 번 외면했다.

15일 창당대회를 앞둔 가칭 민주당(民主黨)이 총재자리를 놓고 이기택(李基澤) 창당준비위원장과 박찬종(朴燦鍾) 부위원장이 대결을 벌이는 가운데 초선인 김광일(金光一) 의원이 뛰어들어 점입가경의 혼전상태에 빠졌다. 언론보도를 보면 상호비방과 대의원에 대한 금품공세, 당직약속 등 구태의연한 수법만 골라하고 있다는 것. 민주정치에서 누구나 경선에 나설 수 있다. 그러나 얼마 전까지만 해도 누구는 감투와 집권욕에 눈이 멀었느니, 누구는 물러나야 야당이 산다고 하더니 단 8명밖에 되지 않는 현역의원 중 총재경선에 3명이나 나서고 있다. 이들의 3김에 대한 비판도 결국은 자신들이 차지할 감투자리를 확보해 놓기 위한 술수는 아니었는지 모르겠다.

외교는 물론이고 지금 여야가 힘을 합쳐 시급히 해결해야 할 국내문제가 산적해 있다. 부동산 한 가지만 해도 5·8조치 한 달이 넘도록 매각실적이 전무(全無)하다시피 하지 않은가. 야당은 최소한 감시적(監視的) 협력만이라도 게을리 해서는 안 된다. 지금 시중여론은 '왜 원내 현역의원 8명이 모두 출마하지 않느냐'는 야유 섞인 힐난이다. 제발 클레망소가 지적한 대로 더 나쁜 정치인이 되지 않기를 당부한다.

《동아일보》 1990. 6. 14

국회 무용론無用論

1817년에서 1819년까지 앨라배마가 미국의 준주(準州)였던 동안 단 1명이 앨라배마 상원을 구성하고 있었다. 글자 그대로 원맨 의원이었던 제임스 타이터스는 앨라배마 상원의 의원이며 의장이요, 원내의 모든 위원도 겸하고 있었다. 그는 회의를 소집하고 사회를 보고 하원을 통과한 법안에 대한 단 한 표밖에 없는 표를 던져 가결하거나 부결시켰다.

그는 모든 의안을 신중히 다뤄 가끔 정회(停會)까지 선포하여 자신과 절충하고 경우에 따라 협의회를 소집하여 자신의 견해를 밝힌 뒤 타협을 해 다시 개회, 타협된 내용을 보고했다. 이 모든 절차가 지극히 엄숙한 가운데 진행됐는데 미국 역사상 그 어느 입법자도 타이터스 의원이 발휘한 만큼의 신중함, 의회를 좌우한 개인적인 권한, 그리고 육체적 노고를 아끼지 않았던 예가 없다는 것이다.

평민당과 민주당 소속 국회의원 4명이 의원직 사퇴서를 내 파문이 일고 있다. 이들은 "현 국회는 국민을 괴롭히는 반민주 악법을 양산하는 통법부(通法府)", "이런 국회에서 국민을 위해 할 수 있는 일은 아무것도 없다"고 말했고 이들의 사퇴서를 받은 박준규(朴浚圭) 의장은 "내가 사퇴서를 내야 할 사람인데 받고 있으니…"라며 한탄했다고 한다. 이들 외에도 민주당 소속 5명이 더 사퇴할 것으로 보인다. 지금 곳곳에서 국민들 사이에 국회 무용론(無用論)이 거론되고 있는데 적어도 박 의장을 포함, 의원 10명이나 이에 적극, 또는 소극적으로 동조하고 있는 셈이다.

미국의 신랄한 풍자가이며 저명한 칼럼니스트인 A. 비어서의 《악마의 사전》을 보면 국회란 "법률을 무효화하기 위해 회합한 사람들의 집단"으로 기술돼 있다. 또 이들의 정치란 "우리네의 범죄계급 중에서도 보다 저급한 족속들이 즐기는 생계의 수단"이라고 적혀있다. 비어서가 '문필계의 해부학자'답게 역설적으로 예리하게 풍자한 것이지만 요즘 우리 국회 모습을 보면 풍자하지 않은 내용 그대라고 해도 무리가 아닐 것 같다. 이런 국회는 없는 것만 못하다지만 의회주의 '광신론자'도 있어 아주 없앨 수도 없는 노릇. 그러나 299명이나 되는 의원들의 고액세비로 납세자만 억울하게 당하고 있으니 앨라배마 준주 상원처럼 한 명만 두면 어떨까. 그래도 너무하지 않느냐고 생각한다면 세비를 깎아 열댓 명쯤 두면 어떨까.

《동아일보》 1990. 7. 14

내각제 합의각서 파문

노태우, 김영삼, 김종필 세 자민당 최고위원의 내각제 합의각서 파문은 아무래도 납득이 가지 않는다. 세 최고위원 간 밀실합의문건이 공개됐다는 것도 그렇지만 유실사고에 의해 공개됐다니 더욱 믿어지지 않는다. 김영삼 대표는 지금껏 정본(正本) 1부만 청와대 깊숙이 보관돼 있는 것으로 알고 각서설이 나올 때마다 완강히 부인해 왔다. 지난 5월 말 각서 내용이 일부 보도되자 "각서 작성은 있을 수 없는 일"이라고 말했다. 얼마 후 김영삼 대표는 "국민과 야당이 반대하면 내각제 개헌은 안 한다"고 했고 지난 6월 29일엔 "노 대통령이 국민과 야당이 반대하는 개헌은 안하겠다는 것은 사실상 내각제를 않겠다는 뜻"이라고 말했다.

청와대에서 박준병(朴俊炳) 사무총장을 통해 두 김(金) 최고위원에게 보낸 것 중 김영삼 대표에게 보내려던 것이 분실됐다는데 지난 6월 초에 있었던 이 사건이 최근까지 김 대표는 물론 청와대에조차 보고되지 않았다는 것도 이해가 안 간다. 중책을 맡고 있는 당 사무총장이 그 정도밖에 못하겠느냐는 의문과 함께 여권의 생리상 전후가 들어맞지 않는다. 청와대, 특히 대통령이 보내는 서류는 즉각 송달되고 있다. 또 이 같은 초 극비문건을 청와대 최고위원 회동 때 대통령이 직접 전달하지 않은 것도 납득이 안 간다.

자신에게 올 극비문건이 유출돼 알 사람은 알고 있는 줄도 모르고 각서설을 부인해온 김영삼 대표도 참으로 딱한 분이지만 노 대통령 역시 국민들에게 큰 실망을 안겨주었다. 우리 모두가 납세의무, 국토방위의무 등을 성실하게 수행하고 있는 내 나라 우리 조국 대한민국의 국가원수가 밀실에서, 그것도 소속당의 아랫간부들과 각서나 만들고 서명까지 해서야 될 말인가. 3당 합당 때 내세운 '구국차원'은 도대체 무슨 말인가.

이번 파문의 근본적 원인은 김 대표가 서명까지 한 내각제 추진에 대해 불투명한 태도를 취했다는 것과 민정계의 꾸준한 권력독점공작이 겹쳐진 데 있다. 김 대표가 그동안 해온 발언은 앞으로 어떻게 뒷수습해야 할 것인가. 정치가는 시대의 흐름을 바로 파악해 거짓 없이 책임질 줄 알아야 한다. 민자당이나 김 대표나 신뢰를 얻으려면 환골탈태해야 하지 않을까.

《동아일보》 1990. 10. 30

나의 때는 이미 끝났다

"나의 때는 이미 끝났다." 연세대 김동길 교수가 지난 85년 3김씨에게 은퇴하라고 당부한 이 칼럼은 오랫동안 화제가 됐었다. 그 내용을 보면, 60년대 말 월남전쟁을 반대하는 미국 젊은이들의 반전운동이 민권운동과 뒤엉켜 혼란스러웠을 때 일부 과격학생들이 하버드대 행정관을 점거, 학교행정이 마비됐다. 당시 퓨지 총장은 교무위를 소집, 경찰을 부를 것인지 말 것인지를 놓고 숙의했다. 학교장이 부르지 않으면 경찰은 캠퍼스 안에 한 발짝도 들여 놓지 못한다.

의견은 둘로 갈라져 좀처럼 결론이 나지 않았다. 퓨지 총장은 경찰을 불러야겠다고 생각했지만 법대학장인 보크라는 젊은 교수는 옳은 방법이 아니라고 주장했다. 퓨지 총장은 소신대로 경찰을 불러 학생들을 끌어냈고 학교는 정상화됐다. 그러나 총장은 임기를 2년 가까이 남겨놓고 돌연 이사회에 사표를 냈다. "나의 시대는 이미 지났다"는 유명한 한 마디를 남기고 물러나버렸다. 후임에는 자신과 전혀 반대되는 의견을 내세웠던 보크 학장을 지명했다. 보크 총장은 대학발전에 큰 공헌을 했는데 그 역시 얼마 전 그만두겠다고 선언했다.

올해는 드골 탄생 100주년 되는 해다. 오는 22일 탄생일을 앞두고 요즘 프랑스 전역에서 드골 추모열기가 대단하다. 드골의 최대 매력은 항상 국민 편에 서서 권력에 연연하지 않았다는 점이다. 그는 언제나 국민의 뜻에 따르기를 원해 국민투표를 다섯 번이나 실시했다. 1969년 그가 제안한 상원 및 지방의회 개혁에 대한 마지막 국민투표에서 절반의 찬성을 얻지 못하자 지체 없이 권좌에서 물러섰다. "나는 공화국 대통령으로서의 기능을 정지하네. 오늘 정오부터 발효야." 그가 향리(鄕里) 콜롱베에서 비서실장에게 건 이 전화 한 통화로 대통령직을 사임했다.

권력에 초연했던 드골장군 탄생 100주년을 맞는 11월에 들어 3김씨에게 은퇴하여 낚시질하기 꼭 알맞은 곳을 소개해 주겠다던 김동길 교수의 글이 떠오르는 것은 웬일일까. 그동안 '1노(盧) 3김(金)이 사라져야 이 나라 정치가 잘 될 것'이란 이야기가 수없이 나왔다. 지금 1노 2김이 이끄는 한국의 대여당의 한심하고 처참한 몰골은 무어라 설명하지 않아도 모르는 국민이 없다. 통합도 못한 야당도 잘한 것 없다. 낚시 말고도 골프, 등산, 수영 등 1노 3김에게 소개하고 싶은 좋은 것이 많다.

《동아일보》 1990. 11. 2

세대교체론

"천지지신(天地之神)은 감동하사 한양성(漢陽城) 이몽룡(李夢龍)을 청운(青雲)에 높이 올려 내 딸 춘향(春香) 살려주사이다." 춘향 모 월매가 이렇게 소원하고 눈물짓는데 어사 이몽룡이 걸인 중 상걸인 모양으로 들어선다. 월매는 "무정한 이 사람아, 일차 이별 후 소식 없으니 그런 인사(人事)가 있으며 후기(後期: 뒷날의 기약)인지 바랐더니 이리 잘되었소. 쏘아놓은 살이 되고 엎질러진 물이 되어 누구를 원망할까마는 내 딸 춘향 어쩔라나" 하며 홧김에 몽룡의 코를 물어뜯으려 한다.

한편 춘향 어미 미음을 가져오다가 어사가 바로 이몽룡임을 알았것다. 월매 뛰어나와 손뼉치고 강동강동 뛰어오르며 "얼싸 좋다 좋을시고. 지화자 좋을시고. 사람마다 딸을 두어 날같이 효도(孝道)를 볼작시면 불중생남중생녀(不重生男重生女: 남아 낳은 것을 중히 여기지 말고 여아 낳은 것을 중히 여김)라 하는 말이 허언이 아니로다" 하며 덩실덩실 춤을 춘다. 한국 고대소설의 대표작 춘향전에서의 월매 역은 투박하고 해학적이며 정이 뚝뚝 넘쳐흐른다.

춘향전이 사설조(辭說調)로 아무리 천하대작이라 할지라도 춘향 역만 있어서는 안 된다. 춘향 모 월매가 있어야 하고 변 사또, 방자, 향단이도 있어야 한다. 그런데 이 작품을 공연하면서 배우들이 모두 찬란한 주역 춘향역만 맡으려 하고 월매 역은 기피한다면 이 작품은 공연할 수 없다. 요즘 우리 정가를 보면 3김씨가 모두 60세가 훨씬 넘어 이제 월매 역도 맡아야 할 처지인데도 계속 춘향 역만 맡으려 한다. 한창때야 당연히 춘향 역을 맡아왔지만 지금은 여러 여건으로 보아 춘향 역만을 고집할 입장이 아닌데도 그 역만 고집하고 있다.

민자당의 김종필 최고위원이 자신을 포함, 3김은 이제 물러나 새싹들에게 자리를 물려주어야 한다고 밝혀 주목을 끌었다. 보기에도 흉측한 여권 내분의 이해당사자로서 자기 입장을 고려해 그런 말을 했는지도 모르겠으나 하여튼 "일 저질러놓고 뭉개기만 하는 그런 사람들은 물러나야 한다"는 말은 오늘의 '개판정국'을 만든 당사자들의 책임을 통렬하게 물은 것이다.

달이 차면 기우는 것과 같이 권세도 사라지게 마련. 당나라 일등 개국공신 이정(李靖)은 정상의 지위서 은퇴했으나 다른 공신들은 계속 권세를 누리다 고종이 즉위하자 모두 주살(誅殺)됐다. 한 고조 때의 장량(張良)도 먼저 은퇴하지 않았더라면 한신(韓信), 팽월(彭越)처럼 비참한 최후를 면치 못했을 것이다. 김종필 위원이 던진 세대교체론이 경색정국에 신선한 충격이 되었으면 한다.

《동아일보》 1990. 11. 6

여성 정계진출

백년전쟁이 막바지에 이르렀을 때인 1428년 프랑스의 북반부는 영국군 및 영국에 협력하는 부르고뉴파가 지배하고 있었다. 프랑스의 왕위도 샤를 6세의 사후에는 영국 왕 헨리 5세가 계승토록 되어 있었다. "프랑스를 구하라"는 신의 명령을 받았다는 동르미의 소녀 잔 다르크는 루아르 강변 시농 성에 몰려있는 샤를 왕태자를 찾았다. 그 후 잔 다르크는 영국군의 포위 속에 전멸위기에 놓인 오를레앙을 구원한 것은 물론 랭스까지 진격했고 샤를 7세의 대관식까지 거행했다.

흰 갑주에 백의를 입고 선두에서 지휘하는 잔 다르크의 모습만 보아도 영국군은 싸우지도 못하고 도망쳤다 한다. 잔 다르크는 지금까지 프랑스

사상 가장 위대한 구국여성으로 추앙받는다. 그로부터 5세기도 훨씬 지난 20세기 후반에 영국에도 역시 구국의 여재상이 탄생했다. 265년의 영국의회 사상 43명의 총리가 역임했지만 여 총리는 마거릿 대처가 처음이다. 그녀는 밖으로는 포클랜드 전쟁을 승리로 이끌었고 안으로는 20여 년 영국을 괴롭혀 온 실업, 인플레, 파운드화 폭락 등 만성의 '영국병'을 치유, '철의 여인' 모습을 과시했다.

에디트 크레송 신임 프랑스 총리도 프랑스 사상 첫 여성 총리다. 미테랑 대통령은 그녀를 임명하면서 "유럽 단일시장 탄생과 프랑스 총선에 대비하기 위해"라고 밝혔다. '경제전쟁의 잔 다르크'라는 그녀는 특히 대외무역장관 때 만년적자에 허덕여온 대미무역을 흑자로 전환시켰고 유럽담당장관 재직 때는 일본의 불공정 무역행위를 강도 높게 비판했다. 그녀는 작년 10월에도 일본의 유럽시장 침투저지 실패에 불만을 표시했다.

대외 경제정책에 강공책을 펴온 그녀가 한국에 대한 고속전철 판매교섭에서 어떤 자세로 나올지 벌써부터 관심이 모인다. 여성의 직관은 때때로 남성의 오만한 지식의 자부를 능가한다. 근년에도 이스라엘의 메이어, 인도의 간디 총리의 치적이 이를 잘 증명해준다. 지난번 우리나라 기초의회의원 선거 결과 당선자 4,303명 중 여성은 겨우 22명뿐이었다. 프랑스 여성총리의 출범이 우리 여성의 정계진출에도 자극이 되리라 믿는다.

《동아일보》 1991. 5. 17

지방의회 의원들

지방의회 의원은 지역주민에 의해 선출됐다는 명예와 지역주민의 대표로서 지역주민을 위해 봉사한다는 자부심을 갖는다. 동시에 지역발전에 대한 소명의식과 자치의식도 가져야 한다. 이에 못지않게 민주주의에 대한 신념, 건전한 비판의식, 공익우선개념, 공직자 윤리의식도 갖춰야 한다. 이 밖에 급변하는 사회변동에 대처할 능력과 의회운영에 관한 전문지식도 있어야 한다. 이 모든 덕목들을 갖춰야겠지만 실질적으로 지방의회와 지역주민을 위해 명심해야 할 것이 있다. 그것은 이권에는 개입하지 말라는 것이다.

80년대 우리 사회를 암담하게 만들어놓은 것이 5공 비리다. 온갖 부정부패로 많은 고위공직자들이 철창신세를 졌다. 평생 쌓아올린 행적을 하루 아침에 물거품으로 만들어버렸는데 그 대부분이 이권결탁과 관련이 있다. 6공 들어서도 많은 공직자들이 구속됐다. 지금도 국회의원 몇 명은 수감돼 있다. 개인은 물론 사회전체를 멍들게 하는 부정부패는 대부분 공직자들의 이권개입에서 시작된다. 이권개입은 악순환의 속성이 있어 꼬리를 물고 이어진다.

광역의회의원 중 68%가 회사대표이고 이 중 상당수가 건설업자다. 지방정부는 한 해에도 많은 각종 공사를 발주한다. 의원들은 너도 나도 지역 주민을 위해 일하겠다고 해서 당선됐지만 직업 분포로 보아 지방의회가 기업이익을 대변하는 곳이 되지 않을까 걱정이다. 이런 조짐이 요즘 벌어지고 있는 상임위 배정 및 위원장선출 작태에서 나타났다. 의원들이 건설, 상공, 내무 등 이권관련 상임위로 대거 몰렸다. 그 중에서도 건설위원장 자리는 노른자위로 부상, 치열한 경합을 벌였다.

많은 선진국 국회나 지방의회에서 상위구성 때 그 상위의 직무내용과 연관이 있는 의원은 철저히 배제된다. 의원 스스로 이를 거부한다. 지방정부가 발주하는 어떤 공사도 의원이 관련된 업체가 수주해서는 안 된다. 우리 의원들이 이를 이행하지 않는다면 제도적 봉쇄장치가 마련되어야 한다. 염불보다 잿밥에 눈독 들이는 일은 없어야 한다. 그래야 작은 민주주의부터 건실하게 뿌리를 내린다.

《동아일보》 1991. 7. 11

전직 대통령 과잉 경호

고르바초프는 퇴임 후 경호원 20명, 리무진 승용차 2대, 아파트 별장과 매달 4천 루블의 연금을 받기로 했다. 사임 후 대우문제 협의과정에서 고르비는 경호원 2백 명을 요청했다가 거절당했다. '금세기의 가장 위대한 인물'이란 칭송을 받는 고르비도 퇴임 후의 신변안전에 신경을 쓰는 것 같다. 우리나라도 전직대통령 예우에 관한 법률에 따라 품위유지에 필요한 생활여건을 마련해주고 경험과 경륜을 국가·사회발전에 기여할 수 있도록 여러 면에서 지원해주고 있다.

구체적으로 전직 대통령은 연금, 비서관, 경호원, 교통·통신 편의, 본인 및 가족 의료혜택 등을 받는다. 연금은 매달 현직 대통령 봉급액의 95%를 받으며 1급 비서관 1명, 2급 비서관 2명을 둘 수 있고 경호경비는 퇴임 후 대통령에 재직한 기간만큼 받으며 필요에 따라 연장된다. 이 밖에 본인 및 가족들은 국공립병원에서 무료로 치료받을 수 있고 여권은 외교관여권이 발급된다.

지난 24일 전두환 전 대통령 부부 일행 15명의 골프모임을 취재하던 〈서울골프〉 편집국장 등 2명이 전 씨의 경호원들에게 필름을 뺏기고 몸수색 당하는 등 곤욕을 치렀다. 뒤늦게 달려온 경찰은 이들에게 수갑까지 채우고 조사했다. 전직 대통령을 위한 경호는 당연하다. 그러나 이들이 신분을 밝히고 취재중이란 것을 알렸는데도 강제연행해 5시간 동안이나 범죄자 취급했다. 아무리 알리고 싶지 않은 골프모임이라고 하더라도 다른 것도 아닌 취재활동을 그토록 강압적으로 처리할 수 있는 것인가.

이들이 취재팀이 아니고 평범한 시민이라고 해도 그렇다. 이들은 당당한 납세자다. 경제기획원에 따르면 올해 국민 한 사람이 80만 원 넘게 세금을 냈다. 전직 대통령 경호에 드는 비용은 두말할 것도 없이 이들이 낸 세금으로 충당한다. 곤욕을 치른 편집국장은 "무슨 경호원이 그렇게 많으냐"면서 간첩인지도 모른다는 말이 가장 서운했다고 말했다. 경호를 하다 보면 고충도 없지 않겠지만 나라 안에서 그 누구 못지않게 소중한 사람은 땀 흘려 꼬박꼬박 세금 내는 국민이란 것을 알아야 한다.

《동아일보》 1991. 12. 27

공정언론과 공명선거

국회의원 선거일을 한 달 앞두고 선거 열기가 달아오르고 있다. 이번 선거운동은 전에 비해 양상이 많이 달라졌다. 후보마다 여러 대의 컴퓨터를 설치해 놓고 선거구역, 유권자들의 출신지, 나이, 생일, 직장 등 신상명세와 인맥·정치 성향 등 30~70가지의 자료를 입력해 이를 토대로 유권자들에게 침투해 들어가고 있다. 후보들은 또 자신의 성장과정, 정치관, 출마의 변, 공약 등을 담은 비디오테이프와 애창곡 5~6곡 중간 중간에 자신의 취미, 가족관계, 포부 등을 담은 오디오테이프를 제작해 보급하고 있다.

팩시밀리도 중요 홍보수단으로 이용된다. 유권자들의 직장으로 팩스 인사카드를 보내는가 하면 상대방 후보를 비방하는 마타도어 팩스까지 등장했다. 이 같은 전략이 사생활을 침해하는 홍보공해로 지탄받고 있는 판에 더욱 노골적인 정부당국의 홍보전략이 밝혀져 물의를 빚고 있다. 정부가 선거를 앞두고 각종 선거공약성 사업의 집중보도를 위한 '미래 청사진 홍보계획'을 마련, 여당후보 지원용이 아니냐는 지적을 받고 있다.

이 전략에는 2월 말에서 3월 중순 사이 정부업적과 계획을 홍보하게 돼 있다. 선거일을 앞두고 집중공략하자는 것. 이 계획은 언론사의 특종 보도경쟁 속성까지 치밀하게 계산돼 있다. 기사 내용의 성격, 비중에 따라 특정지, 특정 일자에 보도되도록 흘리는 방법도 계획하고 있다. 각 부처 간부들이 신문 초판을 재빨리 입수해 문제성 있는 기사는 공보처 등 관계 기관에 협조요청해 처리한다는 내용도 들어 있다. 어렴풋이 5공 때의 보도지침이 되살아나는 것이 아닌가 하는 우려까지 자아낸다.

24일자 일부 신문에 6공 출범 4년을 맞아 5공 말과 비교하는 생활수준 만족도 조사가 게재됐다. 58.4%가 나아진 편이라고 응답했다는 것. 5공 말에 비해 생활이 나아졌는지 못해졌는지에 대해서는 왈가왈부하고 싶지 않다. 그러나 왜 이 시기에 그런 내용이 보도되는지 알 수 없다. 이런 보도와 관련, 언론에도 분명 책임이 있다. 공정한 언론보도 없이는 공명선거가 이루어지지 않는다.

《동아일보》 1992. 2. 24

사연구私緣區, TK구

민자당 전국구 후보가 발표되자 곳곳에서 말이 많다. 전국구가 노태우 대통령의 사연구(私緣區)가 아니냐, TK구(區)가 아니냐는 등 뒷말이 무성하다. 노 대통령의 친정(親政) 공천 일색으로 TK인사가 무려 15명이나 포진하고 있으니 그런 말 듣지 않을 수가 없을 것 같다. 그래서 이번 공천은 1년 뒤 노 대통령의 퇴임 후를 대비해 작심을 하고 직할세력을 선명하게 포진해 놓은 것이 아니냐는 비난을 면키 어려울 것 같다.

그뿐 아니다. 노 대통령은 말로는 민주정치 구현을 내세우지만 이번 공천자 면면을 볼 때 그렇지가 못하다. 전력 등으로 볼 때 오히려 반민주적 인사들이 너무나도 많다. 일일이 거명하기는 어렵지만 공천자 명단을 훑어보면 누구나 쉽게 알 수 있는 인사들이 상위 그룹에서부터 자리 잡고 있다. 자연히 직능별 배려도 기대할 수 없게 됐다. 당선 가능권으로 보는 37번까지에 절반이 넘는 18명이 주변 정치권 인사로 채워졌다. 이에 반해 법조계, 문화계, 의학계 등은 완전 배제됐다.

정치권 인사들의 대거 당선권 포진으로 당료들은 거의 모두 40번 이하에 배정돼 강하게 반발하고 있다. 당료들은 노골적인 불만을 표시하며 급기야 당무거부 움직임까지 보였다. 전국구 공천을 보고 당료들은 선거를 안 치르겠다는 발상이 아니냐고 비꼬기도 했다. 최각규(崔珏圭) 부총리 겸 기획원 장관도 지역구까지 양보하고 전국구에 공천받기로 '약속'돼 있었으나 낙방했다. 사의설이 나돌고 당연히 참석해야 할 중요한 회의에 잇달아 불참했다. 선거 등 엄청난 경제 불안요인을 눈앞에 두고 경제총수가 그런 행동을 취한 것도 이해할 수 없다.

전국구 인선이 있을 때마다 말썽이 뒤따랐지만 이번만큼 한심스런 경우도 드물었다. 5공 핵심 인사가 꼭 끼어야 하는지, 지역구 탈락자가 9명이나 구제되어야 하는지, 그토록 계파 몫이 지켜져야 하는지 납득이 가지 않는다. 이래 가지고는 국민의 신뢰를 얻을 수 없을 것이다. 양식 있는 유권자들이 그런 정당에 표를 던지겠는가.

《동아일보》 1992. 3. 6

돈선거

1만 원짜리 다발(1백만 원) 구하기가 하늘의 별따기라고 한다. 23일 전국의 각 은행 창구마다 1만 원짜리를 다발로 달라고 하는 사람들이 갑자기 몰려들어 현찰이 거의 바닥나 10다발(1천만 원) 이상 인출은 제한했다고 한다. 총선을 하루 앞둔 이날 전국의 은행 창구에서는 뭉칫돈이 대거 인출돼 1만 원짜리 현찰이 태부족 사태를 빚었다. 각 은행창구에서는 일부만 현찰로 내주고 나머지는 수표로, 또는 선거 후에 찾아가 줄 것을 간곡히 당부했다.

금융계에 따르면 현찰 수요는 지난주 중반까지는 평소보다 약간 늘어나는 정도였으나 투표일이 다가오면서 갑자기 크게 늘어났다는 것. 역시 선거는 돈과는 떼려야 뗄 수 없는 관계인가 보다. 지난 19일 현재로 은행권 요구불예금 잔액이 11조 7천억 원으로 2월말에 비해 2조 7백여만 원 감소했다. 증시예탁금도 물론 크게 줄어들었다. 이 돈이 모두 어디로 갔겠는가. 특히 투표일 전날 은행 인출이 갑자기 늘어난 1만 원짜리들이 어디로 갔을까. 그 행방을 가장 잘 알고 있는 사람은 물론 후보와 유권자들일 것이다.

23일 전국 곳곳에서 금품공세가 극에 달했다. 이날 밤 서울 성북구 갑 선거구 지역에서 민자당의 선거연락사무소장이 가정집 문패를 확인하며 기웃거리다 민주당원에 붙잡혔는데 1만 원짜리 지폐 185장과 투표구별 관리책임자에게 돈을 지급한 내용서를 소지하고 있었다. 이 연락사무소장은 이밖에도 관내주민과 각종 단체에 1천 7백여만 원을 돌렸다는 것. 이처럼 추한 지역이 이 선거구뿐이겠는가. 이날 전국 곳곳에서 이와 비슷한 사태가 빚어졌다.

최근 안기부 직원들이 야당 후보 비방 유인물을 뿌리다 적발된 데 이어 기무사의 부재자투표 의혹이 잇따라 폭로됐다. 제발 이번만은 공명선거 한 번 해 보자고 각계각층에서 열화와 같은 기대를 모았으나 막판의 금전살포, 운동원들의 난투극, 상대 후보 비방, 흑색선전 등으로 타락과 혼탁은 조금도 줄어들지 않았다. 아직도 우리는 공명선거를 할 수 없는 수준에 머물러있는 것이다.

《동아일보》 1992. 3. 24

무소속 당선자 입도선매

무소속은 서러웠다. 이번 총선에서 220여 명의 무소속 후보들은 경쟁 후보들 외에 무소속에 유달리 불리하게 되어있는 선거법이란 적과도 싸워야했다. 여야 정당이 만든 선거법으로 정당 후보들은 입당자 환영회에서부터 갖가지 방법으로 유권자들과 접촉할 수 있었으나 무소속 후보들은 길거리나 상가에서 맨투맨 식으로 뛰어야 했다. 뒤늦게 헌재에서 평등권, 선거운동 기회균등 보장 등에 위배된다는 조건부 위헌결정이 내려졌다.

무소속은 여러 가지 어려움 속에서도 13대 때보다 두 배가 넘는 21명이나 당선됐다. 총선에서 과반수 의석 확보에 실패한 민자당과 급부상한 국민당이 이들의 영입 작업에 나서 지금 물밑 교섭이 한창이다. 서러웠던 신세에서 하루아침에 주가가 크게 올라 '금값'이 돼버렸다. 민자당은 이미 3~4명의 입당 의원을 확보해 놓아 원내 과반수를 넘어선 셈이다. 무소속 당선자 중 한둘을 빼고는 모두 구 민정당 지구당 위원장을 역임한 것 등 여권에 속한다. 민자당 측은 앞으로도 10여 명이 추가 입당할 것으로 내다본다.

이에 질세라 국민당도 풍부한 재정지원과 당직 배정 등을 제시하며 역시 10여 명을 대상으로 입당 교섭을 하고 있다. '입도선매'한 케이스도 있고 이미 입당을 내락한 당선자도 있는 것으로 알려졌다. 무소속 당선자끼리 별도의 원내 교섭단체를 구성해 제 4의 세력이 될 수도 있으나 지금 추세로 보아서는 벌써 틀린 일이다. 이들은 상당수가 정당공천에서 탈락한 사람들인데 자신들은 계파 안배 낙하산 공천의 피해자라고 생각한다.

어찌됐든 이들은 무소속으로 출마하여 무소속에 기표한 유권자들에 의해 당선됐다. 기존 정당도 신당도 모두 싫어 무소속 후보에 표를 던진 유권자들도 많다. 국회의원 당선자는 그들을 밀어준 국민의 뜻을 존중해야 한다. 이 당 저 당에서 손짓한다고 금세 옮겨가는 것은 민의를 외면한 기회주의자로 낙인찍힐 수 있다. 국민이 만들어 놓은 질서를 함부로 파괴하는 것은 옳지 못하다.

《동아일보》 1992. 3. 27

노태우 대통령의 44가지 잘못

《노태우 대통령의 44가지 잘못》. 16개 연구단체로 구성된 학술단체협의회에서 출간한 6공 비판서 제목이다. 이 책이 제시한 44개 실정(失政) 내용은 3당 합당, 미진한 5공 청산, 정경유착과 각종 비리, 안기부 활동, 개선되지 않은 악법, 국민을 뒷전으로 내몬 통일정책, 정권유지를 위한 일방적 북방외교, 부동산투기 열풍, 치솟는 물가, 교통지옥 등이다. 이 항목들 대부분이 노 대통령이 기회 있을 때마다 해결하겠다고 국민들에게 약속해 온 것들이다.

노 대통령이 국민들에게 공약한 것 중 큼지막한 것들은 모두 물거품이 돼버렸다. 중간평가가 그랬고 토지공개념이나 실명제도 슬그머니 미루어버렸다. 지방자치제도 단체장선거가 법정기일을 넘겨 지금 온 나라가 떠들썩하다. 모든 약속이 다 지켜지기는 쉬운 일이 아니지만 한 나라의 국정 최고책임자인 대통령의 공약은 불가항력적인 것이 아닌 한 지켜야 한다. 그래야 국민들이 대통령과 정부를 믿고 그 시정내용에 맞춰 일상생활을 영위해갈 수 있다. 때문에 지키지 못할 내용은 아예 거론조차 않아야 한다.

요즘 민자, 민주, 국민 등 주요 3당 대통령 후보자들에 대한 각 사회이익 단체들의 공약 요구성 강연·토론회 초청이 크게 늘어나고 있다. 후보에 따라서는 하루에도 30~40건씩이나 초청이 쇄도한다. 일부 단체들은 굳이 대통령 후보를 초청할 이유가 없는 모임인데도 은근히 '표'를 암시하면서 참석을 요청한다고 한다. 이렇게 되면 후보들도 거절하기가 쉽지 않다.

어떤 경우는 3당 후보 공동참석을 요구하는데 후보들은 선별해서 참석하고 나머지는 정중하게 사절하고 있다. 이런 현상은 건전한 정책토론 풍토 조성을 위해 어느 정도 바람직하다. 그러나 대선을 6개월 넘게 남겨둔 시점에서 사전 선거운동 내지는 조기과열을 부채질할 수 있다. 경우에 따라서는 후보들이 대선을 겨냥해 이곳저곳 많이 참석하고 싶을 것이다. 그러나 지키지도 못할 공약을 여기저기에서 남발하고 다닌다면 불신풍조만 팽배해지고 혼란만 가중될 것이다. 후보들도 처신에 신중을 기해야겠고 이익단체들도 무턱대고 후보초청을 하는 것은 삼가야겠다.

《동아일보》 1992. 6. 13

전직 대통령 최소한의 체통

이승만, 장면, 박정희, 전두환, 노태우 대통령 등 역대 국정 최고책임자 5명이 동시에 저녁식사를 초대해 올 경우 누구의 초대에 응하겠느냐는 질문에 국내 정치·행정학 교수들 중 39%가 박 대통령을 택했고 장 총리 25.7%, 이 대통령 22%, 노 대통령 7%, 전 대통령 6%로 나타났다. 도덕성에 관해서는 장 총리가 71.5%로 가장 높았고 다음은 이 대통령 43.4%, 박 대통령 36%, 노 대통령 10.9%, 전 대통령 3.9%순이었다.

얼마 전 한국 행정학회 심포지엄에서 보고된 통치가 자질분석에 따르면 이들을 생각할 때 가장 먼저 떠오르는 인상은 이 대통령은 부정부패·

음흉, 박 대통령은 강경 · 패기 · 근면, 전 대통령은 강경 · 미숙 · 거만 순으로 나타났다. 여러 면에서 평가가 뒤떨어지는 전 대통령은 퇴임 후 백담사로 들어가 산사 생활을 하면서 권좌에 있을 때는 생각지도 못했던 갖은 고초를 겪었다. 10년 동안이나 권력의 정상에서 온갖 권세를 누리다 순식간에 오욕의 나락으로 전락해 얼마나 한이 맺히고 고통스러웠겠는가.

전 대통령이 백담사를 나올 때 많은 국민들은 그가 이제는 온갖 감정의 응어리를 풀고 거만함도 사욕도 버리고 보이지 않는 곳에서 국가 · 사회 발전에 일조해줄 것을 바랐다. 그러나 그 같은 기대는 물거품이 되고 있다. 엄중한 경호 속에 20여 명씩 대동하고 골프 치러 다니는가 하면 제주도로 휴가가면서 일가족 · 처가족에 휘하의 전직 고관들까지 데리고 가 마치 호화단체 관광단을 방불케 했다.

전직 대통령 예우에 관한 법률에 따라 전 대통령은 연금 등 매월 818만 원을 받는다. 여기에 1급 1명 등 3명의 비서관과 10명의 경호원이 따른다. 수행원들의 인건비도 물론 국민의 세금으로 충당한다. 지금 납세자들은 어려운 나라 경제를 생각해 무더위 속에서도 절전운동에 음식물찌꺼기 안 남기기 캠페인까지 벌이며 근검절약에 나섰다. 이런 판에 대통령을 지낸 분이 42명이나 데리고 휴가를 가고 하루 숙박비가 120만 원이나 하는 방에서 자야 하는가. 전직 대통령으로서 최소한의 체통이라도 지켜주었으면 싶다.

《동아일보》 1992. 7. 23

관권선거와 연기군민들의 생각

1948년 5월 10일 제헌의원총선 이래 수십 차례 선거를 해 왔지만 단 한 번이라도 관권선거 아닌 선거를 해 보았던가. 그 중에도 공권력을 사용,

철면피한 선거부정을 일삼아온 자유당 정권은 끝내 3·15 부정선거로 무너졌다. 5·16이후도 잇따른 불법부정선거 후유증을 겪으면서 독재는 강화되고 국민은 고통스러웠다. 제헌총선 40여 년 만에 한 군수가 관권선거 내막을 폭로해 지금 온 나라가 떠들썩하다. 그것도 관권선거를 주도했던 충남 연기군(燕岐郡) 한준수(韓埈洙) 전 군수가 양심선언을 통해 관권·금권·공작선거 내용을 적나라하게 들춰냈다. 그러나 수사당국은 선거지침서 작성, 자금조달지원, 관계기관 대책회의 등 사건의 핵심부분을 명확히 규명하지 않은 채 수사를 종결해 버렸다. 충남이나 전국적인 조직적 부정은 외면하고 연기군 단위로 축소 은폐해 버렸다. 그래서 이 사건은 앞으로가 더 큰 문제인 태풍안(颱風眼)이 되고 있다.

관권선거 폭로의 진원지 연기군. 이곳이 한때 갈등 불협화가 있었던 곳 정도로 묻혀 버릴까. 아니면 고질적 관권선거를 영구추방하고 공명선거를 정착시킨 민주발전의 역사적 현장으로 길이 보존될 것인가. 이 시점에서 연기군민(燕岐郡民)은 무엇을 생각하고 있을까.

이 고장에서 활약하고 있는 여류 문인 김제영(金濟英) 씨(64)는 "한(韓) 군수의 양심선언은 이 나라 민주발전을 위한 획기적 쾌거다. 우리 모두 함께 보호해야 할 사람을 어째서 구속 수사하는가. 곁발림 수사도 그렇지만 관권선거의 '공범'입장인 검찰이 수사할 자격이 있는가. 관계기관 대책회의는 뭐라 변명하려는가. 이런 식으로 처리하면 이후 아무도 양심을 걸고 행동하지 않을 것"이라며 격한 어조로 반문한다. 김씨는 온 국민이 다 알고 있는 내막을 규명하지 않고 얼버무리는 것은 또 다른 관권선거를 용인하는 것밖에 되지 않는다고 개탄한다.

농민 신용벽(愼鏞霹) 씨(43, 전동면 석곡리)는 생각이 좀 다르다. "한 군수가 관권선거를 폭로한 것을 탓할 사람은 없다. 그러나 부정선거는 혼자 도맡아하다시피 해놓고 뒤늦게 자신의 인사문제에 불만을 품어 문제를 일으키는 것은 옳지 않다. 폭로하려면 총선 직전이나 직후에 했어야 했다”고 주장한다. 한 전 군수는 도의사회를 건설하자는 연기향약을 제정해 기념비까지 세워 놓았다. 신(愼) 씨는 그토록 열성적으로 여당후보를 탈법 지원하던 사람이 뒤늦게 사리를 따져 행동하는 것은 자신이 앞장선 향약정신에도 어긋난다고 비판한다. 한 전 군수는 재직 때 덕을 권장하고 잘못을 바로잡아주며 예의와 미풍양속으로 교제하며 어려운 일을 서로 돕자는 4개 강령이 담긴 향약의 보급에 힘썼다. 그러나 주부 정양애(鄭良愛) 씨(36, 조치원읍 신흥리)는 “자신의 문제가 잘 해결됐다면 양심선언 같은 것은 안할 분으로 생각되지만 일단 용기 있게 관권선거 내막을 폭로했으니 그런 선거부정이 이 땅에 다시는 발붙이지 못하도록 다함께 노력해야 한다”고 말한다. 정씨는 공정선거 풍토를 조성할 수 있는 절호의 이 기회를 놓치는 것은 나라의 불행이라며 안타까워한다.

3·24 총선 때 청와대 구경을 다녀왔다는 새마을 지도자 임재호(林栽浩) 씨(38, 남면 송담리)는 “한 전 군수 자신이 앞장서 공명을 흐려 놓고는 뒤늦게 책임 전가하는 것 같아 찜찜한 생각이 든다. 그러나 누가 해도 한번은 해야 할 일, 어차피 잘 터졌다. 앞으로는 관권개입, 부정선거 없는 공명풍토를 조성해 나가자”고 당부한다.

연기사랑청년회장 함학섭(咸鶴燮) 씨(29)의 견해는 좀 색다르다. “양심선언 자체를 높이 사면서 과거를 나무랄 필요가 있는가. 과거의 잘못에 대해 용서를 비는데 책망할 수 있는가. 과거의 잘못을 반성해 사죄하는 것을 비판하는 행위야말로 관권선거 폭로의 가치를 희석시키려는 것”이라고 주장한다. 함씨는 공명선거 달성의 금자탑이 될 한 전 군수의 양심선언을 계기로 다시는 관권선거를 하지 못하도록 새로운 풍토를 조성하는 데 함께 힘을 기울여야 한다고 강조한다.

관권선거나 금권에 의한 매표행위로 선거의 공정성이 침해받을 때 민주주의의 대의제적(代議制的) 기능은 마비된다. 선거부정이 국가 또는 정권적 차원에서 자행됐을 때 국민주권은 말살되고 국가 체제마저 붕괴

된다. 이번 한 전 군수의 폭로에서 드러났듯 집권층 내지는 기득권층의 오만한 공작, 비열한 음모가 베일 뒤에 도사리고 있음이 밝혀졌다. 정치·경제·관료·정보기관이 연계되어 있는 기득권층의 야합, 절대로 놓치지 않으려는 부패의 먹이사슬구조가 이번 폭로에서 꼬리를 드러냈다. 헌법은 물론 국가공무원법에 공무원의 정치적 중립성, 정치운동 금지가 엄연히 규정돼 있다. 살인강도가 중죄이긴 하나 그 피해자는 한두 명에 그치지만 공직자가 법을 위반한 범죄는 나라와 국민 모두를 잘못된 방향으로 몰고 가 엄청난 피해를 준다. 그래서 예로부터 공직자 범죄는 대죄로 다스렸다.

많은 연기군민들은 한 전 군수가 폭로한 탈법관권선거가 연기에서만 저질러졌다고 생각하지 않는다. '관계기관 대책회의'를 비롯해 관권이 전국적, 전면적으로 개입했을 것으로 믿는다. 한 씨가 폭로한 사실의 극히 일부분을 확인한 정도에 그친 검찰의 수사를 누가 얼마나 믿을까. 그것을 성역 없는 수사라고 생각할 사람이 있겠는가. 유권자는 깨어 앞서가는데 위정자들은 미망(迷妄)에서 깨어나지 못한 채 허우적대고 있다.

우리는 지금 대통령 선거를 눈앞에 두고 있다. 우리 정치의 사활은 부정선거의 혁파(革罷), 공명선거의 구현에 달려있다. 정부 여당이 이를 외면한다면 그 같은 범죄로 인해 피해를 보게 될 유권자가 직접 나설 수밖에 없다. 능동적 감시자로 일어서 고질적 관권선거를 타파할 수밖에 없다. '공명'의 최종 보장은 역시 자신의 의지에 달려 있다는 것을 이제 유권자들은 잘 알고 있다.

《동아일보》 1992. 9. 18.

청와대 선심관광

해마다 봄이면 화사하게 핀 벚꽃으로 멋들어진 산책길이었던 청와대 앞길과 경내가 일반시민에게 다시 개방된 것은 1988년 2월 28일부터다. 노 대통령 취임 직후 시민들의 청와대 앞길 통행이 허용되고 이어 3월 1일에는 지체장애아 등 1천여 명이 청와대 경내로 초청됐다. 그러던 것이 언제부터인지 청와대 앞길 통행이 금지되고 경내 구경절차도 극히 까다로워졌다. 그런데 지난 국회의원 총선을 앞두고 '청와대 관광'이란 색다른 관광코스가 생겨났다.

당시 청와대 총무 수석비서관 임재길(林裁吉) 씨가 4개월 동안 충남 연기군 주민 3천 8백여 명에게 청와대 관광을 주선했다. 임씨는 뒤이어 연기군에서 민자당 후보로 국회의원에 출마했다. 그러나 놀랍게도 큰 표 차로 낙선했다. 다른 후보는 상상도 할 수 없는 청와대 관광을 무더기로 시켰는데도 득표에는 별로 반영된 것 같지가 않다. 임씨는 여기에서 끝나지 않고 관권선거를 자행한 혐의로 결국은 구속까지 됐다. 바로 한준수(韓埈洙) 전 군수의 양심선언으로 쇠고랑을 차게 된 것.

대통령 선거를 앞두고 벌써부터 산업시찰, 당원단합대회 등의 명목으로 유권자들을 위한 선심관광이 벌어지고 있다 한다. 국민당은 요즘 당원과 '현대' 가족 · 친지는 물론 일반유권자들을 대상으로 선심관광을 계속하고 있다. 현대계열 공장견학과 경주관광을 시켜주고 정주영 대표의 업적을 대대적으로 선전하고 있다. 민자당 서울 노원 지구당에서도 최근 당원, 지역주민 등 1천여 명을 모아 야유회를 보내는 등 선심행사가 잇따르고 있다. 여기에서도 대통령 후보지지 발언이 끼어들었다.

앞으로 엄청난 규모의 선거자금이 놀고 먹어치우는 '놀자판', '먹자판'에 쏟아 부어질 것이다. 청와대 관광도 별 효과를 거두지 못했지만 그래도 선심관광은 계속될 것이다. 이런 접대를 받는 것은 돈을 받고 표를 넘기는 매표행위나 다름이 없다. 선거법 위반행위에 대한 엄정한 법집행도 중요하지만 유권자 스스로 선심과 향응을 거부하고 신성한 참정권을 지키는 지혜와 인내와 자부심을 간직해야겠다.

《동아일보》 1992. 9. 19

민간단체와 여당 당적

지난해 10% 절약운동으로 큰 성과를 거둬 바르게살기운동 중앙협의회는 많은 사람들로부터 긍정적인 반응을 얻었다. 에너지절약 캠페인 말고도 교통난 해소, 도시락 먹기 등 바람직한 국민 계몽운동에 앞장섰다. 최근에는 10여 년 동안 앰뷸런스를 몰면서 보호자 없이 사경을 헤매는 사람들에게 응급 구호조치를 해준 한 운전사가 바르게살기 협의회로부터 1천 번째 친절기사 선행장을 받아 화제가 됐었다. 그러나 이 협의회의 많은 회원들이 민자당적을 보유해 대선을 앞두고 그 중립성이 문제가 되고 있다.

중립내각 구성 및 공무원의 중립자세 견지에도 불구하고 정부로부터 예산지원을 받고 있는 단체의 임원 및 회원들이 특정정당 당적을 갖고 있는 것은 있을 수 없는 일이란 지적이 이번 국감에서 제기됐다. 이 협의회는 올해 25억 원의 국고보조 등 모두 165억여 원의 지원금을 받고 있다. 이 같은 단체의 회원 95%가 민자당적을 갖고 있으며 선거를 앞두고는 고유의 활동은 외면한 채 음성적 민자당 선거운동에 들어갔다고 민주 국민당 소속의원들이 주장하고 있다.

이에 대해 김동수 바살협회장은 오해소지를 없애기 위해 임원들은 가급적 당적을 갖지 않는 방향으로 권유하겠다고 답변했다. 김 회장은 또

이 단체가 정치적 중립 측면에서 문제가 없는 것은 아니나 이번 대선에서 물의를 일으키지 않도록 최선을 다하겠다고 말했다. 이 단체가 이처럼 중립을 지키겠다고 하지만 특정 정당인들이 집결해 있는 상태에서 과연 중립이 지켜질지 의심을 받지 않을 수 없다.

옛 속담에 '오얏나무 아래서 갓을 매만지지 않는다'는 말이 있다. 또 '외밭에서 신을 고쳐 신지 말라'는 말도 있다. 그런 행동은 남의 것을 훔치지 않아도 훔치지 않았나 하는 의심을 받기 쉽다는 것. 그래서 의심받을 일은 아예 않는 것이 좋다는 뜻이다. 국민 계도캠페인에 앞장서겠다는 단체가 그 같은 오해를 받을 필요가 있겠는가. 진정으로 중립을 지키겠다면 회원들이 특정당적을 포기하거나 아니면 단체를 떠나면 된다. 오해받는 것도 문제지만 한 점 부끄럼 없이 활동하는 것이 진정한 국민운동이 아니겠는가.

《동아일보》 1992. 10. 26

장애인 참정권

국회의원총선을 앞둔 지난 3월 15일 서울 청량국민학교에서 열린 동대문갑구 합동연설회장. 이 유세장에서 청중의 눈길을 끈 것은 후보자의 사자후(獅子吼)나 달콤한 공약이 아니라 후보자 옆에서 수화(手話)로 동시통역하는 전문통역요원의 손짓이었다. 청각장애인 복지회 소속 황준호 씨가 한 후보자의 요청으로 청각장애유권자들을 위해 그 후보자의 연설을 수화로 통역한 것. 그러나 다른 후보들은 통역자가 특정 후보편을 들어 자신의 연설이 왜곡전달될 우려가 있다며 이를 거절해 황씨는 중도하차해야 했다.

이 수화통역 유세는 우리나라에선 처음 시도된 것. 장애인들은 그들도 엄연한 유권자인데 후보자들이 그들에게 관심을 갖지 않는다고 개탄한다. 이번 대통령선거를 앞두고 장애인들도 선거에 적극 참여할 수 있도록 대책을 세워줄 것을 각 정당과 중앙선관위에 촉구했다. 전국적으로 장애인은 2백여만 명에 이른다. 장애인들의 이 같은 요구는 단순한 참정권확보차원을 넘어 여러 면에서 소외되고 있는 실정에서 동참(同參)의 기회를 갖겠다는 의지에 큰 의미가 있다.

한국장애인협회는 최근 중앙선관위에 이번 대선투표 때 투표소를 가급적이면 건물 1층에 마련해줄 것을 요청했다. 지난해 광역의원 선거 때나 지난 국회의원 총선 때 투표소가 2층 이상이나 지하에 설치된 곳이 많아 휠체어 이동이 어려워 투표하기가 힘들었으며 그 때문에 기권도 많았다는 것. 투표소는 동사무소를 비롯 학교, 유치원, 마을회관, 상가 등에 마련하는 데 관계당국에서 조금만 더 신경을 쓰면 지하나 2층을 피할 수 있을 것이다.

한편 전국청각장애인협회도 각 정당에 대선유세 및 TV 선거방송 때 수화통역을 병행해줄 것을 바라고 있다. 민주의식이 있는 정당이라면 이것 역시 어렵지 않게 해결할 수 있을 것이다. 민주사회란 두말할 것도 없이 모든 사람에게 균등한 기회가 보장되는 사회다. 똑같이 대우 해주는 것이 아니라 기회를 똑같이 주는 데 민주주의의 참뜻이 있다. 이번 선거부터 균등한 참정기회를 마련해주어 좌절감에 빠져있는 그들에게 보람과 희망을 안겨줘야겠다.

《동아일보》 1992. 11. 12

헌 정치도 못할 사람들

새정치국민연합의 이종찬(李鍾贊) 대표위원을 비롯, 민자당·민주당에서 탈당한 이자헌(李慈憲), 한영수(韓英洙), 김용환(金龍煥), 박철언(朴哲彦), 장경우(張慶宇), 유수호(劉守鎬) 의원 등 현역의원 7명이 주축이 되어 지난 10월 23일 새정치시대를 내건 가칭 새한국당 창당발기인대회를 가졌다. 창당 준비위원장엔 채문식 전국회의장이 선출됐다. 반양김(反兩金) 구호를 내건 신당은 발기취지문을 통해 "정치개혁과 민족화합을 이룰 새로운 국정주도세력을 형성한다"고 밝혔다. 대다수 국민들은 이들이 새 정치에 합당한 인물인가 의아해하면서도 추이를 지켜보았다.

신당은 소위 '국민후보'를 내걸었다. 강영훈, 박태준 씨 등과 접촉하는 듯했으나 여의치 않자 김우중(金宇中) 대우회장 영입문제를 들고 나왔다. 김 회장은 출마한다 안한다 하면서 몇 번 번의를 거듭한 끝에 주저앉고 말았다. '국민후보' 추대가 사실상 무산돼버리자 이종찬 의원밖에는 대안이 없다는 데 의견이 모아지는 듯했다. 그래서 이 의원이 대통령 후보가 되는 듯싶더니 국민당과의 통합문제가 수면 위로 떠올랐다.

지난 14일의 협상에서 양당통합 최종안이 확정되고 통합일정까지 합의됐다. 16일 국민당 정주영 대표와 새한국당 채문식 위원장이 공동기자회견을 갖고 양당통합을 선언했다. 여기에서도 새 정치세력의 총 결집이 제기됐다. 그러나 이종찬, 장경우 의원 등 반대파는 합당파를 도둑고양이에 비유, 합당이 아닌 일부세력의 개별입당이라며 바로 새한국당 창당대회를 강행하기로 했다.

정치세력들이 서로 가닥을 잡아 헤어지고 합칠 수도 있다. 그러나 이번 새한국당에서 국민당 소속으로 되는 의원들은 두 달도 안 되어 당을 세 번이나 바꾸는 것이다. 당적교체는 자유라고 하겠지만 이해득실에 따라 오락가락해서야 어디 선량이라 할 수 있겠는가. 공인은 항상 일관성과 신뢰감이 있어야 한다. 더욱이 새 정치하겠다는 사람들이 통합추진과정에서 2천억 원 기금약속을 정주영 후보로부터 받아낸 것도 한심스럽다. 통합을 둘러싼 추태를 보면서 그들은 새 정치는커녕 헌 정치도 못할 사람들이란 생각이 든다.

《동아일보》 1992. 11. 17

대선후보 TV토론

지난 1987년 제13대 대통령선거 때 선거법에 처음으로 TV토론이 도입돼 우리도 대선후보자들의 토론을 지켜볼 수 있을 것으로 기대했었다. 그러나 각 정당의 이해가 엇갈려 끝내 실현되지 못했다. 대다수의 유권자들은 이번 대선 때는 당연히 후보자들의 TV토론을 지켜볼 수 있을 것으로 여기고 있으나 여러 가지 제약 때문에 이번에도 실현이 불투명한 상태다.

우선 대통령선거법 규정이 워낙 불명확한 데다 중앙선관위 유권해석 및 방송위원회의 기준도 지나치게 포괄적이다. 대선법 44조에는 2인 이상의 후보가 방송국 주관하에 상호협의를 통해 토론할 수 있도록 규정해 놓았지만 후보난립 때의 구체적 토론참여 기준이 제시돼 있지 않다. 방송사들은 대체로 원내교섭단체를 가진 3당만의 토론을 바란다. 그러나 군소정당 및 무소속 후보들이 이에 반대하고 중앙선관위 측도 3당 토론은 공정하지 못하다는 유권해석을 내렸다. 방송위측도 모든 후보에 동등한 기회를 주어야 한다는 기준을 제시했다.

TV토론이 성사되려면 각 후보나 정당의 찬성과 함께 토론방식 합의가 선행되어야 한다. 후보자가 5명이건 10명이건 방송사가 전원과 합의해 전원을 부르면 된다. 그러나 후보 전원의 합의도 문제지만 방송사 측이 3당 후보만을 바라는 데다 현실적으로 모든 후보를 불러 토론을 할 경우 그 효과 역시 의문이다. 지금 대통령선거는 말의 성찬과 함께 청중동원의 본격유세전에 돌입했다. 잇단 유세전은 낭비일 뿐 아니라 국력소모다.

미국의 케네디 대통령이 TV토론으로 당선됐다고 할 정도로 TV의 영향력은 대단하다. 카터, 레이건대통령도 TV토론 덕을 보았다. 클린턴 대통령 당선자도 TV토론에서 우세를 지켰다. TV토론도 영상매체를 통한 이미지 부각에만 신경을 쓰는 역작용이 없지 않다. 그러나 후보자들이 적은 비용으로 안방의 유권자들에게 자신의 정책과 경륜을 직접 호소할 수 있고 금권선거 방지에도 도움이 된다. 어떻게 하든 TV토론이 성사되도록 관계당사자들이 힘써주기 바란다.

《동아일보》 1992. 11. 23

대선후보 TV 토론 무산

민자·민주·국민 등 3당 후보 TV 토론은 거의 국민적 여망이나 다름없었다. 3당 홍보대책위원장이 TV 관계자와 협의, 세 후보 토론을 하기로 원칙적 합의를 본 것이 지난 11월 23일이었다. 뒤이어 3자 토론이니 8자 토론이니 3당간에 왈가왈부하더니 결국 무산시켜버렸다. 토론주관 방송사는 방영일 3일 전까지 중앙선관위에 일시, 참가자, 토론방법 등을 신고하게 되어 있으나 신고시한인 14일을 넘겨 TV 토론을 할 수 없게 됐다.

민자당 측은 후보자 8명 전원 참석 토론을 주장한 데 반해 민주·국민당 측은 3당 후보토론과 8자 토론병행을 주장해 합의를 보지 못했다. 원내의석은 차치하고 그동안의 여론조사나 언론보도를 종합해보면 이번 선거는 3당 후보의 각축전임은 자명하다. 선거법상 TV 토론시간은 2시간으로 제한돼 있다. 이 짧은 시간에 8명이 모여 효율적으로 토론하는 것은 불가능하다. 여러 모로 보아 3당 후보토론이 바람직했으나 제 1당인 민자당이 끝내 반대입장이어서 이번 선거에서도 TV 토론을 볼 수 없게 됐다.

중앙선관위와 방송위원회는 3당만의 토론은 공정치 못하다는 입장을 보였다. 그러나 그것은 법리에 충실해야 하는 기관으로서 기회균등의 원칙을 중시한 것에 불과하다. 이번에도 민자당 측만 찬성했다면 3자 토론은 성사되었을 것이다. 지난번 미국 대통령선거 때도 후보자는 무려 33명이었으나 3자만의 토론이 세 차례나 이뤄졌다. 지금 전국 곳곳에서 불법・탈법・폭력・비방・음해가 판을 치고 있는 가운데 대규모 군중을 모아 공약 아닌 공약을 남발하고 있다.

군중 동원하랴, 헬리콥터 타고 이리저리 다니랴, 벼락당원 만들랴, 얼마나 많은 비용이 들겠는가. 현대는 안방 TV문화시대다. 현대 선거문화는 유세보다 토론을 더 중시한다. 유세는 일방적이며 원고에 맞춰 적당히 연설하면 된다. 그러나 토론은 정치인의 자질이 있는 그대로 드러난다. 유권자들은 꾸며지지 않은 후보자들의 참모습을 엿볼 수 있다. 경비도 들지 않는다. 그토록 갈망하던 TV 토론을 이번에도 못 보게 됐다. 그것은 누구의 책임인가.

《동아일보》 1992. 12. 1

국정성패는 용인用人에 달렸다

〈로스앤젤레스 타임스지〉는 최근 새 미 행정부 고위관리들이 클린턴의 신임을 얻을 수 있는 비법 8가지를 제시했다. 첫째, 직책보다 맡은 일의 내용이 중요하다는 것. 다음은 준비성이 있어야 할 것. 셋째, 클린턴을 막다른 골목으로 몰고 가지 말 것. 넷째, 추진정책의 실패가능성도 솔직히 털어놓을 것. 다섯째, 방어하는 자세를 취하지 말 것. 여섯째, 자리에 붙어있거나 전화 곁에 있을 것. 일곱째, 야간회의 때 밀어붙여 승낙을 얻어낼 것. 마지막으로, 클린턴이 정에 약하다는 것을 숙지할 것 등이다.

선거운동 때 다양한 배경과 색깔을 가진 각계각층의 인물들을 끌어들인 클린턴은 행정부 진용을 짜는 데도 다양한 모자이크 인선을 하고 있다. 적이 될만한 인물을 친구로 만드는 등 화합인사를 단행, 정적들조차도 A+ 학점을 줄 정도로 거의 완벽에 가까운 인선을 하고 있다. 동시에 선거전 당시의 이상주의적이고 다소 현실과 동떨어진 공약 등을 실천 가능한 내용으로 손질하는 데도 민첩하다.

클린턴은 국내 경제를 다룰 사람들은 중도 보수주의적 성향 인물로, 대외정책분야는 과거 실무경험과 팀워크를 중시해 현실적 감각이 돋보이는 실용주의적 인물로, 사회문제분야는 당의 전통을 살려 진보성향이 강한 인물로 구성하고 있다. 동시에 중책인 벤슨 재무장관, 파네타 예산국장, 애스핀 국방장관 등 민주당은 물론 공화당 의원들과도 친분관계가 깊은 의회실력자들을 기용, 민주당 행정부가 제출하는 법인이나 정책에 공화당까지 협조케 하는 데 신경을 쓰고 있다.

케네디 대통령팀이 지나치게 하버드 인맥에 의존했다는 지적을 받은 데 비해 레이건 대통령은 각료와 백악관 비서진이 완벽한 협조체제를 구축했다는 호평을 받았다. 전임 카터 행정부를 약화시킨 큰 이유가 조지아사단 편중과 참모진 간의 알력 때문이란 것을 레이건은 잘 알고 있었다. 레이건은 용인을 잘해 재선될 수 있었다. 클린턴의 크리스토퍼 국무장관, 레이크 안보담당 보좌관 기용도 철저히 팀워크에 초점을 맞췄다. 좋은 정치의 성패여부는 역시 용인에 달려있다. 김영삼 대통령당선자도 곧 새 진용을 구성할 것이다. 출중한 인재가 고루 등용될 것을 기대해 본다.

《동아일보》 1992. 12. 2

선거중립 내세운 행정공백

6공 말기에 접어들면서 공직사회가 무책임, 무소신, 무사안일 등 정권교체기에 나타나는 전형적 고질병을 앓고 있던 터에 대통령선거를 앞두고 '공무원 선거중립'을 내세워 통상적 업무마저 기피해 곳곳에서 행동공백현상이 빚어지고 있다. 그래도 종전엔 많은 공무원들이 일을 찾아서했고 경우에 따라선 밤잠을 잊고 업무를 추진했다. 그러나 요즘은 대부분의 공직자들이 대권이나 정권의 향배에 촉각을 세운 채 일손을 놓고 있다.

이 같은 현상은 정권 말기에 나타나는 징후이기도 하지만 요즘의 상태는 좀 심각하다. 그동안 선거를 치를 때마다 관권개입 시비에 시달려온 공무원들이 이번에는 선심성 행정의 오해와 골치 아픈 민원발생을 두려워 해 각종 인허가업무나 사업착수를 대선 이후로 미루어버리고 있다. 그뿐 아니라 연말 불우이웃돕기 등 당연히 수행해야 할 통상적 업무마저 외면하고 있다. 출퇴근시간도 희미해져버렸고 점심시간이 길어졌다. 상사들도 업무를 챙기지 않는다.

극심한 교통난을 덜 것으로 기대되고 있는 부울(釜蔚) 정기여객선 취항계획이 배까지 이미 마련돼 있는데도 당국의 인가 지연으로 취항을 못하고 있다. 춘천 소양로 우체국건설도 공사현장의 교통체증 등 민원이 발생할까봐 허가가 보류돼 착공을 못하고 있다. 비슷한 현상의 행정공백이 전국 곳곳에서 발생하고 있다. 그뿐 아니라 연말이면 해마다 해오던 사회보호시설 월동대책과 불우이웃돕기사업마저 미루고 있다는 것. 아무리 '선거중립'을 내세운다 해도 우리 공무원들이 이토록 무사안일에 빠져 있어서야 되겠는가.

강원 춘천군에서는 "우리가 버려야 할 말 열 가지"를 부착해 놓고 스스로의 자세를 다듬고 있다 한다. 무사안일에 젖어있는 많은 공무원들에게 버려야 할 이 열 가지 말을 소개한다. '열심히 일한다고 봉급 더 주냐', '대충대충 하지 뭐', '타부서 타기관은 어떻게 하지', '설마 무슨 일 있으려고', '시키면 시키는 대로 해', '우리사회는 똑똑한 사람이 많아', '출세하려면 줄을 잘 서라', '이건 우리가 할 일 아니야', '규정에 그렇게 되어 있는데', '공무원이 하는 일이 다 그렇지 뭐'.

《동아일보》 1992. 12. 3

관권官權 · 금권金權 · 매권賣權

이번 제14대 대통령선거운동에서 유권자가 돈을 받고 구속되는 첫 불상사가 발생했다. 울산 현대미포조선 임직원들로부터 국민당 후보를 지지해달라는 부탁과 함께 96만~115만 원씩을 받았다는 4명이 대통령선거법 위반으로 구속됐다. 이와 함께 1명은 수배되고 노인 6명은 고령인 점이 참작돼 불구속됐다. 그러나 이들에게 돈을 건네준 6명은 선거운동원으로 등록돼 있어 불구속 입건됐다.

이번 대선에 대한 국민들의 기대는 그 어느 때보다 크다. 30여 년 만에 문민정부가 탄생할 전망인 데다 현직 대통령이 당적을 내놓고 중립내각이 구성됐다. 대통령이 관권선거를 않겠다고 공언했고 각 정당과 후보들도 깨끗한 선거를 하겠다고 다짐했다. 그러나 선거를 2주 앞둔 시점에서 관권 · 금권이 교묘히 침투하고 있다. 이번 선거에서 가장 큰 걱정거리는 역시 돈이 판치는 불법 선거운동이다. 부동표 흡수를 위해 유권자를 매수하는가하면 유권자들도 공공연히 금품향응을 요구해 공명선거 의지를 퇴색시키고 있다.

중앙선관위는 후보 1인당 선거비용 한도액을 367억 원으로 정했지만 정당에 따라서는 벌써 이보다 10배도 더 썼을 것이라는 이야기가 나돈다. 유권자가 돈봉투나 향응에 넘어가면 민주주의는 뿌리째 흔들린다. 돈을 주는 정치꾼의 하수인도 문제지만 손 내미는 유권자 의식은 더 큰 문제다. 나라의 주인이 주권을 흥정하고 양심을 팔면 그 나라는 끝장이다. 돈을 주고 정권을 산 정상배(政商輩)가 나라를 바르게 다스릴 수 있겠는가.

일부 지역에선 시민단체들이 선거관련 시민회의를 결성해 공명선거 분위기 확산운동을 펴고 있다. 서울에서 가장 먼저 결성된 "민주실현을 위한 강서 양천시민 회의"는 부정선거 고발센터까지 설치했다. 이 밖의 다른 지역에서도 관권·금권 척결은 물론 기권 막기 운동도 벌이고 있다. 이런 판에 공명감시역할은 못할망정 매권이나 해서야 될 일인가. 나라발전을 위해 응징과 반성이 요청된다. 매권정당 후보자에도 꼭 한마디 해주고 싶은 말이 있다. '정치하는 데 많은 돈이 들지만 선거에서 지기 위해서도 막대한 돈이 필요하다'는 경구를 새겨듣기 바란다.

《동아일보》 1992. 12. 5

종교지도자 선거운동

최근 불교, 기독교, 유교, 천도교, 원불교 등 국내 대표적인 종교지도자들이 제 14대 대통령 선거에서 성직자와 신도들이 중립을 지킬 것을 호소하는 성명을 발표했다. 가톨릭에서도 담화문을 통해 유권자들이 개인과 집단이기주의에서 탈피해 바른 주권행사의 선례를 남기자고 호소했다. 뒤이어 열린 "종교의 사회적 참여와 바른 선거문화" 주제의 공선협(公選協) 토론회에서도 각 종교단체는 정치적 선택은 개인에 맡겨야 하며 특정후보 지지유도는 있을 수 없다는 결론을 내렸다.

종교활동을 통한 특정후보 지지를 않기로 한 종교지도자들 대선 중립 선언을 한지 1주일도 못돼 종교계에서 특정후보 지지발언이 나와 물의를 빚고 있다. 조계종의 서의현(徐義玄) 총무원장은 지난 7일 청주에서 열린 민족대화합을 위한 불교중흥 대법회에서 "민자당 김영삼 후보가 대구 동화사 통일대불 점안식에서 합장하는 등 불교중흥에 제일 관심이 많다"며 김 후보 지지유도 발언을 했다. 그러자 일부 신도들이 이 자리가 선거운동 하는 곳이냐며 항의해 퇴장하는 소동을 빚었다.

종교계가 특정후보를 지지해서는 안 되는 이유는 간단하다. 그것은 교계의 분열은 물론 국민의 종교적 분열을 초래하기 때문이다. 지금 선거판은 과열될 대로 과열돼 각 정당은 표 모으기에 혈안이다. 각 종교 행사장은 군침 도는 표밭이다. 종교계가 이에 영합해 경거망동한다면 우리 사회의 갈등이나 분열이 더욱 심화될 것이다. 종교의 본질은 사랑과 관용과 자비이며 대결이나 투쟁이나 증오가 아니다. 종교지도자의 편파적인 정치적 언동은 용납될 수가 없다.

서의현 총무원장은 지난 1987년 대선 때도 노태우 후보가 불자라며 지지에 앞장서 일부 신도들로부터 지탄을 받았다. 그가 이번에는 기독교 신자인 김영삼 후보 지지를 유도하고 나섰다. 같은 종파든 아니든 종교지도자가 특정후보를 선택해 지지 유도하는 것은 잘못이다. 종교지도자는 신도들의 선택권을 존중해줄 줄 알아야 한다. 서 원장은 성직자로서 언동에 각별히 신중을 기해야 한다.

《동아일보》 1992. 12. 9

마구잡이 선거사범 단속

'시계, 볼펜, 잠바'. 이 말이 이번 대선의 금권타락선거 상징표제가 돼버렸다. 투표일이 다가오면서 선거 열기가 더해가고 그에 따라 금품 제공 등 유권자 매수 공세가 계속 더해간다. 이에 못지않게 경찰의 단속도 강력하다. 경찰은 11일 현재 불법선거운동으로 1,134건에 1,869명을 적발, 이 중 99명을 구속하고 933명을 불구속입건했다고 발표했다. 그중 금품살포 및 향응제공이 623명이나 됐다.

이번 선거에 대한 국민들의 공명의지는 대단하다. 그러나 지난달 말까지만 해도 곳곳에서 금권선거가 판을 치는데도 당국의 단속은 미온적이었다. 그러자 정부에서 금품제공자에 대한 신고자를 10배까지 포상하고 금전 및물품수수 행위를 적발한 경찰관은 특진시키겠다고 발표했다. 이와 함께 경찰청은 단속실적이 부진한 지방경찰청장 및 일선 경찰서장들에게 경고조치를 내리자 양상이 달라졌다. 선거법 위반구속자가 3배, 불구속 입건이 4.5배나 급증했다.

경찰청이 다시 2차 경고 받는 지휘관은 문책하겠다고 몰아세우자 각 경찰서는 경미한 사안까지 마구 형사입건하는가 하면 본연의 치안임무는 제쳐두고 선거사범단속에만 열올리고 있다. 이처럼 마구잡이단속을 하다보니 공명선거 감시단원과 대학생 등까지 무더기로 연행했다가 혐의사실을 밝혀내지 못하자 뒤늦게 풀어주는가 하면 부천에서는 국민학생까지 입건하는 등 물의를 빚었다. 주문진에서는 학내분규관련 유인물을 배포하던 상지대 교수들을 24명이나 연행했다가 혐의가 없자 풀어주었다.

부정선거사범은 경찰은 물론 온 국민이 합심해 적발해야 한다. 그러나 어디까지나 선거법 테두리 안에서 합당하고 공평하게 단속해야 한다. 정부가 내건 10배 포상이나 계급특진, 문책 위협 등은 단속실적을 올리는 자극제는 되겠지만 마구잡이 단속, 과잉단속으로 흐르기 쉽다. 많은 부작용과 함께 분열·갈등을 조장할 물적 포상, 특진조치는 지금이라도 철회했으면 싶다. 선거사범 고발은 어디까지나 민주시민의 명예로운 의무이며 선거사범단속은 민주경찰의 당연한 본분이 아닌가.

《동아일보》 1992. 12. 12

대통령직은 고급 노예

국정의 최고 최종 책임자인 대통령의 직무는 보통사람이 상상하기 어려울 정도로 힘들고 어려우며 고되다. 미국의 트루먼 대통령은 "그 책임을 져보지 않은 사람은 아무리 가까운 보좌관이나 가족일지라도 대통령직이 어떤 것인지를 이해하지 못한다. 대통령을 얽어매는 책임의 사슬은 끝이 없으며 자신이 대통령이란 사실을 잊는 일은 결코 허용되지 않는다"고 말했다. 그는 또 "대통령이 되는 것은 호랑이를 타는 것과 같다. 계속 타고가든지 잡아먹혀야한다"고 어려움을 털어놓았다.

앤드루 잭슨 대통령은 "솔직히 말해 나의 대통령 시절은 고급노예의 생애였다"고 말했다. J. 애덤스 대통령도 "4년 동안의 대통령임기는 나의 평생에 가장 비참한 시절이었다"고 고백했다. W. H. 태프트 대통령은 "백악관, 그곳은 세계에서 가장 고독한 장소"라고 했고 J. A. 가필드 대통령은 "내 영혼이 직권욕과 그로 말미암은 시간소비에 반발해 소리쳐 우는 듯한 느낌을 한두 번 가졌다"고 털어놓았다.

대통령에게는 쉬운 일은 결코 생기지 않는다. 해결하기 쉬운 일이라면 대통령에 앞서 다른 사람이 이미 해결했을 것이기 때문이다. 드와이트 아이젠하워 대통령은 "모든 주장, 모든 제안, 모든 대안과 자기행동의 결과를 양심적으로, 마치 기도 올리는 마음으로 음미해야 하는 것이 대통령"이라고 말했다. 에이브러햄 링컨 대통령은 좀 색다른 지적을 했다. "나는 지금 곧 사라져버릴 막강한 영향력을 쥐고 있다. 그러나 내 행정부가 악정이나 우정(愚政)을 편다하더라도 국민들이 자신과 헌법에 충실하다면 나는 국민에게 별로 해를 끼치지 못할 것이다."

우리는 지금 32년 만에 처음으로 문민대통령을 뽑았다. 우리나라 역대 대통령들에겐 주로 부정적인 인상이 부각돼있다. 이승만 대통령은 부정부패 이미지, 박정희 대통령은 강경 독재, 전두환 대통령은 미숙·거만함, 노태우 대통령은 우유부단 등. 김영삼 대통령은 앞으로 어떤 이미지를 갖게 될까.

《동아일보》 1992. 12. 20

철새정치꾼

조윤형(趙尹衡) 국민당 전국구 의원이 지난 5월 30일 제 14대 의원임기 개시일에 국민당을 탈당해 정치적 도의문제 시비와 함께 전국구 의원제도에 대한 법리논쟁을 불러 일으켰다. 조 의원은 민주당 공천에서 탈락하자 국민당으로 옮겨 전국구 의원으로 당선된 뒤 탈당해버렸다. 그는 성명서를 발표, 무소속으로 남겠다고 하더니 슬그머니 민주당에 입당했다. 그는 국민당을 탈당하면서 기업출신 측근 중심으로 당을 사당화하고 있다고 국민당을 비난했다. 그러나 그 같은 논리가 전국구 의원 당선자로서의 탈당명분으로 인정받기에는 미흡했다.

조 의원이 탈당명분을 세우려면 탈당과 함께 전국구 의원직도 사퇴해야 한다는 것이 대다수 정치인과 국민들의 여론이었다. 전국구 의원은 유권자가 직접 선택한 지역구 의원과는 달리 유권자들의 정당 지지도에 의해 배분된 자리이며 각 당에서 비례대표로 앉혀 놓은 자리이기 때문에 당을 그만두면 당연히 의원직도 사퇴해야 한다는 것. 현행 국회법엔 당적이동을 특별히 규제하는 조항은 없다. 그러나 그것은 자유로운 정치적 선택을 허용하자는 뜻이지 명분 없는 정치행동을 허용하자는 것은 아니다.

조윤형 의원 말고도 민자당소속 박태준·박구익 전국구 의원이 소속정당을 떠났다. 박태준 의원은 무당적 전국구 의원으로 남겠다는 뜻을 비치더니 국민당 입당설이 강력히 나돌다가 결국은 의원직을 사퇴하고 말았다. 박구익 의원은 별다른 명분도 없이 국민당으로 옮겼다. 이들을 두고 정가에서는 사익에 눈이 멀어 이 당 저 당 옮겨다니는 '철새정치꾼'이라고 불렀다. 일반국민들도 같은 생각이었다.

그러나 '철새정치꾼' 표현은 온당치 못한 것 같다. 철새가 옮겨가는 것은 오직 번식을 위해서다. 종족보존 본능에서 부화에 알맞은 번식지와 서식지를 왕래하는 것이다. 그것도 정확한 시기, 정확한 코스에서 조금도 벗어나지 않는다. 못난 정치인들을 대자연의 섭리에 따르고 있는 철새에 비유할 수 있겠는가. 마침 민자당에서 소속정당 탈당 전국구의원 의원직 박탈을 적극 검토하고 있다고 한다. 15대 국회부터는 꼭 적용할 수 있도록 법률개정을 미리 해두었으면 한다.

《동아일보》 1992. 12. 29

김영삼 대통령에게 바란다

미국의 J. Q. 애덤스 대통령은 '4년간의 대통령 임기는 나의 평생 가장 비참한 시절이었다'고 회고했다. 앤드루 잭슨 대통령은 '솔직히 말해 나의 대통령 시절은 고급 노예의 생애였다'고 털어놓았다. W. H. 태프트 대통령은 '백악관, 이곳은 세계에서 가장 고독한 장소'라고 말했다. F. D. 루스벨트 대통령은 '대다수의 대통령은 그들이 듣는 훌륭한 충고조차 미처 받아들이지 못하고 끝난다'고 지적했다. 드와이트 아이젠하워 대통령은 '모든 주장, 모든 제안, 모든 대안과 자기 행동의 결과를 마치 기도하는 마음으로 음미해야 하는 것이 대통령'이라고 했다. J. A. 가필드 대통령은 '내 영혼이 직권욕(職權慾)과 그로 말미암은 시간소비에 반발해서 소리쳐 우는 듯한 느낌을 한두 번 가졌다'고 고백했다.

지금 세계는 신 국제질서 구축 과정의 격동기에 놓여 있다. 각국은 그에 대한 대처에 부심하고 있다. 대내적으로도 정치·경제 문제로 국가마다 고심하고 있다. 우리의 경우도 마찬가지다. 이런 역사적 시점에서 우리는 국정 최고 책임자로서 최종 판단을 내릴 수 있는 새 대통령을 뽑았다. 대통령의 결정은 바로 최후의 결정이며 곧 나라의 정책이 된다. 현실적으로 한 나라에서 그 이상의 중책(重責)은 없다. 그런 중책에 있는 사람이 어떤 자세를 갖고 국정에 임해야 할 것인가는 많은 국민들의 관심사다.

지도자의 조건을 논할 때 흔히 막스 베버의 견해가 인용된다. 그것은 신념과 책임감과 판단력이다. 그러나 그 동안의 우리 정국의 움직임과 대통령 선거 과정들을 되돌아볼 때 우리 대통령에게 정직성, 도덕성과 함께 좀더 겸허한 자세를 갖춰 주었으면 하는 바람이 있다. 노자(老子)는 지도자의 조건으로 자기 몸을 낮추는 사람, 훌륭한 일을 하고도 자랑하지 않는 사람, 큰 공을 이루고도 그 결과를 탐하지 않는 사람, 백성의 마음으로 자기 마음을 삼는 사람, 넘실대는 푸른 바다인 듯한 그런 사람이 바람직한 지도자라고 했다. 지도자는 높은 이상과 그것을 실현할 수 있는 실천력을 가져야 한다. 동시에 위기관리 능력도 갖춰야 한다. 국가가 어려움에 처해 있을 때 지도자가 국민들보다 시대 변화에 둔감하고 그럼으로써 발상 전환의 결단을 내리지 못하면 결국 나라 전체가 위기에서 헤어나지 못한다.

새 대통령에게 주문할 것은 너무나도 많다. 통일 대비, 국제정세 대처, 경제발전, 화합 이룩, 근검절약, 부패척결, 준법정신 고취, 공해·교육·문화·치안, 농어촌 문제, 도시 빈민문제 등 한도 끝도 없다. 그러나 현 시점에서 가장 시급하며 제 14대 대통령으로 선출된 분에게 꼭 당부하고 싶은 것을 몇 가지 제기한다.

첫째로 정치 대통령에서 벗어나 기술 대통령이 되어 달라는 것이다. 우리나라가 지금 직면한 최우선 과제는 경제발전이다. 세계 각국은 지금 군사력 경쟁에서 경제력 경쟁시대로 접어들었다. 이제 한 나라가 이웃 나라에 종속되지 않고 국권을 지켜갈 수 있는 길은 경제 발전뿐이다. 이 경제발전을 위해서는 무엇보다 과학기술 발전에 의한 기술 자립이 선행되어야 한다. 한 국가의 기술력은 이제 그 국가의 경제력이며 군사력이고 외교력이며 총체적인 힘이다. 지금 선진국들은 첨단 고도기술의 해외이전을 극력 기피하고 있다. 냉혹한 국제경쟁 속에서 우리가 살아남을 수 있는 길은 스스로 기술을 개발하는 것뿐이다.

둘째로 화합 대통령이 되어 주었으면 싶다. 우리 국민은 빈부격차 등 여러 측면에서 차별대우에 대한 불만으로 가득 차 있다. 그 중에서도 가장 심각한 것은 망국의 지역감정이다. 우리나라에서의 지역감정 대립은 이데올로기보다 더 강하다는 지적도 있다. 정치적 색깔이나 정당, 또는 여야 개념에 앞서 지역구분이 최우선적인 개념이다. 특히 최근 들어 영·호남 간의 대립과 갈등은 국민적 단결을 저해한다. 이 망국병을 치료할 길은 없을까. 이 병만 치료한다면 그 공로자는 이 나라의 위대한 정치가로 영원히 기록되고 존경받을 것이다.

아무리 치료가 어려운 병이라도 병인을 파악해 제거하면 된다. 그 첫째 요인은 관(官)의 인사(人事)에 있다. 무엇보다 지역간에 공평하고 정실에 치우치지 않는 인사를 단행한다면 이 병은 벌써 절반 이상 치유된 것이나 다름없다. 다음은 지역개발에 있어 특정지역에 편중되지 않도록 합리적 안배가 뒤따라야 한다. 이 망국병을 치유하지 못한다면 이번 대통령의 5년 임기기간도 암담할 뿐이다.

셋째로 청렴 대통령이 되어 주었으면 좋겠다. 5·6공 정부 10년 동안 우리는 온갖 부정부패로 온 나라가 썩었다는 말을 들어 왔다. 실제로 고위 공직자 부정사건에서부터 말단 공무원의 부패에 이르기까지 갖가지 부정부패로 우리 사회는 심각한 타격을 입었다. 청렴 대통령이 되어 달라는 것은 대통령 혼자만 청렴 결백하라는 것이 아니라 만연돼 있는 부패구조를 척결해 좀더 깨끗한 정부가 되어 달라는 것이다.

동시에 이번 대통령 선거과정에서 금권이 판치는 것을 모두가 보았지만 특히 정치인들을 돈으로부터 해방시켜야 한다. 정치에서 돈은 불가결한 것이다. 선거비용이 들고 정당 활동에도 돈이 필요하다. 그러나 정치에 드는 돈을 최소화시켜야 한다. 어차피 국민이 부담하는 것인 만큼 각종 제도, 법안 등을 개정해서라도 돈 적게 들이고 정치할 수 있는 풍토를 마련해야 한다. 금권선거는 금권정치로 연결되고, 금권정치는 돈만 아는 타락한 금권사회를 만든다.

이 밖에도 대통령은 통일에 대비해야 하며 국제정세에 긴밀히 대응해야 한다. 특히 남북관계에 있어서는 핵사찰 문제와 함께 이산가족상봉 등 조속한 시일 내에 해결해야 할 당면과제들이 산적해 있다. 한 가지 더 추가한다면 약속을 지킬 줄 아는 대통령이 되어 주었으면 싶다. 이번 선거에서 대통령 후보들이 내놓은 공약 내용은 엄청나다. 그 공약을 그대로 실천에 옮길 경우 우리 경제에 더 큰 압박을 가해 파탄에 이를지도 모른다. 어떤 면에서는 공약(公約)이 공약(空約)이 되는 것이 우리 경제의 지탱을 위해 더 나을 것이다. 도저히 지킬 수 없는 내용이라면 미리 국민들로부터 양해를 얻어야 한다. 그러나 약속한 이상 있는 힘을 다해 지키려고 노력해야 한다. 단임이기 때문에 공약을 지키지 않아도 구체적으로 책임을 추궁할 수가 없다. 그렇기 때문에 대통령 스스로 불리한 약속일수록 더 잘 지키는 자세로 임해야 한다. 취임 이후로는 더욱 더 약속을 지킬 줄 아는 대통령이 되어 주었으면 한다.

훌륭한 대통령은 훌륭한 국민이 만들어 낸다. 대통령이 그 자리에 안주하여 바람직하지 않은 방향으로 나아갈 경우, 국민들이 당당한 주인 의식으로 지켜보고 감시해야 한다. 국민들이 강력한 주권의식을 갖고 정정당당하게 행동할 때 대통령도 국민들의 뜻을 거역하지 못한다.

《전북시대》 1993. 1.

정권 말기 오찬대통령

노태우대통령은 하루 평균 110여 명의 내외인사를 접견한다. 정치인, 당직자, 행정관료 말고도 장애인의 날엔 장애인들을, 어린이날엔 어린이들을 초청·접견한다. 장애인들과 복지향상 유공자들, 소년소녀 가장들과 낙도 및 오지 어린이들을 초청해 위로하고 선물도 안겨준다. 또 어버이날에도 효자·효부, 장한 어버이들을 초청한다. 이처럼 행사일에 맞춰 적정한 사람들을 초청해 격려해주는 것은 바로 대통령의 할 일이다.

그러나 엉뚱한 초청도 없지 않다. 총선을 앞둔 작년 3월 19일엔 느닷없이 가수, 탤런트, 코미디언 등 연예인들을 대거 청와대로 초청해 오찬을 베풀었다. 미묘한 시기에 전례 없는 초청을 해 씁쓸한 뒷맛을 남겼다. 임기를 얼마 안 남겨놓은 올 들어서도 노대통령은 계속 각계 인사들을 초청, 오찬을 함께해 눈길을 끌고 있다. 김영삼 차기대통령 내외나 정계를 은퇴한 김대중 전 민주당대표 내외를 초청해 오찬을 함께 한 것은 오히려 바람직하다. 3당 합당 주역 중 한사람인 김종필 씨 내외를 초청한 것까지도 수긍이 간다.

노 대통령은 지난 7일엔 이민우, 유치송, 신도환 씨 등 구(舊) 정치인들을 초청해 오찬을 베풀더니 12일엔 종교지도자 24명과 오찬을 함께 했다. 18일엔 벌써 옛일인 민주화합추진위원들과 전문위원 50여 명을 오찬에 초청하더니 19일엔 군출신 국회의원 28명을 초청했다. 밥 한 끼 대접하는 데 큰돈 드는 것도 아니고 퇴임하는 마당에 선심 좀 쓰면 어떠냐고 반문할지 모른다.

그러나 지금 우리는 경제상황이 극도로 악화돼 있다. 물가도 계속 오르기만 한다. 임기 막바지에 대통령이 매듭지어야할 현안도 산적해있다. 별다른 명분도 없는 오찬만 계속해 흥청망청 낭비하고 있을 때가 아니다. 대통령은 지금이라도 산업현장에 찾아가 근로자들을 격려하고 수출을 독려해야한다. 폭설 속에 고생하는 일선 장병들도 위문해야 한다. '물 대통령'에 '오찬 대통령'으로까지 불릴까 걱정이다. 노 대통령이 일하는 대통령, 근검절약하는 대통령으로 이미지가 남기를 바라는 뜻에서 한 마디 고언한다.

《동아일보》 1993. 1. 1

사면권 남용

우리나라는 일찍이 삼국시대부터 사면(赦免)이 내려졌다. 삼국사기 등에 따르면 신라에서 가장 많았고 고구려, 백제 순. 대부분 새 임금이 등극했을 때 대사면이 시행됐다. 다음은 태자를 봉했을 때, 임금이 거처를 옮겼을 때, 전쟁에서 이겼을 때 등 나라에 경사가 생겼을 때 행해졌다. 신라 문무왕 9년 삼국통일 성취를 기념하는 대사면의 사령문이 남아 있다.

고려 때는 나라 경사 때 외에 천재지변이 있을 때 많이 내려졌다. 조선시대에는 태조 7년 대사면을 시행했다. 사면은 본질적으로 군주국가시대 군주의 특권적 자비로 베풀어졌다. 그래서 은사(恩赦)라고도 한다. 유럽의 근대 입헌군주국에서는 3권 분립을 기본원칙으로 하고 있어 법원이 선고한 형의 효력을 행정부 수반이 변경시키는 것은 권력분립 원칙에 위배되는 구시대적 유제(遺制)라 해서 폐기된 적도 있다. 그러나 민주국가에서도 사면제도를 다시 채택, 정치적 이유나 국가경사 때 이를 시행하고 있다.

우리나라에서는 역대 대통령 취임 때 수천 명씩 대사면을 내렸다. 노태우 대통령은 임기 종료를 앞두고 지난 연말 대규모 성탄사면을 단행, 물의를 빚었다. 물러가는 마당에 임기 동안 있었던 갈등요인을 청산하고 화해를 조성하는 것은 바람직하다. 그러나 대통령의 사면도 상식의 틀을 벗어날 수 없다. 5공, 6공 비리 관련자가 대거 포함되자 노 대통령의 '임기말 신변정리 사면', 재야인사를 포함시킨 '들러리 사면', 비리관련자들의 '끼워넣기 사면'이란 비난을 샀다.

왕조시대의 사면은 억울한 사람을 석방한다는 덕치주의가 바탕에 깔려 있었으나 최근 우리의 경우는 정략적 성격이 농후하다. 김영삼 차기대통령의 새정부 출범에 맞춰 무려 1만여 명의 대사면이 있을 것으로 알려졌다. 정부수립 후 최대 규모다. 법원에서의 형량선고는 관련 수사기관과 재판부가 어려운 과정을 거쳐 내린 것이다. 대통령에게 사면권이 있다 해서 마구 남용하면 사법적 정의(正義)가 세워지지 않는다.

《동아일보》 1993. 2. 10

대통령 취임식의 해괴한 종치기

우리 전래 무속에서 종은 신명을 일정한 곳으로 인도하는 역할을 했다. 또 종은 힘이 있는 의기로 기우나 풍작을 빌 때 울렸다. 악령이나 사심을 쫓는 데도 사용했다. 종을 주조하는 과정에서 종에 희생과 신성성을 부여하기 위해 동물의 피를 칠하거나 인간까지 희생시켰다. 신라 때 여아를 쇳물가마에 넣어 만들었다는 성덕대왕신종, 바로 에밀레종이 인간희생 설화의 좋은 예이다.

종은 종교와 특히 깊은 관계에 있다. 불교에서는 지옥중생을 구제하여 악업과 고통을 멈추게 해준다고 한다. 또 제행무상(諸行無常)을 깨닫고 번뇌와 사악에서 벗어나도록 해준다고 한다. 유교에서는 예악(禮樂)과 융화되어 종의 청아한 소리를 통해 사람의 성정을 순화하고 인성을 깨우쳐주는 의미가 있다. 기독교에서 종은 천상과 지상을 음향으로 연결하는 구실을 한다. 초기 기독교에서는 그리스도의 부름에 종소리로 응답한다고 했다.

해방 후 3·1절, 광복절, 개천절 등 3대 국경일과 제야에 보신각종을 33번씩 쳐왔다. 그러나 지금까지 임금의 등극이나 대통령의 취임식 때 보신각종을 친 적은 없다. 최근 이 보신각종을 두고 설왕설래가 많다. 총무처에서 제 14대 대통령 취임선서 직후 보신각종을 반드시 타종할 것을 지시한 데서 비롯됐다. 이 밖에도 각 지방자치단체에 TV 중계방송에 맞춰 공공기관이 운영하는 종과 북 등을 모두 울리고 전국의 사찰, 교회, 성당 등도 타종행사에 참여하도록 지시했다.

더욱 가관인 것은 재외교민들도 종을 치도록 하고 일반시민들은 차임벨이나 북 또는 손뼉을 치도록 반상회 등을 통해 권장토록 했다. 이 무슨 해괴한 발상인가. 당초 대통령직 인수위는 소외계층 없이 각계각층이 고루 참여해 함께 기뻐하는 행사로 준비하고 검소하되 품위 있게 하기로 했다. 그런데 이 같은 종을 치고 손뼉을 치게 하는 한심한 착안이 문민시대를 여는 품위 있는 취임행사란 말인가. 문민독재시대를 여는 것인가. 누구의 발상인지 몰라도 착각도 보통 착각이 아니다.

《동아일보》 1993. 2. 12

훈장이 전리품이라서 나눠 갖나

세계적으로 가장 유명한 훈장은 1802년 나폴레옹이 만든 레종도뇌르 훈장이다. 영국이 자랑하는 카터 훈장은 1348년 에드워드 3세가 만든 것이고 덴마크의 다네보로그 훈장은 그에 앞서 1219년에 제정됐다. 훈장의 역사는 오래돼 11세기 십자군 원정 때도 있었고 고대 로마시대에도 있었다. 그런데 훈장의 부작용도 많다. 그 유명한 레종도뇌르도 한때 돈으로 팔고 샀다고 한다.

훈장 좋아하기는 프랑스 사람 따라갈 수가 없는데, 레종도뇌르의 마지막 등급인 슈발리에 훈장이 여류작가 조르주 상드에게 돌아갔던 모양이다. 이 훈장은 빨간 리본으로 장식돼있다. 깜짝 놀란 상드는 당시 문화장관에게 편지를 써 "빨간 리본을 가슴에 달면 술집여자로 볼 테니 제발 훈장만은 거둬달라"고 간청했다고 한다. 제 2차 세계대전의 영웅 아이젠하워가 훈장을 거절한 일화도 유명하다. 당시 루스벨트 대통령이 최고훈장을 주겠다고 하자 "그것을 받을만한 영웅적 행동을 발휘한 일이 없다"며 사양했다.

지난 1984년 12월 새 국회상 정립에 기여했다며 3당 대표 등 여야간부 28명에 대한 훈장수여를 국회가 정부에 요청했다가 여론이 나빠지자 취소해버렸다. 또 지난 1988년 2월 국무회의에서 전 각료를 포함한 91명에게 서훈(敍勳)을 결정했다가 여론의 비판이 거세지자 역시 장관, 청와대 비서관들에 대한 서훈이 철회됐다. 그런데 11일 국무회의에서 청와대 비서실・경호실 직원 23명에게 무더기로 근정훈장 수여를 의결했다.

이 사실을 숨겨오다 국무회의 의결로 드러나자 이번엔 명단 밝히기를 거부하다가 계속 말썽이 되자 뒤늦게 명단을 밝혔다. 이 무슨 한심스런 작태인가. 훈장이란 어떤 자리에 있기에 주어지는 게 아니라 어떤 일을 했기에 주어지는 것이다. 공 없는 자가 상 받으면 공 있는 자가 떠나가게 된다고 퇴계 선생이 일찍이 지적했다. 훈장은 꼭 받을 사람에게 주어져야 한다. 정권 말기에 선심 쓰듯 나누어 갖는다면 훈장을 주는 나라의 체면이 손상된다. 훈장 남발은나라체면을 도외시하는 집단들의 만행이다.

《동아일보》 1993. 2. 13

정부투자기관 이사장 자리

널따란 사무실에 여비서 한 명, 여기에 장관급과 같은 검정색 그랜저 승용차가 제공되고 월 300만 원 안팎의 '생활비'를 받으면서 1주일에 한두 번 잠시 사무실에 얼굴만 한 번 내비치면 되는 자리. 군장성, 장차관 등 고위공직자, 정치인들 중 대통령에게 미움을 사지 않고 현직을 물러날 때면 한 번쯤 눈독 들이는 자리. 직능상 해당기관과는 아주 거리가 먼 사람이 앉는 자리. 이 자리가 바로 정부투자기관의 이사장 자리다.

정부나 여당, 더 정확하게 얘기해서는 임명권자인 대통령이 한 번 보아줄 사람을 앉히는 이 자리는 23개 중 20개를 직능상 해당기관과 관련이 없는 문외한이 채우고 있다. 군과는 전혀 무관한 정부투자기관 이사장직을 예비역 장성이 절반이나 차지하고 있다. 그뿐 아니라 중소기업은행 이

사장 김우현 씨나 신용관리기금이사장 김원환 씨 등은 치안총수 출신으로 경찰과 전혀 연관이 없는 자리에 앉아 계속 구설수에 올랐다.

지난 1983년 말 5공 초기에 이 이사장 제도가 만들어질 때부터 말이 많았다. 집행기구와 의결기구를 분리하여 경영의 효율을 높인다는 취지는 얼핏 그럴듯하게 보인다. 그러나 퇴역장성의 소일거리가 되고 민자당 공천 탈락자들을 위무(慰撫)하는 자리로 전락하고 보니 더욱 쓸모가 없는 옥상층(屋上層)이 돼버렸다. 특히 지난해에는 5공 주역 권정달 씨가 무소속으로 출마하려다 민자당의 만류로 포기하고 산은 이사장 자리에 앉았다가 여론의 지탄을 받았다.

노태우 대통령 퇴임을 앞두고 윤필용 담배인삼공사 이사장이 사표를 내더니 18일엔 권 이사장도 사표를 냈다. 나머지 이사장들도 사표를 낼 움직임을 보이고 있다. 정부투자기관의 예산이 정치적 배려나 정실인사로 낭비될 수 없다. 큰 폭으로 감량경영을 해도 어려운 판에 문외한을 데려다가 놀고 먹일 이유가 없다. 새정부는 국민의 세금을 낭비하지 않기 위해서도 정부투자기관 이사장제도를 폐지해야 한다. 이런 조치는 빠를수록 좋다.

《동아일보》 1993. 2. 20

지방 청와대

5공에서 6공으로 넘어가면서 정부는 대통령의 하계별장 청남대를 공개하겠다고 밝혔다. 그러나 노태우 대통령이 다시 사용하는 것으로 밝혀지자 청원군 주민들이 청남대 개방과 함께 국민관광지 지정 등을 요구하며 시위를 벌였다. 주민들은 청남대 건축으로 이 지역의 국민관광지 조성계획이 백지화돼 생존권을 박탈당했다며 농성을 벌이다 4명이 부상했다. 청남대는 넓이가 55만 평이나 돼 여의도의 절반이 훨씬 넘는다.

청남대 말고도 지방 청와대가 다섯 군데나 있다. 대통령 지방순시 때의 숙소로 지어졌으나 한 해에 한두 차례 이용했을 뿐 각종 호화시설이 방치돼 예산과 인력만 낭비되고 있다. 시도지사 공관으로 불리는 이 지방 청와대는 1980년부터 부산, 광주, 대구, 전주, 제주에 건립됐다. 부산과 광주 공관은 대지가 5천 평이 넘고 건평도 600～700평에 이른다. 부산의 경우 건축비가 40억 원이나 들었으며 비품 구입비만도 근 2억 원이나 됐다.

지난 1988년 8월 광주공관에서 대통령 전용실 비품은폐기도 사건이 발생했다. 국회 5공 비리 특위는 당시 침실의 화장대(320만 원), 장식대(197만 원) 등 비품대장에 기록된 고가품목들이 조사단 방문에 앞서 바꿔치기 됐다고 주장했다. 특위는 대통령이 이발·안마를 했던 이발용 의자, 안마침대도 숨겨져 있어 이는 국정조사 방해 및 증거인멸행위라며 시정요구 했었다. 뒤이어 1989년 2월엔 호화집기 은폐사건으로 물의를 빚은 광주공관을 대학생들이 습격해 불을 질러 지사실 등이 전소됐다.

이 지방청와대는 딸려있는 일부만 시도지사가 공관으로 사용할 뿐 나머지는 놀리고 있다. 그뿐 아니라 그 주변에는 건물도 제대로 짓지 못하게 엄격히 규제해 주민들이 큰 불편을 겪고 있다. 한 해에 한두 번 사용할까 말까하는 이 같은 엄청난 시설을 그대로 방치하면서 주민들의 불편을 계속 외면해서야 되겠는가. 청와대 부근 안가(安家) 철거와 함께 지방 청와대와 그 주변의 제한조치도 주민들의 편익에 맞게 시정돼야한다.

《동아일보》 1993. 3. 11

"소인小人이 대신大臣되면 천하의 환患…"

지난 1일 황산성 환경처장관이 기자들에게 수돗물 수질조사결과를 발표하면서 시민들은 마음 놓고 수돗물을 마셔도 된다고 호언했다. 이에 대해 기자들이 "환경처 간부들과 출입기자 등 겨우 14가구의 수돗물을 검사대상으로 한 조사를 전체 수질의 안전성을 보장하는 대표치로 삼는 것은 부적당하다"고 지적했다.

황 장관이 보사부 서울시의 수질검사 자료도 제시하면서 자신을 믿어달라고 하자 기자들은 그 자료는 보사부 등에서 이미 작년에 발표한 것인데 환경처에서 제시하는 것이라는 이유만으로 믿어달라고 하는 것은 설득력이 약하다고 이의를 제기했다. 기자들은 또 "수돗물은 보사부 소관이며 환경처장관은 수돗물을 믿어달라는 것보다 급격히 악화되고 있는 상수원의 수질개선을 위한 정책개발에 신경을 써야 한다"는 것 등을 조목조목 지적했다. 그러자 황장관은 흥분하여 박차고 일어섰다.

황 장관은 홍보자료를 기자들 앞으로 내던지면서 "그런 식으로 젊은이들이 남의 충심을 비꼬고 무시하는 게 아니야", "언론이 진실을 외면하고 있어" 등 반말로 돌변하더니 눈물을 쏟기까지 했다. 황 장관은 계속 "정조를 유린당한 것보다 더 모욕적"이라느니 "더러워서 못해먹겠네" 등의 저급한 표현을 마구 내뱉었다. 또 "장관직에 연연하지 않는다", "다른 사람은 몰라도 내가 한 말을 못 믿겠느냐"며 독선적 언사도 마구 쏟아냈다.

김영삼 대통령은 1일 과거정권의 언론정책을 '당근과 채찍'이었다고 비유하고 "고압적 자세로 언론을 지배하려 해서도, 필요 이상의 저자세로 언론의 환심을 사려해서도 안 된다"는 그의 언론관을 피력했다. 황 장관의 오만불손하고 옹졸한 언사와는 너무나도 대조적인 내용이다. 소동파는 그의 《대신론》(大臣論)에서 "소인이 대신이 되면 그 해악이 사해(四

海)에 파급되고 천하의 환(患)이 그보다 더할 수 없다"고 경고했다. 장관직은 주사나 서기직이 아니라 막중한 국정의 책임을 지는 요직임을 새정부 각료들은 명심해야 한다.

《동아일보》 1993. 4. 3

청와대 감사

"1989년 12월 청와대 본관 및 관저 신축공사를 청와대 관계자와 186억 원에 합의·계약했으나 계속된 설계변경 요구로 442억 원이 들었는데 청와대측은 217억 원만 주고 나머지 225억 원은 주지 않고 있다." 청와대 신축공사 시공회사인 현대건설이 작년 3월 미지급 공사비지급을 청구하는 민사소송 내용이다. 기업이 청와대를 상대로 낸 이 소송은 그 당시로서는 유례를 찾기 어려운 희귀한 소송으로 눈길을 끌었다.

공교롭게도 이 소송은 국회의원 총선을 앞두고 제기되어 더욱 화제가 됐다. 선거용일 것이란 지적도 있었다. 현대 측은 대통령 선거가 끝난 후 이 소송을 취하했다. 아무튼 국가원수가 집무하는 건물을 둘러싸고 소송이 제기됐다는 것은 국민의 입장에선 매우 불유쾌한 일이었다. 대통령의 체면도 우습게 됐다. 국민들은 청와대 내부를 잘 모른다. 이런저런 공사비가 얼마나 되는지, 무슨 물품을 어떤 경로로 들여가는지, 한 해 경비가 얼마나 되는지 아예 알려고도 하지 않는다.

청와대에 대한 감사원 감사가 20년 만에 재개됐다. 청와대에 감사반이 발을 들여놓은 것은 1972년 10월 유신 이래 처음이다. 감사반장은 청와대 총무수석 비서관에게 1주일 동안 돈 쓴 것, 물품관리, 청사관리 등 업무전반에 걸쳐 감사를 시작한다고 통고하고 감사에 착수했다. 감사원은 청와대 비서실이 지난 한 해 동안 32억여 원어치의 물품을 구입하면서 비밀사항인 것처럼 꾸며 수의계약(隨意契約) 했다는 것 등을 지적, 주의조치를 내렸다.

이 밖에 여러 가지 지적사항이 있지만 그런 자잘한 내용이 문제가 아니다. 성역 없이 감사를 했다는 데 의미가 있다. 굳이 박종규, 차지철 등의 이름을 거론하지 않더라도 청와대 경호실이 얼마나 법과 제도 위에 군림했는지를 돌이켜 보면 세월도 많이 달라졌음을 새삼스레 실감케 된다. 그러나 단순히 변화했다는 것만을 보여주는 것은 모처럼 착수한 감사의 의미를 반감시킨다. 그 의미를 더욱 값지게 하려면 감사가 내실을 기해야 한다.

《동아일보》 1993. 4. 26

"여자의 눈물 믿지 말라"

"여자의 눈물을 믿지 말라. 마음대로 우는 것이 여자의 천성이니까." 소크라테스의 경구다. 여자는 명령만 내리면 어떠한 방법으로든 넘쳐흐를 수 있는 눈물을 항상 준비하고 있다는 것이다. 도스토예프스키는 한걸음 더 나아가 "여자의 눈물에 속지 말라. 여자의 눈물에는 덫이 숨겨져 있다"고 경고했다. 그런가하면 니체는 "남자의 눈물은 상대방에게 고통을 주었다고 생각하고 흘리지만 여자의 눈물은 상대를 충분히 괴롭히지 못했다고 생각하고 흘린다"고 했다.

눈물하면 여성이 떠오르지만 네로황제 등 역사적으로 남성의 눈물도 유명하다. 세기의 악한 히틀러도 의외로 눈물이 많았다. 불안한 투쟁을 계속 하는 동안 자신의 힘이 꺾이는 것을 억제하면서 주룩주룩 눈물을 흘렸다. 그러다가 일이 실패로 돌아가면 더욱 서럽게 울었다. 나치당의 지도자 오토 슈트라세르가 탈당하지 않도록 설득하면서 세 번이나 통곡했다는 일화는 유명하다.

지난 4월초 황산성 환경처장관이 기자들의 집요한 지적에 분을 못 이겨 홍보자료를 내던지면서 "더러워서 못해 먹겠네" 등의 저급한 말을 마구 내뱉으며 눈물을 쏟아 화제가 됐었다. 그러더니 이번엔 국회보사위회의장에서 또다시 울음보를 터뜨렸다. 11일 이 모 의원의 "공식질의이니 웃지 말고 정숙하게 답변하라"는 지적을 받고 안절부절못하다가 발을 동동 구르더니 울음을 터뜨렸다.

더욱 가관인 것은 퇴장하는 의원들을 향해 "내가 국회의원 못 해서 안 하는 줄 알아"하며 소리를 질러 주변 사람들을 당황케 했다. 황 장관은 또 장학재단을 설립해달라는 한 독지가의 유언을 무시하고 선교재단을 설립하여 구설수에 올랐다. 그는 이에 대한 기자회견을 하겠다더니 이것도 일방적으로 취소해버렸다. 황 장관은 "눈물이 많으면 영원히 갓난애"란 영국의 시인 블레이크의 경구를 되새겨 보았으면 싶다.

《동아일보》 1993. 5. 13

천하를 나눠먹나? TK, PK

신임 김도언 검찰총장 인물평이 각 신문에 보도됐는데 신문마다 김 총장이 검찰 내 부산·경남(PK) 인맥의 최상급자이며 박관용 청와대 비서실장의 부산 동래고 1년 후배라는 내용이 담겨져 있다. 김 총장이 어느 지역 출신자건 고시 16회의 선두그룹으로 쟁쟁했던 경쟁자들이 슬롯머신 사건과 관련해 도중하차해버려 능력 있는 사람이 검찰 총수직에 올랐으면 그만인데 왜 출신지역 이야기가 자꾸 나오는 것일까.

세칭 '권력유지부서'라는 것이 있다. 안기부와 검찰과 국세청을 두고 한 말이다. 이번 김 총장 임명으로 안기부를 제외한 검찰과 국세청 상층부가 PK 출신 일색이다. 김두희 법무부장관과 김 총장, 추경석 국세청장과 임채주 국세청 차장 등이 그들이다. 이야기가 나왔으니 말이지 노태우 정권 때는 대구·경북(TK) 출신 일색이었다. 그러던 것이 김영삼 정부 들어서 PK 출신들이 대거 현직에 오르고 있다.

지난번 공직자 재산공개 때 출신지별 분포를 보면 TK출신 176명에 비해 PK출신이 190명으로 앞지르기 시작했다. PK출신들은 행정부와 정부유관단체에서 크게 늘어난 반면 사법부에선 상대적으로 열세로 나타났다. 앞으로 3~4년 지나면 어떤 판세일지 퍽 궁금하다. 사람뿐이 아니라 지역개발 문제를 놓고도 요즘 TK와 PK 간에 왈가왈부가 계속되고 있다. 그 중 가장 심한 것이 고속철도 건설방식이다.

한국고속철도건설공단이 건설비 절감을 이유로 일부 구간 건설방식을 변경했다. 당초 지하에 건설키로 했던 대구구간 일부노선을 갑작스레 변경, 지상으로 건설키로 했고 당초 지상으로 계획했던 부산구간 일부를 시민들의 의견을 받아들여 지하에 건설키로 했다. 지상건설로 소음, 공해 등 각종 불편을 겪게 될 대구시민들의 반발은 당연하다. 100만 명 반대서명운동까지 벌이고 있다. 인사는 만사이며 지역편중은 망국병이란 것을 다시 한 번 되새겨 보아야겠다.

《동아일보》 1993. 9. 17

'기무사 정권'

보안사 하면 국민들 간에 공포의 대상, 권부(權府) 중의 원부(怨部)로 인식돼왔다. 특히 언론인이나 반독재투쟁 민주인사들 중에는 이곳에 끌려가 형언 할 수 없는 고초를 당한 사람들이 적지 않다. 특무대, 방첩대, 보안사, 기무사 등으로 시대에 따라 이름이 바뀌었지만 국군 기무사령부는 계속 힘세고 무서운 기관으로 군림해왔다. 군 정보기관에 불과한 기무사가 그처럼 강력한 권력을 휘두른 것은 오로지 집권자의 필요에 의해서였다.

역대 사령관 중 대통령 2명, 안기부장 3명, 육군참모총장 2명이 나왔으며 전두환 정권 이후 사령관 10명 중 군 최고계급인 4성 장군이 되지 못한 사람은 2명뿐이다. 군사정권하에서 군의 정치개입의 핵심은 바로 기무사였다. 특히 5공의 경우는 사실상 '기무사 정권'이었다고 해도 과언이 아니다. 문민정부가 들어서면서 기무사가 본연의 모습으로 되돌아가는 기색이나 아직 눈에 띄는 개혁은 나타나지 않는다.

우선 인원구성부터 형평을 잃은 인상이다. 기무사 장교 중 43.3%가 영남출신으로 나타난 반면 전국 인구의 절반을 차지하는 서울・경기출신은 17.9%에 불과하고 호남출신은 겨우 10.9%, 준사관도 영남출신이 40%에 가깝다. 국회의원들이 국정감사에서 인원구성의 지역적 편중을 시정하라고 지적하여 드러난 현상이다. 의원들은 이 밖에도 민간인에 대한 사찰과 무기선정 과정의 개입, 비자금 조성 등도 추궁했다.

기무사는 현재 청와대 인근에 자리 잡고 있다. 과거 정권안보에 핵심역할을 하고 있을 때는 청와대 코밑에 있어야 했겠지만 문민시대에서도 그럴 필요가 있겠는가. 이번 감사에서 기무사의 외곽이전 문제와 장교들에 대한 동향보고, 통신 감청 등의 부작용 등이 거론됐는데 기무사 이전은 빠를수록 좋다. 기무사는 또 1998년까지 현재 6천 명 수준을 5천 명 수준으로 줄이겠다고 답변했는데 인원감축 역시 빠르면 빠를수록 좋다.

《동아일보》 1993. 10. 8

국회의원 광고출연

국회의원들이 광고모델로 등장하는 경우가 허다하다. 라면 광고 모델에서 정수기, 초코파이, 우유모델에 이르기까지. 연예인 출신 의원뿐만 아니라 다른 의원들도 뒤따라 나섰다. 국회의원 등 공직자의 광고나 드라마 출연에 문제가 있다는 여론이 비등하더니 드디어 방송위원회에서 국회의원과 공무원들이 광고모델로 출연하는 방송상업광고를 금지시켰다.

공직자의 공적 신뢰도를 개인적이고 영리적인 차원에서 이용하는 것은 부당하다는 것이 출연금지의 근본취지다. 특히 국회의원 등 유권자가 뽑아준 정치인이 유권자가 위임한 신뢰감, 권위, 공적 신분을 담보로 하여 사적으로 이득 보는 행위는 정당성을 인정받을 수 없다. 아무리 국회나 국회의원들의 품위가 땅에 떨어졌다고 해도 선량으로서의 품격도 저버린 채 상업광고에 경쟁적으로 등장하는 것은 볼품사납다.

우리들이 호흡하며 살고 있는 이 대기는 산소, 질소와 광고로 이루어져 있다고 말한다. 광고의 위력은 가히 절대적이다. 그래서 광고 없이 사업하는 것은 어둠속에서 윙크하는 것과 같다는 비유도 있다. 그러나 요즘 광고는 해도 너무한다. 의약광고를 보면 이 세상에 치료 안 되는 질환은 없다. 100살 이내에 죽을 사람도 없을 것 같다. 그래도 모자라 국회의원들을 광고에 끌어들였다.

방송심의규정 개정으로 유행처럼 번지던 국회의원 광고출연이 막히게 됐으나 드라마출연은 계속 허용됐다. 현행법에 국회의원 겸직이 허용돼 있다 하더라도 반드시 법으로만 규율할 수 없는 것이 공인의 삶이다. 법적규제보다 사회통념적 도덕률에 의해 더욱 엄격하게 규율되는 것이 공직자 생활이다. 지금 국민들이 국회를 보는 시각이 어떠한가. 국회의원은 품위유지는 물론 의정에 전념할 때 국민적 신뢰를 받는다. 의원들은 뒷걸음질 치는 한국의 정치문화를 바로잡는 데 정성을 쏟아야한다

《동아일보》 1994. 11. 13

3

인분과 금과 사치망국지수 [경제/기업윤리]

혼수타령은 매매혼이다

결혼 한 달도 안 된 신부가 창틀에 목매어 자살했다. 한창 신혼의 단꿈에 젖어있을 신부가 혼수문제로 신랑과 부부싸움 하다가 끝내 목숨을 끊었다. 얼마 전엔 의사 신랑이 지참금이 적은 것을 트집 잡아 신부와 장모를 때려 실형을 선고받더니 이번엔 법률사무소 직원이 역시 지참금이 적은 데 불만을 품고 아내를 때려 유산시키고 자신의 외박사실을 따지자 갈비뼈를 부러뜨리는 등 중상을 입혀 구속됐다.

혼수·예단의 문제가 우리의 귀한 딸들을 죽음으로까지 몰고 가는 무서운 현실이 돼버렸다. 혼수는 이제 결혼의 성패는 물론 결혼 후의 파혼, 이혼의 사유가 되고 말았다. 호화혼수가 그저 있는 집 돈자랑이려니 하고 넘겨버릴 계제가 아니다. 우리 결혼관이 어떻게 해서 이처럼 타락했으며 우리 결혼풍속이 이토록 천박해졌는지 답답하기 그지없다. 인간의 존엄성과 참사랑의 본질을 매장하는 그 같은 폐습은 반사회적, 반국가적 악행으로 지탄받아야 한다.

왜 그렇게 극성을 떠는지 한편으로 생각해보면 측은한 생각도 든다. 억대 혼숫감의 주인공은 대개 신흥 졸부들인데 그들은 그렇게 함으로써 신분이 향상되는 것으로 알고 있다. 그들로선 명문 권력층과 사돈을 맺으려면 그 짓을 하지 않을 수 없다. 옛날에 돈 주고 양반 족보 사는 것이나 진배없다. 혼수도 분에 넘치면 예물이 아니고 뇌물이 된다. 자기 딸이 얼마나 보잘 것 없으면 호화혼수에 실려 시집을 보낸단 말인가. 그런 집과는 사돈은커녕 상종도 말아야겠다.

받는 쪽도 한심스럽다. 사람이나 집안은 보잘것없는데 혼수가 좋아 맞아들이겠다는 것인가. 신부를 사고파는 매매혼(賣買婚)과 다를 것이 없다. 그것이 바로 인신매매가 아니고 무엇이겠는가. 생각이 바른 사람, 양식이 있는 사람이 할 짓이 아니다. 이 모든 것이 황금만능주의, 물질지상주의에 오염된 현실에서 비롯됐다. 이대로 가다가는 연산군 때처럼 호화혼수 금지령이라도 내려야 할 판이다. 행복을 물질로 사려는 망국적 폐습을 타파하고 젊은 시절을 근면과 성실로 꾸려나가도록 도와야 한다. 작은 것이라도 제 힘으로 이루었을 때 참다운 성취감을 맛볼 수 있다.

《동아일보》 1989. 10. 14

패션은 최고 부가가치 상품

인체라는 움직이는 캔버스에 다양한 소재와 기법으로 의상을 꾸민다. 거기에 그윽한 향기와 리듬감이 곁들여지면 더욱 찬란하다. 오늘의 의상예술은 옷을 단순히 입는 것이 아니라 예술작품처럼 자신의 개성을 표현하는 창조물로 본다. 그것은 더 이상 의상이 아니라 완성을 향한 인간의 집념을 그린 깃발이며 '섬유로 된 종교' 바로 그것이다.

해방 후 생활이 어려웠던 시절 우리에겐 남자라면 국민복 차림, 여자라면 몸빼에 되는 대로 블라우스 비슷한 것을 받쳐 입는 게 고작이었다. 여자속바지 끝부분에 고무줄을 넣어 만든 망태기 모양의 몸빼는 일제 때부터 일상화해 온 옷차림. 태평양전쟁시대의 산물일 뿐 멋이나 아름다움과는 거리가 먼 채로 널리 입혀졌다. 시대변천에 따라 우리 의상도 그동안 많이 발전했다. 그러나 아직 철학도 메시지도 창의성도 부족하다. 그저 실용성 정도를 채워주면서 도약단계에 진입하려 한다.

지금 선진각국은 이미 디자인시대를 구가하고 있다. 작품의 '질'(質) 시대는 오래전에 졸업했다. 가재도구, 자동차, 정원수는 물론 각종 건물, 도로변의 장식 등 거의 모든 것이 디자인 홍수를 맞고 있다. 그 중에서도 의상의 디자인은 바로 생명이다. 패션하면 프랑스지만 동경 올림픽 이후 일본패션이 크게 발전, 다른 분야 못지않게 성장했다. 우리도 올림픽을 치르면서 우리 패션이 세계시장에 진출할 좋은 기회를 갖게 됐다. 패션 디자인이야말로 최고의 부가가치 상품이어서 수출증대의 이상적인 품목이다.

최근 3차에 걸쳐 6개월째 계속되는 집중세무조사로 패션업계가 곤혹을 겪고 있다. 패션업을 사치조장 과소비의 대상으로 보는 시각이 있다. 먹고 살기도 바쁜 터에 괴상망측한 옷차림의 몰골은 보기도 싫다는 것. 지난해 우리나라는 의류를 84억 5천만 달러어치 수출했다. 그 중 우리상표를 부착한 것은 1.6%밖에 안됐다. 한국은 하청생산국이란 오명에서 벗어나지 못한다. 후진국형 저가품에서 선진국형 고가품 생산체제로 조속히 옮겨가야 한다. 반사회적 경제행위는 엄벌해야겠지만 패션산업을 위축시키는 우를 범해선 안 된다.

《동아일보》 1989. 11. 11

소비자 우롱하는 사기세일

금년 사기세일 파동으로 6개 백화점 관련자들에 대한 공판이 채 끝나기도 전에 또다시 국내 정상급 재벌들이 운영하는 백화점들이 같은 수법으로 사기세일을 하다 적발되었다. 그런 행위를 하지 않아도 큰돈을 벌고 있는 재벌들이 나쁜 짓만 골라서 하는 꼴이 가증스러우면서도 한편 불쌍하기도 하다.

그렇다고 백화점을 이용하지 않을 수도 없고 당국의 조치 역시 믿을 수 없는 형편이다. 결국 소비자들이 그들의 사기수법을 적발해 조금이라도 덜 속을 수밖에 없다. 이번에도 대표적 사기수법은 종전가격의 조작이다. 높은 할인율을 과시하기 위해 허구의 가격을 종전가격으로 표시해놓고 큰 폭의 할인율을 적용한다. 결국 제값 다 받으면서 깎아주는 것처럼 위장한다. 또 할인해 파는 물건은 극히 일부인데 마치 전 상품을 할인해 파는 것처럼 속이거나 제품별로 할인율이 차이가 있는데도 할인율 높은 상품만 대대적으로 광고해 전 상품을 대폭 할인하는 것처럼 위장한다.

지난해 팔던 것이나 하자가 있어 팔지 못한 것을 정상품인 양 세일매장에 진열 판매하기도 한다. 이미 가격을 내려 팔던 상품에 갑자기 종전가격을 써넣어 정기세일 품목으로 위장하는 수법도 동원한다. 문제는 고객들에게도 있다. 허영이다. 고객들은 비싼 게 고급이란 생각에 사로잡혀 고가에만 눈을 돌려 백화점 측은 먼저 제품에 비싼 가격을 매겨놓고 다시 할인가격을 붙여 허영심과 값 깎는 심리를 동시에 충족시켜주고 있다는 것을 알아야 한다. 고객들이 그저 할인에만 관심을 갖는 것도 문제다.

부(富)란 바닷물과 같아 마시면 마실수록 목마르다더니 이번에도 재벌 백화점들을 포함하여 전국의 백화점들이 사술(詐術)로 소비자들을 우롱했다. 백화점은 현금회전이 빠르면서 요지에 건물만 세워놓으면 재미를 볼 수 있어서 모든 기업들이 새로운 성장분야로 다투어 나서고 있다. 백화점들이 이처럼 우롱을 일삼는다면 소비자들도 더 이상 백화점의 행동을 용납하지 않을 것이다. 불매운동을 벌여 문을 닫게 할 수도 있다. 소비자들이 허영과 고급품 위주의 생활패턴을 고쳐 스스로 경제주권을 되찾아야겠다. 소비자 주권의 경제체계를 이룰 만큼 소비자들의 자율의식과 이성도 향상되고 있다.

《동아일보》 1989. 11. 29

직장이 존재하는 한 상사는 밉다

현대 직업인들에게 직장에서의 좌절이나 실패는 곧 인생 자체의 패배를 의미기도 한다. 사람들은 직장에서 자신의 일이 잘 풀리지 않는 이유를 흔히 남에게 돌리려 한다. 직장의 환경, 업무체계, 상사 또는 동료 등에게 문제가 있어 모든 일이 제대로 되지 않는다고 불평한다. 그러나 대부분의 경우 자신의 업무 수행능력 부족과 부적응에 있다는 것도 알아야 한다.

누구나 실패에는 큰 충격을 받는다. 이어 그 실패에 절망과 분노, 수치와 두려움을 느끼게 된다. 이 경우 어떻게 해야 할 것인가. 현명한 길은 그 실패를 겸허하게 받아들여 원인을 분석하고 대안을 강구하여 새롭게 시작하는 것이다. 자신을 냉정하게 돌아보지 못하고 계속 주위의 여건과 상사, 동료들을 비난하면서 자신을 '희생자'로 미화해 실패의 늪에서 헤어나지 못하는 사람들이 많다. 실패 원인 분석은 이성적으로 냉정하게 해야 한다. 남을 원망하고 비난하는 자세에서 벗어나 자신을 질타, 스스로 극복해 나가야 한다.

'직장이 존재하는 한 부장은 밉다'라는 말이 있다. 윗사람에게 무턱대고 대들 수는 없다. 그렇다고 항상 의견충돌을 회피하는 것도 바람직스럽지 못하다. 상사와의 대립을 어떻게 잘 풀어 나가느냐에 따라 그 사람의 직장생활의 성패가 달려 있다. 인생의 성패가 달려 있다고도 할 수 있다. 수많은 직원들의 성패가 달려 있다는 것은 바로 회사 자체의 성패가 달려 있다는 것이다.

직장생활에서는 많은 것들과 부딪치게 된다. 그 중 가장 중요한 것은 역시 상사와의 충돌이다. 상사와의 갈등을 어떻게 풀어 나갈 것인가가 직장에서의 실패를 극복하는 가장 중요한 것 중의 하나다. 상사와 부딪치게 됐을 때 어떻게 행동해야 할 것인가. 미국의 저명한 산업 심리학자 S. 블로트닉의 조언을 통해 상사에 대한 어필방법을 살펴본다.

먼저, 나의 불만이 정당한 것인가를 따져 보아야 한다. 불만에 앞서 내게 잘못은 없었는지 냉철하고 경건한 마음으로 살펴보아야 한다. 그리고 상사 자신도 불가항력적인 입장에 처해 있었기 때문에 그런 행동을 하지 않았는지 생각해 보아야 한다.

상사에게 불가항력적인 문제를 거론했을 때 상사에게서 '절이 싫으면 중이 떠나라'는 반응이 나올지도 모른다. 이때 자신이 절간을 떠날 용기와 여건이 되어 있는지, 상사가 시정하도록 할 자신이 있는지, 아니면 현 상태에 머물러 있는 선에서 최대의 노력을 기울여야 할 것인지를 먼저 판단해야 한다. 중뿔난 행동은 어쩌다가 효과를 볼 수도 있지만 대부분 일을 그르치기가 쉽다.

또 상사가 평소 어떤 사고방식을 갖고 있는지, 자신이 상사에게 어떤 인물로 비춰지고 있는지도 알아야 한다. 상사가 까다롭고 치밀한 형이면 자신에게 약점이 있는지, 약점이 있다면 얼마나 치명적인 것인지를 미리 생각해 보아야 한다. 권위를 내세우는 상사와는 여러 사람이 있는 곳을 피해 조용한 곳에서 단둘이 만나 처리해야 한다. 이 경우 솔직하게 말하는 게 가장 좋은 방법이다.

어필의 통로는 여러 가지가 있다. 단 둘이 직접 대면하는 것 외에 공개석상, 회식, 술좌석 등이 있다. 극히 공식적인 내용이 아닐 경우 서로 마음이 편한 곳을 택해야 한다. 이 밖에도 문서, 전화, 간접 전달방법 등도 있다. 어필할 때는 납득하기 쉽도록 쟁점이 분명하고 명쾌하게 의사전달을 해야 한다. 내용은 논리적이어야 하며 타당성이 있어야 한다. 또한 상대방이 불쾌해하지 않도록 신경을 써야 한다. 물론, 어필 전에 상사의 기분 상태를 살펴야 하며 예상되는 반응을 몇 가지로 설정하는 등 대응 전략까지 구상해 두어야 한다. 어필 후 오히려 꾸지람을 들었을 때 눈물을 흘리거나 흥분하여 화를 내며 언성을 높이면 두고두고 후회하게 된다는 것을 명심해야 한다. 오랫동안 쌓였던 불만을 일시에 쏟아 부을 때는 흥분하기 쉽다. 그런 태도는 설득력도 없고 현명치 못한 방법이다. 그렇더라도 상사와의 대립은 요리조리 피해 가기만 하는 것보다는 필요하다고 생각될 때 대립을 감행하면서 상사와 속을 터놓고 상호이해를 깊이 다지는 것이 본인은 물론 상사와 회사 전체를 위해 바람직하다.

직장인들은 직장을 단순한 일터나 월급 받는 곳으로만 여겨서는 안 된다. 이 경우 창의적이고 참신한 직장생활을 할 수가 없다. 능동적인 자세를 갖춰 투철한 책임의식을 갖고 진취적 자세로 신념을 잃지 않아야 한다. 피동적인 직장인은 아무리 잘해 보아야 구습의 모방에 그쳐 결과에서도 최소한의 만족도를 얻을 수밖에 없다. 직장이란 일생을 걸어 볼 만한 대상이 아닌가.

경영진들은 허울뿐인 인화단결, 근면성실, 책임완수 등 구호만 내세울 것이 아니라 실제로 인간관계를 어떻게 바르게 유도해야 회사가 발전할 수 있을 것인가를 모색해야 한다. 기업 캠페인도 형식적인 강제성 위장형태가 되어서는 효과를 거둘 수가 없다. 가장 중요한 것은 임직원간의 알력, 불화에서 불필요한 과당경쟁에 이르기까지 전체적인 흐름을 간파하여 화해와 이해, 협조와 사랑이 피어나도록 유도하는 일이다. 사기진작이 기업의 사활을 좌우한다.

《라이프가족》 1990. 3.

한중韓中관계와 신경제권

중국과 우리는 역사적으로 떼려야 뗄 수 없는 밀접한 관계다. 사서에 따르면 최초의 관계는 3천 년이 넘는 기원전 1122년에 발생한다. 은나라의 현인 기자(箕子)가 주(周) 무왕(武王)이 은(殷)을 차지하자 동쪽으로 피해 단군조선에 이어 기자조선(箕子朝鮮)을 건국한다. 확실한 고증은 안 되지만 평양에 기자묘(箕子墓)가 있다. 이 기자 동래설(東來說)을 반박하는 한씨 조선설(韓氏朝鮮說)도 있다. 기자조선의 마지막 왕인 준왕(準王)이 청주(淸州) 한씨(韓氏)라는 점 등을 들어 기자조선은 우리 민족이 세운 부족국가라는 것.

이어 기원전 195년 연(燕)나라가 한나라에 멸망하자 연왕(燕王)의 부장 위만(衛滿)이 조선에 와 준왕(準王)을 치고 나라를 빼앗아 위만조선(衛滿朝鮮)을 세운다. 위만조선은 한에 멸망하고 한(漢) 무제(武帝)는 낙랑(樂浪)·진번(眞蕃)·임둔(臨屯)·현토(玄菟)를 설치, 한사군(漢四郡) 시대가 열린다. 그 뒤에도 수(隋) 문제(文帝)에 이어 그의 아들 양제(煬帝)가 113만 대군을 이끌고 고구려를 침공했으나 을지문덕 장군에 대패했다. 그 후 당 태종, 원 세조, 청 태조가 쳐들어왔고 명나라는 임진왜란 때 참전했다. 한말엔 청의 원세개가 서울에서 행패를 부렸고 6·25사변 때는 중공군 연 244만 명이 쳐들어와 인해전술을 폈다. 이처럼 우리는 계속해서 중국에 침략당해 왔다.

대륙적, 보수적, 만만적(漫漫的), 현세적(現世的)인 중국의 국민성을 한마디로 정의하기는 어렵지만 광대한 대륙의 농업민족으로 토착성이 강하고 옛 것을 중히 여긴다. 또 작은 일에 구애받지 않는 반면 행동이 느려 '만만디'로 불린다. 의심이 많다는 중국인은 내세나 미래에 대한 신앙이나 사상보다는 현세에서 어떻게 사느냐가 관심거리다. 유교는 중국인의 윤리관, 정치관의 근본으로 오랫동안 그들의 생활을 지배해 왔는데 극락, 천당 등 내세를 약속하지 않았다.

근세에 들어 중화사상이 근간을 이루고 있으나 최근엔 '새로운 품종의 중국인'이란 말이 나올 정도로 중국인의 성격, 기질 등이 변해간다는 지적도 있다. 잇단 혁명의 회오리 탓이겠지만 그렇다고 특성이 아주 바뀐 것은 아니다. 2년여의 협상 끝에 중국과 비자 발급 등 영사기능을 갖는 무역대표부를 상호 설치하기로 했다. 한(韓)·소(蘇) 수교에 이은 한·중 관계 개선에 따라 한국·소련·극동부·중국 동북부를 중심으로 한 북동아시아지역이 신경제권으로 부상할 것이라는 성급한 추측까지 나오고 있다.

《동아일보》 1990. 10. 23

인분과 금과 사치망국지수

미국의 강력한 통상 압력으로 국내시장은 거의 다 열렸다. 몇 해 전만 해도 국내에서 사기 어려웠던 외제품들이 시중에 범람하고 있다. 고급 승용차에서부터 장갑, 이쑤시개에 이르기까지 우리 생활 속에 깊숙이 침투해 자리 잡고 있다. 그런데도 미국의 개방 압력은 갈수록 거세다.

우루과이 라운드까지 들먹일 것도 없다. 얼마 전 주한 미 상공회의소는 우리의 TV상품 광고시간의 확대를 강요하더니 국내 일각에서 일고 있는 과소비 추방운동을 즉각 중단시키라고 우리 정부에 고압적 자세를 취했다. 워싱턴에서 고위당국자들이 달려와 정부가 민간단체를 부추겨 소비재 수입억제를 도모하고 있다고 몰아세웠다. 그들은 심지어 신용카드의 사용한도축소에 대해서까지 간섭하고 있다.

지금 미국에서는 혐연권(嫌煙權)이니 끽연권(喫煙權)이니 하는 것은 옛날이야기다. TV의 흡연 장면도 비판을 받는다. 한 마디로 담배 없는 사회를 건설하자는 것. 최근 담배를 피우지 않아도 직장에서 담배 피우는 동료와 함께 근무하면 폐암에 걸릴 위험성이 높다는 유권해석이 미국 학자들에 의해 내려졌다. 이에 따라 미 환경청은 담배 연기를 인공발암물질로 규정했다. 그런데도 미국 측은 우리에게 담배광고 선전의 규제를 철폐하라며 우리들이 '죽음의 연기'를 더 마시지 않는다고 불만이다. 우리가 지금 미국의 속국(屬國)이란 말인가.

무역 흑자국에 대해 적자국이 균형을 요구하는 것은 있을 수 있다. 그러나 어디까지나 객관성을 띠고 합리적이어야 한다. 수입정책의 모순을 지적하는 수준을 넘어 국민생활까지 멋대로 좌우하려는 것은 용납할 수 없다. 미국이 이처럼 무차별적으로 밀어붙이는 데는 이유가 있다. 밀어붙인 만큼 받아내고 있기 때문이다. 꼼짝 못하는 우리 정부도 문제지만 덩달아 외제품 과소비에 열을 올리는 일부 국민들도 한심스럽다. 우리 경제는 지금 뒷걸음질치고 있다. '89년부터 흑자폭이 줄어들기 시작하더니 '90년에는 적자로 돌아섰다. 더 심각한 것은 '91년의 더욱 어두운 전망이다. '91년 소비자물가 상승률을 15%까지 예측하는 연구기관도 있다. 무역수지 적자가 심할 경우 90억 달러까지 크게 불어날 수도 있다.

요즘 우리나라는 마치 전 세계 사치품 대경연이라도 벌이고 있는 것 같다. 백화점이나 가구점 등에 가보면 입이 떡 벌어진다. 외제 냉장고 한 대가 3백만 원이 넘고 세탁기가 백만 원이 넘는 것이 수두룩하다. 전기벽난로가 80만 원이 넘고 가스오븐렌지도 백만 원이 넘는다. 이탈리아제 우산꽂이가 15만 원, 미제 자동칫솔도 15만 원짜리가 있다. 이탈리아제 가죽 소파세트는 1천만 원이 넘으며 3백만 원이 넘는 침대는 수두룩하다.

의복 또한 요란하다. 남자 정장은 2백만 원이 넘는 것이 수두룩하고 지안 프랑코 페레 여자 상의는 7백만 원을 호가한다. 이밖에도 남자 스웨터 30만 원, 여성 가죽재킷 1백만 원, 넥타이 15만 원, 여자 핸드백 80만 원, 발리구두 30만 원에 2만 5천 원짜리 양말도 있다. 이보다 더 비싼 진짜 고가의류는 전문 의류제조업체나 부티크업소 등에서 직접 수입, 유한마담 등과 개별 접촉판매를 하고 있다. 여기에서는 여성복 상의, 스커트, 바지 등 3점이 한 세트로 1천 3백만 원이나 한다.

이 같은 과소비 풍조는 대학가에까지 번져 있다. 대학 주변 주점가가 대표적인 곳. 막걸리나 소주 등 값싼 술을 팔던 주점들이 장사가 안 돼 문을 닫는 대신 맥주나 양주를 파는 고급 술집들이 부쩍 늘어 호황을 누리고 있다. 술값도 수표로 지불하는 경우가 허다하다고 한다.

프랑스의 사상가 몽테뉴는 저서 '사치론'에서 동일물품으로 최고의 사치가격이 평상시 가격의 백 배가 넘으면 나라가 망하게 된다는 사치망국지수를 제시했다. 지금 우리나라 사치망국지수가 위험수위에 접근해 있지 않나 하는 생각이 든다. 물론 일부 사람들의 소행으로 그 같은 현상이 빚어지고 있지만 현실적으로 나타나 있는 실정이니 걱정이다.

소비수준을 잘사는 것과 못사는 것의 척도로 여기고 사치스런 생활을 자랑으로 여기는 사람들이 많다. 과소비 향락풍조는 일부 부유층이 주도한다. 그들은 지가(地價) 상승 등으로 인한 불로소득이 수입 원천이기 때문이고 부(富)란 소비하기 위해 있는 것처럼 마구 써 버린다. 졸부가 된 사람들은 가문, 교육수준, 사고영역, 교양 등의 개인적 열등감을 소비현시와 자녀과외교습 과열, 고급승용차 구입 등 대리만족의 형태로 표출한다. 주위 사람들에게 호화사치를 과장하는 것이 이들의 인생 목표인 것이다. 이 같은 구조적 문제점은 일부 졸부들에 한한 것이 아니라 한국인의 강한 성취동기 및 자기과시욕과 연결돼 종내는 동질화 경향이 강한 한국인들의 전시소비를 부추긴다.

지금 대부분의 한국 서민층은 근검절약하며 살고 있다. 서민대중에게 위화감을 안겨 주면서 전시소비를 부추기는 것은 결코 바람직하지 못하다. 알뜰하게 살아가는 그들에게 사치와 방탕의 소비생활에 대한 욕구를 충동질해서는 안 된다. 일부 부유층의 호사스런 낭비벽은 지금 많은 사람들에게 좌절감과 소외감을 안겨 주며 부도덕한 과소비욕의 바람을 불어넣고 있다.

사람이 살아가는 데는 취미생활, 문화생활이 당연히 필요하다. 멋도 있어야 한다. 그러나 꼭 비단으로 벽을 바르고 비싼 외제 양탄자를 깔고

밍크코트로 몸을 휘감고 고급 식도락만 즐겨야 하는 것은 아니다. 그것이 삶의 질을 높이는 것이 아니다. 사치와 낭비가 부끄러움임을 알 때 비로소 높은 삶의 질이 안으로 여물기 시작한다.

'가정에 이로움을 줄 아이는 인분(人糞)도 금(金)처럼 아끼고 가정을 망칠 아이는 금도 인분처럼 쓴다'는 옛말이 있다. 자기가 버는 것을 전부 쓰는 사람은 거지로 되어 가는 도중에 있다. 돈지갑의 밑바닥이 드러났을 때의 절약은 이미 늦다. 절약은 가장 좋은 인생을 만드는 기술이다. 검약(儉約)에 너그러움이 따르면 금상첨화다. 불필요한 경비를 절약하고 그것을 필요로 하는 사람들을 위해 쓸 수 있으니 말이다.

《제일생명보험》 1990. 12.

증권과 전쟁

제 1차 세계대전이 막바지에 이른 1916년 12월 영국의 데이비드 로이드 조지 총리가 의회에서 연설을 하게 됐다. 당시 증권투자로 명성을 날리던 버나드 바루크란 사람이 총리의 연설이 수신기에 찍혀 나오는 것을 지켜보고 있었다. 총리는 "연합국은 승리를 위해 계속 싸워나갈 것입니다. 그러나 …"로 연설을 시작했다. 바루크는 이 '그러나' 까지만 듣고 즉각 US스틸의 주식 2만 5천 주를 팔았다.

바루크는 '그러나 …'에서 재빨리 전쟁종결 가능성을 읽고 평화가 오면 미국의 군수산업이 타격을 입어 US스틸의 주가가 크게 떨어질 것으로 판단한 것. 그는 그날 오후 50만 달러의 이익을 챙겼는데 조금만 늦었어도 이는 불가능했다. 걸프전쟁이 터진 17일 런던 주식시장에서 이 전쟁에 사용된 무기의 제조회사들의 주가가 급등했다. 공습에 참가한 토네이도 전투기를 제조하는 브리티시 에어로스페이스사 주식이 개장 초부터 뛰기 시작해 가장 많이 올랐고 이 밖에 방위산업 관련업체인 GEC, 루카스 에어로스페이스, 롤스로이스사의 주가도 올랐다.

걸프전쟁이 발발하면 대폭락할 것이라던 주가가 당초 예상과는 달리 크게 올라 모두들 놀랐다. 이날 동경의 증시는 큰 폭의 하락세를 보였다가 다국적군의 압도적 전과에 힘입어 폭등세로 돌아섰다. 그런데 서울의 증시는 아예 이날 아침부터 폭등세였다. 지난 9일 미국과 이라크 외무장관회담이 결렬될 당시만 해도 1조 1천억 원 선에 맴돌던 고객예탁금이 이상스럽게도 연일 불어나더니 전쟁 이틀째인 18일 1조 6천 6백억 원으로 불어났다. 결국 한국의 주식투자자들이 세계에서 가장 빠르게 판단하고 신속하게 투자한 것.

전쟁이 터졌는데도 주가가 오르고 자금이 속속 증시로 유입되자 증권가에서는 이 재빠른 자금의 출처에 대해 관심이 쏠리는 모양이다. 부동산 경기쇠퇴로 인한 유동자금과 지방자치제 선거를 앞둔 정치지망생들의 돈이라는 추측도 나돌았다. 소문으로 날이 새고 소문으로 해가 진다고 할 만큼 온갖 정보와 루머가 홍수를 이루는 곳이 증시다. 자본력과 정보력의 싸움이란 면에서 증권은 어쩌면 전쟁과 비슷하다. 수많은 인명이 손상되고 세계평화가 위협받는 전쟁통에도 이익을 좇아 이리 뛰고 저리 설치는 투자자의 행태, 그것이 증권시장이다. 자본의 논리는 전쟁의 논리만큼 처절한 것이다.

《동아일보》 1991. 1. 21

비자금

기업들이 거액 비자금을 조성해 쓰고 있는 사실을 공식적으로 확인시켜준 것은 지난 87년에 떠들썩했던 범양(汎洋)사건이었다. 범양사건은 박건석(朴健錫) 회장의 투신자살로 표면화됐는데 비자금 백억 원의 행방을 놓고 설왕설래가 많았다. 사원 후생비, 하주들에 대한 리베이트로 쓰였다는 등의 검찰수사 발표는 액수 꿰맞추기 수사란 비웃음만 샀다. 당시 박 회장과 한상연(韓相淵) 사장 간의 경영주도권 싸움으로 거액의 '쥐약살포전'이 벌어졌던 것은 다 아는 일. 검찰 발표의 백억 원 규모도 범양의 운임수입(7년간 2조 6천억 원)이나 통상 로비관행으로 보아 빙산의 일각이라는 것이 해운업계의 견해였다.

어느 기업이나 규모에 차이는 있지만 비자금을 조성해 접대성 경비나 로비자금으로 쓰고 있다. 경제기획원에 따르면 국내 제조업체의 공식 접대비는 1988년에 3026억 원, 1989년에 3380억 원. 접대비나 기밀비는 매출액의 0.2~0.5% 안에서 맞춰놓는 것이 관례로 돼있다. 그러나 실제비자금은 이보다 2배 내지 10배나 많다. 요즘엔 완비자금(完秘資金)이라는 것이 개발됐는데 비밀장부에도 기록되지 않은 것으로 5억 원 미만의 가명통장을 여러 개 만들어 금융기관의 내부추적도 피할 수 있게 되어 있다는 것.

수서 특혜의혹 사건수사에 나선 검찰은 택지특혜분양 과정에서 한보(韓寶) 측이 청와대, 국회 등 정치권과 건설부, 서울시 등 관련공무원들에게 거액의 뇌물을 건네주었을 것으로 보고 집중추적하고 있다. 검찰은 관련자 수십 명을 소환조사한다는데 경우에 따라서는 이철희(李哲熙)-장영자(張玲子) 사건, 명성(明星) 사건에 버금가는 대규모 수사가 될지도 모른다는 것. 수사초점은 물론 정치권과 관련 공무원들에게 어떤 경로로 어느 선까지 얼마의 검은돈을 뿌렸는지 밝혀내는 것.

관계 공무원에 대한 수사도 중요하지만 엄청난 특혜를 받는 데는 정치권의 막강한 힘이 작용했을 것이라는 보도다. 지자체선거를 앞두고 선거자금과도 관련이 있을지 모른다. 말단 세무공무원 출신인 한보 정태수(鄭泰守) 회장의 로비작전은 대상이 광범하고 현금위주로 하되, 일이 처리된 뒤에 사례하는 사후주의(事後主義)를 고수하는 것으로 알려졌다. 정 회장은 보통규모의 액수에 0을 하나 더 붙이되 자신의 승용차 운전사까지 돌려보낼 정도로 비밀유지에 신경을 쓴다고 언론에서 보도하고 있다. 검찰의 수사력에 기대해본다.

《동아일보》 1991. 2. 9

세계에서 가장 비싼 땅

세계에서 어느 나라 땅이 가장 비쌀까. 건설부가 작년 6월 일본 부동산학회 등의 자료로 분석했다는 한(韓), 미(美), 일(日) 3국 및 세계 주요 대도시 땅값 비교에 따르면 단연 일본이 1경 500조 원(1조 원의 1만 5백배)으로 가장 비싼 것으로 나타났다. 다음은 미국으로 2,628조 원이며 한국은 216조 원. 일본은 우리의 49배, 미국은 우리의 12배에 달한다. 그러나 국내 부동산 전문가들은 이 수치가 얼마나 정확한지는 알 수 없다고 말한다.

단위 면적당 땅값을 보면 우리가 일본의 13분의 1에 해당하고 미국에 비하면 8배에 달한다. 소득수준과 비교해볼 경우 우리 땅값은 상당히 비싼 편. 세계 주요도시 땅값을 보면 일반 주택지의 경우 동경(東京), 파리, 타이베이에 이어 서울이 4위, 고급 주택지는 시드니에 이어 5위다. 상업지는 동경, 런던, 시드니, 파리, 타이베이에 이어 6위로 나타났다.

미국의 한 부동산 회사가 1989년 말 조사한 세계에서 가장 비싼 땅값을 보면 왕좌는 단연 일본의 긴자(銀座) 거리가 차지. 현 시가로 평당 7억 원 가량으로 알려졌다. 긴자 다음으로는 홍콩의 나단~퀸스로, 세 번째는 뉴욕의 5번가로 나타났다. 이 밖에 뉴욕의 매디슨가, 캘리포니아주 베버리힐스시 로데오 드라이브, 뉴욕의 렉싱턴가, 런던의 본드가, 파리의 뤼드 포브르, 싱가포르의 오처드로 등도 꼽힌다.

건설부가 밝힌 1991년도 공시지가에 따르면 전국에서 가장 비싼 곳은 서울 명동 상업은행 명동지점 부지로 평당 1억 4,215만 원. 가장 싼 곳은 전남 광양과 경남 통영의 임야로 평당 100원짜리도 있다. 주거지역으로 가장 비싼 곳은 서울 강남구 신사동의 평당 4,826만 원이다. 이 가격은 공시지가이기 때문에 시가는 이보다 20~30% 더 비싸다. 어떻든 신사동 사는 사람들이 제일 비싼 곳에서 살고 있다.

토지개발공사에 따르면 우리나라 땅값은 지난 1965년부터 1989년 말까지 무려 164배나 올랐다. 25년 동안 연 25.2%씩 오른 것. 같은 기간의 도매물가 연평균 상승률 10.7%를 크게 웃돈 것으로 세계적으로 유례가 없는 수치다. 온 나라를 떠들썩하게 한 '수서(水西) 드라마'도 땅 때문이었다. 우리나라엔 아직도 무주택 서민이 많다. 토지 이용에 대한 만인의 평등한 권리는 공기를 호흡하는 권리와 똑같이 명백하다는 것을 모두가 알아야 한다.

《동아일보》 1991. 2. 27

대기업체의 식수오염

맥주로 돈 번 두산그룹의 자(子)회사인 두산전자가 영남 지방 상수도를 망쳐 놓아 온 나라가 떠들썩하다. 다른 기업도 아니고 좋은 물을 바탕으로 대재벌로 성장한 기업이 식수를 더럽혀 큰 실망을 안겨주었다. 수돗물은 간첩이 독을 타지 못하도록 군대까지 동원해 경비를 서는데 물로 돈 번 회사가 강물 정화를 돕지는 못할망정 사람들이 마시면 병들게 더럽혀 놓았으니 참으로 기가 막힐 노릇이다.

낙동강을 망쳐놓은 페놀의 폐수배출 허용기준치는 5ppm 이하로 일본보다 6배나 높게 책정돼 있다. 공해추방운동연합이 이 환경처 허용기준치의 페놀 용액에 금붕어를 넣어보았더니 이내 몸부림치다 20분 만에 바닥에 가라앉고 3시간 45분 만에 죽었다. 두산은 이런 것을 반 년 동안 300여 톤이나 계속 퍼부어 놓고는 이제 와서 사과광고라고 게재하면서 "뜻하지 않은 페놀유출 사고 발생"이라고 표현했다. 시민단체들은 발암물질인 페놀을 고의로 장기간 불법유출한 것을 나라 전체가 알고 있는데 무엇이 뜻하지 않은 사고냐며 소비자를 우롱하지 말라고 규탄하고 있다.

지금 전국에서 두산제품 불매운동이 벌어지고 있다. 고객은 말할 것도 없고 음식점에서도 '당 업소에서는 두산제품 OB맥주를 팔지 않습니다'란 표어를 붙여놓고 있을 정도다. 맥주뿐 아니라 두산우유, 치즈 불매운동에 OB팀 야구경기까지 거부움직임을 보이고 있다. 시민들은 비윤리적인 기업을 엄벌하고 관련 공무원 처벌이 제대로 되지 않을 경우 수도료 납부 거부운동까지 펴겠다고 벼르고 있다. 두산그룹은 낙동강 오염피해 주민들에게 전액 보상해주고 별도로 피해지역의 수질개선사업을 위해 대구시에 200억 원을 기부하겠다고 밝혔다.

월 500만 원을 절약하려다 그 천 배가 넘는 아까운 돈을 토해놓게 됐다. 대구지역 시민단체들은 22일부터 일제히 보상신청창구를 개설, 피해 내용을 접수하고 있다. 두산이라는 그룹이 미워서가 아니라 다른 기업들 역시 다시는 그런 악덕행위를 못하도록 하기 위해서도 이 기회에 시민들이 앞장서 본때를 보여주어야 한다. 기업이 부도덕한 경영을 했다가는 끝장이라는 것을 알도록 해주어야 한다. 일본에서 미나마타병을 유발한 회사가 40년이 지난 오늘에도 피해배상에 매달려 고통을 겪고 있다는 것을 우리 기업들은 명심해야 한다.

《동아일보》 1991. 3. 23

지폐는 공동재산, 공통언어

"주 예수를 믿으라. 그리하면 너와 네 집이 구원을 얻으리라", "1992년 10월 휴거(携擧)! 공중들림. 준비하라. 심판주가 곧 오신다". 다른 데가 아닌 시중에 유통되는 지폐에 스탬프로 찍힌 기독교 전도문과 종말경고문이다. 돈이라면 관념적으로는 천시하는 경향이 있다. 그러나 돌고 도는 돈은 인체에 비하면 혈액과 같은 것으로 현대생활에서 화폐가 없다면 모든 것이 마비돼 버릴 것이다. 그런 돈에 전도문 외에도 주민등록번호, 예금통장번호, 전화번호, 주소, 성명 등 온갖 것들이 지저분하게 적혀 있다.

우리나라 국민들이 특히 화폐를 함부로 다뤄 지폐의 평균 수명이 10~18개월밖에 안 된다. 작년에만 액면금액 4조 6백억 원, 11억 2천여 만 장이 폐기처분되었다. 그리고 새 돈을 만드는 데 무려 552억 원이나 들었다. 일본 지폐의 평균수명 1~3년, 미국의 1년 6개월~9년과는 큰 차이가 난다. 지폐는 아이들의 손에, 음식점 시장에서 젖은 손에 더럽혀지고 노름판에서도 훼손된다. 우리나라 사람들이 지폐를 지갑보다 주머니에 구겨 넣고 다니는 데서도 습관 때문에도 수명이 줄어든다.

찢기거나 탈색, 변색, 악취가 나는 등 못쓰게 된 돈은 한은이 수거해 '사형선고'를 내린다. 100장씩 묶어 양쪽에 직경 2㎝가량의 구멍을 뚫어 용광로 속에 넣어 풀 상태로 녹인다. 이 용해물은 싼 값에 넘겨져 하드보드 상자의 원료로 쓰이기도 한다. 한 해 5톤 트럭 150대분이 그렇게 사라진다. 우리 돈은 구미 선진국과 같이 100% 면만을 쓰고 있어 종이펄프가 섞인 것과 비교해 지질이 치밀하고 질기다. 찢어질 때까지 몇 번 접었다 폈다 할 수 있는지를 나타내는 내절도(耐切度)가 5천 회로 일본지폐 1천 회에 비해 훨씬 강하다. 그런데도 우리 돈이 빨리 파손된다.

역사상 지폐의 효시는 중국 한무제 때의 가죽화폐(皮錢)로 전해진다. 근대의 최초 은행발행권은 1694년의 영국지폐다. 우리도 고려 공양왕 때 처음 지폐가 쓰였다는 기록이 있으나 은행권 지폐는 1909년 조선은행이 설립되면서부터다. "돈은 영혼의 파괴자다. 황금 보기를 돌같이 하라"는 격언이 있지만 그것은 돈에 대한 맹목적 애착을 탓한 것이지 지폐 자체를 더럽히라는 것은 아니다. 구미인(歐美人)이 1달러 한 장도 소중히 다루듯 우리도 우리 돈을 아껴 다뤄야 한다. 돈은 국민 전체의 재산이며 세계인의 공통언어다.

《동아일보》 1991. 4. 3

과소비 부추기는 서비스업

얼마 전 서울의 한 특급호텔에서 스코틀랜드 출신 팝가수 시나 이스턴 초청 디너쇼가 열렸다. 1인당 입장료가 9~11만 원. 청소년들이 열광하는 이 가수가 007 주제가 〈포 유어 아이스 온리〉를 감미롭게 부르는 가운데 10대에서 40대까지 수백 명이 홀을 가득 메운 채 1인당 5만 원의 양식 풀코스에 고급 양주, 양담배까지 즐겼다. 한 가족이 몰려와 50여만 원씩 쓰는 경우도 있었다. 이런 호화쇼를 특급호텔들이 경쟁적으로 연다. 이보다 더 비싼 디너쇼도 많다.

디너쇼 말고도 약혼, 결혼, 회갑연 등 호화판 잔치가 꼬리를 물고 호텔에서 열린다. 어른뿐 아니라 어린이 고객도 많아 입학·졸업 때는 물론 생일잔치까지 화려하게 열린다. 심한 경우 한 반 친구 40여 명을 호텔로 초청해 거창하게 뷔페잔치를 연 경우도 있었다. 대학생들의 사은회는 물론 동창모임에 신입생 오리엔테이션까지 고급호텔에서 열린다. 요즘엔 직장인들이 단골로 호텔방을 얻어놓고 밤을 새며 술 마시고 고스톱을 치는 것도 유행하고 있다.

서울 강남 등지에는 수백억 원대 규모의 초대형 갈빗집, 중국집에 고급 레스토랑이 즐비하게 들어서 호텔 못지않게 대호황을 누린다. 최근엔 여성고객들이 많다는데 동창, 학부모, 계모임 등 별의별 모임을 갖고 고급 음식을 즐긴다. 외식산업의 급성장 뒤에는 재벌급 기업들이 도사리고 있다. 갖가지 패스트푸드는 외국상표를 도입해 먹는 사치를 더욱더 부채질한다. 비싼 곳일수록 초만원이다. 이들 업체는 상당액을 로열티로 지불한다.

통계청에 따르면 1989년 7월~1990년 6월 중 호텔 등 숙박업의 매출증가율이 전년보다 무려 32.3%나 늘었고 다음은 음식업 25.7%였다. 백화점의 매출액도 크게 늘었다. 이들 서비스업종의 이 기간 매출액이 100조 원을 넘어 전년도보다 21%나 증가했다. 경제성장 운운하지만 살판난 것은 서비스업뿐이다. 우리의 산업구조에 문제가 있다. 무엇보다 과소비가 주범이다. 불로소득 기회의 봉쇄와 함께 지도층·부유층·지식층·공직자들의 모범적 자세가 아쉽다.

《동아일보》 1991. 4. 27

부동산 투기

병들어가는 현대문명을 신랄하게 비판해온 풍자칼럼니스트 암브로스 비어스는 《악마의 사전》에서 "집이란 인간 · 들쥐 · 생쥐 · 갑충 · 바퀴벌레 · 파리 · 모기 · 벼룩 · 각종 세균 따위가 살도록 만들어진 속이 빈 주거물"이라고 정의했다. 집 가운데서도 교도소란 "정치적 및 개인적 공헌에 대하여 보상해주는 장소"라고 표현했다. 욕심껏 집을 늘리는 등 부동산 투기에 열중하다 형무소 신세를 진 사람들의 행태가 얼마나 부질없는 짓인가를 느끼게 하는 해학적(諧謔的) 풍자다.

4년제 대학을 졸업하고 군복무를 마친 28세 세대주가 봉급만 모아 서울에서 20평대의 주택을 마련하는 데 최소한 36년이 걸려 64세 이후에야 가능하다는 조사보고서가 나왔다. 국토개발연구원에 따르면 맞벌이 부부의 경우도 26년이란 긴 세월이 소요된다는 것. 그런데 아이러니컬하게도 이 조사보고서 보도와 함께 12억 원을 부동산에 투자해 2년 새 무려 51억 원의 차익을 챙긴 그야말로 눈이 뒤집힐 사건이 보도됐다. 재작년 서울 강남구 세곡동 임야 1만 8천여 평을 12억 원에 샀는데 최근 63억 원으로 치솟았다는 것.

토지거래허가를 받지 못하자 제소 전 화해절차의 편법으로 동기를 이전해 이처럼 엄청난 차익을 남긴 교수 등 3명이 결국 구속되기는 했지만 그런 일이 어떻게 벌어지게 돼 있는지 납득이 안 간다. 이와 함께 국세청은 지난 3, 4월 두 달 동안의 부동산투기 집중조사에서 396명으로부터 양도소득세, 상속세 등 554억 원을 추징했다고 발표했다. 집중추적해서 밝혀진 것이 이 정도인데 숨겨진 것은 도대체 얼마나 될까.

솔직히 말해 지금까지 부동산에 눈뜬 사람치고 재산 늘리지 못한 사람 별로 없고 부동산을 외면하고 재산 늘린 사람 별로 없다. 정부는 국민들의 투기성향을 비난하고 국민들은 당국의 졸렬한 부동산 대책을 개탄하는 가운데 과열투기만 판을 쳐 왔다. 우리 속담에 '벼룩 꿇어앉을 땅도 없다'는 말이 있다. 이제야말로 전 국민의 3분의 1이나 되는 무주택자를 위해 모두가 힘을 모아야 할 때다. 망국적 투기야말로 탐욕의 자식이고 불공평의 형제이며 악행의 아버지다.

《동아일보》 1991. 5. 29

평화를 불태우는 가투꾼

상장법인의 주주 총회엔 으레 총회꾼들이 끼어들어 대주주를 곤혹케 하거나 회사 측의 앞잡이 노릇을 해 뒷거래로 이득을 취하기도 한다. 주총은 대주주나 회사 측에서 이미 결정해 놓은 내용을 추인(追認)하는 절차에 불과하다. 총회꾼들은 이 점을 이용, 고성·삿대질에 심심치 않게 주먹다짐까지 벌이면서 총회 진행에 제동을 걸어 응분의 대가를 얻어낸다. 이들의 횡포가 극심했던 1980년 전후엔 사직당국에서 경제사범으로 단속하기까지 했다. 요즘엔 이 총회꾼들을 회사 측에서 미리 확보해버린다고 한다.

지난 5월 25일 23개 증권사 주총이 일제히 열렸다. 지난해 영업실적 부진으로 무배당 사태가 속출, 투자자들의 거센 항의가 예견됐으나 대부분의 주총이 큰 충돌 없이 10~30분 만에 일사천리로 끝났다. 사측에서 총회꾼들을 동원해 반발을 미리 막아버린 것. '명성 높은' A급 총회꾼은 2, 3개월 전부터 각종 선물과 떡값 등을 제공하며 '입도선매'한다고 한다. 증권사 주총이 이날 한꺼번에 열려 미리 총회꾼을 확보해 놓지 못한 회사는 구인난을 겪었다는데 이 때문에 거마비가 배로 뛰었다는 것.

꾼이란 접미사는 어떤 일을 전문·습관적으로 하는 사람에게 붙는다. 장꾼, 나무꾼 등 좋은 이미지도 있지만 노름꾼, 사기꾼 등 좋지 않은 부류도 있다. 총회꾼의 경우 대주주가 이용할 때는 꼭 필요한 존재지만 소액주주의 입장에선 달갑지 않은 존재다. 이 달갑지 않은 총회꾼을 무색케 하는 새로운 불순'꾼'이 등장했다. 애국시민을 자처하는가 하면 직업 없는 사회불만계층으로 스스로 밥풀떼기'라고 부르는 가투(街鬪) 꾼들이다. 이들은 시국과 관련된 시위 현장이나 농성장에 수백 명씩 떼 지어 다니며 폭력시위를 선동하고 행패를 부린다.

이들이 요즘 김귀정(金貴井) 양 시신이 안치된 백병원과 명동성당 부근에 상주하면서 평화시위를 하는 학생들에게 '귀정(貴井)이를 죽인 백골단을 죽여라', '청와대로 가자', '은행에 불 지르자'고 선동하며 앞장서 돌, 화염병을 던졌다. 당국은 민주시민의 허울을 뒤집어쓴 이 독버섯의 정체를 조속히 밝혀내야 한다. 동시에 정부나 학생들이나 이런 폭력배가 서식할 여지를 만들어주지 말아야 한다.

《동아일보》 1991. 6. 1

보신탕용 개까지 수입

영국속담에 '개는 나의 친구, 아내는 나의 적, 자식은 나의 주인'이란 말이 있다. 그러나 개에 관한 우리의 속담내용은 좋은 구석이 하나도 없다. '개발에 편자', '개구멍 서방', '개 눈엔 똥만 보인다', '개 따라가면 측간으로 간다', '개와 친하면 옷에 흙칠만 한다' 등. 15세기에 편찬된 《동국여지승람》(東國輿地勝覽)의 우리 토속음식 중 육류에 소, 돼지, 토끼, 사슴, 노루, 닭, 거위, 꿩, 염소, 오리 등이 있으나 개는 들어 있지 않다.

17세기에 편찬된 《음식지미방》(飮食知味方)에 개요리가 상세히 소개돼 있어 이 무렵부터 개고기를 많이 먹은 것으로 보인다.

특히 영국사람들이 아시아인들의 개고기 음식을 극력 반대한다. 영국인들은 이 때문에 서울 올림픽을 보이콧하겠다고까지 위협하기도 했다. 그러나 서양인들도 우리가 납득이 가지 않는 음식을 많이 먹는다. 개구리, 달팽이는 말할 것도 없고 불개미볶음, 고양이 수프 등. 이제 여름철에 접어들면서 보신을 내세운 개고기 요리가 성업을 이룰 것이다. 그런데 해도 너무하는 작태가 벌어지고 있다. 보신탕용 개까지 수입하고 있다.

경상수지가 적자행진을 계속하고 있는 실정에 꼭 보신탕용 개까지 수입해야 하는 것일까. 부끄러운 일이 아닌지 가슴에 손을 얹고 한번 생각해 볼 일이다. 요즘 우리의 먹거리가 급속도로 다국적화하고 있다. 쇠고기는 수입 비중이 벌써 올해 전체 소비량의 절반을 넘었고 수입 바나나는 국내시장을 휩쓸고 있다. 그뿐 아니다. 밀, 옥수수, 콩, 팥, 수수, 조 등 잡곡은 거의 전량을 수입하고 땅콩, 아몬드, 양파, 생강은 물론 전통식품인 된장, 간장, 고추장까지 다량 수입한다.

농자천하지대본(農者天下之大本)의 나라가 농산물 수입업자천하지대본의 나라가 돼버렸다. 곡물은 어쩔 수 없는 처지라고 하더라도 7만 원짜리 손수건, 15만 원짜리 우산꽂이, 천만 원이 넘는 소파, 3억 원짜리 승용차에 이쑤시개, 여성용 팬티, 양말에 메주까지 수입해서야…. 관계당국은 영업상의 비밀이라며 수입업자 명단을 감추고 있다. 우리 국민들 중 도대체 어떤 사람이 보신탕용 개까지 수입하는지 궁금하다.

《동아일보》 1991. 6. 5

너무 일찍 터뜨린 샴페인

88 서울 올림픽을 전후해서 우리는 세계 각국으로부터 지극한 찬사를 받았다. 유례를 찾아보기 힘든 단기간의 고도성장 성취에 대한 찬탄이다. 경제성장은 물론 정치 민주화도 예상보다 신속하게 진전됐기 때문. 미국의 〈타임〉, 〈뉴스위크〉지 등이 앞다투어 기적을 이룩해 낸 한국을 특집으로 다루고 프랑스의 〈르몽드〉지는 정치・경제발전 성공의 우등생이라고 보도했다. 이 무렵 공산권 언론도 극찬을 아끼지 않았다. 오늘날 소련과 가까워진 것도 물론 그 때문이었다.

국제사회가 그토록 한국을 추켜올리더니 어느 날 날카로운 비판이 고개를 들었다. 1989년 9월 워싱턴포스트에 게재된 샴페인론이 첫 스타트다. '한국이 너무 일찍 샴페인을 터뜨린 것 아니냐'는 참으로 듣기에 언짢은 힐난이다. 은근히 걱정해주는 것 같으면서도 조롱기가 배어있다. 바로 이어 프랑스의 〈르피가로〉지는 더욱 심하게 꼬집었다. 한국의 기적은 끝났으며 아시아에는 네 마리의 용이 존재하지 않고 세 마리의 용과 한 마리의 지렁이가 존재할 뿐이라고 했다.

홍콩의 언론들조차 비판하기 시작했다. 1990년 초 홍콩의 〈문회보〉(文匯報)가 한국엔 뇌물과 부정부패가 성행하고 있다고 대서특필했다. 〈아시안 비즈니스〉지도 한국에서 사업을 하려면 뇌물 바치는 것부터 배워야 한다고 꼬집었다. 그 같은 언론의 비판내용이 모두 부인할 수 없는 것들이어서 우리를 더욱 안타깝게 한다. 그런 지적이 한동안 뜸하더니 며칠 전 〈로이터통신〉이 한국인들이 부자착각 속에 산다는 과소비병(病) 보도를 해 눈길을 끈다.

이 통신은 근로자들이 손에 때 묻지 않는 사무직에만 몰려 기능인력난이 심각한데 일하기는 싫어하고 돈쓰는 데만 정신이 팔려있다고 지적했다. 또 5,500달러 소득수준에서 자동차 등 호화소비재 수요와 흥청망청 해외여행이 급증하고 술과 오락에 탐닉하고 있다고 보도했다. 귀이개, 이쑤시개, 개먹이까지 수입하고 너도 나도 해외로 나가 몬도가네식 보신 향락에 빠져있으니 그런 비판 들어 마땅하지 않은가. 기적은 끝났어도 좋으니 제발 민족적 자존심이나 손상되지 않게 행동해 주었으면 싶다.

《동아일보》 1991. 9. 7

물가파동이 쓰나미 처럼…

지난 1936년 경성 상공회의소의 서울산매물가조사가 우리나라 최초의 물가조사라고 한다. 그때의 조사대상 품목에는 쌀, 콩, 쇠고기, 계란, 소금, 설탕, 청주, 숯, 성냥, 양초, 광목, 기와 등이 포함돼 있었다. 본격적인 소비자물가지수 작성은 1965년부터였는데 이때 들기름, 수박, 고등어, 아이스케이크 등이 추가됐다. 1970년에 감귤, 피아노, 전축, 냉장고와 항공·고속버스요금 등이 새로 포함됐으며 대신 엿, 명주, 은팔찌, 구두약 등이 제외됐다.

1980년엔 식생활 변화, 주거생활 개선으로 마요네즈·케첩·위스키·컬러 TV·가스레인지·도시가스·전철요금 등이 추가됐다. 정부는 5년마다 대상품목을 바꿔왔는데 선정기준은 가계에서 품목별 지출액이 총소비지출액의 0.01% 이상이거나 소비증가가 예상되는 품목이다. 정부는 내년부터 승용차·VCR·바나나·햄버거 등을 추가하고 성냥·광목·기와 등을 제외할 방침이다. 이렇게 시대에 알맞게 조정해 가지만 시중여론은 항상 물가지수가 장바구니 물가를 제대로 반영하지 못하고 있다고 비판한다.

경상수지 적자폭이 계속 커지고 있는 가운데 올 들어 8월 말까지 소비자물가가 8.3%나 올라 국민가계에 비상이 걸렸다. 이 상승률은 10년 만의 최고치다. 9월 중의 추석 물가와 고속도로통행료 등 일부 공공요금 인상 등으로 앞으로 얼마나 더 오를지 불안하기만 하다. 이런 판에 주부들이 느끼는 체감물가는 얼마나 심각하겠는가. 최근 저축추진중앙위원회가 전국 대도시 거주 주부 1천 명을 대상으로 실시한 장바구니 물가조사에서 지난 1년간의 상승률은 무려 49.9%나 되는 것으로 나타났다.

이 상승률은 정부발표지수의 다섯 배나 된다. 생활이 아주 어렵다는 주부들의 경우는 68.2%나 오른 것으로 집계됐다. 또 주부 50% 이상이 앞으로 물가가 많이 오를 것으로 보고 있으며 70%가 당면 경제문제 중 가장 심각한 것이 물가안정이라고 지적했다. 정말 큰 걱정은 물가보다 물가불안 심리에 있다. 가뜩이나 인기도 신망도 없는 정부가 그야말로 총체적으로 진격해오는 물가파고를 어떻게 막아낼 것인지 불안하기만 하다.

《동아일보》 1991. 9. 13

호화예식과 알뜰결혼식

본격적인 결혼시즌을 맞아 예식장들이 대호황을 누리면서 그 횡포도 나날이 심해지고 있다. 일생에 단 한 번뿐인 기쁜 날 예식장 측의 부당행위와 불친절로 마음상하는 일은 물론 물질적 피해도 엄청나다. 먼저 드레스, 비디오 등의 이용부터 예식장의 것을 강요받는다. 드레스는 따로 준비하겠다고 해도 막무가내다. 예식장은 몇 달 전부터 예약해야 구할 수 있어 이런 것들을 제대로 항의조차 못한다.

드레스는 물론 신부화장도 예식장 직영 미용실에서 하도록 강요받고 비디오·사진촬영도 예식장에서 하라는 대로 따라야 한다. 피로연장 역시 대부분 예식장과 연계되어 있는 곳을 이용하도록 되어 있다. 이 때문에 음식의 질이 말이 아니다. 이 밖에 사소한 신랑 신부의 장갑, 방명록 등도 바가지 상혼의 대상이다. 천 원 안팎의 물건에 3~4만 원을 내야한다. 이 같은 바가지는 부케, 피아노 사용료, 폐백실 이용료 등 끝이 없다. 손님을 정중히 대접하고 예식도 말썽 없이 거행해야 하는 혼주 측의 심리를 교묘히 이용해 이득을 취한다.

근검절약하자는 목소리가 높은데도 초호화 예식은 여전하다. 일부 예식장은 수백 개의 장식초에 각종 생화가 꽂꽂이된 꽃더미가 단상은 물론 하객석의 바닥에까지 장식되어 있다. 하객들의 식대만도 1인당 2~3만 원씩이나 해 식장 총경비가 2~3천만 원에 이른다. 아무리 일생에 단 한 번 있는 의식이지만 이 같은 호화사치의 허례허식은 이제 떨쳐버려야 할 유산이 아닌가.

최근 탈예식장 바람이 일고 있다. 복잡하고 바가지투성이인 예식장을 떠나 자연으로 돌아가 야외에서 백년가약을 맺는다. 서울 부근만 해도 한강시민공원, 서울대공원, 양재시민의 숲, 대학 캠퍼스 등 장소는 얼마든지 있다. 무료예식장도 많다. 각 구청 등의 강당, 구민회관, 사회복지회관을 예식장으로 빌려주는데 회관시설 외에도 신랑신부의 폐백의상, 카펫, 마이크 등 각종 결혼장비를 무료 제공한다. 체면을 앞세우는 것도 좋지만 결혼이란 마음과 사랑으로 하는 것이지 물질과 허세로 하는 것이 아니다.

《동아일보》 1991. 10. 27

지지도와 경제문제

1989년 1월 취임 직후의 부시 미국 대통령 지지율은 76%로 상당히 높았다. CBS, NBC, CNN, 〈뉴욕타임스〉, 〈워싱턴포스트〉 등이 2~3개사 공동으로 조사한 지지율은 그해 말 파나마 침공 직후 79%로 올라갔다. 차기의 재당선은 맡아놓은 것이나 다름없다는 여론이었다. 1990년 들어 재정적자 누증에 고심하던 부시는 선거공약인 증세(增稅) 반대를 철회해버린 데다 3남 닐 부시의 금융스캔들이 터져 지지율이 하강곡선을 긋기 시작, 1990년 7월 65%로 떨어졌다.

지지율이 떨어졌지만 상대당인 민주당에 그에게 필적할 후보가 없어 차기선거를 심각하게 걱정할 정도는 아니었다. 그러나 예산파동과 계속된 경제침체로 10월 말엔 51%로 내려앉아 심각한 지경에 이르렀다. 이때 걸프 전쟁이 시작됐다. 지지율이 한 달 평균 10%씩 급상승, 1991년 3월 일방적 승리로 끝났을 때엔 90%로 치솟았다. 1992년 선거에서의 재선은 떼놓은 당상이었다. 이를 의심하는 사람은 거의 없었다.

하지만 외교엔 강하나 내치엔 약하다는 평판이 일면서 사상 유례없던 지지율도 떨어지기 시작하더니 한 달 만에 무려 12%나 내려가 4월엔 78%를 기록했다. 역시 지지여부는 경제에 달려 있다. 부시의 경제정책에 대한 불만이 고조되면서 9월엔 70%, 10월엔 65%로 내려앉았다. 여론에 밀려 아시아 순방일정까지 연기했으나 12월엔 취임 후 최저인 50%로 떨어졌다. 이때까지만 해도 재당선은 유력할 것으로 전망했다.

해가 바뀌면서 걸프전 승리 직후의 절반 수준인 46%로 떨어지자 후세인의 건재소식과 함께 걸프전은 과연 이겼는가 하는 의문까지 제기됐다. 이런 상황에서 방일중의 졸도로 건강문제까지 등장, 대통령 재선 지지율은 35%로 곤두박질했다. 예비선거를 앞두고 공화·민주 양당이 공동조사한 결과 새 인물이 필요하다는 응답이 46%나 됐다. 인기나 명성은 뜬 구름과 같은 것인가 보다. 그러나 한 가지 분명한 것은 일국의 최고지도자는 아무리 인기가 있어도 경제가 해결되지 않고는 아무 소용이 없다는 점이다. 특히 우리 정치지도자들이 이 점을 명심해야겠다.

《동아일보》 1992. 1. 17

백화점 사기세일

전 세계 대규모 백화점 경영자들에게 한 가지 공통점이 있다. 무명(無名)을 철저히 싫어하고 광고를 맹렬히 하는 것이다. 광고를 통해 고객을 끊임없이 끌어들여야 성공한다는 것을 잘 알기 때문이다. 특히 성탄절이나 추수감사절을 앞두고는 광고에 총력을 다한다. 벌써 1937년에 런던의 셀프리지 백화점은 할리우드 영화제작팀을 데려다가 조지 6세 대관식을 기념하는 백화점 전면장식에 15만 달러나 썼다. 그 당시 그 액수는 엄청난 금액이다. 그 후부터 백화점 선전간판이 대형화되기 시작했다.

광고만으로도 부족해 염가 대매출이 등장했다. 그것으로도 모자라 요란한 경품이 생겨났다. 여기에 주부들을 끌어들이기 위해 각종 취미교실이나 공연장을 마련했다. 백화점의 성쇠는 도시의 변천과 밀접한 관계에 있다. 고소득층이 교외로 이주하자 백화점도 교외에 지점을 개설해나갔다. 온갖 지혜를 짜내 돈을 벌려고 하는 것 자체를 뭐라고 나무랄 수는 없다. 그러나 고객은 왕이라 하면서 소비자를 우롱하는 데는 참을 수가 없다. 1989년 이후 국내정상급 재벌들이 운영하는 백화점들이 사기세일을 계속해 소비자들의 분노를 샀다.

대표적 수법은 가격 조작. 높은 할인율을 과시하기 위해 허구의 가격을 표시해 놓고는 깎아주는 척하면서 제값 다 받는다. 또 극히 일부 상품만 할인해 팔면서 전 상품을 할인해주는 것처럼 위장해 매출을 늘린다. 이에 지난해에 팔다 남은 것이나 결함이 있어 팔지 못한 것을 정상 상품인 양 꾸며 세일매장에 버젓이 진열, 판매한다. 가격을 내려 팔던 것에 종전 판매가격을 써넣어 정기세일 품목으로 위장판매하는 수법도 있다.

서울민사지법은 14일 롯데, 신세계, 미도파 등 3개 유명 백화점의 사기 세일판매에 대해 배상책임이 없다는 판결을 내렸다. 판결문은 "백화점 측은 단순히 입주업체에 매장을 임대해 준 것에 불과해 사기세일에 대한 배상책임이 없다"는 것. 사기세일의 광고대행은 임대매장의 관리차원에서 이루어졌다는 것이다. 책임이 있다면 입주업체가 져야 한다는 것. 이 판결에 대해 할 말이 많지만 한 마디만 하고 싶다. 백화점 측이 임대매장 측에서 세일한다고 고객들에게 한 번이라도 알려주었는가.

《동아일보》 1992. 2. 16

경제동물적 속성

하와이 호놀룰루시 서쪽 10㎞ 지점의 군항 펄하버. 태평양 전쟁의 발단이 됐던 일본군의 진주만 기습공격(1941년 12월 7일) 50돌을 맞아 요즘 미국인들의 이곳 탐방이 부쩍 늘었다. 관광버스 안내원이 관광객들에게 피습 당시의 참상을 상세히 설명한 후 관람객 중에 일본인이 있는지 묻는다. 승객들이 없다고 하자 안내원은 서슴없이 일본은 50년 전에만 하와이를 폭격한 것이 아니라 지금은 더 맹렬하게 폭격하고 있다고 말한다. 모두들 어리둥절해하자 안내원은 그 폭탄은 다름 아닌 '엔'이란 이름의 경제 폭탄이라고 덧붙인다.

하와이 와이키키해변의 큰 호텔은 거의 모두 일본인 소유라고 한다. 호놀룰루시내의 큰 빌딩이나 요지도 상당수가 일본인 것이다. 하와이뿐만 아니라 캘리포니아 주 자체가 일본 기업들에 점령되다시피 했다. 실리콘밸리 첨단산업 기업들의 주식을 사들여 기술을 빼내고 할리우드의 상징인 컬럼비아 영화사를 매입했는가 하면 로스앤젤레스 중심가의 대형 빌딩, 금싸라기 땅을 모두 차지했다. 그래서 로스앤젤레스 중심가 센트럴 비즈니스 디스트릭트는 동경의 24번째 구(區)로 불린다.

일본은 동부에도 대거 진출, 미국 자본주의의 상징인 록펠러센터의 주식 51%를 인수해 화제를 뿌렸다. 이 같은 일본 자본의 미국 침식이 최근 들어 식어가기 시작했다. 소문이 나면 부동산 가격이 폭락하기 때문에 몰래 조금씩 팔고 있다는 것. 일본인 부동산업자 이스타니 미노루가 샌프란시스코의 유명한 페블비치 골프장을 8억 4천만 달러에 매입한지 1년 반 만에 5억 달러에 팔았다. 무려 3억 4천만 달러나 손해 본 것을 두고 〈뉴스위크〉지는 '사상 최악의 부동산 거래'라며 고소해했다.

일인들은 같은 부동산이라도 널리 알려진 상징성 있는 것들을 붙잡는다. 그 때문에 저항도 더욱 거세다. 요즘 미국에서 '반일(反日) 살인'이 늘고 있다. 이 달 들어서만도 4명이 피살됐다. '잽 고 홈'(일본 놈 물러가라) 대자보도 나붙는다. 미국인들의 이런 행동은 규탄 받아 마땅하다. 그러나 일인들의 가공할 경제동물적 속성 또한 문제다.

《동아일보》 1992. 2. 28

기름값보다 비싸진 물값

대체로 장수마을은 물 좋은 곳에 위치한다. 중국-몽고 국경 북쪽 바이칼 호 동편에 위치한 러시아의 치타시는 '쿠카'라는 불로장수의 천연수로 유명하다. 이 물 덕분에 이곳에는 백 세가 넘는 노인이 아주 많다. 계속 솟아오르는 이 좋은 물을 버려두어 개울로 흘려버린다. 그런데 인근 대도시에서는 프랑스에서 페리에를 비싼 값에 수입해 마신다. 이 물보다 훨씬 좋은 천연광천수가 있는데도 개발하지 못해 그보다 못한 물을 수입해 마시는 것.

식수하면 에비앙이라 할 정도로 프랑스 즈네브호 남쪽 에비앙시에서 나는 물이 유명하다. 유럽은 수질이 나빠 일반적으로 생수를 마시지 않는다. 많은 호텔, 음식점에서 병에 넣어 파는 에비앙을 음료수로 사용한다. 다량의 미네랄을 함유하고 있는 이 천연수는 특별히 맛이 있는 물은 아니지만 건강에 좋다고 하여 엄청난 양이 세계 각지로 수출되고 있다.

우리 국토는 예로부터 금수강산으로 산 좋고 물 좋은 나라다. 어디를 가도 물이 좋아 집집마다 우물을 파 식수로 사용했다. 맛좋은 광천수, 몸에 좋다는 약수도 곳곳에서 솟는다. 우리 속담에 가을 물은 소 발자국에 괸 물도 먹는다고 했다. 전국 어디를 파도 펑펑 솟는 물인데 요즘 시중에서 팔리는 생수가 기름값보다 비싸다니 어안이 벙벙하다. 시중의 석수(진로음료) 가격이 휘발유에 비해 1.3배, 경유에 비해서는 3.6배나 비싸다. 다이아몬드·설악 생수도 비슷하다.

도시화, 공업화가 진전되면서 많은 사람들이 수돗물을 기피해 왔다. 실제로 소독약이나 악취, 또는 이물질이 섞여 나오기도 했다. 특히 페놀 유출에 따른 낙동강 유역의 식수오염 사태가 발생하면서 깨끗한 물에 대한 국민의 관심이 높아졌다. 현재 정부와 생수업체 간에 소송이 걸려 있다. 업자의 '맑은 물 선택권'과 정부의 '위화감 조성' 주장이 팽팽히 맞서 있다. 어떻든 간에 기름이 마구 솟는 사막의 나라도 아닌데 물값이 기름값보다 비싸서야 될 일인가. 수돗물의 수질 개선을 위한 대책이 조속히 마련되어야겠다.

《동아일보》 1992. 3. 21

이李 · 장張 사건

5공 최대의 비리 이(李) · 장(張) 사건으로 지난 1982년 구속돼 수형 생활을 하던 이철희, 장영자 부부가 구속된 지 8년 만인 1990년 10월 옥중 상봉했다. 교도소 특별 면회실에서 교도관의 입회 아래 만난 순간 두 사람은 두 손을 부여잡고 하염없이 눈물을 쏟았다. 교도관이 두 사람의 대화내용을 기록하려고 볼펜을 들고 대기하고 있었으나 이들이 3시간 동안 계속 울기만 해 기록할 것이 없었다.

교도소에서의 이 해후의 순간은 끗발 날리던 권세가도, "경제는 흐르는 물과 같다"고 당당하게 외치던 큰손도 아니었다. 한없이 울고 난 뒤 이씨가 "모든 게 지난날의 업보라 생각하고 남을 미워하거나 원망하지 맙시다"라고 하자 장씨는 다소곳이 고개를 숙였다. 9년여의 수감생활을 마친 이씨는 보따리를 싸들고 청주로 내려가 교도소 부근에 셋방을 얻어 아내 옥바라지에 나섰다. 지병이 악화돼 입원치료까지 받았다는 장씨도 10년 가까이 복역하고 31일 가석방됐다.

이 · 장 사건은 6천 4백억 원 규모의 어음 사기극을 벌이다 들통 나 두 사람은 물론 은행장 2명과 일신제강, 공영토건 등 관련기업 회장 등 모두 32명이 구속되는 사상 최대의 금융부정사건이었다. 장씨는 구속 당시 국세청에서 320억 원의 세금을 부과하자 이에 불복, 소송을 내 최근 대법원 승소확정판결을 받았다. 장씨는 어음 사기사건으로 마련한 자금으로 서울 강남과 제주도 등지에 막대한 부동산을 구입했는데 이 부동산이 폭등해 현시세가 천억 원도 넘는다고 한다. 감옥에 앉아 돈방석에 오른 것.

이·장 사건은 사상 최대의 금융부정사건이란 점과 5공 최고 권력층과의 친인척 관계라는 점에서 더욱 큰 파문이 일었다. 그에 따라 더욱 심한 후유증을 남겼다. 최고 권력층의 후광을 업고 획책한 이 사건은 정계, 재계, 금융계 등에 엄청난 회오리를 몰고 왔다. 나라를 발칵 뒤집어 놓다시피 한 사건이었다. 장씨가 석방되면서 이 사건도 모두 끝이 났다. 5공 최대의 비리가 전모도 밝혀지지 않은 채 과거 속으로 파묻히고 있다. 이런 사건은 다시는 일어나서도 안 되고 또 용납해서도 안 된다.

《동아일보》 1992. 4. 1

돈의 가치는 쓰는 데 달렸다

'개같이 벌어서 정승같이 쓴다'는 우리 속담이 있다. 수단 방법을 가리지 않고 억척같이 벌어 사회에 빛을 밝히는 좋은 일에 재산을 쓴다는 뜻이다. 세계 30대 부호 중 한 사람으로 일본에 귀화한 재일동포 나카지마 겐이치〔中島健吉; 71, 한국명 정동필(鄭東弼)〕가 재산 3천억 원을 들여 일본에 장학재단인 평화중도(平和中島) 재단을 설립했다. 청주 근교의 가난한 소작농의 아들로 태어나 19세 때 일본에 건너가 부두노동을 하며 대학을 졸업하고 파친코 업계에 뛰어들어 지금은 재산이 12조 원에 달한다.

최근 한국에 온 나카지마 씨는 "돈을 버는 것은 기술이요, 쓰는 것은 예술"이란 말을 남겼다. 그는 "일본에 유학할 한국 대학생들을 찾고 있으며 여생을 고국의 가난한 대학생들을 도우면서 살고 싶다"고 말했다. 재화란 배설물과 같아 그것이 쌓여 있을 때는 악취를 풍기지만 뿌려졌을 때는 땅을 기름지게 한다. 그것도 자라나는 보배인 청소년들을 위한 장학사업을 펴는 것은 장래를 위한 가장 효율적인 투자다.

나카지마 씨의 업적 못지않게 우리에게 훈훈한 감동을 안겨주는 한 할머니의 유언이 최근 공개됐다. 작년 10월 78세로 별세한 박범숙(朴範淑) 할머니는 "나의 모든 재산을 불우이웃을 돕는 데 써주십시오"라는 유언과 함께 천주교 마산교구청에 300억 원을 내놓았다. 평생 혼자 살면서 제대로 먹지도 입지도 않고 모은 재산이다. 마산교구청은 범숙복지재단을 설립, 각종 장학 및 복지사업을 진행하고 있다.

돈의 가치는 역시 소유하는 데 있는 것이 아니라 쓰는 데 있는 것 같다. '돈은 번뇌와 비애의 근본'이란 말이 있지만 그 쓰임새에 따라 빛나는 광명이 되고 또 그 후광이 오래 남는다. 나카지마 씨의 장학사업과 박 할머니의 참사랑 실천성금은 부자가 돈을 어떻게 써야 하는 것인지를 일깨워준 귀감으로 남을 것이다. '사랑은 많은 일을 한다. 그러나 돈은 더 많은 일을 할 수 있다'는 유고슬라비아의 격언에 수긍이 간다.

《동아일보》 1992. 5. 11

동해·서해 어장 확대

바다가 텅 비어 간다고 한다. 세계 최대 어장의 하나인 그린란드 근해 뉴펀들랜드 어장에서도 사람 키보다 더 큰 고기들을 한 배 가득 잡아 만선의 깃발을 날리며 귀항하던 그런 기쁨은 이제 옛이야기가 돼버렸다 한다. 크고 질 좋은 대구는 모두 사라지고 작은 것들만 좀 잡히다가 요즘은 그것도 어려워 빈 배 귀항이 많다. 이곳뿐만 아니라 유럽 쪽 북해 연안도, 대서양·태평양의 주요 어장도 비슷한 상태다.

영양가 많은 생선 선호와 어로기술의 발달이 바닷고기의 씨를 말려 간다. 그물은 날로 커지고 어선은 바다에 떠 있는 수산 공장이 돼버렸다. 첨단장비가 동원돼 매일 밤 바다에 드리워지는 지구 둘레보다 더 긴 어망에 살아남을 고기가 없다. 작년 한 해 바다를 훑어 잡아낸 고기가 자그마치 1억 톤. 구소련이 가장 많이 잡았고 다음은 중국, 일본 순. 우리는 8위. 국내 연안 어장 자원고갈도 마찬가지. 동해안의 명태잡이가 3년째 흉어고 남해안, 서해안도 고갈상태는 비슷하다.

동해와 서해의 조업금지수역 경계선이 약간 북상돼 이 지역 어민들의 숨통이 조금 트이게 됐다. 수산청은 8월부터 동해의 경계선을 현행 북위 37도 27분에서 38도로 변경, 조업허용수역을 1만 2천 평방킬로미터 넓히고 서해도 3천 3백 평방킬로미터를 넓혔다. 남북한 간 접촉이 빈번해지고 화해무드가 조성되어가는 마당에 접경수역의 어장확대는 어쩌면 당연한 것이다.

돌이켜보면 남과 북이 갈라진 이후 수없이 많은 어부, 어선이 납북됐다. 어선인 줄 뻔히 알면서도 북한 측은 정체불명의 선박이 침입했다고 나포했다. 대부분 공해상에서의 나포였다. 북한은 납치에 그치지 않고 사상교육을 시켜 적화공작의 희생물로도 삼으려했다. 가족·친지를 포섭하고 친목계나 산악회를 조직, 노조 등에 침투하도록 지령을 내렸다. 이제 남북관계는 많은 것이 변했다. 고기잡이도 남북이 협조할 때가 됐다. 남북 어민들이 함께 자유롭게 잡거나 공동어로 작업을 추진할 때가 됐다. 이 같은 조치가 앞으로 정치적 이유로 위축되는 일이 없기를 기대한다.

《동아일보》 1992. 7. 10

경마 승부 조작

경마 인구와 매출액의 폭발적 증가로 한국경마가 급신장세에 있다. 금년 상반기 동안 서울경마장 입장인원이 163여만 명으로 작년 같은 기간에 비해 22%나 늘었고 매출액도 5,324억 원으로 무려 34.6%나 늘어났다. 이 추세대로 가면 올해 매출 목표액 1조원은 거뜬히 달성하고도 남을 것 같다. 지난 5월부터는 하루 매출액이 100억 원이 넘는 본격 경마시대에 접어든 것이다.

금년 상반기에는 뉴질랜드산 경주마 '징검다리'가 다승, 승률, 상금부문 등을 석권, 1992년 최고경주마로 떠올랐다. 최고배당률은 지난 5월 1일 금요경마 9경주에서의 2,014배다. 1만 원짜리 마권을 구입한 고객이 2,014만 원을 타게 되는 횡재를 했다. 이처럼 새 기록이 생기고 경마인구가 느는 것은 좋으나 경마 승부조작이 꼬리를 물고 이어져 선의의 피해자들이 크게 늘어나고 있다. 경마규모가 커지면서 검은 큰손들의 조작 규모 또한 대담해졌다.

검찰은 승부조작과 관련, 또다시 기수, 브로커 등 8명을 구속했다. 부정수법은 기수들이 경주 직전 경주로를 돌면서 복장 용구의 색깔이나 몸동작으로 미리 짠 브로커들에게 사인을 보내는 것. 이번에도 안경, 채찍, 장화 등의 빛깔로 사인을 보내거나 우승 예정마의 뒤를 바짝 쫓는 등의 수법으로 우승이 유력한 말을 알려주었다. 이 밖에 몸의 특정부위를 긁거나 발을 문지르고 모자를 벗는 등의 수법도 동원된다.

영국 입솜 경마장은 330여 년의 역사를 자랑하는 세계 경마장 중의 명문이다. 해마다 5월에 열리는 입솜 더비에는 여왕과 왕족들도 참석하며 패션전시장으로도 유명하다. 영국 경마는 도박이라는 지탄을 받지 않는다. 많은 영국인들은 말을 사랑해 경마를 즐기는 것을 말과 호흡을 함께 하는 것으로 생각한다. 경마는 사람과 말이 조화를 이뤄 질주하는 모습에서 박진감을 만끽하고 자신의 마권이 적중했을 때 쾌감을 느끼는 레저스포츠다. 경마팬들은 동서고금을 통해 경마도박으로 성공한 전례가 없다는 것을 알아야 한다. 무욕(無慾)이 낙승(樂勝), 욕심 안내면 이긴다는 경마의 교훈을 새겨볼 때다.

《동아일보》 1992. 9. 26

책을 덮으니 서점이 망하네

고전이나 양서를 읽는 것은 눈에 보이는 직접적 이익을 가져다주지는 않는다. 그러나 지식을 주는 외에 의식을 성숙시키는 정신에너지를 활성화해준다. 그뿐 아니라 논리적 사유, 판단하는 능력과 역사발전의 원동력이 되는 상상력·창조력을 키워준다. 여러 독서율 조사를 보면 우리나라 사람들이 선진 외국인에 비해 너무나 독서를 하지 않는다. 요즘엔 전자오락실 텔레비전에 밀려 청소년층의 독서인구도 크게 줄었다.

독서인구 감소와 함께 경영난에 빠진 중소규모 서점의 전업·폐업사태가 잇따르고 있다. 서울시내 대형서점을 제외하고는 변두리나 지방서점은 고객들의 발길이 끊긴 채 썰렁하다. 올 들어서만 서울변두리에서 20여개소가 폐업됐고 수원에서만도 23개소가 문을 닫았다. 이들은 대부분 당구장, 오락장, 노래방, 유흥음식점 등으로 전업하고 있다. 서점이 없어지는 것에 그치지 않고 대신 놀자판, 먹자판만 늘어난다.

서적출판도 최근엔 '책 같지 않은 책'이 판을 치고 있다. 무명 저자의 잡다한 내용의 저질고백 수기나 시집, 소설 등이 베스트셀러 순위에 당당히 진입한다. 저자들 스스로 신분을 밝힌 대로 지게꾼, 잡상인, 아내에게서 한글을 깨우쳤다는 무학자 등의 저서가 수두룩하다. 그래도 이런 책은 저작자의 폭이 넓어지는 등 긍정적인 면이 있다. 읽기 위한 것이 아니라 눈요깃감의 책이 있는가 하면 저질 청춘애정물이 쏟아져 나온다. 그런가 하면 기성시인들의 시집출판은 거의 전무한 상태다.

독서 외면은 정부도 마찬가지다. 내년은 정부가 정한 '책의 해'인데도 내년 예산에서 공공도서관의 자료구입비가 전액 삭감됐다. 문화부는 전국 267개 공공도서관에 300~500만 원씩 15억 2천만여 원을 지원할 계획이었으나 편성과정에서 깎였다. 정부의 문화진흥에 대한 몰지각을 여실히 드러냈다. 지난 24일부터 30일까지의 독서주간을 보내는 마음이 한없이 우울하다.

《동아일보》 1992. 9. 29

65메가 D램 공적 다툼

우리 기업이 세계 최초로 최첨단 반도체인 64메가 D램의 시제품을 개발했다고 발표했다. 이 반도체는 머리카락 굵기보다 300배 정도 미세한 0.35미크론의 초미세 가공기술을 요하는데 손톱만한 크기에 신문지 512페이지분에 해당하는 한글 400만 자의 기억용량을 갖는다. 일본·미국 등 반도체 선진국에서는 지금까지 기초기술개발에 대한 발표만 했을 뿐 아직 시제품은 내놓지 못하고 있다.

64메가 D램은 고성능 퍼스널컴퓨터 등 모든 사무자동화기기, 공장자동화, 홈오토메이션은 물론 고선명 TV 등 영상정보전달시스템 등에 더욱 유용하게 쓰여 1995년 이후 시장규모가 급속도로 확산될 전망. 이 개발은 한국전자통신연구소가 주관, 연구비의 40%가량 지원하고 삼성·현대·금성이 공동 참여한 국책연구 과제로 요즘 이 업체들이 서로 먼저 개발했다고 공적다툼을 하고 있다. 먼저 삼성전자가 지난 25일 시제품을 개발했다고 발표하자 현대전자 측도 이미 개발했으나 협약에 따라 발표를 보류한 것이라고 밝혔다.

현대전자 측은 "연구결과발표는 전자통신 연구소의 사전승인을 받은 후에 한다"는 협약에 따라 미루고 있었으며 금성일렉트론도 비슷한 입장을 밝혔다. 그러자 삼성 측은 공동개발협약은 기초기술 분야에 한정된 것이라고 주장했고 한국전자통신연구소는 시제품 사전발표는 협약위반이라고 밝혔다. 지금 국산 1메가 D램, 4메가 D램 반도체가 미국과 EC 등에서 반덤핑공세를 받고 있는 실정에서 업체들 간의 이 같은 다툼은 한심스럽다.

삼성전자 측 발표나 지금까지의 각종 보도로는 이번 64메가 D램 시제품은 일본을 따돌리고 앞지른 것으로 되어있다. 그러나 국내개발 총괄 조정자인 전자통신연구소 관계자는 미국은 그렇지 않지만 일본은 이미 이 시제품을 개발해 놓고 발표를 하지 않고 있다고 생각한다고 말했다. 16메가 D램 제품을 충분히 소화한 뒤 새 시장에 대응하기 위해서라는 것. 지금 일본은 256메가 D램 개발도 서두르고 있다. 유수한 국내기업들이 해야 할 일은 공적 다툼이 아니라 새로운 개발이다.

《동아일보》 1992. 9. 30

중국교포들의 밀수

웅담, 산삼, 사향, 녹용, 백사 등 수입이 금지된 보신재들이 중국교포들에 의해 몰래 반입돼 국내에서 유통된다. 이것들은 국내에서 팔면 가격차가 3~10배나 되고 구하기도 힘든 것들이어서 밀수꾼들의 좋은 표적이다. 세관통과방법 또한 교묘하다. 이중장치 가방은 원시적인 수법. 두루마리그림에 백사를 넣어오고 장갑 속에 웅담을 끼워온다. 그러나 최근 들어서는 중국산삼은 약효가 적고 백사도 사육된 것임이 알려지면서 값이 뚝 떨어졌다.

서울역 지하도는 이들의 각종 약품좌판과 함께 구직알선, 정보교환 등으로 '만남의 광장'이 돼버렸다. 이들은 건설현장, 음식점, 다방, 유흥업소 등에서 저임금과 고된 일에 시달리고 있으나 하루 수입이 중국에서의 한 달 봉급에 해당돼 오직 한몫 꿈에 푸대접도 서러움도 참는다. 법무부에 따르면 지난 7월 말까지의 자진신고기간에 신고해온 불법체류 중국교포만 22,035명이나 됐다. 신고하지 않은 체류자들까지 합치면 이보다 더 많을 것이다.

〈뉴욕타임스〉지는 얼마전 중국에 사는 55개 소수민족 중 한민족이 가장 성공적인 민족이라고 보도했다. 한족(韓族)은 다른 민족과는 달리 머리가 좋고 사업 능력도 뛰어나며 예의범절도 바르다는 것. 소수민족들은 전반적으로 한족(漢族)보다 가난하고 교육수준도 낮으나 한족(韓族)만은 예외여서 다른 민족보다 우월하다는 자부심을 갖고 있는 한족(漢族)보다도 더 우월하다는 자부심을 갖고 있다는 것. 어떻든 우리민족의 우수성은 아무도 부인할 수 없을 것 같다.

국내에 불법체류 하다가 붙잡혀 법무부 출입국관리소에서 강제출국 대기 중이던 중국교포 21명이 도주하다 4명이 중상을 입었고 17명은 도망쳤다. 관리소의 감시소홀 등 직무태만도 문제지만 법무부, 노동부 등 관계당국의 근본적인 교포대책이 전무한 상태다. 이들의 고용문제 등에 땜질정책으로 대응할 뿐 일관된 대책이 없다. 관계당국은 모국을 향해 부풀어 있는 연변동포들의 마음도 살펴야겠지만 불법체류로 야기되는 혼란도 고려해 이들의 출입국 및 취업관리에 엄정을 기해야겠다.

《동아일보》 1992. 12. 1

장인정신이 부족하다

대문호 괴테의 불후의 명작 《빌헬름 마이스터》는 그의 자전적 소설이다. 〈수업 시대〉와 〈편력 시대〉 2편으로 된 이 장편소설의 주제는 장인정신(匠人精神)이다. 주인공 '빌헬름'은 목적도 없이 방랑을 거듭한 끝에 깊은 인간수업을 쌓는다. 인간은 수업 시대를 훌륭하게 마치고 인생을 널리 편력하여 세상을 멀리 보아야만 진정한 마이스터(巨匠)가 될 수 있다는 것이다. 이처럼 독일 사람들에게는 마이스터가 되는 게 큰 소망이었다. 이 마이스터를 길러 내는 것이 도제 제도(徒弟制度)다. 독일은 물론 유럽에서는 일찍부터 이 도제 제도가 발달되어 수공업 기술자가 많이 양성됐다. 서구문명과 산업 발달도 본질적으로는 여기에서 비롯되었다고 볼 수 있다. '길드'라는 동직조합(同職組合) 속에서 도장인(都匠人), 장인(匠人), 도제(徒弟)의 세 단계로 나뉘어져 발전해 왔다. 도제가 되는 연령층은 10~16세. 도제 기간을 마치면 장인이 되어 다시 일정 기간이 지난 후 작품이 기능심사에 합격되면 마이스터로 독립하게 된다. 그래서 빵을 잘 굽는 최고기술자, 치즈를 만드는 최고전문가, 양복을 가장 잘 만드는 최고재단사가 탄생한다.

일본의 자랑 '기술 대물림'

우리나라는 어떤가. 우리도 예로부터 장인이 적지 않았다. 그러나 대부분 그 기술이 후대에 제대로 전해지지 않았다. 자신만의 재주를 외부에 공표하려 들지 않았고 자신만의 비법을 남에게 전수하기를 꺼렸다. 여기에 직업에 대한 귀천의식, 일확천금을 노리는 한탕주의로 빠져 장인정신이 제대로 계승되지 못했다. 그러나 같은 동양에서도 일본인은 달랐다.

초밥집 · 우동가게 · 술집 · 이발소 · 미장원 · 구둣방이나 연 만들기에서 뱃사공에 이르기까지 대대로 업종과 기술을 이어받는 대물림을 자랑으로 여기는 게 일본인이다. 명문 대학을 졸업하고도 음식집을 몇 십 년 동안이나 자랑스럽게 운영하고 또 대학 재학중인 장남이 이 음식점을 물려받아 계속하기로 벌써부터 약속이 되어 있는 게 일본인이다. 직장인들 역시 대부분 자기 분야에서 제 1인자가 되겠다는 철두철미한 직업의식을 갖고 있다. 이것이 바로 오늘날 일본을 세계 최고의 경제대국으로 만든 핵심요인이다.

천직 의식 필요

'지긋지긋한 월급쟁이 생활 언제나 때려치우나', '남들은 집이 몇 채씩이나 되는데 이대로는 20년이 돼도 전셋집 신세 못 면하겠으니…', '몇 억만 있으면 당장 사표 내 버리겠는데', '뭐 한탕 할 거리 없나'…, 우리 직장인 사회에서 종종 들리는 푸념이다. 물론 안정되지 않은 사회, 비리가 난무하는 사회 탓도 없지 않다. 그러나 그에 앞서 우리에게는 '장인 정신'이 부족하다.

장인 정신에서부터 시작해 거장에 이르게 되는 것이다. 자기가 하는 일에 긍지를 갖고 꾸준히 연마해 그 방면의 전문가로 인생의 승부를 거는 천직 의식이 필요하다. 운동선수나 연예인 등 인기 직종의 전문직업인이 없는 것은 아니다. 그러나 요리사, 재봉사 등 비인기 직종 종사자들은 돈만 좀 벌었다 하면 다시는 종전에 하던 일을 하지 않으려 한다. 이제는 창피해서 그런 일은 더 못하겠다는 것이다. 대를 물려 업종을 계승 · 발전시키기는커녕 당대에서라도 어떤 분야에서 일류가 되겠다는 장인 의식이 없다.

장인 정신은 곧 정진하는 것

명장은 쉽게 태어나지 않는다. 재능을 갖고 태어났다 해서 모두 명장이 되는 것도 아니다. 천부적 소질을 타고났다 해도 뼈를 깎는 각고의 정진 없이는 명장은 결코 탄생하지 않는다.

장인 정신은 곧 정진(精進), 옆을 돌아보지 않고 앞을 향해 부단히 노력하는 것이다. 동시에 근면이며 인내이다. 목적을 달성하기 위해 쉬지 않고 열심히 연마하고 목적을 달성할 때까지 꾸준히 참고 몰두해야 한다. 어제의 불가능이 오늘의 가능이 되며 전세기(前世紀)의 공상이 금세기의 사실로서 우리들의 눈앞에 전개되고 있다. 실로 무서운 인간의 정진의 결과이다.

선인장은 씨를 뿌린 지 3년 내지 5년 만에 결실한다. 식물의 마술사라 불리는 미국의 '루사 버뱅크'는 가시 없는 선인장으로 품질을 개량하는데 9년이란 긴 세월을 허비했다. 그러나 개량된 선인장도 솜털 같은 작은 가시가 있어 이것마저 없애기 위해 다시 15년의 긴 세월을 보냈다. 드디어 그는 멜론과 같은 매끄러운 선인장을 만들어 내고야 말았다.

적은 노력 높은 기대

'레오나르도 다빈치'는 '숙명적인 노력에 집착하라'고 외쳤다. 사람들은 뜻대로 안 되는 것을 한탄하지만 사람의 힘으로 달성되지 않는 일이란 별로 없다. 노력은 적게 하고 많은 것을 얻으려 하는 데서 근심이 있다. 포항제철에서 유일하게 기성(技聖)의 자리에 오른 연봉학(延鳳鶴) 씨가 언젠가 이렇게 말했다. "저는 어떤 일이든 못한다는 소리는 좀처럼 안 합니다. 최선을 다해 부딪쳐 본 뒤 그래도 안 되면 도망갈지언정 처음부터 발뺌한 적은 없습니다." 명장 연봉학 씨는 또 이렇게 말했다. "참된 기능인이 되기 위해서는 자신이 다루는 기계를 자기 신체의 일부로 생각해야 합니다. 기계가 고장이 나면 자신의 몸이 아파 올 정도가 돼야 합니다." 아무리 고치기 어려운 기계 고장도 그가 나서면 거뜬히 해결된다고 한다. 과연 '기술의 성인'답다.

안회(顔回)는 공자 다음가는 성인으로 존중받은 학덕 높은 유학자다. 그 안씨 가훈에 '재물을 쌓은 것이 천만이라 해도 몸에 붙은 얕은 기술을 좇음만 못하다'는 내용이 있다. 재물은 아무리 많아도 없어지는 일이 있으나 몸에 익힌 기술은 잃는 일이 없으므로 이것이 더 낫다는 일깨움이다. 사물에 대한 인간의 지배는 오직 기술과 과학 속에서만 가능하다. 기술과 과학 발전은 정진하는 장인 정신 속에서만 열매 맺는다.

《사보중공업》'93 연중 기획

산업스파이

역사상 중국의 중대한 생산기술 세 가지가 국외로 빠져나갔다. 첫째가 수세기 동안 독점해오던 비단 생산기술. 552년 두 승려가 뽕나무 씨앗과 누에를 지팡이에 숨겨 탈출, 콘스탄티노플의 유스티니안 황제에게 바쳤다. 다음은 제지술(製紙術). 고구려 유민인 당(唐)의 명장 고선지(高仙芝)가 연전연승 끝에 패전을 기록한 751년의 탈라스대전에서 붙잡혀간 제지공이 아랍의 제지산업을 탄생시켰다. 고려 공민왕 12년 문익점(文益漸)이 원나라에서 붓두껍에 목화씨를 숨겨온 것도 우리나라 최초의 산업스파이라 할 수 있겠다.

일찍이 나폴레옹은 "한 사람의 우수한 정보원은 1개 사단 병력에 필적한다"라고 말했다. 지금은 세계 각국이 군사전쟁에서 경제전쟁, 다시 정보전쟁으로 치닫고 있다. 현대사회에서 산업스파이에 대비하지 못하는 기업은 생존이 위태롭다. 최근 기업 또는 국가 간 큰 관심사로 등장한 산업스파이 사건 중 1981년의 IBM-히타치사건이 유명하다. FBI가 히타치의 하이테크범죄를 추적수사 끝에 적발해냈지만 이 사건 이후 미국은 일본에 개방했던 모든 산업 신기술을 차단했다. 히타치는 1984년 포철 광양제철소 서류를 훔치다가 적발되기도 했다.

한 조사에 따르면 1979년까지의 일본 반도체분야 실적 중 35~40%의 데이터가 첩보로 이루어진 것이라 한다. 이때까지만 해도 미국인들은 일본인들을 그저 '모방의 천재'쯤으로 얕보았다. 그러나 일본 종합상사들의 정보수집력은 미 CIA를 능가한다고 한다. 최근엔 CIA나 KGB 역시 군사첩보활동보다 첨단기술정보 수집에 더 열을 올리고 있다. 스피커 전문제조업체인 삼미기업에 취업한 호주인 간부가 해외시장 정보가 수록된 디스켓을 훔쳐 팔았다가 구속됐다.

이 정보유출로 삼미기업은 큰 손실을 입었다. 이 밖에도 동남아 기업들이 스파이들을 우리 기업에 위장취업시켜 첨단기술을 빼내가는 사례가 요즘 빈번해졌다. 우리 기업의 산업기술 보안의식이 너무나 희박하다. 지금 이 순간에도 정보 유출이 진행되고 있을지 모른다. 관계당국과 기업들이 산업스파이 활동에 대한 대비를 더욱 강화해야겠다.

《동아일보》 1993. 1. 22

한국의 헤파이스토스

제우스 신(神)이 혼자서 머리로 무신(武神)인 아테네 여신(女神)을 무장한 채로 낳자, 제우스의 아내 헤라 여신도 자기 혼자서 아이를 낳겠다고 하여 낳은 것이 대장장이 신 헤파이스토스다. 그러나 헤파이스토스는 모든 신들 중 가장 못생긴 데다 절름발이로 그야말로 꼴불견이었다. 하지만 그의 솜씨가 워낙 뛰어나 뒤에 공예(工藝)의 신으로 추앙받는다.

헤파이스토스가 그의 대장간에서 두들겨 만들어 낸 작품은 수없이 많았고 또 모두가 훌륭했다. 올림포스 여러 신들의 으리으리한 집은 물론 가지가지 실내 장식품이 모두 그의 작품이었다. 이 밖에도 제우스 신의 황금옥좌홀(笏), 번개와 방패, 태양신 헬리오스의 황금 마차, 아폴론 신과 아르테미스 여신의 활과 화살통, 데메테르 여신의 낫, 헤라클레스와 아킬레우스의 갑옷, 제우스 신이 아프로디테 여신에게 권했다는 황금 술잔 등도 그가 만든 것이다. 또 제우스 신이 불행을 주어 인류를 벌하고자 만든 매력과 아름다움이 넘친 지상 최초의 여인 판도라도 헤파이스토스가 흙과 물로 만들었다. 천계(天界)의 불을 훔쳐 사람에게 준 프로메테우스를 코카서스 산에 묶은 쇠사슬도 그가 만든 것이다. 신들 중에 가장 못생겼지만 가장 아름다운 미의 여신 아프로디테를 아내로 삼은 것도 헤파이스토스였다.

대장장이 신 헤파이스토스가 공예의 신으로 추앙받고 있는데 이것이 중세 서구의 장인 정신으로 이어지지 않았나 싶다. 대문호 괴테의 불후의 명작 《빌헬름 마이스터》의 주제가 장인정신이다. 주인공 빌헬름은 깊은 인간수업을 쌓고 인생을 널리 편력하여 진정한 마이스터(匠人)가 된다. 독일 사람에게는 마이스터가 되는 게 큰 꿈이다. 유럽에서는 장인을 길러내는 도제 제도(徒弟制度)가 일찍부터 발달하여 수공업 기술자가 많이 양성됐다. 서구 문명과 산업 발달도 근본적으로는 여기에서 비롯되었다. 그래서 빵을 잘 굽는 최고기술자, 치즈를 잘 만드는 최고전문가, 양복을 잘 깁는 최고재단사가 탄생했다. 일본만 해도 장인 정신이 살아 있다. 초밥집・우동가게에서부터 양복・구두・서점에 이르기까지 대대로 업종과 기술이 대물림되고 있다. 그들은 이 전통을 떳떳하게 자랑으로 여긴다.

그러나 우리는 그렇지 못하다. 자신의 재주를 외부에 알려 주려 하지 않았고, 자신의 비법을 후대에 전수하기를 꺼렸다. 이런 사고방식과 습성이 몸에 밴 데다 직업에 대한 귀천의식이 강해 요리사·재봉사·양화공 등이 돈만 좀 벌었다 하면 그 일을 집어치우고 하이칼라 직종을 찾는다. 먹고 살 만큼 되었으므로 그런 일은 창피해서 더는 못하겠다는 사고방식이다. 대를 물려 장인정신을 살려 보기는커녕 당대에 조금 하다가 그만두어 버린다. 그래서 우리는 전문인이 양성되지 않고 기술이 축적되지 못했다.

앞으로 21세기는 어떤 기업이 선도할 것인가. 그것은 두말할 것도 없이 연구개발에 집중 투자해 뛰어난 전문 인력과 기술을 갖추고 있는 기업일 것이다. 중진국에 이르기까지는 모방만 하면 가능했다. 우리도 선진국에서 만드는 것들을 어느 정도의 기술이전을 통해 모방하면 되었다. 그러나 신 국제질서 속에서 선진국으로의 도약은 모방만으로는 불가능하다. 첨단기술은 이전받을 수 없다. 이제 우리도 모방 기술로는 안 된다. 우리만이 갖는 창조적 기술을 개발해야 한다. 우리가 선진국으로 발돋움하기 전에 선진국들의 자국 기술보호와 후발국에 대한 규제가 심화되면 기술수준이 전반적으로 뒤떨어지는 우리의 경제 산업은 물론 국민생활까지도 심각한 타격을 받게 될 것이다. 국제사회에서 기술 주권을 확립하지 못하면 신질서 속에 자립하지 못하고 붕괴될 수밖에 없다. 새로운 '기술주권시대'(技術主權時代)를 맞아 살아남기 위해서는 생명공학·신소재·신물질·전자·정보기술 등의 분야에 중점을 두어야 한다. 그 중에서도 부가가치가 높은 기술을 공략해야 한다. 그리하여 선진국들이 관련 산업에 핵심이 되는 우리의 특수기술을 비싼 값에 팔라고 고개 숙이도록 해야 한다.

이를 위해서는 고급 과학기술인력의 양성·확보·공급·활용 체제를 완비하고, 그 기반이 되는 기초과학분야 연구에 대한 지원을 확대하며, 국내의 연구능력 보완과 최신 기술정보의 신속한 유입을 위해 총력을 기울여야 한다. 동시에 기술선진국과 상호 호혜적 차원의 국제 공동연구 사업을 확대하고, 개발된 기술이 개인간·기관간·지역간 이전·확산될 수 있도록 산학연 연계체계(産學硏連繫體系)를 확립해야 한다.

과학기술처는 최근 산업체·대학·연구소의 인적·물적 자원의 공동활용을 통해 협동연구를 증대시키기 위한 협동연구개발 촉진법 시안을 마련했다. 이 법이 시행되면 산업체·대학·연구소가 특정 연구 과제를 놓고 인력 교류·연구비 분담·정보 교환·시설 공동활용 등을 활발히 하게 되어 연구의 효율성이 증대될 것으로 기대된다.

산학연 연계체계 못지않게 대기업들의 기술위주 체제와 세계화전략 체제가 중요하다. 최근 대우그룹 김우중(金宇中) 회장이 '기술총수'(技術總帥)로의 변신을 선언했다. 그는 기술 개발에 그룹의 총력을 기울이겠다고 공언하면서 앞으로 대우는 판매보다 기술 개발을 우선하겠다고 밝혔다. 이처럼 변신하지 않으면 세계무대에서 더 이상 경쟁력을 갖지 못하게 된다. 한국의 거의 전 상품이 중국·동남아 등지의 저임금 국가들로부터 추격당하고, 고부가가치 제품은 일본의 위세에 밀리고 있는 상황에서 새 기술을 개발해 좋은 새 물건을 값싸게 만들어 팔지 않으면 안 된다. 대우뿐만 아니라 현대·삼성·금성·선경 등 국내 대기업들이 '기업경영의 세계화'를 내걸고 다국적 기업으로의 탈바꿈을 추진하고 있다. 우리 기업의 세계화전략은 최근 들어 뚜렷해진 해외법인의 현지경영 체제와 기술연구소를 해외에 설립하는 추세로 나타나고 있다.

기업의 세계화 전략은 국경을 초월한 범세계적 사고로 탈바꿈하는 것이다. 어떤 형태로 변화하든 본질은 남이 갖지 않은 신기술을 확보하는 일이다. 기술은 자연을 모방하는 것이지만, 다른 한편으로는 자연이 이룰 수 없는 것을 완성한다. 여기에 암석이 있다고 하자. 그러나 돌을 다스리는 석공이 없다면 어떻게 비갈(碑碣)을 세우고 섬돌과 주춧돌을 놓겠는가. 저기에 나무가 있다고 하자. 그러나 목공이 없다면 어떻게 집을 짓고 선박이나 수레를 제작할 수 있겠는가. 역사의 진전, 즉 인류의 번영은 그 모두가 기술에서 출발한다. '한국의 헤파이스토스'를 적극 육성해야 한다.

《전경련》 1993. 4.

미인도 돈으로 사는 세상

그리스신화의 가장 아름다운 미의 여신 아프로디테는 남편 몰래 미남의 군신 아레스와 불륜관계를 즐겼으며 많은 다른 사람들을 사련(邪戀)에 몰아넣었다. 그러나 결국은 남편이 쳐놓은 보이지 않는 그물에 걸려들었다. 서양사상 최고의 미인이라는 이집트의 클레오파트라 여왕은 권력과 남성편력에 탐닉, 두 남동생과 차례로 결혼해 공동 통치했다. 그것도 모자라 케사르, 안토니우스와 사랑행각을 벌였고 종내는 독사에 가슴을 물려 죽었다.

동양의 미인으로는 중국 월나라의 서시와 당나라의 양귀비가 꼽힌다. 오왕(吳王) 부차(夫差)는 서시의 미색에 빠져 나라를 잃었고 서시도 강에 빠져 죽었다. 그 시절 여성들은 서시가 하는 짓은 무엇이든지 모방했는데 그녀가 병들어 찡그리는 모습까지 흉내냈다고 한다. 당나라 현종 때 왕자인 수왕(壽王)의 비(妃)였던 양귀비는 현종의 총애를 받아 황후노릇을 하며 나라를 어지럽혔다. 안록산의 반란으로 신하들로부터 죽음을 강요받아 목매어 죽었다.

경국지색(傾國之色)이란 말이 있다. 나라 안의 으뜸가는 미인으로 임금이 혹하여 나라가 뒤집혀도 모를 만큼 뛰어난 미색을 말한다. 가인박명이란 말도 있다. 미인은 불행하고 수명이 짧다는 뜻이다. 역사상의 미인들을 보면 거의 대부분 비극의 주인공이 되어 있다. 나라를 망치고 자신도 제명에 죽지 못했다. 요즈음에도 '예쁜 값 한다'는 말을 자주 듣는다. 얼굴만 예쁘장해 말썽을 일으키는 경우를 두고 한 말이다.

미스코리아 선발에 부정이 개입됐음이 드러났다. 주최 신문사 사업본부장이 부모와 미용실 업주들로부터 거액을 받고 미인을 조작하는 부정을 저질렀다가 구속됐다. 미인도 돈으로 사는 세상이니 미의 여왕이 아니라 돈의 여왕인 셈이다. 그동안 소문으로만 나돌던 '진선미 공정가격'이 현실로 드러난 꼴이다. 미인은 눈에는 극락, 마음엔 지옥, 돈주머니엔 연옥을 갖는다는 옛말이 꼭 맞는 것 같다.

《동아일보》 1993. 6. 30

피라미드 판매

피라미드 판매기법이 계속 말썽을 일으키고 있다. 먼저 법 규정을 살펴보면 국내 방문판매법엔 판매회사가 피라미드방식을 채택할 수는 있으나 2차 이후의 가입자가 판 상품의 대금 중 일부를 1차 가입자가 수당으로 지급받을 수 없게 돼 있다. 그러나 이 법 시행규칙에 "회사가 어떤 명목으로도 1차 가입자에게 수당을 지급할 수는 없지만 교육비는 지급할 수 있다"고 규정돼 있다. 그래서 판매회사들은 이 조항을 이용해 피라미드조직을 운영하고 있다.

검찰은 국내에 세계적인 피라미드 판매기법을 도입한 다국적 다단계 판매회사인 암웨이사와 선라이드사의 외국인 대표 2명과 내국인 간부 5명 등 7명을 방문판매법 위반혐의로 구속했다. 두 회사는 생필품, 건강식품 등을 팔고 있는데 국내 가입자가 10만 명이 넘는다. 이들은 시행규칙을 악용해 수당을 교육비 명목으로 편법 지급한 혐의를 받고 있다. 이 액수가 무려 166억 원이나 된다.

그동안 곳곳에서 방문판매로 인한 부작용이 속출했다. 그런데도 '인간 대리점 판매', '인신매매식 판매'로 불리는 피라미드식 판매방식이 큰 성과를 거두는 것은 지연·혈연·학연을 중시하는 우리 사회의 특유한 연결고리를 교묘히 이용하기 때문이다. 여기에 3D 기피현상으로 많은 젊은이들이 손쉽게 큰돈을 벌 수 있다는 한탕주의에 빠져들고 있는 것. 현재 검찰은 명목만 바뀐 수당이라고 주장하고 판매회사 측은 교육비를 지급한 것이라고 주장해 그 결말은 사법부에서 가려지게 됐다.

일부 판매회사에서는 판매원 포섭을 위해 감금, 폭행 등 극한 방법까지 동원해 왔다. 얼마 전엔 판매요원이 감금을 피해 달아나다 추락사한 사건까지 발생했다. 피라미드판매로 인한 피해를 보지 않으려면 친인척 친구 등 친밀한 사이에서 권유해도 불필요한 물품을 충동적으로 사지 말아야 한다. 또 취직, 수당지급 등 솔깃한 조건에 현혹되지 않아야 한다.

《동아일보》 1993. 7. 3

오렌지족과 졸부

어릴 때는 일제 유아용품 속에서 일제 육아식품을 먹고 자란다. 자연히 일제나 일본 문자와 친근해진다. 10대가 되어서는 연필, 고무, 책가방 등 일제 학습용구로 공부하고 놀 때도 일제 닌텐도 오락기구에 푹 빠진다. 20대에는 머리모양에서부터 옷, 장신구, 신발에 이르기까지 일제로 휘감는다. 그리고 서울 압구정동 등의 카페에 가 마음에 드는 여자를 발견하면 오렌지주스를 건네준다. 받아 마시면 카페, 나이트클럽, 호텔로 이어진다. 이래서 오렌지족이란 말이 생겼다.

오렌지족 일제단속에 나선 관계당국의 조사에 따르면 이들은 대부분 대학입시에 실패한 부유층 자녀로 무위도식하며 퇴폐향락에 빠져 마약중독자로 전락한다는 것. 이들은 거의 매일 정오쯤에 일어나 사우나에서 몸을 푼 뒤 오후 4~5시경 압구정동 로데오거리에서 친구들과 여자사냥을 시작한다. 고급승용차를 끌고 다니며 하루 수십만 원에서 100만 원까지 물 쓰듯 한다.

개혁바람, 사정(司正) 한파에 오렌지족도 퇴조하는 듯했다. 로데오거리, 홍익대부근 등을 활보하던 오렌지족이 뜸해지는 듯하더니 방학을 맞아 일시 귀국한 수입 오렌지족들과 함께 다시 활기를 띠고 있다. '수입'족들은 대부분 조기유학 간 부유층 자녀들로 국내파와 경쟁이라도 하듯 서울 강남 유흥가에서 과소비행태를 주도하고 있다. 관계당국은 9일 밤 두 곳을 급습, 미성년자 등 100여 명을 적발했다. 손님 중엔 유학생이 50여 명이나 됐다.

청소년들의 타락은 학교·사회·가정교육의 이완(弛緩) 현상에 그 원인이 있다. 그 중에도 가정교육 부재가 가장 큰 문제다. 엄격한 부모 밑에서는 오렌지족 자녀가 나오지 않는다. 졸부들의 그릇된 보상심리가 자녀들을 오렌지족으로 만드는 주범이란 것을 알아야 한다. 부모의 모범이 최선의 교육이다. 한 분의 아버지가 100명의 스승보다 낫다고 하지 않는가. 자녀에게 회초리를 들지 않으면 자식이 아비에게 회초리를 들게 된다.

《동아일보》 1993. 7. 11

유명 해외도피 사범들

자유당 정권이 붕괴된 후 이승만 박사가 하와이로 망명한 것은 우리 현대정치사에서 최대의 정치망명 사건이다. 예나 지금이나 고국을 등지고 떠나는 일은 많다. 정치적 변혁에 따른 망명 외에도 훗날을 기약하고 정처 없이 떠나는 경우, 위기는 피해놓고 보자는 식의 출국, 장기외유, 도피 등 갖가지다. 떠나는 목적, 이유, 배경 등이 모두 다르겠지만 도망이나 도피성 외유 등은 어느 모로 보나 떳떳하지 못하다.

최근 권력형 비리나 사기 등 범죄와 관련, 해외로 도망치는 경우가 너무나 잦다. 요즘 계속 말썽이 되고 있는 율곡사업 비리사건만 해도 핵심인물인 김종휘 전 청와대 수석비서관, 한영자 삼양화학대표 등이 미국으로 도피했다. 또 동화은행사건과 관련해서 이원조 전 의원, 이용만 전 재무장관이 해외에 도피했다. 이밖에 법무부가 얼마 전 발표한 유명 해외도피자만도 100명이 넘는다.

현재 해외도피자에 대한 대책으로는 여권 무효화 조치, 인터폴에 공조수사요청, 범죄인 인도협정에 따른 소환 등의 방법이 있다. 그러나 여권을 무효화한다고 해도 범죄인 송환은 당사국의 판단에 달린 것이어서 쉽지 않다. 인터폴과의 협조도 수사에 그칠 뿐 범죄인 인도에는 한계가 있다. 결국 해외도피사범 강제소환을 위해서는 범인 인도협정을 맺어야 하는데 우리가 이 협정을 체결한 나라가 거의 없다. 특히 미국, 일본과의 협정체결이 시급하다.

국회 청문회에서 증언거부를 했고 및 대한선주, 국제그룹 해체과정에서 압력을 행사한 혐의로 고소된 뒤 장기 해외체류 중인 정인용 전 경제기획원 장관이 귀국했다. 피소내용 중 증언거부, 직권남용은 공소시효가 끝나고 공갈미수만 남은 상태다. 그러나 공갈미수죄는 처벌이 쉽지 않은 모양이다. 그는 이런 것들을 세밀히 따져보고 입국했을 것이다. 도망은 유죄의 고백이란 말이 있다. 과오가 있으면 응분의 대가를 받고 떳떳한 삶을 찾는 것이 도리다. 공직자는 더욱 그렇다.

《동아일보》 1993. 8. 4

망국의 땅투기

“이탈리아 들판을 방랑하는 야수들일지라도 잠자리를 갖고 있으나 이탈리아를 위해 싸워 죽는 병사들은 공기와 햇빛 외에는 아무 혜택이 없고 휴식처도, 처자를 끌고 안주할 집도 없다. 고관이나 장군은 병사들에게 묘지와 성지를 지키기 위해 싸우라고 독려하지만 사실 병사들은 조상의 제단도 갖고 있지 않다. 그들은 오직 타인의 땅을 지켜주기 위해 싸워 죽는다.” 로마의 호민관 그라쿠스가 빈민자 토지소유를 위해 토해낸 명연설이다.

사농(士農)이 중시되던 시대에 땅은 부와 권위, 가문의 영예 등을 상징했다. 가통의 계승이 땅의 계승과 같은 차원에서 인식됐다. 세상이 바뀌고 생각도 바뀌었지만 땅, 곧 안정된 부에 대한 애착은 변하지 않는다. 우리의 땅문제는 인구는 많은데 국토가 비좁기 때문이라고 한다. 그러나 싱가포르를 보면 그렇지도 않다. 우리와는 비교가 안 되게 좁은 이 도시국가엔 땅값 폭등이나 토지투기가 없다.

우리의 토지문제를 악화시킨 것은 땅에 대한 무한한 탐욕과 망국적 토지투기 때문이지만 근본적으로는 잘못된 정부의 토지이용 정책에 있다. 토지의 공급과 관리부실로 땅투기와 함께 토지부정이 잇따르고 있다. 그래서 토지는 부정부패의 온상이었다. 전직 세무원이 국유지 불법불하로 여의도의 11배인 2만 6천여 필지 2천 8백만 평이나 차지했다니 말이나 되는 소리인가.

말단세리가 토지농간으로 한국 제일의 땅부자가 됐구나 했더니 그 정도가 아닌 모양이다. 이 사람뿐만 아니라 지방공직자 중에 땅부자가 수두룩한 것 같다. 지방공직자 재산등록 시한이 다가오자 최근 이들의 부동산이 급매물로 쏟아져 나오고 있다. 신분노출을 꺼리는 땅주인들이 시가의 30%에 내놓으면서 분납도 좋다고 한다는 것. 대지는 자연의 어머니이다. 만물을 감싸주는 은혜로운 대지를 탐욕에 눈이 멀어 더럽힐 수는 없다.

《동아일보》 1993. 9. 6

추석과 해외여행

추석이 되면 모든 곡식이 익고 과실은 살찌고 각종 채소가 구비되는 데다 날씨는 덥지도 춥지도 않고 달은 밝아 가히 명절 중의 명절이다. 해마다 이날이 오면 햅쌀로 술과 떡을 빚고 갖가지 음식과 오색과일을 갖춰 조상에게 다례를 지내고 성묘를 한다. 이 전통은 먼 옛날부터 면면히 이어져 지금도 상가마다 철시하고 귀성 인파로 전국이 몸살을 앓는다.

그런데 최근 추석연휴를 이용하여 국내외 휴양지로 여행을 떠나는 사람들이 크게 늘어나 전통보다 실속을 챙기려는 경향이 두드러지고 있다. 이 같은 현상이 20대 젊은 층은 물론 중장년층에까지 확산되는 추세다. 여행사들에 따르면 이번 추석을 전후해 2박 3일, 3박 4일 일정으로 태국, 홍콩, 대만, 필리핀 등지로의 여행을 예약하고 있는 사람들이 예년에 비해 50%나 늘어나고 있다는 것.

우리 해외여행객들의 씀씀이는 세계적으로도 유명하다. 세계관광기구가 최근 교통부에 보낸 세계관광동향에 따르면 우리 관광객 1인당 지출액이 지난 1991년 기준 2,038달러로 일본인 다음으로 세계 2위라는 것. 미국인 관광객 지출액의 2배가 넘고 프랑스의 3배가 넘는 수준. 다례나 성묘 등에는 관심이 없고 기회만 있으면 해외로 빠져나가 돈을 물 쓰듯 하며 즐기기만 하면 된다는 사고방식 아닌가.

옛 속담에도 조상을 잊고 사는 것은 원류가 없는 냇물, 뿌리가 없는 나무로 비유된다. 로마의 계관시인(桂冠詩人) 호라티우스는 난세에 관해 이렇게 우려했다. "조부모보다 못한 양친의 시대는 그들보다 못한 우리를 낳고 우리들은 얼마 안 있어 더 형편없는 애들을 낳게 된다." 선조를 돌아볼 줄 모르는 사람은 그 자손에 대한 생각도 얕은 법이다. 그것이 바로 난세가 아니겠는가. 추석연휴를 이용해 싹쓸이 해외 쇼핑여행이나 다닌다면 추석 3일 연휴지정은 재고되어야 한다.

《동아일보》 1993. 9. 21

공기업, 빼먹고 보나

23개 정부투자기관들이 인사관리나 임금·복지제도 등 경영을 엉망으로 하고 있음이 국정감사에서 드러났다. 산업은행 등 일부기관은 지난 3년간 정원을 30% 이상 늘렸고 정년퇴직자 자녀를 특채해왔는데 담배인삼공사는 5촌 이내의 직·방계까지 특채했다. 또 20년 근속자의 경우 연간 휴가일수가 평균 115일이나 됐고 일부회사는 명예퇴직 때 기본 퇴직금의 350%까지 지급하고 있다는 것이다.

그뿐 아니라 임금협상 때 이면계약을 체결, 수당을 추가 지급했는가 하면 노조위원장에게 차량에 기사까지 딸려주었다. 사장실도 장관실보다 훨씬 넓어 70평 넘는 곳이 수두룩하다. 한마디로 네 것도 아니요, 내 것도 아니니 빼먹고 보자는 식이다. 정부의 감독소홀도 문제지만 국민의 돈으로 만든 공기업을 그토록 방만하게 운영한 경영진에게 책임을 철저히 물어야 한다. 솔직히 이런 행위는 반국가적 범죄로 다스려야 한다는 것이 대다수 국민들의 정서다.

'세기의 자산매각.' 지금 유럽 대륙을 비롯, 전 세계적으로 일고 있는 국영기업 민영화 추세를 두고 나온 말이다. 좌익정부든 우익정부든 그동안 납세자들의 희생으로 유지해온 국영기업들을 매각하는 데 경쟁적으로 나서고 있다. 러시아나 동구권 국가들은 물론 멕시코 등 중남미 국가들도 엉망진창이던 경제를 되살리는 데 민영화를 경제개혁의 뼈대로 삼고 있다. 심지어 베트남, 이란까지도 민영화를 서두르고 있다.

지금 우리의 정부투자기관들은 공룡처럼 비대해진 둔한 몸집을 가누지 못하고 있다. 독점, 과점 등 온갖 특권을 누리면서 인사비리, 납품비리, 보수 변칙인상 등 비리와 비효율의 전형을 보는 듯하다. 이삿날, 부모생신, 제사 때까지 휴가를 준다니 말이나 될 일인가. 정부는 국영기업 운영시스템 전반을 재점검, 시대에 걸맞은 조직정비에 임해야 하며 가능한 대로 민영화를 서둘러야 한다.

《동아일보》 1993. 10. 10

지하철공사 뻥튀기 청사진

서울시 3기 지하철공사 계획이 신문마다 요란하게 대서특필됐다. 3기 지하철 120㎞의 4개 기본노선을 1995년부터 착공해 2001년까지 지하철 총연장을 현재의 3배가 넘는 약 400㎞로 확장한다니 현재의 교통지옥 실정을 감안할 때 대단히 반가운 소식이 아닐 수 없다. 출퇴근 때마다 몸서리쳐지는 교통난을 생각하면 지하철 확장공사 소식보다 더 반가운 소식은 없을 것이다.

서울시는 서울의 주요 교통수단을 지하철중심 대중교통체계로 구축하고 자동차 통행도 적정 통행속도를 유지하는 데 주안점을 두고 있다고 밝혔다. 앞으로는 주 교통수단이 현재의 시내버스에서 지하철로 바뀌고 시내버스는 지하철 서비스가 어려운 지역의 연계 교통수단이 되게 한다는 것이다. 참으로 고대하고 또 고대하던 반가운 교통행정이다.

그러나 돌이켜 생각해보면 이 같은 달콤한 행정시책은 그동안 한두 번 들은 것이 아니다. 요란하게 청사진을 펼칠 때마다 수도 없이 들어왔지만 교통난은 개선되기는커녕 날로 가중되고 있다. 서울 2기 지하철만 해도 그렇다. 1996년 완공예정이나 재원부족 등으로 5, 6, 7, 8호선 건설공사가 계속 늦어지고 있다. 신도시 연결전철도 마찬가지다. 철도청까지 소극적이어서 분당선의 경우 일부구간은 백지화될 위기에 놓여있다. 일산선도 공사가 계속 지연되고 있다.

물론 모두가 돈 때문이다. 공사비만 넉넉하면 토지보상 마찰도 큰 문제가 아니다. 이번 서울시 교통계획사업의 소요재원은 22조 원이라 한다. 이 중 4조 원이 부족한데 주행세 신설 등으로 해결한다는 것. 그러나 그렇게 간단하지가 않다. 22조 원은 1992년 불변가격이며 앞으로 물가상승 등 여러 여건을 감안하면 50조 원이 될 수도 있다. 가장 중요한 재원조달이 막막한 상태에서 뻥튀기 청사진만 펼쳐 시민들을 현혹하고 있다는 비난을 면키 어렵다. 계획보다 결실에 힘쓰는 행정자세가 아쉽다.

《동아일보》 1993. 9. 22

텅 빈 건물 불 켜놓기

작년 여름 '부채절전'으로 불린 범국민적 에어컨 사용 자제운동이 있었다. 이 에너지 절약 캠페인으로 약 3억kw/h의 전기를 아껴 227억 원의 전기 요금을 절약했다. 이는 단순히 덜 사용된 전기의 양만 따진 것이며 새 발전소 건설에 들어갈 비용까지 고려한다면 부채로 아낀 에너지 비용은 대단하다. 부채절전은 단순히 전력을 절약했다는 의미보다 민관이 합심해 사상 최악의 전력위기를 극복해냈다는 데 더 큰 의미가 있다.

작년에 그토록 에너지를 아꼈는데도 우리나라 에너지 총 소비량은 1억 1천 4백만 석유환산톤으로 세계전체 소비량의 1.5%를 차지, 11번째의 다소비국으로 등장했다. 또 재작년보다 12.2%나 더 사용, 소비증가율은 필리핀에 이어 세계 제2위로 올라섰다. 작년엔 대대적인 절전운동이 있었는데도 그 정도였다. 올 들어서는 에너지 절약시책이 부실한 데다 사회풍조도 도무지 에너지를 아끼려는 모습이 보이지 않는다.

요즘 서울 강남에는 자정이 넘어서도 불을 환하게 켜놓은 건물들이 수두룩하다. 전 층을 모두 켜놓은 곳도 있고 몇 개 층만 켜놓은 곳도 있다. 낮에는 텅 비어 사람이 얼씬거리지도 않는데 밤만 되면 불야성으로 변신하는 이른바 '도깨비 빌딩'이다. 토초세를 피하기 위해 지주들이 앞다퉈 건물을 지어 빌딩들이 우후죽순처럼 늘어났으나 입주자가 없어 텅텅 비자 많이 팔린 것처럼 속여 입주를 유치하기 위해 간계를 부리고 있다.

우리는 그 어느 나라보다 에너지 해외의존도가 높다. 이런 식으로까지 전력을 낭비해서 되겠는가. 전력뿐만 아니라 공공기관 화장실이나 목욕탕에 가보면 수돗물이 계속 줄줄 흐른다. 물을 쓰고는 잠그지 않고 가버리기 때문이다. 가정도 마찬가지다. 절약정신이 미약해 빈방에 불이 켜져 있고 부엌이나 화장실 수돗물이 계속 흘러나온다. 절약 않고는 부자가 될 수 없으며 절약 않는 나라는 부국이 될 수 없다.

《동아일보》 1993. 12. 4

부끄러운 세계 1위

한국은 세계 1위의 조선국이며 메모리반도체 생산국이다. 세계 2위의 가전제품 생산국이며 세계 6위의 철강생산국이다. 경공업에서 중공업, 첨단공업으로 경이적인 변화를 이룩해 세계 12위의 경제대국으로 등장했다. 국민들의 열성과 교육열로 낮은 문맹률과 높은 진학률을 자랑하고 기능 올림픽 최다 우승, 올림픽 4위, 마라톤, 양궁 세계제패에 바둑도 세계 4개 기전을 모두 휩쓸었다.

우리 민족은 세계에서 가장 부지런하고 창조력 뛰어난 민족으로 목판활자, 금속활자를 가장 먼저 만들어 사용했고 우수한 한글도 갖고 있다. 예능에도 뛰어나 세계 정상으로 치닫는 재목들이 수두룩하다. 이처럼 자랑스러운 민족이지만 부끄러운 것들이 너무나 많아 참으로 가슴 아프다. 최근 통계청 발표에 따르면 지난해 교통사고 사망률이 인구 10만 명당 34.5명으로 계속 세계 1위를 차지하고 간암과 결핵사망률도 세계 1위를 고수하고 있다.

이 밖에도 우리의 부끄러운 세계 1위가 너무나 많다. 해난사고와 선진국의 2~3배에 이르는 40대 사망률도 세계 1위다. 산업재해 사상자 수가 세계수위를 달리며 흡연율도 성인남성의 68%가 흡연하는 세계수위국이다. 매년 10%가 넘는 에너지 소비 증가율이 세계수위국으로 올라 있고 1인당 2천 달러가 넘는 해외여행비, 과소비도 세계수위다. 음식찌꺼기도 국민 1인당 하루 1.8kg을 버려 세계수위다.

여러 가지 부끄러운 것들 중에서도 가장 가슴 아픈 것은 책 안 읽기 세계수위다. 선진국에 비해 독서율이 형편없이 낮다. 공공도서관 부족도 세계수위다. 인구 15만 6천 명당 한 개뿐이다. 교육열만 높다고 다 되는 것이 아니다. 그보다 독서율, 학구열이 높아야 지구촌의 무한경쟁에서 뒤떨어지지 않는다. 인구 7천만 이상의 민족 중 우리처럼 한 인종, 한 언어를 사용하는 경우는 없다고 한다. 동시에 우리는 세계에서 가장 균질적(均質的)인 민족이다. 모두 함께 힘을 합쳐 부끄러운 세계 1위를 줄여 나가야겠다.

《동아일보》 1993. 12. 27

비열한 부유층 졸장부

드골 대통령 만년에 한 프랑스 국회의원이 앞으로 프랑스는 어떻게 되어갈 것 같으냐고 전망을 물었다. 드골은 한마디로 "또 하나의 드골을 발견해야지"라고 대답했다. 알제리 문제에 대한 국민투표 결과 전폭 지지를 받은 후 국민들에게 감사해야 하지 않겠느냐는 건의에 "프랑스가 프랑스에 어떻게 감사하느냐"고 반문했다. 은퇴 후 초기의 에피소드가 거론되자 "그건 내가 프랑스였던 시절의 일이었지"라고 했다.

남아대장부가 이왕 교만(?)하려면 그 정도는 되어야 하지 않겠는가. 나이트클럽에서 만난 여대생과 함께 그랜저 승용차를 타고 가다 프라이드 승용차가 끼어들자 '감히 프라이드가…' 하며 운전자를 끌어내려 구타했다. 그것도 국내 굴지의 재벌인 L그룹 부회장의 아들 등 5명이 집단으로 폭행해 피해자는 뇌수술까지 받는 등 중태다. 유학 중 귀국한 이 재벌의 아들은 몰래 출국가려다 공항에서 덜미를 잡혔다. 교만도 아닌 비열한 졸장부 행위다.

이들은 고교 졸업 후 미국, 영국 등지로 유학 갔다가 방학을 맞아 귀국한 부유층 자제들이다. 방학이 되면 국내파 오렌지족과 해외파 오렌지족이 어울려 사치·폭력·퇴폐행각을 일삼는다. 이들의 행패가 갈수록 심해지고 있다. 종전엔 식당이나 록카페에서 파트너를 물색했는데 요즘엔 '야타족'이 등장했다고 한다. 고급승용차를 몰고 가다 길가는 여학생 옆에 세워놓고 '야 타라'하며 강제 승차시켜 '애프터'로 끌고 간다.

요즘엔 5무족(無族)에서 13무족(無族)까지 있다고 한다. 무관심, 무책임, 무예의, 무염치, 무감동, 무능력, 무경쟁 등이 그것이다. 이들은 단순히 퇴폐행위만 저지르는 것이 아니라 히로뽕 등 마약상습자도 많다. 이들 자신도 문제지만 더 큰 문제는 부모에게 있다. 부모들은 모르는 일이라고 한다. 그러나 부모 몰래 어떻게 수백만 원의 용돈을 쓰고 고급 승용차를 끌고 다닐 수 있겠는가. 승용차가 꼭 필요하다면 프라이드를 사주는 것이 어떨까.

《동아일보》 1994. 1. 22

서머타임제

민족에 따라 낮을 중요시하는 태양의 문화권과 밤을 중요시하는 달의 문화권으로 대별된다. 달의 문화권에 속하는 라틴계는 대체로 아침이 늦다. 프랑스는 오전 10시까지 문을 열지 않는 가게가 많고 스페인에선 아침은 차 한 잔으로 때우고 저녁을 잘 먹는다. 반면 태양의 문화권인 게르만이나 앵글로색슨계는 아침이 이르다. 영국에선 아침을 콘티넨털이라며 거르지 않고 미국도 이 아침문화를 받아들였다.

아침과 낮 시간을 효율적으로 이용하기 위해 표준시간을 1시간 앞당기는 서머타임제가 역시 태양의 문화권인 영국과 독일에서 제 1차 세계대전 중에 처음 시행됐다. 우리는 1949년 첫 시행했다가 1961년 폐지했는데 서울 올림픽을 치르면서 1987, 1988년 두 해 동안 다시 실시했다. 이 일광절약 시간제를 재경원이 내년부터 부활시킬 것을 검토중이다. 경기 호황과 함께 크게 부족한 산업인력의 부족 현상을 해소하기 위해서다.

이 제도가 실시되었을 때 술집은 울상을 짓고 레저업종은 짭짤한 재미를 보았다. 많은 국민들이 처음에는 적응이 안 돼 불편을 겪었다. 그러나 낮이 긴 계절에 한 시간 일찍 일을 시작하면 업무능률을 높일 수 있다. 또 직장인들이 일찍 퇴근하면 유흥업이 상대적으로 위축돼 소비가 억제되고 생산 부분에 일손이 돌아오는 긍정 효과도 있다. 이에 대해 근로자들은 사실상 근로시간만 연장시키는 제도라며 반대했다.

서머타임제를 시행하는 나라, 시행하지 않는 나라가 반반 정도다. 유럽, 북미 지역이 시행하고 아시아, 아프리카, 남미 지역은 대체로 시행하지 않는다. 우리도 아직 시행 여부는 불분명하다. 무릇 제도는 만들기만 해서 좋은 것이 아니라 거기에 담긴 내용의 시행 여부에 따라 좋고 나쁨이 달라진다. 제도의 신설보다 그 이점을 산업 현장에 적용하는 노력이 더 중요하지 않을까. 지금도 아침 7시에 출근하는 대기업들이 적지 않다. 그들에게 서머타임은 의미가 없다.

《동아일보》 1995. 5. 8

4

새 시대 새 공직자상 [행정/공직(公職)]

치안부재 상태

'내 자녀 내 제자 우리가 지키자.' 얼마 전 초등학교 사친(師親) 방범대가 등장해 눈길을 끌었다. 어린 학생들이 10대 불량배들에게 용돈, 시계, 안경에서 혁대, 신발까지 뺏기고 폭행을 당하자 통학길 어린이를 보호하기위해 부모와 교사들이 거리로 나섰다. 학부모와 교사가 한 조가 되어 학교 주변 골목길과 야산 등을 순찰하고 있다. 또 '내 집은 내 손으로 지키자'는 어머니 자경단도 생겨나 화제가 됐다. 이들은 방범망을 설치하고 주민들끼리 모의 강도퇴치 훈련까지 실시했다.

각종 폭력사태가 잇따라 발생하자 주민들이 참다못해 자구운동에 나선 것이다. 룸살롱 집단살인사건이 발생한 서울 구로동 주민 30여 명은 주부들까지 나서 조를 짜 방범활동을 하고 있다. 서울 필동 주민들도 자정까지 순찰하는 등 직접 나섰다. 이와 함께 시중에 각종 호신용품들도 쏟아져 나왔다. 가스총, 전자총, 도난방지장치 외에도 가방을 뺏겼을 때 40,000V의 전류가 흐르게 하는 특수 안전가방, 운전석을 제외한 전 좌석에 농축 이산화탄소가 발사되는 차량강도 퇴치장치 등 이색적인 것들도 선보였다.

경찰을 믿을 수 없는 치안부재 상태가 계속되자 요즘 사설경비업체가 신바람 났다. 지난 10년간 13.8배나 증가, 현재 200개 업체가 넘으며 경비원수도 2만 3천여 명으로 크게 늘었다. 구미(歐美)에서나 볼 수 있었던 보디가드 서비스산업이 국내에서 선을 보이자 범죄에 시달려온 사람들이 앞을 다퉈 신청하고 있다. 고교생 딸의 등하굣길을 걱정하는 부모, 조직폭력배에 시달려온 건축업자, 연예인, 유흥업소업주, 가족신변보호를 원하는 권력층과 재벌그룹 회장과 사장, 사채놀이 등 음성소득자들이 주계약자들이다.

작년 말 실시된 어떤 보디가드 채용시험에는 즉심처분 경력만 있어도 안 되는 등 응시자격 요건이 까다로웠는데도 경쟁률이 12대 1이나 됐다. 학력도 대졸 30%, 대학원졸 10% 등 고학력자들이다. 범죄불감증에 걸릴 정도의 치안백지 상태에서 보디가드를 두었다고 누가 손가락질할 수 있겠는가. 앞으로는 집집마다 총기를 소지해야 한다는 주장까지 나올지 모른다. 치안담당자들은 민중의 지팡이인가, 귀머거리 봉사인가.

《동아일보》 1990. 2. 13

한심한 경찰, 용감한 시민

영국의 석학 버트런드 러셀이 어느 날 러시아의 2월 혁명을 지지하는 집회에서 연설한 뒤 시위자들 사이에 휘말렸다. 경찰이 진압에 나서 닥치는 대로 시위자들을 검거했다. 한 부인이 위험에 직면한 러셀이 걱정이 되어 경관에게 "저분은 유명한 철학자입니다. 구해주세요" 했다. 그러나 경관은 들은 체도 하지 않았다. 부인은 다시 "저분은 세계적인 대학자입니다" 했다. 그래도 경관은 코웃음을 쳤다. 부인이 이번엔 "저분은 백작의 동생인데…" 하자 경관은 깜짝 놀라 러셀을 보호해주었다. 러셀의 자서전에 나오는 이야기다.

여관에 투숙한 서울시경 기동대소속 전경 2명이 강도들에 의해 손발이 묶이고 이불에 덮어씌워진 채 돈을 빼기는 등 봉변을 당했다. 그것도 강도들이 밤낮으로 설쳐대 도범검거 검문검색 순찰에 투입됐던 전경들이 근무를 하지 않고 여관에 들어가 잠자다 이런 망신을 당했다. 경찰은 이 사실조차 숨기고 있다가 뒤늦게 밝혀지자 공개했다. 그런가 하면 국가원수가 거처하는 청와대 주변 경비를 맡았던 의경 15명이 집단으로 무단이

탈하여 또 한 번 경찰의 얼굴에 먹칠을 했다. 경찰의 근무 자세는 물론 기강이 말이 아니다.

이런 시기에 내무부는 한 택시운전사에게 '용감한 시민상'을 수여했다. 택시운전사 박명렬(朴明烈) 씨는 택시강도 3명이 탄 차를 50여 분 동안 30여 킬로미터나 끈질기게 추적, 범인들이 흉기로 운전사를 위협하는 것을 붙잡았다. 당연히 수행해야 할 임무를 포기해버린 '민중의 공복'이 있는가 하면 월세 5만 원짜리 단칸방에 살면서도 자신의 생계보다 동료의 신변이 걱정되어 강도를 추적해 붙잡은 시민도 있다.

서구에서는 시민들의 고발 신고율이 높다. 이웃이 위험에 처해 있을 때 다른 사람이 나서서 도와주는 경우가 많다. 그러나 대체로 한국사람들은 '나하고 상관없다', '경찰에 불려 다니는 게 귀찮다', '보복이 두렵다'는 등의 기피풍조에 젖어있다. 심한 경우 도둑을 맞아도 없었던 셈 치는 사람도 있다. 신변 위험까지 무릅쓰고 이웃을 위해 헌신한 장하고 용감한 시민 박씨에게 갈채를 보낸다. 혼탁하고 험난한 이 사회가 그나마 이런 사람들이 있어 유지되지 않나 싶다.

《동아일보》 1990. 3. 22

공직자의 책임

이리역 폭발참사에 책임을 지고 물러난 최경록 교통부장관 송별연을 출입기자들이 마련했던 일이 문득 생각난다. 기자들이 이런 자리를 마련한 일은 전례가 없었다. 기자들 명의로 기념패를 만들어 선물하자 그는 '일생일대의 가장 고귀한 선물'이라며 가보로 보존하겠다면서 눈물을 글썽였다. 기자들이 그에게 기념패를 해준 데는 이유가 있었다.

1977년 11월 11일 밤 이리역에서 1천 3백여 명이 사상한 대참사가 발생, 최 장관은 급히 현지로 내려가면서 열차 안에서 브리핑을 받았다. 철도청 간부가 전적으로 한국화약 측에 과실책임이 있다고 강조하자 최 장관이 대노하여 역 구내 열차에서 사고가 나 많은 국민들이 숨지는 등 큰 피해를 입었는데 어떻게 교통부에 책임이 없다고 하느냐며 복구대책은 신경 쓰지 않으면서 책임만 회피하려 든다고 호통쳤다. 최 장관은 국회에서 모든 책임을 지겠다고 밝히고 바로 사직했다. 기자들은 그가 책임질 줄 아는 장관이라고 판단, 그 같은 자리를 마련했었다.

책임에 관한 한 미국의 링컨 대통령을 빼놓을 수가 없다. 링컨은 불우한 환경에서 자라면서도 어려서부터 매사에 책임감이 강했다. 그는 "미국의 국민에 대해, 그리스도교의 세계에 대해, 역사에 대해, 나(自己)라는 일개 인간의 궁극적 인격에 있어 하나님에 대해 책임을 진다"는 명언을 남겼다.

조순 경제팀이 물러섰다. 땅값·집값·부동산은 세 배, 네 배씩 뛰고 실업률, 소비자물가가 크게 올랐으며 증권시장은 몰락하고 전세파동은 서민들을 울렸다. 거기에 6공이 정권차원으로 내세운 토지공개념 실명제도 도중하차 위기에 몰려 부총리, 재무·상공부 등 해당부서 책임자들이 모두 인책 퇴임됐다.

그런데도 6공 들어 전례 없이 유별나게도 자리를 장관급으로 끌어올리면서까지 이 경제팀과 함께 6공 경제정책 실패에 결정적 책임이 있는 전 청와대 경제수석 비서관은 인책은커녕 국회의원 선거에 출마하고 있다. 개혁 후퇴를 칭찬하는 조치인가. 본인은 물론 그를 공천한 사람들, 그리고 의원직을 사퇴해놓고는 바로 보선에 출마하려던 사람 모두 책임감에 대해 다시 한 번 생각해 볼 일이다.

《동아일보》 1990. 3. 27

공인의 진퇴

서기원(徐基源) 사장 취임문제로 KBS 방송이 중단상태에 빠지는 분규가 열흘 가까이 계속되고 있다. 이 사태 수습방안을 논의한 국회문공위에서의 공방을 비롯, 이해(?) 당사자들이 주장하는 내용을 살펴보면 말인즉 모두 옳은 듯이 들린다. 노비의 자식들이 다투다 일러바치는 것을 보고 '네 말이 옳다', '네 말이 옳다', '그 말도 옳다'고 했던 황희 정승의 고사가 생각나는 대목이다.

최병열(崔秉烈) 공보처장관은 이번 사태는 노조원들이 적법하게 임명된 사장의 취임을 방해하고 방송제작을 거부해 발단된 것이며 하자 없이 임명된 사람이 노조 반대로 취임하지 못한다면 다른 노동현장에도 치명적 영향을 끼칠 것이라고 말했다. 서기원 사장은 "이사회의 제청으로 정부로부터 임명받았다", "국가가 임명한 자리를 수행할 책임이 있다", "공권력투입은 불가피했다"고 말했다. 한 여당 의원은 KBS 노조는 국민의 공유재산인 전파를 자신들의 주장관철을 위한 볼모로 잡아둘 권리가 없다고 주장했다.

KBS의 한 PD는 "현 사태는 단순한 노사분규가 아니라 KBS와 우리나라의 언론자유 실천운동이다", "임명과정에서 형식적 절차를 밟긴 했으나 이사진들에 대한 외부의 회유와 협박 등 공작정치가 개입한 명백한 근거가 있다"고 밝혔다. 서 사장은 3공(共) 때부터 권력지향적 처신으로 일관한 인물로 KBS를 권력의 시녀로 만들 것이라는 것. 야당 측 의원들은 "6공 정권의 방송매체 장악을 위한 음모가 바로 서 사장 임명으로 나타난 것"이라며 정부가 사전에 내정한 뒤 이사회에서 토론도 없이 일방표결로 결정해 적법하지 못하다고 주장했다.

서 사장은 물러나야 하는가, 그 자리에 버티고 있어야 할 것인가. '군자

유구사'(君子有九思), 공자는 논어에서 군자는 생각하는 것이 아홉 가지가 있다고 설파했다. 시(視)는 밝아야, 청(聽)은 총명해야, 안색은 온화해야, 용모는 공손해야, 말에는 신의가 있어야 하고, 일에는 정성을 다하며 의심나면 물어보고 화가 나면 환난(患難)을 우려하며 이득을 보면 옳은지를 생각해보아야 한다는 것이다. 서 사장이 최규하 씨 밑에서, 특히 5·18 때 청와대 대변인을 지낸 전력을 구태여 따지려는 것은 아니지만 공인(公人)이 되려면 전력이 명쾌해야 하고 항상 진퇴가 명분에 맞아야 한다.

《동아일보》 1990. 4. 21

국회의원과 의연금

옛날 어느 인자한 노인의 적선이야기. 으스름달밤에 마당에서 기척이 있어 노인이 봉창 유리로 내다본즉 한 사내가 마당구석에 쌓아둔 볏섬을 지게에 얹고 일어서려 하는데 힘이 부쳐 일어나지 못한다. 노인이 슬그머니 뒷문으로 나가 지게 뒤에서 받쳐주었다. 이상하여 뒤돌아본 밤사나이가 깜짝 놀라 죽을죄를 지었으니 용서해달라고 빈다. 그 마을의 가난한 아무개라는 것을 확인한 노인이 "그러지 않아도 자네에게 벼 몇 섬 보내려 했는데 미처 보내지 못한 게 내 불찰이네. 한 섬 더 가져가게. 이것은 자네와 나만 아는 일이네"했다.

은혜를 입은 이 사내가 결국은 그 말을 동네에 알려 그 노인에 대한 마을사람들의 칭송이 높았다. 도움을 베풀면 생색을 내려는 게 인간의 속성인데 그것을 숨기려는 이 노인의 마음씨가 얼마나 훌륭한가. 살아가면서 은혜를 베풀며 사는 사람도 있고 남의 도움을 받는 사람도 있다. 이름 모를 착한 사람이 남을 돕는 것은 땅속에 숨어 흐르면서 땅위를 푸르게 해주는 수맥과도 같다. 베풀고, 그것을 감추는 모습, 받은 것을 밝혀 고마워할 줄 아는 그 모습 얼마나 아름다운가.

요즘 신문, 방송마다 매일같이 수재민 돕기 의연금이 답지하고 있다. 기탁자 이름과 소속단체, 액수 등이 게재되고 금액이 많을 경우 인물사진까지 곁들여진다. 그 중에는 익명으로 내는 분들도 있다. 이 분들은 어떤 분들일까 하는 궁금증과 함께 그 따뜻하고 겸허한 자세에 고개 숙여진다. 이 분들이야말로 진실로 오른손이 베푼 일을 왼손이 모르게 하라는 성경 구절을 체득한 분들이 아닌가.

그런데 눈살을 찌푸리게 하는 기탁자들도 많았다. 주로 국회의원들로 신문마다 조금씩 보내 이 신문 저 신문에 사진과 함께 지면을 차지하고 있다. 일부 언론사에서 이재민을 돕는 본질을 제쳐놓고 사세(社勢) 경쟁이라도 하듯 출입기자 등을 동원해 의연금 자사유치 활동을 펴는 것도 우스운 일이다. 사려 깊은 정치인이라면 그런 시류에 휩쓸리지도 않을 것이고 양식 있는 정치인이라면 그토록 재빠르게 사진 등을 보내 이재민 돕기에 편승한 자가선전은 하지 않을 것이다. 댐 수위 조절 잘못, 한강 둑 붕괴 등의 수재는 인재라는 지적도 있다. 정치인들은 그 원인을 규명하고 복구에 일익을 맡는 데 신경을 써야 한다.

《동아일보》 1990. 9. 15

출세형 공직자의 특성

출세 잘하는 공직자에게는 몇 가지 특성이 있다. 첫째, 무사안일(無事安逸)이다. 아침에 약간 일찍 출근하고 저녁에 약간 늦게 퇴근하며 시키는 일은 하되 일을 찾아서 하지는 않는다. 무슨 일이든지 저지르지 않기 때문에 책잡히지도 않는다. 흠이 없으므로 진급에서 절대로 누락되지 않는다. 다음으로는 눈치를 잘 본다. 창조적 사고방식이나 철석같은 소신, 단호한 결단력과는 아예 거리가 멀다. 이런 것들은 거추장스럽기만 하다. 그저 바람 부는 대로 윗분의 의향에 맞춰 눈치를 보면서 적당히 처신한다. 사실 이런 사람을 싫어하는 상관도 없다.

책임질 일은 철저하게 회피한다. 책임질 일은 엄두도 내지 않기 때문에 책임이 돌아가지 않는다. 혹시라도 그런 일이 생기게 되면 어떻게든 동료나 부하직원에게 떠넘긴다. 책임은 모두 전가하고 주어진 권한은 최대한 활용해 이득을 본다. 기회가 있을 때마다 아첨도 곁들인다. 윗분의 말은 늑대를 양이라고 해도 옳다고 한다. 같은 내용의 말도 동료가 한 말은 인정하지 않고 윗분이 하면 앞장서 찬성한다. 이렇게 하면 열심히 일하지 않아도 앞서 진급할 수 있다.

이런 사람들은 대체로 사리(私利)에 밝다. 그러다보면 부정부패에 빠져들기도 한다. 이 경우 물론 자기 직분을 최대한 악용한다. 경제기획원 공정거래위원회의 상임위원(1급 상당)이 부정대출을 받아 대규모 부동산 투기를 했다가 구속됐다. 나라 안의 공정거래에 가장 큰 책임이 있는 고위공직자가 대표적인 불공정거래행위를 자행했다. 그것도 특별농공지구로 지정될 것을 미리 알고 10배 차익을 노려 투기에 앞장섰다. 지금 정부가 부동산투기 근절에 총력을 쏟고 있는 것을 이 공직자가 모를 리 없다.

사람은 이 세상에 빈손으로 왔다가 빈손으로 떠난다. 재물이나 땅이나 살아가는 동안 잠시 이용하다 남겨두고 사라진다. 분수를 모르는 소유욕은 자신과 이웃을 망칠 뿐 아무에게도 도움이 되지 않는다. 특히 땅은 모든 사람의 복리증진을 위한 유한한 자원이다. 모든 사람이 일상생활의 공동기반으로 삼아 조화를 이루면서 살도록 적절하게 관리해야 한다. 국민에게 봉사해야 할 공직자가 직분까지 악용하여 가장 음흉한 부정을 저질렀다. 공복(公僕)의 도덕적 타락에 국민들의 심정은 착잡하다. 부당한 이득이야말로 곧 손해라는 것을 깨달아야 하는데….

《동아일보》 1990. 11. 17

592년형과 사형폐지론

희랍신화의 프로메테우스는 제우스를 속이고 불을 훔친 죄로 300년 동안이나 큰 바위에 묶인 채 독수리에 간장을 쪼이는 형벌을 당했다. 현세에도 비슷한 형벌이 있다. 지난 1986년 8월 미 연방법원은 소련에 극비정보를 판 미해군소속 무전사 제리 휘트워스에게 365년의 형을 선고했다. 이보다 훨씬 심한 것도 있다. 1985년 5월 스페인 바르셀로나 법원은 40회 강간범 프란시스코 마이요에게 무려 592년을 선고했다. 사형에 처한 것은 아니지만 이 사회에서 영원히 격리시키자는 의도다.

러시아인 마르스코 고미야코프는 체스를 두다가 아무리 해도 좋은 수가 나지 않자 홧김에 체스의 왕과 여왕을 섞어버리며 "이 빌어먹을 놈의 왕아"하고 욕설을 했다. 옆에 있던 어떤 비열한 자가 이를 경찰에 밀고했다. 고미야코프는 러시아황제를 욕한 것이 아니라 체스의 왕을 욕했는데도 어쨌든 왕을 욕했다 하여 사형이 선고됐다. 1688년에 있었던 일. 이처럼 특수한 경우가 아니더라도 일부 회교국가에서는 형벌이 극히 엄하다. 비회교도 남자가 회교도 여자와 교제만 하다 들켜도 사형이다.

인류 역사에서 사형제도가 언제 생겼는지는 분명하지 않지만 3,700년 전의 함무라비 법전에 사형규정이 있다. 우리의 경우도 고조선 사회의 팔조법금(八條法禁)에 명시돼 있다. 이 사형제도는 중세 들어 형벌이 응보(應報)와 동일시돼서는 안 되며 예방과 범법자교육에 치중해야 한다는 인도주의적 견해가 우세해지면서 폐지론이 대두됐다. 1764년 이탈리아의 형법학자 베카리아가 명저 '범죄와 형벌'에서 사형폐지론을 폈고 100년 뒤인 1863년 베네수엘라에서 세계 최초로 공식 폐지된 후 근래에는 세계 각국으로 확산돼 간다.

데이트 남녀를 납치해 남자는 때려죽이고 여자를 윤간하는 등 13차례나 범행한 흉악범 등 5명이 1990년 12월 4일 교수형에 처해졌다. 마침 이 날 양평 일가족 살해 암장사건 범인 2명에 사형이 구형되는 장면이 매스컴에 공개됐다. 날로 창궐하는 흉악범죄에 경종을 울리기 위한 조치다. 그 사회의 흉악범죄가 증가하면 사형 존치론이, 감소하면 폐지론이 우세해진다. 국민의 법 감정은 범죄발생률과 상관관계에 있다. 미국에서도 최근 범죄가 날로 늘어 사형제도를 지지하는 여론이 높다.

《동아일보》 1990. 12. 5

후안무치 국회의원들

너무나도 염치없는 사람을 두고 '벼룩이도 낯짝이 있다', '빈대도 콧등이 있다'고 핀잔을 준다. 수치스러운 줄도 모른 채 뻔뻔스런 사람보고 후안무치(厚顔無恥), '낯가죽이 두껍다', '뱃가죽이 땅가죽 같다'고 한다. 부끄러운 줄 모르고 설쳐대는 사람들을 철면피라고도 한다. 얼굴이 인간의 피부가 아니라 철갑으로 둘러씠다는 것이다. 인간만이 유일하게 얼굴이 붉어지는 동물이다. 또한 인간은 그렇게 부끄러워할 필요가 있는 유일한 동물이다.

걸프전쟁을 피하기 위해 전 세계가 고심하고 참전국들은 비상 또는 전시내각으로 대응하고 있다. 참전국 의회에선 전쟁승인 찬반을 놓고 국익과 관련, 열띤 토론을 벌이고 있는 와중에 우리 일부 국회의원들은 염치 좋게도 뇌물외유를 즐겼다. 국회상공위 위원장을 비롯 민자당, 평민당 간사 등 의원 3명은 상공위 소속단체인 한국자동차공업협회와 한국무역협회로부터 외유경비 일체를 지원받아 호화판 유람을 해 지금 국민들로부터 따가운 눈총을 받고 있다. 이들은 부인까지 동반했는가 하면 협회임원도 데리고 가 경비를 계속 쓰게 하면서 수행하도록 했다.

뇌물외유가 말썽이 되자 이들 의원 3명은 기자회견을 자청 "이런 일은 국회에서 처음 있는 일도 아니고 과거에 많이 있었던 사례이며 전에는 1년에 5억 원의 무역특계 자금을 지원받는 일도 있었다"며 '당당'하게 주장했다. 관련단체로부터 여비 등을 받는 것은 당연한 관례인데 새삼 무엇이 문제가 되느냐는 것이다. 참으로 배짱 두둑하고 낯 두꺼운 소리다. 만일 그런 관례가 있었다면 의당 정치권 전체의 문제로 사직당국에서 조사해 처벌하는 것이 마땅한 일이 아닌가. 전례를 들춰내서 자신들을 정당화하거나 다치면 모두 함께 당하자는 것인가.

이들은 자비여행이란 계획서까지 국회에 내놓고도 경비협조를 요청하는 공문을 산하단체에 보냈다. 속이 훤히 들여다보이는 소행이다. 그런 국회의원들에게 국정을 맡기는 것 자체가 한심스럽다. 그런 외유를 하고 온 사람들이 유권자들에겐 뭐라고 의정보고를 할는지 궁금하다. 그 누구보다도 유권자들이 이런 의원들을 잊지 말아야 한다. 수치심은 모든 도덕성의 근본이다. 인간에게서 수치심이 멀리 떨어져 가면 벌써 인간이 아니다. '선량'(選良)들은 한출첨배(汗出沾背), 등에서 진땀이 흐르는 지극한 부끄러움을 통감해야 한다.

《동아일보》 1991. 1. 23

뇌물 망국의 늪

서양사람들의 습성이라고 다 본받을 것은 아니지만 선물 증답(贈答) 풍속은 높이 살만하다. 우선 그들은 선물을 함부로 하지 않는다. 상사가 크리스마스 선물을 하면 부하는 말로 고맙다고만 하면 된다. 답례하는 것은 오히려 실례다. 우리는 대부분 아랫사람이 기회 있을 때마다 윗사람에게 선물을 한다. 물론 잘 봐달라는 뜻이 담겨있다. 윗사람은 당연한 것으로 받고 답례도 하지 않는다. 선물도 고가품이 많아 뇌물성을 띤다.

서양에선 선물을 받으면 즉석에서 열어보기 때문에 요란한 것은 할 수가 없다. 유별나고 비싼 것은 뇌물이란 지탄을 받는다. 또 상사의 부인에게 선물하는 것은 큰 실례다. 그러나 우리는 상사의 부인은 물론 그 자녀에게까지 선물을 한다. 우리에게는 선물이나 인사를 해야 할 때가 너무나 많다. 백일, 돌, 생일, 입학, 졸업, 결혼, 회갑에 신정, 설, 추석, 크리스마스 등 명절이 많고 입원, 이사, 승진에서 해외여행 등 일상의 변화에까지 무엇이든 해야 한다. 그런데 이때의 선물이나 인사가 거의 모두 현금으로 둔갑해버린 데다 액수도 커져 뇌물이 되어가고 있다.

법적으로 뇌물은 직무의 대가로 부당한 이익을 얻는 것이다. 그 이득은 대부분 금품 등 재산적 이익을 의미하는데 재미있는 것은 이성 간의 정교(情交), 예기(藝妓)의 연예(演藝), 취직알선 등에 주식(酒食) 향응의 경우도 포함된다. 뇌물의 으뜸은 역시 인신(人身) 뇌물이었다. 옛 수령들은 사노(私奴), 첩 등을 뇌물로 받고 죄인을 풀어주기도 했다. 죽게 되어있는 가족을 살리기 위해 자식을 노비로 바친 경우도 있다. 국회 상공위 소속의원들의 뇌물외유를 수사하고 있는 검찰은 해외여행 경비를 지원받은 것을 '향응성 뇌물'이라고 규정했다. 그 표현이야 어떻든 엄정한 사법처리 결과가 주목된다.

주위를 둘러보면 뇌물수수가 우리 사회의 보편적 행위가 되어버린 것 같다. 파출소나 동직원에서부터 고위공직자, 국회의원에 이르기까지 금품수수가 공공연히 이루어지고 있다. 얼마 전 세무서 말단직원이 4억 5천만 원의 뇌물을 받아 화제가 됐다. 택시회사 사장이 50억 원짜리 땅을 팔면서 탈세한 사실을 무마하기 위해 준 것. 뇌물 받는 버릇은 무섭게 번지는 속성이 있다. 지도층에서 뇌물수수가 계속 번지면 사회 전체로 확산돼 결국 나라를 독재자에게 넘겨주게 된다고 한다. 하루 빨리 '뇌물망국'(賂物亡國)의 늪에서 헤어나야겠다.

《동아일보》 1991. 1. 26

청백리, 천년의 소금

성군(聖君) 밑에 충신 난다고 세종 때 유난히 청백리(淸白吏)가 많았다. 천성이 검소한 황희는 정승의 자리에만 30년 재직했지만 검약생활은 벼슬하기 전과 조금도 다름이 없었다. 우의정(右議政)을 지낸 맹사성(孟思誠)은 집이 워낙 비좁아 소나기만 오면 가족들까지 비에 젖었다. 역시 좌의정(左議政)을 지낸 유관(柳寬)도 마찬가지였는데 빗줄기가 방안으로 쏟아져 내리자 우산으로 가리며 부인에게 "우산 없는 집에서는 어떻게 견딜까" 하고 걱정했다 한다. 사육신(死六臣) 중 박팽년(朴彭年), 성삼문(成三問), 유응부(兪應孚)도 청백리로 명성이 높았다. 모두 세종이 등용해 아끼던 분들이다.

근래에 본받아야 할 청백리로 변영태(卞榮泰)가 꼽힌다. 그가 1947년 1월 정부수립에 대한 필리핀의 승인을 얻기 위해 특사로 임명됐다. 필리핀은 더운 나라이므로 동복과 하복을 준비해가라고 외무부에서 권했지만 변영태는 매서운 추위 속에 하복을 입은 채로 떠났다. 매일 운동을 하던 아령도 휴대하지 않았다. 수하물 운송료를 줄이기 위해서다. 마닐라에서도 전차와 버스 편으로 다녔다. 그는 경무대 귀국보고에서 이승만 박사에게 출장비 10달러를 반납했다. 그는 외무장관으로서 국제회의에 참석할 때마다 남은 출장비를 꼬박꼬박 반납했고 직원들에게도 해외에서의 걷기와 버스타기를 권했다.

그는 6·25 직후 부산 피난시절, 퇴근 후 사택에서도 자정까지는 넥타이를 맨 채 바지만 바꿔 입고 일을 계속했으며 이 박사로부터 전화가 오면 꼿꼿한 자세로 받았다. 야인 때는 담담하게 영어학원에 나가면서 생계를 이었고 논어를 영역(英譯)하던 중 손수 연탄을 갈다 가스로 인해 숨졌다. 장례도 고인의 뜻에 따라 가족장으로 치렀고 정부에서 나온 부의금 300만 원은 고려대에 희사했다. 이 대통령이 공무원 부패 일소방안을 묻자 그는 "어떤 법이나 사회운동보다 역사적으로 유명한 청백리의 사실을 수집해 온 국민에게 민족의식을 고취하고 공직자가 본받도록 해야 한다"고 답변했다.

'의원뇌물외유', '수서특혜' 등 잇달아 터지는 공직자비리로 온 나라가 총체적부패에 빠져 있다시피 한 때에 우리 청백리사례가 담긴 《청백리정신과 공직윤리》〔이서행(李瑞行) 교수〕가 발간돼 눈길을 끈다. 여조(麗朝) 강감찬(姜邯贊)·최영(崔瑩)에서부터 한말의 이시영(李始榮), 광복 후의 변영태까지 200여 명의 행적이 수록돼 있다. 공복(公僕)이란 사실을 망각하고 사리에 눈이 어두운 공직자들에게 일독(一讀)을 권한다.

《동아일보》 1991. 2. 16

공직자 재산공개

'대지 132평, 건평 99평의 서울 연희동 집, 대구 신룡동 고향집과 논밭 1,800평, 어머니 명의의 밭 2,000평, 경기도 안양 소재 택지 75평, 5개 은행주식 1만 주, 덕평 골프클럽 회원권, 은행예금 3천만 원.' 3년 전 노태우 대통령이 취임 후 공개한 재산내용이다. 추정 시가 5억 2천만 원. 우리나라 대통령이 재산을 공개한 것은 이것이 처음이다. 전두환 전 대통령은 1983년 1월 총무처에 등록은 했으나 공개는 하지 않았다. 노 대통령은 재산을 공개하면서 고위공직자 재산공개 확대의사를 비쳤으나 3년이 지난 지금까지 이행되지 않고 있다.

제임스 베이커 미 국무장관은 새들에게 모이 주는 게 취미다. 백악관 수석보좌관 시절 웨스트 윙의 자기 사무실에서 바로 바깥 모이통에 모이를 채워 넣을 수 있게 조그만 문을 내면서 비용 750달러를 자신이 부담했다. 그는 에너지 정책문제 거론에는 늘 거리를 두었다. 그것은 약간의 석유 주식을 갖고 있기 때문. 공직자 윤리가 유독 강조되는 미국에선 공사구분이 가히 신경질적이다. 연방윤리법은 연봉 6만 달러 이상 공직자는 연간수입, 부동산 채무 등 재산명세를 매년 연방윤리위에 등록·공개하도록 규정해 놓고 있다. 일본도 물론 고위 공직자는 재산을 공개한다.

미국의 많은 공직자들이 택하는 재산관리방법은 취임 직전에 하는 백지신탁. 소유 부동산·주식·예금 등을 신탁회사에 맡겨 재산관리와 증식을 하도록 함으로써 자신의 관직을 이용한 부정한 재산증식이 불가능하도록 해 놓는다. 그렇다고 구미지역에 공직자 독직사건이 없는 것은 아니다. 프랑스의 지스카르 대통령 때 노동장관 로베르 불랭은 조그만 부동산을 싼값에 샀다가 오직(汚職)사건에 휘말려 투신자살했다. 그러나 프랑스에서는 공직자뿐 아니라 온 국민이 실명제 등의 금융관행과 엄밀한 세무제도 등으로 매년 재산이 등록돼 부패가 서식할 구석이 없다.

우리는 지금 악덕 부동산투기, 의원 뇌물외유, 수서사건 등으로 일대 위기에 처해있다. 대혁신이 이루어져야 하는데 누구보다 공직자들이 솔선해야 한다. 그동안 질질 끌어오던 국회의원, 장・차관급 이상 공직자의 재산공개를 골자로 한 공직자윤리법 개정안이 오는 4월 임시국회에 상정될 것이라 한다. 돈 버는 것이 목적이라면 국민의 녹을 먹지 말고 장사 쪽으로 나서면 될 일 아닌가. 제발 이번만은 입법이 되어 국민들의 기대를 저버리지 않기 바란다.

《동아일보》 1991. 3. 6

판검사들… 만인이 보고 있다

1823년 미국의 세인트루이스 지방재판소 판사로 임명되어 14년간 봉직한 제임스 페크는 공정한 판결로 명성이 높았다. 그는 재판을 할 때 항상 헝겊으로 눈을 싸매고 했다. 자기 앞에 나오는 소송 당사자들의 얼굴을 보지 않고 공평하게 재판하기 위해서였다. 그가 법정에 들어갈 때는 눈을 가렸기 때문에 항상 다른 사람의 부축을 받았고 읽어보거나 낭독해야 할 서류 등은 모두 서기가 대신했다.

남의 인명을 초개같이 여긴 야만적인 판사도 있다. 독일 라이프치히 시 고등민사재판소장 베네딕트 카르프초프는 1620년부터 1666년까지 40여 년간 재직 중 무려 4만여 명에게 사형판결을 내렸다. 하루 종일 사형판결 내리는 것을 일과로 삼다시피 했다는데 주로 이단자, 절도범, 요술부리는 사람에게 혹형을 선고했다. 이 냉혈 판사는 주일마다 교회에 나타났으며 만나는 신자들에게 성경을 50번이나 되풀이 읽은 것을 계속 자랑했다.

그런데 애지중지하던 개가 숨을 거두자 심한 충격을 받아 3분도 못돼 급사했다.

판사라고 해서 모두 완전한 인간은 아닐 것이기에 별의별 판사가 다 있을 것이다. 작년 말 대전에서도 폭력배와 판검사가 떳떳하지 못한 술자리를 같이 했다가 징계를 받는 등 불미스런 추태가 연출됐다. 이 술자리를 폭로한 폭력배는 "대전에서 목에 힘주고 있는 인간치고 내 돈 안 먹은 놈 없다"고 큰소리쳤다. 국민들이 이런 것을 충격으로 받아들이는 것은 판검사들에 대한 신뢰가 컸던 데 대한 반작용이다. 국민에겐 그들이 청렴·정직할 것을 요구할 권리가 있고 그들은 또 그래야 할 의무가 있다. 이를 받아들이지 않으려면 옷을 벗으면 된다.

범죄와의 전쟁 선포 후 검거된 거물급 조직폭력배들이 최근 잇달아 집행유예로 풀려나 선거를 앞두고 새로운 걱정거리로 등장했다. 3월 들어 서방파(瑞坊派) 두목급 김성광(金成光) 피고인에 이어 군산파 두목 형감(邢鑑) 피고인도 석방됐다. 집행유예는 법적으로는 유죄지만 현실적으로는 무죄다. 5년, 4년 6개월이나 구형했던 검찰의 위신은 어디로 사그라져 버렸는가. 그 같은 구형량은 범죄자의 전쟁선포에 대한 대국민 체면유지용이었는가. 이번 선거에서도 조직폭력이 또 활개칠지 모른다. 조직폭력 엄단을 갈구하는 국민들의 여망을 검찰과 법원은 모르고 있는지, 외면하고 있는지 가슴 답답하다.

《동아일보》 1991. 3. 9

어떤 못난 구의원

호주의 호크 총리가 안전벨트를 매지 않았다가 범칙금 처분을 받았다. 지난 12일 호크 총리가 차 앞자리에서 안전벨트를 매지 않은 채 TV 인터뷰하는 장면이 방송되자 방송국에 1,000통이 넘는 항의전화가 쇄도했다. 호크총리는 자신의 잘못을 인정, 일반시민과 똑같은 처벌을 받겠다고 밝혔고 경찰은 그에게 100호주달러의 범칙금을 부과했다.

우리나라에서도 지난 1월 말 서울 여의도 노동회관 앞길에서 여성 주차 단속원이 불법주차해 있던 이승윤(李承潤) 당시 부총리의 승용차에 견인 스티커를 붙이고 과태료를 부과했다. 교통법규는 지위가 높건 낮건 간에 모두가 자발적으로 지켜야 할 규칙이다. 지금 우리 사회 질서의식은 땅에 떨어졌고 너도 나도 특권의식만 팽배해 조그마한 권력만 있어도 그것을 최대한 과시하면서 안하무인격이 된다.

서울 중랑구 면목 3동에서 중랑구의회 박 모 의원이 자신의 봉고 승용차에 주차위반 스티커를 붙이던 구청 소속 여성 주차단속원 3명에게 욕설을 퍼붓고 현장을 찍은 카메라를 빼앗는 등 행패를 부렸다. 박 의원은 차에 붙인 스티커를 떼어 여 단속원의 얼굴에 붙이고 욕설을 퍼부었다고 한다. 구민들을 대표하는 선량이 법을 지키지도, 따르지도 않았고 오히려 법을 얕잡아보고 파괴한 꼴불견의 추태를 보였다. 이런 사람을 구민에 의한, 구민을 위한, 구민의 구의원이라고 할 수 있겠는가.

작년 한 해 동안 전국에서 단속된 교통법규 위반사범은 734만여 명으로 1989년에 비해 21% 증가했다. 하루 평균 2만여 명이 위반한 것. 범칙금 수입만도 889억 원으로 1989년보다 300억 원이나 대폭 늘어났다. 치명적인 교통사고도 바로 교통법규 위반에서 시작된다. 작년 한 해 동안 전국에서 255,000여 건의 교통사고가 발생, 12,000여 명의 사망자를 냈다. 천재는 불가항력이지만 인재는 인간의 힘으로 얼마든지 줄일 수 있다. 각자가 별로 어려울 것도 없는 일상질서를 솔선해서 지켜나가면 된다. 질서는 정신의 건강이며 도시의 평화이며 나아가 국가의 안전이다.

《동아일보》 1991. 6. 15

권력형 부패 손대다 말어, 왜?

온 국민이 귀가 따갑도록 들어온 5공 청산. 이것을 최종 마무리 짓는다고 여야가 요란스럽게 떠들어대며 만들어놓은 작품이 1989년 12월 31일의 전두환 전 대통령 국회증언이었다. 그러나 이 증언은 5공 비리를 마지막으로 추궁하는 청문회가 아니라 마치 대통령이 시정연설하고 있지나 않은가 하는 착각을 일으키게 할 정도였다. 반성이나 참회는커녕 모든 것이 불가피했다는 과오은폐, 책임회피 일변도였다.

군인의 길을 걸으려 했으나 어찌할 수 없는 숙명 때문에 원치도 않던 대통령이 되었고 삼청교육, 공직자·언론인 해직은 사회정화를 위한 불가피한 조처였으며 부실기업정리는 국가경제발전을 위해 사심 없이 내린 결단이었다는 것. 또 광주사태는 다른 일로 바빠 잘 알지 못했으나 계엄사의 자위권 발동 지시로 폭도들을 진압하는 과정에서 시민들을 다소 희생시키는 부득이한 결과를 초래했고 정치자금 문제는 진상을 밝히면 국가적 혼란이 일어나 입을 다물 수밖에 없다며 일방통행식 증언으로 끝내버렸다.

2년여의 백담사 생활을 청산하고 서울로 귀환하는 전씨의 행차는 매우 요란했다. 현직 대통령에 버금가는 경호 속에 옛 집에 도착해 보니 전·현직 의원 등 많은 거물급들이 도열해 있다가 환영인사를 했다. 하산 직전 발표한 성명의 내용 또한 오묘했다. 의례적 인사말을 빼고 보면 노 대통령을 비롯한 정치권과 사회 각계에서 자꾸 권유해 차마 뿌리치지 못해 국가에 헌납했던 연희동 자택으로 마지못해 되돌아간다는 것이었다.

요즘 측근들과 잇달아 모임만찬을 갖는 등 전 씨가 다시 움직이고 있다고 한다. 이에 맞춰 5공 비리 관련자 중 유일하게 수감중이던 동생 전경환 씨가 가석방돼 풀려났다. 당초 전(全) 전 대통령의 친인척과 전직 고위공직자 등 47명이 구속됐으나 거의 모두 특별감형 등으로 석방됐다. 권력형 부패에 대한 법적 응징이 용두사미로 끝나버렸다. 통과의례 모양을 갖춘 수순이었음이 그대로 확인됐다. 이것으로 5공 청산은 종결된 것일까. 한 시대의 잘못이 제대로 심판받지 않으면 같은 잘못이 끝없이 되풀이된다. 5공은 이제부터 준엄한 역사의 심판을 받아야 한다.

《동아일보》 1991. 6. 26.

기초의원들 추태

구시군의회에 이어 시도의회가 개원돼 우리나라도 명실 공히 지방자치 시대에 들어섰다. 30년 만에 부활된 지자제에 대한 국민의 기대는 자못 컸다. 그러나 의원들이 하는 행태는 답답하고 한심스럽기만 하다. 서울시 양천구의회의 일부 의원들은 며칠 전 추경예산심의 때 2억 원의 의원 활동비 배정을 요구했다가 구청 측이 현행법상 불가능하다고 거부하자 구청예산을 20억 원 삭감하겠다고 으름장을 놓았다. 구청 측은 하는 수 없이 청장 판공비로 책정된 1,800만 원을 넘겨줘 구의원들이 50만원씩 나눠가졌다.

이 같은 사실은 이 돈을 의원들이 분배하는 과정에서 다투다 들통이 났다. 기초의회는 지난 4월 개원하기 전부터 의장자리를 놓고 감투싸움을 벌이기 시작했다. 일부 의장후보들은 포섭대상 의원들에게 거액의 금품을 살포하고 향응을 베푸는 등 극심한 타락상을 드러냈다. 삼당이락(三當二落: 3억 원 당선, 2억 원 낙선)이란 말이 공공연히 나돌았다. 경쟁자의 약점을 들춰내 인신공격을 하기도 했다. 의장 낙선에 불만을 품고 개원축하연에서 동료의원을 폭행하는 추태까지 부렸다.

기초의원들은 맨 먼저 국회의원들의 뇌물외유를 배우려는 듯 당선되자마자 해외여행을 서둘렀다. 일부 지역에서는 부부동반으로 다녀오기도 했다. 그래도 이 정도는 약과다. 교육위원 후보추천과정에서 금품을 수수했는가 하면 초등생을 강제추행한 의원도 있다. 개원한 지 4개월밖에 안 되는데 이권개입, 사기 등으로 형사처벌을 받은 의원이 42명이나 된다. 일부 지역에서는 무더기로 구속돼 의결 정족수 부족으로 의회기능이 마비되기도 했다.

기초의회의원은 전문정치인이 아닌 일반주민 가운데 자기생업을 영위하면서 동네일을 거드는 무보수 명예직이다. 동네사람들의 가려운 곳을 긁어주고 동네살림을 알뜰하게 보살피면서 봉사하라고 뽑아주었더니 주민과 행정당국 위에 군림하려고 한다. 민주주의의 바탕인 구의회 의원들의 자세에 따라 우리 민주주의의 장래가 판가름 난다는 사명감 아래 제발 근검과 양보, 봉사의 자세를 갖춰주었으면 싶다.

《동아일보》 1991. 8. 29

초호화 공직자 사무실

다산 정약용은 《목민심서》에서 지방수령이 부임할 때 "청렴한 선비의 행장은 이부자리에 속옷, 그리고 고작해야 책 한 수레쯤 싣고 가면 된다"고 했다. 다산은 또 "재임중에는 반드시 자애로워야 하며 그러려면 반드시 청렴해야 하고, 청렴하려면 반드시 절약해야 한다. 그러므로 절용(節用) 하는 것은 그 무엇보다 가장 중요한 임무다"라고 강조했다. 여기에 또 한 가지 첨가되는 것이 있다. 그것은 재임중일 때보다 자리를 떠났을 때 좋은 평가를 받아야 한다는 것이다.

우리 선조들 중에는 유난히 청백리가 많았다. 고려, 조선조를 통하여 내려온 청백리의 덕목을 보면 청렴결백 외에 근검·후덕·경효·인의·선정(善政)·충의·준법 항목이 열거돼 있다. 역시 근검을 중요시하고 있다. 근래에 와서 외무장관을 지낸 변영태(卞榮泰) 선생을 제외하고는 청백리라 할 만한 공직자가 눈에 띄지 않는다. 현존 공직자 중 전 세계적으로 인정받는 분이 있다. 태국 방콕의 잠롱 스리무앙 시장이다. 그는 봉급은 모두 자선단체에 기부하고 사글세방에 살고 있다. 식사도 하루 한 끼로 절약한다. 무명옷 세 벌이 그가 가진 옷의 전부다. 사무실도 좁게 쓰고 집기도 보잘 것이 없다.

우리나라 장·차관들 사무실 면적이 지나치게 넓다. 총무처 조사에 따르면 장관의 경우 50평인데 일본은 36.4평, 독일은 27.3평밖에 안 된다. 우리 장관실이 독일 장관실의 2배나 된다. 그런가 하면 실제로 일이 많은 국장실은 일본 국장실의 절반밖에 되지 않는다. 사무실 넓기로는 장관실도 별것 아니다. 서울시장실이 80평이 넘고 서울 지방경찰청장실은 90평이나 된다고 한다.

이런 사무실은 넓을 뿐 아니라 고급집기와 카펫에 샤워장, 침실까지 갖춰져 있다. 시도지사실도 보통 50~60평 정도이고 구청장, 일선 경찰서장실도 30~40평 규모다. 근검절약을 솔선수범해야 할 고위공직자들이 오히려 앞장서 호화사치를 조장하고 있는 느낌이다. 우리나라는 인구는 많고 국토는 좁다. 가는 곳마다 사무실 난을 겪고 있다. 권위주의 냄새가 짙은 널따란 사무실, 등받이 높은 우람한 의자, 사치스런 집기는 세금의 낭비일 뿐 아니라 국민과의 거리를 넓히면 넓혔지 좁히지는 못할 것이다.

《동아일보》 1991. 10. 1

신도시 들자마자 너덜너덜

세계의 신도시 중 가장 성공적인 케이스로 꼽히는 도시는 영국 런던 북쪽 80㎞ 지점에 위치한 밀턴킨스시다. 1950년대 말 런던의 인구집중이 심각해지면서 영국 주택정책청에서 이에 관한 보고서를 작성해 1965년 이를 토대로 뉴타운 계획이 성안돼 이 지역이 신도시 개발지구로 지정됐다. 공사 첫 삽을 뜬 것은 보고서가 나온 지 10여년 만인 1969년. 2000년까지 25만 명 입주 목표 아래 지금도 개발중인 이 신도시는 22년이 지난 현재도 상주인구는 14만 5천여 명밖에 안 된다.

일본의 대표적 신도시는 다마시(多摩市). 동경 남서쪽 40㎞지점의 이 신도시는 1965년부터 개발되기 시작했는데 26년이 지난 현재 개발공정은 70% 정도 진행한 상태였다. 역시 2000년까지 30만 명 입주 목표인데 현재 14만 명가량 입주해 있다. 우리보다 건설기술 수준이 앞선 선진 각국에서도 신도시는 20~40년씩 장기간에 걸쳐 개발하고 있다. 이 신도시들은 기반시설을 정비한 다음 주택·상업 업무시설을 유치하고 있다.

이에 비하면 우리의 신도시 개발은 '마파람에 게 눈 감추듯' 해치우고 있는 느낌이다. 3년짜리로 마련된 분당, 일산 등 신도시 계획 자체가 불가능에 가까운 무리한 계획이었다. 먼저 집 지을 사람부터 부족해 각 건설현장은 극심한 인력 스카우트 경쟁을 벌이더니 시멘트, 골재 등 자재가 크게 부족해 소금기를 제거하지 않은 바닷모래를 사용했는가 하면 불량품까지 마구 수입해 썼다. 그러다보니 여기저기서 부실공사가 발생하고 다 지은 아파트를 부숴버리기까지 했다.

지난달 30일부터 분당 입주가 시작됐다. 그러나 곳곳에서 하자가 잇따라 발생, 입주자들이 큰 불편을 겪고 있다. 아파트 엘리베이터가 고장 나 이삿짐을 계단으로 끌고 올라가는가 하면 도시가스 공급이 중단돼 밥을 버너로 지어먹기까지 했다 한다. 각종 공사로 인한 불편 말고도 싱크대·욕조 이음새 등에서 물이 새고 베란다 난간이 흔들리는 곳도 있었다. 이 모두 졸속의 당연한 귀결이다. 주택당국과 건설업체는 이제부터라도 입주자들의 불편 해소에 세심한 신경을 써야한다.

《동아일보》 1991. 10. 6

전화번호 감추는 권력기관

며칠 전 청와대 사칭 정치헌금 조건 특혜대출 사기사건이 보도되자 많은 사람들이 놀랐다. 범인들은 정부가 도입한 차관 4조 원을 10년 거치 10년 상환조건으로 특혜대출해 주는데 대출액의 25%는 정치자금으로 공제한다고 속여 관광호텔, 백화점 등 은행대출이 동결된 사치성업체와 자금난을 겪고 있는 기업대표 33명을 끌어들였다. 이들은 한 회사에 무려 7천억 원까지 대출해 준다며 1조 5천억 원 대의 부동산 담보용 서류를 넘겨받았다. 또 지난 16일엔 청와대 비서관을 사칭하여 아파트 부지매입과 관련해 44억 원을 횡령한 5명이 구속됐다.

이름만 대면 알 만한 수십 명의 기업인들이 그토록 쉽게 속아 넘어갔다. 하다못해 전화 한 통화만 걸어 확인해 보았어도 알았을 것 아닌가. 그런데 문제는 바로 거기에 있었다. 청와대로는 전화를 할 수가 없다. 청와대에 전화가 없어서가 아니라 전화번호를 알 수가 없다. 전화번호부에 적혀있지 않음은 물론 114안내원도 알려주지 않는다. 그 많은 번호를 줄줄 외는 안내원도 그 번호만은 모른다.

전화번호를 공개 않는 곳은 청와대뿐이 아니다. 안기부·국방부·합동참모본부·각 군 본부 등이 모두 그렇다. 이유인즉 국가기밀을 누설치 않기 위한 통신보안 때문이라 한다. 미국은 백악관뿐 아니라 CIA·펜타곤·각 군 본부 등의 전화번호가 번호부에 망라되어 있다. 백악관엔 수십 명의 안내원이 배치돼 비판하거나 탄원하는 전화내용을 해당부서에 통보한다. 미국뿐 아니라 많은 나라들이 그렇게 하고 있다.

공직자들은 나라의 주인은 국민이라고 입에 침이 마르도록 되뇐다. 이런 기관에 있는 사람들일수록 더욱 그렇다. 주인까지는 그만두고라도 납세자로서 자신의 권익과 직결된 것을 알아볼 정도의 권리는 있는 것 아닐까. 이삿짐센터는 '2424', 상가는 '4989', 장의사는 '0404', 페인트업은 '7777', 통닭구이집은 '9292' 번호를 구하느라 애쓴다. 그래서 프리미엄도 높다. 민자당의 대표전화도 6·29 선언을 과시하려고 '0629'번으로 했다. 청와대나 국방부에서도 이런 번호를 찾아 더 많은 전화를 걸어달라고 대국민홍보를 할 용의는 없는지….

《동아일보》 1991. 10. 18

직장 내 차별

일하고 싶은 사람에게 일자리가 없다는 것은 참으로 안타까운 일이다. 당장 생계유지가 어려운 입장에서 일자리를 구하지 못했을 때 얼마나 답답하겠는가. 또 학교 졸업 후 인생의 첫 출발점에서부터 일할 기회를 얻지 못하는 것 또한 얼마나 불행한 일인가. 인력자원의 개발·활용 면에서 볼 때도 사회전체의 큰 손실이다. 그것은 단순한 손실에 그치지 않고 커다란 사회불안의 요인이 될 수 있다. 그처럼 절실한 구직이 순수한 능력부족에서가 아니라 부당한 차별로 인해 가로막혔을 때 얼마나 울화가 치밀어 오르겠는가.

우리 사회처럼 취직하기도 어렵고 또 심하게 차별받는 사회도 많지 않을 것이다. 학력에 따른 차별 말고도 연령, 지역, 성별로도 차별받는다. 공공기관이나 사기업 모두 직원채용광고 등에 학력을 철저히 명시해 놓는다. 학력뿐 아니라 몇 년생 이상, 몇 년생 이하 등 연령도 명시돼있다. 남녀고용평등법이 시행된 후 성차별은 없어진 것처럼 돼 있다. 그러나 실제로는 차별방법만 교묘해졌을 뿐이다. 내부적으로 차별할 뿐만 아니라 결혼퇴직 각서를 받는 등 간접방법이 동원된다.

학력제한과 관련, 고졸과 대졸자 간의 임금격차가 항상 말썽이었다. 그런데 최근 4년 근속한 고졸 남성사원이 대졸 남성 신입사원보다 더 많은 임금을 받아 학력 간 임금격차의 역전현상이 나타났다. 대한상공회의소와 한국경영자총협회에서 전국 기업체들을 대상으로 조사한 것이다. 그러나 나이가 많아질수록 고졸·대졸자 간의 임금격차가 벌어진다. 최근 한국노동연구원 조사에 따르면 젊은 때는 비슷하지만 50대에 들어서는 고졸자의 임금이 대졸자의 절반밖에 되지 않는다는 것.

정부는 고졸자에 대한 사회적 대우를 향상시키기 위해 고용관행을 바꿔 공공부문 신규채용시험에서 학력 및 연령제한 조항을 없애고 이 방침을 앞으로 민간부문에도 확대해 나가기로 했다. 참으로 다행한 일이다. 그러나 채용뿐만 아니라 직장생활에서의 생애임금과 승진 등에서도 차별을 없애야 한다. 나이 · 학교 · 성별은 물론 지역의 차별도 없애야 한다.

《동아일보》 1991. 11. 2

쭉 뻗은 도로행정 아쉽다

작년 봄 서울시장과 시민생활과 서무주임이 한 차로 출근해 화제가 됐었다. 시장공관 가까이 사는 서무주임은 아침마다 공관 앞에서 시장과 함께 타는 '영광'을 누렸다. 서무주임은 처음엔 가시방석에 앉은 기분이었지만 나중엔 통근버스 탄 것과 별 차이가 없었다고 한다. 승용차 함께 타기 운동으로 한때 시장은 물론 부시장, 국장들도 집이 가까운 직원들과 함께 타고 출근했다.

경인 · 경수(京水) 고속도로 통행제한으로 요즘 자가용 승용차로 출퇴근하는 직장인들끼리의 카풀제가 크게 확대되고 있다. 특히 3명 이상 타지 않은 승용차의 진입이 규제되는 경인고속도로 입구에서 카풀제 가입자가 늘고 있다. 가입자들은 아파트 단지별로 순번제 운전을 하거나 일정 지점에 모여 함께 타고 간다. 현재 카풀제 이용팀이 3천 개에 이르는데 이 중 인천, 수원 부근에서 출근하는 팀이 1천 5백 개가 넘는다.

이 밖에도 직장에 따라 갖가지 출근방법이 시도되고 있다. 경희의료원 직원들은 자가용 홀짝제를 시행하고 있다. 자가용이 크게 늘어나 주차를 할 수 없는데다 교통체증 해소에도 도움을 주기 위해 자발적으로 나섰다. 대한치과의사협회에서는 매달 하루 자가용 안 타기 운동을 벌여 전국 회원들에게 이행을 촉구하고 있다. 직장에 따라서는 시차제 출퇴근을 운영하는 곳도 있다. 자전거로 출퇴근하는 사람도 많이 늘었다.

영국의 발명가 존 머캐덤은 도로의 아버지로 불린다. 길이 좁고 울퉁불퉁하여 통행에 큰 불편을 겪는 것을 안타깝게 여긴 머캐덤은 일정한 크기로 깨뜨린 자갈을 도로에 깔았다. 돌의 크기가 일정치 못하면 차량 등의 중량을 견디지 못하기 때문에 돌을 자기 입에 들어갈 정도의 크기로 깨는 모범을 보였다. 그것도 사재를 털어 포장을 했다. 이것이 머캐덤포장, 바로 쇄석포장(碎石鋪裝)이다. 영국인들은 뒤늦게 그에 대한 고마움을 알게 됐고 머캐덤포장은 전 세계로 보급됐다. 우리는 박정희 대통령이 '선견지명'이 있어 고속도로를 건설했지만 그 뒤를 잇는 일꾼들이 없었다. 교통체증으로 인한 불편을 시민들에게만 떠넘기지 않는, 앞을 예측하는 도로행정이 아쉽다.

《동아일보》 1991. 11. 11

부정부패 악순환

침몰해 가는 우리 경제를 되살리기 위해 모두 함께 열심히 일하자는 분위기가 확산되고 있다. 5개 경제단체를 중심으로 10% 더하기 5대 운동이 전개되고 있다. 절약·저축·생산성 향상·수출·일을 하는 데 10%씩 더하자는 것이다. 선진국 진입이냐, 후진국 추락이냐의 갈림길에서 이런 운동이 벌어진 것은 천만다행이다. 그러나 여기에서 이에 못지않게 우리가 실행해야 할 중요 과제가 있다. 지금 온통 우리 사회를 좀먹는 부정부패의 척결이다.

우리나라만 그런 것은 아니지만 건국 반세기 동안 끊임없이 부정부패에 시달려 왔다. 모두들 부정부패 일소를 외쳐댔지만 줄어들기는커녕 날로 늘어나기만 했다. 올해 들어서도 연초부터 초대형 부정사건들이 잇따라 터졌다. 국회의원 뇌물외유사건만 해도 몸서리쳐지는데 각 대학의 부정입학, 예체능계 부정입시에 한보의 수서특혜분양 사건까지 겹쳐 온 나라가 썩는 냄새로 진동했다.

요 며칠 사이에도 잇따라 부정사건이 발생했다. 보건증을 3만 장이나 허위 발급해 20억 원을 챙긴 의사 등 13명이 구속됐고 분당 신도시 토지보상부정으로 시의원과 토지개발공사 간부가 구속됐다. 또 뇌물을 받고 골프장 환경영향평가를 업자에게 유리하게 해준 환경처 과장 등이 구속됐고 현직경관이 도박장을 개설해 놓고 폭력배를 고용해 망보게 한 후 20억 대 도박판을 벌여 오다 들통났다.

내년에 치를 네 차례의 선거에 들어갈 돈이 얼마일지는 확실히 알 수 없지만 10조 원, 20조 원이 들 것이라고 한다. 이 돈의 상당부분이 이해가 얽혀 있는 기업의 부담이 될 것이다. 기업은 부담만으로 그치지 않는다. 그렇게 해서 부정부패의 악순환은 내년, 내후년에도 끝없이 이어질 것이다. 우리는 부정부패를 척결하겠다는 의지부터 약하다. 집중단속한다지만 대부분 처음과 나중이, 속과 겉이 달라 시늉으로 그치고 만다. 부정의 존재를 앞에 놓고 침묵하는 사람 역시 공범자다. 부정부패가 사회에 만연할 때 젊은이들이 정직하게 열심히 일을 하겠는가.

《동아일보》 1991. 11. 24

누구를 위한 경찰인가

이 세상에 생명보다 더 귀중한 것은 없다. 성경에도 '온 천하를 얻고도 제 목숨을 잃으면 무엇이 유익하랴'고 생명의 소중함을 강조했다. 생명이 끊기면 사랑하는 가족, 친구, 나라, 산천, 시공, 추억 그 모든 것이 일순간에 사라진다. 생명존외(生命尊畏)의 우리 선조들은 나뭇가지 한 개도, 한 송이 들꽃도 의미 없이 꺾지 않았다. 하찮은 벌레도 밟지 않았다. 할머니들은 하다못해 뜨거운 기명 물도 식혀서 버렸다. 하수구의 미물들을 해치지 않기 위해서다.

그러나 요즘 우리 사회는 사람 목숨이 파리 목숨이다. 그것도 단순히 목숨만 뺏는 것이 아니다. '얼굴 없는 범인'이 벌써 몇 해째 화성지역을 공포의 도가니에 몰아넣었다. 전국적으로 선포된 범죄와의 전쟁을 비웃듯 연쇄 강간 엽기살인이 되풀이되고 있다. '부녀자 사냥'을 일삼는 이 살인마는 성 도착적 추행을 일삼았다. 세상을 깜짝 놀라게 했던 오대양 여사장 박순자(朴順子) 씨 등 32명 집단 변사사건도 실마리가 풀리지 않고 있다. 칼잡이 깡패들의 잔인한 살인극도 꼬리를 물고 계속된다. 서진 룸살롱에서 4명이 생선회칼로 난자당했고 샛별 룸살롱에서도 4명이 목 등 신체가 잘리는 참혹한 죽음을 당했다.

국민들은 밤이나 낮이나, 길거리나 안방에서, 심지어 택시 안에서도 무차별 폭력 앞에 생명 및 재산과 정조를 무참히 짓밟혔다. 이 험악한 세상에 국민들은 누구를 믿을 것인가. 그래도 공권력밖에 없지 않는가. 국민의 혈세로 지탱되는 경찰의 한 해 예산은 물경 2조 원에 달한다. 인원도 14만 명으로 늘어났다. 그러나 경찰에 의지하려는 국민이 얼마나 될까. 얼마 전 한국형사정책연구원의 여론조사 결과를 보면 '경찰이 민중의 지팡이가 아니다'라는 응답이 40%가 넘었다. 그 첫째 이유는 도움을 청해도 속히 응하지 않는 것이다. 다음은 사건을 청탁받고 처리하고 무고한 시민을 범인 취급해 버린다는 것이다.

수사미궁 1년의 이형호(李炯昊) 군 유괴 살해사건만 해도 그렇다. 안일에 빠진 경찰은 세 차례나 돈을 받기 위해 현장에 나온 범인을 놓쳤다. 그 바람에 경찰 개입을 알게 된 범인은 형호 군을 살해한 뒤 종적을 감춰

버렸다. 하기야 잡아다 준 범인을 놓친 경우도 한두 번이 아니다. 그뿐인가. 작년 6월엔 현직 경찰관이 사람을 때리고는 합의해 주지 않는다고 일가족 4명을 쏘아 죽였다. 그것도 도망치는 피해자들을 일일이 찾아다니며 확인 사살했다. 특채 임용된 서울북부서 김준영(金俊永) 순경의 만행이다. 그래 놓고 국민의 생명과 재산을 수호한다고 할 수 있는가.

선량한 주민 91명을 무차별 살상한 의령의 우범곤(禹範坤) 순경의 광란이나 부천서 성고문사건, 박종철 군 고문치사사건, 심효섭(沈曉燮) 경무관 총기난동사건, 강경대(姜慶大) 군 치사사건 등 굵직한 사건이 터질 때마다 경찰 수뇌부는 민주경찰로 거듭나겠다고 다짐했다. 그러나 지나고 보면 모두가 공허한 메아리였다.

그동안 수사상 밝혀야 할 부분을 미처 조사하지도 못한 상태에서 미진한 수사내용을 서둘러 공표하는 경우가 허다했다. 실적이나 공명심에 눈이 어두워서다. 이미 형사처벌이 끝난 사안을 재취합해 구속자 수를 늘려 발표하기도 했다. 뻥튀기 수사발표다. 실로 만인의 가슴을 아프게 한 서울신학대 입시문제지 도난사건 수사도 그랬다.

경비원 정계택(鄭啓澤) 씨가 시험지 도난을 발견하고 신고한 바로 다음날 경찰은 정씨가 범인이라고 발표했다. 수사내용이 미진할 뿐만 아니라 아무 단서도, 증거도 확보하지 않은 상태에서 발표부터 해 버렸다. 바로 다음날 정씨는 범행사실을 모두 부인했고 다급해진 경찰과 검찰은 편법으로 다른 혐의를 찾아 구속해 버렸다. 이런 식의 인신구속은 용렬하기 짝이 없는 수법이며 변호인 면담제한 역시 졸렬한 작태다.

다시 원점으로 돌아가 재수사하는 판에 이번엔 조병술(趙炳述) 경비과장이 자살해 버렸다. 정씨의 자백에만 집착해 또 다른 범인의 범행가능성을 간과한 채 단선수사를 계속하다 조씨의 죽음에까지 이르렀다. 철저히 겉돈 수사였다. 조씨의 자살이 사건해결의 결정적 계기가 될 것으로 검찰은 기대했지만 하루도 못 가 또 다른 미궁으로 빠져들었다. 자살동기도 알지 못하고 유류품도 없어 자살인지조차 확실히 알 수 없게 됐다. 조 과장은 처음부터 이 사건에 연루 가능성이 큰 인물이었으므로 당연히 자살 전에 단서나 신병을 확보했어야 한다. 수사의 기초조차 모르는 한심한 수사진이다.

지금까지 우리의 공권력은 권력 상층부의 신임을 얻기 위해 노력했을 뿐 국민의 신뢰를 얻는 데엔 크게 신경 쓰지 않았다는 비판을 면키 어렵다. 물론 자유당 정권, 유신, 5공을 거치면서 정치적 외압에 휘둘려 온 것이 사실이며 요즘엔 시국불안에 대처하느라 정신없었던 것도 사실이다. 그러나 지금 범죄가 날로 흉포해져 국민들의 공포심이 최고조에 달해 있다. 경찰은 최일선에 서 있는 법의 집행기관이며 보통 사람과 가장 가까이 있는 민중의 안내자다. 당연히 민생안정을 위한 범죄예방이 제1의 임무다. 권력의 시녀 탈을 벗고 민중의 공복으로 위상을 정립해야 한다. 엄정하고 공평한 공권력 행사로 국민의 신뢰를 회복할 때 무법·불법의 치안부재를 불식시킬 수 있다.

경찰은 늘 봉사하는 경찰상을 내세운다. 남을 위해 끊임없이 봉사하는 것이야말로 최고의 덕목이다. 슈바이처 박사도 '생명을 위해 봉사함으로써 나는 세계에 대해 뜻 있고 목적 있는 행동을 다 한다'고 서슴없이 말했다. 실천에 옮기지 못하는 봉사, 구호뿐인 봉사는 악덕일 뿐이다. 제 공적만 내세우려는 공명심은 참으로 하찮은 졸장부들의 행태다. 세상에 나서 그릇된 일 않고 제 몫 다하면 그것으로 훌륭한 공덕을 쌓는 것이다.

《동아일보》 1992. 1. 31.

군은 기강도 팔아치웠나?

수도 서울은 군사분계선으로부터 불과 44㎞밖에 되지 않는다. 북의 야포 사정거리다. 이 서울을 중심으로 수도권에 2천만 명이 살고 있다. 북에서 전투기가 이륙해 2, 3분 안에 서울 지역에 폭탄을 투하할 수 있고 장거리포는 1분도 안 돼 수도권 지역을 강타할 수 있다. 현대병기의 명중률은 놀라울 정도로 무섭다. 그런 걱정을 하다보면 하루도 편안히 살 수 없다.

그러나 국민들은 휴전선 155마일을 철통같이 지키는 우리 국군을 믿는다. 철책과 참호에서 한시도 게을리 하지 않고 북의 도발을 감시하는 국군을 믿고 각자 생업에 열중할 수 있다. 이제 우리 군은 전투기, 구축함, 유도탄 등 국산 장비로 무장한 막강한 전력을 갖고 있다. 우리 군은 이제 한반도의 안전은 물론 동북아시아의 평화와 번영에 기여하는 세계 속의 군대가 되어야 한다. 그런데 군을 믿는 국민을 실망시키는 참으로 모멸적인 사건이 발생했다.

현역 하사관이 근무하는 부대 무기고에서 M16소총 11정을 훔쳐 팔아먹었다. 이를 산 사람은 이 소총으로 엽총을 만들어 시중에 팔았다. 이 하사관은 한 정에 겨우 10만 원씩 받고 이 소중한 국민의 재산을 팔아 넘겼다. 이렇게 만든 엽총은 값이 싼데다 명중률이 높아 인기가 있다는데, 경찰은 군용총기를 빼내 엽총으로 개조해 판매하는 사례가 더 있을 것으로 보고 수사를 확대하고 있다.

《손자》(孫子)와 더불어 춘추전국시대의 명 병법서인 《오자》(吳子)의 저자 오기(吳起)는 군대는 다섯 가지가 있다고 했다. 의병(義兵), 강병(强兵) 강병(剛兵), 폭병(暴兵), 역병(逆兵)이다. 폭력을 억제하고 무질서를 구제하는 것이 의병이요, 공격력이 있는 것이 강병(强兵)이며 어떤 사태에 직면하여 분격해 일으킨 것이 강병(剛兵)이요, 탐욕적 집단이 폭병이며 나라가 어지러울 때 민중을 선동해 혼란에 편승하는 것이 역병이다. 위정자나 군 통수기관은 지금 우리 군이 어느 수준에 놓여 있는지 한번 깊이 성찰해 보아야겠다. 만일 폭병의 상태라면 큰일 아닌가. 철저한 군기강의 확립을 거듭 당부한다.

《동아일보》 1992. 2. 10

천박한 경찰관

시민들의 가려운 데를 긁어주고 보이지 않게 돌봐주는 런던의 경관을 '보비'라는 애칭으로 부른다. '필러'라고도 부르는데 모두 세계 최초로 경찰을 창설한 '경찰의 아버지' 로버트 필 경(卿)의 이름에서 딴 것들이다. 그러나 경찰이 이런 좋은 별명만 갖고 있지는 않다. 손가락질 받는다 해서 '손가락', 군중을 팔꿈치로 밀어붙인다 해서 '팔꿈치', 용의자에게 덤비는 자세를 흉내 낸 '개구리' 등이 있다. 이 밖에 '청파리', '사냥개', '돼지'로도 불린다.

미국의 경찰은 한때 악명 높은 부패의 소굴이었다. 19세기 초 뉴욕의 한 형사가 불법도박장 경영주와 고급 유곽 주인으로부터 50만 달러나 뜯어내 화제가 됐다. 비슷한 사건들이 곳곳에서 계속 발생했다. 길거리 과일장수로부터 사과를 공짜로 빼앗아 먹는 경관의 모습은 미국 풍자만화에서 단골로 나오는 주인공이다. 경찰관의 비행은 갖가지다. 그러나 요즘 우리 주변에서 일어나는 천박스럽고 비열한 행동은 만화에서도 찾아보기 어려운 작태다.

서울 용산경찰서 소속 현직 경관 3명이 돈 받아달라는 부탁을 받고 여인을 납치, 수표 2억 7천만 원을 빼앗았다. 또 전북 무주경찰서에서는 여당 공천자를 당선시키기 위한 지원문서까지 작성해 말썽을 빚고 있다. 경찰·검찰 당국의 사후조치도 한심스럽다. 청부폭력을 저지른 경찰관들을 형사입건조차 하지 않은 채 파면·감봉 처분 등 경미한 징계로 끝내버린 사실이 뒤늦게 밝혀졌다. 또 여당후보를 위해 민심동향, 총선대책 등을 작성한 것을 단순한 내부보고용이라며 경고, 대기발령으로 얼버무리려 하고 있다.

우리 사회 곳곳에서 발생하는 민사 분쟁, 특히 채무변제를 청부폭력으로 해결하려는 경우가 적지 않다. 복잡하고 비용이 많이 들고 시일을 끄는 소송을 피해 간편하고 신속한 폭력수단에 의존하려는 것이다. 이 망국풍조를 다른 사람도 아닌 현직 경찰관이 저질러서야 될 말인가. 또 공무원이 선거에 관여하지 않는 것은 민주정치의 상식이다. 경찰이 선거공작에 끼어들어서야 나라꼴이 어떻게 되겠는가.

《동아일보》 1992. 3. 3

북한산서 미군총포 훈련

한양 도성의 정맥 북한산은 예로부터 서울의 진산(鎭山)으로 존중받았다. 한강 남쪽의 남한산과 대응하는 북한산은 삼각산으로 달리 불리기도 한다. 삼각산은 북한산 여러 봉우리 중 가장 높은 백운대와 인수봉, 국망봉 세 봉우리가 솥귀처럼 삼각이 져 붙여진 이름. 북한산은 서울에 너무 가까이 있어 오히려 그 고마움을 잊고 지낼 정도로 서울시민들의 변함없는 안식처다.

곳곳에 기암괴석이 널려 있는 북한산은 빼어난 경관에 아기자기한 맛이 있어 오를수록 새로운 산의 매력을 느낀다. 수도권에서는 전철이나 시내버스로 쉽게 갈 수 있어 휴일이면 하루에 수만 명이 오르내린다. 세파와 도심의 공해에 찌든 서울 시민들의 정든 벗, 좋은 이웃으로 위안을 주는 천혜의 휴식처다. 행락객이 버린 쓰레기, 음식물 찌꺼기로 오염됐던 북한산이 재작년부터 시작된 국립공원 취사야영금지 조치로 깨끗해졌다.

사라졌던 동물 식구들도 요즘 다시 찾아들고 있다. 다람쥐와 깊숙한 산속에 사는 청서(靑鼠)가 나무와 수풀 사이를 이리저리 옮겨 다닌다. 또 모습을 감춘 고산조류(高山鳥類) ― 노랑할미새, 바위종달새, 굴뚝새, 큰유리새도 다시 찾아왔다. 이처럼 되살아나는 조용한 북한산에 7일 난데없이 총소리가 요란하게 울렸다. 주한미군들이 모의훈련을 한다며 M60 자동화기 등으로 공포탄을 마구 난사했다. 등산객들이 실제 사격으로 알고 겁을 먹어 긴급대피하는 소동을 빚었다.

미군들은 완전군장 차림으로 도봉산 유원지 등산로 입구에서 1㎞쯤 떨어진 만월암 위쪽 등산로까지 행군하면서 2시간 반 동안이나 조명탄·연막탄까지 터뜨리며 공포 분위기를 자아냈다. 훈련 뒤 현장 처리도 않은 채 떠나버려 등산객들이 탄피, C-레이션 찌꺼기 등을 수거했다. 설사 훈련이라고 해도 등산객이 많은 서울의 국립공원에서 그 같은 일을 저지를 수는 없다. 관계당국은 이러한 불상사가 재발되지 않도록 주한미군 사령부에 대해 엄하게 경고하기 바란다.

《동아일보》 1992. 3. 10

공무원 선거운동

공무원들이 대거 선거에 개입하고 있다. 장·차관을 포함한 정부 고위 관리들의 여당후보 지원성 나들이가 잦아지고 일선 시·도 공무원들도 특정정당 연설회나 후보합동연설회 등에 몰려가 행정 공백상태를 빚고 있다. 일선 공무원들은 지방에서는 현장 확인업무 등을 내세워 출장형식으로 연설회장에 나가고 도시 지역에서는 근무중에 마구 직장을 이탈, 연설회에 참석하고 있다. 이로 인한 민원처리 소홀로 주민들이 큰 불편을 겪고 있다.

시장, 군수, 구청장 등 일선 행정기관장들도 평소에 볼 수 없었던 활발한 대민접촉을 벌여 눈길을 끈다. 주민들의 애로사항을 직접 청취하거나 심지어 장기간 해결되지 않고 있는 숙원사업의 해결까지 약속하는 경우도 있다. 이들은 시정 또는 구정 보고회 등의 명목으로 각종 간담회 등을 계속 열어 주거환경개선이나 지역교통해소책, 주민복지사업 등을 협의하면서 실적을 홍보하고 있다.

얼마 전 전북 무주 경찰서에서 민자당 후보를 당선시키기 위한 '총선대책'을 작성해 말썽을 일으키더니 최근 충북 음성에서는 군수가 출마 후보자 및 정당의 동향을 파악해 민자당 후보를 지원했다가 고발당했다. 또 울산에서도 일선 행정관청이 후보별 예상 득표수 및 민자당 후보에 대한 지지도 등의 현황을 조사해 민자당의 선거운동에 깊숙이 개입하고 있다.

일선 행정기관에서는 대민업무의 최일선을 담당하고 있는 통반장들을 민자당 후보를 위한 선거운동에 나서게 하는 사례가 늘고 있다. 금품 등을 살포해 지역사정에 밝은이들을 적극 활용하고 있다. 요즘 시골에서는 갑자기 그 지역 출신 공직자들이 많이 찾아와 눈길을 끈다. 지방관서뿐 아니라 중앙관서에 근무하는 공직자들까지 고향을 찾아와 표 부탁을 하고 간다. 공직자가 중립을 지키지 않고는 깨끗한 선거를 기대할 수 없다. 공명선거를 하는 것이 이렇게 어려운지 가슴 답답함을 느낀다.

《동아일보》 1992. 3. 20

공무원 부정부패

얼마 전 홍콩의 〈문회보〉(文匯報)가 한국에선 뇌물수수, 부정부패가 성행하고 있다고 꼬집었다. 〈아시안비즈니스〉 지도 한국에서 사업을 하려면 뇌물 바치는 것부터 배워야 한다고 보도했다. 은근히 화가 나는 지적들이지만 이런 비판이 모두 사실에 가까운 것들이어서 뭐라 할 말이 없다. 그저 가슴 답답할 뿐이다. 실제로 우리의 공무원 부정부패가 갈수록 심각해져 가고 있다. 업체마다 촌지, 사례, 급행료, '월세' 명목으로 이리 뜯기고 저리 뜯긴다.

최근에는 만성화된 현장 공무원들의 봉투 수수와 각종 명목의 '준조세'(準租稅)를 견디다 못한 중소 기업인들이 정부 사정기관에 이를 시정해줄 것을 호소했다. 정부도 뒤늦게나마 이에 대한 대책으로 공해, 소방, 위생, 건축 등 일선 민원관계 공무원의 부조리를 막기 위해 관계 공무원의 유관업체 무단출입을 6월부터 금지키로 했다. 정부는 출장공무원에 대한 정신교육, 출장계획의 사전통보, 2인 1조 편성 등의 지침을 마련해 감찰 활동을 강화하겠다고 밝혔다.

그러나 지금 공무원 부정부패의 실태는 예상을 훨씬 뛰어넘고 그에 대한 원성도 위험수위를 넘어섰다. 담당직원들이 교대로 업체 등에 찾아가 자신의 관할임을 내세워 제 몫은 물론 윗사람 몫까지 챙겨가는 현실에서 이 정도의 지침이 얼마나 효과를 거둘지 의문이다. 이번 조처가 대통령 임기 말의 권력누수를 막기 위한 미봉책이라는 지적도 받고 있다. 정부는 고위 공직자부터 솔선수범하는 청렴풍토를 조성해 부정부패를 척결하는 새로운 자세를 갖춰야 한다.

어쩌다가 이 지경이 돼버렸는지 참으로 통탄할 일이지만 우리 선조들 중에는 유난히 청백리가 많았다. 조선조 때만 해도 길재(吉再), 맹사성

(孟思誠), 황희(黃喜), 박팽년(朴彭年), 성삼문(成三問), 김종직(金宗直), 조광조(趙光祖), 이언적(李彦迪), 주세붕(周世鵬), 이황(李滉), 이이(李珥) 김성일(金誠一), 유성룡(柳成龍), 이순신(李舜臣), 이원익(李元翼), 이항복(李恒福), 이덕형(李德馨), 박문수(朴文秀) 등 이루 헤아릴 수 없이 많다. 부정부패가 번식하면 그 사회는 타락 · 붕괴한다. 부정을 저지르는 것은 스스로를 나쁜 사람으로 만드는 최악의 자해행위다. 또 부정을 보고 눈감는 자도 부정의 공범자라는 것을 알아야 한다.

《동아일보》 1992. 5. 31

수돗물은 허드렛물 아니다

도시가 형성되면서 많은 사람들이 모여 살게 돼 우물물로는 양적으로 부족하고 수질 면에서도 위험해 오염되지 않은 위생적 수도를 만들지 않으면 안 되게 됐다. 도시가 형성된 로마의 수도가 고대 수도의 대표 격인데 이미 BC 312년에 만들어졌다. 멀리 산중의 맑은 물을 연장 578㎞의 수로로 도수(導水)하여 식수, 분수대, 목욕탕, 공공건물에 급수했다. 이 수도는 로마제국 멸망과 함께 파괴됐고 근대의 본격적인 대규모 수도는 16세기 말 런던에서 건설됐다.

우리도 일찍이 7~10세기경 통일신라시대에 이미 수도가 설치된 것으로 보인다. 경주의 안압지 발굴조사에서 상당한 규모의 토관으로 된 상하수도관이 출토됐다. 그러나 아쉽게도 조상들의 우수한 기술이 전수되지 않아 조선시대엔 수도라 할 만한 시설이 없었다. 1906년 처음으로 뚝도정수장의 여과지가 착공돼 1908년부터 서울시민들에게 수돗물이 공급됐다. 서울지역의 수돗물 사용량은 날로 급증, 지난 1월 한 달 동안의 사용량이 무려 8천 2백여만 톤에 달했다.

수돗물은 여름철 들어 사용량이 크게 늘어 비상이 걸리는데 작년 8월의 사용량이 9,987만 톤이나 됐다. 금년 8월엔 이보다 10% 이상 늘어날 것을 보인다. 이 같은 폭발적인 수돗물 소비증가는 서울의 급수인구가 늘어나기 때문이지만 그보다 소득수준의 향상으로 세탁기 등 물을 많이 사용하는 전자제품의 보급이 확대된 데다 주거형태의 변화로 샤워장, 수세식 화장실 등에서 물을 많이 사용하기 때문이다.

8월 들어 인천 · 수원 · 광명 · 미금 · 속초시에서 제한 급수된다. 울산은 이미 25일부터 실시하고 있다. 건설부에서 수돗물 수요량을 추정한 결과 8월중에 13개 시에서 공급부족이 예상된다는 것. 수돗물 부족은 사용자들의 남용 탓도 있겠지만 정부가 사용량 증가에 대비하는 투자를 소홀히 했기 때문이다. 시설확장과 함께 수도꼭지를 종전의 나선형에서 절약형인 원터치형으로 바꿔가는 것도 바람직하겠다. 그러나 가장 중요한 것은 아까운 물을 알뜰하게 아껴 쓰는 사용자들의 마음가짐이다.

《동아일보》 1992. 7. 28

참화 부르는 날림 준공검사

경남 남해군 창선면과 삼동면을 잇는 창선대교 중간이 가라앉았다. 이 대교 붕괴는 현지 경찰행정기관의 여섯 차례에 걸친 붕괴위험 경고와 긴급보수대책 요구에도 불구하고 관할 부산지방 국토관리청이 안전점검 끝에 '차가 다녀도 위험이 없다'는 판정을 내린 지 한 달 만에 발생했다. 개울이나 강도 아니고 섬과 섬을 연결하는 길인 450m의 대교가 무너져 통행하던 사람이 바다에 떨어져 죽다니, 도대체 이런 어처구니없는 일이 세상에 또 있을까.

이 다리는 건설 당시부터 교각붕괴 등 부실공사로 말썽이 일더니 개통 뒤에도 한쪽으로 기울고 이음새 부분이 벌어지는 등의 위험요소들로 인해 통행인들이 불안을 느껴 왔다. 잇단 보수요구를 묵살하던 부산국토관리청이 뒤늦게 안전점검을 한 뒤 한 일이라곤 녹슨 난간에 페인트를 칠하고 금간 다리 바닥에 시멘트를 발라놓은 정도였다. 이 다리는 지난 1980년 6월에 완공돼 12년밖에 안 됐는데도 중간부분이 무너져 내렸다. 이번 사고로 주민 1만여 명이 고립됐고 전화선이 끊겨 통신조차 단절됐다.

이번 사고는 우리나라 각종 부실건설공사의 현장을 여실히 드러내는 상징적인 사고였다. 작년 3월 교판붕괴로 공사가 중단됐던 팔당대교가 공사를 재개하자마자 지난 5월 초 다시 주탑 하단부 곳곳에 균열이 생겨 재차 공사가 중단됐다. 건설중인 신행주대교도 31일 오후 교판이 거의 절반이나 무너져 내렸다. 팔당대교나 신행주대교뿐이 아니다. 중소 공사는 말할 것도 없고 대형 건설공사인 임하댐, 주암댐 공사 등도 균열·붕괴가 잇따라 땜질소동을 벌였다.

왜 이토록 부실한 공사가 판을 치고 있는가. 근본 원인은 공사비를 적게 들이려는 업자들의 날림공사에 있겠지만 그보다 감독관청의 형식적인 준공검사가 문제다. 철저히 감독해 부실공사를 예방하고 이상이 있으면 준공승인을 안 해주면 되는데 관계공무원들이 부실공사를 눈감아주고 개인 잇속을 챙기기 때문에 빚어지는 것이다. 이번 창선대교 붕괴와 관련, 시공업자, 관계공무원, 감독관청의 책임을 철저히 따져 많은 부실공사 예방의 귀감으로 삼아야 한다.

《동아일보》 1992. 8. 1

부처다툼에 고통 받는 신도시 주민

신도시 분당에 사는 한 여고생의 독자편지는 읽는 사람들의 가슴을 아프게 했다. 매일 서울로 통학하는데 버스는 보통 30분 이상 기다려야 하며 초만원 버스 안에선 온몸에 땀이 배고 숨조차 제대로 쉴 수 없다는 것이다. 서로 먼저 타려고 치열한 몸싸움을 벌이는데 어떤 사람은 앞에 올라가는 사람을 끌어내리고 올라서기도 한단다. 버스가 적게 태우려고 멀찌감치 정차하면 사람들이 뛰고 달리고 매달리고 하는 것이 수치심도 자존심도 없는 짐승들의 세상 같다고 통탄했다.

신도시라고 건설해 놓은 것이 아파트만 마구 세워 놓았지 생활편의 시설은 엉망인 상태다. 그 중에서도 교통이 가장 큰 문제다. 그런데도 정부는 분당선, 일산선, 과천선 등 신도시를 연결하는 3개 수도권 전철의 공기(工期)를 6개월~2년이나 연기했다. 경제기획원은 자금부족 때문에 불가피하다고 발표했다. 그러나 사실은 자금 때문이 아니라 관계기관의 이해다툼 때문인 것으로 밝혀졌다. 서울시, 철도청 등이 분담금 문제 등을 다투다 착공이 늦어졌다.

정부는 신도시 개발에 착수하면서 별의별 미사여구를 다 동원했다. 공원 녹지비율이 어떻고 주택용적률 인구밀도가 어떻고 서울진입도 아주 편리하다고 떠들어댔다. 그야말로 공해 없는 쾌적한 생활공간을 저렴한 가격에 마련할 수 있다고 했다. 그래서 사람들이 구름같이 몰려들어 보통 몇십 대 1의 경쟁이었다. 그런데 지금의 실정은 어떤가. 아무리 입주 초기라지만 도로망, 병원, 시장, 학교 등 도시기반 및 편의시설이 너무나도 형편없다.

신도시 주민들이 이처럼 고통을 겪고 있는데 관련부처는 이해다툼만 벌이고 있다니 참으로 큰일이다. 왕복 4~5시간이나 걸리는 출근길 교통지옥을 정부 당국은 전혀 예상하지도 못했단 말인가. 당국은 신도시 운행 버스를 즉각 늘리도록 조치해야 한다. 또 무책임하게 연기해버린 신도시 전철공사를 앞당기는 데 총력을 기울여야 한다. 어린 소녀가 울지 않고 등하교할 수 있게 돕는 일이 성인들의 몫이다.

《동아일보》 1992. 9. 22

스스로를 허무는 군軍의 부패

1951년 1월 1·4후퇴때 제2국민병으로 편성된 국민방위군의 고급장교들이 국고금과 군수물자를 부정처분·착복해 아사자(餓死者), 동사자(凍死者)가 속출했다. 사망자 수만도 1천 명이 넘었다. 이 참상이 국회에서 폭로돼 신성모(申性模) 국방장관이 해임되고 이시영(李始榮) 부통령은 사임하면서까지 국회에 국민의 의혹을 풀어달라고 요청했다. 그해 7월 중앙고등군법회의는 김윤근(金潤根) 사령관, 윤익헌(尹益憲) 부사령관 등 5명에 사형을 언도, 총살형이 집행됐다. 우리군 사상 최대의 부정사건인 국민방위군 사건이다.

크고 작은 군(軍) 부정사건이 그 뒤에도 꼬리를 물고 이어졌다. 군용 휘발유를 빼내 팔거나 주식, 부식 등의 부정유출은 이루 다 헤아릴 수가 없다. 특이한 사건으로는 비행장 활주로 철판을 뜯어 팔아먹은 경우, 탱크를 잘라 고철로 판 경우도 있었다. 이 사건을 보도한 동아일보 기자가 끌려가 곤욕을 치르기도 했다. 올 들어서도 M16 소총 부품을 시중의 총포개조 판매업자에 팔아오다 들통났다.

국민들은 휴전선 155마일을 철통같이 지키는 우리 국군을 믿는다. 우리군은 이제 남한(南韓)의 안전은 물론 북동(北東)아시아의 평화와 번영에 기여하는 세계 속의 군대로 성장하고 있다. 그 같은 우리 군을 믿는 국민들을 실망시키는 사건이 또 발생했다. 군수사령부의 폐장비 불하사건으로 헌병부대장과 영관급 등 5명이 구속됐다. 군수사령관도 조사를 받고 있다. 구속된 자들은 처분대상이 아닌 폐장비 8천 톤을 억대 뇌물을 받고 빼돌렸다. 폐장비 중에는 그대로 사용할 수 있는 것들도 포함돼 있다.

군 부정을 감시하고 단속해야할 군 수사기관 요원들까지 이 사건에 연루돼 있어 우리 군이 이 정도로 타락했는가 하는 개탄이 절로 나온다. 대통령 선거와 정권 이양을 앞두고 그 어느 기관보다 더 건전해야 하고 기강이 바로 서있어야 할 군이 이래서야 될 일인가. 군이 부패하고 사조직이나 만들어 분파작용을 일삼으면 군은 존립가치를 잃는다. 이번 사건은 철저히 조사해 관련자를 엄중문책하고 다시는 이 같은 부정이 저질러지지 않도록 만반의 태세를 갖춰야 한다.

《동아일보》 1992. 11. 20

중국의 쌀 태풍 주의보

오늘날 재배되고 있는 벼는 4~5천 년 전 인도 갠지스 강 유역, 미얀마 북부, 라오스, 태국, 중국 남부지역에서 심기 시작, 여러 경로를 통해 세계 각국으로 전파됐다고 한다. 중국에서는 BC 2700년경부터 재배했다는 기록이 있다. 우리나라는 중국의 기록과 김해패총에서 발굴된 탄화(炭化) 쌀덩어리 및 유물 등으로 미루어 약 2천 년 전 삼한시대부터 벼를 재배한 것으로 알려졌다. 그러나 1976년 경기도 여주에서 약 3천 년 전 것으로 보이는 탄화미(炭化米)가 발굴돼 벼농사기원이 더 오래된 것임을 추정케 한다.

전파경로는 분명치 않으나 중국 남부지방에서 바다 건너 우리 남부지방으로 들어온 경로와 육로로 우리 중부지방에 전파된 것으로 추정된다. 삼국사기에 벌써 벼농사 권장과 제방축조 기록이 상세히 적혀 있다. 권업모범장(勸業模範場)이 수원에 설립된 후 1911년 조사한 벼품종은 자그마치 1,451종이나 됐다. 그 후 일본에서 우수벼품종이 도입돼 1930년대엔 전체면적의 67%나 일본품종이 차지할 정도였다. 그러나 1960년대부터 국내 육종 우수품종이 널리 보급됐다.

중국은 한국의 쌀시장 개방 등을 겨냥, 길림성 연변지방과 양자강 일대에서 밀양49호, 수원23호 등 한국서 개발한 품종을 대량재배하고 있다. 한국시장이 개방되면 미국쌀보다 훨씬 싼 중국쌀이 대량 도입돼 국내시장을 지배할 전망이 짙다. 중국쌀 가격은 국내산의 10% 수준. 우리로선 가만히 보고 있을 수만은 없다. 물론 농산당국은 벼품종 개량 등 질적 향상에 고심하고 있다. 일본도 마찬가지다.

작년에 과천청사 국무위원 식당에서 각계 인사 50여 명을 초청, 국내에서 가장 많이 재배되는 동진벼, 앞으로 기대가 큰 새품종 일품벼, 일본이 자랑하는 고시히카리와 아키바레, 미국의 칼로스 등 5개 품종 쌀밥시식회를 가졌다. 이 중 단연 우리 일품벼 밥맛이 으뜸인 것으로 나타났다. 농산당국은 또 핑크 및 검정색에 향기 나는 쌀도 곧 선보일 예정. 품질개량과 함께 원가를 낮추는 새영농법도 개발해 중국 '쌀태풍' 상륙과 미국쌀에 철저히 대비해야겠다.

《동아일보》 1993. 1. 29

공직자 재산공개

연희동 집, 대구 고향집, 논밭 3천여 평, 주식 1만 주, 골프회원권, 현금 3천만 원 등 추정시가 5억 2천만 원. 5년 전 노태우 대통령이 취임하면서 공개한 재산내용이다. 대통령이 재산을 일반공개한 것은 이것이 처음이다. 노 대통령은 당시 고위공직자들의 재산공개도 촉구했으나 이뤄지지 않고 흐지부지됐다. 재산공개는 재임기간 중 부정축재를 않겠다는 의지이므로 퇴임 즉시 재산을 재공개해 국민들이 변동사항을 알도록 해야 한다. 그런데도 노 대통령은 퇴임 후 재산을 공개하지 않았다.

김영삼 대통령은 자신의 재산을 부친, 아들 소유까지 모두 포함해 1,778,226,070원으로 10원 단위까지 공개했다. 출가한 딸을 제외한 직계 존·비속의 재산을 미등기 부동산까지 포함해 공개한 것은 앞으로 재산공개 할 공직자들도 이 기준에 따르라는 의미가 담겨있다. 김 대통령은 공직자들의 재산공개를 촉구하면서 공개가 완료 되는 대로 공개된 재산을 정밀 실사해 재산형성 경위 및 은폐재산유무를 확인하겠다고 밝혔다.

재산공개 바람은 총리, 감사원장, 안기부장, 각 장관들은 물론 차관, 청장, 시도지사까지 확산될 것이다. 부정축재를 않겠다는 자정선언의 의미가 있는 이 재산공개바람은 행정부 쪽에만 국한될 것이 아니라 입법부, 사법부 쪽으로도 거세게 불어야한다. 국회의원은 재산을 등록하도록 되어있으나 등록조차 않는 의원이 있는가 하면 등록해도 공개되지가 않아 별 효과가 없다. 새정부가 내건 부정부패척결을 위한 엄격한 법집행을 위해서도 사법부인사들의 재산공개가 선행돼야 한다.

재산공개 바람은 꺾기 및 대출커미션 등이 관행화 되어있는 금융기관 간부들을 비롯, 모든 정부투자기관으로도 불었으면 좋겠다. 동시에 재산공개는 정확하게 이뤄져야 한다. 현금, 채권, 미술품, 골동품도 당연히 포함되어야 한다. 공직자가 재산을 공개하고 싶지 않으면 공직에서 떠나면 된다. 축재가 목적이라면 장삿길로 나서면 된다.

《동아일보》 1993. 3. 2

민원民願과 민원民怨은 이웃에 있다

지난해 2월 서울시의 한 시민봉사실에서 팩시밀리를 이용한 민원서류 발급업무를 고안해 좋은 반응을 얻었다. 민원인이 전화로 신청하면 서류를 팩시밀리를 통해 거주지 동사무소로 보내 찾아가도록 했다. 종전까지는 민원서류를 발급받으려면 구청 등에 직접 가 한정 없이 기다려야 했는데 팩시밀리 민원처리로 민원인은 시간이 절약되고 해당관서는 방문차량 감소로 주차난 해결에 큰 도움이 됐다.

관공서에서 한 해 처리하는 민원사무가 2억 건이 넘는다. 각종 증명, 확인, 신고 등 창구민원이 85%가 넘고 면허 등 인허가 등록이 10% 정도. 일부 관서에서 컴퓨터 자동민원 안내기 설치, 팩시밀리 민원처리 등 대민업무 자세가 개선되고는 있으나 아직도 민원에 대한 원성은 높다. 최근 서울시의 한 구청에서 조사한 것을 보면 조사대상자의 57%가 담당직원이 자리를 비워 장시간 기다렸거나 그냥 돌아갔다는 것. 또 26%는 직원태도가 불친절하고 권위적이었다고 응답했다.

민원 하면 급행료가 연상될 정도로 민원처리 병폐는 고질적이었는데 새정부가 들어서면서 민원개선의 목소리가 드높다. 우선 감사원 민원실을 찾은 시민들이 갑자기 너무 친절해진 담당직원 때문에 어리둥절해 있다는 것. 민원센터를 설치한 후 접수된 민원건수가 종전의 30배를 넘었다. 이에 못지않게 내무부도 대대적인 민원개선책을 내놓았다.

아무리 복잡한 민원이라도 창구에서 한 번 접수하면 담당공무원이 처음부터 끝까지 그 민원을 책임지고 처리해주는 '민원 1회 방문처리제'를 실시키로 했다. 또 주민등록등초본을 첨부해야할 민원을 주민등록증이나 운전면허증 제시로 대체하고 도장이 없으면 서명으로 대신하도록 했다. 대단한 민원업무 개선이다. 그러나 지금 민원현장은 사정한파로 인한 공무원 몸사리기로 민원처리가 더욱 지연되고 있다 한다. 모처럼 마련한 개선안이 시작만 요란해서는 안 된다. 내실과 연속성이 중요하다.

《동아일보》 1993. 3. 18

국회의장의 부동산 투기

민자당 국회의원 당무위원들의 재산공개를 지켜본 국민들은 지금 허탈감에 빠져있다. 이원조 의원의 8세 손자가 서울 연희동에 건평 98평의 대저택을 소유하고 있고 유학성 의원은 12~13세 된 세 아들 명의로 서울 강남의 금싸라기땅 360여 평을 사들였다. 박춘원 의원은 50억 원이 넘는 병원건물을 빼놓은 채 신고했고 김문기 의원은 북한산 국립공원 내 그린벨트 안에 호화판 무허가 음식점을 경영했다.

그 밖에도 부동산 값을 턱없이 낮춰 신고했는가 하면 누락·은닉한 사례도 적지 않다. 그래서 부동산을 자녀명의로 사들인 50여 명이 증여세 등을 탈세한 의혹을 받고 있다. 그 중에서도 국회의 수장인 박준규 의장의 투기성 부동산이 눈길을 끈다. 그는 서울 강남을 비롯, 경기 여주, 경북 대구 일대에 21만여 평의 땅을 소유하고 있다. 박 의장의 아들이 시가 130억 원짜리 빌딩과 75가구의 주택을 소유하고 있고 부인은 물론 미성년자였던 자녀명의로 7차례에 걸쳐 1만 3천 6백여 평의 토지를 사들였다.

박 의장은 부동산 투기가 기승을 부리던 1970~1980년대에 특히 여주 일대에서 논, 밭, 임야 가리지 않고 마구 사들였고 부동산 값이 폭등하던 80년대 후반에 상당부분을 처분한 것으로 알려졌다. 여주는 그의 지역구도 아니고 선산이 있는 곳도 아니다. 서울 잠실 땅도 강남개발계획에 맞춰 구입한 것으로 드러났다.

영국의 국회의장 권위는 대단하다. 한 번 뽑히면 의회가 해산돼 다시 선거를 하고 여야가 바뀌어도 의장은 그대로다. 의장지역구엔 어느 당도 후보를 내지 않아 낙선되지도 않는다. 의장은 누구하고 함부로 식사도 않는다. 만나서 차를 마시는 것도 조심한다. 공평한 자세를 견지하기 위해서다. 박 의장은 어떤가. 무주택자가 그렇게도 많은데 그들과 고통을 함께 해야 할 국회의장이 아들명의로 주택을 75가구나 소유해서야 될 일인가. 책임을 통감해야 한다.

《동아일보》 1993. 3. 24

새 시대 새 공직자상

우리나라 최고(最古)의 청백리는 신라의 화랑 검군(劍君)이다. 극심한 흉년을 당해 동료들이 국고의 곡식을 훔쳐 나눠 가진 뒤 그에게도 한몫 주었다. 검군은 "화랑으로서 의(義)가 아니면 비록 천금이라도 받아들일 수 없다"며 물리쳤다. 그를 죽이려 해 피신할 것을 권하자 검군은 "그들이 잘못되고 내가 정직한데 왜 내가 도망가느냐"며 거절했다. 결국 그는 피살됐으나, 죽음으로 지킨 그의 청백정신은 후대의 귀감이 됐으며 삼국통일의 원동력으로 발전했다.

청백정신이 공직자 윤리로 확립된 것은 관료체계가 정착된 조선조에 이르러서다. 청백리는 지행일치(知行一致)를 근본이념으로 삼고 기개·지조·금욕으로 정직하게 생활하며 국가기강을 확립하고 나라의 동량이 되는 지식인이다.

세종 때 청백리 많아

현군(賢君) 아래 명신(名臣) 난다고 세종 때 유난히 청백리가 많이 배출됐다. 90 평생 청빈으로 일관한 황희는 육조판서를 모두 거치고 영의정만 18년을 역임한 관직생활 60년의 청백리로 조선 이도(吏道)의 귀감이 됐다. 그래서 "세종 같은 임금님에 황희 같은 정승이면 살 맛 난다"는 유행어까지 생겨났다. 우리 역사상 세종시대가 가장 진취적, 창조적, 도덕적 사회정의가 구현된 시대라고 한다. 그렇게 된 데는 황희, 맹사성, 유관, 박팽년, 성삼문, 유응부 등 명성 높은 청백리가 있었기 때문이다. 맹사성이나 유관 모두 집이 워낙 비좁아 비바람도 제대로 가리지 못했다. 빗줄기가 방안으로 쏟아져 들어오자 유관은 우산으로 가리며 부인에게 "우산 없는 집은 이 비를 어떻게 견딜꼬"하고 걱정했다 한다.

현직 병조판서로 별세한 이이(李珥)의 집에 장례 치를 양식이 없었고, 임진왜란을 승전으로 이끈 명장 유성룡(柳成龍)이 낙향해 보니 끼니를 이을 수가 없었다 한다. 두 분 모두 관직에 있을 때 서울에 집 한 칸 없이 셋집에 살았다. 조선왕조가 임란 등을 극복하며 5백여 년을 유지할 수 있었던 것은 역시 사대부 등 중심 세력이 도덕성·청렴성을 최고 가치로 간직했기 때문이다. 그 증거로 나라가 쇠퇴하기 시작한 헌종 이후 철종, 고종, 순종 때엔 단 한 명의 청백리도 없었다. 연산, 광해군 때도 마찬가지다.

다산 정약용은 목민관이 부임할 때 청렴한 선비의 행장은 이부자리에 속옷, 그리고 책 한 수레쯤 싣고 가면 된다고 했다. 최근 12억 중국인들을 슬픔에 잠기게 한 국가부주석 왕진(王震)의 죽음은 감동적이었다. 유산이 책 1천여 권과 지팡이 한 개뿐이었다. 그는 이 지팡이 하나에 의지해 전국 인민들의 생활상을 직접 살피고 어루만져 주었다. 중국 송나라 때의 청백리는 나라의 녹을 먹는 동안 다른 영업은 일절 중지했다 한다. 아내가 텃밭에 아욱을 심는 것조차 아욱 재배로 살아가는 백성들을 침해하는 것이라 하여 뽑아 버렸다.

오늘의 공직자들을 이처럼 출중한 청백리와 비견할 수는 없다. 그러나 공직사회가 바로 서야 나라가 바로 서는 이치는 예나 지금이나 다르지 않다. 공직사회가 썩으면 동시에 국기(國基)가 흔들렸던 것은 역사적 경험으로 알 수 있다. 정부 여당의 재산공개 파문이 일단락됐다. 그린벨트 훼손 및 사용, 비연고지 대규모 토지소유 등 땅 투기, 미성년 자녀에 대한 편법 재산증여, 공직이용 재산증식 등 예상했던 대로 비리가 속출했다. 그러나 처분결과는 의원직 사퇴, 탈당 5명에 10여 명에 대한 경고·인사조치 등 용두사미로 끝났다. 납득하기 어려운 것은 그 같은 가시적 숫자보다 애매모호한 처분기준과 형평성의 상실이다. 정치적 전시효과도 역겹지만 무엇보다 진실성의 결여가 문제다.

어쨌든 이번 재산공개로 공직사회가 심각하게 부패해 있음은 확인됐다. 앞으로 실제적 조사, 감시와 함께 지속적인 정화운동이 펼쳐져야 한다. 공직자 자체정화는 아무리 강화해도 부족함이 없다. 공직자 윤리법도 개정하고 윗물 아랫물 맑히기 작업도 계속 추진해야 한다. 그러나 외압적인 것은 아무리 강력해도 속마음에서 움트는 것에 비할 바가 못 된다. 진실로 내부에서 우러나오는 것만이 생명력 있고 지속력을 갖는다.

국민의 참 공복(公僕)

공직자는 국민을 위해, 국민에 의해 마련된 법과 행정업무를 수행하는 국민의 대리인이다. 공직은 어디까지나 국민의 이익을 위해 존재하며 정부는 수탁기관이고 공직자는 수탁자다. 그런데 이들이 권력과 부를 한꺼번에 거머쥔 거대한 불가사리로 변신하여 백성들을 짓밟고 수탈했다.

참다운 공직자는 국민의 공복으로서 나름대로 봉사할 줄 아는 인격을 갖춰야 한다. 인격의 핵은 자존심에 있다. 자존심을 잃으면 치욕을 모른다. 자존심의 핵은 양심에 있다. 양심을 잃으면 허위와 죄악에 빠진다. 공직자의 양심은 다름 아닌 청렴성이다. 청렴성을 상실한 공직자는 사이비 인격자다. 공직자가 직책을 이용한 부정과 축재를 아무리 숨겨도 자식들이 알고 친척들이 알고 결국은 민의(民意)가 안다. 이번 파동에 어찌어찌해서 피신했다고 쾌재를 부를지 모르나 그것이 얼마나 가겠는가. 도리어 더욱 악화된 재앙을 부르게 될 것이다.

양심은 누군가 보고 있다고 속삭이는 내면의 소리다. 남들이 쾌락에 빠졌을 때 혼자 괴로워하는 것이 양심이다. 양심은 우리 내면에 있는 하느님의 음성이라고 한다. 잘못을 저지르게 되면 자신의 영혼이 가책하기 때문이다. 양심이 약해지면 인간이 약해진다. 양심을 굳건하게 보존해야 강하고 떳떳하게 살아갈 수 있다. 인간이 갖고 있는 것 중 유일하게 매수되지 않는 양심, 그 깨끗한 양심을 공직자들이 자존심으로 지킨다면 국민을 위한 참다운 공복이 된다. 이것이 바로 새 시대 새 공직자상이다. 영국 속담에 '양심은 부드러운 베개이며 양심에 물어 부끄러움이 없으면 매일매일이 축제일'이란 말이 있다.

《동아일보》 1993. 4. 2

고위공직자와 토지수용

수도권 전철 및 지하철, 도로확장, 생활하수처리장 건설사업 등이 지주들에 대한 토지보상 문제와 지역주민들의 반발에 부닥쳐 공사가 계속 지연되고 있다. 경제기획원 발표에 따르면 우선 지하철 과천선, 분당선, 일산선이 모두 완공시기가 6개월 내지 1년 이상씩 늦춰지고 있다. 또 서울 지하철 5·7·8호선 건설공사도 토지보상 문제가 매듭이 안 돼 공기(工期)가 1년 이상 연장될 전망.

지난해 말 완공 예정이었던 서울 탄천 하수처리장도 주민들의 반대로 공사가 늦어지고 전국 5개 지역 분뇨처리장, 밀양댐 건설공사도 보상 문제로 계속 지연되고 있다. 모든 공공사업들이 예정기일 안에 완공돼 국민 편익생활에 도움을 주어야겠지만 그 중에서도 매일매일 일터로 출퇴근 하는 서민들의 교통난은 우선적으로 해결해주어야 한다. 서민들은 당장 아침저녁 엄청난 교통체증으로 오랜 시간을 짐짝 취급 받으면서 극심한 고통을 겪는다.

지하철이나 도로공사가 다른 문제가 아닌 토지수용에 걸려 지연되고 있다. 토지수용은 공공복리 증진을 위해 국토의 합리적 이용개발과 산업발전에 기여하도록 법정절차에 따라 취해지는 것이다. 이 토지수용이 악용되면 심각한 부작용이 야기된다. 실제로 새로 지은 집이 잘려나갔는가 하면 공공사업을 위해 수용된 토지가 특정업체 등으로 넘어가 특혜를 안겨준 경우도 없지 않다. 그러나 내 이익만 앞세워 엄청난 보상을 요구하며 수용을 거부하는 행위는 지탄받아 마땅하다.

공직자 재산공개 때 공시지가로 병원재산가액을 신고한 김정숙 정무제2장관 보좌관이 경수산업도로 공사로 병원 일부가 잘려나가게 되자 시가보상을 요구하고 나섰다. 재산을 42억 원으로 신고한 알부자 김 보좌관이 건설부 감정가보다 2배가 넘게 요구해 공사가 지연되고 있다니 고위공직자부터 외면하는 토지수용을 일반 서민이 쉽게 응하겠는가. 그래서 공직자는 아무나 되지 못하는 것이다.

《동아일보》 1993. 4. 6

'벌집' 주인이 알고 보니 국회의원

국민당 김용환 의원이 최근 재산공개를 며칠 앞두고 시가 90억 원 상당의 여의도 땅을 급매, 재산을 은폐축소하려 해 말썽이다. 이 땅은 김 의원이 청와대 경제담당 특별보좌관으로 재직중이던 1973년 여의도 개발이 시작되던 때 구입했다. 김 의원은 또 지난 1979년부터 최근까지 일가족 명의로 전국의 땅을 63차례나 샀다가 되판 사실이 밝혀졌다. 김 의원뿐 아니라 부동산투기 의혹을 받고 있는 국회의원이 수십 명에 이른다.

부동산투기는 망국병이다. 좁은 국토에서 일부 지도층인사들의 토지 과점은 경제·산업발전에 큰 지장을 준다. 그러나 단순 부동산투기는 토지가 없어지는 것이 아니며 서민들에게 직접적 피해를 주지는 않는다. 의원들 중에 부동산투기를 하면서 영세서민들을 등쳐먹다시피 한 사례가 적발돼 국민들의 분노를 사고 있다. 다름 아닌 벌집이다. 민주당 의원 중 가장 많은 액수의 부동산을 소유한 이경재 의원이 속칭 벌집까지 운영해 온 사실이 드러났다.

전국 19곳에 72억 원 규모의 부동산을 소유한 이 의원이 서울 용산구 동자·후암동의 주택 6채에서 관리인을 통해 영세민 50여 가구를 대상으로 임대료를 받아왔다 한다. 한 채당 9가구씩 들여 월세 등을 받은 셈이다. 수십억 재산의 거부에 국민의 대표인 선량(選良)이 돈을 벌 데가 없어서 영세서민들을 상대로 벌집까지 운영했다니 듣기만 해도 민망한 일이다.

원래 벌집이란 벌이 산란하고 먹이와 꿀을 저장하는 곳으로 많은 층과 방으로 되어 있다. 벌은 가장 부지런하고 유익한 곤충이다. 그러나 벌집을 잘못 건드렸다가는 큰 탈을 당한다. 소란이 커져 수습할 수 없게 된 상태도 '벌집 쑤신 것 같다'고 한다. 옛날 포르투갈에선 벌집들을 성벽 위로 가져다가 불을 피워 적군 쪽으로 몰아서 적을 물리치기도 했다. 벌떼가 쏘아대는 데는 당할 도리가 없다. 이 의원이야말로 벌집으로 인해 뜨거운 맛을 보고 있다.

《동아일보》 1993. 4. 10

검사 홍준표

'대쪽검사', '불의와 타협 않는 소신검사'. 검찰의 모습이 권력의 외풍에 흔들릴 때마다 떠올리는 청렴과 강직의 법조인 최대교 검사. 그의 성품을 가장 잘 엿볼 수 있는 사건은 지난 1949년 당시 임영신 상공부장관에 대한 사기 및 수뢰혐의 기소사건이다. 이승만 대통령이 법무부장관과 검찰총장을 통해 온갖 압력을 넣었는데도 끝내 현직 장관을 직접 불러 조사한 뒤 전격 기소해버렸다.

지금 이탈리아에서 국민적 영웅으로 존경받는 검사가 있다. 부패한 정치인들, 이들과 유착관계를 맺어온 기업인들에 대해 철퇴를 내린 '칼날검사' 안토니오 디 피에트로 검사. 그의 영웅적 활약으로 지난 1년 동안 이탈리아 검찰은 부패한 정치인, 기업인, 관리 등 900여 명을 체포했고 용의자 1천여 명을 수사하고 있다. 그의 얼굴이 티셔츠나 맥주잔에 그려지고 그를 찬양하는 글귀들이 이탈리아 거리에 부착되어 있다.

탈세·공갈 등의 혐의로 검찰 경찰의 수사를 받게 되자 정계·관계 고위인사들을 동원해 수사를 중단시켜온 파칭코계의 대부 정덕진 씨가 한 검사의 집념으로 끝내 쇠고랑을 찼다. 서울 지검강력부 홍준표 검사가 그 장본인. 그는 1989년부터 '밤의 제왕'으로 군림해 온 정씨에 대한 자료수집과 4년간의 추적 끝에 구속의 개가를 올렸다.

홍 검사는 1988년 노량진 수산시장사건 수사에서 검찰 안팎의 온갖 압력을 뿌리치고 전두환 전 대통령의 친형 전기환 씨 등 10여 명을 구속했다. 광주지검 재직 시에는 건설현장을 무대로 폭력을 휘두르던 일당 32명을 무더기 구속하기도 했다. 홍 검사는 "정씨의 구속은 이제 겨우 시작일 뿐"이라고 말한다. 그의 집념대로 이번 기회에 조직 폭력배와 그 배후세력이 소탕된다면 우리도 '한국의 피에트로'라는 영광스러운 검사 한 사람을 갖게 될 것이다.

《동아일보》 1993. 5. 7

칭병외유稱病外遊

김시습의 매월당집(梅月堂集)에 이런 이야기가 있다. 나무꾼이 산속에서 뱀에 정강이를 물리고도 나무 등걸에 상처가 난 것으로 알고 멀쩡하게 지내다가 땅꾼을 만나 '독사에 물렸다'는 말을 듣고서야 온 몸에 독기가 퍼져 바로 죽었다. 또 야생 들짐승들은 더위도 추위도 피하지 못하고 먹을 것도 제때에 먹지 못하는데도 병에 걸리지 않는데 마구간이나 우리 안의 가축은 잘 먹이고 보살펴주어도 병들어 폐사하는 경우가 많다.

알면 병, 모르는 것이 약이란 말이 있다. 평소 잘 지내다가도 병에 관심을 갖기 시작하면서 병을 만들어 일찍 죽는 경우가 적지 않다. 또 대수롭지 않은 지병에 얽매이다가 마음의 병까지 얻어 더욱 악화되는 경우가 흔하다. 우리나라 당뇨병 환자 수는 200만 명이 넘는다. 당뇨병은 물론 치료가 어렵다. 그러나 이 병을 평생 동반자로 삼아 잘 달래면서 지내면 매사에 무리를 하지 않아 오히려 장수하기도 한다.

동화은행장으로부터 거액의 뇌물을 수수한 혐의를 받고 있는 이원조

씨가 10여 일 전 돌연 출국했다. 거액의 비자금 수수에 대한 수사가 좁혀오자 몰래 빠져나갔다. 출국이유는 간과 당뇨병을 치료하기 위해서라는 것. 국세청 조사 결과 포철의 박태준 전 명예회장이 재산 360억 원에 증여세 63억 원을 포탈하고 계열사 등으로부터 56억 원을 수뢰했음이 드러났다. 국세청의 고발에 따라 검찰이 수사에 나섰다. 박씨 역시 신병치료를 이유로 일본에 가 벌써 넉 달째 돌아오지 않고 있다.

이 밖에도 사법처리가 두려워 해외도피한 칭병외유(稱病外遊)가 수두룩하다. 작년 11월 검찰이 발표한 해외도피사범이 925명, 이들이 끼친 피해액이 1조 3백억 원에 달한다. 이들 중엔 장관, 치안본부장 등 전직 고위공직자와 교육계·종교계 거물들이 많다. 역시 상당수가 칭병도피다. 이들의 강제귀국방안이 논의되는 모양이지만 강제귀국보다는 당당하게 돌아와 밝힐 것 밝히는 의연한 태도가 아쉽다.

《동아일보》 1993. 6. 2

국민연금에 정부간섭 말라

정부차원에서 보편적이며 신뢰할 수 있는 연금제도를 확립한 것은 1881년 독일의 철혈재상 비스마르크가 사회보험을 제의하면서부터였다. 이 제도를 도입한 것은 독일 노동자들을 사랑해서만은 아니다. 비스마르크는 "노후연금을 보장 받은 자는 누구나 한결 더 만족해하고 그런 전망이 없는 자보다 다루기가 훨씬 쉽다"고 했다. 지나치게 급진적 제의라는 비난을 받긴 했지만 그는 고용주, 피고용인이 돈을 대는 국민연금제도를 법제화했다.

그 후 근 100개국이 이를 여러 형태로 모방해 도입했다. 우리나라는

1988년 1월부터 국민연금제도가 실시됐다. 이미 연금혜택을 받고 있는 공무원, 군인 등을 제외한 18세 이상 60세 미만의 국내거주 국민들은 이 제도의 적용대상이 된다. 노령연금은 20년 이상 갹출료를 내고 60세가 될 때 지급받는 것이 원칙인데 5년 이상 연금에 가입한 후 60세에 적정액을 받는 특례노령연금이 올해부터 지급되고 있다.

사회보장제도가 빈약한 우리나라에서는 일반근로자에게 퇴직이나 노후생활 안정을 뒷받침 해줄 수 있는 중요한 사회보장이 바로 국민연금이다. 이 연금을 경제기획원 측이 공공자금관리기금법으로 묶어 재정 투·융자에 활용하려하자 보사부, 노총, 경총 등이 연금기금의 수익성을 저해한다며 강력저지에 나섰다. 기획원은 신경제 5개년 계획의 수행을 위해 어쩔 수 없다는 주장이고 보사부 등은 재정압박으로 이 제도 존립자체가 위협받는다고 반발한다.

국민연금관리공단에 따르면 현재도 국공채 매입 등 재정 투·융자 전용비율이 60%에 이르러 이식감소가 엄청난데 100% 전용하면 2000년에 가서는 4조 원 이상의 감소가 초래된다는 것. 연금 기금의 이식이 부진하면 결국은 부족한 연금급여 재원은 가입자들의 갹출료를 늘려 충당할 수 밖에 없다. 민간기업과 근로자출연에 의해 조성되는 연금은 운영도 연금 관련기구에서 맡아야 한다. 지나친 정부간섭은 잘못이다.

《동아일보》 1993. 8. 28

불성실한 공무원 재산신고

닉슨이 미 대통령직에서 물러난 것은 워터게이트 사건 때문이 아니었다. 닉슨이 즉각 국민들에게 과오를 시인하고 잘못을 사과했더라면 대통령직까지 사퇴하지는 않았을 것이다. 계속 버티다 백악관 녹음테이프가 발견되면서 부정직함이 드러나 물러난 것이다. 레이건도 이란 콘트라스캔들로 까딱했더라면 대통령직을 그만둘 뻔했다. 그러나 그는 즉각 국민에게 잘못을 사과해 뒤늦게나마 정직함을 보여 위기를 넘겼다.

사람이 한 평생 살아가는 데는 갖춰야 할 덕목들이 많다. 정직, 성실, 관대, 신중, 결백, 겸손, 인내, 근검, 절약, 용기, 자제, 협력, 실천 등. 그 중에서도 특히 공직자들이 갖춰야 할 중요한 덕목 중의 하나가 정직이다. 이번 공직자 재산공개 내용을 보면 많은 공직자들이 지난 3월 1차 공개 때와 비교해 너무나도 큰 차이가 나 어리둥절해진다. 1차 공개 때 없었던 엄청난 부동산과 금융자산이 여기저기서 불거졌다.

민자당소속 의원들이 특히 심한데 1차 때 재산총액이 277억 원이었던 김진재 의원은 이번에 3배 가까운 662억 원으로 신고했다. 조진형 의원은 124억 원 수준에서 484억 원으로 4배나 늘었다. 이 밖에 이명박, 박규식, 남평우, 정호용 의원 등이 50억 원에서 수백억 원까지 각각 4배가량 늘었다. 예금액을 보면 김용환 의원은 22억 8천여만 원으로 20배 늘었다. 참으로 놀라운 액수다.

몇 달 새 재산이 이같이 크게 불어난 데 대해 당사자들의 해명도 갖가지다. 그 중 일리 있는 변명도 없진 않지만 대부분 임의성을 띤 지난번 신고에 비해 이번엔 법적 제재가 뒤따르기 때문에 어쩔 수 없이 은닉재산들을 신고한 것이 아닐까. 숨길 일이 없었다면 무엇 때문에 부실신고 했겠는가. 이번 공개에서도 직계존비속 재산을 공개하지 않은 사람이 150명이나 된다. 1, 2차 공개에서 큰 차이가 나는 부정직한 신고는 도덕적 비난을 받아 마땅하다.

《동아일보》 1993. 9. 9

변호사라고 다 나쁠까마는…

천당과 지옥의 경계 대문이 고장났다. 양측이 서로 상대방의 책임이라며 싸움이 붙었다. 천당측이 "변호사를 사 소송하겠다"고 하자 지옥측이 "해볼 대로 해보시지. 모든 변호사가 우리 쪽에 있으니까". 법학교양 총서 《법과 유머》집에 나오는 이야기다. 한 농부가 "변호사가 선물로 200달러를 주기로 했다"고 하자 주변에서 "말도 안 되는 소리"라며 일축했다. 내용인즉 열차 사고를 당해 소송을 제기해 보상금 1만 달러를 받았으나 변호료가 1만 2백 달러인데 나머지 200달러에 대해 아무 말 없다는 것.

도스토예프스키는 《작가일기》(作家日記)에서 "정말이지 변호사들이 공짜로 돈 버는 것은 아니다. 자신의 양심과 신념에 반하고 도덕성과 인간성에 반해서 진실을 회피하고 거짓말을 쏟아놓는다"고 기술했다. 셰익스피어는 《헨리 6세》에서 "우리가 맨 먼저 할일은 모든 변호사들을 죽이는 일"이라고 했다. 변호사 출신인 로베스 피에르와 레닌은 프랑스와 러시아에서 각각 혁명에 성공하자 맨 먼저 폐지하려 했던 것이 법률 전문직이었다.

1890년대 미국 애리조나에서 개업한 메이저 홉킨스라는 변호사의 광고문은 유명하다. "본인은 맡은 사건의 10분의 9를 승소시킵니다. 횡령, 노상강도, 강간, 방화, 말 도둑도 문제없습니다. 작년에 살인사건 11건을 맡아 살인범 9명을 석방시켰습니다. 본인 자신이 4번이나 투옥되어 그 경험이 고객에게 큰 도움이 됩니다." 오죽하면 가장 좋은 변호사는 가장 나쁜 이웃이란 속담까지 있겠는가.

변호사가 성실하게 변론을 하지 않았을 경우 소송결과에 상관없이 불성실 변론에 따른 소송의뢰인의 정식적 피해를 배상해야한다는 첫 판결이 나왔다. 이 변호사는 형식적 답변서만 한 번 제출한 채 반대신문을 전혀 하지 않았다는 것. 변호사라고 해서 모두가 지탄의 대상은 아니다. 훌륭한 변호사도 적지 않다. 소송의뢰자도 모두가 명변호사 '페리메이슨'이기를 바라지 않는다. 가능한 대로의 열성과 성의를 바랄 뿐이다.

《동아일보》 1993. 11. 14

군軍 대신 민주산악회 낙하산

지난 1985년 8월 말 미 조지아 주 플레인즈의 카터 땅콩농장. 백악관에서 미 행정부를 쥐고 흔들던 카터 팀이 퇴임 5년 만에 재회했다. 조던 비서실장, 포월 대변인 등과 가족 200여 명이 한자리에 모였다. 카터는 자전거를 타고 역에 마중 나갔다. 그는 5년 전이면 공군 1호기를 타고 나왔을 것이라며 모두를 웃겼다. 이들은 소프트볼 야구게임에 돼지고기구이 파티, 퀴즈게임을 하며 즐거워했다. 그러나 허전하고 공허한 마음은 어쩔 수가 없었다.

카터는 대통령에 당선된 후 조지아 사단을 몰고 가 백악관을 이끌었다. 레이건도 캘리포니아 사단을 몰고 갔다. 클린턴도 아칸소 팀을, 케네디도 하버드 팀을 이끌었다. 공로도 공로지만 뜻과 생각이 같은 사람이 합심해 새로운 정책을 펴나가는 것은 당연하다. 누구도 그것을 탓하지 않는다. 그러나 그들 팀은 어디까지나 정책담당 직책을 맡거나 극히 일부 대사 자리에 그친다. 그런데 우리는 다르다. 한 번 정권을 잡으면 속된 말로 힘 있고 실속 있는 자리는 모두 차지해버린다.

31일자 민주당 기관지 민주당보에도 지적됐지만 새 정부 들어 '특채 낙하산' 인사가 도를 넘은 것 같다. 민주당보는 군사정권이 자행하던 논공행상 식 낙하산인사 폐해가 문민정부 들어 더 심화됐다고 지적했다. 달라진 것이 있다면 장성출신의 노후보장용 퇴직처가 여권인사들의 생활보장용 구직처로, 출신지역 중심축이 대구 경북(TK)에서 부산 경남(PK)으로 바뀐 정도다. 또 이들은 대부분 김 대통령의 사조직인 민주산악회, 나라사랑실천운동본부, 민주계 전 의원 등 대통령 측근들이라는 것이다.

이들이 정부산하단체 요직을 맡아 개혁차원에서 분위기를 바꿔놓은 곳도 없지 않다. 그러나 '낙하산'들은 예나 지금이나 위세를 부리는 데다 '군' 대신 '당'의 비전문가가 설쳐대 해당기관 사람들의 불만, 실망이 대단하다. 국영기업의 경우 경영합리화로 경기회복의 밑받침이 돼야 할 텐데 기업을 모르는 정치인 출신들에게 무슨 성과를 기대할 수 있겠는가.

《동아일보》 1994. 4. 1

5

'신과 인류에게 죄를 졌나이다' [사회/사건사고]

여성시대 열렸다. 우리도 문을 열자

일본 여성들은 남편을 주인처럼 모신다는 평을 받는다. 마치 상전처럼 무릎 꿇고 시중드는 것이 전통미덕이었다. 그런 일본에서 여성이 당수인 사회당이 참의원선거에서 대승을 거뒀다. 도이 위원장의 우먼파워가 일본정치사상 처음으로 천하의 자민당에 패배의 쓴 잔을 안겼다. 우노 수상이 선거 기간 중 야유와 계란세례 속에 2,430㎞를 뛰며 5회의 유세를 한 데 비해 도이 위원장은 18,000㎞에 90회의 지원유세를 해냈다.

'약한 자여, 그대 이름은 여자'라던 여성들이 지금 세계 여러 나라에서 탁월한 정치지도자로 활약하고 있다. 아키노 필리핀 대통령, 핀보가도티르 아이슬란드 대통령, 대처 영국 총리, 부토 파키스탄 총리, 보룬트란트 노르웨이 총리, 찰스 도미니카연방 총리 등. 이처럼 이미 대권을 쥐고 있는 여성 말고 '떠오르는 태양'으로 각광받는 여성 지도자들도 많다. 데스탱 프랑스 대통령 때 보건장관으로 낙태합법화법을 성취해 낸 시몬 베유 유럽의회 의장은 여성정치인으로 최고의 인기를 누리고 있다. 남존여비 전통이 강한 이탈리아에서 여성으로서는 최고지위인 하원의장으로 활동하는 레오닐레 요테는 대통령 후보 물망에 올라있다.

반핵 환경보호정책으로 지지기반을 넓혀가고 있는 페트라 켈리 녹색당 대표는 서독 정계의 태풍의 눈으로 등장했고 영국 보수 노동당 사이에서 가교역할을 하고 있는 셜리 윌리엄스 사민당 당수도 두각을 나타내고 있다. 미국의 엘리자베스 돌 노동장관도 차기 부통령후보로 떠오르고 있으며 루마니아 차우셰스쿠 대통령 부인 엘레나도 후계자로 등장, 족벌정치를 한다는 호된 비판을 받고 있다. 미얀마의 반체제지도자 수치 여사는 자택에 연금된 상태로 민주화투쟁에 앞장서 있다. 남아공의 위니 만델라 여사도 종신형으로 투옥된 남편의 뒤를 이어 반독재 인종차별철폐 인권투쟁에 앞장섰다. 우리나라는 어떤가. 아직 이런 수준에는 미치지 못하고 있다.

'여자는 새장 없이는 못 사는 새', '여성의 운명은 사랑받는 양(量)에 달려있다'고 생각하는 남성들이 아직도 많다. 그렇지만 대처, 메이어, 간디 수상이나 테레사 수녀만한 남성이 드물고 헬런 켈러만한 남성도 별로 없다. 우리 여성들에게도 문호가 더욱 개방되어야 한다.

《동아일보》 1989. 7. 26

'신과 인류에게 죄를 졌나이다'

널리 알려진 얘기지만 서울대 모 총장의 이임사가 두고두고 잊히지 않는다. K총장은 이임식에서 "매일 아침 열리는 간부회의에서 단 한 차례도 순수한 교육문제를 다뤄본 적이 없었다"고 토로했다. '오늘은 XX대학 쪽에서 시위 움직임이 있다는데…' 하고 걱정하면서 동향만 살피다가 '오늘도 비나 와주었으면…' 하고 회의를 끝냈다고 털어놓았다.

어느 문교장관이 내뱉은 독백도 비슷했다. "문교행정이란 것이 초·중·고등교육 전반에 걸쳐 방향을 제시하고 교육이 제대로 이루어지도록 지도·감독하는 것인데 대학생시위 등 학원사태에 휘말려 초·중등 분야는 파악조차 못하고 있다"고 안타까워했다. 또 다른 장관은 대학입시파동 때문에 아무것도 못하겠다며 답답해했다. 현직 정원식(鄭元植) 장관도 전교조 문제에 매여 꼼짝 못하는 듯하다.

말 많고 탈도 많은 교육행정 쪽에만 그런 문제로 골치를 앓는 줄 알았더니 그렇지가 않은 모양이다. 요즘 MBC가 파업소용돌이에 휘말려 있는데 최창봉(崔彰鳳) 사장이 하소연한 내용도 비슷했다. "명색이 방송분야

전문인이라고 해서 시장으로 선출되었는데 취임 반년이 지나도록 편성이나 제작에 눈 한 번 돌리지 못했다"면서 평생 '방송꾼'으로 사장까지 되어 한 번 잘 해보려고 했지만 노사문제로 씨름하느라 잠잘 틈도 없다고 괴로워했다.

농부는 농사짓고 어부는 고기 잡고 생산직은 상품 만들고 군인은 나라를 지킨다. 교육자는 의당 교육을 맡고 국회나 신문, 방송 역시 제 일을 해야 할 텐데 그러기가 그토록 어려운가. 타협 · 협동 · 협조하는 마음이 부족해서일까. '인간의 권리가 포기된 것은 모두 타협에 의한 것'이란 말이 있다. 반면 '사람은 팔다리, 눈꺼풀, 아래 · 위턱처럼 서로 협동하기 위해 태어났다'는 말도 있다.

옛적부터 오늘에 이르기까지 인간은 늘 서로 협조하면서 이어져 왔다. 그 협조정신의 결과가 바로 인류문화의 발전이다. 제 할 일을 다 하지 않고 있는 사람들에게 전해주고 싶은 말이 있다. 르네상스시대의 만능인 레오나르도 다빈치는 왕의 품속에서 숨을 거두며 이렇게 말했다. "내가 해온 일이 내가 할 일에 못 이르렀기에 나는 신과 인류에게 죄를 졌나이다."

《동아일보》 1989. 9. 9

거짓말은 자기 자신도 속인다

거짓말은 어떤 때는 장난으로 시작된다. 그러나 결과적으로는 자기 자신까지 속이게끔 발전한다. 한 가지 거짓말을 해놓고 나면 그로 인해 얼마나 무서운 짐을 지게 되는지를 전연 예상 않는다. 한 가지 거짓말을 계속 통하게 하기 위해서는 다른 거짓말을 많이 만들어내지 않으면 안 된다. 거짓말은 눈덩이 같은 것으로 오랫동안 굴리면 굴릴수록 커져 나중에는 도저히 감당할 수가 없게 된다.

지난 4일 30대 남자 2명에 의해 납치되어 마취된 채 지리산으로 끌려갔다고 주장했던 대구 효성여대 총학생회장 강수진(姜秀珍) 양(22·심리학과 3년)이 18일 경찰에서 자신이 거짓말을 했다고 자백했다. 강 양은 등록금인상 저지투쟁 등 학생들이 요구하는 것들을 감당해낼 수가 없어 2박 3일 동안 친구집에 숨어 있다가 죄책감으로 납치되었다고 거짓말을 했다고 털어놓았다.

대학은 지성과 학문과 진리의 상징이며 선망의 표적이다. 한 마디로 사회의 미래지도자를 길러내는 정의와 자유의 전당이다. 한두 살 먹은 어린아이도 아니고 대학생들의 대표격인 총학생회장이 그토록 무책임하게 행동할 수가 있는가. 인간에게 성실성의 상실은 곧 생명력의 상실이다. 대학생들이 그토록 용기도 자신도 자존도 없단 말인가. 대학은 꿈과 이상, 정직과 인격, 신념과 야망의 배움터다.

어떤 철학자는 거짓은 여인의 본능이라고 했다. 신은 사자에게 발톱과 이빨을, 소에게 뿔을, 문어에게 먹물을 준 것처럼 여자에게 거짓말하는 능력을 주었다고 한다. 연약한 여자의 정신은 보잘것없는 육체와 마찬가지로 나약하다. 총학생회장 강 양도 물론 인간으로서는 연약한 여성일 수 있다. 그러나 강 양을 그런 지경으로 몰고 간 대학의 분위기가 더욱 안타깝다. 대학을 그런 지경으로 몰고 간 우리 사회의 모습 또한 답답하다. 국민 모두가 대학의 아픔과 방황, 갈등과 고뇌를 함께 생각하고 위로하고 그들의 이상과 자존이 성취되도록 힘써야겠다.

《동아일보》 1989. 9. 20

경상 · 전라 · 충청도 만세

우리 민족은 예로부터 여우도 죽을 때 머리를 옛날에 살던 고향으로 돌린다는 수구초심(首丘初心)의 간절한 소망을 안고 산다. 벼슬하러 고향을 떠났다가도 벼슬이 끝나면 낙향했고 객지로 장사하러 떠났다가도 돈을 벌든 실패하든 종내는 고향으로 돌아간다. 우리 옛 노래들도 거의 모두 고향에 돌아가고 싶은 원망을 읊은 노래이며 해외동포들의 애틋한 망향심도 마찬가지다. 그러나 고향에 대한 그 같은 애착은 지금 벌어지고 있는 망국적 지역감정과는 전혀 다른 순수한 애향심에서 비롯된 것이다.

우리지방 출신이 대통령이 되어야 한다, 우리지방 연고의 정당소속후보가 국회의원이 되어야 한다고 했던 지난 번 대통령 국회의원 선거과정에서 노출된 적나라한 지역감정은 비합리, 불균형, 불공평 등 원초적인 인간의 약점을 그대로 드러냈다. 남북분단도 서러운 판에 경상도, 전라도, 충청도로 갈라져 온 국민의 가슴을 아프게 했다. 이 시대처럼 지방색이 심해져 가면 우리 민족이 또다시 정신적인 삼한시대나 삼국시대를 살게 되지나 않을까 걱정된다.

국토의 남쪽 한가운데 우뚝 솟은 큰 메, 삼남지방의 중심이자 경상 · 전라 · 충청도의 접점인 해발 1,181m의 삼도봉에서 10월 상달에서도 상일인 10일 한민족, 한겨레임을 다지는 대화합의 잔치가 펼쳐졌다. 김릉(金陵) 무주(茂朱) 영동군(永同郡)의 뜻있는 인사들이 이곳에 '대화합의 기념비'를 세운 것. 이들은 〈손에 손잡고〉를 합창하고 '경상도 만세', '전라도 만세', '충청도 만세', '대한민국 만세'를 소리 높여 불렀다.

삼도봉 꼭대기에서 보니 다 같은 내 조국 내 땅인데 경상도, 전라도가 어디 있고 충청도가 따로 있느냐며 화합의 손을 굳게 잡았다. 아무리 오래 묵은 지역감정이라도 이렇게 만나 가슴을 열고 대화를 나누다 보면 이

슬처럼 녹을 것이다. 정치하는 사람들이 정치적 목적과 야망을 이루기 위해 부추겼을지도 모를 지역감정을 우리 겨레의 순수한 애향심으로 되돌리자. 지역감정의 발로인 지역이기주의, 가족이기주의에서 벗어나 서로 관용하는 자세로 돕고 돕자. 상대의 등을 긁어주면 상대도 내 등을 긁어준다. 한 손으로 다른 손을 씻고 두 손으로 얼굴을 씻는다는 옛말을 염두에 두자.

《동아일보》 1989. 10. 11

살인 목사와 땡초 난투극

출감한 장발장은 해가 저물어 잘 곳을 찾았으나 전과자라고 해서 모두 거절당한다. 마지막으로 찾아간 사제관에서 뜻밖의 따뜻한 영접을 받고 은식기로 식사대접까지 받은 뒤 하룻밤을 쉰다. 장발장은 이른 새벽 은식기를 훔쳐 달아나다 헌병에 붙잡혀 사제관으로 끌려온다. 이를 본 밀리에르 신부는 "은식기는 내가 준 것인데…. 당신 왜 은촛대는 안 가져갔지요?"라고 한다. 장발장은 기적을 본 것 같은 충격을 받고 감격의 눈물을 흘린다. 그는 여기서 인간부활을 하게 된다. 명작 《레미제라블》의 한 장면이다.

작년 9월 서울 동부교회 장(張) 모 목사(牧師)는 부동산 매매계약금을 뺏으려고 계약자를 교회 안으로 유인, 권총으로 쏘아 죽였다. 그는 살해 후 시체를 토막 내 암장하려고 미리 교회 안 캐비닛에 도끼 · 식칼 · 광목까지 준비해 놓았다. 참으로 충격적인 참극이다. 또 얼마 전 설악산 신흥사 경내에서의 혈투사건도 가슴을 아프게 한다. 주지 부임을 둘러싸고 승려들 간에 난투극이 벌어져 승려 한 명이 죽고 수십 명이 부상했다. 구속된 숫자만도 21명이나 됐다. 대자대비의 불법을 펴는 스님들이 어떻게 그런 무도한 짓을 저지를 수 있을까.

이런 경우 교역자의 자질이 문제가 된다. 저명한 고승을 비롯한 우리 사회의 정신적 지도자에서 사이비 '땡초'에 이르기까지 각양각색이다. 최근 조계종의 제도개혁위원회에서 국내 불교신도와 승려 2천여 명을 상대로 조사한 결과 '대졸 이상의 불자를 교역자로 양성해야 한다'는 응답이 63%나 돼 눈길을 끌었다. 또 입문과 교육에 있어 종합적인 수업과 더불어 지도자로서의 훈련이 포함되어야 한다는 의견이 지배적이었다. 교역자의 자질을 걱정하는 소리가 대단하다.

기독교에서도 전통 있는 교파의 경우 목사가 되기 위해서는 신학대학을 마치고 목사고시를 거쳐 일정기간 봉사하는 등 절차가 엄격하다. 그러나 일부 군소교단에서는 무인가 신학교를 통해 무자격 목회자를 양산하는 병폐가 많다고 한다. 승려도 동국대 불교대학과 중앙승가대학이 있지만 현실적으로 그 숫자는 크게 모자란다. 영적 세계를 다루는 성직자들의 교육은 의학교육 못지않은 전문수준의 인적·지적 수련이 필요하다. 그렇지 않고서야 어떻게 인간의 영혼을 구제한다고 할 수 있겠는가.

《동아일보》 1989. 12. 2

자신이 자신의 사형집행인

《야성의 엘자》. 어미가 죽은 어린 사자 엘자를 키우면서 밀림에서 사는 법을 가르쳐 야생으로 돌려보내는 과정을 그린 감동의 명작이다. 소설은 물론 영화로도 유명하다. 이 작품의 저자는 아프리카 야생동물 생태학자 조지 애덤스의 부인 조이 여사. 조이 여사는 지난 1980년 하인에 의해,

83세의 애덤스 옹(翁)은 지난 가을 밀렵꾼의 총에 맞아 피살됐다. 맹수가 우글거리는 케냐의 밀림 속에서 이 부부는 모두 야수가 아니라 인간에게 죽음을 당했다.

어렸을 때는 할머니, 어머니에게 옛날이야기 해 달라고 졸라 늑대, 호랑이, 귀신이야기를 많이 듣는다. 그러나 살면서 가장 무서운 것이 무엇이냐고 물으면 밤길의 인기척이라고 대답한다. 요즘 우리나라 꼴을 보면 너무도 옳은 말이다. 동거하던 여자가 전남편을 찾아가자 그녀를 살해, 아홉 토막을 내 이 산 저 산에 나눠 유기한 엽기적 살인사건을 비롯해 올 겨울 들어서만도 수십 건의 참혹한 사건이 꼬리를 몰고 있다.

가정집 침입 강도가 칠십 노인에 재갈을 물려 질식사시켰는가 하면 가출한 아내를 찾아내라고 장모를 망치로 두들겨 살해한 사건이 일어났으며 한밤 비디오가게에서 부인과 네 살 난 어린애가 온몸을 스물여덟 군데나 찔린 채 처참히 숨졌다. 또 자신을 고아원에 보내놓고 재가한 데 앙심을 품고 어머니에게 칼을 주며 자살을 강요, 미수에 그치자 손수레에 뉘어 놓고 나무를 쌓아 석유를 끼얹은 뒤 불을 질러 태워 죽인 필설로 형용할 수 없는 패륜 사건도 발생했다. 악마인들 이보다 더하겠는가.

어찌하다 세상이 이 모양이 돼버렸는가. 얼마 전까지만 해도 다른 나라보다 인륜의 전통이 계승되고 있다던 우리 사회가 불과 몇 해 사이에 돌이키기 어려운 수렁에 빠져들고 있다. 신문지면은 매일매일 살인사건으로 얼룩져 있다. 집집마다 불안과 공포에 떨고 있다. 오나가나 사람이 무서워졌다. 범행은 밤낮의 구분도 없고 장소도 안 가린다. 가정주부가 집 안에 혼자 있기가 무서워 집을 비워 두고 밖에 나가 있을 정도다. 이젠 경찰력을 탓하기에도 지쳐버렸다. 5공 청산도 남북통일도 중요하지만 내 목숨, 처자 목숨 살고 나서 볼 일이 아닌가. 악인은 자신이 자신의 사형집행인이라는 것을 알아야 한다.

《동아일보》 1989. 12. 5

의료분쟁이 이렇게 많다니

"의사의 무관심이 아이를 거의 생죽음시켰다. 의사는 중대한 뇌수술을 엑스레이조차 찍어보지 않고 심지어는 약 준비조차 없이 시작했다. 마취도 안한 아이는 도수장(屠獸場)의 망아지처럼 죽어 갔다." 박경리의 〈불신시대〉(不信時代)의 한 대목이다. 의사의 비정함을 그린 것인데 실제로 이런 의사는 없겠지만 있어서는 큰일이다. 그러나 의사의 부주의, 태만, 불성실 등으로 인해 억울하게 피해를 보는 환자가 의외로 많다.

우선 병원으로부터 진료를 거부당해 숨진 경우가 많다. 응급환자가 병원 서너 군데를 전전하다 끝내 절명했는가 하면 차에 받혀 중상을 입은 사람이 종합병원을 네 곳이나 찾아갔으나 이 핑계 저 핑계로 거절당해 숨진 경우도 있다. 작년 9월에는 제왕절개 수술을 받은 주부가 1년이 넘도록 수술부위에서 고름이 나오고 통증이 계속돼 재수술을 받아보니 길이 24㎝의 수술용 가위가 나와 화제가 됐었다.

의료사고는 갖가지로 많다. 같은 병원에 입원한 동명이인 환자에게 병원에서 잘못 투약해 환자가 숨졌는가 하면 일부 병원에서는 진료비를 더 받기 위해 교통사고 환자에게 불필요한 수술을 하거나 항생제 등을 과다 투여하는 등 해로운 과잉진료를 일삼기도 했다. 이 같은 의료사고가 발생했을 때 환자들의 권리는 철저히 무시됐다. 사고 발생원인과 경위에 대해 전문지식이 없는 의료 소비자들은 자신의 피해를 의학적·법리적으로 항변하기가 어렵다. 환자가 제기하는 의료분쟁이 한 해에 평균 1,200건이 넘는다.

이런 실정에서 의미있는 판결이 나왔다. 출산이 임박한 상황에서 산모를 조산원에게 맡기고 퇴근해버린 산부인과 의사에게 산모가 겪은 정신적 고통을 보상하라는 판결이 내려졌다. 또 난소낭종 제거수술을 받기 전

간장장애 검사를 잘못 받아 사망한 환자가족에게 손해배상하라는 판결이 나왔다. 의료소송은 '동료의사에게 불리한 진술을 할 수 없다'는 연대감으로 인해 의사들의 공개증언을 받을 수가 없어 승소할 수 없다는 것. '의사가 병을 고치면 태양이 그것을 보지만 의사가 환자를 죽이면 땅이 이를 감춘다'는 격언이 있다. 많은 명의들의 인술에 흠이 가지 않도록 의사들이 각오를 새로이 할 때다.

《동아일보》 1990. 1. 20

사람이 파리가 되는 겁나는 세상

서진룸살롱 집단살인사건은 지금 생각해도 끔찍함에 몸서리쳐진다. 범인들은 텃세에 얽힌 지역 장악다툼 끝에 조리사가 쓰는 생선회칼을 휘둘러 4명의 목숨을 빼앗았다. 범인들은 이에 그치지 않고 사체들을 승용차에 실어 병원에 옮겨놓은 뒤 유유히 사라졌다. 서울 강남의 유흥가를 누벼온 조폭 칼잡이들의 잔인무도한 살인극이다. 범인들 중 주범 2명은 처형됐다.

얼마 전에 있었던 극악한 집단살상사건으로 우범곤(禹範坤) 순경의 의령광란(宜寧狂亂)과 오대양 여사장 등 32명 집단변사사건이 잊히지 않는다. 총을 난사하고 수류탄을 터뜨려 노소 가리지 않고 선량한 주민 91명을 닥치는 대로 살상한 우(禹) 순경의 만행은 극악적 인격파탄을 드러낸 발악이었다. 또 교주를 자처하는 오대양의 여사장 박순자 씨가 회사원과 그들의 가족과 함께 베일에 싸인 채 고립된 생활을 하다 집단죽음으로 나타난 변사사건은 가이아나 인민사원(人民寺院)의 914명 집단자살극과 유사해 충격적이었다.

29일 발생한 샛별룸살롱 종업원 4명 집단피살사건도 서진룸살롱 사건 못지않은 엽기적 사건이다. 어린 남녀 종업원들이 목과 귀가 잘리는 등 온몸을 흉기로 10여 군데나 참혹하게 난자당한 채 살해됐다. 살인은 그 자체가 무슨 이유로도 용납될 수 없는 것이지만 우발적 단순살인사건도 아니고 한 명도 아닌 4명이나 닭 잡듯 살해한 이 참극을 도대체 무슨 말로 표현할 수 있을까. 더구나 18, 19세의 어린 종업원들은 설날 연휴에도 쉬지 못하고 일하러 나왔다가 이런 변을 당했다.

그것이 흉기든 칼이든, 쇠 자체는 인간을 죽이지 않는다. 인간을 죽이는 것은 사람이다. 인명경시는 자애결여, 자기상실에서 비롯된다. 자기를 진실로 사랑하는 사람은 남도 진정으로 사랑한다. 또 자아를 상실하면 사회에 대한 충동적 저주가 확대된다. 산업화, 도시화는 범죄를 숙명처럼 동반한다. 무규범상태에 빠져 살상의 흉포화가 가속된다. 공권력도 믿지 못할 처지이고 보면 우리 스스로 서로 사랑하며 사는 지혜를 터득하는 길밖에 없다.

《동아일보》 1990. 1. 30

어린 소녀의 술시중

옛날 서양 여러 나라에서는 아기들이 온몸을 베 나부랭이로 칭칭 동여매이고 머리와 다리도 움직일 수 없게끔 반듯하게 고정된 채 자랐다. 어머니들이 가사를 하는 동안은 몸이 묶여 벽이나 나뭇가지 등에 걸려 있어야 했다. 귀족이나 부자들은 아예 시골의 농가에 몇 년 동안 양육을 맡겨버렸다. 지금도 공원 같은 데에서 나뭇가지에 아기의 요람을 걸어 놓고 잡담하는 어머니들을 볼 수 있다.

우리나라의 어린이들은 세계 어느 나라보다도 자유스럽게 자랐다. 아무런 속박도 받지 않은 채 젖 먹을 때는 엄마 품에서, 일할 때는 엄마 등에서, 잠잘 때는 엄마 팔베개에서 귀염을 받았다. 마음껏 뛰어놀고 가사도 돕고 글공부도 하면서 평화스럽게 성장했다. 그러나 요즘은 세상이 변해 어린이들이 자라면서 약물중독·학대·성폭행 등에 시달릴 대로 시달리고 있다. 우리 어린이들 중 97%가 매를 맞았다는 조사도 있다. 부부사이가 나쁠수록, 부모학력이 낮을수록, 결손가정일수록 더욱 매를 많이 맞는다.

서울의 한 카페에서 초교생 등 12~14세 가출소녀 5명을 고용, 손님들에게 술시중을 들게 하고 나체쇼 등 퇴폐행위를 강요하다가 적발되었다. 이런 환경에서 소년범죄가 늘어나지 않을 수가 없다. 법무부 집계에 따르면 1989년 한 해에 10만 6천여 건의 소년범죄가 발생, 1988년의 9만 1천여 건보다 16%나 늘었다. 모든 창조물 중에서 가장 사랑스럽고 가장 성스러운 어린이가 물질만능주의의 만연과 함께 핵가족 구조의 확산, 성도덕의 문란 등으로 제대로 자라나지 못하고 있다.

"우리 청소년은 빛나는 전통을 이어받아 새 역사를 창조할 주인이다. 미래의 희망을 가슴에 안고 신체를 단련하며 인격을 도야하고 학문과 예술을 사랑하며 탐구와 개척정신을 길러 나라와 누리의 앞날을 빛낸다." 청소년단체협의회에서 마련한 "청소년헌장" 초안 전문이다. 15일 공청회를 거쳐 확정될 예정. 아동학대방지법 등 엄격한 법률이나 미사여구의 헌장으로 문제가 해결되지 않는다. 어른들의 진정한 각성과 함께 어린이들에 대한 깊은 관심과 따뜻한 사랑이 아쉽다.

《동아일보》 1990. 3. 14

심각한 농촌 공동화空洞化

영국의 소설가 찰스 디킨스는 프랑스 혁명을 무대로 한 《두 도시 이야기》에서 굶주림을 이렇게 표현했다. "연기 없는 굴뚝에서 굶주림은 눈알을 부릅뜨고 내려다본다. 쓰레기더미에서 고기부스러기 하나 찾아볼 수 없고 먹을 것이라곤 아무것도 없는 구지레한 거리에서 굶주림은 위아래로 기어 다니고 있다. 굶주림은 빵집 선반에도 씌워져있고 소시지가게에 팔려고 내놓은 죽은 개고기 한 점에도 씌워져있다. 굶주림은 제격에 꼭 알맞은 장소를 거처로 삼고 있었다."

시인 이영도(李永道)는 〈맥령〉(麥嶺)에서 굶주림을 이렇게 읊었다. "사흘 안 끓여도 솥이 하마 녹슬었나/보리 누름철은 해도 어이 이리 긴고/감꽃만 줍던 아이가 몰래 솥을 열어 보네/한 끼 건느기가 강물보다 어렵던가 …". 묵은 곡식은 다 떨어지고 햇보리는 아직 여물지 않아 농촌에서 가장 살기 어려운 초여름에 식량으로 고통 받는 고비를 보릿고개라 한다. 누구나 가슴 저리고 마음 아픈 심적 고통을 참기 어렵다. 그러나 뭐니 뭐니 해도 배고픈 것보다 더한 고통과 슬픔은 없을 것이다.

요즘 청소년들은 보릿고개를 겪어보기는커녕 이 말 자체가 실감나지 않을 것이다. 그러나 선조들은 말할 것도 없고 10여 년 전만 해도 농촌에서는 보릿고개를 넘기지 못해 숱한 고통을 겪었다. 그렇다고 요즘에는 배곯는 사람이 없는 것도 아니다. 쌀이 남아돈다고 요란을 떨지만 전국 국민학교에서 도시락을 싸오지 못해 점심 굶는 어린이가 8천여 명이나 된다. 수치심 때문에 통계수치에 잡히지 않은 어린이와 부실한 도시락으로 끼니를 때우는 어린이를 포함하면 2만 명이 넘는다.

일손부족으로 보리베기를 못한 일부 농민들이 보리수확을 포기, 갈아엎거나 불태우는 사례가 늘고 있다. 경북 고령, 전남 함평, 담양 등지의 농민들은 일손을 구할 수가 없자 보리밭을 불태우고 트랙터로 갈아 엎어 버렸다. 또 얼마 전에는 무밭을 갈아엎더니 최근 강원도에서는 옥수수 밭을 갈아엎었다. 이런 현상을 어떻게 설명해야 할까. 도시에서는 지하 단칸방의 일가족이 집세를 못 구해 집단자살하고 농촌의 공동화(空洞化) 현상은 날이 갈수록 심각해진다. 국가행정의 과오도 큰 문제지만 모두들 뒤집어엎는 것만 좋아한다면 앞으로 이 나라가 어떻게 되어 갈 것인가.

《동아일보》 1990. 6. 19

벽에 다리 걸치고 자는 쪽방

크고 화려한 집을 고대광실(高臺廣室), 어문대청(御問大廳)이라 부른다. 이보다 더 호사스런 저택을 황금으로 꾸몄다는 금전옥루(金殿玉樓)라 한다. 이 밖에 대저택을 갑제(甲第), 준우(峻宇), 원락(源落) 등으로 부른다. 반면 보잘것없는 몇 칸의 초옥을 수간모옥(數間茅屋)이라 한다. 이보다 더 못한 집을 동퇴서비(東頹西圮), 바람에 이리저리 쏠리는 허술한 거처라는 뜻이다. 더 형편없는 집도 있다. 일지소(一枝巢), 나뭇가지 한 개로 지은 둥우리 같은 오두막집이다.

모두 옛 표현들이지만 지금이라고 달라진 것도 없다. 서울에 엄청난 호화저택도 있지만 아홉 식구가 세 평 사글세방에서 새우잠을 자는 가구도 있으니 말이다. 마포구 도화동의 이 영세가구는 사시사철 햇볕 한번 안 드는 좁은 단칸방에서 밤마다 몸을 포갠 채 잠을 자야하고 그것도 안 돼 다리를 벽에 걸쳐놓고 잔다는 것. 먹는 것도 어렵지만 더 고통스런 것은 화장실 문제. 아침마다 한바탕 전쟁을 치러야 한다. 지난 1월 현재 우리나라 도시영세민 가구의 83%가 세 들어 살고 있으며 서울에서는 영세민

가구의 74%가 단칸방에 거주한다.

최근 건설부가 택지보유실태를 조사한 것을 보면 서울, 부산 등 6대 도시에서 200평이 넘는 택지를 갖고 있는 가구가 2만 8천여 가구로 이들이 분당, 일산, 평촌 등 신도시 전체 면적과 맞먹는 1,136만 평을 보유하고 있다. 이 중 5천 평 이상 보유한 가구가 50가구, 1만 평 이상을 갖고 있는 가구가 5가구였다. 대지 50평짜리 집을 지어도 2백 채나 지을 이 택지는 어지간한 중고교가 들어서도 너끈한 넓이다.

누구나 이 세상에 빈손으로 왔다 빈손으로 떠난다. 살아있는 동안 얼마를 소유했던들 영원히 그의 것일 수 없다. 특히 땅은 재화나 다른 자원과도 달라 그 소유와 이용에 공공성이 요구된다. 우리 사회의 갈등·좌절·적대의 심화도 땅이 있는 계층과 집이 없는 계층 간에 비롯되는 것이 많다. 진정한 의미의 부자가 되고자 한다면 많이 갖는 데 힘쓸 것이 아니라 욕심을 줄이는 데 힘써야 한다. 욕심을 억제할 줄 모르면 언제까지라도 부족과 불만 속에서 허덕이게 된다. 탐욕이란 얻은 것을 다 삼킨 뒤 입만 더 째지도록 크게 벌리는 것이다. 땅은 국민의 자유 및 권리와 조화를 이루며 공공복리에 적합하게 관리돼야 한다.

《동아일보》 1990. 8. 16

과잉취재

'사라예보의 총성.' 제 1차 세계대전의 시발원인으로 조그만 사건이 도화선이 되어 엄청나게 큰일이 터질 때 흔히 인용되는 표현이다. 1914년 6월 28일 보스니아(유고슬라비아)의 사라예보를 방문한 오스트리아 황태자 부부가 세르비아의 한 청년의 총격에 쓰러졌다. 오스트리아는 세르비아에 받아들일 수 없는 조건을 제시했다가 선전포고, 제 1차 세계대전으로 비화했다. 이 대전으로 854만여 명이 죽고 2,120만여 명이 부상하는 등 인명손상이 모두 3,750만여 명에 이르렀다.

4일 서울로 오던 북한 측 대표단을 태운 차량이 연쇄 5중 추돌하여 백남준, 김정우 대표가 다친 불상사가 발생했다. 대표단 차량이 달리고 있는데 모 방송사 보도차량이 갑자기 끼어들면서 발생한 정말로 '큰일' 날 뻔한 사고였다. 북측 대표들이 크게 다치지 않은 것은 참으로 다행이다. 만약에 사고가 커 불행한 일이 생겼더라면 어쩔 뻔했는가. 해방 후 최초의 공식 남북당국자 회담이 일순 물거품이 되어버릴 것은 물론 그 뒤 남북 간에 어떤 일이 일어날지 상상조차 하기 싫다.

범민족대회를 비롯해 남북 간 방문문제가 제기될 때마다 특히 우리 측에서 신변안전 보장문제를 내세우곤 했다. 대표단 차량통행을 위한 지나친 교통통제는 바람직스럽지 않으나 이런 식으로 허술하게 방치해서도 안 될 일이다. 특히 언론기관이라 해서 특권의식을 가져서는 안 된다. 세계의 관심이 집중되는 회담이니만큼 취재경쟁을 벌이는 것은 이해가 간다. 그러나 한계가 있다. 최소한의 예의와 질서, 양식과 판단력은 갖춰야 한다.

과열 취재경쟁이 빚은 추태는 곳곳에서 발생했다. 북한의 연형묵 총리에게 꽃다발을 준 화동이 취재진에 시달리다 끝내 울음을 터뜨리고 수석대표가 만찬사를 읽고 있는 도중에 고성과 욕설이 오갔으며 북측 대표만 보이면 덤벼들어 대표들이 호텔 로비에도 나올 수 없을 정도라고 한다. 이 점은 북측 기자도 비슷해 방송기자의 카메라를 빼어 부수고 취재를 막는다고 경비원들에게 행패를 부렸다. 여기에서 언론인의 자질문제까지 거론하고 싶진 않지만 하찮은 취재욕심이 엄청난 역사적 과오를 저지를 뻔했다는 것을 해당 보도진은 자성해야겠다. 과오는 부끄러워하되 그것을 뉘우치는 것은 부끄러워하지 말아야 한다.

《동아일보》 1990. 9. 6

어린이를 짐승 잡듯이…

외삼촌이 누구인가. 낳아주고 길러주고 평생 걱정해주는 어머니의 친남매 간이다. 한집에 같이 살던 외삼촌이 조카딸을 유괴·살해하여 암장한 뒤 누나에게 돈을 내라고 협박하다 붙잡혔다. 최근 이 같은 유괴살해 사건이 잇따라 발생, 어린 자녀를 둔 부모들이 안절부절 못하고 있다. 이 사건 말고도 서울 서초동 예술의 전당 뒷산에 암매장된 김희성(金喜星) 군, 용인저수지에 수장된 이완희(李完熙) 군, 숙대 6층 건물 옥상 물탱크에서 숨진 곽재은(郭在恩) 양 사건 등 올 들어 경찰에 접수된 유괴사건만도 20건이 넘는다.

부모들은 도대체 이 세상이 어찌됐기에 돈 때문에 천진한 어린이들을 그토록 잔인하게 살해할 수 있느냐며 반인륜적 범행에 몸서리친다. 공안당국에 실망한 지는 오래고 그렇다고 잔인한 유괴·살해를 두고만 볼 수도 없는 노릇이다. 요즘 많은 유치원 초등학교에서 나름대로의 자구책을 강구하고 있다. 등하교 때 가까운 거리는 부모가 직접 데리고 다니고 조퇴도 부모로부터 사전연락이 있는 경우만 허락하며 너무 일찍 등교하거나 방과 후 혼자 학교에 남아 있지 못하도록 한다.

집에서도 자녀가 나갈 때 부모에게 어디에 누구와 함께 간다는 것을 알리도록 하고 집에 전화도 하도록 신경 써야 한다. 특히 낯선 사람이 돈이나 선물을 준다고 따라가지 않도록 일러두어야 한다. 혹시 강제로 끌려갈 때는 크게 소리 지르거나 행인에게 위험을 알리는 요령도 가르쳐주어야 한다. 호루라기를 갖고 다니다가 부는 것도 한 방법이다. 또 비상시에 공중전화로 위급사항을 집에 알릴 수 있도록 동전을 지니고 다니게 한다.

유괴범은 형량을 높여 검거 즉시 공개처형해 본보기를 보이자는 의견도 있다. 그러나 형량을 높인다고 유괴사건이 줄어들지 않는다. 실제로 유괴 살해한 경우 사형 또는 10년 이상 징역에 처하도록 돼있다. 무엇보다 우리 사회가 유괴를 유발하는 물질만능주의, 인명경시의 풍토에서 벗어나야 한다. 범죄환경을 없애는 것이 필요하지만 그 일이 쉬운 일이 아니다. '어릴 때 새집을 부순 놈은 늙어서 온 마을을 불태운다'는 속담이 있다. 자기는 누구에게서도 사랑받지 못한다고 생각하는 것이 청소년 범죄의 가장 중요한 원인이다. 어려서부터 따뜻한 사랑을 가르치는 길밖에 다른 도리가 없다.

《동아일보》 1990. 9. 25

화성에 악마가 나타났다

'요크셔의 칼잡이.' 북부 잉글랜드의 서트클리프라는 트럭운전사는 지난 1975년부터 1980년까지 13명의 여인을 잔인하게 연쇄 살해했다. 이 희대의 살인마는 밤에만 나타나 16~47세의 여인을 습격, 망치 등으로 때려죽이고는 시체를 토막 내놓고 도망쳤다. 칼잡이라는 별명은 시체를 모두 토막 내 붙여진 것. 그는 5년 동안 동원된 경찰관 천여 명의 애를 태웠는데 이 기간에 수사에 들어간 비용만도 880만 달러에 달했다.

'칼잡이 블랙잭.' 백 년 전 런던의 밤을 공포의 도가니에 몰아넣은 이 사나이는 역시 밤거리에서 여인을 교묘히 유인해 변태성욕을 즐기고는 무자비하게 칼질해 길거리에 버렸다. 3개월 동안 희생된 6명이 한결같이 검은 옷을 입고 있었다 해서 '블랙잭'이란 별명이 붙었다. 칼솜씨로 보아 정신이상인 외과의사라느니 여성 타락을 증오하는 청교도, 러시아 황제의 비밀공작원이라는 등의 소문이 떠돌았으나 모계로 정신이상이 유전된 돌위트라는 변호사로 밝혀졌다. 검은 옷의 여인만 노린 것은 어머니가 검은 망토를 걸치고 다녔기 때문이라는 것.

1977년 미국 로스앤젤레스에서 10대, 20대 미녀 11명이 발가벗겨져 목 졸린 채 연쇄적으로 살해됐다. 모두 강간당하고 목 졸려 죽었는데 희생자 중에는 7세, 12세 소녀까지 끼어 있었다. 또 그해 뉴욕에서는 금발의 미녀만 습격해 6명을 살해하고 7명에게 중상을 입힌 연쇄 살상사건이 발생, 뉴욕시가 공포에 휩싸였다. 범인은 '샘의 아들'이라고 자칭하면서 경찰과 언론을 우롱했다. 경찰이 해결하지 못하자 뉴욕의 마피아까지 총동원돼 '샘의 아들'을 추적해 한때 경찰과 마피아가 검거경쟁을 벌이기도 했다.

'얼굴 없는 범인.' 전국적으로 선포된 '범죄와의 전쟁'을 비웃기라도 하듯 화성 부녀자 연쇄강간살해범이 귀가 길의 어린 여중생을 아홉 번째 희생자로 삼아 화성지역을 공포의 회오리 속에 몰아넣었다. '부녀자 사냥'을 일삼는 이 살인마는 강간살해한 뒤 가슴을 난자하는 등 성도착적 추행을 되풀이했다. 범행도구도 연필깎이 칼, 숟가락, 볼펜, 스타킹, 블라우스, 브래지어 등 모두 피해자의 소지품만을 사용한다. 범인은 여성콤플렉스나 성도착 증세를 보이고 있는데 만의 하나라도 시국혼란을 노리는 범행은 아닐까하는 추정도 있다. 한시바삐 붙잡아야 할 텐데 큰 걱정이다.

《동아일보》 1990. 11. 18.

정병주 사령관과 김오랑 소령

1979년 12월 13일 새벽 1시 반 신군부의 반란을 진압하기 위해 9공수여단에 서울 출동명령에 내린 정병주(鄭柄宙) 사령관은 비서실장인 김오랑(金五郎) 소령과 단둘이서 체포하러 온 제 3공수여단 부대원들과 대치했다. 사령관실 문을 부수고 들어온 신군부 병력에 대항하다 김 소령은 그 자리에서 사살되고 정 사령관은 왼팔에 총상을 입은 채 보안사로 끌려갔다.

두 번이나 수술을 받고 예편된 정 사령관은 심한 우울증에 시달렸다. 생계를 위해 친구들과 함께 투자한 종이상자 제조공장도 도산해 시름 속에 세월을 보냈다. 그러던 중 1989년 3월 4일 경기도 양주군 송추유원지 야산 중턱에서 참나무에 목을 맨 시체로 발견됐다. 1988년 10월 집을 나갈 때의 옷차림 그대로였다. 유서도 없었고 주변엔 빈 소주병 3개만 나뒹굴고 있었다. 경찰은 자살로 처리했다.

한편 남편 김오랑 소령을 잃은 백영옥(白榮玉) 씨는 서울의 군인아파트에서 퇴거당해 갈 곳이 없자 부산 친정으로 갔다. 남편 잃은 충격으로 시력까지 잃었다. 몇 번이나 삶을 포기할 생각까지 했다가 마음을 가다듬고 정박아 보호시설, 양로원, 나환자촌을 찾아다니며 봉사로 시름을 잊으려 했다. "꿈속에 그이가 나타나 아무 말 없이 빙긋 웃기만 해요. 다가가면 바람이 세차게 불어 접근하지 못하고 나는 울기만 해요." 백 씨의 피맺힌 절규다.

군인으로서 김 소령의 행동은 합법적 지휘계통과 직속상관을 호위한 바르고 충성스런 것이었으며 명예로운 죽음이었다. 그런데도 유족들은 외면된 채 버림받고 있다. 그러나 신군부 측 부상자들은 대부분 특진 후 예편돼 골프장 등 엄청난 특혜로 보상을 받고 전쟁영웅처럼 대접받았다. 정병주 씨는 평소 12·12사태의 진상이 왜곡돼 있다고 경고했고 백영옥 씨는 군 질서를 무너뜨린 하극상 사태를 법의 양심에 물어보고 싶다고 말해왔다.

백 씨는 전두환, 노태우 전·현직 대통령과 최세창(崔世昌) 당시 특전사여단장 등 6명을 상대로 10억 원의 배상금 신청을 준비해왔다. 변호인단을 통해 소장을 작성한 백 씨가 돌연 병원에 입원한 뒤 변호인단에 소장 접수를 유보해달라고 요청했다. 모종의 회유압력 의혹 속에 백씨는 "너무 엄청나 말을 할 수가 없다"고만 말했다 한다. 12·12사태 11주년을 맞으면서 또 한 번 가슴 답답해짐을 느낀다. 사태의 진상은 물론 모든 것이 백일하에 깨끗하게 밝혀져야 한다.

《동아일보》 1990. 12. 12

고아수출국 1위 오명

최근 한 입양기관노조에서 심상치 않은 사례가 보고돼 주목을 끌었다. 직원들에게 입양시킬 아이를 구해오도록 강요해 입양상담원들이 마치 방문 판매원처럼 산부인과, 조산원 등을 찾아다니며 뒷거래까지 하면서 아이를 확보하고 미혼모에게는 친권을 포기하도록 강요했다는 것이다. 또 얼마 전 보사부 조사에서도 입양기관들이 해외에 보낼 아이를 확보하기 위해 경쟁적으로 병원과 고아원 등에 상당한 자금을 지원해주고 입양이 이루어졌을 경우 사례비까지 지급한 사실이 드러났다.

지난 1958년부터 작년까지 12만여 명이 해외입양됐다. 가장 많이 입양된 해는 1985년으로 8천 8백여 명, 작년에는 근 3천 명이 입양됐다. 반면 국내입양은 1980년 3천 6백여 명이 가장 많았고 해마다 줄어들어 1990년에는 겨우 1,680명에 불과했다. 매년 1만여 명씩이나 기아(棄兒)가 발생하는데 국내입양은 저조하고 해외입양만 계속돼 '고아수출국 1위'란 오명을 벗지 못하고 있다. 미국인 등 양부모들이 한국고아를 선호하는 점도 있지만 입양기관으로서도 해외입양이 국내보다 수익금이 3배나 돼 해외로 우선 입양시킨다.

미국 등지에서는 양부모 자격을 획득하려면 일정 기간의 교육과정을 밟는 등 어디까지나 아동중심의 입양이 이루어진다. 그러나 국내에서는 대를 잇기 위한 것 등 부모편의중심으로 이루어진다. 외국에서는 장애아

입양에도 적극적인데 반해 국내에서는 성별, 건강상태는 물론 친부모의 성향까지 알아보고 혈액형과 용모도 양부모와 일치할 것을 요구한다. 입양 뒤에도 아들을 낳았거나 입양아이가 적응을 못하는 등 문제가 생기면 아이를 되돌려 보낸다.

한마디로 우리의 입양풍토가 지나치게 이기적이란 이야기다. 외국의 신문잡지가 세계 제1위의 고아수출국이란 특집기사를 연이어 싣고 있는 것은 단순히 우리를 비방하려는 것이 아니라 우리가 하는 짓이 납득이 가지 않기 때문이다. 그들은 한국이 경제력 등으로 보아 고아들을 충분히 키우고 교육할 능력이 있다고 본다. 실제로 인도나 필리핀의 해외입양은 우리의 7~8분의 1, 중국・베트남은 우리의 몇백 분의 1밖에 되지 않는다. 우리도 우리 아이들은 우리가 책임질 때가 됐다. 미혼모 예방으로 기아발생을 줄이고 국내입양 확대, 가정위탁제 등 고아 보호대책을 서둘러야겠다.

《동아일보》 1991. 1. 11

맹견주인이 맹수가 되어…

다섯 살 난 어린이가 송아지만한 셰퍼드에 물려 개집 안으로 끌려들어가 10여 분 동안 계속 온몸을 물어뜯긴 채 숨졌다. 지난 14일 마산에서 유치원 수업을 마치고 집에 가던 원제 군이 큰길가에서 그런 끔찍한 변을 당했다. 개집 바닥에 깔려 계속 물어뜯기는 동안 어린애가 얼마나 놀라고 무서웠겠는가. 생각만 해도 몸서리쳐진다. 이처럼 어린이가 맹견에 희생되는 일이 이따금씩 발생하는데도 어른들은 그대로 방치하고 있다.

얼마 전 전주에서는 12세 소녀가 자기 집 안방에서 한참동안이나 도사견에 물어 뜯겨 처참하게 숨졌다. 이웃 개사육장에서 뛰쳐나온 도사견이 집 마당에서 놀던 아이들에게 달려들자 이 소녀가 방안으로 피했는데 개가 부엌 유리창으로 뛰어들어 물고 늘어졌다. 특히 마산의 원제 군이 셰퍼드에 물어뜯기고 있는 동안 동네주민 10여 명이 멀거니 보고 있었다니 그 또한 소름끼치는 일이다. 개가 워낙 사나워서 그랬다지만 아무리 그렇더라도 어린애가 그 꼴을 당하는데 구경만 하고 있었단 말인가. 정말로 비정한 세상이다.

개는 경비용·경찰보조용·군용·구조용·양치기용은 물론 도둑질이나 밀수 등 범죄에도 이용돼왔다. 미국에서는 전체 애완동물묘지 중 개의 무덤이 80% 가까이 차지한다고 한다. 상아, 금, 은 등으로 장식된 묘지가 있는가 하면 개 주인이 슬퍼하며 앉아 있을 의자까지 준비돼 있다. 동서양 모두 사람에게 충직한 개 이야기를 많이 갖고 있다. 그러나 개는 본질적으로 약자에게 강한, 비열하고 사악하고 천한 속성을 갖고 있다. 그래도 한국 개는 서양 개에 비해 유순하다. 낯선 사람에겐 맹렬히 짖어대지만 일정거리는 둔다. 서양이나 일본 개는 별로 짖지도 않고 바로 물어뜯는다.

서양에서는 맹견사육을 엄격히 규제하고 있다. 그러나 우리는 그렇지가 않다. 살인견으로부터 우리 아이들을 지키기 위해서는 어떻게 해야 할까. 이런 개의 주인은 지금까지 과실치사나 업무상 상해치사혐의로 입건되거나 구속됐다가 곧 풀려난다. 그렇게 해서는 안 된다. 살인도 단순살인이 아니지 않은가. 마땅히 엄벌로 다스려야 한다. 당국은 하루빨리 관련법규를 마련해야 하고 맹견주인은 이런 참사가 바로 자신의 자녀들이 겪는 일이라고 생각해 맹견 단속을 철저히 해야 한다.

《동아일보》 1991. 3. 16

비열하고 야비한 도청

얼마 전 미국에서 마티니 술잔을 이용한 도청장치가 화제가 됐었다. 올리브 열매에 소형 송신기를 숨겨놓고 술잔에 띄워 칵테일 석상의 은밀한 대화를 포착한 것. 여기에 이쑤시개로 위장한 안테나도 등장한다. 이렇게 하면 100m 밖에서도 대화내용을 들을 수 있다. 도청기는 이밖에도 셔츠소매, 단추, 립스틱, 만년필, 담뱃갑, 사진틀, 서류가방 손잡이, 손목시계에 이르기까지 의심이 나지 않을만한 물건 어느 것에나 장치된다.

도청으로 사생활에 최대의 위협을 가하고 있는 것은 전화다. 모든 전화는 두 가닥의 전선으로 전화국과 연결되어 있는데 이 전화선을 찾아낼 줄 아는 사람이면 누구나 어렵지 않게 전화를 도청할 수 있다고 전자보안장치 전문가는 말한다. 요즘엔 무선도청도 많다. 미국의 시민자유연맹에 따르면 연방정부나 지방 사찰기관에서 도청해 왔거나 현재 도청중인 미국인이 20여만 명에 이른다는 것. 이밖에 산업스파이, 사설탐정, 남의 비위를 캐려는 사람들에 의해 지금 이 순간에도 수많은 사람들이 도청당하고 있다. 지난 1976년엔 박동선(朴東宣)의 대미(對美)로비창구와 관련, 청와대 도청사건까지 발생했다.

요즘 전국 곳곳에서 도청이 크게 늘어나 사생활이 침범당하고 인권이 짓밟히고 있다. 최근 부산과 경남에서 사원들의 동태파악을 위해 도청장치를 가설해 준 도청시설업자가 사직당국에 걸려들었다. 이 업체들은 70~160만 원을 받고 수십 차례나 도청장치를 해주었다. 고객은 남편이나 아내의 외도현장을 잡으려는 사람, 경쟁사의 정보를 빼내려는 산업스파이, 노조원들의 동태를 살피려는 기업주 등이 많았다. 서울 청계천 세운상가나 용산전자상가 등에서 도청장치를 얼마든지 구입할 수 있다. 입시철이면 더 많이 팔린다고 한다. 흥신소에서도 돈만 주면 도청으로 정보를 얼마든지 제공해준다.

정보공작정치의 여러 수단 가운데 가장 흔한 수법이 도청이다. 실제로 일상생활에서도 "전화로는 곤란하니 만나서 이야기하자"는 말을 곧잘 한다. 잘 알려진 이야기지만 미국의 닉슨 대통령은 워터게이트 호텔 도청사건으로 대통령직을 사임했다. 임기 중 대통령이 사임한 것은 이것이 사상 초유의 일이다. 남의 말을 몰래 엿듣는 것은 비열하고 야비하고 부도덕한 행습(行習)이다. 도청행위 처벌법규의 뒷받침과 함께 정보기관의 자제와 국민 상호간의 신뢰회복이 무엇보다 중요하다.

《동아일보》 1991. 4. 6

총은 쏘기 위한 것이라도…

총이란 얼마나 정확하게 쏘느냐가 중요하다. 지금까지 알려진 세계 최고의 명사수는 미국의 애니 오크리다. 11세에 벌써 곰을 사냥하고 17세 때 세계대회를 휩쓴 그녀의 사격술은 구미 전역에서 화제가 됐다. 당시 독일의 황태자 빌헬름이 자진해 표적이 됐는데 그녀는 100피트 거리에서 황태자의 입에 물린 담배를 쏘아 떨어뜨렸다. 속사술도 뛰어나 공중으로 연속 쏘아올린 동전 5천 개 중 4,777개를 맞혀 전 세계에 명성을 떨쳤다. 그런 그녀가 불행히도 기차사고를 당해 불구의 몸이 되었다.

누군가 '총은 쏘라고 준 것'이라고 했다지만 '총 가진 자는 총으로 망하고 칼 가진 자는 칼로 망한다'는 격언이 있다. 나치독일의 제 2인자 헤르만 괴링은 《경찰입문서》에서 "먼저 쏘아라. 그러고 나서 심문해라. 문제가 생기면 내가 막아주겠다"고 기술했다. 반면 계몽사상가인 대(大) 프로이센의 대왕 프리드리히 2세는 "적의 눈동자의 흰자위가 보일 때까지는 절대로 쏘지 말라"고 당부했다 한다.

요즘 경찰관의 총기사용에 따른 말썽이 잇따르고 있다. 16일엔 잠복근무중인 경관이 수배중인 여관 전문털이가 도망치자 공포 2발을 쏜 후 덤벼들자 다시 쏘아 숨지게 했다. 이 경관은 범인이 포위된 상태에서 총기를 발사한 것이 정당방위에 해당하는지에 대해 조사받고 있다. 이어 17일엔 만취해 흉기를 들고 행패를 부리다가 경관이 쏜 총에 맞아 숨진 서(徐) 모씨 가족들이 국가를 상대로 낸 손해배상청구소송에서 승소한 고법판결이 나왔다.

치안본부는 1, 2탄은 공포로 쏘고 대퇴부 이하로 조준하라는 내용의 총기사용 안전수칙을 하달한 바 있다. 그러나 실제 상황에선 수칙대로만 되지 않는 것 같다. 피의자 측은 비인도적인 과잉대응, 경찰은 현행범을 놓아주는 직무유기라고 주장한다. 날로 잔인해지고 흉포해지는 강력범죄 만연 추세와 맞물린 채 피의자 인권과 시민인권의 보호주장이 평행선을 달린다. 그러나 총기는 최소한의 피해를 주는 한계 내에서 사용해야 하며 잘못 쏘아 재판과 사형집행을 한꺼번에 해치우는 결과를 빚어서는 안 된다. 그러기 위해선 역시 인명을 존중하는 전문사격훈련이 선행되어야겠다.

《동아일보》 1991. 5. 18

암장… 짐승들의 합주곡

그리스 신화의 헤라클레스는 사람들을 기묘하게 죽인다. 부시리스는 제물로 삼아 삶아 죽였고 안타이오스는 씨름을 하면서 죽였으며 키크우스는 격투를 해서 죽였다. 테르메로스는 머리통을 쳐서 죽였는데 이것이 소위 '테르메로스의 장난'이라는 속담을 남겼다. 그것은 테르메로스가 평소 행인의 머리통을 쳐 살해해왔는데 자신이 그렇게 죽은 데서 연유한 것. 헤라클레스는 악한을 징벌함에 있어 대체로 그들이 자행한 그대로의 방법으로 처벌했다. 그러나 이들의 살해방법 중에 암장은 기록에 나와 있지 않다.

시체암장 사건으로 우리를 전율케 하는 잔인, 처절한 사건은 작년 10월 발생한 양평 일가족 생매장 살해 사건. 시체수색에 나선 경찰이 양평군 단월면 까치봉 계곡에서 돌무더기 사이로 삐져나온 하얀 버선을 발견하고 파보니 김매옥(金梅玉) 씨(80) 자매가 돌더미 아래 거꾸로 묻혀 죽어 있었다. 부근에서 처참한 모습으로 살해, 암장된 유증열(柳增烈) 씨, 조금 떨어진 곳에서 흙속에 쪼그리고 앉아 죽어있는 최서연(崔敍娟) 양 시체를 발굴했다. 범인들은 돈 20만 원을 빼앗기 위해 노인과 어린이까지 생매장했다.

성남에서 실종됐던 건축업자 박익수(朴益洙) 씨가 평소 금전거래를 하는 신정우(申正雨) 씨 집 지하실에서 대형 가방에 담긴 채 암장된 사건이 발생했다. 박씨는 건축자금을 빌리러 갔다가 변을 당했는데 범인은 한 평 정도의 지하실에 암장하고 출입구를 시멘트로 막아버렸다. 박씨 소유의 다세대주택이 신씨 앞으로 근저당 설정되어 있어 신씨가 재산을 가로채기 위해 범행한 것으로 보고 경찰은 수사중이다.

이 세상에 생명보다 더 귀중한 것은 없다. 슈바이처 박사는 잎사귀 하나라도 의미 없이는 따지 않았다. 한 포기의 들꽃도 꺾지 않았다. 벌레를 밟지 않으려고 조심했다. 여름밤 램프 아래서 일할 때 날아든 많은 날벌레가 날개가 타 떨어져 죽는 것을 보고 무더운 여름밤에도 창문을 닫고 작업을 했다. 우리의 할머니들도 하다못해 기명물을 버릴 때도 식힌 뒤 버렸다. 뜨거운 물이 하수구의 수많은 미물들을 해칠 것이 두려워서다. 생명이란 이 세상의 모든 가치를 초월한 것이다.

《동아일보》 1991. 7. 4

군사문화가 씨 뿌린 제복의 떼도둑

정교하게 잘 만들어진 제복은 명예와 멋의 시대를 회상시킨다. 미끈한 바지를 입고 술이 달린 견장에 깃털로 우아하게 장식한 모자를 쓴 19세기 초의 프러시아 장교의 모습, 검 위에 가볍게 손을 얹고 긍지에 찬 근엄한 태도로 서 있는 그런 멋진 모습을 요즘엔 찾아보기 어렵다. 복장의 다양화 · 민주화 시대가 되면서 지나치게 눈에 띄는 제복은 비판의 대상이 되기도 한다. 닉슨 대통령은 백악관 경호원의 통상적인 검은색 경찰 제복을 회백색과 금색으로 바꾸었다가 빈축을 샀다. 이 제복은 닉슨이 그만두면서 함께 사라졌다.

군복은 원래 백병전에서 적과 아군을 구별하기 위한 실제적인 목적에서 생겨났다. 17세기 근대국가가 창설되기 시작하면서부터 19세기 장거리포가 출현할 때까지 군복은 매력을 더해 가면서 국가와 군대와 경찰 모두의 영예를 더욱 높여주었다. 그러나 찬란한 붉은 외투와 번쩍거리는 금빛 단추는 장거리포의 좋은 표적이 되었다. 그래서 20세기에 들어와 대부분의 국가는 병사들에게 갈색, 카키색, 초록색 군복을 입혔다.

제복은 대체로 국가나 공공기관이 보증하는 성격을 띠어 일반 국민들은 제복에 약간의 두려움과 위엄과 함께 신뢰감을 갖는다. 바로 이 점을 악용한 범죄가 잇달아 발생, 시민들을 놀라게 하고 있다. 공수단복, 베레모, 정글화, 탄띠, 탄창, 계급장 등 군용품과 실물 크기의 플라스틱제 M16 자동소총, 기관단총, 45구경 권총을 착용하고 기관원을 사칭해 사람을 납치 · 폭행해 돈을 뜯어냈다. 이들은 수갑까지 채워 군부대를 위장한 곳으로 데려가서는 땅 구덩이에 묻었다가 꺼내는 위협까지 서슴지 않았다.

이 판국에 경찰관복장 강도까지 발생했다. 경찰관 여름정복 차림을 한 청년이 취객에게 다가가 칼로 찌르고 현금, 신용카드 등을 빼앗았다. 이런 현상이 빚어지는 것은 세태가 날로 각박해지고 범행수법이 다양화되어지는 데서 비롯된다. 이와 함께 군사문화가 청산되지 않은 데에도 한 원인이 있다. 군사문화가 씨 뿌려 놓은 권위의식과 위협풍조 해소가 조속히 이루어져야 한다.

《동아일보》 1991. 7. 8

만혼풍조

몽테뉴는 결혼은 새장과 같다고 했다. 밖에 있는 새들은 쓸데없이 안으로 들어가려 하고 안의 새들은 밖으로만 나가려 한다는 것. 톨스토이는 결혼에서 긴요한 것은 스무 번이고 백 번이고 깊이 생각해 볼 일이라고 했다. 사람이 어찌할 수 없을 때 죽음에 임하듯, 결혼도 다른 도리가 없을 때나 할 일이라고 주장했다. 우리 젊은이들이 벌써 이런 결혼관을 통달했는지 어쩐지는 모르겠지만 요즘 만혼경향이 뚜렷해졌다.

통계청이 발표한 1990년 인구주택 총조사에 따르면 초혼연령이 남자 28.6세, 여자 25.5세로 늦어지고 있다. 초혼연령이 이토록 높아진 것은 아마도 유사 이래 처음일 것이다. 잘 알려져 있다시피 조선조 때까지만 해도 수명이 짧았던 데다 전통관례에 따라 모두 조혼했다. 1920년대 들어 초혼통계가 보이는데 1925년의 초혼연령은 남자 20.2세 여자 16.7세였으며 1930년엔 남자 21.2세 여자 17세로 약간 높아졌다.

1940년에도 남자 21.7세 여자 17.5세로 약간 높아지는 듯 마는 듯 했으나 6·25를 겪은 1950년에는 초혼 연령이 부쩍 뛰어올라 남자 25.4세, 여자 21.5세였다. 1955년엔 이보다 약간 내려갔다가 1960년에 다시 1950년

수준을 회복하더니 이후 꾸준히 상승하고 있다. 1970년에 남자 27.2세, 여자 23.3세, 1980년에 남자 27.3세, 여자 24.1세로 올라가더니 1990년에 남자는 28세, 여자는 25세가 넘어버렸다. 만혼현상은 대체로 세계적인 추세다.

미국의 경우도 마찬가지. 미 인구통계국에 따르면 작년의 초혼연령이 남자 26.1세, 여자 23.9세로 과거 100년간의 그 어느 때보다도 높았다. 미국의 초혼연령은 20세기 들어 내내 낮아지다가 1970년부터 높아지고 있다. 우리의 초혼연령이 높아지는 것은 교육기회가 많아지고 특히 적령기 여성의 사회활동이 활발해져 가기 때문이다. 의학적으로는 임신 자녀 터울을 고려, 남자 25~27세, 여자 23~25세가 결혼적령기다. 특히 여성의 조만혼(早晩婚)은 산모에 이상이 생길 수 있다. 알맞게 이룬 가정은 부부는 물론 사회발전의 원동력이다. 이 세상 모든 것이 적절한 것이 좋듯 결혼도 적기가 가장 좋지 않을까.

《동아일보》 1991. 8. 7

법정 난동

지난 7월 4일 서울형사지법 서부지원 법정에서 열린 강경대 군 치사사건 관련 피고인 5명에 대한 첫 공판장은 우리 사법사상 최악의 난장판이었다. 재판시작과 함께 유가족과 민가협(民家協)·유가협(遺家協) 회원 등 150여 명이 고함·욕설을 퍼붓고 변호사의 뺨을 때렸는가 하면 재판장의 명패와 마이크를 집어던졌다. 법대(法臺) 뿐 아니라 옆에 세워놓은 태극기도 밀어 넘어뜨리고 재판기록부도 방청석으로 내던졌다. 물론 재판도 중단됐다.

시국사건에서 법정소란행위가 벌어진 것은 1985년 미 문화원 사건이 처음이었다. 그 후 임수경 양, 전대협의장 임종철·송갑석 군 재판 등에서 간간이 구호제창 등 집단소란행위가 있었으나 이번처럼 극단적인 난동행위는 없었다. 시민들과 법조인들은 법은 국기(國基)이며 다시는 이런 행위가 있어서는 안 된다고 입을 모았다. 여론은 재판부에도 화살을 돌렸다. 경고나 퇴정명령 한번 내리지 못하는 등 적극적으로 대처하지 못한 무능력을 개탄했다.

그 누구라도 법정에서 소동을 일으킨 사람은 마땅히 현행법의 처벌을 받아야 한다는 여론에 밀려 강민조(姜珉祚)·박정기(朴正基) 씨가 구속됐다. 이들이 누구인가. 바로 강경대 군과 박종철 군의 부친이다. 이 세상에서 그 어떤 것과도 바꿀 수 없는 사랑하는 자식을 무참히 빼앗긴, 그것도 공권력에 희생당한 원통하기 짝이 없는 사람들이다. 구속기소된 이들에 대한 첫 공판이 9일 열렸다. 재판부에서 법정소란을 우려해 방청권을 제한하자 다시 가족들이 거세게 항의, 재판이 또다시 지연됐다. 법정 주변에선 민가협 회원 등이 연좌농성을 벌였다.

법이란 사람을 이리저리 얽매는 속성을 지닌다. 불편하고 거추장스러운 의복과도 같다. 그러나 그것을 입고 견디는 고충보다 그것을 벗어던지고 겪는 고난이 너무나 엄청나 모두가 법의 존재를 인정한다. 무법천지의 상태를 역사적으로나 경험적으로 터득하고 있기 때문이다. 아들 잃은 애끊는 슬픔을 누구든 모르겠는가. 그러나 그 슬픔이 사법절차에 대한 폭력적 도전까지 정당화할 수는 없다. 세상에는 참으로 딱한 일도 많다.

《동아일보》 1991. 9. 10

독극물 주입

'시장이 반찬', '금강산도 식후경', '당장 먹기엔 곶감이 달다', '수염이 댓 자라도 먹어야 양반'. 어린이가 듣고 표현할 수 있게 되면서부터 듣기 시작해 평생 동안 듣고 또 자주 써먹기도 하는 속담들이다. 모두 음식에 관한 내용으로 친근감마저 느껴지는 것들이다. 우리 생활의 3대 요소가 의식주지만 그 중에서도 먹지 않고는 단 하루도 버티기 어렵다. 그래서 예로부터 음식을 소중히 여겨 함부로 버리거나 손상하지 않도록 가르쳐 왔다.

요구르트에 독극물을 넣는 수법으로 업체를 협박해 거액을 뜯어내려던 범인 2명이 근 한 달 만에 검거됐다. 일반범죄는 대개 가해자와 피해자의 특정관계로 빚어진다. 그러나 독극물 투입사건은 특정 피해자보다 불특정 다수의 제삼자, 나아가서는 전체 시민사회에 해독을 끼치는 가장 죄질이 나쁜 반사회적 범죄다. 언제 어디서 누가 당할지 모르는 사실상 전체 국민을 인질로 삼는 대국민적 범죄다.

몇 해 전 유럽에서 오렌지 독극물 사건이 벌어져 온 유럽을 불안케 했다. 유럽의 오렌지는 대부분 이스라엘산인데 팔레스타인 게릴라들이 오렌지에 독극물을 넣고 협박했다. 그러나 오히려 팔레스타인에 대한 원성만 높아지자 이 범죄는 중단됐다. 1984년 일본 모리나가 등 유명 제과회사 제품에 청산소다를 투입해 협박한 사건도 당시 1년 동안이나 일본 국민들을 공포 속에 떨게 했다.

비슷한 사건이 우리나라에서도 이따금 발생했다. 카바레 화장실에 놓아둔 유산균 음료를 마신 종업원이 숨졌는가 하면 반쯤 남아 있는 소주를 마신 청소원이 절명했다. 이 사회는 더불어 서로 도와가며 살아야 한다. 그런데 돕기는커녕 서로 해쳐서야 밝은 사회를 이룩할 수 있겠는가. 이번 요구르트 독극물 투입사건은 경찰과 업체 간의 긴밀한 협조로 추적수사가 개가를 올렸다. 그러나 독극물 중독사건이 잇달아 발생했는데도 회사 측은 매출감소를 우려해 쉬쉬하다가 협박편지를 받은 지 한 달 넘어서야 신고했다. 업체들의 사회적 책임과 시민들의 고발정신이 강조되어야 함은 물론 범인들에게는 중벌이 내려져야 한다.

《동아일보》 1991. 10. 4

고스톱, 온 국민이 노름꾼?

도박의 역사는 인류역사만큼이나 오래돼 고대 이집트와 아메리카대륙의 원시벽화에도 도박하는 모습이 새겨져 있다. 성서에도 예수를 처형한 로마병사들이 서로 성의(聖衣)를 가지려고 제비뽑기를 했다는 기록이 있다. 우리나라에는 투호(投壺)와 상희(象戱: 옛 장기)가 당나라에서, 쌍륙(雙六)과 투전(鬪牋)이 청나라에서 들어왔으며 이 밖에 골패, 돈치기, 윷놀이 등이 있었다. 이어 일본에서 들어온 화투와 마작과 서양의 포커 등이 성행하더니 최근 들어 고스톱이 대유행이다.

고스톱은 화투를 더 스릴 있고 다양하며 도박성이 강하게 변조해 놓은 것. 대체로 노름은 돈 놓고 돈 먹는 식으로 운수대로 따고 잃는데 그에 따른 기량도 필요하다. 그러나 고스톱은 상대편의 점수를 깎아내리고 상대편의 득점가능성을 미리 저지하는 데 온갖 재간과 술수를 집중시키는 노름이다. 상당한 기량이 필요한데 내가 이기는 것보다 상대편을 골탕 먹이는 데 전력을 다한다. 또 따고 있는 사람은 더 따게, 잃고 있는 사람은 중도에 그만둘 수도 없이 계속 잃게 하는 심술궂은 노름이다.

한 번 빠지면 헤어나기 어려운 이 고스톱이 요즘 '국민개도박'(國民皆賭

博) 상황으로 치닫는 것 같다. 서너 명만 모이면 장소와 때를 가리지 않고 판을 벌인다. 집안이든 야외든 시장바닥이건 호텔에서건 대학 캠퍼스건 하숙방이건 기차·버스·배 안, 심지어 공항·비행기 안에서까지 벌인다. 요즘엔 청소년, 가정주부들까지 대거 끼어들고 있다. 큰 도박판마다 주부들이 끼어 구속되고 가정파탄, 이혼사태가 속출한다.

도박에 빠지면 여섯 가지 불이익이 따른다고 한다. 돈을 따면 상대방이 앙심 품고, 잃으면 자신의 마음에 멍이 들며, 따나 잃으나 돈은 낭비되고, 이웃들로부터 손가락질 받고, 종내는 잡혀가게 되며, 혼담이 생길 때 자식들에게까지 피해가 간다. 5일 대법원에서 '지나치게 잦은 고스톱은 이혼사유가 된다'는 판결을 확정했다. 한 달에 20일이나 외박하면서 고스톱을 친 부인에게 내려진 판결이다. 패가망신은 물론 사회기강까지 뒤흔들어 놓은 고스톱을 저지할 국민운동이라도 벌여야 할 판이다.

《동아일보》 1991. 12. 6

실종자 가족의 고통

지난 봄 마을 뒷산으로 개구리 잡으러 간 대구의 한 마을 어린이 5명이 개구리가 동면에 들어가고 해가 바뀐 지금까지 돌아오지 않고 있다. 한참 시일이 지난 후 뒤늦게 수사에 나섰지만 경찰도 지금까지 주변야산을 190여 차례나 수색했고 부근 저수지 4곳의 물을 빼내 바닥까지 뒤졌으며 전국 주요도시의 앵벌이, 구두닦이 등도 일제히 검색했다. 또 사회 각계에서도 이 어린이들을 찾기에 나서 어린이들의 사진을 넣은 88담배 1천만 갑과 상품광고지 1천 3백만여 장을 발매, 배포했다.

그뿐 아니라 실종자 가족들은 생업까지 포기한 채 '개구리 소년'이란 노래를 부른 가수와 함께 방송차량으로 전국을 누비며 찾아다녔다. 각급학교에서도 교사, 학생들은 물론 학부모까지 나섰고 해군은 함정을 동원해 무인도를 수색했다. 그러나 모두 허탕이었다. 이 개구리소년들 말고도 유치원생에서부터 초등학생·여중생·여대생·여교사·주부·여성 아나운서·관광 온 일본여성에 이르기까지 연약한 어린이나 부녀자들이 한도 끝도 없이 실종됐다.

전국의 실종자가 약 10만 명에 달한다고 한다. 치안본부에 따르면 작년 한 해 동안에도 3만 7천여 명이 가출, 실종됐으며 이 중 1만 7천 명은 돌아왔으나 2만 명은 소식이 없다는 것. 등굣길의 여고생 딸이, 놀러나간 중학생 아들이, 출근한 남편이, 마중나간 주부가 갑자기 증발해버린다. 가족이 없어진 그 순간부터 그 가정은 눈물과 한숨 속에 절망감과 기다림의 나날만 이어진다.

남의 고통을 덜어주기는커녕 실종의 아픔을 농락하는 파렴치범도 많다. 장난전화는 말할 것도 없고 돈을 주면 찾아주겠다며 접근해 금품을 가로채는 경우가 허다하다. 날로 각박, 비정해지는 사회풍조가 이 같은 부도덕한 세태를 낳고 있다. 실종자 가족들이 직접 유흥가를 돌며 수백 명을 구출해내는 성과를 거뒀다. 이 가족들은 퇴폐업소가 있는 한 실종비극은 계속된다고 입을 모은다. 인간실종은 우리 사회 전체의 문제이며 곧 자신의 일이다. 온 국민이 발 벗고 나서 올해에는 이 같은 반인륜적 범죄가 이 땅에 발붙이지 못하도록 정성을 쏟아야겠다.

《동아일보》 1992. 1. 4

외국인 범죄 사회문제화

최근 실시된 각종 여론조사 내용을 보면 지금 우리나라에서 가장 시급한 과제는 경제 안정과 사회 안정으로 집약된다. 국민의 신체와 재산을 보호하는 것보다 더 시급한 것은 없을 것이다. 그러나 지금 우리 주변은 온통 폭력으로 얼룩져 있다. 폭력은 날이 갈수록 빈발하고 포악해진다. 최근엔 외국인 불법취업이 늘어나면서 외국인 범죄까지 급증, 사회를 더욱 불안하게 하고 있다.

국내 근로자들의 임금상승 등으로 외국인 불법취업자가 늘어나는 가운데 마약밀수 등 출입국 및 외환관리법 위반 범죄가 급증하더니 범죄형태가 절도, 네다바이, 날치기 등 뜨내기 범행에서 점차 흉악범행으로 변해가고 있다. 불법체류 및 취업자들은 강도 살인은 물론 범죄단체까지 조직해 보복 살인극을 벌일 정도로 범죄가 대담해져 충격을 안겨준다. 최근 발생한 파키스탄인 3명 살인사건도 이 같은 범죄조직의 소행으로 모두 온몸이 난자당한 채 숨졌다.

이들 범죄단체는 주로 관광비자로 입국한 자들을 중소기업 등에 소개시켜주고 여권을 빼앗아 달아나지 못하게 한 뒤 정기적으로 돈을 갈취해왔다. 이들은 얼마 전 일본에서도 비슷한 범죄를 저지르다 강제추방당하기도 했다. 경찰에 따르면 최근 국내에서 하루 평균 2건 가량 외국인 범죄가 발생한다는 것. 파키스탄을 비롯해 필리핀, 네팔, 방글라데시 등은 협정에 따라 비자 없이도 자유롭게 입국할 수 있어 지금 얼마나 많은 인원이 입국해 있는지 숫자도 알 수 없을 정도라 한다.

결국은 우리나라도 미국, 유럽, 일본에서처럼 외국인 범죄가 사회문제화하고 있다. 갈수록 이들의 범죄가 내국인 상대 범행으로 바뀌어갈 것이다. 현 단계에서 적절한 대책을 취하지 않으면 좀처럼 뿌리 뽑기가 힘들어져 우리는 자칫 이들 외국인을 상대로 한 범죄와의 전쟁도 벌여야 할 것이다. 일본에서 대대적인 야쿠자 소탕작전에 나서자 이들이 대거 한국으로 건너왔다고 한다. 우범자는 입국 때부터 가려내는 등 날로 흉포해져 가는 외국인 범죄에 철저히 대처해야겠다.

《동아일보》 1992. 3. 31

인신매매 노리는 구인광고

'대기(大氣)가 산소와 질소 및 광고로 이루어져 있다'고 할 정도로 우리는 지금 광고 홍수 속에 살고 있다. 좋든 싫든 광고는 이제 우리 생활의 일부가 되어버렸다. 그러나 지금 우리의 광고는 한마디로 윤리성이 최악의 상태에 있다. 우리 주변은 불법·음란·퇴폐·허위·과장 광고물이 판을 친다. 주택가 담벼락과 학교 주변의 음란 광고물에서 신문, 잡지, 영상의 허위 과장광고에 이르기까지 광고공해에 포위되어 있는 실정이다.

얼마 전 소비자단체 조사로는 허위·과장이 가장 심한 것은 다름 아닌 약 광고였다. 식품, 가전제품도 뒤질세라 질이나 효능 등을 과대 선전한다. 허위·과장 광고는 악덕행위지만 가전제품이나 의류, 주택, 사치품목의 허위·과장 광고는 약품이나 식품에 비해서는 그 죄질이 약한 편이다. 인체에 직접 영향을 끼치지는 않기 때문이다. 그런데 이 약품이나 식품 허위 광고보다 죄질이 더 나쁜 광고가 있다. 인신매매 등을 노리는 허위 구인광고다.

구인광고를 보고 찾아갔다가 사창가 등으로 팔려나간 경우가 허다하다. 수많은 무허가 직업안내소가 구인광고를 보고 찾아온 20대 전후의 미혼여성을 윤락가나 유흥업소에 팔아넘기는 인신매매의 온상이 되고 있다. 이들은 주간지 등에 '카페 종업원', '여경리', '음식 나르기', '미(美) 장교 홀' 등의 광고에 '1백만 원 이상' 등의 유인문구 등을 넣어 유혹한다. 이들 무허가업소의 구인광고는 영업기간이 짧고 전화번호도 자주 바뀌어 단속하기도 어렵다.

앞으로 채용인원 및 급여 등 근로조건을 사실과 다르게 꾸민 허위 구인광고를 규제한다고 한다. 정부가 확정한 1992년도 소비자보호 종합시책에 따르면 광고를 낼 때 직종, 보수 등 근로조건을 명확히 기재하도록 하고 이를 어길 경우 처벌하도록 관련법규 및 시행령을 개정한다는 것. 또 구인광고가 범죄에 악용되지 않도록 연락처가 확실한 경우에만 할 수 있게 규제한다는 것. 그동안 정부당국이 음란·허위광고를 뿌리 뽑겠다고 한 것이 한두 번이 아니다. 엄포에만 그치지 말고 연약한 부녀자가 피해보지 않도록 철저히 단속해야한다.

《동아일보》 1992. 4. 19

택시까지 노래방 영업

음정과 박자는 물론 가사를 몰라도 된다. 반주에 맞춰 TV 자막에 새겨져 나오는 가사의 색깔이 바뀌는 대로 따라 부르기만 하면 된다. 박자에 자신이 없거나 가사를 몰라도 자연스럽게 부를 수 있다. 지금 전국적으로 가라오케의 후신인 이 비디오케가 선풍적으로 확산되고 있다. 비디오케는 가라오케〔공(空) 오케스트라〕에 영상기능을 결합시킨 첨단 영상반주 시스템이다. 동남아 각국은 물론 중국에도 급속도로 보급되고 있다. 미국의 우리 교포사회에서도 극성이라고 한다.

이 비디오케에서 한걸음 나아간 뮤직박스가 지난해 일본에서 도입돼 요즘 우리 젊은이들 사이에 큰 인기다. '노래방', '가요방', '노래연습장'이라고도 불리는 뮤직박스에선 밴드와 술 대신 음료수를 마시며 노래 부른다. 1.5평가량의 밀실에서 반주기에 500원짜리 동전을 넣으면 반주와 함께 TV 화면에 가사가 나온다. 노래 부른 뒤 노래 실력을 알려주는 점수가 나와 더욱 흥미를 끈다. 4명이 부를 경우 1만 원이면 1시간을 즐길 수 있다.

뮤직박스는 인기가 높아 새벽 3시까지 영업하기도 하는데 10대 남녀 청소년들이 술을 숨겨가지고 와 마시고 담배를 피우거나 밀폐된 공간을 이용, 퇴폐행위를 하기도 한다. 심한 경우 성유희를 벌이는가 하면 마약흡입장소로 이용되는 곳도 있다. 이 같은 저질 가라오케가 최근에는 택시 안에까지 침투, 택시를 타고 가면서 술집과 같은 분위기 속에서 노래를 부를 수 있게 해놓았다.

이 달리는 가라오케는 곡명과 가사가 적힌 책자를 비치해 놓고 승객이 신청하는 곡을 틀어준다. 한 곡당 1,000원을 받거나 적당한 액수의 팁을 받는다. 부수입이 짭짤해 앞으로 계속 늘어날 추세다. 그러나 노랫소리에 차 밖의 경적음이 들리지 않고 운전사의 집중력도 떨어져 사고 위험을 안고 있다. 아무리 가무음곡을 좋아하는 민족이라지만 택시 안에서까지 노래를 불러야 하는 것인지 한심스럽기만 하다. 이런 행위는 단속해야 한다.

《동아일보》 1992. 4. 23

치안사각지대 캠퍼스

아름답고 장엄한 중세 건축물 앞에 펼쳐진 옥스퍼드대 캠퍼스의 널따란 금잔디밭. 4백여 년 이어져 온 이 잔디밭에서 고금의 대철인 · 시인 ·

석학들이 명상에 잠기고 시상을 다듬고 인류의 장래를 사색했다. 대학 캠퍼스 여기저기서 삼삼오오 남녀학생들이 모여 앉아 책을 읽고 이야기꽃을 피우는 모습은 한 폭의 그림 같다. 학생들의 잇단 시위로 말라죽은 성균관대 금잔디 광장을 되살리기 위해 교수, 학생이 한 덩어리가 되어 땀 흘리는 모습은 참으로 오랜만에 보는 흐뭇한 광경이다.

언제부터인가 우리의 대학 캠퍼스가 강도·절도범의 무대가 되고 성폭행 사건까지 잇달아 발생하는 등 범죄와 탈선의 온상이 돼버렸다. 총학생회 중심으로 자체 방범활동을 벌이기도 했지만 폭력·추행범죄가 끊이지 않는다. 범인들은 인적이 뜸한 공휴일 또는 초저녁에 교정에 들어와 여대생이나 데이트 남녀를 구타하고 성폭행하는가 하면 금품을 털어 달아난다. 10대 청소년들까지 몰려와 본드를 흡입하기도 한다.

신촌 번화가에서 가까운 연세대나 대학로와 가까운 성균관대 캠퍼스에는 유흥업소의 심야영업금지 이후 취객들이 몰려들고 있다는 것. 고성방가에 패싸움이 자주 벌어져 부상자도 속출한다. 대학 구내가 이처럼 치안 사각지대가 된 것은 우선 출입이 쉽기도 하지만 경찰력이 미치지 않기 때문. 학생들도 경찰을 꺼리지만 경찰 역시 '학원사찰'이란 반발을 우려해 접근을 기피하기 때문이다.

이 같은 대학 캠퍼스 무법·무질서 현상은 전국 대부분의 대학이 거의 비슷해 많은 교직원, 학생들이 해만 지면 신변의 위협을 느낄 정도가 돼버렸다. 대학의 야간 숙직원들만으로는 단속이 불가능해 최근엔 대학경찰 제도를 도입하자는 주장도 나왔으나 예산문제로 쉽지가 않다. 요즘 고려대 총학생회에서는 학생들로 '호랑이 포졸단'을 구성, 호루라기, 손전등, 호신봉 등으로 무장해 심야 순찰을 돌고 있다고 한다. 꿈과 낭만과 사색과 젊음이 넘치는 대학 캠퍼스를 되찾도록 모두 협조해야겠다.

《동아일보》 1992. 5. 1

마약과의 전쟁

주색, 도박, 마약을 우리 사회를 해치는 3대 악(三大惡)이라고 한다. 또 인류파멸을 가져올 3대 재앙(三大災殃)으로 전쟁, 공해, 마약이 꼽힌다. 마약의 폐해는 그토록 심각하다. 지금 세계의 많은 나라들이 이 마약으로 골머리를 썩이고 있다. 특히 미국사람들이 마약에 젖어 미국사회 전체가 황폐화되고 있다. 연간 우리나라 전 예산의 2배나 되는 자금을 들여 마약퇴치에 나서고 있지만 계속 악화되어 간다.

마약은 앵속에서 채취하는 아편·모르핀·헤로인·코데인류, 코카잎에서 채취하는 코카인류, 대마에서 채취하는 마리화나, 화학적으로 제조하는 합성마약 등 4종류로 대별한다. 복용을 중단하면 심한 정신적·육체적 고통을 견디지 못하는 금단현상에 빠져 계속 찾게 되며 범죄도 서슴지 않는다. 마약으로 인한 파탄은 자신의 대에 그치지 않고 2~3세에까지 영향을 미치며 나라와 민족까지 지리멸렬 상태로 몰아넣는다.

최근 우리나라가 국제마약 밀매조직의 중계 기지가 되고 있다. 지난 12일 태국에서 밀반입된 160억 원 상당의 헤로인이 김포공항에서 적발됐고 이에 앞서 지난 6일엔 대만으로 밀반출되던 100억 원 상당의 마약이 적발됐다. 올 들어 김포공항에서 적발된 각종 마약이 902억 원어치나 된다. 지난해 같은 기간에 비해 10배가 훨씬 넘는다. 지금 대규모 국제마약 밀매조직이 서울을 중간거점으로 활용하면서 국내에도 침투해 들어오고 있다.

그동안 연예인, 유흥업소 종사자 등에 국한돼 있던 국내 마약사용계층이 운전사, 근로자, 농어민, 회사원으로 번져나가더니 최근엔 학생, 주부들에까지 확산되고 있다고 한다. 중학생 나이인 13~14세 소년들도 복용하고 있음이 얼마 전 한국형사정책연구원 조사에서 밝혀졌다. 소년원에 수용된 남녀비행 청소년의 경우 3분의 2가 마약을 복용한 경험이 있는 것으로 나타났다. 중남미 지역을 보면 알겠지만 마약과의 전쟁은 끝이 없다. 비극적 마약 종말론이 남의 나라 이야기만은 아니다. 마약 퇴치는 당장 손을 써야할 최우선 과제다.

《동아일보》 1992. 5. 14

런던 택시와 한국 택시

런던에서 택시운전면허를 따려면 18개월 동안이나 고된 훈련을 받는다. 1,840평방킬로미터에 달하는 런던시내 지리와 4만여 개의 거리명을 숙지해야 하며 두 거리간의 최단코스도 알아야 한다. 런던의 택시운전사들은 친절하기로도 으뜸간다. 승객과 눈이 마주치면 미소를 지으며 행선지를 대면 군말 없이 즉각 출발한다. 골목길을 바람처럼 빠져나가 승객이 원하는 바로 그 지점에 내려준다. 대부분 나이도 지긋이 들어 더욱 신뢰감이 간다.

제 2차 세계대전 중에는 택시 4백여 대가 기관총까지 장치하고 독일군의 낙하산 침투를 저지했다. 비상시엔 소방 활동도 폈는데 기동성이 뛰어난 데다 시내 지리를 훤히 알아 신속히 진화할 수 있었다. 런던의 택시운전사들에 비해 우리의 경우는 어떤가. 승차거부·합승강요·웃돈요구 등 고질적 횡포는 말할 것도 없고 연약한 여승객들이 강탈 또는 성폭행까지 당하는 사례가 빈번하다.

지난 3월엔 여승객들에게 신경안정제를 탄 드링크를 권해 성추행하고 금품까지 뺏는 수법으로 84명으로부터 1억여 원을 갈취한 운전기사가 구속됐다. 이번엔 노름에서 돈을 잃자 여승객을 털기로 모의, 승객을 태운 뒤 수십 미터 앞에서 공범을 합승시켜 강변도로나 경인고속도로 갓길에 차를 세워놓고 강도·추행해오다 적발됐다. 가증스런 범행수법이다. 일부 운전사들에 국한된 범죄지만 택시 타기가 겁나는 세상이 돼버렸다.

전문가들은 영국의 경우를 본받아 택시운전사들의 자격요건을 강화해야 한다고 조언한다. 소양교육 강화는 물론 일정연령 이상자로 제한해야 한다는 것. 성폭력특별법도 서둘러야 하며 피해자가 신고 뒤 수사나 재판 과정에서 피해를 보지 않도록 배려해야 한다. 또 요즘 여성 호신술이 급속도로 보급되고 있는데 상대방의 정강이, 명치, 신낭 등 급소를 세차게 가격하는 기본기를 습득해 두는 것도 좋다. 호루라기를 준비해 두었다가 불거나 소리 지르는 것도 퇴치방법이다. 그 무엇보다 짧고 투명한 옷을 입고 밤늦게 다니는 것을 삼가야 한다고 전문가들은 당부한다.

《동아일보》 1992. 5. 21

월남전의 고엽제

1915년 4월 벨기에 북부 이프르 전선. 독일군 진지에서 피어오른 황백색 연기가 바람을 타고 연합군 진지 참호 속을 파고들었다. 순간 병사들은 이루 형언할 수 없는 대혼란에 빠졌다. 연기를 들이마신 병사들이 순식간에 가슴을 움켜쥐고 눈을 뒤집으며 비명 속에 쓰러졌다. 독일군은 염소가스 공격으로 간단히 5천 명을 즉사시키고 1만여 명에 치명상을 입혔다. 첫 선을 보인 화학무기의 위력이다. 제 1차 세계대전 중 화학무기로 10만여 명이 죽고 백만여 명이 부상했다.

그 후 1925년 제네바협정에 따라 화학무기 사용이 금지되어 제 2차 세계대전중에는 사용되지 않았다. 그러나 수백만 유태인 학살에 나치 독일은 이 화학무기를 이용했다. 화학무기가 다시 선보인 것은 월남전에서였다. 미군이 정글 속의 베트콩을 소탕하기 위해 풀과 나무들이 금세 말라죽는 고엽제를 사용했다. 에이전트 오렌지, 이 화학무기에 노출됐던 월남인들에게서 눈이 멀고 팔이 없는 기형아가 태어났다. 이 증상은 미군에게도 나타나 참전 장병들이 암, 신경질환, 유산 등 극심한 고통을 겪었다.

월남전 참전 우리 장병 가운데서도 상당수가 고엽제 후유증으로 실명, 전신마비, 호흡장애 등에 시달리고 있다. 현재 국방부에 피해를 신고한 참전 장병만도 337명이나 되며 아직 신고하지 않은 피해자가 1,500명이 넘는다는 것. 피해자들이 최근 미국 정부와 다우케미컬사 등 약품제조회사를 상대로 보상청구소송을 준비중이다. 미국, 호주 등의 참전 장병들은 법정투쟁을 벌여 이미 보상받았는데 우리만 아직 받지 못하고 있는 실정.

화학무기는 월남전 뒤에도 아프가니스칸, 캄보디아, 이란, 이라크 등지에서 사용됐다. '빈국의 원폭'이라 불리는 화학무기는 제조가 쉬운데다 비용도 원폭의 100분의 1 정도로 가능해 호전국(好戰國)에서 앞다퉈 개발했다. 이라크가 선두를 달리고 있으며 북한도 세계 3위로 알려졌다. 핵탄보다 더 가공스런 화학무기 증강은 공멸을 재촉할 뿐이다. 화학무기 사용 억제를 위해서도 그로 인한 피해는 당연히 보상 받아야 한다.

《동아일보》 1992. 5. 28

지하철 도둑승차

서울시 지하철공사가 내건 캐치프레이즈는 신속·정확·안전·쾌적·대량수송이다. 지하철과 전철을 이용하는 시민들의 반응은 어떨까. 아마도 거의 모두 고개를 절레절레 내저을 것이다. 충돌사고로 인한 인명

피해를 비롯해 몇 시간씩 운행이 중단되는 등 사고가 빈발해 신속하지도 정확하지도 안전하지도 못하다. 더구나 출퇴근 때는 정원의 몇 배를 태워 지옥철이 돼버려 쾌적과는 거리가 멀다. 승객을 짐짝 취급하고 있으니 대량수송 한가지만은 맞는 것 같다.

작년 한 해 수도권 지하철 전철사고는 57건, 한 주에 한 건 꼴이다. 올 들어서도 사고는 계속 발생했다. 이처럼 지하철이 제 역할을 못하고 있는 모양새에 박자라도 맞추려는 듯 승객들 역시 상당수가 못난 짓을 하고 있다. 여승객 희롱으로 말썽을 일으키더니 최근엔 승차권 없이 타는 도둑승차가 크게 늘어나고 있다. 얌체족들의 무임승차는 지하철 당국이 자동개집표기 주변에 단속역무원을 고정배치하지 않는 등 관리가 허술한 점을 악용해 상습적으로 하고 있다.

지하철 당국에 따르면 올 들어 5월 말까지 서울시내 지하철 전철에서 무임승차했다가 적발된 사람이 5만 1천 명이나 됐다. 작년보다 무려 44%나 늘어났다. 불시 단속해 적발된 것이 이 정도이니 실제 공짜 승객은 이보다 훨씬 많을 것이다. 정직을 외면하는 이 같은 작태는 2조 원이 넘는 부채를 안고 있는 지하철 재정을 더욱 악화시키고 결국은 시민들의 부담만 가중시킬 뿐이다.

무임승차는 예전엔 일부 통학생들이 악의 없이 '짜릿'한 스릴을 맛보기 위해 시도한 예가 많으나 요즘엔 성인들도 많다고 한다. 어른이 학생할인권을 이용하거나 아예 무임승차하는데 그 중에는 번듯한 직장을 가진 남성이나 중산층 주부들도 많다고 한다. 도둑승차가 적발되면 홍콩에서는 333배, 미국 보스턴에서는 83배나 물리는데 우리는 겨우 3배를 받는 데 그친다. 범칙금도 올려야겠지만 무임승차를 도둑질로 여겨 부끄럽게 생각하는 시민정신이 아쉽다.

《동아일보》 1992. 6. 25

가증스런 학교주변 폭력배

초중고생들이 등하교길 주택가, 골목길, 분식점 등에서 폭력배에게 금품을 뺏기고 폭행당하는 일이 다반사가 된 지 오래다. 그뿐 아니라 학교 운동장, 화장실에서도 금품 갈취와 폭력이 공공연히 자행된다. 심한 경우 교실 안까지도 안전지대가 아니다. 퇴학생들이 자율학습시간을 이용, 교실에 침입해 흉기를 들이대고 수십 명으로부터 금품을 휩쓸어간 경우도 있다. 일부 폭력배들은 피해학생의 주소나 전화번호를 알아서 정기적으로 돈을 갈취하기도 한다.

얼마 전 서울 송파구의 한 아파트에서 초등학교 6년생이 "마지막 소원. 이 사회의 범죄를 없애주세요"란 유서를 남기고 투신자살했다. 얼마나 시달림을 받았으면 천진난만한 어린아이가 그런 말을 남기고 자살했겠는가. 25일 안양에서도 학교 주변 폭력배에 시달려 오던 여고생이 아파트에서 투신자살했다. 귀가 중 폭력배가 칼을 들이대고 돈을 요구해 시달려오던 이 여고생은 "내야 할 적금을 빼앗아가고 통장과 돈을 계속 요구했다"는 내용의 유서를 남겼다.

얼마 전 경기도 경찰청이 남녀 중고교생을 상대로 조사한 결과 남학생의 85%가 금품을 빼앗긴 일이 있다고 응답했고 여학생의 70%가 금품을 빼앗겼다, 또는 말할 수 없다고 응답했다. 교내 폭력서클에 피해를 보고도 보복이 두려워 신고를 않는 학생도 많다. 지난 5월 중순 광주에서는 대낮에 학생들이 보는 앞에서 교장이 폭력배들에게 멱살을 잡히고 발로 차이는 등 봉변을 당했다. 친구를 찾는다며 학교에 들어와 그런 행패를 부렸다. 도저히 용납될 수 없는 패륜적 작태다.

얼마 전 학부모들이 이인섭(李寅燮) 서울경찰청장에게 아이들을 안심하고 학교에 보낼 수 있도록 불량배 단속을 호소한 일이 있다. 어머니들은 크게 다치지만 않아도 좋겠다며 울먹였다. 사람 살아가는 데 좋은 환경만큼 중요한 것이 없다. 그중에서도 가장 중요한 것이 교육환경이다. 맹모삼천(孟母三遷)의 가르침이 아니더라도 청소년은 환경에 따라 악인도 선인도 된다. 국민 모두의 책임이지만 치안을 맡고 있는 경찰이 다른 곳에 한눈팔지 말고 학교주변의 교육환경 정화에 총력을 다해 줄 것을 간곡히 당부한다.

《동아일보》 1992. 6. 27

미군 포로 생체실험

일본이 제 2차 세계대전에서 패전할 때까지 우리나라를 비롯해 아시아의 점령지역에서 온갖 만행을 저질렀지만 그 중에도 특히 중국에서 대량학살, 생체실험 등 잔혹한 만행을 자행했다. 일본군은 남경침공에서 중국인 포로와 남녀노소 민간인까지 10만여 명을 일시에 학살했다. 남경대학살이다. 또 대부분이 전쟁포로인 3천여 명을 대상으로 생체실험을 했다. 이시이 중장이 이끄는 731부대가 바로 죄악의 생체실험부대다.

1938년부터 1945년 패전 때까지 만주 주둔의 이 생체실험부대는 중국인뿐 아니라 한국인, 러시아인까지 끌어다가 실험을 했다. 생화학전을 위해 실험용 모르모트 대신 직접 인체를 이용한 것이다. 얼마 전 우리나라에서도 〈마루타〉란 제명의 731부대 잔혹성을 다룬 다큐멘터리성 영화가 상영됐다. 임신부와 어린아이까지 데려다 산 채로 실험하는 충격적인 장면에 관객들이 공포와 분노 속에 치를 떨었다.

한국전쟁에서 실종됐거나 포로가 된 미군병사 수십 명이 중국으로 끌려가 만주 하얼빈의 군사시설에서 생체실험으로 희생된 것 같다고 〈로스앤젤레스타임스〉지가 보도했다. 미군포로들은 고문과 심문에 얼마나 견디는지 테스트를 받았고 세균전 실험대상으로 이용되기도 했다는 것. 미국방부는 확실하지는 않으나 이들이 호된 시련 끝에 처형당하거나 실험 중 희생됐을 것으로 보고 있다. 동구(東歐)의 군 관계자가 제공한 정보를 바탕으로 이 같은 잠정결론을 내린 미국정부는 지난 5월 고위급 조사단을 북경에 보냈다.

미국 정부가 공식 발표한 한국전 미군 실종자는 8,177명. 이 중 포로는 389명. 북한은 휴전 후 1954년 8월 미군 유해 1,869구 등 모두 4,023구의 유엔사 소속장병 유해를 인도했다. 그 후 끊겼다가 36년이 지난 1990년부터 서너 차례에 걸쳐 몇십 구 넘겨주는 데 그쳤다. 이런 상황에서 중국이 소련 의무단의 입회 아래 미군 포로들을 흑백 간, 남북지역 출신별로 고통시발점 등에 대한 생체실험을 했다는 정보에 미국이 놀라지 않을 수 없었을 것이다. 중국은 이 정보를 확인할 증거가 없다고 응답했다는데 이 같은 비인도적 범죄는 반드시 밝혀져 심판을 받아야 한다.

《동아일보》 1992. 7. 7

꼬리 무는 동반 익사

여름 휴가철을 맞아 많은 사람들이 잇따라 목숨을 잃는다. 물놀이하다 빠져 죽고, 빠진 사람 구하려다 숨지고, 자동차 타고 가다 교통사고로 숨진다. 일요일인 지난 26일 하루 동안에만 전국에서 24명이 익사했다. 평일에도 계속 5~6명씩 물놀이하다 목숨을 잃고 있다. 수상안전 교육을 제대로 받지 못한 수많은 청소년들이 잇따라 희생되고 물에 빠진 자녀나 친지를 구하려 뛰어든 어른들도 익사하는 참변이 잇따르고 있다.

지난 21일 강원도 동해시 무릉계곡에서 물놀이하던 10세 소년이 깊은 물에 빠지자 누나, 할아버지, 할머니가 잇따라 뛰어들었다가 4명 모두 익사했다. 또 26일엔 홍천에서 아버지가 딸과 조카를 구하러 뛰어들었다가 함께 숨졌는가 하면 충남 금강에서도 아버지가 자녀들을 구하려다 목숨을 잃었다. 아버지들의 수난이 계속 이어지고 있다. 가족을 구하려는 다급한 마음가짐은 당연하다. 그러나 수상안전의 기초상식조차 없이 뛰어들었다가 변을 당하는 경우가 너무나 많다.

물놀이에는 항상 예기치 않은 위험이 도사리고 있다. 물에 들어갈 때는 바닥이 잘 보이고 깊이가 고른 곳을 택해야 한다. 물풀이 많은 곳, 흐름이 빠른 곳은 피하는 게 좋다. 수영은 깊은 데서 얕은 데로, 무리를 지어 해야 한다. 구조 시에도 반드시 빠진 사람 뒤쪽으로 접근해야 하며 2m쯤 앞두고 잠수해 다가가 상대방의 턱을 껴안은 뒤 횡영으로 나와야 한다.

익사 외에도 휴가길 교통사고로 곳곳에서 귀중한 목숨들이 떼죽음 당하고 있다. 지난 25일 경남 산청에서 승합차, 관광버스, 트럭이 충돌해 13명이 죽고 20여 명이 부상했다. 19일에도 전북 남원에서 승합차가 추락해 9명이 숨졌다. 한두 명 죽는 사고도 계속 발생한다. 피서기간의 물놀이 사고로 매년 400~500여 명이 숨진다. 교통사고 역시 작년 한 해 25만 건이나 발생했다. 단 하나뿐인 목숨, 천하를 얻는다 한들 제 목숨 잃으면 무슨 소용이 있겠는가. 피서철에 무모한 죽음을 피하기 위해 있는 지혜를 모두 짜내야겠다.

《동아일보》 1992. 7. 29

낙태 허용

벨기에의 보두앵 국왕이 낙태허용법안 서명을 주저해 스스로 일시적으로나마 왕권을 포기한 일이 있다. 독실한 가톨릭 신자인 보두앵 왕은 1990년 4월 의회를 통과한 낙태법에 대한 서명여부를 놓고 고심하던 끝에 총리에게 왕권 중단을 요청했다. 의회를 통과한 법안에 대해 의무적으로 서명해야 하는 국왕이 양심과 헌법 사이에서 번민한 것이다. 보두앵은 왕권을 포기한 뒤 하루 반나절 뒤에 상하원 합동의결로 다시 왕권을 회복했다. 낙태법은 결국 왕권이 정지된 상태에서 공포됐다.

지난 2월 친구의 아버지로부터 강간당해 임신한 14세 소녀의 낙태 여부를 놓고 아일랜드 전역이 온통 들끓었다. 이 소녀는 낙태수술을 받기 위해 수술이 허용되는 영국으로 가려 했으나 가톨릭을 국교로 하고 있는 아일랜드 법원이 출국금지령을 내렸다. 그러나 대법원에서 낙태를 위해 영국으로 갈 수 있다는 판결이 내려져 또다시 반대론자들의 항의가 잇따랐다. 아일랜드에서는 해마다 4천여 명의 여성들이 낙태를 위해 영국으로 건너가고 있다.

낙태에 대해 찬반이 팽팽히 맞서있는 미국에서도 요즘 대통령 선거를 앞두고 다시 찬반논쟁이 재연되고 있다. 부시 등 대선주자들 간에도 표심을 의식하여 견해가 엇갈리고 있다 한다. 낙태 허용여부는 이제 유럽이나 미국의 문제가 아니라 바로 우리의 당면과제가 되었다. 낙태를 사실상 허용하는 내용이 포함된 형법 개정안의 국회상정을 앞두고 천주교의 반대운동이 거세게 일고 있다. 천주교 측은 정치권 설득작업과 타종교와의 연대투쟁을 모색하면서 1백만 명 서명운동까지 벌였다.

형법 개정안 중 문제가 된 조항은 낙태 허용범위를 규정한 135조로 산모가 건강을 위협받는 경우나 강간에 의한 임신, 기형아 등 우생학적 문제가 있는 경우에 낙태를 허용한다는 내용이다. 현재 매년 우리나라에서 시행되고 있는 인공유산은 근 2백만 건으로 추정된다. '태아의 생명'과 '개인의 자유' 등 찬반 양측의 입장과 명분이 팽팽히 맞서있는 낙태의 공식적인 허용 여부가 앞으로 국회에서 어떻게 귀결될지 주목된다.

《동아일보》 1992. 8. 3

사기수법의 백화점

우리 사회에 사기사건이 너무나 많이 발생한다. 올 들어서도 권력층 빙자에 속아 굴지의 보험회사와 금융기관이 말려든 수백억 규모의 정보사 부지 사기사건이 발생했다. 권력층 빙자 사기에는 약방의 감초처럼 청와대라는 이름이 낀다. 청와대 빙자 사기는 올 들어서도 여러 건 일어났다. 6공 들어서만해도 근 40건에 달한다고 한다. 이 사기수법은 주로 정치자금을 내면 국유지를 헐값에 불하해 준다든가 차관이나 은행 대출을 해 준다는 것을 미끼로 거액을 사취하는 것.

올 들어 적발된 굵직한 사기사건들을 보면 전 통일원 차관이 낀 통일동산조성 미끼 거액 사기, 250억 원 어음부도를 내고 전매이익 25억 원을 챙겨 7명이 구속되고 21명이 입건된 백지어음 사기, 시장·경찰서장 등 60여명으로부터 100억여 원을 가로챈 의정부 부동산경매 사기 등 엄청난 사건들이 많다. 이 밖에도 수천 명에 이르는 유학알선 사기, 교사들이 낀 대입 사기, 각종 대리점 계약금횡령 사기에 보물섬 미끼 사기까지 각양각색이다.

서울지검은 지난달 상습 사기와 고의부도 등으로 경제·사회 질서를 어지럽힌 117명을 구속했다. 공직빙자, 물품덤핑, 판매사기, 유령회사

설립 등의 사기에 서울시의회 의원, 의사, 회사사장 등 지도급 인사들도 끼어 있다. 이 중에는 초졸 학력의 전과자가 미국 예일대를 졸업한 경영학 박사행세를 하며 수십 번 맞선을 보면서 돈을 뜯어내는 등의 수법으로 경영하던 회사를 매출액 1천 5백억 원 규모로 키워놓은 경우도 있다.

이번에 구속된 사기범들 중엔 고의부도를 내 종업원들을 울린 파렴치범이 많은데 경남 함안에서는 이와 대조적인 사건이 발생해 눈길을 끈다. 추석을 앞두고 자금난으로 임금을 체불해 오던 중소기업 사장이 음독자살했다. 갖고 있던 현금을 모두 털어 체불임금 일부를 청산한 뒤 자살했다. 목숨까지 끊으면서 양심과 정직함을 지키려 한 그의 결심은 많은 기업인들에게 큰 교훈을 안겨주었다.

《동아일보》 1992. 9. 4

언론비방 보안교육

우리는 3공에서 5공에 이르는 20여 년간의 독재정치시대를 지내면서 숱한 권력의 횡포에 시달려왔다. 많은 국민들이 피해를 보았고 언론도 마찬가지였다. 그러나 우리는 지금 민주화의 도정(道程)에 올라 힘찬 전진을 하고 있다. 국민 모두의 노력의 결실이지만 누가 뭐라 해도 언론의 역할 또한 지대했다. 그런데 최근 인천에서 해괴한 일이 벌어졌다. 시청직원들을 모아 놓고는 언론이 국론을 분열시키고 있다는 내용의 보안교육을 실시했다. 안기부가 만든 것이라고 한다.

인천시는 시청 대회의실에서 시 직원 300여 명을 참석시킨 가운데 언론이 국가이익을 고려하지 않은 채 무분별한 보도경쟁을 벌여 국익에 큰 손실을 가져오고 있다는 내용의 슬라이드를 상영했다. 슬라이드 내용 중에는 대소경협(對蘇經協) 추진과정에서 30억 달러를 구소련에 제공키로 했다고 언론이 추측보도를 해 소련 측이 이를 보고 요구해 정부가 하는 수 없이 30억 달러를 제공하게 됐다는 내용도 담겨져 있다. 이런 어처구니없는 주장이 어디에 또 있을까.

시청에서 실시하는 보안교육이 얼마나 중요한 것인지는 몰라도 사실과 다르게 언론이나 질타하는 수준이라면 무슨 소용이 있겠는가. 시청에서 할 일은 많다. 민원창구만 해도 하루 종일 민원인들로 붐빈다. 시민들은 민원의 늑장처리와 직원들의 불친절을 감내한다. 아무리 시정을 요구해도 고쳐지지 않는 고질병이다. 대민봉사 창구개선을 비롯해 시민들의 불편을 덜어주는 일이 수두룩하게 널려 있다. 그런 시청에서 하는 직원교육이 시 직원과 언론 사이의 불협화나 조장하는 것이어서 될 말인가.

안기부도 그렇다. 지난 총선 때 안기부 직원들은 야당후보를 중상 모략하는 흑색선전물을 가지고 다니며 아파트 현관마다 기웃거리다 들통 났다. 충남 연기군 전군수의 관권 선거폭로에서도 안기부의 엄청난 역할이 드러났다. 그런 안기부가 하는 일이 언론이 보도경쟁을 벌여 국론을 분열시킨다는 슬라이드나 만들어 시·도에 돌리는 일이란 말인가. 정 할일이 없으면 산과 들, 길가에 온통 널려있는 쓰레기라도 줍고 다니는 것이 어떻겠는가.

《동아일보》 1992. 9. 24

천년왕국과 공중들림

종교사회학에서 말하는 '종교의 시장화(市場化)'에선 신도를 소비자로 본다. 이 종교시장에선 누구나 새로운 것만 가지고 등장하면 소비자는 따라온다. 이 종교시장이 요즘 한국사회에서 성시를 이룬다. 시장 확보를 위한 과열경쟁 속에 맹신과 맹종을 유도하는 갖가지 신흥종파가 고개를 든다. 이들은 예외 없이 현실도피와 환상적 왕국의 도래를 약속한다. 1914년 이미 예수가 성령으로 재림해 천년왕국이 시작됐다든지 10월 28일의 휴거소동이 바로 그런 것들이다.

기독교계 분파 중 재림심판의 시기를 가장 명확히 설명한 것은 여호와의 증인이다. 그들은 다니엘 4장의 예언에서 '이방인의 때'는 일곱 때(한 때가 360년)로 그 기간은 2520년이라고 했다. 이 '이방인의 때'는 BC 6~7세기 바빌론의 정복으로 이스라엘이 멸망한 해부터 시작된다. 그러므로 '이방인의 때'는 1914년 10월 1일경에 끝나고 하늘에 예수의 왕국이 건립됐는데 이때부터 지상에 사탄이 일으킨 말세가 시작됐고 이 말세는 이 세대가 가기 전에 심판받는다는 것.

통일교의 재림시기는 '신약시대 2000년이 끝날 무렵', '제 1차 세계대전이 끝난 후부터'로 되어 있고 전도관의 재림시기는 순교자 수로 계산하는 등 신축성이 있다. 시한부 종말론 교회들이 이른바 '공중들림'을 기다린 10월 28일은 아무 일 없이 지나갔다. 29일 새 아침은 언제나처럼 조금도 변하지 않고 밝았다. 그동안 휴거맹신 열병으로 곳곳에서 반사회적·비윤리적 증상이 나타났다. 가정파탄, 가산처분, 직장이탈, 학업포기 등.

이 같은 현상이 빚어진 것은 정치, 경제, 사회 각 분야의 불안정이 그 요인으로 꼽힐 수 있다. 무지몽매한 맹신도 문제지만 기성 교계(教界)에 더 큰 책임이 있다. 교회는 날로 늘어나고 번창해도 정작 사랑과 자비는 뒷전에 밀려있다. 기성교단이 제구실을 못할 때 멋모르는 신도들은 종말론이란 사술에 빠져든다. 이제 한국교회도 삶과 역사로부터 도피하고 파괴하는 부정적 종교행위에서 탈피해야 한다. 관계당국은 신도 재산처분과 관련, 교회관계자들을 수사해 장삿속 휴거에도 철퇴를 가해야 한다.

《동아일보》 1992. 10. 29

범죄와 학력

폭력범 범죄자하면 저학력, 무직, 근육질, 생활난을 연상하지만 요즘엔 그 반대현상이 나타난다. 대검찰청이 1980년부터 1990년까지 10년 동안의 범죄동향을 분석한 것을 보면 1980년엔 전체 범죄자의 44%가 국졸이하였고 고졸 이상은 26.5%였으나 1990년엔 국졸 이하가 19.5%로 크게 준 반면 고졸 이상은 56.7%로 급증했다. 대졸자 범죄도 마찬가지. 직업별로도 1980년엔 무직 노무자가 30%를 차지했으나 1990년엔 13%로 줄고 반면 회사원이 5%에서 12.5%로 늘었다.

이 같은 현상은 과거엔 생계가 어려운 계층이 먹고 살기위해 어쩔 수 없이 죄짓는 경우가 많았던 것에 비해 최근엔 상대적으로 더 잘 살기위해 수단 방법을 가리지 않기 때문이란 분석이다. 청소년 범죄 역시 가난한 집 자녀가 아니라 중산층 이상 자녀의 범죄가 급격히 늘어났다. 지난 1975년엔 빈곤층 가정 자녀가 92.5%나 됐고 중산층 이상 자녀는 7%에 불과했는데 해마다 중산층 자녀 범죄가 늘어 1990년엔 16.7%로 증가했음이 30일 열린 형사정책연구원의 청소년 범죄대책 세미나에서 밝혀졌다.

잘사는 집 자녀의 범죄증가는 점차 핵가족으로 바뀌어가면서 소외와 가족 간의 대화단절 등으로 가정의 교육적 기능이 약해져 청소년 정서불안 현상이 심화되기 때문이다. 이런 아이들이 반항심을 갖게 되고 쉽게 좌절감에 빠져 비행청소년으로 전락하고 만다. 두말할 것도 없이 이 모두가 부모 책임이다. 아버지는 직장핑계로 자녀문제를 아내에게 미룬다. 어머니도 희생만 할 수 없다며 밖으로 나돌아 가정교육이 없어져버린 상태다.

폭력자녀를 만드는 첫손 꼽히는 요인은 부부싸움이다. 특히 자녀들 앞에서의 욕설・폭행은 큰문제다. 다음은 매사에 불평불만을 늘어놓는 것.

또 입만 열면 "돈, 돈…" 하고, 거짓말을 마구 해대는 것 역시 자녀들을 범죄에 빠트린다. 부부간에 대화가 없으면 별거나 다름없듯 자녀와 대화가 없으면 가정 자체가 소멸하는 것이다. 대화와 사랑으로 자녀들을 범죄로부터 구해내야 한다.

《동아일보》 1992. 10. 31

고엽제 전상자 지원

고엽제 후유증을 앓고 있는 월남전 전상자 13명이 정부로부터 첫 공식 전상판정을 받았다. 보훈처는 고엽제 피해신고자 3천여 명 중 각 군본부에서 서류심사를 거쳐 추려낸 238명을 다시 정밀신체검사 등을 통해 13명에 대해 고엽제 피해자로 판정했다. 이들은 무료진료와 함께 국가유공자 예우 등에 관한 법률에 따라 보상금을 받게 된다. 보상금은 등급에 따라 30여만 원에서 50여만 원선.

현재까지 고엽제후유증 판정기준은 4가지 증후군이다. 간질환의 일종인 포르피린증, 일종의 암인 연부조직육종, 염소성 여드름, 말초신경장애 등. 그러나 현재 입법 추진 중인 고엽제 후유의증(後遺疑症) 환자 진료 등에 관한 법률안이 국회에서 통과되면 고엽제 후유증으로 의심되는 상당수의 월남전 참전자들이 진료혜택을 받게 된다. 고엽제 후유증은 피해자 본인에 그치는 것이 아니라 자녀에게까지 큰 영향을 미친다. 자녀가 기형아로 태어나거나 정신지체아로 자라거나 피부질환 등으로 고통 받는다.

작년 9월 26일 독립기념관에서 열린 '파월(派越)의 날' 기념식에 참석했던 월남전 참전 장병 4백여 명이 천안부근 고속도로 상하행선을 점거, 고엽제 피해보상을 요구하며 시위를 벌였다. 고속도로가 무려 4시간 이상

불통됐다. 고속도로 점거 시위야 누가 뭐라 해도 큰 잘못이다. 그러나 이들을 이토록 버려둔 당국의 처사 또한 큰 잘못이다. 월남전이 끝난 지 20년이 지난 지금까지 수많은 참전용사들이 고통 받고 있는데 정부도 국민들도 이들에 대해 별다른 관심을 보이지 않았다.

대한파월유공전우회는 미군이 월남전에서 사용한 '에이전트 오렌지' 등 고엽제를 생산·공급한 다우 케미컬사 등 7개 미국회사를 상대로 국제손해배상소송을 준비중이다. 3월 중 미연방법원에 제기할 예정. 최세창 국방장관도 작년 말 국정감사에서 이 소송을 돕겠다고 밝혔다. 당연히 정부차원에서 적극 도와야 한다. 너무나 늦었지만 지금이라도 이들을 위해 정부가 더 큰 관심을 갖고 대책을 마련해주어야겠다.

《동아일보》 1993. 1. 17

동성애자 군입대 규제

성애의 대상 중에서 동성을 택하는 성대상 도착을 호모, 이 중 여성 동성애를 사피즘, 남성동성애를 우라니즘이라 한다. 여성의 경우 동성애에 빠졌던 그리스의 여류시인 사포의 이름을 딴 것이며 사포의 출생지 레스보스섬의 이름을 따 레즈비언이라고도 한다. 남성동성애 우라니즘은 희랍신화의 천왕 우라누스 신이 아내 없이 천문을 다스리는 우라니아 여신을 낳은 데서 생겨났다.

동성애자는 대체로 이성에 대한 성적관심은 거의 없거나 매우 희박하며 때로는 혐오감까지 느끼는 사람도 있다 한다. 그 원인으로는 선천설, 심인설 등이 있으나 정설은 없다. 심한 동성애는 치료가 매우 어렵지만 일시적인 것은 바로 잡을 수 있다. 동성애자 수는 국가별로 차이가 있으나 대충 남성은 3~16%, 여성은 1~3%가량 된다. 요즘 미국이 동성애자들의 군복무를 허용할 것인가, 종전처럼 금지시킬 것인가를 놓고 국론이 양분돼 있다.

이들의 군복무 허용은 클린턴 대통령이 내걸었던 선거공약으로 취임 후 이 약속을 지키기 위해 대통령 특별명령으로 입대금지조치를 폐지하려 했다. 클린턴은 이 문제를 기본인권문제로 보고 군입대 금지는 인권침해적인 차별이라고 주장한다. 그러나 의회와 군부의 강한 반발로 의회 등과 광범위한 협의를 위해 공식폐기조치를 6개월 뒤로 연기했다. 단지 군복무 지원자들에게 동성애자인지를 묻는 것은 금지시켰다.

서방 각국 군대의 동성애 규제 현황을 보면 영국과 아일랜드가 규제하고 있고 프랑스, 독일, 네덜란드, 벨기에, 스페인, 스위스, 캐나다 북유럽, 호주 등은 공식적으로는 차별하지 않는다. 뉴질랜드가 최근 허용하는 방향이고 미국이 진통을 겪고 있다. 우리나라는 징병검사 때 이에 관해 특별히 조치하지는 않으나 군형법 92조에 "계간(鷄姦), 기타 추행은 1년 이하의 징역에 처한다"고 되어 있다. 동성애자의 입대여부 문제가 최근 미국에서 그토록 요란한 것은 그만큼 그들의 목소리가 커졌기 때문이다. 클린턴이 취임 후 첫 난관을 어떻게 극복할지 주목된다.

《동아일보》 1993. 2. 8

국립묘지의 명암

"당신과 이 세상에서 다시 만날 수 있다면 그때에도 난 역시 당신의 아내가 되리/눈물은 언제나 마를 날 없이 비가 되어 내리는 그때에도 난 역시 당신의 아내가 되리." 국립묘지 작은 비석에 적혀 있는 비문들은 구구절절이 가슴을 저민다. 사랑하는 님을 보낸 아내와 애인, 아버지를 그리는 자식들, 자식을 잊지 못하는 부모, 동기생을 잃은 전우와 학우들의 비원(悲願) 들을 적어놓았다.

"너와 밤을 밝히는 새벽이면 가슴이 미어져 내 야윈 뺨엔 눈물이 비 오듯 흐른다. 오늘도 너의 정성 담은 편지 읽고 또 읽어보며 더 잘 입히고 더 잘 먹이지 못한 것을 어미는 가슴 아파하며 네가 간 천국에서 찬란한 네 이상이 펴지길 염원한다. 어미가." "아빠! 몹시 보고 싶어요. 꿈에라도 보고 싶어요. 몹시 불러보고 싶어요. 말씀이 듣고 싶어요. 아빠! 언제나 만나게 될까요. 아빠의 아들 진오, 딸 현주·현미가."

국립묘지의 비문들은 그 어떤 시보다도 성심과 슬픔이 알알이 배어있는 통곡의 글월이다. 국립묘지는 나라와 겨레를 위해 목숨 바친 순국선열과 호국 영령들을 모신 엄숙한 성지다. 여기에 묻힌다는 것은 자랑이요, 영광이기도 하다. 그런데 감사원의 국방부 감사에서 국립묘지에 상당수의 전과자가 안장돼 있음이 드러났다. 지난 1년 반 동안 이곳에 안장된 216명 중 20%가 사기횡령에 벌금형 등을 받은 전과자들이라는 것.

감사원은 반국가적·반사회적 범죄를 저지른 사람을 안장하는 것은 국립묘지의 경건함, 신성함을 훼손하는 것으로 즉각 시정해야 한다는 의견이다. 가짜는 당연히 배척되어야 한다. 최근 독립유공자 포상대상자 선정에도 말썽이 많다. 1962년부터 1992년까지 포상 받은 유공자 6,077명 중 독립운동을 한 행적이 불분명하거나 친일파마저 상당수 끼어있다는 주장도 있다. 국립묘지 안치나 독립유공자 포상에 가짜가 끼었다는 것은 국가와 역사의 수치다.

《동아일보》 1993. 4. 20

슬롯머신 중독

중국인만큼 도박 좋아하는 민족도 드물다. 그들의 내기대상은 돈이나 전답에 그치지 않고 가산의 전부 또는 부인, 자식들인 경우가 허다했다 한다. 그래서 자고나면 집주인이 바뀌고 남편이 바뀌는 예가 적지 않았다. 도박이라면 서양사람들도 뒤지지 않는 모양이다. 세계 제일의 도박사라는 영국의 데이비스에게 임종이 다가왔다. 의사가 가족들에게 "내일 아침 8시를 못 넘긴다"고 하자 데이비스가 실낱같은 소리로 "내기할까요. 9시를 넘기면 5기니 내시오"라고 했다 한다.

누구나 몇 번의 내기경험은 갖고 있다. 점심내기 바둑, 술내기 고스톱 등은 여가용 심심풀이로 흔히 하는 내기다. 그러나 내기가 지나쳐 밤샘 고스톱이나 포커, 마작 등 일확천금을 노리는 단계에 이르면 그것은 큰 문제다. 요즘 허가 받은 '마약성 고질도박' 슬롯머신 폐해로 온 나라가 떠들썩하다.

정덕진 형제 등 슬롯머신업계 대부들이 정·관·폭력계와 유착해 엄청난 폭리를 취하는 동안 슬롯머신에 빠진 많은 사람들이 엄청난 정신적 물질적 손실을 겪어왔다. 슬롯머신은 합법적인 도박장인 데다 어디서나 쉽게 접할 수 있다. 또 다른 도박과는 달리 일정 인원을 확보하지 않아도 할 수 있다. 그런데 기계를 상대로 승부에 빠져 한번 중독되면 헤어나기가 어렵다. '손목을 잘라내면 발목으로 레버를 당긴다'는 말까지 있다.

슬롯머신으로 돈 딸 확률은 얼마나 될까. 바(BAR)가 네 줄로 나란히 늘어서는 '잭팟'의 경우는 234,256분의 1에 불과하다. 100원 기준으로 10만 원을 따기 위해 23만여 회나 당겨야 한다. 여기에 확률까지 조작해 더욱 불리하다. 슬롯머신으로 패가망신한 사람이 수두룩한 데다 불법·탈법이 많아 당국은 단계적 폐지방안을 검토중이라 한다. 외국에도 금지된 데가 많다. 이 기회에 우리도 아예 폐지해버리면 어떨까.

《동아일보》 1993. 5. 11

망월동 묘역

광주민주화운동의 희생자들이 묻힌 망월동(望月洞) 묘역. 한과 눈물을 간직한 채 18일로 13주년을 맞은 이 묘역의 인상은 희생자 영령들이 지금도 살아있구나 하는 것이다. 또 한편으로는 "5월의 영령들이시여 고이 잠드소서"라는 플래카드가 걸려있지만 영령들은 결코 모든 것을 잊거나 용서하고 편안히 잠들 수도 없겠구나 하는 생각에서 헤어날 수가 없다.

망월동 묘역으로 가는 길에는 1㎞도 더 떨어진 초입부터 "광주의 한을 풀자"는 등의 플래카드가 어지럽게 걸려 있다. 묘역의 확성기에서는 계속 〈5월의 노래〉와 규탄의 목소리가 높다. 교복의 어린 중학생에서부터 면사포 쓴 신부에 이르기까지 묘소마다 사진과 유품들이 진열돼 있다. 평소 애용하던 교과서, 대학학회지, 일기장, 앨범은 물론 편지, 엽서, 연하카드, 학생증, 안경까지 유리상자 안에 빼곡히 담겨 있다.

어떤 묘비 앞엔 향과 향로가, 어떤 묘비 앞엔 강아지 인형이, 다른 묘비 앞엔 정성껏 접은 종이학 수천 개가 상자에 담겨 있다. 그 중에서도 눈길을 끄는 것은 소주병과 소주잔, 고추장과 오징어, 북어 등이 피우다만 담배개비와 함께 올망졸망 널려 있는 모습이다. 그토록 다정하고 친밀하게 지내던 친우 몇 명이 찾아와 고인과 함께 평소처럼 한 잔하고 훌쩍 떠나가 버린 듯한 흔적이다. 13년 전 그날의 영웅담으로 이야기꽃을 피우다 주먹으로 흐르는 눈물을 닦으며 떠나갔을까.

묘역은 "영령들이여 민주통일로 부활하소서"에서부터 "광주 학살책임자를 즉각 처단하라"에 이르기까지 각색의 플래카드로 둘러싸여 있다. 그중에는 그때의 증오가 시퍼렇게 살아있는 섬뜩한 내용들도 많다. 유가족들의 애틋한 정성, 친우들의 다정한 배려, 5·18 단체들의 깊은 관심으로 망월동 묘역은 외롭지 않다. 그러나 주변의 살벌한 분위기로 영령들이 저승에서 편히 쉴 것 같지 않다. 민주회복의 수호신인 영령들의 명복을 빈다.

《동아일보》 1993. 5. 19

사이비 언론

제 1차 세계대전 때 영불연합군이 독일에 연패하고 있을 때 영국신문들은 연일 영국군 승전보만을 보도했다. 불리한 정보는 기밀로 묶어놓아 접근하기도 어려웠다. 그러나 〈데일리 메일〉지만은 영국군 병기가 독일군에 비해 결점이 많아 군사기가 떨어져 거듭 패하고 있다는 사실을 취재 보도했다. 아무도 이 보도를 믿지 않아 부수가 격감했다. 그런데도 신문사 경영진은 회사가 망하더라도 허위보도는 할 수 없다며 계속 이 사실을 국민들에게 알렸다.

진실은 결국 밝혀지는 법. 국민들이 이를 알게 됐고 내각이 물러났다. 새 내각이 들어서 병기를 개선하고 군 기강이 바로잡혀 결국 연합군은 1차 대전을 승리로 이끌었다. 진실보도와 언론의 꿋꿋한 자세가 세계사를 바꿔놓은 것이다. 언론의 사명은 사실을 추구하고 진실을 보도하고 바르게 논평하는 것이다. 그러나 우리 주변을 돌아볼 때 그렇지 못한 경우가 너무 많아 가슴 아프다.

"모든 포악 중 가장 한심하고 비열한 것은 언론의 포악이다. 거부당하면 거리의 이곳저곳을 샅샅이 뒤져 결국 억지로 무엇인가를 강요해 빼앗아버리는 걸식과도 같은 것"이라고 키르케고르는 꼬집었다. 로맹 롤랑은 "오늘의 신문, 잡지는 거짓말의 소굴이다. 독자의 십중팔구는 그 거짓말에 말려든다"고 매도했고 마크 트웨인은 "먼저 사실을 붙잡으라. 그리고는 유리한 대로 곡해해버려라"고 저질 저널리즘을 비꼬았다.

사이비언론 실태조사에서 25건의 사이비 행태가 적발돼 4개 지방신문이 발행정지 등의 행정조치를 받았다. 얼마 전엔 지방언론사주가 구속되기도 했다. 그런가하면 최근 경인일보의 간부가 미스경기 선발대회를 하면서 5명으로부터 6천만여 원의 뇌물을 받고 미인을 부정선발했다가 구속됐다. 미인도 돈으로 만들어내는 추악한 언론의 타락상이다. 개혁의 회오리 속에 언론의 몫은 크다. 우리 모두 힘을 합쳐 사이비로부터 '사회의 목탁'을 지켜야겠다.

《동아일보》 1993. 6. 11

모성실종… 아이들을 죽음으로

잘 알려진 이야기지만 친모를 가려준 동서양의 명판결은 유명하다. 두 여인이 아이 한 명을 데리고 와 서로 제자식이라고 우기자 솔로몬왕은 칼로 아이를 둘로 잘라 반쪽씩 나눠주라고 했다. 그러자 한 여인이 아이를 죽이지 말고 상대편 여인에게 주라고 하자 왕은 이 여인이 친모라고 판결했다. 우리 고사에는 두 여인에게 어린애 팔을 잡아당겨 데려가라고 하자 한 여인이 도중에 팔을 놓는다. 자식의 아픔을 걱정해 팔을 놓은 이 여인이 친모임이 밝혀진다.

제 자식에 대한 어머니의 깊은 사랑을 이야기한 것이다. 천평칭(天平

秤) 한쪽에 세계를 실어놓고 다른 쪽에 어머니의 사랑을 실어놓으면 세계를 실은 편이 훨씬 가벼울 것이란 옛말이 있다. 하늘이 무너지고 땅이 갈라져도 변하지 않는 것은 어머니의 사랑이다. 유태인들도 "하나님은 언제 어디에나 계시지 않는다. 그래서 대신 어머니를 만들어 주셨다"며 모성애를 강조했다.

만일 위기가 닥쳐 아이와 어머니 중 한 명만 구제받을 수 있는 경우라면 아이가 살아야 한다는 각오가 어머니에게는 되어 있다. 자식사랑에는 죽을 각오도 되어 있는 것이다. 실제로 도로변이나 철길에서 자식을 살리기 위해 뛰어들었다가 참변을 당한 경우가 적지 않다. 뛰어들어 자식은 살리고 자신이 희생된 경우도 있고 함께 변을 당한 경우도 있다. 죽음을 초월한 자식사랑이다.

18일 경기 구리시에서 35세의 어머니가 세 살, 다섯 살 두 아들을 데리고 교회를 다녀오던 중 동생이 건널목을 건너지 못하자 형이 구하려고 뛰어들었다가 함께 열차에 치여 숨졌다. 당시의 정확한 상황을 알 수 없어 뭐라 말하기는 어렵지만 보도대로라면 위험한 철길을 건너면서 어린 자식의 안전에 그토록 무관심했던 어머니의 태도가 원망스럽다. 다섯 살의 어린 형이 뛰어드는 동안 모성애는 어디로 가버렸는가. 어머니란 알을 낳은 새가 아니라 알을 부화시킨 새를 말한다.

《동아일보》 1993. 7. 20

동료 구하려다 숨진 수녀 7명

"사랑하는 것입니다 그분처럼. 돕는 것입니다 그분처럼. 주는 것입니다 그분처럼. 봉사하는 것입니다 그분처럼. 구원하는 것입니다 그분처럼. 그분과 함께 있는 것입니다 스물네 시간 동안. 끝까지 낮추신 고통의 인간 예수의 모습을 되새기며….” 빈민의 성녀 마더 테레사의 평생봉사 기도문이다. 1910년 유고에서 태어난 테레사는 캘커타 성모 여고교사로 재직중 인도 빈민들의 참혹상을 보고 교직을 사임, 봉사활동에 나섰다. 이것이 그 유명한 ‘새로운 결정의 날’이다.

인도는 물론 전 세계적인 빈민구제활동으로 테레사 수녀는 1971년 교황요한 23세 평화상을 수상했고 1979년엔 노벨평화상을 수상했다. 노벨상 위원회는 “가장 고독하고 굶주리며 비참하게 죽어가는 사람들이 인간의 존엄성을 믿는 고귀한 손길의 구호를 받았다”고 시상 이유를 밝혔다. 얼굴 전체에 쪼글쪼글 주름이 잡힌 항상 근심어린 눈매의 테레사 수녀는 직접 대해보면 어머니의 자상함을 듬뿍 느끼게 된다고 한다.

하얀 깃의 제복을 입은 청초한 수녀의 모습은 누가 보아도 아름답다. 사춘기 소녀나 사랑의 아픔을 경험한 젊은 여성들 중 이따금 ‘수녀나 돼버리겠다’는 말을 하지만 수녀가 되는 길은 외롭고 머나먼 구도의 길이다. 정식 수녀가 되기까지는 근 10년이 걸린다. 정결, 청빈, 순명을 서약하고 일반사회를 등진 오랜 수도생활을 거쳐야 한다.

우리나라 최초의 수녀회는 프랑스에 본원을 둔 성바오로회. 1888년 들어온 이 수녀회가 한국인 처녀들을 어렵게 모아 양성하기 시작, 지금은 많은 수녀회가 창립돼 곳곳에서 봉사활동을 펴고 있다. 강릉에서 하계수련중인 수녀들이 동료수녀를 구하려다 7명이 익사, 실종됐다. 파도에 휩쓸린 수녀를 구하려고 12명이 손을 이어 잡고 구조하다 참변을 당했다. 참으로 아까운 ‘수도’(修道) 희생이다. 안전사고는 항상 주의하고 조심하는 길뿐이다.

《동아일보》 1993. 7. 21

기장의 외마디 "오 맙!"

파비앙이 조종하는 비행기는 아르헨티나 파타고니아에서 부에노스아이레스로 야간비행하고 있다. 그곳에서 칠레, 파라과이 등지에서 온 항공편 우편물을 모아 다시 유럽으로 보낸다. 파비앙의 비행기가 폭풍우에 휩쓸려 악전고투한다. 혼신의 힘을 다해 폭풍권을 벗어나지만 연료가 떨어진다. 한편 폭풍우 속에 위험한 야간비행을 강행시킨 책임자 리비에르는 괴로움 속에 유럽행 우편기를 출발시킨다. 파비앙은 별들이 반짝이는 세계에 이르러 끝내 돌아오지 않는다.

프랑스의 작가 생텍쥐페리의 〈야간비행〉 줄거리다. 직업에 대한 책임과 개인의 행복 간의 대립을 추구한 작품으로 인간의 행복은 자유만이 아니고 집단적 연대의무의 감수(甘受)에 의해 비로소 죽음을 초월한 보편적 가치에 이른다는 사상이 깔려있다. 생텍쥐페리는 스트라스부르의 항공대에 입대해 조종사 훈련을 받는데 바로 이것이 중요한 의미를 지닌다. 곧 세계의 소설사를 하늘로 옮긴 항공작가를 탄생케 한 것이다.

그는 단편 〈비행사〉에 이어 〈남방비행〉을 발표, 미지세계의 아름다움을 탐구하려는 꿈을 채워주었다. 2차 세계대전 때 종군을 자원, 〈싸우는 조종사〉를 썼다. 연합군의 반격 때 알제리로 이동한 정찰비행대에 복귀해 코르시카섬 기지에서 출격한 후 영영 소식이 끊겼다. 파비앙의 운명은 그대로 작가의 운명이었다. 작가는 《어린왕자》로도 유명하다.

아시아나 보잉 737기가 기상악화 속에 추락, 대참사가 빚어졌다. 조종사가 네 차례의 관제탑 통보를 무시하고 무리하게 착륙하려다 추락했다는 것이 정부조사단 잠정결론이다. "오 맙!" 외마디 끝에 기장, 부기장 모두 숨졌다. 사자(死者)는 말이 없다. 기장, 부기장 모두 고난도 항로인 목포노선 비행경험은 두 차례뿐이었다 한다. 적어도 한 명은 오랜 경험자였어야 했다. 더구나 부기장은 경력도 짧다. 죽은 자 못지않게 항공당국과 관계회사의 책임도 크다는 것을 알아야 한다.

《동아일보》 1993. 7. 31

비판 받아야 할 언론

"신문 잡지는 거짓말의 소굴이다. 독자의 십중팔구는 그 거짓말에 말려들 가능성이 있다"(로맹 롤랑). "모든 포악 중에서도 가장 한심하고 비열한 것이 신문 잡지의 포악이다. 거부당하면 거리의 이곳저곳을 샅샅이 뒤져 결국 억지로 무엇인가를 강요해 빼앗아가는 걸식(乞食)과도 같은 것"(키르케고르). "언론의 자유를 부르짖는 것은 그것을 남용하려는 인간들뿐이다"(괴테).

마크 트웨인은 또 이렇게 빈정거렸다. "먼저 사실을 붙잡으라. 그리고는 마음대로 곡해해버려라." 이보다 더한 모욕도 있다. "저널리즘은 빠져나올 수 있다는 보증만 있다면 무엇에든지 앞장서 목을 디민다." 이 혹평대로라면 요즘 우리 주변엔 빠져나올 수 있는지 없는지도 모르고 목을 디밀었다가 덜컥 걸려드는 언론인이 너무나 많다. 새정부 출범이후 7개월동안 신문사대표 25명을 비롯, 162명의 언론인이 구속됐다.

요즘 세간에는 '언론 등쌀에 못 살겠다'는 비난이 높다. 이번에 적발된 유형을 보면 남의 약점을 이용한 금품갈취, 이권개입, 광고 강요, 간행물 강매 등이다. 처벌된 대상이 거의 모두 유명무실한 지방언론사들이다. 사이비 언론인이라고 매도하지만 따지고 보면 이들은 당초 언론인이라고 할 수도 없는 '사이비'들이다. 또 '사이비' 고발창구는 수두룩한데 당당히 고발하지 못하고 뒤로 비판만 하는 것은 그 자신이 더 구리기 때문이 아닐까.

'언론도 개혁해야 한다', 'YS개혁을 언론이 앞장서 과장하고 있다'는 등 최근 언론에 대한 비판의 강도가 높다. 다른 분야와 마찬가지로 언론도 잘못한 점이 분명히 있다. 언론의 역할은 지대하고 책임도 크다. 그래서 비판의 목소리도 높을 것이다. 그러나 이 땅과 바다 구석구석에서 제각기 독자의 아침식탁으로 나와 제 이야기를 털어놓게 하기 위해 최선을 다하는 것이 바로 언론이다. 국민들은 애정으로 언론을 대하고 언론은 자성해 절친한 동반자가 되는 것이 민주사회의 요체다.

《동아일보》 1993. 10. 3

할 게 없어 사고 세계 1위인가

음주운전에 맛들인 친구가 있었다. 한 잔 거나해지면 그렇게 운전이 잘 될 수 없다고 입버릇처럼 허풍을 떨었다. 보다 못한 친구가 제발 좀 위험한 습관을 고치라고 충고하자 그는 말했다. "걱정 푹 놓게. 아무리 취해도 내 평생에 한 번도 핸들 잡고 사고 낸 적 없어." 그렇다. 맞는 말이다. 날 때까지는 안 나는 것이 사고다. 그 습관성 음주운전자는 일생에 단 한번이라도 큰 사고가 났다하면 그것으로 끝장이라는 사실에 생각이 미치지 못한 것이다. 안전불감증도 이 정도면 구제불능이다.

부나비 같은 만용에 목숨을 거는 안전불감증 환자는 자가 운전자들 속에만 있는 것이 아니다. 지난 개천절 날 저녁술에 만취한 채 시내버스를 몰던 운전사가 교통정리 의경 2명을 치어 숨지거나 다치게 하고 도망치다 붙잡혔다. 그런가하면 최근 서울거리에는 낮술을 마신 채 핸들을 잡거나 심야 만취운전을 하는 영업용 택시가 늘고 있다는 보도까지 있어 등골이다 오싹해진다.

어느 여객기든 이륙할 즈음이면 여승무원들이 나와 위기탈출 시범을 보인다. 그럴 때 귀찮다는 표정을 짓는 승객이 있다면 대개 한국인으로 보면 틀림이 없다. 안전수칙 지키기가 번거롭기는 선진외국인들도 마찬가지일 것이다. 그런데도 그들은 어릴 적부터 열심히 지키려 애를 쓰고 또 그런 습관이 몸에 배어 있다. 수출이 늘고 생활형편이 좀 나아진다고 아무 나라나 금방 선진국이 되는 것은 아니다.

육상 교통사고 왕국에 이어 우리나라가 해상사고 제1위국이 된 것도 따지고 보면 안전불감증의 누적이 가져다준 달갑잖은 타이틀에 다름 아니다. 서해 훼리호 침몰 참사만 해도 그렇다. 당국이나 선박회사, 승무원, 승객 할 것 없이 '안전'이 무엇인지 그 개념조차 염두에 두지 않았던 것 같다. 우리는 과연 언제까지 이렇게 살 것인가.

《동아일보》 1993. 10. 13

왕릉에서 음주 가무

경기 구리시에 있는 동구릉은 조선 태조의 왕릉인 건원릉을 비롯, 왕과 비 등 17위가 안장되어있는 대표적인 조선왕묘군(朝鮮王墓群)이다. 태조 외에도 문종, 선조, 현종, 영조, 헌종, 익종 등이 안장돼있다. 동구릉은 서울근교에 자리 잡고 있어 많은 사람들이 찾아 역사지식도 익히고 휴식도 취하는 명소다. 특히 서울 주변 국민학교와 중고등학교, 학생들의 단골 소풍장소로 학생들의 사랑을 받고 있다.

이 동구릉에서 21일 민주산악회 경기 구리시 동구지부회원 3백여 명이 단합대회를 하면서 취사와 음주와 노래와 춤판까지 벌여 말썽을 빚었다.

그것도 주말도 아닌 평일 대낮에 "개혁과 변화, 그리고 전진"이라 적힌 플래카드를 걸어 놓고 솥에 국을 끓이고 고기를 구워먹으면서 잔치를 벌였다. 두말할 것도 없이 동구릉은 음주, 고성방가, 춤은 물론 취사행위가 일절 금지 돼 있는 곳이다.

이날 소풍을 왔던 많은 학생들이 이들의 소란에 일찍 되돌아갔고 많은 시민들도 불평하면서 매표소 등에 항의하기까지 했다. 도대체 개혁을 부르짖는 사람들, 개혁에 앞장서야할 사람들이 이 모양 이 꼴로 처신해서야 될 일인가. 경건한 분위기속에 엄숙함을 지켜야할 능 안에서 시정잡배들도 하지 않을 탈법행위를 보란 듯이 저지르는 이들은 과연 어떤 부류의 인간들인가.

민주산악회는 군사통치시절 민주회복을 위해 투쟁한 조직체였다. 3당통합 뒤엔 민주당 외곽조직으로 김영삼 후보당선을 위해 전력을 쏟았다. 김 대통령은 당선 후 민자 군살빼기와 비대 사조직 정리차원에서 민주산악회 해체지시를 내렸다. 그런데도 지금까지 해체되기는커녕 되레 조직을 확대해가고 있다. 이번 행사도 시의 한 지부에서 벌인 대규모대회였다. 요즘 산악회 지부소속 인사들이 지역에서 유지행세를 하면서 갖가지 한심한 작태가 속출하고 있다 한다. 썩어가는 부위는 속히 도려내는 것이 상책이다.

《동아일보》 1993. 10. 23

농촌총각 울리는 연변처녀

'중국판 엑소더스.' 중국인들의 해외밀입국이 최근 들어 급속히 증가, 전 세계적으로 문제가 되고 있다. 지난 6월에는 263명의 중국인 보트피플이 감시를 피해 미국 뉴욕항에 잠입하다 적발돼 8명이 숨지는 사건이 발생했다. 미국과 캐나다 당국은 한 해 중국인 밀입국자가 5천 명선에 달한다고 집계했다. '인사'(人蛇)라고 불리는 이들 밀입국자들은 모집책 '사두'(蛇頭)의 유인에 따라 파나마 등 제3국 선적을 이용해 미주지역으로 밀항하고 있다.

최근 중국인들이 우리나라에도 집단 입국해 돌아가지 않고 잠적해버리는 경우가 늘어나고 있다. 지난달 30일 관광목적으로 입국한 중국인 29명이 호텔투숙 다음날 모두 잠적해버렸다. 뒤늦게 검거되기는 했지만 이들은 브로커의 권유로 불법취업을 위해 무단이탈한 것. 이에 앞서 경남의 한국 화이바에 기술연수 명목으로 입국해 근무하던 중국교포 28명 중 21명이 밤새 도주해버렸다. 이처럼 잠적한 사람이 수백 수천 명에 이른다고 한다.

최근엔 농촌총각에게 시집 온 중국교포 신부들의 증발사고가 잦아 문제가 되고 있다. 교포신부 중엔 결혼 후 한국국적을 얻어 주민등록증을 발급받으면 그 이튿날 집을 나간 뒤 행방을 감추는 경우가 있다는 것. 이들은 결혼 2개월쯤 동거하다 친정부모가 보고 싶다며 우울해하면서 다녀오겠다고 졸라 신랑가족이 농산물 등을 팔아 여비와 선물을 마련해 주면 갖고 나간 뒤 증발해버린다.

남남북녀란 말이 있다. 조선팔도에서 미인 많은 곳이 강계라 한다. 중국에서도 하북미색이 첫손 꼽힌다. 황하 이북지역으로 그 대표적인 곳이 연변지역이다. 키가 크고 허리가 가늘며 살결이 희고 머리가 칠흑같이 검은 연변아가씨들. 바로 이 지역 출신 교포처녀들이 우리 농촌총각들을 울리고 있다. 이로 인해 농촌총각 장가보내기 운동도 타격을 받고 있다. 어떤 사기든 엄벌해야겠지만 선량한 농촌총각을 농락하는 범죄는 더욱 철저히 추적해 엄단해야한다.

《동아일보》 1993. 11. 10

마약 종말론

인간을 파멸시키는 백색의 공포 마약류 사범이 작년까지 감소추세였으나 올 들어 부쩍 늘어나고 있다. 자극 과민과 수치심 상실뿐만 아니라 양심까지 마비시키는 마약류가 어째서 점점 더 기승을 부리는 것일까. 향락풍조, 과소비, 한탕주의는 물론이요, 절제 없는 생활습성과도 무관하지는 않을 것이다. 배금주의, 쾌락추구가 팽배해있는 데다 좌절이나 갈등을 이겨낼 수 있는 정신력의 부족으로 사회병리는 만연해간다.

최근 우리나라가 국제 마약밀매조직의 중계기지가 되고 있다 한다. 또 중국교포들의 입국증가로 중국산 아편 등의 반입도 늘어났다. 마약사용계층이 연예인, 유흥업소 종업원에서 운전사, 농어민, 회사원으로 번져가더니 요즘엔 주부, 어린 학생에게까지 확산되고 있다. 마약망국론, 마약종말론이 이제 남의 나라 이야기만은 아니다. 마약퇴치는 단속과 처벌보다 예방과 교육 및 재활에 역점을 두어야 한다. 강력단속은 오히려 암거래와 범죄유발만 촉진시킨다.

미국 국방부 산하 선진기술연구 기획위원회의 모임에 국방 첨단기술로 명성 높은 과학자들이 참석했는데 신병기나 우주개발무기에 관한 것을 논의한 게 아니라 첨단기술을 마약전쟁에 어떻게 활용할 수 있을 것인가를 토의했다는 보고는 시사하는 바가 크다. 마약전쟁이란 마약을 이용한 전쟁이 아니라 유전공학까지 동원, 마약으로부터 인류를 구원하는 방안을 강구하는 것이다.

마약퇴치를 위한 첨단기술로 코카인을 만들어내는 코카나무를 없애거나 유전적으로 변질시켜버리는 방법이 연구되고 있다. 곤충을 살포, 코카나 무가 코카인을 만들어내지 못하게 하는 방법도 동원되고 있다. 또 정글 속에 숨어있는 코카인 공장을 고공에서 특수레이저를 발사해 색출해내는 방법도 연구중이다. 〈현진영 고 진영 고〉로 청소년들을 사로잡은 인기가수 현진영 씨 등이 히로뽕 복용으로 구속됐다. 마약 전과 연예인들이 계속 늘어나는 것은 우선 청소년 문제에 암영을 던져준다. 마약예방은 생산·공급행위부터 원천봉쇄해야 한다.

《동아일보》 1993. 11. 16

악행惡行 재악용 강도

12세기경부터 서양에 전해 내려오는 12가지 악이 있다. 훌륭한 업적이 없는 현인, 신심이 없는 노인, 복종을 모르는 젊은이, 자비심 없는 부자, 절제 않는 부녀자, 덕망 없는 군주, 시비걸기 좋아하는 기독교인, 거만한 가난뱅이, 불공평한 임금, 태만한 목사, 기강이 없는 서민, 법률을 무시하는 국민 등이다. 요즘 우리 주변을 둘러보면 이런 정도가 무슨 악에 들어갈까 하는 생각이 든다.

지난 18일 새벽 서울 종암동에서 범인 3명이 가정집에 침입, 물건을 훔친 뒤 강제로 남편이 지켜보게 해놓고 부인을 번갈아 성폭행했다. 이들은 카메라로 이 장면을 찍는 척하는 수법으로 범행사실을 신고하지 못하게 협박까지 했다. 이날 새벽 서울 방화동에서는 범인이 자취하는 자매(14세, 18세)의 방에 침입, 흉기로 위협한 후 금품과 방 열쇠를 빼앗아 달아났다가 이틀 뒤인 20일 새벽 다시 찾아가 언니를 성폭행했다.

이에 앞서 지난 14일 새벽 서울 압구정동 현대아파트에선 2명이 침입, 일가족 3명을 흉기로 위협하면서 금품을 뺏은 뒤 부인을 납치해갔다. 범인들은 부인을 차 트렁크에 가둔 채 18시간 동안이나 서울외곽도로를 누비고 다니면서 가족에게 돈을 요구했다. 그뿐만 아니라 최근 여성 자가운전자나 부녀자들을 납치해 성폭행한 뒤 나체사진을 찍고 금품을 추가요구 하는 범행이 부쩍 늘어나고 있다.

이들의 수법은 대개 범행을 한 번 저지르는 데 그치지 않고 범행 때 치욕적인 행위나 가정파괴적인 악행을 함께 저질러 당국에 신고하지 못하게 하면서 추가요구를 하는 것이다. 이른바 재탕, 삼탕 강도다. 그야말로 악행을 재악용하고 있는 것이다. 코란에 이런 내용이 있다. "모르고 악한 일을 하고 즉시 후회한 뒤 마음을 고쳐먹는다면 신은 그 사람을 용서하리라. 그러나 끝끝내 거듭 악한 일을 계속하는 자는 반드시 그 벌을 받고 말리라."

《동아일보》 1993. 11. 30

전통포술 어디가고 오발포탄만…

세계사상 군사적 천재로 카이사르와 비견되는 인물이 나폴레옹이다. 포병 소위로 임관한 나폴레옹은 전술과 지략도 뛰어나지만 전장(戰場)에서는 항상 포술(砲術)로 승리를 거둬 유럽을 지배했다. 대포로 황제 위에 오른 그가 패전으로 몰락한 것도 역시 대포로 인해서였다. 트라팔가 해전(海戰)에서 영국의 넬슨 제독의 포술(砲術)에 밀려 대패했고, 워털루 전투에서도 영국의 웰링턴 장군이 이끄는 연합군의 포술에 무릎을 꿇었다.

러일전쟁을 승리로 이끈 일본함대 총사령관 도고 헤이하치로(東鄕平八郞)가 이순신(李舜臣) 장군을 넬슨보다 높이 평가한 이야기는 유명하다. 충무공(忠武公)이 해전마다 승리로 이끈 원동력은 사실은 거북선이 아니라 포술이었다. 장군이 거둔 3대첩 중 명량·노량 해전에서는 거북선이 없었다. 이순신 함대는 해상의 포병(砲兵)들이다. 왜선들이 단거리 총통을 산발적으로 쏘아대는 데 비해 장군의 전선은 현자(玄字)·지자(地字) 총통을 정밀 발사했다. 배안에 물이 들어갈 곳만 골라 서너 번 집중포화, 신속히 침몰시키고 곧 다른 배를 공격했다.

화약을 이용한 대포는 1320년대에 발명되어 백년전쟁 초기에 처음 사용됐다. 대포의 발명은 전쟁의 양상은 물론 인류역사를 바꿔 놓았다. 현대에 이르러서는 원자력과 전자기술이 도입되어 명중률, 파괴력뿐 아니라 표적발견, 측정, 발사 등이 첨단기술로 발전했고 대륙간 탄도탄에 핵탄두도 쓰인다. 역사적으로 전력(戰力)이나 국력(國力)은 곧 포술이다시피 했다. 그런데 지금 우리나라에선 포술 사기와 포탄 오발 등 해괴한 사건이 꼬리를 물고 있다.

포탄을 수입하는데 잇따라 세 번씩이나 사기를 당해 국고 670만 달러를 낭비했고, 학교 운동장과 야산, 그리고 농가에 오발포탄이 날아들어 주민들을 공포에 떨게 했다. 국민들이 안심하고 생업에 종사하도록 국방의 큰 책무를 지고 있는 군(軍)이 이래서야 되겠는가. 현대전술은 '별들의 전쟁'으로 치닫는데 우리 군은 농가 돼지우리나 맞춰 뭘 어쩌자는 것인가.

《동아일보》 1993. 12. 18

6

다시 일왕日王의 패악悖惡을 생각한다 [역사]

눈도 입도 없고 가슴만 꿈틀거려

"9월 2일 저녁 지진의 참화 속에서 사람들은 못을 박은 몽둥이를 휘둘러댔고 조선인의 머리가 길거리에 뒹굴고 있었다", "경찰서 앞에 조선인 5, 6명이 나무에 묶여있었는데 얼굴이 엉망이 돼 눈도 입도 없고 다만 가슴부위가 발작적으로 꿈틀거렸다". 66년 전 오늘, 일본 관동대지진 때 한국인 학살현장을 목격했던 일본학생들의 작문이 최근 발견돼 당시 한국인들이 당한 참상을 증언하고 있다.

그때 동경에서 수학하면서 유학생 독립운동에 참여했던 고 최승만(崔承萬) 선생은 회고록에 당시의 참상을 이렇게 기록했다. "그들은 조선 사람들이 불을 지른다, 폭탄을 갖고 다닌다, 우물에 독약을 넣었다, 부녀자를 강간한다는 등의 헛소문을 퍼뜨려 조선인을 색출해냈다. 일본도를 휘둘러 조선인의 목을 베고 죽창과 몽둥이로 개돼지 잡듯 찌르고 때려죽였다. 악귀라면 몰라도 사람으로서는 도저히 할 수 없는 잔혹한 살상을 자행했다. 그때 인접국민의 하층 일본인으로의 동화 강요, 내지는 타민족 말살의 비인간적인 그들의 본질을 알게 됐다."

그 당시의 무차별 살상으로 한국인 희생자는 최소 6천 명에서 2만여 명에 이르는 것으로 알려졌다. 그러나 일본은 지금까지도 이 문제를 외면하고 있다. 이 대학살극은 그 당시 일본 당국이 민심수습 방편으로 고의로 유언비어를 퍼트려 저지른 만행인데도 현행 일본교과서는 '유언이 유포돼', '헛소문이 나돌아' 등으로 마치 우발적 사건인 것처럼 호도하고 있다. 정신대, 원폭피해자 문제 등과 함께 한국에 대한 만행을 각성하지 않고 일본이 평화애호국의 대열에 설 수 없다.

역사교과서 문제만 해도 그렇다. 왜곡된 내용을 배운 미래세대가 또다시 그 같은 전쟁의 비극을 되풀이하지 않도록 바로잡아주어야 한다. 그런데 그런 생각은커녕 망발만 거듭한다. "불평을 말하는 놈(야쓰)은 그런 일(침략)을 한 적이 없느냐." 문부상(文部相)이란 사람이 이 같은 폭언을 서슴지 않았다. 과거를 생각해낼 수 없는 자는 과거를 되풀이 당할 운명에 놓이게 된다. 이번 기회에 망각의 늪으로 사라져가는 일제의 만행을 다시 한 번 떠올려 역사가 범죄나 재난의 기록에 그치지만은 않는다는 것을 확인해 두어야겠다.

《동아일보》 1989. 9. 2

일본열도 옮길 수도 없고

최근 우리나라에서 상영된 베를린영화제 대상수상작인 중국영화 '붉은 수수밭'을 보면 끔찍한 장면이 나온다. 일본군이 체포한 중국 독립운동가를 중국인 백정을 시켜 산 채로 껍질을 벗긴다. 요즘 미국에서는 신간 《히로히토: 신화의 뒤편》이 화제를 일으키고 있다. 이 책은 일본군이 10만여 명의 중국인 포로와 민간인을 학살한 남경대학살과 '생체실험'으로 3천여 명을 희생시킨 731부대에 관해 히로히토가 잘 알고 있었고 이 부대는 그의 칙명으로 창설되었다고 폭로했다.

이 책은 히로히토 개인은 일본 군국주의의 죄과와는 무관하다는 지금까지의 일본정부의 공식입장이 사실과 전혀 다르다는 것 등을 깊이 있게 파헤쳤다. 이에 앞서 일본에서 출간된 《NO라고 말할 수 있는 일본》은 지금 세계 어느 나라도 따를 수 없는 위치에 일본이 도달해 있다는 내용과 함께 한국, 대만, 싱가포르 등 아시아에서 경제가 발전하고 있는 나라는 모두 일본이 전전(戰前)에 통치한 적이 있는 나라뿐이라고 기술하고 있다. 무차별 살상으로 타민족 말살의 비인간적인 폭압통치를 했던 그들이 지금 와서 그것들이 시혜인 양 떠들어대고 있다.

그 같은 방자한 태도로 곳곳에서 지탄받고 있는 판에 일본은 한국전 휴전 당시 전쟁이 끝나는 것보다는 그들의 특수(特需)가 끝나는 데 신경을 썼다는 내용의 외교문서가 최근 공개돼 또다시 우리의 울분을 터뜨리게 하고 있다. 6·25동란 중 전쟁특수를 즐겼던 일본은 휴전 후에도 복구사업을 통한 경제적 이득을 얻기 위해 안간힘을 썼으며 한국휴전 정치회담에까지 참여하려고 갖은 술수를 썼다는 것. 그들은 그때 이미 한반도 연방국가 공동헌법 등 나름대로의 통일방안까지 만들었다.

이런 일들이 모두 30~40년 전에 이루어졌다. 그처럼 재빠르고 약삭빠른 데 대해 가증스러움을 느끼는 한편 그토록 앞서 모든 것을 미리 꾸미고 있는 데 대해 경악을 금할 수 없다. 수천 년 동안 이웃으로 지내 온 나라지만 망각을 잘하는 우리는 항상 그들에게 당한 뒤에야 아는 만각(晩覺)을 면치 못했다. 지금 이 시점에도 그들이 무슨 일을 꾸미고 그것이 훗날 우리에게 어떤 영향을 끼칠지 알지 못한다. 일본열도를 옮길 수도, 한반도가 떠나갈 수도 없는 노릇이고 보면 우리의 선각(先覺)만이 그들에게 더 당하지 않을 외길이란 생각이 든다.

《동아일보》 1989. 10. 18

김씨 왕조의 역사조작

지난 1976년 3월 제 2차 세계대전의 영웅 몽고메리 원수가 별세했을 때의 이야기다. 세계 4대 명장에 알렉산더, 카이사르, 나폴레옹은 당연히 꼽히는데 나머지 한 명이 누구냐는 것. 한니발, 스키피오, 넬슨 등이 거론되지만 모두 탐탁치가 않다. 몽고메리 원수의 측근은 몽고메리 원수야

말로 제 2차 세계대전을 승리로 이끈 세계적인 명장이 아니냐고 주장했다. 그러나 영국에서조차 '미안하지만 당신은 아니다'는 여론이 우세했다. 그러면 나머지 한 사람은 누구일까.

그 사람은 당연히 칭기즈칸이라고 많은 사람들이 이야기한다. 그는 알렉산더보다도 훨씬 더 광대하게 세계를 제패했다. 그런데도 서양인들은 그를 꼽지 않는다. 이유는 정복자라기보다 침략자라는 것이다. 그러나 더 솔직한 이유는 동양인이 서양을 지배한 것을 인정하고 싶지 않은 것이다. 물론 몽고군의 약탈은 유명하지만 동서양을 막론하고 정복자의 약탈은 항상 있었다. 칭기즈칸도 동·서 문화존중, 종교보호 등을 규정한 법령 '자사'를 제정, 귀중한 문화유산으로 남아있다.

몽고에 공산정권이 수립되면서 칭기즈칸에 관한 어떠한 학술논문 출판도 허용되지 않았다. 탄생 800주년 기념우표 발매조차 금지될 정도로 푸대접을 받았다. 그 배후에는 물론 중세 러시아 당시 200여 년간 몽고 지배를 받은 소련 측의 계략이 숨어 있다. 반면 스탈린은 일본 관동군이 몽고를 침범할 때 도와주었다는 이유로 구국의 영웅으로 칭송받고 있다. 그러나 글라스노스트의 바람은 이곳에도 불어 요즘 스탈린 격하운동과 함께 칭기즈칸이 유라시아 대륙에 거대한 몽고제국을 건설한 영웅으로 재평가 받고 있다.

동양에서도 오지인 몽고에서조차 페레스트로이카에 힘입어 스탈린의 망령에서 벗어나 자아의식에 눈뜨고 있다. 결국 북한만이 동구의 알바니아와 함께 지구상에 마지막 남은 스탈린주의 국가가 되어버렸다. 김일성은 지금 부자세습의 김씨 왕조를 꿈꾸고 있다. 김보현(金輔鉉), 김형직(金亨稷) 등 그의 직계존속이 미국의 셔먼호를 격침시켰고 항일투쟁에 앞장섰으며 민족해방투쟁의 역사를 창조했다고 조작해놓았다. 그들은 이충무공에 대해서까지 양반 지배계급의 통치질서를 바로잡기 위해 싸웠다고 기술하고 있다. 역사의 바른 기술은 그 무엇보다 중요하다. 그저 안타깝다는 말밖에는 할 말이 없다.

《동아일보》 1989. 11. 1

역사발전은 자유의식의 진보

동방정책을 편 빌리 브란트 전 서독 총리는 최근 발간된 그의 회고록에서 동독의 최대 도시 라이프치히에서 곧 수십만 명이 운집하는 시위가 일어날 것이라고 예언했다. 그 예언은 지난달 17일 30여만 명이 운집해 시위에 나섬으로써 적중했다. 그는 최근 서울에 와 계속되는 개혁요구로 동독에서의 대변혁은 물론 체코에서도 몇 개월 안에 엄청난 민주개혁이 이루어질 것을 확신한다고 내다보았다.

4일엔 동베를린에서 100만 명이 모여 또 다시 자유선거를 요구하는 대대적인 시위를 벌였다. 동독 곳곳의 이 같은 시위는 반체제 정치단체 '노이에스 포룸'이 주도한다. 이 단체는 44세의 여류화가 베아벨 보흐레이 여사가 결성, 이끌어간다. 폴란드에 바웬사가 있고 헝가리에 포즈가이가 있다면 동독에는 보흐레이가 있고 체코에는 하벨, 불가리아에는 자프리아노프가 있다. 보흐레이 여사는 동독 공산당에 반대하는 성명을 잇달아 발표했고 동서독에 배치된 미사일 철거투쟁을 벌였으며 유럽전체의 비핵지대화를 주창한다. 연이은 투옥 끝에 서독으로 추방되었지만 다시 돌아와 활약하고 있다.

체코의 반체제 그룹 '77헌장'을 이끌고 있는 '체코의 바웬사' 바스라프 하벨은 20년 만의 '프라하의 봄' 재현을 주도하고 있다. 그는 정치범 석방과 집회 · 언론 · 신교(信敎)의 자유를 강력히 요구한다. '소련학교의 우등생'이라는 불가리아에서도 안톤 자프리아노프가 헬싱키선언 감시위원회를 결성, 인권옹호를 외치며 민주화 개혁운동을 펼쳐나간다. 큰 변혁은 큰 반항을 극복한 뒤에 이룩된다. 개혁이야말로 역사발전의 원동력이다. 중부 유럽이 잠을 깨 지금 새로운 세계질서를 정립해나가고 있다.

역사발전은 바로 자유의식의 진보이다. 선견의 개혁지도자 없이 위대한 성취는 있을 수 없다. 한반도는 어떠한가. 우리도 근세에는 많은 선구적 개혁지도자들이 있었다. 20세기의 마지막 중대한 시기에 접어들면서 국제환경이 우리에게 유리한 방향으로 전개되고 있다. 21세기를 바라보며 한반도에도 앞을 내다보는 많은 선각자들이 나와 자유와 평화를 위한 역사적 대발전을 이룩해야겠다.

《동아일보》 1989. 11. 6

33인 대표에 대한 평가

1919년 3월초 강원도 횡성군 갑천면 장터에서 일본 헌병의 총소리에 놀란 남자들이 부근 주막으로 피신했다. 그러자 '황소아줌마' 별명의 주모 김순이 여사가 부엌칼을 들고 이들을 위협해 모두 시위현장으로 내몰고 자신도 앞장섰다. 김 여사는 독립선언서를 갖고 횡성을 찾아온 천도교 신자 이채일(李采一) 씨를 주막 뒷방에 숨겨 놓고 이 지역 시위준비를 도왔다. 그 뒤 김 여사는 일경에 체포돼 3개월간의 옥고를 치렀다.

김 여사의 묘는 공동묘지 귀퉁이에 봉분도 제대로 안된 채 흔적만 남아 있다. 뒤늦게 주민들이 성금을 거두고 군청에서도 예산을 책정해 묘소 단장을 서두르고 있다. 이름 없는 한 주모에 대한 이 같은 새로운 평가는 민중 주도의 항일운동을 본격 조명하는 데 큰 의의가 있다. 3·1운동의 불변의 가치는 우리 민족이 남녀노소, 유식무식, 신분상하를 불문하고 일치된 힘으로 외세의 침략을 거부하고 민주공화제의 근대 민족국가를 건설하려는 국민적 결의를 보인 데 있다.

최근 3·1운동대표 33인은 민족의 대표로 볼 수 없다는 일부 사학자의 주장이 제기돼 파문을 일으켰다. 당시 33인은 파고다공원에서 거행키로 했던 선언서 낭독조차 하지 않고 태화관에 들어앉아 한용운의 간단한 취지 설명만 끝내고 모두 자수해버렸다는 것. 결국 3·1운동 시위는 독자적으로 준비해온 학생 시민들에 의해 별도로 이루어져 비타협 폭력투쟁으로 자주독립을 쟁취하려 했다는 것. 따라서 33인이 기폭제 역할을 한 것은 사실이지만 발발시점부터 투쟁을 포기하고 끝내는 친일파로 전락까지 했다는 점에서 민족대표로 볼 수가 없다는 것이다.

이에 대해 종교계에서는 근본적으로 잘못된 지적이라고 일축한다. 33인은 당시 윌슨의 민족자결주의를 바탕으로 비폭력원칙을 내세워 서구열강의 지지를 받는 한편 민중을 독립시위로 이끄는 등 위로부터의 운동을 시도했다는 것. 또한 대다수 역사학자들도 33인과 민중세력을 대립적으로 보려 하거나 민중에만 초점을 맞춰 33인을 깎아내리려고 해서는 안 된다는 건해를 보인다. 3·1운동 71주년을 맞아 우리에게 부과된 역사적 책무는 무엇보다 통일을 위한 민족적 역량을 한데 모으려는 노력이 아닐까.

《동아일보》 1990. 3. 1

보상과 배상

국민은 알 권리가 있고 언론은 알릴 책임이 있다. 어떤 문제가 발생했을 때 언론은 지체 않고 정확하고 공정하게 보도·논평해야 사회의 목탁(木鐸)으로서 사명을 다하는 것이다. 그러나 실제에 있어 스스로는 아무리 불편부당하다고 자신을 해도 쉽게 손대기가 어려운 사안들이 있다. 이

해가 첨예하게 엇갈려 어느 편에 서지 않더라도 사안이 미묘해 언급하기조차 곤란한 경우 더욱 그렇다. 지금 여야 간에 큰 쟁점이 되어 있고 지역 간에도 의견이 크게 다른 '광주 피해보상' 문제에 대해 모두들 언급을 회피하려는 분위기다.

우선 '보상'이냐 '배상'이냐의 문제에서부터 액수에 이르기까지 접근이 안 돼 이번 국회에서조차 해결되지 않고 넘어갈 것 같다. 민자당은 '광주민주화운동 관련자 보상법안'이란 명칭 아래 국가의 적법행위를 전제로 '보상'을, 평민당은 '5·18 광주 의거희생자의 명예회복과 배상 등에 관한 법률안'을 내세워 국가의 '불법행위'를 인정하는 선에서 '배상'을 주장한다. 액수도 민자당은 당시 23세 사망자의 경우 1억 1천 8백만 원, 같은 조건의 부상자(1급)는 1억 1천 5백만 원 정도, 평민당은 사망자, 행불자엔 3억 원, 신체불구자엔 2억 원의 수익상실금을 지원하자는 것.

여야는 지금 문제의 본질을 도외시한 채 3당 통합으로 급변한 새 정치구도 속에서 자당의 입지만을 고려한 당리당략에 얽매여 있다. 그들은 광주 피해 시민을 도마 위에 올려놓고 또다시 구태의연한 정치놀음을 벌이고 있다. 10년 가까운 세월을 아픔과 신음 속에서 보낸 광주피해자들은 끝없는 여야다툼에 허탈을 넘어 절망감에 빠져있다. 이 문제는 광주피해자들의 문제가 아니라 여야정치꾼들의 좋은 정쟁의 소재가 돼버렸다.

'보상'이 옳다, '배상'이 옳다, 3억이 좋다, 1억이 알맞다는 데 대해 국민들이 각자 판단하는 기준이 있을 것이다. 의원들도 내심 어느 선이 적정하다는 것을 알고 있지 않은가. 서로 양보해 조속한 치유를 갈망하는 피해시민들을 도와야 한다. 이제 5·18 10주년도 두 달밖에 남지 않았다. 이 문제를 이번 국회에서도 해결하지 않고 넘기는 것이 명예혁명을 했다는 사람들이 할 일이며 10년이나 질질 끌고 있는 것이 진실로 광주시민의 편에 서서 일하는 자세인지 여야의원들에게 묻고 싶다.

《동아일보》 1990. 3. 9

고르바초프의 사관史觀

지금 전 세계에서 가장 인기 있는 사람은 누구일까. 아마도 미하일 고르바초프가 첫 손 꼽힐 것이다. 한 소련주간지가 최근 조사한 것을 보아도 현존 소련인물 중에서는 그가 단연 1위고 고인까지 합쳐도 사하로프, 레닌 다음으로 3위였다. 프랑스의 한 주간지가 고르바초프와 부시 대통령의 인기를 조사한 결과 프랑스・영국・서독・이탈리아는 말할 것도 없고 심지어 미국 내에서까지 고르바초프가 단연 앞섰다.

그의 신화는 어디서 비롯되는 것일까. 서방의 많은 정치학자와 평론가들은 바른 사관(史觀)에 지칠 줄 모르는 정열과 합리적인 사고방식에 유연함, 솔직함에 진지함까지 갖춰 당대의 최고 지도자가 된 것이라고 분석한다. 역사는 전후 40여 년 동안 인류를 대결과 전쟁의 고통 속으로 몰아넣었던 냉전체제를 종식시키고 민주화의 꽃을 피우게 한 주역으로 그를 평가할 것이다. 지난 1987년 올해의 인물, 작년에는 80년대의 인물로 그를 뽑은 〈타임〉지가 이대로 갈 경우 오는 1999년에는 그를 20세기의 인물로 뽑을지도 모른다.

그를 비판하는 소리도 높다. 소련 국민들 사이에서는 그의 개혁정책이 소리만 요란했지 실제생활에 보탬이 된 게 없다는 불평도 대단하다. 이보다 더 그를 괴롭히는 것은 여러 공화국들의 독립 움직임이다. 소련으로부터 독립하려는 공화국들의 몸부림과 이를 저지하려는 고르바초프의 안간힘이 팽팽히 맞서 있다. 지금까지는 발트 해 공화국 등 소수민족 공화국의 독립요구가 골칫거리였으나 15개 공화국 중 소련인구의 51%를 차지하고 경제적으로 가장 부유한 러시아 공화국 내부의 소수민족들마저 그 같은 기미를 보여 그를 당황케 하고 있다.

미국의 미래학자 허먼 칸은 이미 70년대에 소련제국의 해체를 내다보았지만 사하로프와 함께 진보세력을 주도해온 역사학자 아파나셰프도 소련이란 하나의 국가로 성립될 수 없는 성질의 공동체로서 이를 동족국가인 양 생각하려는 것이 착각이므로 각 공화국을 문화가 다른 독립된 이웃국가로 대접해야 긴장이 풀릴 것이라고 주장했다. 고르바초프가 민족문제를 앞으로 어떻게 처리해 나갈지 두고 볼 일이다.

《동아일보》 1990. 3. 16

최남선에 대한 평가

"텨…ㄹ썩, 텨…ㄹ썩, 텩, 쏴…아/따린다, 부슨다, 문허바린다/泰山갓흔 놉흔 뫼, 딥태 갓흔 바윗돌이나/요것이 무어야, 요게 무어야/나의 큰 힘, 아나냐, 모르나냐, 호통까디하면서/따린다, 부슨다, 문허바린다/텨…ㄹ썩, 텨…ㄹ썩, 텩, 튜르릉, 콱".

1908년 〈소년〉(少年)에 발표된 육당 최남선(崔南善)의 우리나라 최초 신시(新詩) 〈해(海)에게서 소년(少年)에게〉의 첫 구절이다. 낡은 것을 부수고 무너뜨리는 생명력의 원천 바다가 소년에게 새 역사 창조를 당부하는 내용이다.

육당은 20세기 전반, 근대화 여명기에 박람강기(博覽强記)한 학자로, 부지런한 신문화운동가로, 논설 쓰는 신문사 사장을 지낸 언론인으로, 많은 시조를 쓴 시인으로, 정치·사회·문화·교육·역사·사상·언론·문학·예술운동 전 분야에 걸쳐 어려운 시기에 신문화의 발전에 큰 기여를 했다. 특히 독립선언서를 써 3·1 운동에 참가한 후 옥고를 치르고 나올 무렵 그는 국민적 영웅이었다. 불과 30세를 갓 넘은 청년으로 이 나라 젊은이들의 우상이 되었다.

육당은 춘원 이광수, 벽초 홍명희와 더불어 당대의 3대 천재로 꼽혔다. 그는 신문학의 요람인 신문관과 동명사를 설립했고 잡지 〈소년〉, 〈샛별〉, 〈청춘〉 등을 발간, 신문학운동의 개척자로 활약이 대단했다. 그러면서도 급진적이거나 모험주의를 피하고 언제나 점진적, 합리적이며 온건한 노선을 견지했다. 그런데 안타깝게도 그는 말년의 훼절(毁節)로 젊은 시절의 공로와 그의 천재적인 학문과 경륜이 물거품이 되다시피 한 비극을 맞았다.

그는 3·1운동 대표의 한 사람으로 추대되었지만 독립선언서를 작성한 뒤 민족대표의 서명차례가 오자 학자로 남겠다면서 거부했다. 그는 법정 신문(訊問) 과정에서 '민족자결은 이상에 불과하다'는 등의 나약한 지식인의 모습을 보였다. 육당 탄생 100주년을 맞아 요즘 기념강연회 등 그에 대한 역사적 재평가 작업이 시도되고 있다. 다양한 역할을 한 역사적 인물에 대한 평가작업은 엄정하되 신중에 신중을 기해야 한다.

《동아일보》 1990. 4. 4

문화재는 돌려받아야

"아테네의 파르테논 신전에 가보았지요. 천장·벽면 조각들을 모두 떼어낸 참담한 몰골이 불쌍하게 여겨지지 않았습니까. '엘긴 마블'은 그리스정신의 결정체이자 뿌리입니다. 그것들은 곧 우리 자신이며 우리의 영혼이고 피입니다. 제발 다시 돌려주세요." 〈일요일엔 참으세요〉란 영화 주연배우로도 잘 알려진 멜리나 메르쿠리 그리스 문화부장관이 1982년 영국을 방문했을 때 세계 여론을 상대로 문화재 반환을 호소한 간절한 외침이다.

'엘긴 마블'이란 2천 5백 년 전 세워진 파르테논 신전의 벽과 기둥 천장에 붙어있던 정교한 대리석 조각품들로 19세기 초 그리스를 지배하던 터키에 주재했던 영국대사 토머스 엘긴 경이 빼내간 데서 붙여진 이름. 그리스는 2천 년 동안 문화재들을 약탈당했다. 영국뿐 아니라 나폴레옹도 루브르 박물관을 채우기 위해 휩쓸어갔다. 미술사는 미술품 절도의 역사라고 할 만큼 강대국들은 약소국의 문화재를 노략질해 갔다. 유엔은 얼마 전 선진국들이 뺏어간 문화재의 본국환수를 촉구하는 결의안을 103대 0으로 가결한 바 있다.

일본의 한국골동품 수집가의 집에서 고려청자, 조선백자 등 우리의 문화재급 골동품 9점을 훔쳐와 국내에서 처분하려던 중개상들이 구속됐다. 이 사건이 보도되자 사건 자체보다 이 골동품의 향방에 관심이 더 집중되고 있다. 물건을 훔쳐온 행위는 명백한 절도행위지만 훔친 물건이 문화재급이며 원소유주가 한국이고 우리 문화재를 쓸어간 일제의 수탈행위에 대한 민족감정까지 얽혀있기 때문. 구속된 중개상은 피해자인 히가사 겐이치 씨가 소장하고 있는 우리의 귀중한 도자기류만도 250점이나 되는데 이를 감상할 때 현기증이 날 정도였다고 털어놓았다.

피해자 측은 장물반환을 요구하고 있으나 국내의 많은 사람들이 이를 반대하고 있다. 수사진은 물론, 문화재 당국에서도 어떤 방식이든 일단 국내에 들어온 문화재는 해외반출이 안된다고 한다. 그러나 아무리 우리 것이라 할지라도 우리 국민이 저지른 범행에 대해서는 우리가 책임져야 하지 않을까. 훔친 것을 감춰둘 수는 없다. 정정당당하게 찾아오는 방법을 모색해야 한다. 이번 사건을 계기로 일본에 뺏긴 문화재의 전면 반환 교섭을 정부차원에서 펼쳐나갔으면 한다.

《동아일보》 1990. 4. 9

희생자 유골 송환

20세기로 접어들면서 약 40년간 계속된 일본제국주의의 침략과 식민지배를 통해 우리민족은 어떤 손실을 입었는가. 작게는 토지와 쌀, 쇠붙이 등을 약탈당한 데서부터 크게는 우리 국권을 강탈당했고 그들의 상품시장, 원료공급지가 되었으며 대륙침략의 병참기지로 이용당했고 몇십만 명이 독립운동 전선에서 목숨을 잃었으며 몇백만 명이 징용 등 인력동원으로 희생당했다.

특히 태평양 전쟁에 동원된 한국의 군인, 군속 징용자, 정신대 등은 두 번 죽음을 당했다. 남의 나라가 일으킨 전쟁터에 강제로 끌려가 이름 모를 산하에서 비명에 숨진 것이 첫 번째 죽음이고 죽어서도 안식처를 얻지 못해 아직껏 영령이 구천을 떠돌고 있으니 그것이 두 번째 죽음이 아니겠는가. 전쟁기간 중 목숨을 잃은 수십만 명의 한국인 가운데 지금까지 유해·유골이나마 국내에 송환된 것은 1만 위도 못된다. 그 중에서도 양국 정부 간 협력으로 공식 송환된 것은 겨우 1천여 위밖에 되지 않는다.

일본정부는 그들의 과오를 숨기려고 한국인 희생자의 유해 발굴과 조사 작업을 철저히 회피해왔다. 그런데 우리 정부조차 전후 반세기가 가깝도록 관심조차 갖지 않는다. 국내에서 민간단체가 자발적으로 나선 경우도 지난 1977년 해외희생동포위령사업회가 남양군도 파라 호에서 우연히 발견된 5천여 구를 들여온 것 외에는 별로 없다. 이는 동남아지역과 남태평양의 크고 작은 섬에 희생자 유해가 엄청나게 많이 방치되어 있음을 말해준다. 물론 일본 본토의 절간이나 신사, 공동묘지 등에 깊숙이 감춰져 있는 것도 수두룩하다.

태평양전쟁에 끌려가 희생된 한국인 유골 7천 6백여 구가 지난 48년 한국 송환과정에서 수장되어버렸다는 사실이 뒤늦게 밝혀졌다. 일본 후생성은 분명히 송환했다고 밝히고 있는데 국내 유가족들 중 그 유골을 인수한 사람이 전혀 없다. 천인공노할 일제의 만행은 나치의 잔혹상과 조금도 차이가 없다는 것을 새삼 느끼게 된다. 일본의 전후처리는 결코 끝나지 않았다. 우리 정부는 뒤늦었지만 이제라도 정확한 실태조사를 서둘러 그 억울하고 원통한 주검들을 역사에 기록해야 한다.

《동아일보》 1990. 5. 10

다시 일왕의 패악悖惡을 생각한다

어깨에 왜도(倭刀) 멘 놈, 곤봉 쥔 놈, 피스톨 찬 놈 수십 명이 고종과 명성황후의 침전인 건청궁(乾淸宮)으로 쏟아져 들어갔다. 미우라 고로 일본 공사의 사주를 받은 왜적 폭도들이었다. 적도(賊徒)들은 잠긴 문을 부수고 침실에 난입, 국왕에게 문서를 들이대며 황후를 폐위시키라고 위협하는 한편 다른 패들은 황후 침실로 침범했다. 적도들은 공포 속에 신음하고 통곡하는 궁녀들의 머리채를 이리저리 끌고 다니며 황후를 찾다가 찔러 죽이고 때려 죽이고 쏘아 죽였다. 그때 부왕과 함께 있던 왕세자는 세자의 이름을 세 번 부르고 뚝 끊기는 어머니의 처절한 외침을 들었다. 적도들은 침상에서 막 나와 속옷만 입은 채 궁녀들에 둘러싸여 있는 이 여인을 난자하고 시녀를 끌고 와 황후인지를 확인했다. 이들은 절명하지 않은 황후를 홑이불로 싸 숲속으로 끌고 가 몸에 석유를 붓고 장작더미 위에 올려놓은 다음, 불을 질러 몇 조각의 뼈만 남긴 채 태워 없앴다. 조직을 위해서라면 제 배를 갈라 내장을 끄집어내 던지는 셋푸쿠(切腹)의 종족다운 만행이다. 황후의 시신이 타는 순간 조선인의 혼도 함께 불탔다.

2천만 명 죽음으로 내몰아

세계사를 들춰보면 유사한 운명의 여인이 없지는 않다. 프랑스 혁명 때 마리 앙투아네트 황후가 단두대의 이슬로 사라졌고, 러시아 혁명 때 니콜라이 2세의 알렉산더 황후도 우랄산록에서 비명에 갔다. 그러나 그 죽음은 국내 혁명이 빚은 비극이며 새 시대에 바쳐진 희생이었지 민 황후(閔皇后)처럼 야비한 외적에게 희생된 것이 아니었다. 국가패망의 길목에 들어서는 이 미증유의 참변은 여기에서 끝나는 것이 아니라 시작되고 있다.

1907년 헤이그 밀사사건과 관련, 저들은 고종에게 '일본 천황을 친히 방문하고 사죄하든지 장곡천 대장(長谷川大將)의 군문(軍門)을 찾아가 사과하라'고 행패를 부리다가 강제로 퇴위시켜 버렸다. 고종은 덕수궁에 유폐되었다가 별세했는데 일인(日人)에 의한 독살혐의가 짙다. 순종도 1910년 한일강제합방 때 3년 만에 퇴위, 조선왕조는 27대 519년 만에 막을 내렸다.

일제의 잔학상은 갈수록 흉포해졌다. 약 반세기의 식민지 지배를 통해 우리 민족은 작게는 토지, 쌀, 쇠붙이에서부터 국권에 이르기까지 모든 것을 강탈당했다. 국토는 원료 공급지, 대륙침략의 병참기지로 이용당했고 독립운동을 하다가 수십만 명이 죽고 군인·군속·징용·정신대 등 인력동원으로 수백만 명이 목숨을 빼앗겼다. 남의 나라가 일으킨 전쟁터에 끌려가 이름 모를 산하에서 비명에 횡사, 지금도 동남아지역과 남태평양의 크고 작은 섬에 엄청나게 많은 희생자 유해가 방치돼 있다.

'황국신민화'(皇國臣民化)의 기치 아래 우리 민족은 철저하게 수탈당하고 짓뭉개졌다. 황실을 침범, 황후를 난자해 산 채로 태워 죽인 국모 시해, 고종·순종을 강제 퇴위시켜 5백 년 사직을 결딴낸 일, 배달의 어린 소녀들을 전장에까지 끌어가 왜병의 노리개로 삼은 일, 창씨개명으로 역성(易姓)까지 시켜 우리 고유의 전통을 말살한 일 등 한민족 최후의 자존심까지 무참히 짓밟아 버린 그 통분을 세월이 흘렀다 하여 어찌 잊을 수 있겠는가.

일왕 히로히토의 생애 자체가 바로 일본 현대사다. 그는 조선침략, 만주사변, 중일전쟁, 미 진주만 습격, 대동아전쟁을 일으킨 장본인이다. '덴노헤이카'란 이름으로 침략을 일삼아 일인을 포함, 무려 2천만 명을 죽음으로 몰아넣은 총책임자다. 작년에 그가 죽었을 때 영국의 언론들은 종전 후 즉각 처형되었어야 할 '악마의 화신'이라고 비판하고 그의 이름은 '고문, 잔학, 무자비한 전쟁포로 살인자'와 동의어라고 지적했다.

일본패망 후 종전칙서를 발표하고 인간선언을 하기 전까지 히로히토는 절대불가침의 현인신(現人神)으로 군림했으며 식민지에서는 강요된 숭배자였다. 우리 민족이 그의 이름 아래 학병으로, 정신대원으로 의미 없는 죽음과 억울한 희생을 강요당했지만 그는 자신의 죄과에 대해 한 순간도 참회의 뜻을 밝히지 않았다. 그가 처음이자 마지막으로 언급한 것이 지난 1984년의 '금세기의 한 시기에 있어 양국간에 불행한 과거가 있었던 것은 참으로 유감…'이란 모호한 한 마디다. 사죄의 뜻도, 잘못을 저지른 주체도, 사죄의 대상도 없다. 유감이란 말도 도리어 피해자가 가해자 쪽에 대고 할 말이 아닌가. 한국을 끝까지 통치하지 못하게 돼 유감이라는 말인가.

최근엔 일본 사학계에도 그의 전범행위를 밝혀내는 역사 재평가 작업이 일고 있다. 그는 연대(聯隊) 차원의 전략까지 알고 있었으며 1945년 2월엔 전쟁을 즉각 종결하자는 원로들의 상소조차 '전과(戰果)를 더 올리기 전에는 전쟁을 끝낼 수 없다'며 기각, 종내는 원폭투하를 초래했다는 것이다. 그의 무모한 전쟁에의 집착과 항복지연은 한반도의 분단에까지 중대한 영향을 미쳤다. 결국 우리는 통한의 동족상잔의 한국전쟁까지 치러야 했는데도 일본은 사과는커녕 전쟁 휴전조차 달가워하지 않았다. 그 당시 휴전으로 그들의 특수가 끝나는 것을 그토록 아쉬워했다는 내용의 외교문서가 얼마 전 공개됐다.

신대동아권(新大東亞圈) 맹주 꿈

수천 년 동안 이웃으로 지내 오면서 수시로 해안에 출몰, 약탈과 살상을 자행하다 임진왜란 때는 조선 사람을 3백만 명이나 죽이고도 그것조차 모자라 산 사람의 귀까지 잘라간 저들이다. 왜왕이 유관순 열사의 묘전에 엎드려 목숨 바쳐 사죄해도 이 민족의 한이 풀리지 않을 텐데 미안하다는 말 한 마디 없이 '경제협력하고 있으니 저자세일 필요가 없다'는 식의 방자한 태도다. 그러고 보면 일본은 상술로 돈만 벌었지 정신적으로는 아직도 미숙한 박약아 수준에 머물러 있다.

이런 상황에서 노태우 대통령이 일본에 꼭 가야 하는 것일까. 일왕의 내키지 않는 억지변명을 들을 것이라면 안 가는 것만 못하다. 정부의 체면만 손상되지 않을까. 신 국제질서 참여나 산업구조개편 협력을 위해 꼭 가야한다면 사과문제는 거론조차 않는 것이 낫겠다. 그 중대한 역사적 과업은 후일 자격을 갖춘 세대가 맡아 해결할 것이니까.

일왕을 초청할 이유도 없다. 아키히토의 속셈은 한국을 방문해 중국 방문을 위한 발판을 마련하자는 것이 아닌가. 정부는 일본이 '신 대동아공영권'의 맹주로 올라서는 데 한국의 도움이 절대 필요하다는 것을 간과해서는 안 된다. 지금 일본에서는 재군비를 요청하는 보수 세력의 목소리가 드높다. 힘이 생기면 또 무슨 일을 저지를지 모르는 민족이다.

'신이 호랑이를 만든 것은 비록 살생만 하고 표독스러우나 가죽이라도 쓰려는 것이고 뱀은 간악하나 약재로 인간에 이롭도록 했다. 그런데 대체 저놈의 표독하고 간악한 왜인은 무엇에 쓰려고 만들었나?' 풍파를 만나 유구열도(琉球列島) 등지를 헤맨 영조 때의 장한철(張漢喆)이 《표류록》(漂流錄)에 적어 놓은 글이다.

항상 강자에겐 비굴하고 약자에겐 오만한 저들이다. 그들의 말대로 우리가 힘이 없어서 먹힌 것이니 우리는 힘을 기르는 일로 대항해야 한다. 그러나 그 힘은 이웃나라를 사랑하는 인류애 정신에 바탕을 둔 것이어야 한다. 이웃을 위하는 것은 하늘의 도다.

《동아일보》 1990. 5. 23.

한국과 샌프란시스코 인연

친일파인 미국인 D. W. 스티븐스가 저격당한 경위는 약간 복잡하다. 그는 1908년 3월 샌프란시스코의 페어몬트 호텔에서 기자회견을 자청, "조선황실과 정부가 부패했고 인민은 우매하여 독립할 자격이 없으니 일본의 통치에 맡기는 것이 좋다"고 발표했다. 이 지역에 머물던 장인환(張仁煥) 의사(義士) 등이 호텔 로비에서 스티븐스에게 망언을 사과하라며 철야 농성했으나 끝내 거절당했다. 울분을 참지 못한 장 의사는 이튿날 워싱턴으로 떠나는 스티븐스를 오클랜드역에서 권총으로 저격했다.

그러나 사실은 장 의사보다 전명운(田明雲) 의사가 먼저 스티븐스를 저격했다. 두 의사는 서로 공모한 것이 아니고 각기 따로 의거를 시도했다. 전 의사가 스티븐스에게 권총을 쏘았으나 불행히도 불발됐다. 참다못한 전 의사가 스티븐스에게 육탄돌격했다. 둘이 엉겨 뒹굴고 있을 때 장 의사가 나타나 권총을 쏘았다. 아쉽게도 첫발은 전 의사에게 맞았다. 다시 스티븐스에게 두 발을 더 쏘았다. 둘은 한 병원에 입원했는데 스티븐스는 절명하고 전 의사는 회복됐다. 장 의사는 15년형을 선고받았으며 오클랜드의 총성이 서곡이 되어 이듬해 안중근 의사가 하얼빈에서 이토 히로부미를 저격한다.

개화파의 거두로 미국에 망명한 서재필 박사가 독립 의지를 다듬은 곳도 이곳이며 겨레의 사표(師表) 안창호 선생이 무실역행(務實力行)을 외친 곳도 이곳이다. 이 도시에서는 또 세계사에 크게 기록된 중요회의가 잇달아 열렸다. 1945년 연합국 50개국 대표가 모여 샌프란시스코 회의를 열고 유엔헌장을 채택했다. 1951년에는 6·25 동란을 계기로 미국 등 연합국 49개국 대표가 일본과 강화조약을 맺었다. 이 조약으로 일본이 자유진영에 편입된다.

이 역사적인 장소에서 노태우-고르바초프 회담이 열렸다. 이미 알려진 대로 샌프란시스코 시는 3일을 '노태우의 날'로 선포했다. 세계평화에 기여하고 있는 노 대통령의 이 도시 방문을 환영하기 위한 것이라 한다. 이번 정상회담이 소련의 최고지도자 고르바초프를 만났다는 기록으로만 남아서는 안 된다. 한·소 양국에 새로운 역사를 열어 한반도 통일의 길을 닦을 뿐 아니라 진정한 인류평화에 큰 기여가 있기를 기대해 본다.

《동아일보》 1990. 6. 5

광복 … 역사의 패배와 승리

광복 45년, 8·15는 오늘의 상황에서 우리에게 무엇인가. 일제 통치로부터 해방된 조국 광복의 날인가. 식민 시대에서 분단 시대로 옮겨가는 전기(轉機)에 불과했는가. 일제 식민지에서 미제(美帝) 식민지로 자리바꿈한 정도인가. 오직 미·소 연합군의 대일전 승리만으로 얻어진 것인가. 국내 항일운동, 만주 등지의 무장투쟁, 상해임정은 어떤 영향을 미쳤는가. 강자에 약하고 약자에 강한 비열한 민족성으로 항일 독립전쟁 한번 제대로 못해 보고 얻은 해방이어서 광복을 주도할 정통성이 없었고 군정,

분단, 6・25, 군사통치, 미증유의 45년 1인 독재 왕조의 정체・파괴(破壞)・패배의 역사만 기술해 왔는가. 올림픽 4위에 성장의 저력을 과시했는가. 이상적 통일국가를 건설할 수 있을 것인가. 이런 면에서 8・15는 45년이 지난 지금에도 이미 종료된 역사가 아니라 새롭게 과제를 안겨 주는 미완성의 역사다.

일제는 우리 역사를 타율성(他律性), 정체성(停滯性)으로 정의했다. 주체성 없는 사대주의에 줄곧 외세 침략에 시달리면서 타민족에 의해 좌우되어 온 타율의 역사이며, 또 2천여 년 동안 발전 없이 머물러 있는 정체(停滯)의 역사라는 것이다. 물론 국내 사가들은 역사의 단절(斷絶)과 암울했던 시대가 없지 않았지만 내재적 힘에 의해 스스로 향상해 온 자율과 발전의 역사라고 역설한다.

역사는 단절돼서는 안 된다. 단절이 많고 정체가 심하고 파괴가 계속될수록 그것은 패배의 역사다. 면면히 이어지고 발전하고 건설되는 자율의 역사가 승리의 역사다. 임진・정유의 처절한 왜란을 겪은 지 불과 몇 십 년도 안 되어 다시 병자호란의 치욕을 당하고 4색 당파의 늪에서 허우적댄 것은 분명 단절, 타율의 역사다. 해방 후 남쪽의 군사독재, 북쪽의 김일성 왕조는 정체, 파괴의 역사다.

영국의 경우를 보면 중세의 의회제도・사법제도・대학제도가 7~8백 년 동안 그대로 이어져 오고 마그나카르타, 권리청원, 권리장전 등 많은 법률이 수백 년 지났는데도 그대로다. 짧은 역사지만 미국도 비슷하다. 국민의 불만이 적고 위정자가 정직하면 역사는 단절되지 않는다.

단절과 정체와 파괴

우리는 8・15로 독립과 자유를 찾았으나 그것은 분단된 독립, 속박된 자유였다. 북한 공산주의의 위협에 시달리다 보니 외세가 우방으로 둔

갑, 심지어 식민통치의 일본까지도 가까운 우방이 됐다. 함께 광복을 맞았던 동족과 싸우기 위해 그렇게 돼 버렸다. 그러다가 '용트림' 한번 하려다 보니 '절대지원국' 미국조차 우리의 정치·군사적 약점을 이용, 심각한 경제적 양보를 강요하고 일본은 우리 경제를 구조적으로 예속시켜 놓았다. 일본이 다시 우리의 독립과 자유를 위협하는 세력으로 등장하지 않았는가.

우리의 독립과 자유, 발전과 평화를 저해하는 것이 외세만은 아니다. 내부에 더욱 심각하게 버티고 있다. 민주의 탈을 쓴 당리사략, 파행국회, 기만과 술수의 야권통합 쇼, 내각제·지자제를 둘러싼 모사(謀事) 장난 등 정치적 위기 위에 계층 간, 지역 간 격차만 벌려 놓은 분배정의의 실종으로 인한 경제 위기가 덮쳐 있다. 지난 세월 전쟁·독재·빈곤 속에 허덕이고, 이제 다시 좌절갈등·적대 속에 파묻혔다.

요즘 입만 열면 터져 나오는 통일문제도 그렇다. 울분이나 감상의 차원이 아닌 민족의 생존, 발전이란 대전제 아래 두 체제 안 국민들의 의사의 결집으로 추진해야 한다. 지금 양측 모두 대국민 선전용, 독재 체제 유지용으로 악용하고 있으니 대화나 교류가 무산될 것은 뻔한 일이다. 남과 북은 무엇보다 먼저 자기네 편이 이겨야 한다는 냉전논리에서 벗어나야 한다. 승과 패를 초월, 통합이 공동이익이라는 한 운명체의식을 가져야 한다. 남한이 아무리 경제성장을 이룩했어도, 북한이 아무리 사회주의 국가를 건설했다 해도 서로 오만하게 유일 정통성만 내세워서는 통일의 역사를 창조할 수 없다.

그 중에서도 개방하면 곧 체제가 무너져 누가 들어오든 손해라는 김일성의 위기감이 문제다. 통일보다 살아남는 것이 더 다급한 그가 본질적 개방·개혁을 시도하겠는가. 이 단계에서의 할 일은 주변 화해분위기 조성, 남북 군축협상 진전, 남한의 경제발전이다. 이런 것이 이뤄져야 해방 반세기를 앞두고 1민족 1.5체제로의 가능성이라도 기대할 수 있을 것이다.

경제발전은 정치안정이 선행돼야 한다. 여야 정치인들끼리도 대화를 안 하면서 무슨 남북대화를 기대하겠는가. 국내외 동향이 예측불허의 긴박한 상황인데도 정치부재가 벌써 1개월 넘어 계속되고 있다. 경제침체는 물론 민생문제도 나 몰라라 하는 태도다. 역사는 지나간 정치요, 정치는 현재의 역사다. 제 본분은 잊고 책임을 떠넘기는 졸자(拙者) 들에게 어떻게 정치를 맡기며 역사의 진전을 기대하겠는가. 무능·회피·부패·변절·권모·사술(詐術)·위해(危害)의 정치를 방관할 수 없고, 부도덕한 독재 아류와 기회주의자들이 더 이상 패배의 역사로 더럽히도록 허용할 수 없다.

영속(永續)과 발전과 건설

망각의 민족은 과거 기록은 가질 수 있을지언정 역사의식은 가질 수 없다. 과거, 현재, 미래를 단절되지 않은 연속된 시간상에서 파악해 과거 경험을 현재에 반영하고 미래에 투영할 때 역사의식이 배태된다. 발전의 역사, 건설의 역사, 승리의 역사는 언제나 주변에 책임질 줄 알고 이웃과 협력하는 편에 선다. 협력, 협동, 협조가 없는 집단의 역사는 제자리에 맴돌거나 후퇴하거나 치욕의 장에 들어서게 된다. 남북대화도, 정치정상화도, 경제회복도, 민생안정도 상호협조 없이는 이뤄지지 않는다. 최선의 능률 형태는 자유민의 자발적 협조에서 형성된다.

협조에는 첫째, 이해가 필요하다. 남의 견해를 무시하고 우격다짐으로 제압하려 한다면 적대감만 확산된다. 제 생각만 고집하지 말고 상대의 입장을 이해한다면 서로 다른 점에 수긍이 간다. 협조하는 데는 관용도 필요하다. 내 의견이 있으면 남의 의견도 있다. 내게 권리가 있다면 남도 그만한 권리가 있다. 남에게 책임이 있다면 내게도 책임이 있다. 상대의 입장에 서 보는 자세가 중요하다.

양보와 타협 또한 필요하다. 견해가 다를 때 아무도 양보하지 않으면 타협에 이를 수 없다. 양보가 타협을 낳고 이해·관용의 협조가 결실을 맺는다. 예로부터 오늘에 이르기까지 사람은 늘 서로 협조하며 살아왔다. 그 협조 정신의 결과가 인류문화 발전을 가져왔고 인류문명사를 빚어냈다. 우리는 시대의 아들이며 공동체의 일원이다. 불행은 대항 속에 기생하고 행복은 협조 속에서 꽃이 핀다.

《동아일보》 1990. 8. 15.

청산리, 70년 전의 승전고

1920년 10월 21일 백두산의 산자락 청산리(靑山里) 계곡. 김좌진 장군이 인솔하는 북로군정서(政署) 독립군과 홍범도 장군이 이끄는 대한독립군 연합부대 소속 2천 명의 독립군은 10배가 넘는 2만 5천 명의 일본정규군을 맞아 6일 동안 피가 튀고 살이 찢기는 혈전을 벌였다. 삼도구(三道溝)와 이도구(二道溝) 일대의 백운평(白雲坪), 완누구(完樓溝), 천수평(泉水坪), 어랑촌(漁郎村), 천보산(天寶山) 전투 등 10여 차례의 격전에서 일군(日軍)은 무려 1천 1백여 명이 죽고 2천 1백여 명의 부상자를 냈다. 청산리 일대 계곡마다 일군의 시체로 시산혈하(屍山血河)를 이루었다. 이에 비해 독립군 전사자는 130명에 불과했다.

나이 어린 기관총수 중대장 최린걸(崔麟杰)은 대원들이 모두 적탄에 쓰러지자 스스로 자기 몸을 새끼줄로 기관총에 묶어놓고 포위해 들어오는 일군 수백 명을 사살하고 장렬히 산화했다. 10대 소년 김상하(金尙河)는 얼굴에 총탄이 꽂혀 볼이 두 조각이 났는데도 수류탄을 던져 적군을 죽이고 쓰러졌다. 역시 10대의 지용호(池龍浩)는 신혼 사흘 만에 최전방을 자원, 용감히 싸우다 전사했다. 청산리 독립전쟁은 이처럼 소년 병사들이 나라 위해 목숨 바쳐 이룩해놓은 조국광복의 깃발이었다.

일본 제국주의의 군대에 철퇴를 내려 단결된 우리 민족의 혼을 세계만방에 고한 청산리 대첩 70주년을 맞았다. 선열들이 그토록 피를 뿌려 나라를 구해놓았건만 70년이 지난 오늘 우리는 무엇을 하고 있는가. 남과 북이 두 동강난 채 세계 유일의 치욕스런 분단국가로 남아 선열들의 은공에 보답하지 못하고 있다. 지금 추진중인 남북고위급 회담이 부디 결실을 보아 추호라도 보답해야겠다.

청산리 전투에서 대패한 일군은 4만 명이 넘는 재만한인(在滿韓人)을 학살하고 학교, 민가에 방화했다. 그러나 그들은 '불령선인 초토화 계획'인 비무장민간 독립운동 말살에 실패했고 뒤이어 만주와 노령에서의 독립군 활동이 활발하게 전개됐다. 70년 전 당시의 일군은 소위 국제군으로 시베리아에 출병했던 군대였다. 지금 일본은 다시 무장, 자위대를 중동에 파병하려 한다. 이에 대한 우리의 대책 또한 필요하다. 지금 우리끼리 화염병이나 던지고 최루탄이나 쏘아대서 될 일인가. 청산리 대첩의 역사적 의의를 재정립, 모두 새 각오로 통일국가 건설에 이바지해야겠다.

《동아일보》 1990. 10. 19

안중근 의사, 목숨 바쳐 천년 사네

"남자가 6대주에 뜻을 세웠으니 일이 이뤄지지 않으면 죽어도 조국에 돌아가지 않으리"(男兒立志六大洲 事爲不成不死還). 만주 하얼빈 역두(驛頭)에서 한반도를 식민지로 만든 '원흉' 이토 히로부미를 저격사살한 안중근 의사의 옥중 한시(漢詩)의 한 구절. 26일로 안 의사의 의거 81주년을 맞는다. 국권회복에 몸 바쳐 나라 빼앗긴 민족의 통분을 세계만방에 알린 안 의사야말로 우리 민족 최고의 열사요, 위인이며 애국자다.

"나는 개인자격으로 이 일을 행한 것이 아니요, 한국의 군 참모중장의 자격으로 조국의 독립과 동양평화를 위해서 한 것이다." 안 의사가 밝힌 의거 이유다. 안 의사는 여순감옥에서 사형집행을 기다리며 많은 뜻있는 글과 글씨를 남겼고 죽음을 앞두고도 조금도 흔들림이 없었다. 안 의사 처형소식을 들은 그 당시 청국의 실권자 원세개(袁世凱)는 "살아서는 백 살이 안 돼도 죽어서 천 년을 사네"(生無百歲死千秋) 라는 조시(弔詩)를 바쳤다.

하얼빈 역은 지난해부터 역사 개축공사가 시작돼 역 구내 1번 플랫폼에 남아있던 저격장소 표지를 제거하고 있다는 소식이다. 역사적인 의거 자취가 사라져버릴 위기에 놓여있다. 또 하얼빈역 구내나 하얼빈 시내에 세우기 위해 7년 전에 만든 "국가안위 노심초사"(國家安危 勞心焦思)의 조국애를 새긴 안 의사 흉상이 아직도 세워지지 않고 버려져 있다고 한다. 저명한 교포 조각가 김재곤(金再坤) 씨가 심혈을 쏟아 제작한 이 흉상을 세우는 데 중국정부가 일본을 의식해 난색을 표명하기 때문이라는 것.

이제 중국과 영사 기능까지 갖는 무역대표부를 상호설치하기로 했으니 정부는 하얼빈역 구내의 의거자취 보존과 흉상건립 문제를 중국 측과 협의해 어떻게든 성취했으면 한다. 그 길이 선열의 애국의거에 조금이라도 보답하는 일이 아니겠는가. 이런 문제야말로 북한 측과 긴밀히 연락·협조해서 성사시킬 수도 있지 않은가.

안 의사 돌아가신 지 80년. 일본은 다시 '아시아의 맹주'로 등장, 새 국제체제를 "일본·미국·유럽의 3극 체제"라고 정의하면서 페르시아만에 파병까지 하려 한다. 그런데 우리는 지금 무엇을 하고 있는가. 여당이나 야당이나 추태만 부리고 경제는 파탄위기에 놓여 있으며 치안은 어지럽다. 사욕에 눈이 어두운 우리 정치꾼들, 조국 위해 몸 바친 안 의사의 민족애를 만분의 1이라도 닮아 보자.

《동아일보》 1990. 10. 26.

아편 들고 모국방문

1840년 여름 함선 48척과 4천 병력의 영국 함대가 북경에 이르는 천진을 위협하자 청조는 강화(講和)에 나섰다. 그러나 화평(和平) 교섭이 여의치 않자 영군(英軍)은 만 명을 증원, 이듬해 양자강을 통해 남경으로 쳐들어갔다. 군규(軍規)가 말이 아니고 부패할 대로 부패한 청군(淸軍)은 연전연패, 영군의 사상자가 520명인 데 비해 청군의 사상자는 2만 명이나 됐다. 바로 아편전쟁이다. 청국은 영국의 요구를 모두 수락하고 1842년 8월 남경조약을 체결했다.

이 전쟁은 영국인들이 중국차를 좋아하여 차 수입이 날로 늘어나자 중국무역독점권을 갖고 있던 동인도회사가 차 구매자금을 마련하기 위해 인도산 아편을 중국에 팔면서 비롯됐다. 또 아편을 팔아 수입한 은(銀)이 당시 영국을 중심으로 미국·호주·중국·인도를 연결하는 세계 무역의 결제수단으로 큰 비중을 차지하고 있었다. 아편이 쏟아져 들어오자 청국은 정치·경제·사회적으로 심한 타격을 입게 됐고 군대까지 중독환자가 격증해 왕조에 심각한 위협이 되자 영국 상인들에게서 아편을 몰수해 전쟁이 발발했다.

기원전 1500년대에 저술된 이집트의 〈에벨스의 파피루스 문서〉에 나올 정도로 양귀비 즙의 효능은 오래전부터 인정돼왔다. 백색·홍색·자색 등으로 단 하루 동안만 피는 양귀비꽃은 요염하면서 매우 아름답다. 꽃이 고우면 향기가 적은 법인데 이 꽃은 화향(花香)도 대단해 상객(賞客)

들을 매살(魅殺) 시킨다. 유엽(幼葉)은 채소로 먹고 열매는 과자와 요리에 쓰이며 씨 껍데기는 약재로 좋아 꽃과 씨는 물론 잎, 열매, 껍데기까지 버릴 것이 없는 이상적인 화초다. 그러나 열매에서 나오는 유액(乳液)이 엄청난 해독을 끼치는 아편으로 많은 사람들을 파멸시켰다.

최근 중국 교포들이 22억 원 상당의 생아편을 밀반입, 국내에서 팔려다 적발됐다. 유해성분이 들었거나 가짜인 중국산 한약재가 범람해 강력단속하던 중 아편까지 들여왔음이 들통났다. 공산주의에서는 종교는 인민의 아편이지만 중국에서는 아편이 인민의 종교라는 말이 있다. 남미에서는 세계 최초의 마약정상회담이 열릴 정도로 마약문제가 심각하고 미국은 전인구의 10분의 1이 마약상습자라는 통계다. 수십 년 만에 모처럼 고국을 찾은 교포들이 아편을 갖고 왔다니 참으로 가슴 아픈 일이다. 대책이 시급하다.

《동아일보》 1990. 11. 9

남경 대학살

학살은 단순한 살상이나 전투에서 죽이는 것과 다르다. 무방비상태의 비전투요원, 특히 어린애와 여자들을 대량 살해하는 가장 비열한 동물적 잔학행위이다. 인류 역사상 가장 비극적인 대학살은 20세기 들어 특히 많았다. 히틀러의 유태인 말살, 스탈린의 2천만 학살, 폴 포트의 잔인무도한 살상이 대표적인 것들. 그러나 이에 못지않은 만행이 일제에 의해 동남아에서 일어났다. 그 중 가장 참혹했던 것이 남경 대학살. 남경학살은 대상이 이민족이었다는 점에서 일본인의 집단 에고이즘과 이민족 비하의식이 엿보인다.

1937년 12월 중국 대륙을 침공한 일본군은 남경으로 쳐들어갔다. 일군의 화력에 밀린 중국군은 해산했다가 집결해 대항하는 전법으로 나왔다. 일군은 시가를 뒤져 색출, 소탕하는 작전을 폈다. 침략군 총사령관 마쓰이 대장과 헌병사령관을 역임한 남경 경비사령관 나카시마 중장의 지휘로 중국인이 무려 25~30만 명이나 살해됐다. 동경 전범재판에서의 증언을 보면 "대부분 민간인인 포로 1만 5천 명을 양자강 강변으로 끌고 가 기관총으로 난사해 강물이 붉게 물들었다"고 한다.

"거리에서도 닥치는 대로 쏘아죽여 한 도로에서 5백 구까지 시체를 세어보다 그만두었다. 남녀노소 뒤엉켜 있었는데 군복 입은 사람은 한 명도 없었다", "피난민 수용소에 일본군들이 트럭을 타고 와 여자들을 일렬로 세워놓고 강간했다. 12세에서 50세까지의 여자들이었다. 아무 집에나 뛰어 들어가 부인과 딸을 겁탈하기도 했다", "살인경기도 벌어졌다. 많이 살해한 병사에게 상품으로 술 한 병을 주었다. 주로 장교들이 뛰어가면서 닥치는 대로 목을 베면 뒤따르던 사병들이 머리를 세는 방식으로 우승자를 뽑았다. 다나카 중대장이 3백 명을 베어 우승했다".

인민일보가 보도한 남경 전범재판기록을 보면 제 6사단장 다니 도시오 중장은 직접 대로상에서 살인 시범을 보였다고 한다. 남경학살이 얼마나 참혹했었는지 짐작이 간다. 최근엔 이런 내용이 담긴 나카시마 중장의 일기가 발견되어 당시의 잔학상을 뒷받침해주었다. 일본의 정치가이자 작가인 이시하라 신타로 의원이 미국 잡지와의 회견에서 남경학살을 중국인이 지어낸 거짓말이라고 주장했다. 학살만행에 뒤질 것이 없는 악랄하고 뻔뻔한 망언이다. 이러다가는 2만의 무고한 한인 희생자를 낸 관동지진 때의 동경 대학살도 부인할지 모른다. 참으로 '상종'하기 어려운 민족이란 생각이 든다.

《동아일보》 1990. 11. 13

조선 정신대 20만 명의 눈물

"당시 남양군도(南洋群島) 여러 섬에서 한국 여인들은 치마저고리를 입은 채 일본군 보초의 엄한 감시 속에 모포 따위로 칸을 막은 막사에서 무수히 구타당하며 밤낮을 가리지 않고 줄지어 들어서는 일본군 병사들을 상대했다. 때로는 최전방부대를 순회하면서까지 쉴 새 없이 윤간 당했다. 미군이 상륙하자 일본군들은 자신들이 저지른 죄악의 흔적을 없애기 위해 한국인 위안부들을 귀국시켜 주겠다고 속여 트럭에 태운 뒤 기관총으로 쏘아 죽였는가 하면 독충이 우글거리는 정글 속에 내팽개치고 그대로 도망쳤다."

자신이 일본인 정신대 출신이라고 유일하게 밝히고 나선 시로타 스즈코(69) 여사. 현재 일본 지바현 다테야마 시립 갱생보호시설인 기니테 부인촌에서 여생을 보내고 있는 시로타 여사는 최근 일본군에게 무참히 짓밟힌 꽃다운 한국인 동료들의 원혼이라도 위로해야겠다는 뜻에서 그녀의 과거를 밝히고 오랜 악몽을 들춘다면서 이같이 증언했다. 그녀는 귀국선도 못 탄 채 정글 속에 버려진 한국여자들이 그 후 어떻게 됐는지를 생각하면 지금도 잠을 못 이룬다며 이제 나이도 들었으니 과거를 숨기고 사는 한국 여인들도 나서서 일본인의 만행을 이야기해야 한다고 말했다.

1939년 소위 '국민징용령'에 따라 일본은 한국인 강제징용에 나서 45년 패망할 때까지 약 480만 명을 일본 본토와 남양군도로 끌고 가 강제노역시켰으며 상당수가 혹사와 질병으로 사망했다. 이어 '징용제'를 실시, 20여 만 명의 한국 청년들을 전선의 희생물로 삼았다. 그것도 모자라 조선여자정신대라는 것을 만들어 한국여성들을 강제징발해 희생시켰다. 동원된 종군 위안부의 정확한 숫자는 밝혀지지 않고 있으나 지금까지 조사된 바로는 13~40세 사이의 15~20만 명으로 추정된다.

가이후 일본 수상의 방한을 맞아 13개 여성단체로 구성된 정신대 문제 대책협의회〔회장 윤정옥(尹貞玉)〕는 정신대 문제에 대한 일본 정부의 무성의를 규탄, 사과 · 진상규명 · 피해보상 등을 요구하며 시위에 나섰다. 일본 측은 종군위안부는 민간업자가 한 것 같아 정부로선 책임이 없다는 식의 뻔뻔스런 태도다. 배달의 어린 소녀를 끌어가 왜병의 성노예로 삼은 잔학한 범죄는 유구한 우리 민족 최후의 자존심까지 무참히 짓밟아버린 야만적 행위였다. 한일관계의 새 지평을 열기 위해서도 이에 대한 솔직한 사죄가 있어야 한다.

《동아일보》 1991. 1. 10

인류 종지부, 전쟁이 찍다

"인류의 역사는 투쟁과 전쟁의 역사다." 영국의 역사학자 토머스 칼라일은 역사의 본질을 투쟁으로 보았다. 아닌 게 아니라 유사 이래 5백 내지 1천 명 이상의 사상자를 낸 전쟁만도 25만 건이나 된다고 한다. 전쟁규모는 아이러니컬하게도 문명의 발전과 정비례한다. 물론 인구팽창과 잇단 무기개발 탓이겠지만 제 1, 2차 세계대전을 비롯해 거대규모 전쟁이 대부분 20세기에 발발했다. 두 대전을 비롯해 한국전쟁, 월남전쟁, 이란-이라크 전쟁에서만 6천 5백여만 명이 죽고 1억이 넘는 사람이 다쳤다.

제 1차 세계대전은 1914년 7월 오스트리아의 세르비아에서 발발, 영국 · 프랑스 · 러시아 · 미국 등 연합국과 독일 · 오스트리아 등 동맹국이 접전해 4년 만에 독일의 항복으로 끝났다. 854만여 명이 죽고 2천 1백만여 명이 부상. 제 2차 세계대전은 1939년 9월 독일의 폴란드 침공으로 발발해 1941년 독일-소련 간의 개전으로 확산됐다. 유럽과 아시아에서 벌어진 이 대전은 1945년 8월 일본의 항복으로 끝났다. 미 · 영 · 소 등 연합국 49개국, 독일 등 동맹국 8개국이 참전, 모두 2천 7백만 명이 전사하고 민간인 희생자도 2천 5백만 명이나 되었다.

바로 우리의 산하에서 벌어진 6 · 25동란에서는 한국군 및 유엔군의 전사 · 실종 · 포로가 18만여 명, 부상자는 약 30만 명이었다. 민간인은 약 100만 명이 손상을 입었다. 공산군 측의 인명손실은 150~200만 명 정도로 추정된다. 우리가 병력까지 파병했던 월남전의 사망자는 약 120만 명, 부상자는 300~400만 명에 이르렀다. 이란-이라크 전쟁에서도 군인만 40만여 명이 죽고 약 100만 명이 부상했다.

17일 페르시아만에서 드디어 전쟁이 발발했다. 전 세계가 가슴 죄던 전쟁이 결국 터졌다. 어쩔 수 없을 때의 전쟁은 과연 정당한 것일까. 인간은 만물의 영장이라는데 역사상 그토록 숱한 전쟁을 해온 것을 보면 역시 전쟁이란 불가피한 것일까. 그러나 그토록 평화를 부르짖는 인류가 종내 하는 일이 전쟁밖에 없는 것일까. 전쟁은 모든 악의 원천이며 인류를 괴롭히는 최대의 병이다. "인류가 전쟁에 종지부를 찍지 않으면 전쟁이 인류에게 종지부를 찍는다"는 경구를 잊지 말아야 한다.

《동아일보》 1991. 1. 17

비암산 일송정의 부활

하늘에서 받은 본성을 그대로 지켜 땅에서 홀로 겨울이나 여름이나 푸르러 있는 것은 소나무뿐이라고 일찍이 장자가 표현했다. 소나무 중에도 가지가 널따랗게 늘어진 거수(巨樹)를 낙락장송(落落長松)이라 한다. 속리산 입구에 우뚝 서 있는 수령 570년의 정이품송은 우리나라의 대표적

노거송(老巨松)이다. 세조가 지나가면서 "가지에 연(輦)이 걸린다"고 하자 소나무가 스스로 가지를 번쩍 들어 올려 어가를 통과시켜 정이품 관직을 내렸다고 한다.

이 밖에 이름난 소나무로 서울 통의동, 원효로, 재동, 수송동과 보은, 예산 등의 백송(白松) 및 제주, 익산, 서천 등의 흑송(黑松)이 천연기념물로 지정돼 있다. 특히 백송은 본질이 단단하면서 가벼워 불상 재목으로 선호하며 북풍한설에도 독야청청하다 하여 절개를 칭송할 때 백송지절(白松之節)이라고 한다. 그 중 600년이 넘는 최고수(最古樹)가 통의동 백송이었다. 이 노거수(老巨樹)가 작년 7월 폭우로 쓰러져 그동안 주민들과 서울시 등이 온갖 회생처방을 다했으나 끝내 죽고 말았다.

우리 민족의 조산(祖山) 백두산 초입 이도백하(二道白河)란 마을에 전 만주지역에서도 이름난 미인송(美人松), 일명 장백송(長白松) 송림이 수려한 자태로 하늘 높이 40~50m씩 미끈하게 솟아 있다. 속리산 정이품송의 15m보다 3배나 높으며 나무 색깔이 귤빛처럼 찬란하다. 이 마을, 이 소나무 숲에서 우리 독립군들이 조국광복을 위해 일군과 싸우며 무수히 피를 흘렸다. 일군 총탄에 맞은 한 여성 독립군이 흘린 피가 소나무에 배어 그토록 아름답다는 구전이 내려온다.

"일송정 푸른 솔은 홀로 늙어갔어도 한줄기 해란강은 천 년 두고 흐른다." 만주벌 해란강변 〈선구자〉 가곡무대인 비암산의 일송정 소나무가 50년 만에 다시 복원된다고 한다. 용정의 조선 사람들에게 고향이자 수호신처럼 여겨졌던 일송정(一松亭). 조선인 중학생들이 단골 소풍장소였던 이곳에 와 조국의 노래를 맘껏 불렀다는데 이를 싫어한 일인들이 이 나무를 고사시켜버렸다. 일송정을 제대로 복원하려면 웅장 수려한 백두산 미인송이나 금강산 지리산의 기품 있는 거송을 옮겨 심어 연변 조선족 자치주에 우리 민족혼을 고취했으면 싶다.

《동아일보》 1991. 6. 29

러시아 삼색기三色旗

나라의 표식인 국기는 배색을 기준으로 횡 2색기, 횡 3색기, 종 2색기, 종 3색기, 십자기, 성조기처럼 기폭상부에 소구획이 있는 캔튼기, 태극기, 일장기처럼 특정문양이 있는 것 등 일곱 가지로 구분된다. 이 중 삼색기가 가장 많은데 청(靑)·백(白)·적(赤)의 프랑스기는 자유·평등·박애를 상징하는 것으로 유명하다. 1789년 프랑스혁명 때 국민군 총사령관 라파예트가 시민에게 준 모자의 표지 빛깔에서 유래한 것으로 절대왕조에 대항해 일어난 시민혁명을 표상한다.

유럽의 신생 시민국가들이 이 삼색기를 모방해 국기를 제정했고 중근동(中近東)·중남미 제국(諸國)들도 식민본국(植民本國)에 대한 독립투쟁의 상징으로 이 3색을 따다 변형해 국기를 만들었다. 아프리카 국가들은 독립 전 그들을 지배했던 본국 국기의 영향을 받아 삼색기를 갖고 있으며 아시아에서도 인도, 태국 등 3색을 기조로 한 국기들이 많다.

제정 러시아도 프랑스혁명 후 백·청·적의 삼색기를 채택했다. 프랑스, 이탈리아 등이 종(縱) 3색인 데 비해 러시아기는 횡(橫) 3색이다. 제정이 붕괴되면서 1918년 소련은 적기(赤旗)를 국기로 채택했다. 중공의 오성홍기(五星紅旗) 등 뒤이어 등장한 많은 사회주의 국가들이 이 적기를 기조로 도안된 것을 국기로 삼았다. 그러나 유고, 헝가리의 삼색기 등 많은 동구국들은 사회주의국가로 체제가 바뀌었는데도 제국이나 왕조에서 유래한 국기를 갖고 있다. 유래는 유래대로 보존하고 고유의 역사도 간직하고 싶은 것이다. 러시아 공화국 역시 제정 러시아기를 갖고 있다.

지난 19일 모스크바 시민들은 이 삼색기를 흔들면서 시내로 진입하는 보수 강경파 쿠데타군에 맞섰다. 20일엔 러시아공화국 의사당 앞길에서 5만 군중이 수백 미터 길이의 대형 삼색기를 도도히 흐르는 강물처럼 휘날리며 항의시위를 했다. 보리스 옐친 대통령도 탱크 위에서, 또는 의사당 광장의 군중들 앞에서 이 삼색기를 흔들며 쿠데타를 규탄했다. 드디어 23일, 10월 혁명 후 처음으로 크렘린궁의 적기가 내려지고 다시 삼색기가 게양됐다. 지금 자유・민주를 갈망하는 러시아공화국 전역에서 이 삼색기가 펄럭이고 있다.

《동아일보》 1991. 8. 27

위구르 자치구 수난의 역사

중국은 최근 신강(新疆) 위구르 자치구에 제 1급 전시비상령을 내렸다. 인접 소련공화국들의 독립선언이 중국으로 파급될 것을 우려하여 긴급히 취한 조치다. 이 지역은 작년 4월에도 소련, 아르메니아, 아제르바이잔 간 분쟁과 소련, 몽고의 개혁바람에 영향 받아 터키계 이슬람교도 위구르인들이 주축이 되어 독립을 요구하는 폭동을 일으켰다. 북경 당국은 즉각 군대를 투입, 무력진압했다. 당시 6,500명이 체포됐다는 것뿐 사망・부상자는 밝혀지지 않았다.

위구르족은 몽고고원에서 발흥하여 중앙아시아로 옮겨 활약한 투르크계 민족이다. 744년 오랫동안 지배받던 동돌궐(東突厥)을 멸망시키고 몽고 중부 오르콘강 하반(河畔)에 위구르제국을 건설했다. 제 3대 한(汗)의 치세 기간 중 중국에서 일어난 안록산의 난을 진압하는 데 협력한 뒤 당의 내정에까지 간섭했다. 근 백 년간 위세를 떨치다가 키르기스의 침공으로 840년 제국이 붕괴되면서 이 민족은 뿔뿔이 헤어졌다.

남하 세력은 당군(唐軍)에 토벌되고 서쪽으로 간 세력은 서하(西夏)에 흡수됐으며 중심세력은 천산산맥 북쪽 비시발리크에서 위구르 왕국을 건설. 동투르케스탄을 지배했다. 그러나 1209년 칭기즈칸 휘하에 복속했다. 이 민족은 위구르 문자를 가졌으며 마니교, 불교, 그리스도교를 믿기도 했으나 이슬람 세력의 동진(東進)에 따라 점차 이슬람화 했다. 이 민족은 동서의 다양한 문화를 모두 수용, 극히 복합적인 성향을 띤다.

위구르 자치구는 접해 있는 키르기스·카자흐·타지크인들이 많이 살아 소련 내 소수민족과 깊은 연대감을 갖는다. 13세기 칭기즈칸의 침공으로 최대 국난을 겪은 중국은 그로부터 700년이 지난 지금 또다시 개혁일로의 몽고민족 민주주의 물결의 유입이 두려운 판에 내몽고와 위구르자치구에서 독립투쟁이 일까봐 불안해하고 있다. 티베트 자치구의 반한(反漢) 감정 역시 대단하다. 중국의 소수민족은 1억 명 미만이지만 이들이 차지한 지역은 전 국토의 60%가 넘는다. 자치구들의 독립 움직임은 머지않아 정치 민주화와 함께 중국의 앞날을 좌우할 최대과제로 등장할 것이다.

《동아일보》 1991. 8. 30

대만 중국 양안의 풍운

대만은 3세기 중엽에 처음 발견됐고 7세기 초 수(隋)나라가 최초로 정략(政略)했으며 원나라 때인 1360년에 행정기관인 순검사(巡檢司)가 설치됐다. 서구열강들도 이 섬에 관심을 가져 일찍이 네덜란드가 1624년 대남(臺南)에 젤란디아 성을 구축했고 스페인도 산살바도르 성을 구축했는데 네덜란드가 스페인을 몰아냈다. 1661년 명나라의 유신(遺臣) 정성공(鄭成功)이 이 섬을 점령, 항청복명(抗淸復明)의 기치로 다스리다가 1683년 중국을 통일한 청국에 귀속됐다.

대만은 청일전쟁 후인 1895년 시모노세키조약으로 최초의 일본 식민지가 됐다가 2차 세계대전이 끝나면서 다시 중국에 복귀했다. 1949년 국공내전에서 패배한 장개석 총통이 이 섬으로 쫓겨오면서 국민당 지배체제로 오늘에 이르고 있다. 이 섬 선주(先住) 민족은 말레이폴리네시아계. 이들은 산악지대에 살아 고산족으로 불리는데 25만 명 정도다. 한족은 조기이주한 대만인(臺灣省籍者)과 장개석 정권과 함께 온 외성인(外省人)으로 나뉘는데 대만인이 전 인구의 80% 이상을 차지한다.

그러나 집권 국민당원의 70%가 대만출신이고 이등휘(李登輝) 총통은 물론 임양항(林洋港) 사법원장 등도 본성(本省) 출신이다. 제 1야당인 민진당을 주축으로 최근 대만의 유엔 재가입과 독립요구가 일고 있다. 이에 대해 본토의 공산당 정권은 물론 대만의 국민당 정권도 극력 반대한다. 중국의 양상곤 국가주석은 "불장난하는 자들은 불에 타죽고 말 것"이라며 군사개입까지 거론했고 이등휘 총통도 "독립주장세력은 역사의 죄인이 될 것"이라고 경고했다.

13일 민진당 전당대회에서 '대만 주권공화국'을 선언하는 당 강령이 채택됐다. 지금까지 중국, 대만 모두가 한결같이 고수해 온 '하나의 중국'을 전면 부정해버렸다. 이 같은 결정은 최근 발트 3국 독립, 유고연방 해체 움직임과 남북한 유엔 동시가입에 영향 받은 바가 크다. 대만정부는 민진당 해체경고까지 했고 중국정부는 대만인 등 4명을 간첩혐의로 체포했다고 발표했다. 중국은 또 경제교류를 비롯해 모든 교류를 동결하겠다고 위협, 양안(兩岸) 관계가 급속도로 악화되고 있다. 대전환기에 대만의 역사가 어떻게 바뀔 것인지 주목된다.

《동아일보》 1991. 10. 15

앙코르와트

"솔로몬의 신전에나 비교할까. 정글 속에는 그리스나 로마의 그 어떤 유적도 따를 수 없는 놀랍고도 장엄한 사원들이 숨겨져 있었다." 1860년 표본채집을 위해 캄보디아 여행에 나선 프랑스의 박물학자 앙리 무어가 앙코르라 불리는 크메르 문명의 대유적지와 맞부딪치게 됐다. 이렇게 해서 밀림 속에 숨어있던 세계 최대의 불가사의가 400년 만에 다시 빛을 보게 됐다. '평생을 다녀도 앙코르와트를 다 볼 수 없다'는 이 유적은 동서 29㎞, 남북 19㎞에 걸쳐 있는데 아직 제대로 발굴되지도 않았다.

그 중에도 왕도였던 앙코르톰, 단일 사원으로 세계 최대 규모인 앙코르와트, 관음의 미소로 가득 찬 바욘사원은 인류 역사상 다시 못 볼 건축예술의 결정체이다. 그러나 그 후손들은 이 문명의 보고를 피로 물들였다. 석상 곳곳에 탄흔이 얼룩져 있고 여기저기 도굴됐다. 사원 앞 시엠립 '킬링필드'에서만도 4천여 명이 학살됐으며 그 유골이 산더미처럼 쌓여있다. 극좌파 폴 포트의 광기어린 숙청작업으로 전 인구의 4분의 1이 넘는 200만여 명이 처형된 것.

이 땅엔 1~6세기에 걸쳐 부남왕국(扶南王國)이 번성했고 뒤이어 강력한 진랍국(眞臘國)이 인도차이나반도 대국으로 등장, 12세기 말까지 번창했다. 앙코르 유적지는 이때 조영(造營)됐다. 그 후 줄곧 타이족과 베트남족에 시달렸으며 프랑스, 일본의 지배도 받다가 1945년 시아누크가 캄보디아 독립을 선언했다. 1970년 우익 쿠데타가 발생, 친미 론놀정권이 들어섰다가 1975년 크메르루주 중심의 캄푸치아정권이 세워지면서 잔혹한 학살이 자행됐다.

1978년 소련을 등에 업은 베트남이 침공, 헹삼린의 캄푸치아 인민공화국이 들어섰으나 이를 타도하려는 시아누크파, 키우삼판파, 손산파 등과의 게릴라전이 그칠 날이 없었다. 20년 이상 끌어온 이 비극에 종지부가 찍힐 역사적인 캄보디아 평화조약이 4개 정파와 18개국 대표가 참석한 가운데 23일 조인됐다. 이 조약으로 캄보디아 내전종식과 동남아의 새로운 평화구조가 기대된다. 물소와 쟁기로 짓는 벼농사를 주업으로 하는 천성이 고운 크메르민족에 평화가 깃들기를 기원한다.

《동아일보》 1991. 10. 23

거북선 신화

28일로 충무공 이순신 장군 탄신 447주년을 맞는다. 올해는 특히 임진왜란 발발 400주년을 맞는 해여서 당시 누란의 위기에서 국난을 극복한 장군의 진면목을 새삼 되새기게 한다. 장군은 구름처럼 밀려오는 왜적을 맞아 한산대첩, 명량대첩, 노량대첩 등 크고 작은 15개 해전에서 전승을 기록했다. 장군이 대승을 거둔 데에는 애국애족정신과 구국일념의 투혼, 출중한 전략·지략·포술(砲術)에 힘입은 바 크지만 장군이 건조한 무적 전함 거북선의 역할 또한 대단했다.

우리는 400년이 지난 지금까지도 거북선의 정확한 제원은 말할 것도 없고 척수조차 불분명하며 어느 해역에서 어떻게 활약했는지 상세히 알지 못한다. 장군의 발자취를 추적해 온 고 이은상 선생은 3~5척, 국방부 전사편찬위원회 측은 5~6척으로 추정한다. 조선 배 연구에 평생을 바친 김재근(金在瑾) 서울대 명예교수는 최근 《거북선》을 발간, 현재 우리가 알고 있는 것보다 거북선 길이가 6m가량 짧았다고 추정한다. 또 철갑선이 아니라 둥그런 개판(蓋板)을 씌우고 왜구의 접근을 막기 위해 그 위에 송곳 등을 꽂아놓은 장갑선(裝甲船)이었다는 것.

거북선은 요시라(要時羅)의 간계로 장군이 백의종군에 고행을 겪는 동안 후임자인 원균(元均)이 칠천량(漆川梁) 해전에서 대패할 때 침몰됐을 것으로 추정된다. 이 해전에서 조선 수군의 150여 전선(戰船)이 수장됐다. 칠천량 해전은 임란 7년 동안 조선 수군의 처음이자 마지막인 단 한 번의 패전이었다. 요즘 정부 차원에서 충무공 해전 유물발굴단을 구성, 세계 해전사상 유례를 찾아볼 수 없는 대전과를 기록한 거북선 실체 밝히기 탐사를 벌이고 있다. 대상 해역은 칠천량을 비롯, 12개 해역.

박정희 대통령의 지시로 지난 1970년대에도 발굴에 나섰으나 기술·장비 부족으로 총통 몇 점을 발굴하는데 그쳤다. 이번 탐사에는 음파탐지기, 자력탐지기 등 최첨단 장비가 동원됐다. 조사해역의 30% 탐사를 이미 완료, 옛 선체 잔해 및 무기류 등을 인양해 현재 분석중이라 한다. 거북선 신화(神話)의 베일이 벗겨진다면 임란사 발굴에 큰 수확이 아닐 수 없다.

《동아일보》 1992. 4. 28

외국교과서에 잘못 쓰인 한국

지난 1982년 일본 교과서에서 한국관계 기술(記述)이 왜곡돼 큰 물의를 빚은 후 10년이 지났는데도 일본의 중고교 사회·역사 교과서의 잘못 기술된 한국관련 핵심부문이 고쳐지지 않고 있다. 중국 교과서도 마찬가지다. 중국은 친북한적 성향 때문에 형평을 잃은 기술이 많아 이를 고치는 일이 국교정상화 이후의 시급한 과제가 되고 있다. 6·25전쟁을 미국의 침략전쟁으로, 1930년대 독립운동 차원의 항일 무장투쟁을 김일성 개인의 영웅담으로, 3·1운동은 러시아 10월 혁명의 영향으로 일어났다고 기술하고 있다.

독립국가연합의 교과서에도 특히 우리의 근현대사가 왜곡 기술돼 있다. 한국전쟁이 '남한의 북침', '조선해방전쟁' 등으로 공산주의 이데올로기에 편향된 시각으로 기술돼 있다. 구한말도 청(淸)이 조선 영토를 지배했다고 기술했고 동학농민운동, 항일 의병활동을 계급투쟁, 반제국주의 투쟁으로 표현해 놓았다. 폴란드, 불가리아, 루마니아 등 동구권의 교과서도 마찬가지다.

중국이나 동구권은 이데올로기의 편향된 시각이 아직 시정되지 않아 그렇다 치더라도 유럽 미주국가는 물론 동남아 국가들의 잘못된 교과서는 어떻게 보아야 할까. 스페인의 경우 '남한의 수도는 평양', '한국은 베트남과 함께 중국형 경제모델을 따르고 있다', '중국어와 일본어도 함께 쓰인다' 등으로 되어 있다. 싱가포르 등 동남아 국가들의 교과서에도 과거 한국의 왕을 중국이 임명했고 중국이나 일본의 속국이었다는 등 잘못 표현돼 있다. 중국이나 일본의 역사서술을 그대로 따른 오류다.

한미 양국민의 상호이해증진을 위한 교과서 학술회의가 2일 서울에서 열렸는데 미국의 교과서 역시 잘못된 부분이 많았다. 최근 들어 경제발전상을 긍정적으로 평가하는 등 개선된 점도 없지 않지만 역사기술에 있어 '고구려의 태조는 왕건', '한일합방 때 한국은 전혀 반항하지 않았다' 등 잘못된 기술이 많다. 미국이 이 정도이니 다른 나라들은 오죽하겠는가. 잘못된 부분을 바로 잡기 위해 우리의 상황을 바로 알릴 수 있는 자료를 각국의 교과서 편찬 관계자에게 보내고 외교경로를 통해 교과서 시정작업을 적극적으로 펴나가야겠다.

《동아일보》 1992. 9. 3

조상 잊는 것은 원류 없는 시냇물

이준(李儁) 열사는 헤이그 만국평화회의에서 을사보호조약의 부당함을 세계만방에 호소하고 순국한 열사로 널리 알려져 있지만, 그에 앞서 국내에서 혈기 방장한 개혁검사(改革檢事)로 활약했다. 검사 시절 그 자신이 쓴 이력서를 보면 '평리원 검사 이준 본관 완산 기미 십이월십팔일생 현주 한성북서 안현'(平理院 檢事 李儁 本貫 完山 己未 十二月十八日生 現住 漢城北署 安峴)이라고 되어 있다.

그러나 1909년 일본 통감부(統監府)에 의해 강행된 민적령(民籍令)이 내려진 이후부터는 이력서의 서식이 크게 달라졌다. 매국오적(賣國五賊) 박제순(朴齊純)의 이력서를 보면 '훈작학립 종일품 씨명 박제순 본관 본적 경성 현주소 경성북부 진장방 화개동 삼십일통일호 구씨명 출생지 용인군 상동촌 생년월일'(勳爵學立 從一品 氏名 朴齊純 本貫 本籍 京城 現住所 京城北部 鎭長坊 花開洞 三十一統一號 舊氏名 出生地 龍仁郡 上東村 生年月日) 등으로 되어 있다. 종전의 서식에 없었던 본적이 끼어들었다. 일제의 민적령에 따라 생긴 본적은 주민의 이동을 구속하고 신원을 묶어 두는 데 아주 요긴한 수단이었으며 탄압의 한 방편이었다.

고려 시대나 조선조의 호적에도 본적 같은 것은 없다. 호구단자(戶口單子)라는 것이 있었는데 호주의 성명, 주소, 직업, 본관, 나이, 부(父), 조부(祖父), 증조부(曾祖父) 등의 신분, 동거노비(同居奴婢) 등이 적혀 있다. 이 밖에도 집이 기와집인지 초가집인지 등 상당히 세밀한 내용까지 기재되어 있지만 본적은 없었다. 노비가 아니고서는 주거이동이 자유스러웠으며 본적 같은 것에 얽매이지 않았다. 서양사회에서도 현주소를 중요하게 여겼지 본적 같은 것은 있지도 않다.

우리가 다른 나라나 다른 민족과 다른 것은 본관을 중요시하는 점이다.

전 세계적으로 우리만큼 본관이나 파(派) 또는 항렬을 중요시한 민족은 없다. 특히 항렬은 전 세계를 통틀어 우리만이 지닌 독특한 작명법이며 철저한 위계질서의 구현이라고 할 수 있다. 종횡으로 혈통관계가 확연히 드러나는 작명 방법이다. 그것은 우리 민족이 무엇보다 혈통을 중요시했기 때문이다.

어렸을 적 할아버지의 무릎 위에서 족보 책을 뒤적이며 일가친척의 분포를 살피고 본관, 파, 조상들의 행적, 항렬 등을 배운 사람치고 사회에 해악을 끼친 사람은 드물 것이다. 우리들은 족보를 통해 수직 종횡으로 끊을 수 없는 연대를 형성하고 있으며 혼자가 아니라 항상 주변에 누구와 함께 있다는 공동체 의식을 갖게 되기 때문이다. 나쁜 짓을 하면 곧 자신과 연관이 있는 사람에게 피해가 간다는 것을 일찍이 깨달아 친척과 이웃을 사랑하고 도왔다. 또 살아가다 보면 모르는 일가친척을 만나더라도 반가움을 느끼고 항렬까지 물어 알게 되면 금세 공존 의식이 생겨 서로 친근해지게 된다.

족보는 양반과 상놈을 가르는 기준으로 봉건사회의 병폐라고 비판하는 사람도 없지 않다. 그런 점도 있을지 모른다. 그러나 인간사회에서 유대, 연대는 본질적인 것이며 자기 자신의 근본을 아는 것은 세상 이치를 아는 출발점이다. 사람은 자신의 근본을 알게 되면서 사회공동체 의식을 깨우치게 된다. 본관이나 족보 자체를 맹목적으로 존중하자는 것은 아니다. 족보가 아니더라도 자신의 근본은 알고 살아가자는 것이다. 어떻게 태어났는지를 인식하고 지내자는 것이다. 조상을 잊는 것은 원류(源流)가 없는 시냇물이나 다름없고 뿌리가 없는 나무, 죽은 나무와 같다.

잘 태어난다는 것은 진실로 바람직한 일이지만 그 영광은 어디까지나 우리들 선조에게 돌려야 한다. 선조가 아니었다면 우리 자신이 존재하지 않을 것이다. 하늘은 사람의 시초이며 부모는 사람의 근본이라고 한다. 사람이 궁하면 그 근본으로 돌아가게 된다. 그래서 힘들고 괴롭고 어려우면 하늘을 부르지 않는 자가 없고 병고에 시달리면 부모를 부르지 않는 자가 없다. 따져보면 하늘은 인류의 먼 조상이나 다름없는 것이다. '만물득구본자생'(萬物得具本者生), 만물은 모두 근본이 있음으로써 생겨난 것이다. 그 근본이 인간에겐 바로 부모요 조상이다. 인간이 근본을 모르면 인륜도 사랑도 메마르게 된다. 선조를 돌보지 않는 사람들은 자손에 대해서도 생각하지 않는다.

《일원》(一源) 창간호. 1993.

왜곡된 교과서 현대사

지난번 대선 때 그 번잡한 와중에도 중앙선관위는 한국선거연구회에 의뢰, 각급학교의 사회, 정치, 경제 등 교과서를 분석해 보았다. 분석 결과는 선거관련부분이 원칙적인 제도만 반복해서 언급돼 있을 뿐 내용은 아주 미약했다. 초등학교는 물론 중3 교과서에도 투표자가 갖춰야 할 기본적인 자세조차 다뤄져있지 않고 공명선거에 대해서도 실천사항이 극히 미흡했다. 고교 교과서도 국민의 정치과정 참여나 의사결정의 중요성 등이 빠져 있었다.

이 밖에도 현행교과서 내용에 대한 비판의 소리가 높다. 초등학교 교과서의 동화내용이 교육성만 지나치게 강조해 문학교육의 효과를 거두지 못하고 있다는 것. 또 경제교육이 시급한 현실에서 고교 교과서조차 시대에 맞지 않는 이론중심으로 돼 있어 실생활에 도움을 주지 못하고 있다는 것이다. 95학년도부터 사용될 중고교 교과서 개정작업이 올해 초부터 본격 착수됐다. 교육부는 교과서 컬러화 계획을 마련, 생물 · 수학 교과서부터 색목을 넣고 활자를 다양화하는 등 꾸밈새를 바꾼다.

교과서 컬러화도 물론 좋지만 이에 앞서 고쳐야할 것이 있다. 무엇보다 왜곡된 현대사를 바로잡아야한다. 현행 고교 국사책에는 5·16을 혼란이 극심한 상태에서 사회질서를 바로 잡기위해 필연적으로 일어난 혁명으로 정당화해 놓았다. 대신 4·19 이후의 민주화 흐름은 혼란상태로 규정돼 있다. 전두환(全斗煥) 씨 등이 권력을 잡기 위해 1979년에 일으킨 12·12 사태도 박 대통령 시해사건 이후의 국가적 위기를 수습하는 과정으로 미화돼 있다. 30여 년의 '군사통치'로 인해 현대사의 큰 사건들이 이처럼 제대로 기술돼 있지 않다.

이제 문민정부가 들어서는 만큼 이 같은 사건들도 문민시각에서 바로 잡혀야 한다. 이 사건들에 대해 아직은 엄정한 역사적 평가가 내려지지 않은 이상 멋대로 또는 감정적으로 규정해서는 안 된다. 그러나 많은 학자들이나 국민들이 5·16은 군사 쿠데타로 알고 있고 12·12사태도 정치 군인들이 무력을 동원해 권력을 장악한 사건으로 인식하고 있다. 교과서의 역사기술은 악의적인 것도 금물이지만 왜곡·미화는 더욱 나쁘다. 조속히 시정돼야 한다.

《동아일보》 1993. 1. 14

왕건릉王建陵의 삼우도三友圖

명대(明代)의 출중한 문인 진계유(陳繼儒)는 일찍이 벼슬길을 외면하고 유자(儒者)의 의관을 태워버린 후 곤산(崑山) 속에 은거했다. 82세로 별세할 때까지 풍류·시화·자유로운 문필생활 속에서 보냈다. 우리가 잘 알고 있는 사군자는 바로 문인화의 대가 진계유가 매란국죽(梅蘭菊竹)을 사군자로 부른 데서 유래했다. 이 사군자는 그 이전에 동양화의 화두인

솔, 대, 매화 등 '세한삼우'(歲寒三友)에서 소나무 대신 국화와 난초를 끼워 넣은 것.

사군자에 앞서 많이 다뤄졌던 송죽매는 삼우(三友)라 하여 이것들을 한 장면에 그린 것을 삼우도(三友圖)라 한다. 송죽은 엄동추위에도 견디고 매화는 다른 것에 앞서 추위 속에서 꽃을 피우는 데서 고결한 절조를 높이 여겨 문인화의 주제가 됐다. 묵송(墨松), 묵죽(墨竹)은 당대(唐代) 중기부터 시작해 북송의 소동파 등에 의해 그 형식이 정립됐고 묵매(墨梅)는 남송대에 발전해 원대(元代)에 그 형식이 확립됐다.

우리는 고려 때부터 사군자가 성행하기 시작, 조선에 계승된 것으로 알고 있는데 그에 앞선 삼우도가 고려 태조 왕건릉에서 발견돼 주목을 끌고 있다. 최근 북한이 개성에서 발굴했다고 발표한 이 능에 그려진 벽화가 세한삼우인 솔·대·매화가 정교하게 그려진 한국 최고(最古)의 문인화로 등장했다. 나뭇가지는 묵선으로 처리됐으나 나무줄기, 매화꽃, 백호, 청룡 등은 밤색, 붉은색 등으로 채색돼있다는 것.

우리의 고분벽화는 세계에 자랑할 만한 수준이다. 특히 고구려 때에 많이 발전하여 무용총(舞踊塚) 벽화, 안악고분의 사신도(四神圖), 각저총(角抵塚)의 씨름도, 덕흥리 고분벽화 등은 유명하다. 고구려 벽화는 주로 사신도, 고려 때 것은 십이지신상이 많은데 왕건릉에서 문인화가 발견돼 일부 학계에서는 우리 미술사를 다시 써야할 정도라고 흥분한다. 현존하는 가장 오래된 문인화는 려말(麗末) 해애(海崖)가 그린 세한삼우도이고 중기에도 송죽매를 그렸다는 기록이 있으나 전기의 그림이 발견된 것은 이번이 처음이라는 것. 현재는 사진자료뿐인데 남북한 학자들이 공동탐사해 정확한 고증이 이루어졌으면 싶다.

《동아일보》 1993. 3. 22

항일 · 반독재의 장준하張俊河 일생

"장준하의 사람됨을 보면 구약의 야곱 같은 데가 있고 참사람이 되는 데 없어서는 안 될 무외(無畏)의 덕을 풍부히 지니고 있는 데다 겁이 없고 무서운 것이 없다." 함석헌의 장준하 인물평이다. 그는 과연 무서운 것이 없는 사람이었다. 박정희 대통령의 권세가 충천할 즈음인 1966년 9월 대구 수성천변의 민중당 주최 재벌 밀수 규탄대회 강연에서 그는 "박정희란 사람은 우리나라 밀수 왕초다"고 공언했다.

그는 이어 존슨 미 대통령 방한에 대해 "박정희가 잘났다고 보러오는 것이 아니라 한국청년의 피가 더 필요해 온 것"이라고 일갈했다가 구속됐다. 그는 또 1967년 대통령선거기간 중 신민당 유세 찬조연설에 나서서 "우리 청년을 월남에 팔아먹은 박정희 씨는 과거 공산주의 조직책으로 임명되어 조직활동을 한 사람"이라고 발언했다가 또 다시 구속됐다. 광복군 출신인 장준하 씨는 평소 독립군을 토벌하는 일본군 출신(박정희 씨는 일본육사 졸업)이 대통령이 된 것은 민족적 수치라고 주장했다.

동아일보 광고탄압 때도 의연히 광고를 냈다. 이 광고에서 박 대통령은 긴급조치로 구속된 민주인사 석방 · 학원, 종교계 등 사찰정보정치 중지 · 동아일보에 대한 음흉한 자유언론 탄압정책을 철회하라고 요구했다. 장 씨가 유신정권시절인 1975년 8월 의문의 죽음을 당한지 18년 만에 그가 타살됐다는 주장이 곳곳에서 일고 있다. 민주당의 진상조사위는 공식적으로 타살이라고 주장했다.

제기된 의문점을 보면 시신 검안결과 가파른 암벽에서 떨어졌다면 많이 다쳤을 텐데 외상이나 골절상이 없고 당시의 검시의 조철구 씨에 따르면 오른쪽 귀 뒤에 5㎝가량의 함몰상이 있어 흉기로 찍힌 흔적이 있다는 것. 또 어깨 안쪽에 피멍이 들어 억지로 끌려간 듯한 흔적이 있고 유일한 목격자 김모 씨의 정체가 불분명하다는 것이다. 잡지 〈사상계〉 발행인 등으로 평생 항일 반독재투쟁으로 일관한 장준하 씨, 그의 죽음의 진상은 끝까지 밝혀져야 한다.

《동아일보》 1993. 4.

경국대전

경국대전(經國大典)은 조선왕조 500여 년의 뼈대를 이루는 법전이다. 고려 말부터 조선조 성종 때까지 약 100년간 반포된 갖가지 법령 교지 조례 및 관례 등을 총망라한 대법전으로 이로써 근대국가로서의 조선왕조의 골격이 형성된 셈이다. 태조 7년(1389년) 조준(趙浚) 등에 의해 경제육전이 편찬되고 태종 7년에 속육전(續六典), 세종 때 속전이 나와 이때까지는 경제육전을 국가통치의 골격으로 삼았다. 경국대전 편찬이 착수된 것은 세조가 육전상정소(六典詳定所)를 설치하면서부터였다.

세조 때 차례로 편찬된 호(戶)·형(刑)·리(吏)·예(禮)·병(兵)·공전(工典)이 최초의 통합법전인 병술대전(丙戌大典)이다. 이 대전에 잘못된 것, 빠진 것 등을 교정하여 1469년 9월(예종 1년) 전육전(全六典) 편찬이 완료됐으니 이것이 바로 경국대전이다. 이 중 이전(吏典)은 관리의 직분과 임면(任免)·관아의 편성, 호전(戶典)은 전제(田制)·세제·호적 등 경제에 관한 것, 예전(禮典)은 과거 관혼상제와 외교, 병전(兵典)은 무관직분·병제·역제(驛制), 형전(刑典)은 형옥(刑獄)·공사노비, 공전(工典)은 토목·건축·도량형 등을 규정했다.

조종지법(祖宗之法)이라 불리는 경국대전은 조선시대 제도사 등을 연구하는 데 기본사료다. 1961년 대한변호사협회에서 이 경국대전이 반포된 날인 9월 27일을 '법의 날'로 제정할 것을 건의했다. 그러나 국회 법무부와 당시 막강했던 미 8군 법무감실이 논의하는 과정에서 미국의 법의 날인 5월 1일로 결정됐다고 한다. 미국은 1958년 공산세계의 메이데이에 대항해 이날을 '법의 날'로 제정했다.

그동안 국내에서 메이데이와 근로자의 날(3월 10일)을 하나로 합치자는 통합론이 꾸준히 제기됐다. 노동부에서도 이들 행사를 별도로 기념하는 것을 더 이상 방치할 수 없다면 이의 통합을 위한 여론조사를 실시해 확정지을 방침이라고 밝혔다. 5월 1일을 고집할 필요는 없으나 5월 몇째 월요일식으로 정해 연휴가 되게 하는 방안도 검토중이라 한다. 이번 기회에 새정부가 '법의 날'과 '노동의 날'을 재조정해 온 국민이 한마음으로 기념일을 맞도록 했으면 좋겠다.

《동아일보》 1993. 5. 2

서재필 유골

1866년 전남 보성에서 태어난 서재필은 1883년 일본 육군유년학교에 입학해 이듬해에 졸업, 귀국 후 고종에게 사관학교 설립을 진언한 후 훈련국 서관장이 됐다. 그해 김옥균, 홍영식 등과 갑신정변을 일으켜 약관 18세로 병조참판이 되었으나 정변의 실패로 미국으로 망명, 1889년 조지 워싱턴대에 입학했다. 세균학을 연구해 박사학위를 받은 후 1896년 귀국해 〈독립신문〉을 발간, 4월 7일 창간호가 나왔다. 그래서 이날이 신문의 날이 됐다.

"본국과 외국사정을 자세히 기록할 터이요, 정부 속과 민간소문을 다 보고할 터이라, 정치상 일과 농사·장사·의술상 일을 얼마만큼씩 매일

기록함….” 창간호 1면 상단에 “광고”란 제하로 실린 창간사다. 타블로이드판에 순 한글기사 3페이지와 이를 축약한 영문판 1페이지로 창간호 200부가 당일로 매진됐다. 순 한글인데다 “광고”에서 엿보인 백성을 대변하겠다는 근대적 언론관이 독자들에게 친근감을 주었다.

서재필은 동학운동, 갑오경장 등을 틈타 침투해온 외세와 국내 정계의 분열 등 구한말의 혼란상을 극복하는 데는 민중을 깨우쳐 독립심을 불어넣는 것이 최선의 방법이라고 확신해 〈독립신문〉을 발간했다. 〈독립신문〉의 한글전용을 결정한 인물은 주시경으로 알려졌다. 그러나 국어학자인 서울대 이기문 교수는 최근 두 사람의 본격적 인간관계는 〈독립신문〉 창간 뒤였고 한글전용은 서재필이 단독 결정했다고 주장한다.

서재필은 이상재 등과 독립협회를 결성했고 독립문을 세웠다. 그 뒤 수구파의 저항으로 강제출국 돼 미국에 가 독립운동에 헌신했으며 해방 후 귀국했다가 1948년 다시 도미, 1951년 별세했다. 서 박사의 유골이 미국 필라델피아시의 한 공원묘지 납골당에 아무도 찾아주는 사람 없이 쓸쓸히 방치되어 있다 한다. 물론 후손도 없다. 상해 임정 선열 5위와 함께 그의 유골도 봉환, 국립묘지에 안장되어야 한다.

《동아일보》 1993. 7. 7

기록은 생생한 역사

문자의 기원은 구석기 중기인 BC 5만 년경 돌이나 뼈에 규칙적인 간격을 두고 새겨진 조각에서 찾는다. 의사소통의 수단으로 사용된 것은 중국, 메소포타미아, 이집트, 마야 등의 매듭・조가비띠 문자다. 인쇄술이 어느 때부터 시작됐는지 그 기원을 단정할 수 없으나 인쇄술에 있어 없어서는 안 될 종이는 AD 105년 중국의 채륜(蔡倫)이 발명했다. 현재 남아있는 인쇄물로 세계에서 가장 오래된 목판 인쇄물은 지난 1966년 불국사 석가탑에서 발견된 다라니경(陀羅尼經)이다.

목판인쇄물인 다라니경은 경덕왕 10년인 751년 이전 것으로 고증됐고 생생한 글씨체로 남아있는 우리나라 최고본인 화엄경 사경발문도 경덕왕 13년인 754년 연기법사(緣起法師)가 남긴 것이다. 연기법사가 자신의 부모를 위해 발원한 것으로 탄력과 긴장감이 넘치는 유려한 필체로 현재 호암미술관에 소장돼 있다.

총무처 정부기록보존소는 상설전시실을 마련, 조선시대부터 내려오는 각종 문서 등 800여 점을 공개 전시한다. 전봉준의 "사발통문", 윤봉길 의사가 거사 직전에 쓴 "항일선언문", "제헌헌법" 원문 등 희귀문서가 포함돼 있다. 우리나라에서는 처음 시행하는 전시로 문서의 소중함과 기록의 중요성을 널리 알리는 데 큰 의의가 있다. 돌이켜보면 우리처럼 기록을 등한시하는 민족도 드물다. 그러나 우리와 가장 가까이 있는 일본인은 다르다.

지난 1985년 8월 승객 등 524명을 태운 JAL기가 추락했을 때의 일이다. 긴박한 5분 동안에 일인 승객들은 눈물겨운 유서를 남겼다. 닥치는 대로 메모지 등에 사랑하는 아내, 자식에게 피맺힌 마지막 당부를 적어놓았다. 기록은 생생한 현장의 재현이며 바로 역사다. 역사의 전례로 가르치는 철학이다. 우리도 기록하고 보존하는 습성을 키웠으면 좋겠다.

《동아일보》 1993. 7. 24

독립운동 해외유적지 보존

이준 열사는 헤이그 만국평화회의에서 을사보호조약의 부당성을 세계 만방에 호소하고 순국한 열사로 잘 알려져 있지만 그에 앞서 국내에서도 혈기방장한 개혁검사, 열렬한 애국 계몽운동가로 활약이 대단했다. 검사로서 부패관리 척결에 앞장섰으며 일제가 한일의정서를 강제체결하고 침략정책을 강화하자 그에 반대하는 시민시위운동을 일으켜 대항했다.

열사는 대안보안회(大韓輔安會), 대한협동회(大韓協同會), 일진회(一進會)에 대항하는 공진회(共進會), 국채보상연합회의소, 신민회 등을 조직하고 각종 시위운동을 전개하는 등 조직과 행동으로 나선 애국운동가였다. 그는 헤이그에서 세계평화회의가 열린다는 소식을 듣고 고종에게 특사파견을 요청해 부사(副使)로 참가했으나 일본의 방해로 뜻을 이루지 못하자 분사했다. 헤이그 현지의 한 교포실업가가 앞장서 열사순국 당시의 숙소를 매입해 이준열사 박물관을 세울 것이라고 한다. 참으로 반갑기 그지없다.

이와 함께 구한말 기우는 조국의 운명에 통분해 임지인 런던에서 자결한 이한응 열사의 흉상 제막식이 광복절을 맞아 현지에서 열렸다. 당시 서리공사였던 그는 한일의정서가 강제체결되자 영일동맹(英日同盟) 등의 부당성을 잇달아 영국정부에 항의했다. 본국으로부터 훈령이나 지원도 없이 줄기차게 1인 외교를 벌이다 을사보호조약이 체결되자 자결했다. 이 소식이 국내에 알려지면서 민영환, 조병세 등 분사자가 뒤따랐다.

최근 임정요인 다섯 분의 유해가 환국하고 헤이그에서는 이준열사 박물관이 추진되는가하면 주영대사관에서는 이한응 열사 흉상제막식이 열렸다. 모두가 뒤늦었지만 그나마 퍽 다행이다. 이 밖에 동북지방, 중경(重慶), 러시아 등지의 선열유해도 봉환하자는 여론이 높다. 당연한 일이다. 그러나 유해 봉환에만 그치지 말고 현지에 기념관이나 표석이라도 마련해 놓아야 한다. 독립운동의 현지 유적지도 길이 보전해 역사의 교육장으로 삼아야 한다.

《동아일보》 1993. 8. 18

정통성 과시 위한 역사왜곡

4325주년 개천절이 지났다. 단기는 단군왕검의 즉위년을 기원으로 한 연호. 서기 BC 2333년에 해당하는 이 연호는 여말(麗末) 백문보(白文寶)가 처음 사용했다. 대한민국정부 수립과 동시에 법령으로 공포, 단기를 사용해왔으나 5·16 후 서기로 바뀌었다. 이번 개천절을 맞아 북한에서 평양 강동군에 있는 단군릉을 발굴, 단군의 유골이 출토됐다고 밝혀 화제가 되고 있다.

발굴작업을 주관한 북한사회과학원은 단군과 왕비의 것으로 보이는 여인의 유골을 발굴했으며 50여 회 측정결과 5,011년 전의 단군 유골로 밝혀졌다고 발표했다. 또한 단군은 신장 170cm 정도의 장대한 체구이며 유골이 5천여 년 동안 보존되어온 것은 석회암 지대에 묻혔었기 때문이라는 것이다. 복숭아씨 모양의 금동왕관 앞면 장식과 금도금한 돌림띠조각 등의 부장품도 발굴했다 한다.

북한은 우리 고대사를 봉건사(封建史)로 간주, 묵살해왔고 왜곡해왔다. 단군에 관한 것은 더욱 그렇다. 사회과학원 편 《력사사전》에도 단군조선과 단군은 봉건 사가나 부르주아 민족주의 사가에 의해 실재한 고대국가, 실재인물처럼 과장되어 왔다고 기술되어 있다. 또 단군신화는 거짓말을 많이 담고 있으며 통치자들이 계급적 지배를 합리화하기 위해 꾸며낸 부분도 있다고 적혀있다.

《력사사전》에는 또 단군의 통치기간이 1천 5백 년, 나이는 1,908세라고 기술하고 있다. 이처럼 나이를 분명하게 적은 것은 단군에 대한 신빙성을 약화시키기 위함일 것이다. 그런데 지금 사회과학원은 5,011년 전 것으로 확인된다는 단군의 유해발굴을 전 세계에 공표했다. 출토된 장신구들은 단군 영정에 나오는 것들을 그대로 연상케 하는 것들이다. 북한은 우리 상고사 자체를 부정해오다가 느닷없이 평양의 정통성, 북한정권의 역사성을 과시하기 위해 또 한 번 역사왜곡을 자행하고 있다.

《동아일보》 1993. 10. 4

제 3국행 포로들, 40년 만의 귀국

인도행 타고르호가 동지나해를 통과할 때 한 청년이 칠흑 같은 밤바다에 몸을 던졌다. 한국전에서 포로교환 때 제 3국을 택한 이명준. 그는 남에도 북에도 갈 수 없어 미지의 땅을 선택했으나 막상 고국을 등지는 그를 끝내 놓아주지 않는 것이 있었다. 그것은 조국과의 숙명적 인연이었다. 4·19 이후 잠시 해빙 무드를 타고 출간된 최인훈의 소설 《광장》은 남북의 이데올로기 갈등 속에 조국 땅에서 밀려난 한 지식인 청년의 처절한 내면세계를 묘사한 기념비적인 작품.

휴전협정이 마무리되어 송환을 희망하는 포로교환이 끝난 뒤 송환을 원하지 않은 포로들은 중립국 송환위원회에 넘겨져 인도군 관리 하에 수용됐다. 송환거부포로는 인민군, 중공군 합쳐 22,604명. 이들 중 40여 명이 수용중 사망 또는 행방불명됐고 628명은 뜻을 번복해 귀환했다. 나머지 2만 1천 8백여 명이 한국, 자유중국으로 귀환했고 인민군 74명, 중공군 12명이 인도를 선택했다. 한편 북한 억류 한국군 중 2명도 인도로 갔다.

〈76인의 포로들〉. 최근 MBC TV가 방영한 6·25 특집물이다. 당시 남과 북, 어느 쪽도 택하지 않고 제 3국으로 간 사람들 중 29명이 13일 60대 노인이 되어 고국땅을 밟았다. "40년간 조국을 버렸다는 자책감 속에 살았습니다. 그러나 결코 잊을 수 없는 부모와 형제, 고국산천, 우리는 민족을 버린 것은 아닙니다." 이들이 토해낸 피맺힌 절규다. 지난 1954년 2월 인천항을 떠난 지 근 40년 만의 고국방문이다

이들은 포로시절 수용됐던 거제 포로수용소를 비롯 판문점, 대전 엑스포, 울산 현대자동차 공장 등을 둘러보고 친지들도 찾아볼 예정이다. 전쟁과 이념대립으로 황폐해진 조국을 떠난 이들, 동족상잔의 비극 속에 무참히 희생된 이들의 고달픈 모습은 우리 모두의 아픔이다. 체류하는 동안 불편이 없도록 도와주고 여생이나마 편안히 지내기를 간절히 바란다.

《동아일보》 1993. 10. 15

고종의 을사조약무효 친서

"아! 저 개돼지만도 못한 이른바 정부대신이라는 자들은 영리를 바라고 거짓 위협을 두려워하여 머뭇거리고 벌벌 떨면서 나라를 팔아먹은 도적이 되어 4천 년 이어온 강토와 5백년 사직을 남에게 바치고 2천만 생령을 남의 노예로 만들었구나…. 원통하고 원통하도다. 동포여!" 1905년 치욕의 을사보호조약이 체결된 후 황성신문에 게재된 위암 장지연의 "시일야방성대곡"(是日也放聲大哭)의 한 구절이다.

이 을사조약이 무효임을 선언한 고종황제의 친서가 87년 만에 미국 컬

럼비아대 도서관에서 발견됐다. 이 친서는 미, 영, 불, 독, 러시아 등 9개국 국가원수들에게 보내기 위해 작성한 것으로 이 조약은 위협에 의한 늑약(勒約)이며 이 조약체결을 허용한 적이 없다는 내용이다. 고종은 미국인 호머 헐버트를 특사로 각국 원수들에게 보냈으나 결국 전달되지 못하고 컬럼비아대에 맡겨져 있던 것이다.

고종은 또 1907년 헤이그에서 열리는 만국평화회의에 밀사 이준(李儁) 등을 파견해 조약무효를 알리려했으나 역시 일본의 방해로 실패했다. 결국 일본의 협박으로 강제퇴위 당했고 덕수궁에 유폐되었다가 1919년 1월 일본인에 의해 독살 당했다. 당시 고종은 건강한 상태에서 식혜를 마신 뒤 몸이 흙빛으로 변해 절명했다한다. 3·1운동도 고종의 국장이 거행되면서 전국 각지에서 일어났다.

고종 비인 명성황후도 이에 앞서 일인들에게 피살됐다. 1895년 을미사변 때 황후 침실로 침범한 왜적 폭도들은 속옷만 입은 황후를 난자하고 절명하지 않은 채로 장작더미위에 올려놓은 뒤 불을 질렀다. 우리 민족에게 가한 일인들의 행적이 바로 이런 것들인데 어찌 우리가 잊을 수 있겠는가. 이번에 발견된 고종의 을사조약 무효선언 친서는 값나가는 예술품도 골동품도 아니다. 그러나 우리에겐 아주 중요한 자료다. 이를 반환해와 일부 국민들의 산심(散心)을 깨우쳤으면 싶다.

《동아일보》 1993. 10. 25

역사는 선례로 가르치는 철학

역사는 말을 하지 않는다. 그러나 역사 속에 무한한 진리가 내포되어 있어 지혜의 눈과 용기의 입을 가진 사람들로 하여금 감히 말을 하게 한다. 그리고 그 기록들이 역사를 지켜 왔다.

헌정사상 처음으로 현역 국회의원들이 일제 때 친일 반민족행위자들의 명단을 공개했다. 해방 후 제헌국회에서 친일파 청산을 위해 구성된 반민족행위자 특별조사위원회(반민특위)가 친일파들의 방해공작으로 중도에 와해된 지 53년만의 일이다. 이번 1차 명단발표를 계기로 친일 반민족행위자 청산을 위한 특별법 제정과 함께 국회에 앞으로 특별위원회를 구성하자는 목소리가 힘을 얻고 있다.

발표된 친일 반민족행위자는 모두 708명이다. 이는 지난번 광복회의 자체심의를 통과한 692명과 심의과정에서 제외된 17명 중 16명을 추가한 것이다. 발표된 명단 가운데는 일제 때의 조선일보 사주 방응모, 동아일보 사주 김성수가 포함돼 있어 주목을 끈다. 이 때문에 향후 두 신문의 '민족지' 정체성에 대한 논란이 일 것으로 예상된다. 특히 동아일보의 사주 김성수는 평가에 양면이 있음을 인정해야 할 것이다.

이번 명단 공표에 대한 각 신문의 보도는 사주의 이해관계가 신문의 논조에 얼마나 강하게 반영될 수 있는지를 극명하게 보여 주었다. 경향, 대한매일, 문화, 한겨레, 한국일보 등은 의미를 부여하면서 환영하는 논조를 펼친 데 반해 명단에 사주가 포함된 동아와 조선일보는 정치적 의도가 개입됐다며 강하게 반발했다. 친일 명단에 대한 각계의 일반적인 반응은 50여 년 동안 쉽사리 건드릴 수 없었던 영역이었던 친일파 청산의 문제에 비로소 공론화의 기틀이 마련됐다는 점을 높이 평가하는 내용이다.

나치 독일로부터 프랑스가 해방되었을 때 드골 장군은 나치 협력자 숙청 문제에 대해 '애국적 국민에게는 상을 주고 민족을 배반한 범죄자에게는 벌을 주어야 국민을 단결시킬 수 있다'고 천명했다. 제 2차 대전 후 새 국가 건설과정에서 나치 협력자에게 면죄부를 발부해 재등장시키면 국민을 단결시킬 수가 없다는 판단이었다. 민족반역자들이 살아남기 위해 애국적 국민을 이념적으로 분열시키려 하기 때문에 국민단결의 걸림돌이

된다는 것을 드골은 내다보았다.

드골은 나치 독일의 점령을 정당화한 투항주의자, 히틀러 괴뢰정권인 비시 정권의 공직자와 지원세력, 나치 독일과 추축국(일본, 이탈리아)의 승리를 위해 물심양면으로 협력한 프랑스인을 나치 협력자로 규정했다. 그가 국내 레지스탕스를 총지휘하면서 프랑스가 해방되기 전에 나치 협력자에게 사형선고를 내려 집행하게 하고 독일군에 총격을 가하는 등 시민전쟁을 펼친 것은 조국해방을 위한 투쟁인 한편 미국의 군정 시도를 저지하기 위한 노력이었다.

그는 나치 독일을 찬양하면서 드골의 임시정부 '자유 프랑스'를 테러집단으로 매도한 언론인과 지식인 반역자들을 가장 먼저 숙청, 재판소의 도마 위에 올렸다. 친 비시 정권의 일간지 〈오늘〉의 정치부장 조르주 슈아레즈가 1차로 재판에 회부돼 사형선고를 받고 총살당했다. 언론인들이 첫 번째 심판대상이 돼 거의 모두 사형으로 다스려진 것은 드골이 후에 회고록에서 밝혔듯 '언론인이 도덕성의 상징이기 때문'이었다. 언론인에게 면죄부를 주면 곡필을 휘둘러 국가의 도덕성과 윤리를 마비시키는 암적 존재가 되기 때문이다.

나치 협력자 숙청재판은 제 1차 세계 대전 승리의 영웅이며 드골의 군 선배인 비시 정권의 수반 페탱 원수도 반역자로 규정해 사형을 선고했다. 드골의 임시정부는 200만 명을 나치 협력자로 내사했고 이 중 99만여 명을 체포하여 조사했다. 재판결과 6,763명에게 사형선고(집행 767명), 2,702명에게 종신 강제노동형, 10,637명에게 유기 강제노동형, 22,883명에게 징역형, 2,044명에게 금고형이 선고됐다. 이 밖에도 9만 5천 명에게 부역죄형을 내리고 7만 명으로부터 시민권을 박탈했으며 공무원 12만 명에게 파면 등 행정처분을 내렸다.

프랑스는 드골의 반역자 청산 성공에 힘입어 정치·경제·문화·언론·지식인·대학 등 사회 각 영역에서 나치 협력자를 도려냄으로써 자유와 평등, 사회정의가 넘치는 새 나라를 건설했다. 이후 프랑스 사회는 민주 선진국으로 도약할 수 있었고 '반인류 범죄법'을 도입해 지속적으로 반역자를 응징했다.

우리의 경우는 어떠했는가. 일제 강점기와 해방 후 독재정권 시대에 수없이 많은 언론인이 일제를 찬양하고 군사독재를 미화했지만 그에 상응하는 처벌을 받기는커녕 오히려 요직만 독차지하지 않았는가. 그들은 그동안 저질러 온 과오에 대해 수치심은 느끼지 않고 오히려 더욱 극성스럽게 설쳐대지 않았는가. 거기에 그치지 않고 자신의 이익이 되는 방향으로 여론을 좌지우지해 오지 않았는가. 이런 현상을 방치했기에 오늘날 우리 사회가 여러 가지 어려움을 겪고 있는 것이다.

역사는 패자에게 등을 돌리고 승자 편에 선다. 그래서 역사는 범죄나 재난의 기록에 지나지 않는다고 혹평하기도 한다. 역사란 사람들이 합의하에 성립시켜 만든 이야기 외에 아무 것도 아니라고 폄하하기도 한다. 과거는 미래의 거울이라고 하지만 역사는 미래에 대한 전망을 희미한 별빛 정도로, 좀더 낫게는 이지러지는 달빛 정도로 우리에게 비춰 줄 따름이라고 표현하기도 한다.

그러나 역사는 선례로 가르치는 철학이다. 역사란 명확해진 경험이다. 세계사는 세계법정이다. 우리가 역사에서 배울 수 있는 것은 우리가 아직도 역사에서 배우지 못하고 있다는 사실의 깨우침이다.

《시사전북》 2002. 4.

7

아침에 고치고 저녁에 바꾸고 [교육]

조령모개 교육제도

예전엔 교육은 하나의 사회정책적인 문제에 불과했다. 그러나 오늘날엔 국방이나 경제 문제 못지않게 국가 전체의 문제 내지는 인류의 문제로 크게 부각된다. 이처럼 비중이 커져 가는 교육은 소위 백년대계(百年大計)로서 장기적인 안목에서 신중히, 그리고 소중하게 다뤄져야 한다. 그럼에도 불구하고 우리의 교육현실은 국방이나 경제 문제 등에 밀려 소홀히 다뤄지고 있다.

특히 교육제도는 너무나도 자주 바뀌어 당장 상급학교에 진학해야 할 수험생이 계속 바뀌는 입시제도로 인해 골탕을 먹기 일쑤다. 입시정책은 학생, 학부모, 중·고교 교사, 대학당국자 등 관련된 사람이 많아 이랬다 저랬다 바뀌는 제도적 시행착오가 잦을 경우 각 방면에 혼란이 초래된다. 그뿐만 아니라 장차 이 나라를 짊어질 수많은 학생들의 장래 문제에 커다란 피해를 끼칠 우려가 있다. 따라서 다른 제도가 자주 바뀌어 초래되는 폐해(弊害)보다 교육제도, 특히 입시제도가 자주 바뀌어 빚어지는 병폐는 심각하기가 이를 데 없다.

대학입시제도의 경우만 보아도 그렇다. 대입전형에서의 예비고사 성적 반영률, 고등학교 내신 성적 반영률, 커트라인 존치 및 철폐 문제, 삼수감점제(三修減點制), 지원시도(志願市都) 변경, 예능계 실기고사, 예비고사 문제지 공개, 지원 대학 및 지망학과 수 변경, 학력고사 과목 변경, 전·후기 모집, 면접시험, 논문형 고사 등 그 내용이 얼마나 자주 바뀌었는지 이루 다 열거할 수가 없다.

대학입시제도 외에도 대학의 경우 대학정원 정책, 학원 자율화, 학도호국단, 교수 재임용 및 해직, 졸업정원제, 대학 3학기제, 대학 개혁사업, 전문대학 개편, 대학원 교육 등에서 제도의 개정·수정·보완 작업이 계속 이어지다가 종내는 백지화되는 경우가 허다했다. 대학정원 정책도 증원규모가 해마다 들쭉날쭉, 어떤 해에는 50%나 큰 폭으로 증원되더니 뒤이어 바로 큰 폭으로 줄어들기도 했다. 또 특정연도에 인문사회계를 대폭 증원해 주고 수도권 인구 분산책으로 오랫동안 묶어 놓았던 서울의 대학문을 활짝 넓혀 주는 등 도저히 납득이 가지 않는 시책을 펴기도 했다. 학도호국단 역시 설치·철폐가 반복됐고 이에 따라 학생 자치기구도 갖가지 시련을 겪으면서 해체·부활이 꼬리를 물었으며 대학교수 재임용도 심사기준과 탈락과정 등에서 말썽이 뒤따랐다. 해직교수 복직에서도 타 대학과 원 소속대학을 놓고 갈팡질팡 논란이 거듭됐다.

교육제도가 이랬다저랬다 하는 것은 초·중등 교육정책에서도 마찬가지. 고교 평준화 정책, 학력평가방법, 재수생 대책, 영재교육, 과외대책, 의무교육제도, 중학교 무시험진학, 교과서개편, 학제개편 등에서 이리 바뀌고 저리 바뀌는 교육제도의 변혁이 쉴 새 없이 잇따랐다. 이밖에도 사학(私學) 문제, 교육세, 맞춤법 및 외래어 표기 등도 끊임없이 모습을 바꿔 왔다.

그동안 교육정책이 바뀌어 온 데에는 시대적 발전, 변천에 따라 필연적으로 개선돼야 할 것들이 제대로 바뀐 것도 있다. 또 잘못돼 있던 제도들이 바람직한 방향으로 향상된 것도 없지 않다. 그러나 변혁 과정에서 아무런 의미도 없이 바뀐 것이 있는가 하면, 정책담당 실무진 또는 중간관리층의 미숙 등으로 개악(改惡)의 상태에 이른 것도 없지 않다. 이밖에도 문교부 장관이 바뀔 때마다 즉흥적인 발상으로 갑자기 시책이 바뀌어 혼란이 빚어지기도 했고, 장관들이 재임기간중의 업적을 내세우기 위해 무리하게 밀고 나가는 경우도 있었다. 또 먼 장래를 예측하는 기초조사나 장기운용계획을 제대로 세우지 않고 시도했다가 닥치는 현실에 맞지 않아 제풀에 주저앉는 정책들도 있었다. 교육제도가 이처럼 자주 바뀌는 것은 그때그때 대증요법(對症療法)적 보완만을 거듭했기 때문이라고도 볼 수 있다.

이 같은 교육정책의 변천 중에서도 가장 문제가 심각한 것은 떳떳이 공개할 수 없는 의도를 갖고 제도를 고치려 하는 것이다. 더 나아가서는 정권적 차원에서 고의적으로 고치려는 비교육적 행위다.

교육에서 선의의 예측과 기대가 불가능해지고 실력과 적성이 받아들여지지 않으며 눈치나 요행으로 소기의 목적이 달성되게 돼 있다면 그 사회, 그 나라는 이미 근본에서부터 흔들리고 있는 것이다.

지난 몇 해 동안 해마다 연말연시만 되면 온 국민을 긴장과 불안, 울분과 원성으로 들끓게 해 온 대입열병(大入熱病)은 단순한 '교육행정의 실책' 수준의 문제에 그치는 것이 아니라 2세 국민의 장래, 더 나아가서는 나라의 앞길에 암운(暗雲)을 드리우는 것이라고 할 수 있다. 교육제도는 중지를 모아 순리에 따라 결정되어야 한다. 그와 함께 좀더 많은 것들을 학교 측에 맡겨야 한다.

《한국 YMCA》 1985. 7. 8.

내신비율 대학에 맡겨라

고교생 자퇴바람

1987학년도 대학입시에서부터 내신 성적 반영비율이 30%에서 40%이상으로 상향 조정되자 그 첫 적용대상인 고교 2학년생들 가운데 자퇴하는 학생이 속출했다. 이는 현행 대입내신제도가 고교출신보다 검정고시 출신에 크게 유리하게 돼 있는 판에 반영비율을 크게 올리자 고교졸업은 그만두고 검정고시를 치러 좋은 등급의 내신을 받아 대학에 진학하겠다는 의도에서다. 교육적으로 있을 수 없는 현상이 벌어졌다.

서울의 한 고교에서 조사한 것을 보면 1985학년도의 경우 검정고시 출신은 학력고사 성적 기준으로 271점이면 내신 성적 1등급을 받았으나 이 학교 졸업생은 3등급이 271점 이상을 득점, 2등급 이상 차이가 났다.

이 같은 실정에서 내신 성적 반영비율을 올린 데다 새로 조정된 학력고사의 9개 과목이 고교졸업학력 검정고시 과목과 일치해 검정고시 준비를 학력고사 준비와 동시에 할 수 있는 이점도 있어 고교생들의 자퇴 열풍이 불고 있다. 고교 내신 성적은 검정고시 출신 말고도 같은 고교출신자 간에 더욱 큰 격차가 있으며 학교나 지역에 따라 큰 차이가 났다.

학력평가 전문기관인 중앙교육진흥연구소가 1985학년도 대학입시에 응시한 학생들의 학력고사 점수와 내신 성적 등급을 조사·분석한 결과, 같은 급수의 내신 등급을 받은 수험생 간에도 지역과 학교에 따라 성적 수준이 크게 벌어져 학력고사 성적을 기준으로 최고치와 최저치의 차이가 크게는 180점이나 됐다. 또 학력고사 성적이 220점(340점 만점)인 수험생이 내신 성적 1등급(만점)인 경우가 있는가 하면 학력고사 성적 320점짜리가 내신 3등급으로 처지는 경우도 있었다.

불합리성 표출

이 조사에 따르면 내신 등급별 학력고사 점수분포는 인문계의 경우 1등급이 320~220점, 2등급은 320~200점, 3등급은 320~190점, 8등급은 280~100점까지 분포되어 있다. 자연계도 비슷하다. 이 같은 현상은 현재 15등급으로 나뉘어 있는 내신등급 사정이 지역 간·학교 간의 실력 차를 무시한 채 학교별로 일률적인 기준에 따라 결정되기 때문이다.

현재의 내신제를 놓고 논란이 많다. 내신제를 찬성하는 측은 내신제가 고교교육 정상화에 기여하는 바가 크며 종전에 대학에서 출제하던 본시험이나 학력고사가 단 한 번의 시험으로 평가된 데 반해 내신제는 고교 3

년 동안 여러 번에 걸친 시험으로 평가되기 때문에 타당도가 높다는 근거를 댄다.

그러나 현재 시행되고 있는 내신제는 긍정적인 면보다 부정적인 면이 너무나 많다. 무엇보다 기계적인 상대평가로만 운영되는 탓에 내가 잘 되기 위해서는 친구를 끌어내려야 하는 비정한 경쟁심을 유발시켜, 서로 도우며 공부하는 덕성이나 우의는 사라지고 친구의 노트를 훔쳐 찢어 버리고 친구의 커닝을 고자질하는 사례가 자주 일어나고 있다.

또 우리나라 교육사에 가장 큰 부조리의 하나로 커다란 사회문제가 되었던 치맛바람이 다시 고개를 들고 있다. 이밖에도 현재의 내신 등급은 한번 잘못 받으면 영원히 만회할 길이 없다. 갑작스런 사고나 가정문제로, 또는 어린 나이에 한번 잘못을 저지르는 등의 이유로 성적이 떨어졌다가 뒤에 분발해 좋은 성적을 올릴 수도 있는데, 현행제도로는 다시 돌이킬 수 없다.

그렇다고 내신제가 잘못된 제도는 아니다. 교육제도 개선과정에서 결점 없는 완벽한 대안을 찾을 수는 없다. 교육에서 이루고자 하는 목표와 방향에 근접하는 방안을 찾아가야 한다. 학력고사나 내신제를 포함한 모든 입시행위는 어디까지나 교육을 위한 수단에 그친다. 수험생들에 대한 앞으로의 교육은 대학에서 맡는 것이며 대학이 주체다. 고등학교와 문교부와 부모는 어디까지나 주변 역할이다. 모든 것을 가능하면 대학에 맡겨야 한다. 그런데 우리 현실은 그와 정반대의 실정이다.

학생의 모든 것을 평가

학생들과 학부모가 시정해 줄 것을 요청하는 내신 성적 반영비율을 대학에 일임하는 것이 바람직하다고 생각된다.

내신 성적 반영을 일률적으로 30%에서 40%로 올리는 데 대해 아직은 많은 문제가 있으므로 보류해야 한다고 주장하고 싶지만 그보다도 각 대학에서 알아서 10%를 반영하든지 50%를 반영하든지 그 대학 특성과 취향에 맞게 정하도록 일임할 것을 제안한다.

대학마다 건학정신(建學精神)이 다르고 교육 목표 또한 각기 다른 특성을 갖고 있다. 대학은 천편일률적인 문교당국의 입시행정에 쫓기고 있다. 사회적으로 논란이 많은 문제, 즉 내신 성적 반영비율 같은 것을 대학 측에 맡기면 첫째, 대학의 특성과 권위를 정부당국이 존중해주는 것이 되고, 둘째, 입시에서 졸업까지 모든 것을 문교부가 관장하는 등 정부 권력 만능적 획일주의에서 탈피할 수 있으며 셋째는 수험생에게 선택의 폭을 넓혀 주어 내신 성적이 우수한 학생은 내신 성적을 강조하는 대학에, 한때의 어려움이나 질병 등으로 내신 성적이 떨어진 학생은 바로 그런 학생을 원하는 대학에 진학하게 하면 된다. 그렇게 되면 정부에서 내세우는 고교교육 정상화를 위한 내신 성적 존중풍토도 이루어지고 내신 성적 반영비율이 높아 진학에 어려움을 겪고 있는 학생들에게도 새로운 활로를 틔워주는 것이 된다.

본질적으로 내신 성적 반영비율 상향 방침은 옳은 방향이다. 그러나 그 내신 성적은 답안지로 표시될 수 없는 다양한 내용까지를 포함해 담임교사나 고교 측이 전적인 책임을 갖고 그 학생의 모든 것을 평가하는 그런 성적이어야 한다.

《새한신문》 1986. 1.

대학총장님의 고민

지방 사립대학의 양적 팽창이 한창 절정을 이루었던 1979년 초 취재도 하고 이야기도 나눌 겸 문교부 대학 행정과에 들렀다. 계장이 “아직 인사가 없었던가요"하며 그의 옆 의자에 앉아있는 신사 한 분을 소개한다. 무심코 명함을 받아보니 대학총장이었다. 총장은 대학정원 조정문제로 문교부에서 할 말이 있다기에 아침 상경했다고 한다. 그토록 젊은 총장이라는 데 놀라기도 했지만 내심 '듣던 대로 대학행정과가 세긴 세구나'하는 생각, '서구에서는 대통령직에서 물러나 총장에 취임하는 것을 영예로 여긴다던데…'하는 여러 갈래의 생각들이 교차했다.

그 해 12월 이화여대 김옥길 총장이 문교장관에 취임했다. 김 장관은 취임하자마자 직원들에게 장관의 허락 없이는 대학총장을 문교부로 부르지 말라고 했다. 대학에 보내는 공문이나 회의 때 '지시'(指示)라는 용어를 절대로 쓰지 말라고 하고는 바로 이 '절대'(絶對)라는 표현도 사용하지 않도록 당부했다.

1985년 8월 학원안정법 추진과 관련, 총장들의 모습을 잊을 수가 없다. 정부에서 강경하게 추진하던 이 법은 격렬한 학생들의 철폐요구와 언론을 비롯해 각계 각층에서 '악법중의 악법'으로 규정, 철회하도록 요청해 벽에 부딪쳤다. 이때 세종문화회관에서 전국 국·공·사립대 총장회의가 열렸다. 손제석(孫製錫) 문교장관이 등단, 학원안정법 제정 추진을 계기로 해방 이후 계속된 만성적인 학원소요에 종지부를 찍자고 당부했다. 이어 등단한 당시 대학교육협의회장인 J총장이 결의문을 읽는 것으로 총학장들이 학원안정법 추진에 적극 찬동한다는 뜻을 밝혔다. 이 내용은 물론 각 신문이 대서특필했다. 그러자 대학의 최고수호자인 대학총장들이 그토록 할 일이 없어 대학 자율화 추진에는 뒷전이면서 대학을 스스로 얽어매는 악법 제정에는 앞장서느냐는 비판이 물 끓듯 했다. 그런데 일이 더 우습게 됐다. 바로 이틀날 청와대에서 열린 당정협의회에서 학원안정법은 문제가 있어 유보한다고 발표했다. '하루만 먼저 그 같은 결정을 내려 총장님들의 체면을 세워줄 일이지…'하는 아쉬움이 있었지만 이미 엎질러진 물이었다.

며칠 전 서울대 졸업식에서 또 한 번의 해프닝이 벌어졌다. 박봉식(朴奉植) 총장이 "여러분 앞에 무한히 펼쳐져 있는 벅찬 미래에…"하고 식사를 시작하는데 졸업생들은 뒤돌아 앉아 "나 이제 가노라. 저 거친…"하며 〈아침이슬〉 등의 노래를 손뼉으로 박자를 맞추며 불러댔다. 졸업생들의 퇴장 소동은 부산대에서도 발생했다. 제자들의 그 같은 행동을 보는 총장들의 심중은 어떠했을까. 학생들은 부천서(富川署) 성고문사건이나 박종철(朴鍾哲) 군 고문치사사건 때 총장 등의 태도가 너무나 실망스러웠다는 반응이다. 총장들은 이런 이슈에 대해 교수·교직원에게는 물론 친지, 가족들에게 뭐라고 이야기했을까.

'지상에서 대학보다 더 아름다운 곳은 없다'는 말이 있다. 총장은 그런 대학의 상징이며 학문과 지성의 세계에서 숭앙과 선망의 표적이다. 총장은 바로 정신세계의 지도자이며 아카데미 왕국의 주인이다. 온몸에 존경을 받는 그런 대학총장에 대해 지금 우리 대학생들은, 또 정부는 어떤 대접을 하고 있는지 모두 함께 유추해 보아야 할 일이다.

해방 42년을 맞는 지금까지 전국 종합대에서 배출된 총장은 190여 명 정도다. 총장들 중에는 평생 존경을 받아 온 인물도 있고 교수나 학생들로부터 어용총장으로 지탄 받아 물러난 분도 많다. 또 창업주로서 많은 업적을 남겼으나 부덕(不德)이 쌓이면서 종내는 학생들로부터 배척받은 분들도 있다.

최근에는 한편으로 학생들의 동향, 다른 편으로는 정부의 눈치를 보느라 이러지도 저러지도 못하고 시위를 벌이는 학생과 이를 저지하도록 압박하는 정부 사이에 끼어 있는 이른바 '샌드위치 총장'들이 많다. 심한 경우 학생이나 교수들에게 뚜렷한 비전을 제시해 주려는 성실함이 결여된 채 정부 명령의 수령인으로 전락한 경우도 없지 않다.

총장이나 학원사태에 관한 이야기가 나올 때마다 서울대 권이혁(權彝赫) 총장의 이임사가 떠오른다. 권 총장은 이임사에서 "매일 아침 열리는 간부회의에서 단 한 차례도 순수한 교육문제를 다뤄 본 적이 없었다"고 토로하고 학생들의 동향만 살피다가 "오늘도 비나 와 주었으면 좋겠다"며 회의를 끝냈다고 털어놓았다. 권 총장은 또 "나는 총장으로서 낙제생이었다고 생각한다. 숙제를 해결한 것이 없고 과제만 남겨 놓고 간다"고도 했다. 새 학기를 맞으면서 권 총장의 말이 또 한 번 귓전을 때린다.

대학총장의 자리는 권위와 위엄의 자리이다. 또 명예와 명성이 함께 하는 자리이다. 명예나 명성은 얻기보다 지탱하기가 더 어렵다. 우리는 불과 10~20년 전까지만 해도 명성이 드높았던 분의 이름값이 폭락하거나 오히려 악명으로 뒤바뀌는 예를 흔히 보아 왔다. 아니 1~2년, 한두 달 새, 심한 경우 하룻밤 새에 뒤바뀌기도 한다.

때문에 명망 있는 분들에게는 진퇴가 중요하다. 분에 넘치는 명성을 얻었다 해도 잘 나아가고 잘 물러서면 하룻밤 사이에 바뀌는 일은 당하지 않는다. 물러서고 나아갈 줄 안다는 것 자체가 쉽게 몰락할 분이 아니라는 증거이기도 하다. 이 같은 점은 비단 대학총장에만 해당하는 것이 아니다. 한 해 중 봄이 좋다고 해도 바람 불고 궂은비 오는 날이 더 많지 않은가….

《동아일보》 1987. 3. 11

업힌 자식한테도 배운다

지난해 중학입학 검정고시에 최고령으로 합격하더니 이번엔 다시 고교입학검정고시에서 최고령합격의 기록을 세운 고희의 신영임(申英姙) 할머니야말로 배움의 진리를 터득한 사람이다. "나는 배우기 위해 살지, 살기 위해 배우지 않는다"는 프랜시스 베이컨의 명언이나 "학문을 아는 자는 이를 좋아하는 사람만 못하고, 학문을 좋아하는 자는 이를 즐기는 사람만 못하다"(知之者 不如好之者 好之者 不如樂之者)는 공자의 말은 바로 신 할머니를 두고 한 것 같다.

신씨는 "영어, 수학, 과학 과목이 특히 어려웠으나 하루 12시간씩 파고들다 보니 이치가 터득되어 기뻤다"고 털어놓았다. 신씨뿐 아니라 최근 만학여성들이 늘고 있다. 그들은 "못 배운 한이 어떤 것인지를 겪어보지 않은 사람은 모른다"고 입을 모은다. 자녀들이 "엄마는 몰라"하고 말할 때 배운 엄마들은 아무렇지 않게 넘기겠지만 까막눈 엄마들은 가슴이 저리도록 마음이 아프다고 말한다.

그래서 이들은 '업힌 자식한테도 배운다던데' 하며 뒤늦게 책과 씨름을 시작했다. 공부하다 졸리면 책이나 칠판 위에 자신을 은근히 업신여기던 사람들 모습을 떠올리며 무릎을 꼬집어 잠을 쫓는다. 학원을 오가는 버스 안에서 책을 읽고 외워야 할 것은 부엌이고 화장실이고 어디에나 써 붙여 놓고 익혀, 끝내는 한을 풀었다고 이들은 눈물을 글썽인다.

사람의 일생을 준비 · 활동 · 휴식의 3단계로 나누기도 한다. 어렸을 때 배우는 기간이 준비단계다. 대학과정은 훌륭한 스승, 수많은 책, 좋은 친구와 접하는 준비단계의 마지막 시기다. 요즘 2학기 개학을 맞아 그간 소강상태를 보였던 대학가가 잇달아 집회를 갖는 등 술렁인다. 전대협은 앞장서 '전대협 전교조 사수와 임(林)양, 문(文) 신부 방북투쟁계승을 위한 진군대회'를 갖고 벌써 화염병 시위까지 했다.

대학생은 왕성한 활동력, 싱싱한 감격성, 웅대한 이상을 지니고 있다. 그들은 당연히 이 소중한 재산들을 유감없이 활용해야 한다. 쟁취할 것은 쟁취해야겠지만 인내할 것은 인내하여 진리탐구는 중단하지 않아야 한다. 준비단계는 한번 가면 돌아오지 않는다. 휴식단계에 들어선 신 할머니가 한 말, "대입검정고시까지 거쳐 대학 도서관학과에 진학하여 보고 싶은 책 원 없이 보고 싶다"는 이 한 마디는 가슴 깊이 새겨두자.

《동아일보》 1989. 8. 30

실패에서 더 많은 지혜 배운다

천재 중의 천재 아인슈타인은 고교 때 수학 이외에 모두 낙제점을 받았고 취리히 대학의 입시에도 낙방했다. 금세기 화단의 최고봉 피카소는 낙방 5관왕이란 대기록을 보유하고 있다. 시인 하이네는 고교나 대학입시에서 시험만 쳤다하면 떨어졌다. 20세기 인물 중 가장 명석한 두뇌의 소유자라는 폴 발레리도 육군성 문관시험에 낙방했다. 윈스턴 처칠도 대학입시에서 떨어졌고 히틀러도 미술대학 입시에서 두 번이나 고배를 마셨다.

우리 국군은 65만 대군에 이른다. 그런데 올해 대학입시에서 그만한 수의 인원이 낙방했다. 그 젊고 발랄한 가슴에 좌절과 낙담, 슬픔과 고통을 안겨주어야 하는 현실이 안타깝다. 오죽했으면 대학입학시험 발표를 앞두고 합격할 자신이 없어 모자가 농약을 마시고 자살까지 했겠는가. 참으로 한심스런 사건이지만 해마다 수십만 명의 낙방생을 쏟아놓은 채 아무런 대책이 없는 우리 교육풍토의 한 단면을 보는 것 같아 우울하기만 하다.

그토록 모두들 대학에 가야만 하는 것일까. 사실은 대학이란 모두가 가지도 못하고 모두가 갈 필요도 없으며 모두가 가서도 안 된다. 실제로도 대학을 나와야만 사람구실을 할 수 있다는 생각은 고리타분한 사고방식이 되어가고 있다. 정치가, 소설가, 시인, 배우, 가수, 운동선수 중에는 대학에 안 간 사람들이 수두룩하다. 대학과는 인연 없이 사업에 성공한 대실업가들도 많다. 입학시험이란 인간이 발전시켜야 할 능력 중 극히 일부를 가려내는 데 불과할 뿐 인간의 능력을 종합적으로 평가하는 척도는 절대로 아니다.

사람들은 성공보다 오히려 실패에서 더 많은 지혜를 배운다. 실패에 부닥쳤을 때는 먼저 확신을 갖고 이에 굴복하지 않는다는 신념으로 정면 돌파해 보자. 확신과 신념이야말로 극복의 지름길이다. 어제의 실패를 갖고 스스로를 괴롭혀서는 안 된다. 한 가지 실패로 자꾸 괴로워하는 것은 다음 일도 실패로 이끄는 원인이 된다. 참다운 기쁨은 실패를 하지 않는 데 있는 것이 아니라 넘어졌을 때 다시 꿋꿋이 일어서는 데 있다.

《동아일보》 1989. 12. 27

졸업은 도착 아닌 출발

조선조 때는 선비를 양성하는 사학(四學)이 있었다. 서울의 중앙과 동남 서쪽에 세워진 교육기관으로 각각 중학, 동학, 남학, 서학으로 불리었다. 태종 때 설치돼 고종 때 폐지될 때까지 근 500년간 많은 인재를 배출한 '국립학교'로 지금의 중고교에 해당된다고 볼 수 있다. 이 사학의 졸업식 광경이 요란했다고 전해진다. 그중 특이한 것이 파금(破襟)이다. 당시의 교복인 푸른 두루마기(靑襟)를 서로 갈기갈기 찢는 것으로 그 당시에도 폐습으로 지적받았다.

졸업시즌을 맞았다. 고등학교 졸업식에서 여전히 교복을 찢고 밀가루를 뒤집어씌우는 등 소란스런 장면들이 연출되고 있다. 전통이 단절되지 않았다는 산 증거를 보여주려는 것인가. 학교를 떠나 낯선 사회의 일원이 되거나 대학에 진학하는 졸업생들이 규율과 제약에서 탈피하면서 미지의 세계로 향하는 가벼운 불안을 떨쳐버리려는 몸부림으로 보아주고 싶다.

그런데 이번 졸업식에서는 또 새로운 현상이 나타났다. '졸업식장 전교조 몸살'이다. 졸업생들이 해직교사들의 복직을 요구하는 리본부착, 유인물배포, 수상거부, 달걀던지기 등 새로운 의사표출방법을 동원했다. 이 같은 현상이 장차 우리 교육풍토에 어떤 영향을 미칠지는 더 두고 보아야겠지만 어쩐지 개운치가 않고 가슴이 답답하다. "잘 있거라 아우들아 정든 교실아 선생님 저희들은 물러갑니다." 이 졸업가는 이제 '구시대의 유물'이 되고 말았다.

졸업식에서는 또 대학진학자와 비진학자, 합격생과 낙방생으로 갈린다. 승리감과 패배감이 저변에 깔려있다. 이제 한 학년, 한 반, 한 짝이 아니라 제각기 갈 길을 찾아나서는 새 출발의 분기점에 서 있다. '졸업'이란 학업을 끝낸다는 뜻이다. 그러나 구미의 '그래듀에이션'(*graduation*) 이나 '커멘스먼트'(*commencement*) 등은 '점진적 성장', '개시' 등의 뜻이다. 잘 알려진 이야기지만 졸업은 '도착'이 아니라 '출발'이다. 새로 출발하면서 사제 간, 선후배 간의 사랑을 간직하자. "앞에서 끌어주고 뒤에서 밀며…."

《동아일보》 1990. 2. 15

김정일 생일과 캠퍼스 대자보

중국 고사(故事)의 한 토막. 신천현(神泉縣)에 부임한 현령이 말로는 청백한 소리를 하더니 얼마 안 가 사람들을 불러 "아무 날이 내 생일인데 전혀 신경 쓸 것 없다"고 말했다. 신경을 쓰라는 암시인지라 사람들은 비단, 금은 등 비싼 선물을 가져와 축하해주었다. 현령은 "이러지 말라고 했는데" 하면서 "오늘은 이렇게 되었지만 아무 날은 마누라 생일이니 그날은 찾아오지 말라"고 했다. 어쩔 수 없이 부인 생일에도 모두들 찾아갔다. 한 선비가 이를 풍자해 시 한 수를 지었다. "처음 올 때는 하늘을 나는 고상한 학인 줄 알았더니 내려온 것을 보니 고기만 아는 욕심 많은 백로였구나."

16일은 북한이 '민족의 명절'로 내세우는 김정일의 48회 생일. 북한 주민들은 사흘간의 생일기념 연휴를 보내며 모처럼 술과 고기를 맛보았다.

이날 〈로동신문〉은 기념사설에서 김정일을 '혁명의 향도자', '행복의 체현자(体現者)'로 믿고 따를 것을 촉구했다. 관영 중앙통신은 "김정일 동지에게 높은 존경을 바치는 것은 20세기 온 인민들에게 최고의 영예"라고 보도했고 북한방송들은 '20세기가 낳은 문학예술의 천재', '당과 인민의 영원한 지도자' 등 온갖 미사여구를 동원해 김을 찬양했다.

그들은 해외에도 널리 선전, 친북인사들로부터 생일선물을 거둬들이고 보내온 축전, 축하편지 등을 주민들에게 보급, 암송까지 시키고 있다. 우리 풍속사를 보면 50세부터 생일축하를 받고 있다. 김정일의 생일에서 보는 호들갑은 역대 왕의 생일에서도 찾아볼 수 없다. 박정희, 전두환 전 대통령에 대해 '독재' 운운하지만 이들의 생일을 기억하고 있는 일반 국민들은 거의 없을 것이다.

김정일의 생일을 북한에서 떠들어대는 것도 납득이 가지 않는 판에 남한에서까지 그의 생일축하 대자보가 나붙고 유인물이 나돌고 플래카드까지 내걸렸다. 그것도 학문의 전당인 대학가에서 "민족의 향도이신 김정일 선생님의 탄생을 축하드립니다"라며 요란을 떠니 이 기막히고 한심스런 작태를 무어라고 언급해야 할지 모르겠다. 지난 10일은 파스테르나크의 탄생 백주년 기념일, 요즘 세계 곳곳에서 기념행사가 벌어지고 있다. 대학생들이 시간 여유가 있으면 박해 속에서도 찬란한 인간애의 꽃을 피워낸 위대한 작가 파스테르나크의 〈라라에게 바치는 시〉 한 편이라도 접해 보자.

《동아일보》 1990. 2. 20

쌍두雙頭총장과 대학파괴

슬프고 원통한 가을이었다. 1971년 10월 위술령(衛戍令)이 발동, 수경사(首警司) 소속 위수군이 고대에 난입해 학생 1천 5백여 명을 무참하게 구타 연행했다. 학교는 무기휴업령이 내려지고 캠퍼스는 병영이 됐다. 한 달 만에 휴업령이 해제돼 울분 속에 모여든 4천여 학생들 앞에 김상협(金相浹) 총장이 섰다.

"올 가을은 황량한 낙엽의 계절이며 닥쳐올 겨울은 무서운 소진의 계절이 될 것입니다. 그래도 봄은 오고야 말 것입니다. 역사에는 기복이 있고 명암이 있게 마련입니다. 역사에는 영광이 있고 치욕도 있고 긍정이 있고 부정도 있고 승리가 있고 패배도 있고 전진이 있고 후퇴도 있고 정상이 있고 탈선도 있고 환희가 있고 비애도 있습니다. 그러나 그렇게 착잡하게 엇갈린 속에서도 세계사의 진전은 인간 자유의 확대 방향으로 도도히 흘러갑니다."

'지성과 야성'의 총장은 위수군의 포위 속에서도 이같이 토로해 젊은 학도들이 눈물을 흘리게 했다. 그로부터 10년 뒤 5공 들어 최초의 '총장 총리'가 된 그는 '막힌 데가 있으면 뚫고…' 하더니 재임 1년 반도 못돼 '막힌 곳 어디를 뚫었느냐'는 힐책과 함께 물러났고 열화와 같은 인기도 물거품처럼 사라져 버렸다.

나태, 무기력과 보신(保身)

1983년 10월 서울대 총장에 취임한 이현재(李賢宰) 총장은 취임사에서 "학생들이 사회의식을 갖는 것은 당연하다. 그러나 표현 방식은 지성인다워야 한다. 대학은 내부 갈등과 진통을 스스로 해결해 나갈 때 비로소 외부의 간여도 배제할 수 있다"고 강조했다. 이 총장은 자신이 우려했던 바 그대로 서울대생 민정당사 점거, 미 문화원 농성사건 관련학생에 대한 처벌문제로 물러났다. '명예로운 용퇴'란 평판이었다. 6공 들어 그 역시 '총장총리'가 되더니 별로 해놓은 것 없이 열 달도 못 되어 물러섰다.

1985년 2월 고대 김준엽(金俊燁) 총장이 임기를 1년 반이나 남겨 놓고 그만두었다. 학원사태에 따른 학생 처벌에 미온적이었다는 이유로 문교부로부터 사퇴 압력을 받았다. 학생들까지 만류했으나 그는 미련 없이 자리를 떴다. 연대 박대선(朴大善) 총장은 1974년 유신헌법 반대를 금지하는 긴급조치 1호가 선포된 살벌한 분위기에서도 '학생들이 진정한 민주주의의 조속한 구현을 바라는 것은 애국적인 호소'라는 내용의 담화를 발표, 학생들의 용기를 북돋워주었다.

지상에서 대학보다 더 자유롭고 진실되고 아름다운 곳은 없다. 총장은 그런 대학의 상징이며 학문과 지성의 세계에서 숭앙과 선망의 표적이다. 총장은 지도자이며 교육자이며 관리자이며 권력자이며 정보제공자이며 여론추구자이며 보호자이며 상속자이며 설득자이며 중재자이다. 총장이 서 있는 자리, 그가 제시하는 나침반은 우리의 사회와 미래의 삶을 결정한다. 당연히 나태나 무기력은 덕목일 수 없으며 안주나 보신은 직무유기라는 지탄을 면치 못한다. 총장의 직무유기는 곧바로 학생들에게 전염되고 그 '질병'은 사회와 나라 전체로 옮겨간다.

지금 우리의 대학총장들 모습은 어떠한가. '한 대학 두 총장'이란 야누스적 상황이 반 년 이상 계속되는가 하면 총장 없는 졸업식이 꼬리를 물고 있다. 세종대는 재단 측 총장이 출근조차 못하고 있으며 재단 측이 졸업식을 연기하자 사상 처음으로 학생들이 주관하는 졸업식이 벌어졌다. 졸업장 없는 졸업식이었다. 여기에 재단과 학생회가 각기 다른 총장 명의로 등록금고지서를 발부, 애매한 학부모만 울리고 있다. 경기대는 재단 측 총장과 학생회 측 총장 간에 법정소송까지 벌이는 추태를 빚었다. 동국대도 교수회의에서 총장후보 2명을 선출해 재단에 추천해 둔 상태에서 재단측 총장이 졸업식에 참석하자 학생들이 계란과 돌멩이를 던지며 퇴진을 요구했다. 며칠 전 전주대 총장 취임식장에서는 학생들이 총장의 멱살을 잡고 흔들며 망신을 주고 최루탄과 돌을 던져 승용차를 부쉈다. 이밖에도 총장들의 수난은 끊이지 않는다.

종전에도 학생시위에 위협을 느껴 두 번이나 권총소지 신청을 해 '쌍권총의 S사나이'라는 총장이 있었는가 하면 문교부의 시녀 총장이 있었고 족벌체제로 학원소요를 일으킨 총장도 있었다. 그런데도 대학총장은 나름대로 권위와 위엄이 있었고 명예와 명성이 따랐다. 현상윤(玄相允), 유진오(兪鎭午) 고대 총장은 빛나는 자취를 남겼으며 백낙준(白樂濬) 연대 총장은 대학 발전뿐 아니라 정계, 종교계에도 큰 업적을 남긴 위대한 지도자였다. 이대 김옥길(金玉吉) 총장도 3기를 재임한 뒤 주위의 간곡한 연임 간청을 뿌리쳤다. 김 총장은 장기재임의 병폐까지 열거하며 사양했다.

지금 누가 우리 대학을 파괴하고 있는가. 재단인가 총장인가, 교수인가 학생인가. 서로 '내가 아닌 너'라고 할 것이다.

소폭군(小暴君)이 가장 잔혹

대학 사회의 당당한 구성원인 학생들이 대학운영 참여를 요구하는 것은 당연하다. 대학이 공납금에 의존하고 있는 현 실정에선 더욱 그렇다. 그러나 학생은 학생이란 한시적 신분에서 벗어날 수 없다. 학생은 대학의 영원한 주인이라고 주장하나 그들이 대학에 들어온 것은 주인 행세를 하기 위해서가 아니다. 배우기 위해서다. 학생의 본분은 사색과 관찰이지 결정이나 강요가 아니다. 대학생은 완강한 창조력, 싱싱한 감격성, 웅대한 이상의 소유자다. 그러나 오늘 배우지 않아도 내일이 있다고 생각 말라. 숙련은 그처럼 늦게 오는데 인생은 쏜살같이 날아가고, 배운 것은 그토록 적은데 잊는 것은 너무도 많다.

학생은 교수에게 배우고 교수는 총장의 지도를 받는다. 총장은 누구의 조언을 받을 것인가. 교수・동문・학부모・학생들이 있지만 자문(自問)해서 자결(自決)해야 할 중대사들이 많다. 한 대학의 두 총장, 재단을 업고 교수를 업고 학생을 업는 그런 탐욕적이고 비인간적인 자신의 문제라면 더더욱 그렇다. 가장 교육적이어야 할 사람이 가장 비교육적인 만행을 저지르고 있으면서 누구와 상의할 수 있겠는가. 결단을 늦추는 것은 최대의 해악이다. 어떤 이는 명예를 지키기 위해 자결도 서슴지 않는다. '온갖 폭군 중에서 작은 폭군이 가장 잔혹하다. 그 작은 폭군 중에서도 학교의 폭군이 가장 악질적이다' 페스탈로치의 경구를 되새길 때다.

김활란(金活蘭) 이대 총장은 퇴임사에서 명언을 원용(援用)한 명언을 남겼다. 그는 맥아더 원수의 은퇴사에서 한 걸음 나아가 '노사(老師)는 멈출 줄 모르고 오직 전진할 뿐'이라고 말하고 영국의 시인 브라우닝의 시를 인용했다. '제일 좋은 것은 아직 앞으로 남아 있습니다. 그것을 위해 맨 처음에 시작이 있었던 것입니다.'

《동아일보》 1990. 2. 28.

선생님의 향기

교향시 창시자로 불리는 헝가리 작곡가 프란츠 리스트가 어느 시골을 여행하고 있었다. 그 마을극장에서 리스트의 제자인 여성 피아니스트가 연주회를 갖는다고 떠들썩했다. 그 피아니스트의 이름을 들은 적도 없는 리스트는 이상하게 여기며 호텔에 돌아와 쉬고 있었다. 그때 한 젊은 여인이 찾아와 머리 숙여 사죄했다. "선생님의 이름을 빌리지 않으면 나 같은 것은 연주회도 할 수 없어 고명을 도용했습니다. 즉각 중지할 테니 용서해 주십시오"라고 했다. 리스트는 이 여인에게 피아노를 치게 해 몇 가지를 바로잡아준 뒤 "당신은 이제 나의 문하생입니다. 오늘밤 예정대로 연주하십시오"라고 했다.

15일은 스승의 날. 사제 간에 관용·아량·사랑·존경이 메말랐다 하여 흔히 교사와 학생은 있어도 스승과 제자는 찾아보기 어렵다고 말한다. 교사와 학생이 내면적인 대화를 나누며 교사는 학생을 아끼고 학생은 교사를 존경하는 아름다운 모습은 흐뭇한 일이다. 교사와 학생의 전통적인 관계에서 가장 중요한 것은 지식의 교수와 인격의 지도다. 인격지도에 비해 지식 교수는 진(眞)과 위(僞)의 구별이 확연해 교수활동이 비교적 용이한 편이다.

비교적 쉽다고 생각돼 온 지식의 경우도 체계와 종류가 워낙 다양해져 진위를 구별하기가 어려워졌고 지식을 전달하는 인쇄매체·전파매체가 크게 보급돼 오늘날의 교사는 옛날 사서삼경을 강의하던 때처럼 지식의 독점공급자가 되지 못한다. 또 지난날의 교사는 학생의 헤어스타일, 복장, 언어, 음식, 교우, 장래의 포부, 인생관에까지 거의 전반에 걸쳐 지도했다. 그러나 다양화된 사회 속에서 개인의 자주성과 자율적 행동원리와 함께 개인의 책임이 확대된 오늘날 이 같은 일은 사실상 불가능해졌다.

이 모든 것들이 가르치는 사람의 전통적 권위를 크게 떨어뜨렸다. 가족관계, 직장에서의 인간관계, 사회에서의 상호관계가 모두 바뀌어가는 상황에서 사제 관계만 옛 그대로 유지되기를 바라는 것은 무리다. '언제나 단아하시고 청아하시고 따스하신 선생님의 향기'를 우리 모두 가슴속에 안고 있지만 격변하는 세태 속에서 교사나 제자나 서로 상대편이 무엇을 해주기를 바라지 말고 자신이 무엇을 할 것인가를 생각하는 자세가 아쉽다.

《동아일보》 1990. 5. 15

이런 대학 문 닫을 수 없나

대학이 총장선출에 선거 또는 추천제를 도입하는 경우 학생이나 직원까지 참가하는 것이 옳은 일인지 그른 일인지는 한마디로 잘라 말할 수 없다. 교육자들의 대표는 교육자들이 뽑을 것이지, 피교육자나 교직원이 나설 일은 아니라는 면에서 본다면 당연히 총장은 교수들이 뽑아야 한다. 교수들의 소관이 아닌 학생회장 선거나 직원노조위원장 선거에 교수들이 참여할 수 없듯이 학생과 교직원들도 그들의 소관이 아닌 총장선거에 참여할 수 없는 것이다.

반면에 대학을 교수·학생·직원 등으로 구성된 조직체로 볼 경우 이 조직체의 책임자 선정에 교수는 물론 학생, 교직원도 참여할 수 있다. 민주사회에서 조직체의 구성원은 누구나 책임자 선출에 참여할 권리가 있다. 요즘 우리 대학은 총장선출 문제에서 시작해 학교를 파탄지경에 몰아넣은 비극적 현실에 직면해있다. 이 상황에서 교육자와 피교육자 간의 기본적인 윤리조차 붕괴되어버렸다. 학생들이 교수들에게 욕설을 퍼붓는 것은 아무것도 아니다. 일부 대학에서는 학생들이 교수의 머리를 깎거나 구타하고 린치까지 했다.

근 50일 동안 임시휴업을 하고 있는 세종대는 교수, 학생들이 철야농성 등으로 팽팽히 맞서 있다. 교육법 시행령에 따라 학기당 최소한 16주의 수업일수를 채워야 하는데 오는 8일까지 수업에 들어가지 못할 경우 학생 5천여 명 전원이 유급된다. 이 와중에 31일 오후 세종대생 8백여 명은 총장실로 몰려가 이를 저지하는 체육과 학생들과 난투극을 벌이고 박홍구(朴洪球) 총장을 끌어내 교문 밖으로 밀어내버렸다.

이 같은 일련의 세종대 사태와 관련, 독자들의 전화가 언론기관에 수없이 걸려온다. 대학설립을 그토록 많이 인가해주고 입학정원을 대폭 증원하는 등의 대학행정을 맡고 있는 문교부가 지긋지긋한 고질적 분규가 계속되고 있는 대학문을 닫게 할 수 없느냐는 내용이다. 대학 한두 개 없어진다 해서 우리 대학교육에 얼마나 지장이 있겠느냐는 것. 이런 일이 있어서는 안 되겠지만 오죽하면 그런 생각까지 하겠느냐며 한탄한다. 정부가 이 대학에 관선이사를 선출해도 여론은 등 돌리지 않을 것이다. 마찬가지로 전교생 유급이 돼도 놀라지 않을지 모른다.

《동아일보》 1990. 6. 1

여름방학은 더 배우는 기간

초등학교가 여름방학에 들어갔다. 중·고교도 곧 방학에 들어간다. 여름방학은 부담스럽고 틀에 박힌 학교공부에서 벗어나 자유스럽게 생활하고 다양한 체험을 해볼 수 있는 절호의 기회다. 여행, 고향방문, 독서, 캠핑 등을 통해 단체생활, 예절습득, 가사보조, 취미생활, 학습보충 등을 통해 알차게 보낼 수 있다. 그러나 이같이 자유로운 시간은 의미 있게 보낼 때 가치가 있고 무의미하게 보낼 때는 오히려 해독이 될 수 있다.

서울학생은 시골로, 시골학생은 서울로 친척이나 친지의 집을 방문하거나 미지의 세계로 여행 떠나는 것도 값지고 생생하고 특이한 경험이 된다. 여행은 학교에서 배우지 못한 많은 것들을 가르쳐준다. 일하는 농부, 한여름 밤의 별, 새로운 풍물, 경승지 탐승 등은 어린이들에게 새로운 세계를 보여준다. 친척집에 갈 때는 떠나기 전에 방문하고 싶다는 내용을, 다녀온 후에는 감사의 뜻을 전해야 한다. 편지로 써 보내면 더욱 더 좋다. 산이나 바다로 가서 그저 먹고 마시고 즐기는 과소비 여행은 정신적 양식이 되지 못한다.

여름은 인내심을 기르는 계절이기도 하다. 힘든 일이나 운동으로 체력을 단련하고 독서로 더위를 이겨 보자. 비디오테이프나 빌려 시간을 보내거나 시원한 곳만 찾지 말고 알찬 독서로 더위와 정면 대결해 보자. 좋은 책을 읽는 것은 역사상 가장 뛰어난 사람들과 대화를 나누는 것과 같다. 책을 읽는 사람은 참된 벗, 친절한 충고자, 유쾌한 반려자, 위대한 교사의 결핍을 느끼지 않는다. 한낮엔 꾀꼬리, 깊은 밤엔 소쩍새 우는 여름이야말로 사색과 독서의 계절이다.

이번 방학에 특히 당부하고 싶은 것이 있다. 질서의식과 책임감 훈련이다. 요즘 TV나 신문을 보면 시정잡배나 불량배와 다를 바 없는 국회의원들의 아귀다툼에 한심스럽고 서글픈 국회의 모습, 한도 끝도 없는 공직자 부조리, 밤낮이 따로 없는 살인·폭력범의 난무 등 온통 우리를 답답하게 하고 슬프게 하는 것들뿐이다. 기성세대의 이 추악한 모습들에 실망할수록 기대해볼 대상은 역시 우리 청소년들뿐이다. 방학 동안만이라도 집 밖 골목길을 청소하는 데서부터 질서와 의무감과 이웃 사랑을 배우자.

《동아일보》 1990. 7. 17

바람직한 농활

여름방학을 맞아 요즘 대학생들이 농촌 봉사활동을 본격적으로 시작하고 있다. 전국 140여 대학에서 5만여 명이 참가했다. 농활(農活)을 주도하고 있는 전대협은 최근 발간한 자료집에서 "이번 농활에서 그동안의 성과를 증폭시키고 현 정권의 허구적 탄압논리를 폭로함으로써 향후 전개될 시국상황에서 보다 강한 농학연대를 이뤄내야 한다"고 밝혔다. 쌀수입, 농산물 시장개방 문제로 농정에 대한 위기감이 고조되고 있는 가운데 대학생들의 활동방향은 주목을 끈다.

사서 중의 하나 《대학》에 대학의 길은 "명덕(明德)을 밝히는 데 있고 백성과 친하는 데 있으며 지선(至善)에 이르는 데 있다"고 했다. 일손이 절대 부족한 농번기에 대학생들이 농촌 근로활동에 나서 봉사하고 노동의 신성함을 터득하고 농민들과 한 마음 되어 어려운 농촌실정에 대해 격의 없이 의견을 나누는 것은 참으로 바람직하다. 이런 농활이야말로 명덕, 친민(親民), 지선의 대학삼강령(大學三綱領)을 한꺼번에 체득하는 것이다. 그러나 오늘의 농활현장은 그렇지만은 않은 것 같다.

강원도 일부 지역에서 농민을 의식화시킨다며 마을주민들이 농활입촌을 거부하는 등 부작용이 일고 있다. 이제는 농촌도 정보가 늦거나 생각이 뒤떨어지는 것도 아닌데 순수한 봉사활동 이외에는 받아들일 수 없다는 것. 그런가 하면 충남 예산에서는 이장 중심의 마을회의에서 대학생들의 사상이 의심스럽다며 농활을 반대하자 이를 추진하던 한 주민이 농약을 마시고 자살을 기도, 중태에 빠졌다. 농활은 서로 의견이 맞아 조용하고 진지하게 이뤄져야 한다. 소리가 나거나 딴마음을 품고 해서는 안 된다.

무더위가 기승을 부리는 요즘 각 대학 도서관은 학생들의 면학열기로 뜨겁게 달아오르고 있다. 새벽부터 도서관에 가 밤늦게까지 찜통더위도 아랑곳하지 않고 '취업전선에서의 승리'를 위해, 또는 어학보충을 위해 정진하고 있다. 이들에 비해 농활생들은 어쩌면 훨씬 봉사적이다. 그러나 시간은 화살처럼 날아가고 대학 4년은 짧기만 하다. "소년은 늙기 쉽고 학문은 이루기 어렵다." 몇 번 안 되는 여름방학이야말로 황금의 독서기회다. 명덕, 친민, 지선의 농활이 아니라면 도서관을 찾는 것이 백 번 낫다.

《동아일보》 1991. 7. 6

사교육비, 스스로 진 멍에

소련 공산당 서기장이었던 흐루시초프는 스물네 살까지도 글을 읽거나 쓰지 못했다. 스물여섯 살에야 글을 읽고 쓸 수 있었다. 이것이 사실이라면 조기교육은커녕 어릴 때 정식교육을 받아야 한다는 근거조차 희미해져버린다. 그래서 흐루시초프의 경우가 이따금 조기교육 무용론에 원용되기도 한다. 그러나 국가의 기초는 소년을 교육하는 데 있으며 교육은 일찍부터 받아야 효과적이라는 학설이 지배적이다.

유치원을 비롯한 초중고교의 학부모가 작년 한 해 동안 지출한 사교육비가 무려 7조 1천여억 원에 이르렀다고 한다. 이는 지난해 정부예산 27조 4천여억 원의 4분의 1이 넘는 엄청난 규모다. 각급학교별로 보면 극성스런 조기교육 등의 영향으로 유치원이 지난 1985년에 비해 3배로 늘었고 초등학교는 2.5배로 늘어났다. 중학교는 1.7배, 고등학교는 1.8배로 늘었다. 자녀들의 과외비 대느라 등골이 휘는 학부모들의 고충이 짐작되고도 남는다.

유치원·초등학교생의 사교육비가 엄청나게 늘어난 것은 어릴 때부터 피아노, 미술, 주산, 속셈, 태권도 등 학원수강을 경쟁적으로 시키고 있기 때문이다. 그런데 이처럼 어마어마한 돈을 들인 만큼 좋은 결과를 가져오는 것일까. 조기교육에 대한 부모들의 과욕으로 어린이들이 억지공부에 염증을 느껴 흥미를 잃고 심한 경우 압박감에 견디다 못해 정신질환까지 앓는 경우가 속출한다. 발달장애, 정서장애로 인한 우울, 과민반응, 무반응 등의 증상을 보이며 자폐현상에까지 이른다고 한다.

우리의 2세들이 점수 따는 기계로 키워지는 현실에서 경쟁에 뒤지지 않도록 몰아세우는 부모들의 심정을 모르는 바 아니다. 그러나 자칫 그런 풍조에 휩쓸리다보면 자녀교육을 망쳐버릴 수 있다. 참다운 자녀교육은 과외·학원에나 맡겨버리고 돈으로 해결하려 드는 것이 아니라 정성어린 관심을 갖고 사랑의 대화를 꾸준히 이어가는 것이다. 무관심은 증오보다 더 해로우며 대화가 끊기면 가정의 화목도, 가족 간의 사랑도 상실되고 만다. 부모들이 항상 바르고 성실하게 살아가는 것이 최고의 자녀교육이 아닐까.

《동아일보》 1991. 9. 23

엉터리 수험상품

요즘 '족집게 과외'라는 것이 극성을 부리는 모양이다. 예상되는 출제 문제를 멋대로 모아 수험생이 답을 달달 외우게 하는 '고액 찍기과외'다. 이 같은 얌체행위로 수억 원을 쉽게 챙긴 '점쟁이' 과외교사가 파문을 일으키더니 이번엔 엉터리 저질 수험(受驗) 관련 상품이 범람, 수험생·학부모들을 울리고 있다. 이 상품들은 바이오 세라믹과 자석이 내장되어 있다는 머리띠, 실리콘과 순도금 지압봉을 부착한 안면 지압기, 카세트 내장 베개, 특수 빛을 이용한 조명기구 등 10여 가지나 된다.

자석머리띠, 안면 지압기 등은 머리와 눈 부위 등을 마사지해주어 피로를 풀어주고 머리를 맑게 해주며 카세트 베개는 베고 있으면 저절로 영어단어가 외워진다는 것. 이 밖에 불면증 해소·기억력 회복·집중력 강화·암기력 증진 등에 효과가 있다는 현혹상품들이 대학입시가 다가오면서 날개 돋친 듯 팔리고 있다. 가격도 3만 원에서 몇십만 원에 이르기까지 큰 부담을 안겨준다. 그러나 전문가들은 그런 효험이 과학적으로 증명된 것이 없을 뿐만 아니라 두통 등 부작용이 우려된다고 주의할 것을 당부한다.

시험 잘 보는 데는 달리 특효의 지름길이 없다. 금년에 서울대에 수석 합격한 한확(韓確) 군은 학교 선생님이 가르쳐 준 기본적인 교과내용을 충분히 이해하고 소화하려고 노력한 것뿐 다른 묘방은 없었다고 말한다. 평소 교과서 위주로 꾸준히 예습, 복습을 했으며 참고서로 문제풀이도 해 보았으나 항상 기초를 확실히 파악하는 데 중점을 두었고 TV과외는 열심히 시청했다는 것. 공부 못지않게 건강도 중요해 하루 6시간씩 자는 등 생활리듬을 깨뜨리지 않았다.

이제 대학입시가 한 달 앞으로 다가왔다. 수험생들은 지금까지 닦아온 실력을 총 점검하는 마무리학습을 해야 한다. 지금 새 문제집이나 참고서를 택하기보다 손때 묻은 문제집으로 이미 공부한 것들을 다져나가야 한다. 사회·지리·역사·과학 등 암기과목에 치중하되 컨디션 유지가 중요하므로 엉터리 수험상품에 의존하지 말고 해 오던 공부습관을 그대로 유지해 리듬이 깨지지 않도록 유의해야 한다.

《동아일보》 1991. 11. 21

교사 수당 올려야

지난 20년 동안 물가가 얼마나 올랐을까. 비교적 안정세를 유지하는 쌀과 금값을 살펴보자. 일반미 중품의 지난 1971년도 도매가격이 80kg에 7,153원 하던 것이 금년 11월 현재 97,463원으로 13.6배 올랐다. 금은 순도 99.99%의 제련소 판매가격이 g당 757원에서 9천 원으로 약 12배 올랐다. 다른 품목들은 대부분 훨씬 더 큰 폭으로 올랐다. 옷값은 수십 배, 땅값은 백 배도 더 올랐다.

그런데 20년 동안 단 한 푼도 오르지 않은 것이 있다. 제자리걸음하고 있는 것은 바로 교사들의 수당이다. 20년 전에 책정된 월 1천 원의 주임교사수당이 지금도 그대로다. 한국교총은 이 수당을 월 3만 원으로 올려줄 것과 사학교원 퇴직수당 보조금 등을 요구했다. 교육부에서 이를 받아들여 171억 원의 예산편성이 돼 있었으나 국회에서 전액 삭감해버렸다. 교총은 교육여건 개선을 위한 최소한의 요구조차 거절, 전국 40만 교원의 염원을 일거에 묵살해버렸다며 내년 1월부터 월 1천 원의 수당을 반납하기로 하고 항의서명운동을 벌이기로 했다.

초중고교를 막론하고 교사 중 96% 이상이 주당 44시간의 법정근무시간을 초과해서 일하고 있다. 또 엄청난 양의 잡무에 시달려 교사 중 70% 가량이 일을 집에까지 가져가 처리하고 있다. 이에 비해 처우는 정반대다. 사범대 졸업생의 경우 초봉이 29만 6천여 원(수당 제외)으로 일반 기업체의 절반밖에 되지 않는다. 근무연한이 늘어나면서 격차가 줄어들기는커녕 더 벌어진다. 30년 봉직한 교장이 82만 7천 원으로 일반 기업체의 차장급(10~15년 근무)에도 미치지 못한다.

교사들이 열악한 근무조건에서 과중한 수업부담과 산더미 같은 잡무에 시달리는 것은 어제 오늘의 이야기는 아니다. 요즘 교사들은 스승 대접은커녕 '교무노동자'라는 비칭까지 받고 있다. 현직교사의 과외교습은 공공연한 비밀이라고 할 정도로 교사상에서 일탈한 교사가 없지 않지만, 대부분의 교사들은 박봉에도 불구하고 본분에서 벗어나지 않는다. 나라의 운명은 젊은이들의 교육에 달려 있다. 교사들에 대한 박대는 교육의 질을 떨어뜨릴 뿐이다.

《동아일보》 1991. 12. 11

겨울방학, 부모의 자녀지도기간

"'돈 돈' 하지 말아야 한다. 부모의 이 말이 머리에 박힌 자녀는 돈이 생기는 일이라면 무엇이든지 하겠다는 무서운 마음을 갖게 된다. 이런 아이는 갈수록 배금사상에 빠져들어 절도 · 강도 · 협박 등 비행을 예사로 저지른다." 오랫동안 비행청소년을 교화하면서 얻은 경험을 토대로 한 검사가 엮은 책 《부모의 실천이 자녀비행을 막는다》의 한 구절이다. 이 책은 자녀를 훌륭하게 키우기 위해서는 불평, 가난한탄, 부부싸움을 하지 말고 아이들 앞에서 거짓말을 하지 않아야 한다고 강조한다.

불평불만에 익숙해져버린 자녀는 매사에 자신의 잘못은 반성하지 않고 모두 남의 탓으로 돌린다. 가난을 한탄하는 소리를 듣고 자란 자녀는 가난을 부끄럽게 생각한다. 그래서 친구들에게 가난하지 않은 것처럼 위장하는 이중성에 빠져 홀로 비관해오다 비행을 저지른다. 또 과도한 부부싸움은 부모와 가정에 혐오감을 갖게 해 인간관계의 소중함을 모르고 아무렇게나 행동하게 된다. 부모가 당장의 이익을 위해 거짓말을 하면 이를 보고 배운 자녀는 거짓말이 몸에 배어 비행소년으로 자란다.

긴 겨울방학, 크리스마스와 연말의 들뜬 분위기, 대입학력고사가 끝난 뒤의 해방감에서 빚어지는 중고교생들의 강력범죄가 잇따라 발생하고 있다. 유흥비나 용돈마련을 위한 고교생들이 다수 낀 절도 강도단이 연이어 검거됐다. 그 중엔 아홉 차례나 범행한 경우도 있다. 은행까지 털려던 고교생이 구속되기도 했다. 그런가 하면 요즘 청소년들 사이에 외설카드가 성행한다. 상스런 어투에 화투놀이에 빠지는가 하면 여자 나체를 소재로 만든 저속한 카드를 주고받는다.

방학기간은 학부모들이 자녀교육을 떠맡는 기간이다. 방학은 규격화된 학교생활에서 벗어나 자기시간을 갖고 평소 모자랐던 과목을 보충하며 독서, 여행 등을 통해 자기 발전과 체험을 쌓는 소중한 기간이다. 특기 연마, 취미생활 등 하고 싶은 것도 많겠지만 친절한 말씨나 웃어른에 대한 공경심 한 가지만이라도 익히도록 부모들이 지도해주면 청소년들의 거칠고 난폭한 행동이 줄어들 것이다.

《동아일보》 1991. 12. 24

지진학생 지도

중학생 가운데 한글조차 깨우치지 못한 학생이 의외로 많은 모양이다. 한국교총 산하 교육정책연구소가 조사한 것을 보면 한글 못 읽는 학생이 1~2명인 학급이 51%, 3~4명인 학급이 6.7%, 5명 이상인 학급이 3.3%나 됐다. 초등학교도 아닌 중학교에서 이렇다니 참으로 충격적이다. 이 까막눈은 남학생보다 여학생이, 도시보다 시골이 더 심했다. 학교 수업내용을 90% 이상 이해한다는 학생도 20%가 채 안 됐다.

이런 상태는 초등학교에서 기초학습을 제대로 하지 못한 채 무시험으로 중학교에 진학하기 때문이다. 중학교에서도 학과이수능력이 무시된 채 반이 편성되면서 누적된 학습결손을 보충할 기회를 갖기 못해 이런 현상이 빚어지고 있다. 까막눈 학생과 교과를 따라가지 못하는 학생들이 많은데도 학교에서는 표피적인 입시위주의 주입식 교육으로 일관해 이런 어처구니없는 중학생 문맹이 생겨났다.

학교공부를 잘 해야만 위대한 과학자나 발명가가 되는 것은 아니다. 에디슨은 초등학교에 다닐 때 뭐하나 제대로 하거나 알아듣지를 못했다. 그래서 담임교사는 "에디슨의 머릿속은 뒤죽박죽" 이라고 혹평했고 교장도 "에디슨은 무엇을 해도 성공 못할 아이"라고 단정했다. 아버지조차도 "머리가 좀 모자란다"고 했다. 이런 에디슨에게 용기를 북돋워 준 것은 어머니였다. 어머니가 깊은 사랑과 관심으로 에디슨을 깨우쳐 전기를 비롯해 위대한 발명왕이 되었다.

우리 국민 중 완전 문맹자는 20% 정도로 알려졌다. 문맹상태로는 사람이 사람답게 살아갈 수가 없다. 1995년부터 초등학교에서 영어를 선택과목으로 가르치게 된다. 국제화시대에 외국어가 중요하다는 것은 이해가 간다. 그러나 중학생이 한글도 모르는 현실을 무엇이라고 설명해야 할 것인가. 우리 모두의 책임이지만 특히 교사와 해당 학부모들에게 답답함을 느낀다. 교육정책당국도 무시험 진학제도만 핑계 댈 것이 아니라 이 같은 현상 해소책과 지진학생에 대한 별도 대책을 조속히 강구해야한다.

《동아일보》 1992. 1. 14

새 대입제도 2~3년 연기해야

지금 고교교육이 초비상사태에 걸려 있다. 졸렬하기 짝이 없는 비교육적 새 대학입시 방법을 놓고 교육부, 대학당국, 고교 측에서 제 입장만 내세우는 가운데 고교교육이 돌이킬 수 없는 파행수업으로 치닫고 있다. 대학 이기주의의 덫과 조정능력을 상실한 교육당국의 틈바구니에 낀 대입준비 고교생들만 헤어날 수 없는 수렁에서 허우적대고 있다. 인성교육은 커녕 지금까지 해오던 교과 위주의 수험준비조차 제대로 할 수 없게 만든 새 입시제도로 고교는 지금 기묘한 입시기관으로 전락해 버렸다. 결국 골탕 먹는 것은 학생이고 망쳐지는 것은 우리 중등교육이다.

생각해 볼수록 억울하기 짝이 없는 노릇이다. 학생이 내는 수업료와 학부모가 부담하는 세금으로 교육공무원이나 대학교수, 고교 교사들이 먹고살고 자녀를 가르치고 여가도 즐긴다. 바로 그들이 지금 대학입시를 담보로 고교생과 그 부모들에게 엄청난 고통을 안겨 주고 있다.

1994학년도부터 실시키로 한 새 대입제도는 입시준비과정으로 전락한 고교교육의 정상화를 위해 정부가 앞장서 마련했다. 새 제도는 고교내신 성적반영률을 높여 고교교육의 안정을 기하고 능력평가시험과 대학 본고사를 병행해 학생선발권을 점차적으로 대학에 넘겨주자는 것이다.

그러던 것이 최근 주요 대학들이 본고사를 국영수 중심으로 치르고 제 2외국어 비중을 크게 낮춰 고교 학습에 큰 회오리를 몰고 왔다. 교육부나 고교 측의 간절한 요청에도 불구하고 국영수 중심 본고사 과목이 확정되자 고교 1, 2년생 수업이 이 과목들에 치우치는 것은 물론, 학생들이 다른 과목은 수업조차 받지 않으려 한다. 본고사를 이렇게 치를 경우 내신과 능력평가시험을 합쳐 국영수 비중이 전체 과목의 80%나 차지하게 된다.

고교 3년간 배우는 전체과목은 28개 과목이다. 여타 과목의 나쁜 수업 분위기는 뻔한 일이다. 벌써부터 수업 중에 몰래 국영수 과목 공부를 하는 학생이 수두룩해졌다. 여타 과목담당 교사들도 이를 적발해 나무라기는커녕 자조 섞인 투로 권장까지 한다는 것이다.

대학 측의 견해도 일리는 있다. 고교 간 학력차 등이 반영되지 않은 내신평가에 구조적인 문제가 있으며 새로 도입된 수학능력시험 역시 신뢰할 수 없는데다 동일한 문제로 수십만 명을 평가하는 데는 변별력에도 한계가 있어 부득이 본고사에 치중할 수밖에 없다는 것이다.

제 2외국어 경시의 입시요강도 큰 문제. 전국 132개 대학 중 제 2외국어를 선택과목으로 채택한 대학이 18개교밖에 안 된다. 또 서울대, 연세대 등 상당수 대학이 일어 등 교육과정상 공인과목을 선택대상에서부터 배제해 버렸다. 이 과목을 배운 학생들에게서 선택의 여지를 박탈해버린 것이다. 일어는 학문적 창의성이 없으며 일본에서만 통용되는 일어를 통해 접하는 일본문화가 과연 얼마나 세계적 보편성을 갖겠느냐는 견해다. 그러나 세계적인 경제대국이며 역사·지리적으로 밀접한 관계에 있는 일본을 더 알고 더 깊이 연구하기 위해서는 일어가 필요하다는 의견도 있다.

어떻든 현재 전국 고교의 55%가 일어를 가르치고 있다. 일어 제외에 반발한 학생 학부모 1만 2천여 명이 연대 서명한 탄원서를 작성해 시정을 요구하고 나섰다. 공인과목을 뒤늦게 배제해 학생들만 심각한 정신적 고통과 학습 부담으로 피해를 보게 됐다는 것이다.

학생선발을 대학자율에 맡긴 이상 대학의 판단이 존중돼야 한다는 데 대해 고교측은 중등교육 정상화를 저해하는 독단적 자율권 행사가 무슨 교육적 의미가 있느냐고 항변한다.

실제로 지금 고등학교는 특수반이나 우열반 편성, 국영수 중심의 이동수업, 방과 후 국영수 특강 등 변칙파행수업을 일삼고 있다. 고교 교사들은 우리 대학도 멋대로 출제해 선발할 것이 아니라 구미 선진국처럼 고교 내신 성적 및 활동상황과 교장 추천서, 능력평가 성적 등을 종합 사정해 뽑는 것이 바람직하다고 주장한다.

며칠 전 전국사립중고교장회는 새 제도에 대한 대응책으로 2개 대학 이상에 원서를 내는 복수지원 방안을 강력히 추진키로 했다. 이 방안이 허용될 경우 각 대학 지원경쟁률이 무의미해지는 등 입시관리에 엄청난 파란이 일 것이다. 또 5월 초에 공청회를 열어 개선이 아니라 개악한 새 제도의 시정을 요구하기로 했다. 국공립인문고교장회도 같은 움직임이다.

수험생의 학습 부담을 줄이기 위해 교육부가 마련한 새 제도가 오히려 입시부담만 가중시킨 결과가 돼 버렸는데, 여기에 교육부의 책임이 크다. 입시문제 유출사고로 교육당국의 신뢰도가 떨어진데다 자율화 바람으로 교육부의 협조 요청이 각 대학에 먹혀들지를 않고 있다. 교육부는 그런 상황도 고려치 않고 냉큼 새 제도를 내놓았다가 되말린 꼴이 돼 버렸다.

그러나 한편 대학의 신뢰도도 말이 아니다. 작년 초 서울대 음대 부정입시가 터지더니 각 대학에서 음악·미술·무용·체육 등 예체능 부정입시 사건이 연이어 발생했다. 또 거액의 기부금 입학사건으로 총장, 재단 이사장 등이 잇달아 구속됐다. 국정감사 결과 채점을 잘못해 징계를 받은 교수가 수백 명에 이르렀다.

망국의 과외열풍까지 불기 시작하는 이 시점에서 당장 해결해야 할 가장 중요한 과제는 황폐화 일로에 있는 고교 교육의 정상화다. 입시제도를 바꾸는 일은 그 다음이다. 교육부는 대학도 고교도 학부모도 물러설 수 없게 돼 버린 새 대입제도의 적용을 2, 3년 연기해야 한다. 그래서 대학 측의 국영수 중심의 본고사 및 제 2외국어 기피현상과 고교 교육 정상화 간의 합치점을 찾아야 한다. 한 가지 중요한 것은 적용대상을 지금 중 2, 3학년으로 잡아야 한다는 점이다.

나라의 운명은 청년 교육에 달려 있다. 교육은 국가를 만들지는 못한다. 그러나 교육 없는 국가는 반드시 멸망한다. 부실한 교육 역시 나라가 쇠퇴의 길로 치닫게 한다. 구소련도 본질적으로 교육에 문제가 있었고 오늘의 미국의 위기도 교육의 황폐에 원인이 있다고 한다. 교육은 생산품이 아니다. 점수 · 진학 · 졸업 · 직장 · 돈의 순이 아니다. 교육은 끝없는 인격형성의 과정이며 가장 좋은 교육의 비결은 학생을 존중하는 것이다. 교육은 결코 제도가 아니며 졸속제도는 더욱 아니다.

《동아일보》 1992. 5. 1.

어린이 과보호

어린이는 장차 나라를 걸머지고 나아갈 미래의 일꾼이다. 어린이들이 튼튼하고 구김살 없이 바르게 성장하는 사회는 밝은 내일이 약속되는 사회다. 당연히 정성을 다해 보살펴 훌륭하게 자라도록 하는 것이 성인들의 과제다. 그러나 요즘 우리 어린이들은 과보호로 인한 병폐가 너무나 심한 것 같다. 부모들이 자녀의 뜻을 너무 잘 받아준다. 아이들이 장난감 등을 한없이 사들여 낭비하는가 하면 식성도 까탈만 부리고, 모든 것을 제멋대로 하려고 한다.

이런 아이들은 제 몫만 아는 유약하고 이기적인 성향으로 흐르고 우물 안 개구리 격이 되어 간다. 집안에서는 큰소리치지만 밖에 나가서는 주눅이 든다. 부모가 자녀를 소유물처럼 대해도 안 되지만 의타심만 길러주어서는 안 된다. 구미에서는 아무리 부잣집 자녀일지라도 용돈을 마구 주지 않는다. 필요한 돈은 스스로 노력해 벌어서 쓰도록 한다. 초등학교에 입학하는 연령만 되어도 남의 집 아기보기, 이웃집 낙엽이나 쌓인 눈 치우기, 차 닦기, 심부름 등 아르바이트를 해 용돈을 벌어 쓴다.

구미의 여객기에서는 열 살 안팎의 어린이가 가슴에 행선지 꼬리표 하나만 달랑 달고 혼자서 대륙이나 대양을 건너는 장거리 여행을 하는 것을 볼 수 있다. 우리로서는 생각도 못해 볼 일이다. 우리 아이들은 지나친 과보호로 자립심·독립심이 약하다. 이렇게 기르니 아이들 버릇이 나빠져 이웃을 위하고 존중할 줄을 모른다. 독수리는 새끼에게 먹이를 줄 때 적당한 거리를 둔다. 새끼가 용기를 내어 뛰어올라야 받아먹을 수 있도록 유도한다.

5일은 어린이날. 소외받고 학대받는 어린이를 사랑하여 씩씩하고 발랄하게 기르자는 데서 비롯된 어린이날의 취지가 많이 변색된 것 같다. 해마다 이날이 되면 자녀 데리고 동물원이나 갔다 오고 선물을 안겨주는 것으로 할 일 다 했다고 여기는 것 같다. 우리 사회에선 매년 3천 6백여 명의 영아가 버림받는다. 또 전국의 소년소녀가장이 7천 가구나 된다. 내 자식 응석만 받아주지 말고 끼니 잇기가 어렵고 애정에 목마른 이들 불우한 아이들에게 관심을 가질 때 사회가 성숙한다.

《동아일보》 1992. 5. 4

해외도피 학원이사장들

지난 7월 명문사학재단 중동학원의 이민각(李敏珏) 이사장에 이어 청주의 운호학원 강인호(康仁鎬) 이사장이 학교공금을 떼어먹고 미국으로 도피하더니 이번엔 선덕학원 설립자 김양형(金良亨) 씨, 학원이사장 김희건(金熙健) 씨 부자가 법인 학교공금을 유용하고 미국으로 달아났다. 선덕중고교, 신경여실고, 동북국교 등 4개교를 운영하는 이 학원 설립자 김씨는 현재 선덕중고교장으로 있고 아들 김씨는 학원이사장에 민자당소속 서울시의회 의원이다.

이들 부자는 평소 신분과시에 열을 올렸다고 한다. 설립자 김 씨는 중고교장에 만족하지 않고 4년제 대학을 세우려 사채를 끌어들였으며 지난해에는 서울시 교육위원에 나서기 위해 구의회 의원들을 매수하려다 이 사실이 폭로되자 중도하차했다. 아들 김씨는 서울시의원에 출마해 당선되는 과정에서 거액의 금품을 써 빚을 많이 진 것으로 알려졌다. 이들은 거액의 사채를 끌어 쓰고 눈덩이처럼 불어난 이자를 갚기 위해 공금까지 마구 횡령했다.

이들 부자는 학생들이 낸 수업료 30억 7천만 원과 재단공금 등 46억 3천여만 원을 가로챘으며 수백억 원대의 사채를 끌어 쓰고 해외로 달아나 버렸다. 이들처럼 거액의 사기, 고의부도 등을 낸 뒤 해외로 달아난 해외도피사범 925명이 끼친 피해액이 무려 1조 3백억 원에 이른다고 최근 검찰이 발표했다. 이 명단의 앞자리에 역시 학원 이사장들이 자리 잡고 있다. 빼내간 돈으로 호화생활을 하며 공소시효가 만료되기만을 기다리겠지만 그들 역시 마음이 편치는 못할 것이다.

당랑거철(螳螂拒轍)이란 말이 있다. 제 분수를 모르는 행위를 두고 하는 말이다. 작은 몸으로 수레바퀴를 막으려다 눌려죽는다는 뜻으로, 제

자신을 모르고 욕심내다 낭패를 보는 것이다. 선덕학원의 김씨 부자도 자신들의 분수를 모르고 교육위원이니 시의원이니 신분과시에 열을 올리다 결국 파멸해버리고 말았다. 제 영역을 망각한 망령된 행동은 재화(災禍)만 부른다. 관계당국은 다른 해외도피 사범도 마찬가지지만 나라의 장래가 걸려있는 2세 교육을 망쳐놓는 학원도피자들은 인터폴 등과 협조해 어떻게든 송환조치하는 방안을 강구해보아야 한다.

《동아일보》 1992. 11. 22

망국의 입시부정 엄단하라

온 백성의 호곡(號哭) 속에 인조가 청 태종 앞에 무릎 꿇고 한 번 절할 때마다 세 번 머리 조아린 삼배구묘두(三拜九叩頭)의 항복은 단군 개국 이래 최악의 굴욕사다. 그러나 인조반정이 없었다면 그 같은 치욕은 겪지 않았을 것이다. 외치에 걸출한 광해군은 이미 강홍립(姜弘立)을 파견, 명청(明淸) 간 다변외교로 호란(胡亂)을 예방했다. 그토록 영민했던 광해군이었지만 간악한 간신배들에게 둘러싸여 몰락했다.

이이첨(李爾瞻)은 광해군을 꼬드겨 역적을 토멸한다며 연거푸 큰 옥사를 일으켰다. 임해군, 영창대군을 죽이고 선조의 총비(寵妃)와 장인 김제남(金悌南)도 주살했다. 이같이 엄청난 죄악상보다 더 큰 죄악을 이이첨은 저질렀다. 과거(科擧)를 관장하게 되자 송두리째 망쳐 놓았다. 과거는 국정관리자 등용문으로 모든 교육이 이에 초점을 맞춰 행해졌는데 이를 파행으로 몰아갔다. 이이첨 휘하 세력가 자제들은 모범답안 작성자, 대필생, 참고서적 준비생 등 수 명을 데리고 과장에 들어가 응시하거나 심한 경우 과제를 미리 알아 답안을 준비해 입장했다. 조선 후기 엽관매직도 이때부터 비롯됐다.

이이첨은 네 아들을 모두 이 같은 방법으로 등과시켰고 유희분(柳希奮)은 집안사람 5명이 한꺼번에 급제해 자서제숙손통(子壻弟叔孫通)이란 말까지 생겨났다. 썩을 대로 썩은 과거 부정이 끝내는 광해군을 파멸시켰고 종내는 국왕이 항복하는 삼전도의 비극을 초래했다.

요즘 확산일로에 있는 대학입시부정 사례들은 우리가 상상할 수 있는 가장 간악한 비교육적 요인들을 총망라한 교육파멸의 망국적 범죄다. 현직 교사들이 사무실까지 차려 광고를 내 대리시험을 치를 명문대생을 모집하고 교감은 부유층 학부모들을 유인, 알선했다. 또 장차 이 나라를 짊어질 미래의 주인공들은 아무 자책감도 없이 돈을 받고 대리시험을 치렀다. 학부모들은 범죄까지 저지르면서 자식을 대학에 집어넣으려 했다. 그 같은 반윤리적·비도덕적 수법으로 자식을 대학에 들여보내 무얼 하겠다는 것인가.

광운대 입시부정도 총장 친인척과 교무 관리처장 등 대학관리자들이 주범이라는 데 더욱 심각성을 띤다. 족벌체제도 문제지만 입학시험을 비롯, 학사행정을 총괄하는 처장들이 거액을 받고 컴퓨터까지 조작한 입시범죄를 저질렀다. 광운대 입시부정 같은 사건이 그 대학에만 국한된 사건이었겠는가.

학생선발권을 비롯, 각종 학사행정관리가 대학으로 넘겨지고 있는 최근 몇 년 사이 잇달아 입시부정사건이 발생했다. 예체능계 입시부정, 시험지도난사건, 잇단 사립대 부정입학사건 등으로 저명한 교수, 재단이사장, 총장들이 줄줄이 구속됐다. 자율화 바람이 불기 시작한 1984년 이후 각종 감사, 수사로 밝혀진 부정입학자가 무려 1천 5백여 명이나 된다. 지금 이 순간에도 부정입학이 적발될까봐 가슴 졸이는 대학관계자, 학부모, 학생이 수도 없이 많을 것이다.

추호의 빈틈도 없이 공정하게 치러져야 할 대학입시가 이토록 허술하게 방치되고 있으니 내년부터 본격 시행될 대학별 입시관리가 큰 문제다. 지금과 같은 범죄풍토가 개선되지 않은 채 대학 자율로 치른다면 입시부정이 더욱 만연할지도 모른다.

대학교수들이 대학입시의 주관식문제 채점을 잘못해 무더기 징계처분을 받았음이 얼마 전 국정감사자료에서 밝혀졌다. 일관성 없는 기준으로 아무렇게나 채점했는가 하면 정답을 오답, 오답을 정답 처리한 것이 감사대상 8개 대학 모두에서 드러나 교수 466명이 징계처분을 받았다. 대학입시는 수험생으로서는 12년 학업의 총결산이며 대학교육의 시작이다. 한 학생의 평생이 걸려 있는 중대사를 그토록 무책임하게 처리해 버릴 수 있는가.

흔히들 우리 교육의 병폐를 군사문화의 소산이라고 한다. 인성교육, 적성교육을 외면한 채 규격화된 획일교육으로 일관했다. 그래서 정부가 주도해 온 학사관리를 점차적으로 대학에 넘겨주고 있다. 대학 자율화는 민주화의 전제요, 대학의 다양성·창조성 시현의 정로(正路)다. 그러나 그것이 올바른 교육 자율화로 이어지지 않고 부정과 탐욕을 추구하는 발판으로 악용된다면 더욱 큰 문제다. 대학마다 자율화를 입버릇처럼 되뇌지만 지금 우리 대학들이 어느 정도 공정성·도덕성을 확보해서 대학 자율화를 감당할 수 있을지 의문이다. 자율은 자유방임이 아니라 엄격한 책임과 자제를 동반한다.

대학 자율화 과정에서 숙고해야 할 몇 가지 측면이 있다. 교육당국은 그토록 말 많은 입시관리를 얼렁뚱땅 대학 측에 넘겨버리고 책임을 피해버리려는 의도는 없는가. 관리 능력 없는 대학들이 어떻게 해 가는지 구경이나 하겠다면 큰일이다. 반면 대학 측은 자격도 갖추지 않은 채 모든 것을 수중에 넣고 보자는 무책임한 자세는 아닌지 궁금하다. 대학은 맹목적으로 자율화만 확보하려 할 것이 아니라 공정성·합리성부터 확보해야 한다. 사실 지금 자율에 맡길 만한 대학은 몇 되지 않는다. 요즘 파급일로에 있는 입시부정에서도 그 일단은 드러났다. 자율에 맡기고 나면 모든 것이 잘될 것이라는 생각은 대학 현실을 제대로 천착하지 못한 발상이다. 이번 사건에서 보듯 못된 일은 못된 나름대로 꾸준히 발전한다. 교사가 제자 대리시험을 종용했는가 하면 교수가 아들의 답안을 고쳐 써 넣었다. 사학은 또 재정난 핑계로 축재 수단화되고 있다.

지금 우리 교육은 형해화(形骸化) 상태다. 나라의 기강이 뿌리째 흔들리는 교육위기다. 국가 운명은 교육에 달려 있다. 교육부는 뒤늦게 입시부정 종합대책을 발표했지만 이 또한 일과성 편법에 그치기 쉽다. 겸허한 자세로 공정성·도덕성을 갖추고 교수, 시설 등을 확보한 곳은 완전 자율에 맡기고 자율을 악용할 소지가 있는 곳엔 가차 없이 철퇴를 내려야 한다. 고교나 대학이나 교육기관은 국민의 것이다. 저토록 한심한 망국적 작태를 도저히 두고 볼 수 없다. 학원에서 돈이 맥 못 추게 하는 수술을 문민정부는 할 수 있고, 또 해야 한다.

《동아일보》 1993. 2. 5

대학입시제도

초등학교에 들어간 어린이에게 가정학습으로 병아리 키우기를 시켰다. 엄마가 병아리를 사다 헌 상자에 넣고 아들과 함께 정성들여 키우는데 며칠 뒤 한 마리가 힘없이 쓰러졌다. 가여운 이 병아리를 발견한 어린이는 태연하게도 이렇게 말했다. “엄마 병아리가 고장 났어.” 갓난아이 때부터 줄곧 기계장난감만 가지고 놀던 어린이에겐 이 병아리의 죽음은 ‘고장’ 이외엔 아무것도 아니었다. 다정다감한 소년이 아니라 기계식 캡슐소년이 되어버렸다.

어린이가 상급학교로 올라갈수록 휴일도 방학도 없이 무슨 군용견 훈련하듯 입시대비 문제풀이만 되풀이한다. 정해진 교과목 운영은 거의 무시된 채 아침 일찍부터 저녁 늦게까지 주입식 교육에 파묻혀 폭넓은 독서나 등산, 여행은 물론 어른을 공경하고 남을 위해 봉사한다는 것은 생각도 못한다. 깊이 있는 사고력, 정확한 판단력, 의미 있는 감상력, 창의적인 작문력 등 정규교육과정에서 익혀야 할 것들이 모두 도외시된다.

뒤늦게나마 교육정상화를 위해 대학에서 치르는 본고사에서 주관식 출제에 논술시험도 치르기로 했다. 특히 서울대는 지문(地文) 등 문제 소재는 교과서로 한정하지 않기로 했다. 단순암기에 의한 지식평가보다 기본개념을 정확히 이해하고 문제해결 과정을 논리적으로 구성하는 능력평가에 치중하기로 했다. 국어의 경우 문학작품 이해와 감상에 40%, 주어진 글의 요약과 200자 원고지 6장 내외의 논술고사에 60%의 비중을 두기로 했다.

대학입시에 관한 한 서울대는 다른 대학의 출제방향에 큰 영향을 미친다. 연세대도 단답·서술형 등 주관식에 비중을 두어 단순암기보다 대의 파악과 논리적 사고력 측정에 중점을 두기로 했다. 이 같은 출제방향은 앞으로 고교 수업내용을 크게 바꿔놓을 것이다. 특히 논술은 독서와 기타 경험이 두루 반영되도록 출제해야 한다. 그래야 입시 일변도 공부나 반짝 과외 없는 정상적 교육과정을 통한 대학입학이 가능하게 된다.

《동아일보》 1993. 3. 13

교육부의 부정입학 면죄부

교육부는 지난 1990년 광운대 감사에서 부정입학 혐의를 잡고도 '단순 사무착오'로 처리했다. 광운대는 그 후에도 매년 입시 때마다 부정입학시비에 휘말렸는데도 교육부는 감사는커녕 '우수대학'으로 선정해 정원까지 늘려주었다. 그러나 종내는 재단과 총장을 비롯한 많은 대학관계자가 한통속이 되어 조직적인 대규모 부정입학을 저질렀음이 사직당국의 수사로 드러났다.

상지대도 마찬가지다. 교육부는 지난해 10월 국회 교청위의 요구에 따라 특별감사를 실시하고도 입시부정을 적발하지 않고 이사장인 김문기 당시 민자당 의원에게 경고하는 선에서 매듭지었다. 그러나 지난 3월 김 의원의 재산공개파문에 따라 상부지시로 재감사에 나서 18명의 부정입학을 밝혀냈다. 경원(暻園)학원 입시부정도 마찬가지다. 교육부는 이미 오래전부터 제보를 받고도 '익명이다', '신빙성이 없다'는 등의 이유로 사실 확인을 게을리 했다.

경원학원의 엄청난 부정입학 비리는 결국 청와대의 지시로 경찰이 수사에 나서 들통났다. 90년 3월의 경원대에 대한 교육부 감사는 '청부감사'였음이 뒤늦게 밝혀졌다. 김동석 전 총장은 당시 대규모 부정입학 사실이 검찰수사에서 적발될까봐 이를 피하기 위해 교육부장관에게 감사를 자청했다. 교육부는 비리를 적발하고도 어물어물하다가 대학 자체처리에 맡겼다. 최근에 밝혀졌지만 교육부 고위관리는 물론 장관들까지 경원대 측과 연관이 돼 있었다.

경기대에서도 부정입학 사실이 드러나 교육부에서 감사에 나섰다고 한다. 경기대는 1987학년도에 이어 1988학년도에도 조직적인 대규모 입시부정을 저지른 의혹을 사고 있다. 1989년 이 대학을 특별감사한 교육부는

1988학년도 입시사정자료가 모두 폐기처분돼 부정입학을 적발하지 못하고 관련자 징계조치에 그쳤었다. 교육부는 더 이상 '면죄부'를 안겨주는 눈가림 감사를 해서는 안 된다. 앞으로 대학 자율화가 더욱 신장되는 추세인데 교육부는 명실공히 '교육감사부'의 역할을 다해야 한다.

《동아일보》 1993. 5. 4

당장 도덕교육부터 시작하자

지금 나라 안 구석구석이 썩지 않은 데가 없다. 그 중에도 우리를 가장 가슴 아프게 하는 것이 교육계 부정비리다. 우리는 지금 교육파탄 · 교육파멸의 위기에 직면해 있다. 수많은 대학들이 범죄 집단의 잔혹한 범행을 빰칠 정도의 대담한 수법으로 교육범죄를 저질렀다. 50여 개 대학이 재단과 한통속이 되어 몇 년 사이 수천 명을 부정입학시켰다. 관련 학부모 중엔 사회지도층 인사들이 망라되어 있다. 그뿐 아니라 교수직도 수도 없이 사고팔았다. 학문과 지성의 양심이란 교수직이 금전으로 매매됐다.

교육 파괴적 범죄

국립교육평가원의 장학사는 학력고사 답안지를 빼내 팔아 넘겼고 교육부장관들이 앞장서 비위 사학재단과 유착관계를 맺어 왔다. 그것도 모자라 입시행정을 총괄하는 교육총수인 교육부장관 자신이 자식을 부정입학시켰다. 교육자이기를 포기해 버린 교육파괴적 범죄다.

초 · 중등교육도 마찬가지다. 초등학교에서 일부 교사와 학부모 간의 봉투거래는 공지의 사실이다. 고교도 내신 성적 조작과 관련, 일부 교사와 학부모 간의 비리가 잇달아 말썽을 일으켰다. 고교의 부정입학, 교사직 매매도 조금씩 드러나고 있다. 돈이면 다 된다는 학부모들의 사고방식 역시 문제다. 무엇이든지 돈으로 해결하려 드는 부도덕한 자세가 우리 교육을 이렇게 망쳐 놓았다.

흔히들 교육제도 탓을 한다. 우리 교육제도는 지금까지 수십 번 고치고 바꾸고 수정・보완・개편을 거듭했다. 정권이 바뀔 때마다 뜯어고쳤다. 그토록 고치고 또 고쳤으니 현 제도는 나무랄 데 없는 '작품'이라야 옳을 것이다. 그런데 바로 그 제도 아래서 유례를 찾아보기 힘든 교육비리가 저질러졌다. 새 정부도 대통령 직속의 교육개혁위 설치 등 제도개선을 모색하고 있다. 그러나 지금 바꿔도 얼마 안 있어 또 다시 잘못됐다며 바꾸려 할 것이다. 일단 바꿔 놓아야 업적이 생기는 것이다.

제도가 문제가 아니다. 운영이 문제이며 사람이 문제다. 바르게 운영했다면 현 제도보다 훨씬 열악한 제도 아래서도 지금과 같은 최악의 비리는 발생하지 않았을 것이다.

교육뿐 아니라 정치・경제・사회・군대에 이르기까지 총체적 부정부패로 온 나라가 신음하고 있다. 어느 나라나 다소의 비리는 있게 마련이지만 교육비리가 우리만큼 심각한 나라는 동서고금에 없지 않은가 싶다. 지금까지의 우리 교육은 입시 위주의 단순 지식전달에 그쳤다. 지식만 갖춘 비도덕적 인간을 양산해 왔다. 교직자도 지적 전문성이나 학력만 따졌지 도덕적 자질에 대해서는 관심을 갖지 않았다. 교육자・피교육자 모두 도덕성은 별문제가 아니었다. 윤리교육의 중요성이 거론되지 않은 것은 아니다. 윤리교육이 정부시책 홍보 또는 이데올로기 주입에 급급한 수준이었다. 교육철학의 빈곤 속에 도덕교육이 수학이나 영어처럼 지식전달 수업에 그쳤다. 도덕교육은 학생 개개인의 심성개발과 올바른 가치관 확립에 역점을 두어야 하는데도 도덕교과가 고교 내신 성적에 별 영향을 미치지 않기 때문에 교사나 학생 모두 외면한다. 대학입시에 내신 성적을

40% 반영한다지만 실제로는 출석, 행동발달내용까지 합쳐 10.2% 밖에 안 된다. 예절 · 봉사정신 · 질서의식 등 도덕성을 상당비율 반영하는 것도 한 방법일 것이다.

절대빈곤에서 벗어나기 위해 지식과 기술교육이 긴요한 시대가 있었다. 그러나 일정 수준에 이르면 도덕을 동반하지 않은 지식기술은 파괴적 양상을 띤다. 도덕성이 수반되지 않은 교육은 인간관계를 해쳐 상호협동체제나 사회공동체를 붕괴시킨다. 그래서 지금 우리 공동체가 고질적 부패로 알력 · 갈등 · 혼돈 속에 허덕이고 있다.

도덕교육은 학교뿐 아니라 가정, 사회가 삼위일체가 되어 추진해야 한다. 사실 도덕교육의 중요한 도장(道場)은 가정이다. 생활습관이나 지능발달은 3세 전후에 50%, 6세 이전에 30%가 형성되고 나머지 20%는 20세 전후에 완성된다고 한다. 그래서 '떡잎교육'이 중요하다. 자녀들은 부모를 닮는다. 외형은 물론 말투 · 가치관 · 세상을 보는 눈까지 닮는다. 그래서 '그 어미에 그 자식'이다. 부모가 거짓말을 밥 먹듯 하는데 자녀들이 진실해질 수 있겠는가.

《동아일보》 1993. 5. 14

캠퍼스가 집회장소인가

오늘의 우리 대학은 외부세계의 급격한 변화에 따른 새로운 가치창조와 지적 수요의 도전을 받고 있다. 치열한 국제경쟁 속에서 첨단 새기술을 사회에 연구 · 보급해야 하고 새 국제질서에 발맞춰가야 할 각 분야 전문 엘리트를 길러내야 한다. 또한 사회갈등과 집단적 욕구분출 등의 모순을 조화롭게 관리 개혁하는 지혜를 공급하고 학생들의 인격도야에도 힘써야 한다.

그러나 지금 우리 대학은 어떤가. 범죄적 수법까지 동원된 부정입학, 교수직 매매 등의 교직자 채용비리, 교수와 학생 간의 갈등과 불신, 섬뜩한 변혁논리의 구호 등 살벌한 캠퍼스 환경, 그 어느 구석에서도 진지한 분위기를 찾아 볼 수 없다. 그뿐인가. 대학과는 아무 관계가 없는 외부단체들의 불법집회가 꼬리를 물고 대학 안에서 개최돼 연구·강의에 엄청난 지장을 주고 학교시설 파괴 등 상당한 손상을 입혔다.

연세대는 17일 "그동안 공식허가를 안했는데도 각종 집회가 빈번히 교내에서 개최돼 대학 본래의 기능수행에 큰 어려움을 겪었다"면서 앞으로는 허가하지 않은 집회가 열릴 때는 모든 법적 조치를 취해 막겠다고 밝혔다. 단국대도 외부단체들의 불법 교내 집회·시위를 막겠다고 밝혔다. 다른 몇몇 대학들도 곧 이 같은 방침을 확정할 것으로 보인다. 대학당국은 대학의 학문 연찬의 분위기를 조성해야 할 책임이 있다. 뒤늦게나마 제 할 일을 찾는 모습이다.

대학이 지켜야 할 가치로 지적 수월성, 학문의 자유, 인간성 회복 등을 꼽을 수 있다. 이 같은 대학의 가치를 달성하기 위해 가장 중요한 것이 캠퍼스의 연구 분위기다. 대학 내에 반지성주의나 맹목적 행동주의가 팽배해서는 그 결실을 거둘 수 없다. 대학캠퍼스에서의 허가받지 않은 외부집회는 물론 대학을 그런 집회장소로 여기는 사고방식까지 이 기회에 뿌리 뽑아버려야 한다.

《동아일보》 1993. 6. 19

한약 조제권 분쟁

투표행위와 고차원적인 정치적 결정과의 관계는 참으로 미묘하다. 투표를 한 결과로 결정이 되기 때문에 이 양자 간에는 긴밀한 관계가 있다. 그러나 그 최종결정이 과연 투표자들의 의지만으로 이루어지는 것일까. 투표행위라는 절차를 이끌어간 어떤 집단의 의지의 소산은 아닐까. 그러면 투표자는 무엇인가. 실제에 있어서는 투표자의 의지와 지식을 넘어선 어떤 힘에 의해 결정되고 있는데도 그 결정의 창조자라는 환상에 빠지는 것이 투표자라고 에리히 프롬은 규정한다.

찬반투표의 경우 더욱 그렇다. 지금까지 정권 수임자가 앞장서 실시한 국민투표의 경우 거의 정권의 의지대로 결판났다. 6공 들어 자주 보게 되는 노동조합의 조업 찬반투표에서도 거의 모두 그렇게 나타났다. 노조집행부의 의지가 반영되지 않았다고 보기 어렵다. 이 찬반투표가 신성한 학원에까지 침투해 들어갔다. 다른 것도 아닌 학생들의 수업여부를 묻는 찬반투표가 전국 11개 한의대에서 6일 실시된다.

극히 일부학생들의 수업참여로 집단유급을 모면한 한의대생들이 이번 주부터는 개인별 유급시한을 맞는다. 특히 동의대, 경희대, 경북대 등은 5일에서 10일 사이에 학생들이 수업에 참여하지 않을 경우 유급이 불가피하다. 나머지 대학들도 유급시한이 임박했다. 전국 3천여 한의대생들의 장래는 물론 매년 한의대를 지원하는 수험생 3~4천 명의 장래도 걸려있는 중대문제다.

한약조제권 분쟁을 해결하기 위한 약사법 개정추진위가 5일 열렸으나 한의사 측이 위원을 추천하지 않아 반쪽회의로 끝났다. 보사부는 8월 말까지 약사법 개정안을 마련, 올가을 정기국회에 제출할 방침이다. 양측이 조금씩 양보해 원만한 타결이 이루어지기를 기대하지만 학생들은 이에 관계없이 강의실로 들어가야 한다. 유급 시한이나 찬반투표의 결과에 앞서 학생이 수업 받는 것은 마치 인간이 호흡하는 것과 다를 것 없다는 것을 명심해야 한다.

《동아일보》 1993. 7. 6

실종된 교육개혁 의지

지난 십 년간도, 지난 백 년간도 아닌 지난 천 년 동안 인류역사를 바꿔 놓은 인물은 누구일까. 얼마 전 〈타임〉 지가 세기말이 아닌 밀레니엄 말을 앞두고 지난 천 년 동안의 10대 인물을 선정했다. 성 프란체스코, 구텐베르크, 콜럼버스, 미켈란젤로, 마틴 루터, 갈릴레오, 셰익스피어, 토머스 제퍼슨, 모차르트, 아인슈타인이 그들이다. 이밖에도 금속활자, 전화기, TV 등 10대 발명품도 선정했다.

세계 최고의 현존 목판인쇄물은 불국사 석가탑에서 발견된 다라니경이다. 신라 경덕왕 때 것이다. 금속활자도 우리는 구텐베르크보다 220년 앞선 고려 고종 때 사용했다. 그런데도 〈타임〉 지는 활자와 관련, 한국에 대한 언급이 한 마디도 없다. 안타까운 일이다.

규칙 인간만 길러내

얼마 전 〈뉴욕타임스〉 지는 중국 거주 한(韓) 민족은 55개 소수민족은 물론 한(漢) 족보다도 우수하다고 소개했다. 사실 우리 민족의 수월성(秀越性) 은 중국에 거주하는 민족들에 비교할 바 아니다. 국력 등에서 크게 뒤지는데도 올림픽 4위, 국제기능올림픽 9연패의 위업을 달성했다. 바둑에서는 세계 최강 일본과 중국을 누르고 4개의 세계 타이틀을 모두 휩쓸었다.

그러나 교육을 통한 학문적 성취도는 미약하기 이를 데 없다. 노벨상의 경우를 보면 미국이 2백여 명, 영국이 80명이 넘고 일본도 7명이나 되지만 우리는 한 명도 수상하지 못했다. 노벨상이 전부는 아니더라도 학문이나 문화예술 면에서 세계 수준에 우리가 크게 뒤지는 것은 사실이다. 지금까지의 노벨상 수상자 6백여 명 중 32%가 유태계라고 한다. 학문과 예술에 천부적 소양이 있는 민족인 까닭도 있지만, 그보다 유태인의 교육열이 근본요인이다. 이들은 두 살 때부터 유치원 교육을 받기 시작한다. 이스라엘에서는 엄청난 국방비에도 불구하고 5세부터 16세까지 완전무료 의무교육을 실시한다. 대학에서도 공부하는 데 돈이 들지 않는다.

우리가 세계수준에 뒤지는 주요 원인은 열악한 교육환경 때문이다. 고려나 조선시대에도 교육열이나 교육수준이 높았다. 수많은 석학들이 배출됐다. 해동공자나 동방예의지국이란 칭호가 그냥 생긴 것이 아니다. 그러나 30여 년의 일제식민교육, 또 다른 30여 년의 군사통치교육으로 인간성을 함양하는 대신 단세포적 규격인간을 길러냈고 도덕성을 갖추는 대신 무분별한 목적제일주의 가치관을 갖게 했다. 더불어 살아가는 자세 대신 이기심만 길렀고, 질서·봉사정신을 가르치는 대신 우열만 따지는 배타적 경쟁심만 훈련했다. 그 결과 촌지성행, 내신조작, 입학부정 등 우리 교육계가 비리의 온상이 돼 버렸다.

김영삼 대통령은 교육대통령이 되겠다고 공약했다. 지금 한국에 혁명이 필요하다면 교육혁명이라고 역설했다. 취임 직후 교육비리 척결 등을 위한 교육개혁위 설치추진 등 교육개혁작업에 착수하는 듯했다. 그러나 취임 반년이 돼 가는데도 해놓은 것은커녕 손에 잡히는 게 없다. 개혁공약·개혁의지를 잊어버리기라도 한 듯 교육개혁에 대해 일언반구도 없다.

교육부가 그동안 해 온 것은 대학 본고사 폐지 유도, 과외 전면허용을 위한 학원관계법 개정 추진 등 모두가 퇴행적인 것들뿐이다. 학원관계법 개정은 다시 후퇴하는 움직임을 보이고 전교조 문제도 원점으로 되돌아가 버렸다.

우리 교육은 개혁차원을 넘어 교육혁명이 이루어져야 한다. 기술민족주의가 판칠 21세기에 대비해 대전환이 있어야 한다. 우리는 교육투자에서부터 난관에 부닥쳐 있다. 교원 1인당 학생 수는 세계 최하위권이다. 실험실습기자재는 낡고 보잘 것 없으며 학교가 향락 퇴폐업소들에 둘러싸여 있는 고도(孤島)와 같은 경우가 수두룩하다.

우리의 교육예산은 국민 총생산의 3.7% 수준이다. 서구의 많은 나라들은 물론 일본도 5%가 넘는다. 남북대치로 인한 국방비 부담 때문에 어쩔 수 없다고 주장하기도 한다. 그러나 초강국 중국과 대치 상태인 대만도 5%가 넘는다. 그뿐 아니라 이스라엘은 8%가 넘는다. 땅덩어리는 강원도만 하고 인구는 5백만 명에 불과한 이스라엘이 면적이나 인구 면에서 백 배도 넘는 아랍권과 대치해 있으면서도 이처럼 엄청난 교육비를 투자하고 있다. 아무리 국토가 비좁고 부존자원이 없어도 인력은 그 모든 것을 커버하고도 남는다는 평범한 진리를 우리는 외면하고 있다.

예산부터 늘려야

새 정부의 교육개혁 첫째 과제는 교육예산 증액에서부터 풀어나가야 한다. 김 대통령의 공약은 교육예산 3.7%를 1998년까지 5%로 올린다는 것이다. 그러나 예산부처는 올릴 수 없다고 뻗대고 있고 허약·무능한 교육부는 뒷짐만 지고 있는 실정이다. 예산증액 없이는 중학교 의무교육 전면 실시는커녕 학급당 학생 수 감축이 불가능하다. 학급당 학생 수를 줄이지 않고 대형 학교를 분리해 놓지 않고는 인간교육을 기대할 수가 없다.

교육투자에 인색하고 시간만 허비하면 국가는 인재가 없어 쇠퇴하게 된다. 교육은 국가를 만들지는 못하지만 교육 없는 국가는 반드시 멸망한다. 교육비는 지금의 세대가 장래의 세대에게 마땅히 지불해야 할 부채다. 지금 우리 교육예산은 동남아 국가에서도 맨 꼴찌다. 지난번 대통령 선거 때 야당 후보들은 교육예산을 1995~1996년까지 GNP의 5%수준으로 확대하겠다고 했다. 다른 분야는 몰라도 이 분야는 참고할 만한 대목이다.

정치나 경제의 실정(失政)은 몇 해 지나면 소멸될 수 있다. 그러나 교육실정은 언제까지도 소멸되지 않는다. 사회발전의 원동력은 개체의 창의력이다. 창의력과 함께 다양성·자율성을 바탕으로 한 인간성·도덕성 회복의 민주교육으로 교육혁명을 달성해야겠다. 교육개혁의 시계를 교육대통령을 부르짖던 그 시점으로 되돌려 새롭게 출발해야 한다.

《동아일보》 1993. 7. 30

국민학교 명칭

'국민학교' 명칭의 유래에 관해 잘 알고 있는 사람이 그리 많지 않다. 국민학교는 어느 나라든지 국민생활에 필요한 가장 기초적, 초보적인 보통교육을 실시하는 곳이다. 우리 국민학교의 역사는 고구려시대의 경당, 고려·조선시대의 서당에서 비롯됐다 할 수 있다. 근대적인 서구식 학교제도로는 1883년 원산학당이 설립된 후 서울의 수하동, 정동, 재동 소학교 설립에서 시작된다.

그러던 것이 일제강점기에 들어서 1911년 이른바 조선교육령에 의해 보통학교로, 1938년 교육령 개정으로 심상소학교로, 1941년 일왕의 칙령에 따라 국민학교로 개칭됐다. 우리뿐 아니라 당시 일제지배를 받던 동남아 각국들도 마찬가지였다. 국민학교 명칭변경 건의서를 교육부에 제출한 외국어대 박창희 교수는 "천황중심의 국체의식과 국가주의사상을 고취시켜 모든 국민을 황국신민으로 전시요원화하기 위해 붙여진 것이므로 당연히 시정되어야 한다"고 주장한다.

지금 중국 등에선 소학교로, 북한에서는 인민학교로 불린다. 국민학교 명칭 변경문제는 그동안에도 몇 차례 제기돼 왔으나 찬반이 엇갈렸다. 국민학교를 대체하는 새 이름도 여러 가지로 제안이 나왔다. 초등학교, 초급학교, 어린이학교, 주춧돌학교, 새싹학교, 기초학교, 보통학교, 시민학교, 민초학교, 우리들의 학교, 어린이배움터 등. 여론조사 결과 이 중 초등학교, 어린이학교를 선호하는 쪽이 가장 많았다 한다.

지금 우리나라는 어느 분야나 일제의 잔재가 남아있지 않은 곳이 별로 없다. 그런데 자라나는 어린이들이 오히려 더욱 심하다. 태어나자마자 일제 유아용품, 일제 식품으로 자라고 일제 학습도구로 공부하며 일제 닌텐도오락에 탐닉한다. 조금 커서도 머리모양, 옷, 신발에 이르기까지 일본풍을 모방한다. 이제 우리의 것을 찾을 때도 됐다. 임정선열 5위 안장식도 가졌고 옛 총독부 건물도 헐린다니 국민학교 이름도 우리식으로 고쳐야 한다.

《동아일보》 1993. 8. 11

시험 부정행위

"유쾌하기까지 한 마음으로 답안지에 빨리듯 빈자리를 메우는 데 여념이 없는 아이, 얼굴이 벌겋게 상기된 아이, 눈을 감고 생각하느라 심각한 표정을 짓는 아이, 초조한 태도로 연방 연필을 깎는 아이, 멍하니 창밖을 내다보고 있는 아이, 연필 쥔 손으로 신경질적으로 머리를 긁는 아이….” 안수길이 국민학교 학생들이 시험 치르는 장면을 묘사한 글이다. 한 폭의 그림 같다.

그러나 요즘은 달라져도 크게 달라졌다. 대학입시에 내신성적이 반영되는 고교생들뿐만 아니라 중학교, 국민학교에서조차 시험부정행위가 성행하고 있다. 얼마 전에 서울의 한 국민학교에서 어린이들이 아예 커닝 가림판으로 막아놓고 시험을 보아 개탄을 금치 못하게 했다. 성적부진을 비관한 국민학교 학생이 자살하는 참극도 이따금 발생한다. 얼마 전 한 여학생이 시험을 잘못 보았다며 친구들 앞에서 투신하는 끔찍한 일도 벌어졌다.

학교교육은 일정한 교육과정에 따라 단계적으로 행해지고 교육과정을 마친 일정한 시점에서 피교육자가 소기의 목적에 도달했는지의 여부를 조사해 보아야한다. 이처럼 피교육자의 상태를 알고 적절한 교육내용과 방법 등을 판단하기 위해 시험이 필요하다. 학교뿐이 아니라 시험은 사람이 태어나면서부터 줄곧 따라다니는 숙명적인 것이다. 평생 남을 평가하고 남으로부터 평가받으며 살아간다.

오는 2학기부터 서울시내 모든 국민학교 1, 2학년의 필기시험이 전면 폐지된다. 3~6학년도 한 학기에 한차례이내만 시험을 보도록 했다. 교육과정에서 시험을 빼놓을 수는 없다. 그러나 어린이교육에 시험이 전부는 아니다. 다양한 학습으로 여러 가지를 익히고 불안과 압박감에서 벗어나 마음껏 뛰놀게 하면서 밝고 명랑하게 자라도록 보살펴야한다. 그것이 바로 전인교육이다.

《동아일보》 1993. 8. 14

지방에 대학촌 건설하자

우리나라 대도시 어디를 가도 사람들과 차량들로 초만원이다. 최근엔 수도권, 특히 경기도에 대거 몰리고 있다. 그 중 상당수가 전남북, 경남북지방에서 이주해 온 사람들이다. 이로 인한 자동차의 폭발적 증가로 도시교통소통과 주차난이 심각하다. 가는 데마다 차량홍수로 거북걸음 주행이다. 고속도로도 마찬가지고 국도도 줄지어 서있다시피 한다.

70년대까지만 해도 수도권 인구분산시책이 강력하게 추진됐다. 그린벨트관리보호만큼이나 엄중했다. 대학의 경우도 수도권은 입학정원이 동결됐다. 대신 지방대학의 입학정원 증원과 지방대 신설은 활발했다. 이 같은 시책이 5공 들어서면서 희미해지기 시작했다. 6공 들어서도 마찬가지였다. 서울 소재대학 입학정원이 크게 늘어났다. 특히 수원, 용인, 안성 등지와 수도권과 인접한 천안, 조치원 등지에 분교가 우후죽순처럼 생겨났다.

지방캠퍼스 재학생들은 기숙난에 통학짜증까지 겹쳐 고생수업을 하고 있다. 상당수가 매일 서울에서 왕복 4~5시간의 통학에 시달린다. 서울에 사는 학생뿐 아니라 전라도, 경상도에서 올라와 서울 하숙집에 거주하면서 다시 천안 등지로 통학하는 학생도 많다. 최근엔 차를 기다리다 지친 서울거주 여대생들의 자가용 편승이 늘어나고 이를 노린 오너들이 등장해 불미스런 일까지 벌어진다는 후문이다.

얼마 전 건설부장관이 수도권 집중을 막기 위해 지방에 대학촌을 건설하겠다고 언급한 적이 있다. 좋은 발상이다. 이곳에 서울소재 대학 이전을 돕고 신설대학을 명문대학으로 육성하면 여러 가지로 도움이 될 것이다. 산수 좋고 교육환경 좋은 전남북 접경 내장산 국립공원 경남북 접경인 가야산 국립공원 주변이 적지가 아닐까. 영호남 화합을 위해서라면 지리산 국립공원 아래 구례와 하동 접경이나 덕유산 국립공원 아래 장수와 함양 접경에 건설해 보면 어떨까. 이화여대가 천안에 제 2캠퍼스를 건립한다고 밝혀 떠오른 상념이다.

《동아일보》 1993. 8. 20

육사 인기 부침의 내막

대한민국 정부수립 후 45년 동안의 3분의 2가 넘는 32년간 육군사관학교 출신이 통치권자로 군림했다. 두말할 것도 없이 육사 2기 출신의 박정희 전 대통령과 육사 11기 출신의 전두환 · 노태우 전 대통령이다. 30여 년의 군사정권을 'TK정권' 또는 '육법정권'이라 부른다. 대구 · 경북지방 사람들이 관직을 독차지하다시피 해 TK정권이란 말이 생겼고 육사출신과 서울대 법대출신들이 관료요직을 독점하다시피 해 육법정권이란 말이 생겼다.

5 · 16 이후 한때 육사출신들이 국가의 모든 요직을 독차지했다. 육사 2기 출신만 해도 박 대통령을 비롯, 한신, 문형태, 이소동, 이규동, 심흥선, 전부일, 박원근, 이세호, 유근창, 김재명, 권오태, 이동화, 이철희, 김재규 등 수두룩하다. 이에 못지않게 김종필 씨 등 육사 8기 출신들도 대단했다. 전 · 노 전 대통령을 비롯한 육사 11기 출신들 역시 열거할 수 없을 만큼 대거 현직에 올랐다. 그뿐 아니라 육사의 다른 기 출신들의 관직 진출도 엄청났다.

그동안 출세하려면 명문대학보다 사관학교에 들어가야 한다는 말은 새삼스러운 이야기가 아니었다. 그래서 사관학교의 경쟁률이 치솟았다. 60년대부터 80년대 초반까지 최고 60대 1의 높은 경쟁률을 보인 때도 있었다. 작년 육사경쟁률은 10대 1이 넘었고 해사 공사도 14~15대 1 수준이었다. 그런데 이 같은 사관학교 경쟁률이 급격히 내려가고 있다.

94학년도 신입생 원서접수결과 육사 4.2대 1, 해사 7대 1, 공사가 4.3대 1로 떨어졌다. 반면 경찰대학 지원자는 크게 늘었다. 그동안 지원자가 감소하는 추세였는데 이번엔 12대 1로 껑충 뛰었다. 사관학교의 경쟁률 하락은 무엇을 의미하는 것일까. 새정부 출범이후 계속된 군 숙정 등 군의 부정적 이미지 탓도 있겠지만 문민정부 탄생으로 이제 군은 권력에서 멀어지고 있는 추세 때문은 아닐까. 그토록 예민하게 현실을 반영하는 것이 바로 세태인심이다.

《동아일보》 1993. 9. 15

어쩌다 대학이 이 지경으로 …

교수가 학생의 잘못을 타일렀다가 망신당하는 것은 가슴 아픈 일이다. 캠퍼스에서 난잡한 행동을 지적하는 교수에게 '아저씨 몰랐어', 만취행패를 나무라는 교수에게 '교수면 다냐'며 주먹질하는 것은 참으로 서글픈 일이다. 학생이 노교수의 옷자락을 스치거나 부딪치며 앞을 막고 걷는 일, 좁은 출입구에서 노교수와 정면충돌하면서 양보할 줄 모르는 여대생들의 무례는 가슴 답답한 일이다.

교수가 재단이나 총장 측에 접근해 승진이나 보직을 구걸하고, 선거로 당선된 총·학장이 선거과정의 논공행상 식 보직인사에 매달려서는 대학이 제 기능을 다 할 수 없다. 학문과 지성의 양심이라는 교수직이 금전으로 매매되고 지연·학연·인맥 위주로 교수를 채용하며 자신보다 실력 있는 교수임용은 반대하는 풍토에서는 대학발전을 기대할 수 없다.

교수사회 비리만연

휴강까지 하면서 보잘 것 없는 학생들 졸업여행 따라가고 주중에 야외 단합대회를 하며, 결강・휴강을 자주 해 놓고 공휴일에 보강했다며 거짓 보고해 몇 푼 안 되는 수당이나 챙겨서야 될 말인가. 취직시험을 구실로 4학년 2학기 강의를 전폐한 학과가 있는가 하면 단 한 번의 강의로 한 학기를 마쳤다는 교수에게 아무런 제재도 내려지지 않는다. 학생회 간부에겐 바닥권 성적에도 장학금 특전을 주고 '뇌물성' 외유까지 시켜 준다.

"대학입시를 비롯한 교육행정이 대학 자율에 맡겨졌을 때 대학은 현재 교육부가 하고 있는 수준 이상으로 관리할 능력이 없다." 최근 대학 사회를 향해 가혹한 자기반성을 촉구하는 글을 현직 교수가 교수협의회보에 게재했다. 강원대 박창고 교수(지구물리학)는 〈대학 사회의 위기와 문제〉라는 글에서 교수가 학생들로부터 모욕이나 수업방해를 받고도 일언반구 질책도 못하는 위기적 상황에 처해 있는 것이 오늘의 우리 대학 현실이라고 개탄했다.

연구실 옆에서 족구나 고성방가, 수업 중인 강의실 옆에서 꽹과리・북・구호 소리, 과음 후 방뇨, 돈을 벌기 위한 술판대동제, 음란문구가 적힌 티셔츠 착용, 화장지와 화장실 거울까지 떼어 가는 저열한 캠퍼스의 모습을 적나라하게 적시했다. 그뿐인가. 기타 치며 노래 부르는 동아리 사무실, 쓰레기 집적소 같은 학생회 사무실, 마치 신성불가침의 종교단체와도 같은 학생회의 모습을 꼬집었다.

박 교수는 잘못은 교수 쪽에 더 많다고 지적한다. 고교수업 연장 수준의 강의내용, 불성실・불공정한 출제 및 채점, 인기를 의식한 후한 점수주기, 보고서 수준의 논문, 실현 불가능한 연구를 하겠다는 연구계획서, 외국서적을 번역해 자작 저술로 둔갑시킨 교수, 제자의 논문 대작 여부도 분간 못하는 교수, 연구실에서 취침하는 교수, 휴게실・바둑판 붙박이 교수, 난폭운전·불법주차를 일삼는 교수, 청소원에게까지 핀잔 받는 교수, 객원교수·교환교수 사칭 등이다.

커닝을 위해 빈틈없이 새까맣게 쓰인 책상과 교실 벽, 사회부정을 규탄하면서 학생 스스로는 시험부정에 혈안이다. 지금 대학마다 커닝행위가 만연해 있다. 박 교수는 커닝을 억제할 수 있는데도 방치하고 있다고 주장한다. 커닝해봐야 별 수 없는 문제를 출제하거나 감독을 철저히 함으로써 예방할 수 있다는 것이다. 오직 교수들의 의지와 결심에 달려 있는데 그렇게 하는 교수가 없다는 것이다.

또 얼마 전 학생들이 대학본부를 폭력 점거, 대학행정이 14일 동안 마비됐는데도 징계위원회는 만장일치로 경고 처분하는 데 그쳤다고 한다. 박 교수는 교수들이 비겁한 속성을 그대로 드러낸 것이라고 비판했다. 며칠 전 경기대에서도 총장 퇴진문제를 놓고 학생 수백 명이 쇠파이프와 야구방망이를 들고 편싸움을 벌였다. 이 사건도 사후조치 내용이 주목된다.

옳은 말이나 건설적 비판에 대해 협박도 서슴지 않는다. 박 교수의 이번 행동에 대해 대학 측은 징계 조치하겠다며 진상조사위를 구성했다가 뒤늦게 대책위로 대체했다고 한다. 또 적시사항의 구체적 증거를 대라고 했다가 2탄 준비설이 나오자 적당히 써 달라고 하더라는 것이다.

실추된 권위 회복을

박 교수가 지적한 내용이 전부 사실인지는 알 수 없다. 또 모든 대학이 다 그렇다고 할 수는 없다. 그러나 비슷한 현상이 많은 대학에 팽배해 있음은 부인하기 어렵다. 어쩌다가 우리 대학이 이 지경에 이르렀는가. 군사독재 권위주의 통치 탓으로 돌려버리지만 어떻든 지금 우리 대학은 비인간화· 비윤리화 상태에서 교수의 권위가 땅에 떨어졌다. 대학교육이 합리성·도덕성을 가르치는 대신 무분별한 목적제일주의 가치관 속에 배타적 이기심만 길러 놓았다.

연세대와 미국 매킨지 사의 공동조사에 따르면 우리 명문대학의 질적 수준과 연구 실적이 아시아 신흥공업국 대학보다 훨씬 뒤져 있다. 교수 비율 및 장서도 부족하지만 무엇보다 교수 연구업적이 극히 미약하다. 얼마 전 한 조사에서는 교수의 72%가 최근 3년간 단 한 권의 학술서적도 낸 적이 없는 것으로 드러났다. 대학 평점제, 교수 재임용제가 거론되지 않을 수 없는 현실이다.

교수는 사회정의와 진리를 수호하는 지적 양심이며 그 사회의 좌표를 제시해 주는 나라의 스승이다. 힘들고 어려운 이 때 교수들이 방관자적 자세에서 벗어나 참된 용기를 발휘해야 한다. 가장 중요한 단 한 가지, 학생 입학에서 졸업 때까지 관리만 철저히 하면 대학은 완연히 달라질 것이다. 강의와 학점과 상벌에 엄격하면 학생답게 충실하지 않고는 졸업을 할 수가 없을 것이다.

스승을 길에서 만나면 두 손을 이마 위로 들어 올린 채 허리를 굽혀 길가에 비켜선다. 스승의 목 위를 올려보아도, 허리 아래를 내려다보아도, 그림자를 밟아도 안 되었다. 이것이 이 땅의 전통적 제자상이다. 지금 어느 교수도 학생이 길가로 비켜서는 것을 바라지 않는다. 인사하는 자체만으로도 감지덕지다.

못된 일은 못된 나름으로 꾸준히 발전한다. 그러므로 개선 노력은 빠를수록 좋다. 교수가 오불관언(吾不關焉) 않고 적극성을 띠는 것만으로도 병폐는 치유되기 시작한다. 스승이 미치는 감화는 영겁에 이른다고 한다.

《동아일보》 1993. 9. 24

저질교수가 만드는 저질대학

지난 1991년 교육부가 국회에 낸 국감자료에 따르면 교육부 감사를 받은 9개 대학 모두에서 채점오류가 발견돼 교수 466명이 무더기 경고·주의조치를 받았다. 교수들은 대학입시 수험생들의 주관식문제를 채점하면서 정답을 오답으로, 오답을 정답으로 잘못 채점했다. 또 답 내용이 모호할 때는 주관적으로 판단해 채점해버리기도 하고 심한 경우 답안을 부분 수정해 채점하기도 했다.

대학교수들이 어쩌다 그런 실수를 저질렀는가 싶었는데 이번 국정감사에서도 부당학점 등으로 14개 대학의 교수 598명이 경고 등 징계를 받아 또 한 번 놀라게 했다. 이들 중에는 10개 국립대 교수 422명이 졸업학점에 미달하는 학생의 졸업을 인정해 주거나 기준 출석시간을 채우지 못한 학생에게 학점을 준 것으로 드러났다. 4개 사립대에서는 교수 176명이 출석성적을 반영하지 않았거나 출석부 미제출 등으로 징계조치 받았다.

이 같은 교수들의 불성실하고 무책임한 태도가 여론의 화살을 받고 있는 가운데 27일 열린 대학 총·학장회의에서 학생들의 수업일수가 모자라고 학점이 부족한데도 교수들이 졸업을 인정해주는 문제가 거론됐다. 특히 학생회 간부면 출석을 않고 공부를 못해도 장학금까지 받으면서 졸업하는 문제가 제기됐다. 시중에 학생회 간부가 되면 4가지가 해결된다는 풍문이 나돈다. 학점, 학비, 출석과 이성 파트너다. 이 풍문이 진실이란 말인가.

이번 총·학장회의에서는 이 밖에도 교수가 입시부정에 연루된 점, 학생들과의 반윤리적인 관계, 논문표절, 논문 부실지도, 학점부여나 납품과정에서의 금품수수, 상호고소·고발 등 교수의 사회적 신뢰를 떨어뜨린 문제도 거론됐다. 대학의 문제가 교수에게만 있는 것은 아니다. 재단이나 총 · 학장, 학생들에게 더 큰 문제가 있는지도 모른다. 그러나 일반 사회에서는 그래도 교수들에게 기대를 건다. 교수라는 사람이 출석부까지 잃어버리고 다녀서야 될 말인가.

《동아일보》 1993. 10. 29

사학발전 처방은 역시 '자율'

사학(私學)이 우리 교육에서 차지하는 비중이나 그동안 2세 교육에 끼친 공헌은 이루 말할 수 없을 정도로 지대하다. 그동안 배출해 온 국가의 동량(棟梁)이나 인재는 말할 것도 없고 현재의 재학생 수만 보더라도 사학이 우리 교육의 주축을 이루고 있음을 알 수 있다. 고등학교가 60%가 넘고 대학은 80%에 이른다. 한 마디로 사학 없는 우리 교육은 생각해 볼 수 없으며 사학발전 없는 우리 교육발전도 상상할 수 없다. 그런데도 가장 외면받고 천대받는 것이 바로 사학이다. 특히 위정자들은 교육의 중요성을 강조하고 입으로는 사학의 큰 비중을 주장하면서 사학이 처해 있는 어려운 교육여건에 대해서는 모른 체한다.

우리 사학은 국공립에 비해 교육 여건이 너무나 열악하다. 우선 1인당 공교육비를 보더라도 사학은 공립에 비해 중학교는 85%선, 고등학교는 55%선, 대학은 50%도 안 된다. 특히 중, 고등학교는 입학하는 데 선택권도 없는 제도하에서 타의로 불이익을 당하고 있는 현실이다.

사학의 재정난은 새삼스러운 것이 아니다. 사립 중 · 고교는 교원의 처우개선 등으로 해마다 수업료 인상요인이 발생한다. 그런데도 정부는 그에 해당하는 지원을 외면하면서도 물가안정과 공립학교와의 균형문제를 내세워 수업료 인상을 억제해 왔다. 사학재단으로서도 수익이 많아 부족

재원을 보충해 주고 학교 발전을 위한 투자도 확대하는 것이 바람직하지만 대부분의 재단이 그렇게 할 형편이 못 된다. 현실적으로 어려움을 겪고 있는 재단이 수두룩한 실정이다. 재단수익용 재산에 대해 세제상의 우대 방안이라도 강구해 줘야 할 텐데 그렇지도 못하다. 수익재산에 대한 소득세 부과와 예금이자에 대한 과세 및 기부금에 대한 손비처리 등에서 공립학교와 차별 대우를 받고 있다. 또 토지초과이득세를 부과하는 데도 문제가 있다.

사학이 국·공립학교와 함께 국가와 국민들로부터 위임받은 교육을 맡고 있는데 이처럼 대우에 차등을 두어서야 될 일인가. 오히려 국·공립이 아닌데도 국가의 교육 기능을 수행하고 있는 데 대해 정부가 신경을 써야 되지 않을까.

그동안의 사학 비리도 간과할 수는 없다. 국민감정으로 도저히 용납할 수 없는 내용의 비리가 수두룩했다. 교육의 탈을 쓴 '교상배'(敎商背) 들도 많았다. 교육을 한다는 핑계로 사리사욕을 채우는 많은 사학 관계자들이 쇠고랑을 찼다. 어느 분야나 비리는 있게 마련이지만 교육 비리는 국가 장래에 미치는 악영향이 지대하다. 교육 비리에는 당연히 철퇴를 가해야 한다. 그러나 사학 비리가 저질러지는 데에는 교육행정당국의 감독 부실에도 큰 책임이 있다. 사학 부정은 철저히 감독해 비리를 줄여 가야 한다.

여기에서 가장 중요한 것은 소정의 감독은 철저히 하되 간여는 하지 말아야 한다는 점이다. 동시에 사학에 최대한의 자율을 보장해주어야 한다. 자율은 보장 수준에서 더 나아가 모든 것을 재단과 교장에게 맡겨야 한다. 그리고 행정당국은 국민 교육적 차원에서 교육 여건 조성과 재정적 지원을 해주는 데 그쳐야 한다. 그 중에서도 건학이념을 구현할 수 있도록 도와주어야 한다. 건학이념은 사학의 존립 가치이며 교육 목표다. 교육에서 건학이념은 중요하다. 그러나 그보다 더 중요한 것이 있다. 그것은 학생이다. 건학이념을 구현한다면서 학생들에게 강제로 특정 종교를 믿도록 교활하게 유도하는 것은 교육을 해치는 독성이다.

또 최근 사립학교법 개정 추진 과정에서 거론되고 있는 교원인사위원회나 예산결산위원회, 예산결산자문위원회 등도 모두 사학의 자율에 맡겨야 한다. 교장을 교무회의의 제청으로 해당법인이 임면하는 문제도 학교 측에 맡겨 재단과 교원들이 합의해 자율적으로 해 나가도록 해야 한다.

지금 파탄 지경에 이른 우리 교육을 되살리기 위해서는 교육 혁명이 필요하다. 사실 우리 교육 현실은 교육 파멸의 위기에 놓여 있다. 그러나 현재의 우리 교육의 위상 역시 그동안 나름대로 최선을 다해 온 결과라고 할 수 있다. 우리는 항상 법이나 제도에 얽매여 고치는 것만 앞세운다. 그러나 고쳐도 또다시 비판의 소리가 높다. 제도만이 문제가 아니라는 것을 알아야 한다. 그 제도를 어떻게 운영해 가느냐가 중요하다. 교육행정가, 학교 운영자, 교사와 학부모들의 마음 자세가 문제다. 사학의 경우도 그동안 범죄 집단의 추악한 범행을 뺨칠 정도로 대담한 수법의 교육범죄가 비일비재했다. 우리 교육을 소생시킬 수 있는 원동력은 법이나 제도의 개폐보다 교육계의 도덕성, 윤리성, 청렴성, 그리고 자율성의 제고로 인간성 회복을 위해 다함께 협력하는 것이다.

《사학회보》 1993. 11. 15.

교육모리배가 만든 속 빈 강정

《악마의 사전》을 펴낸 A. 비어스는 진리탐구의 전당인 대학을 "원래는 철학자들이 자연 속에서 의미를 탐구한 숲이었는데 오늘날엔 바보들이 철학 속에서 의미를 못 깨우치고 더듬고 있는 학교를 지칭한다"고 표현했다. 비어스가 만일 한국의 대학, 특히 전문대학을 보았다면 무어라 정의했을까. 그 대답은 알아내기 어렵지 않게 25일자 신문에 나와 있다. 한국 대학은 '학생은 부정입학시키고 교수는 돈 받고 채용하며 빚 얻어 설립자 개인회사에 투자하는 곳'이다.

이 땅의 대학은 정녕 무엇인가. 지금 처해있는 자리가 어디인가. 올 봄부터 광운대, 상지대, 경원대 등에서 잇달아 터진 학생입시 부정사건과 교수직 매매사건으로 우리 대학의 위신은 땅에 떨어졌다. 재단 이사장, 총·학장, 교수, 교육부 간부, 학부모 등이 한통속이 되어 저지른 총체적, 망국적 부정이었다. 비단 이 대학들뿐이겠는가 했던 국민들의 의구심이 이번에 또 사실로 드러났다.

전 국회의원 신진수 씨가 설립한 대구 신일전문대에 대한 교육부 감사 결과 드러난 부정은 마치 학원비리의 표본을 보는 듯하다. 이사회 회의록을 허위작성하고 교육부 허가도 없이 125억 원을 빚을 얻어 쓰고 교비 65억 원을 유용했으며 187억 원을 빼내 신 씨 개인소유 경북일보사 등에 투자했는가하면 교수 57명 채용에 30억 원을 챙겼으며 돈 받고 학생 20명을 부정입학시켰다. 저지를 수 있는 교육비리가 총망라돼 있다.

전문대학은 산업사회가 필요로 하는 중견기술인들을 양성하는 곳이다. 특히 기술면에서 뒤떨어져있는 국제 경쟁력을 강화하기 위해서도 전문대의 육성은 시급하다. 그러나 납입금 액수도 적고 재단 전입금이나 정부 재정지원도 미약해 교수 확보율이 60%도 안 될 정도로 많은 전문대가 '속 빈 강정'인 상태다. 여기에 설립자까지 암적 존재로 학교를 망치고 있어 이들 전문대는 지금 파탄위기에 놓여있다. 교육당국은 철저감독으로 교육모리배를 쫓아내고 효율적인 육성대책을 조속히 마련해야 한다.

《동아일보》 1993. 11. 26

유신 산물 국민교육헌장

"우리는 민족중흥의 역사적 사명을 띠고 이 땅에 태어났다…." 1968년 6월 박정희 대통령의 지시로 제정돼 국회에서 여야 만장일치로 통과된 '국민교육헌장'은 선포와 함께 국민학생에서 공무원에 이르기까지 암송이 강요됐다. 많은 행사의 국민의례 때마다 낭독했고 학생들의 시험문제에도 단골 메뉴로 등장했다. 유신(維新) 직후 박 대통령이 10월 유신은 국민교육헌장의 이념과 기조를 같이 한다고 강조했을 정도로 이 헌장은 유신의 정당화를 뒷받침했다.

국민교육헌장 독본이란 교과서가 나왔고 이 헌장에 담긴 이념구현을 위해 별도교육까지 시켰으며 군대에서는 제대로 암송하지 못하면 한때 외박, 외출까지 금지시켰다. 1978년엔 이에 대한 비판의견을 제시한 전남대 교수 2명이 긴급조치 9호 위반으로 구속되기까지 했다. 그러던 것이 10·26 이후 헌장의 끝부분의 '대통령 박정희' 표현이 빠졌고 최근에는 교육부에서 서울대에 폐지여부에 관한 연구검토를 의뢰했다.

이 헌장 내용은 민족의 주체성 확립을 강조하고 새로운 우리 민족문화를 창조해가며 개인과 국가와의 일체감을 통하여 참된 민주복지국가의 꽃을 피우게 하자는 것이다. 국가주의적인 냄새가 나지만 개인·사회·국가의 덕목들이 제시돼 있어 우리 교육에 꼭 필요하다는 견해도 있다. 반면 일제하의 '교육칙어'를 본 딴 군국주의적 교육지표로 민주사회에서는 폐지해야 마땅하다는 여론이 거세게 일고 있다.

내용도 중요하지만 그 배경이나 이를 특정방향으로 몰고 가려는 의도는 더욱 중요하다. 이 헌장은 어디까지나 국민들을 통제하기 위한 수단으로 군사정권에 의해 만들어진 것이다. 헌장이란 국가가 이상으로 정한 원칙이다. 적어도 이 헌장은 문민정부가 지향해야할 지표는 아닌 것으로 여겨진다. 6일 교육부장관 등이 참석한 가운데 열린 국민교육헌장 선포기념식은 올해로 끝내는 것이 바람직하다.

《동아일보》 1993. 12. 7

창의교육으로의 대전환

창조 행위는 그 자체가 진리의 실현이다. 창조적인 지식에 대한 기쁨을 깨우쳐 주는 것이 교육이다. 한국 교육이 당면한 최대 과제는 우리의 2세들을 잘 가르치되 무엇보다 창의력을 키워 주는 일이다. 우리는 교육열에서는 세계 어느 나라에 뒤떨어지지 않지만 교육 여건이나 교육 환경이 열악한 가운데 창의성을 키워 주지 못하는 후진적 교습 방법에 정체되어 있다.

선진국들이 창의력 개발에 전력투구하는 동안 우리는 주입식, 암기식 수업에서 헤어나지 못했다. 지금 일본은 교육 분야에서도 세계 어느 나라보다 앞서 있다. 일본의 교육 현장을 둘러본 미국과 영국 학자들은 입을 모아 경탄한다. 일본의 소학교는 1993년부터, 중학교는 1994년부터 새로운 교육과정이 전면 시행되고 있다. 대학도 특색 있는 전공분야를 강화하면서 전문성, 다양성, 창의성을 높여가고 있다. 지금 일본의 교육은 창의력과 개성 계발에 역점을 두고 있다. 미국도 교육개혁에 박차를 가하고 있다. 다른 선진국들도 마찬가지다. 저개발국들도 선진국이 되는 길을 교육 개혁에서 찾고 있다.

우리는 어떤가. 교육개혁에 대한 국민들의 열망은 뜨겁다. 김영삼 대통령도 취임하자마자 교육개혁위원회를 설치해 교육 제도를 대대적으로 고쳐 '교육 혁명'을 이룩하겠다고 다짐했다. 그러나 새 정부가 들어선 지

1년에 이르도록 아무런 움직임이 없다. 교육 재정도 1998년까지 GNP 대비 5% 수준까지 대폭 올리겠다고 해 놓고선 딴소리가 나오고 새 교육 예산도 예년의 증가율에 못 미치는 수준에 머물고 있다.

지금 우리의 교육 현실을 보면 구석구석이 문제투성이다. 곳곳에 교육 비리가 도사리고 있다. 초등학교에서는 일부 학부모, 교사 간에 금품 수수 행위가 그치지 않고 고교에서 또한 학생들의 내신 성적과 관련, 현직 교사 과외, 성적 상향 조작 등 일부 교사와 학부모 간에 비리가 잇달아 발생했다. 대학도 마찬가지다. 대학들은 많은 수험생들을 부정 입학시켰고 교수직도 돈으로 사고팔았다. 돈밖에 모르는 사학재단, 입시 브로커로 전락한 교직자들, 학력고사 답안지까지 빼내 돈 받고 넘겨준 교육평가원 직원들, 관학(官學) 유착으로 교육을 망쳐 놓은 일부 교육부 당국자들, 돈이면 무엇이든지 할 수 있다는 사고방식에 젖어 모든 것을 돈으로 해결하려 드는 학부모들. 이 같은 망국적 교육 비리로 지금 우리 교육은 파탄의 위기에 놓여 있다. 이 모두 도덕성, 청렴성, 성실성의 결핍에서 비롯된 것이다.

우리의 교육현실이 아무리 비참한 지경에 놓여 있다 하더라도 우리 모두가 합심해 소생시켜야 한다. 다행히 최근 우리 고교 수업방식이 조금씩 바뀌어 가고 있다. 대학수학능력시험이 교과서 안팎의 소재를 사용해 독해력과 고도의 논리적 사고를 요하는 내용을 출제하면서 지금까지의 주입식 암기위주의 고교수업이 전환점을 맞았다. 대학입시에 대비해 단답식, 객관식 문제풀이 위주의 수업에 치중해 오던 수업방식이 바뀌고 있는 것이다. 고교 수업방식이 달라지면 중학교, 초등학교 수업방식도 달라진다. 지금까지의 우리 교육은 교사 혼자서 계속 강의하고 학생들은 수업이 끝날 때까지 질문 한 번 하지 않는 교육이었다. 학생들은 발표라는 것을 모른다. 말 그대로 일방적 주입식 교습이다. 실험실습도 거의 않고 이론으로만 일관한다. 과학 과목도 외우는 것 일색이었다.

우리 교육제도는 모든 것이 대학입시 위주로 짜여 있는 취약점을 안고 있다. 고교 3년까지 줄곧 대학입시만을 위해 공부하다가 대학에 들어가기만 하면 공부를 않는다. 우리 대학은 주당 한 강좌의 평균 학습시간이 서구 선진국에 비해 절반밖에 되지 않는다. 전공도서 독서량도 선진국의 3분의 1 수준이다. 보고서 제출 건수도 훨씬 적다. 물론 강의도 주입식 일변도다. 토론식 수업이 발붙일 곳이 없다. 이런 현실에서 창의성을 발휘하게 하는 교육이 이루어질 수 없다. 독창성이 생명인 미대에서조차 교수나 선배들의 눈총 때문에 새로운 시도를 하기가 어려운 현실이라고 한다. 하지만 서구대학에선 새로운 것, 창조적인 것을 내놓지 못하면 대학을 그만두어야 할 정도다.

이제 바뀌어야 한다. 단순히 정답만을 맞추게 해서는 안 된다. 달달 외우게 해서도 안 된다. 주입식 교육에서 창의적 교육으로의 대전환을 해야 한다. 교직자, 학부모, 학생은 물론 사회단체, 기업체, 정부가 합심해 새로운 것을 창조할 수 있게 하는 창의력 배양교육에 힘쓰도록 해야 한다.

우리는 빈손으로 왔고 빈손으로 떠난다. 그러나 무엇을 남겨 놓고 가야 하지 않겠는가. 저마다 무엇인가 보람 있는 것을 남겨 놓을 필요가 있다. 바로 그것을 창조라고 한다. 자아실현이라고도 한다. 자기표현이라고도 한다. 인생은 창조의 일터요, 자아실현의 노력이요, 자기표현의 무대이다.

《새교육》 1994. 1.

넘쳐나는 박사 실업자

최근 동경대 이학박사 학위소지 주부가 9번이나 교수임용에 지원했다가 번번이 탈락한 끝에 수능시험을 보아 한의대에 합격해 화제를 모았다.

요즘 박사 실업자들이 급속히 늘어 심각한 사회문제가 되고 있다. 한 조사에 따르면 사회과학분야의 경우 최근 3~4년 새 박사 실업자가 300여 명으로 급증, 선진지식의 퇴장, 고급두뇌의 사장 현상이 계속되고 있으나 이에 대한 아무런 대책이 없는 실정이다.

이들 대부분이 시간강사로 지식 헐값 세일에 종사하고 있다. 학기당 2~3개 대학에서 3~4개 과목을 맡아 월평균 강의료 수입이 40만 원에 불과하다. 교통비와 식대에도 못 미치는 설움을 받는 지식보부상들이다. 이들은 모두 교수 공채에 여러 차례 응모했다가 낙방했다. 그러나 한결같이 실력이 없어 떨어졌다고 생각하지 않는다. 재단이나 대학 측과 혈연, 지연, 학연 등이 닿지 않아 피해를 보고 있다고 주장한다.

박사란 그 사람의 학문적 성과는 물론 인간적 성숙도까지 인정하는 더없이 명예로운 학위다. 오로지 한 분야에서 절차탁마 끝에 꽃 피워낸 학문적 정화다. 박사가 많을수록 그 사회의 지적역량과 문화축적이 가능해 그 사회는 발전할 것이다. 그런데도 지금 우리는 박사 실업자가 너무 많아 골치를 앓고 있다. 이 문제를 어떻게 해결해야 할 것인가. 한마디로 태부족한 교수 확보율을 늘리면 모든 것이 해결될 것이다.

그러나 그것이 쉽지가 않다. 교수는 당연히 늘려야 하지만 대학에 돈이 없다. 지금 교수만 부족한 것이 아니라 강의실, 도서실, 실험실습 기자재 등 모든 것이 부족하다. 그래도 아시아권에서조차 최하위를 면치 못하는 대학의 질을 높이기 위해서는 역시 교수부터 충원해야 한다. 교수평가제를 강화해서라도 연구를 등한히 하는 교수는 솎아내고 선진지식을 교단에 세워 대학수준을 향상시켜야 한다. 가짜 박사여부와 학위신뢰도를 판별하는 세계박사 학위자료집이 곧 출간된다. 대학가에 학위 파동이 예견된다고 한다. 이런 파동은 달가운 파동이 아닐까.

《동아일보》 1994. 1. 18

경쟁시대의 입시제도

요즘 입만 열면 튀어나오는 것이 국가경쟁력 강화다. 불확실한 미래 신세계질서에 대비, 선진국·후진국 가릴 것 없이 모두가 경쟁력 확보에 총력을 기울인다. 경쟁력을 갖춘 인적 자원 배출을 위해 교육개혁, 교육투자에 앞다퉈 국력을 쏟는다. 가장 열성인 나라가 미국과 일본이다. 동남아 각국에도 교육개혁 바람이 거세다. 모두가 도약의 발판을 교육에서 찾는다. 전 세계가 '교육전쟁' 태세다.

김영삼 대통령은 교육대통령이 되어 교육혁명을 이룩하겠다고 약속했다. 취임 직후엔 교육개혁위를 설치해 과감히 개혁하겠다고 다짐했다. 그러나 취임 1년이 가까워지도록 개혁위조차 구성하지 못했다. 위원장을 못 구해 늦어진다는 이야기가 들린 지 석 달이 넘는다. 올 들어 연두기자회견에서 오랜만에 교육개혁 이야기가 다시 나왔다. 김 대통령은 대입제도가 국민에게 혼란을 주고 있다며 개혁해야 한다는 뜻을 비쳤다.

대입제도와 직결돼 있는 고교교육

그러자 기다렸다는 듯 민자당 측에서 수능시험 폐지를 비롯해 학생선발권은 대학에 모두 넘겨야 한다는 구상을 비쳤다. 교육부에서도 이런저런 이야기가 나오고 있다. 고교내신제 폐지문제까지 거론됐다. 단골메뉴인 고교평준화 폐지론도 다시 제기됐다.

아침에 고치고 저녁에 바뀌어 온 우리 교육개혁. 그 중에서도 가장 민감한 대입제도는 정권이 바뀔 때마다 고쳐졌다. 군사정권의 쇼크요법 또는 한건주의로 백년대계가 무참히 짓밟혔다. 문민정부에서 가장 신경 써야 할 것이 교육정책의 일관성 유지와 신뢰성 회복이다.

전기 대학입시가 끝나면서 새 대입제도 첫 실험이 마무리됐다. 새 제도는 한 마디로 부정적 측면보다 긍정적 측면이 훨씬 많았다. 수능시험 2회 실시에 따른 난이도 조정 실패, 복수지원제에서 드러난 허수(虛數) 지원, 추상적인 논술 출제 등 문제점이 없지는 않았다. 그러나 모두 보완으로 충분한 내용이다.

새 대입제도의 가장 큰 공적은 참으로 오랜만에 제대로 된 고교교육을 소생시킨 것이다. 고교교육은 대입제도와 직결돼 있다. 수능시험과 본고사가 창의성에 역점을 둔 사고력·종합분석력 측정 위주로 탈교과적 문제를 출제해 지금까지의 주입식·암기식 위주의 고교학습에 일대 변혁을 가져왔다. 고교 수업방식이 바뀌면 중학교육도 바뀐다.

수능시험은 학년말에 한 번 치르고 본고사는 전공별로 관련과목만 치르는 출제 전문화가 바람직하다. 내신제 폐지문제는 더 이상 거론하지 않아야 한다. 내신제가 폐지되면 고교교육은 파탄에 이른다. 정상수업은커녕 학생들을 교실에 잡아두기도 어려울 것이다. 학교별 격차가 심한 현실에서 40% 강제반영은 행정편의주의란 비판을 면키 어렵다. 30% 이상으로 해서 대학에 맡기는 것이 바람직하다. 뒤늦게 전면개혁 운운하는 것은 위험한 발상이다. 또 모든 것을 대학에 일임하자고 하는데 학생선발권을 전면 행사하는 미국 대학들도 SAT성적, 내신 성적, 학생활동내용 등 다양한 자료를 독자적으로 활용하는 것이지 이런 전형자료들을 외면하고 선발하는 것은 아니다.

수능시험과 본고사로 고교교육이 제자리를 찾아가고 있지만 학습현장의 문제는 산적해 있다. 교육개발원 조사를 보면 영어 과목 수업내용을 70% 이상 이해한다는 고교생이 19~35%에 불과했다. 수학도 26~31% 밖에 되지 않는다. 즉 70~80%가 이해하지 못하고 넘어간다. 전 단계 내용을 모르면 다음 진도를 따라가지 못한다. 이 같은 까막눈 수업이 지금 전국 중고교에서 자행되고 있다. 그렇다고 우열반 편성도 할 수 없다. 비교육적일 뿐만 아니라 학부모들이 가만 두질 않는다. 그래서 수능성적 40점짜리와 만점에 가까운 실력의 학생들이 함께 수업을 받는다. 어떤 교사는 우수학생 5명만을 대상으로 수업을 진행하고 있다고 털어놓았다. 나머지 50여 명은 싫증, 포기, 공상 속에 수업이 끝나기만을 기다린다.

고입제도 바뀔 때 됐다

고교 평준화조치 20년을 맞았다. 이 제도는 10월 유신 이후 전격 실시됐지만 나름대로 장단점을 갖고 있다. 20년간 시행돼 온 것도 그 때문일 것이다. 우선 일류고열병, 중학생 과열과외를 몰아내 초등교생, 중학생을 입시지옥에서 어느 정도 해방시켜 주었다. 중고생 대도시집중 억제, 고입재수생 해소에도 큰 역할을 했다.

그러나 학력차가 심한 학생들을 한데 모아 가르침으로써 학습의 효율성, 교육의 우월성을 추구하지 못했다. 결과적으로 고교교육의 하향평준화만 가져왔다. 또 학생의 학교선택권, 학교의 학생선발권이 박탈됐고 사학의 독자성, 자율성이 상실됐다.

그동안 몇 차례 개선 움직임이 있었으나 모두 흐지부지됐다. 그러나 이제는 사정이 달라졌다. 대학입시에서 본고사 비중이 높아져 앞으로 고교마다 본고사를 치르는 대학지원생과 수능시험만으로 진학하려는 학생을 분리해 가르치게 될 것이다. 본고사반과 수능반의 학력격차는 뚜렷하다. 결국 비교육적인 우열반 편성이 불가피해질 것이다. 최근 교육당국에서 평준화제도를 폐지하고 고교입시를 부활시키는 방안이 검토되고 있는 것 같다. 한 교육당국자도 그 점을 시인했다. 그러면서도 엄청난 변혁에 자신을 갖지 못하는 것 같았다.

강요된 평등개념은 더 이상 존속시킬 가치가 없다. 잘못된 획일화, 유명부실한 평준화는 더 이상 용납될 수 없다. 교육제도도 자율적 흐름에 맞춰 새 시대에 대응해 나가야 한다. 이 시대에 강조되어야 할 것은 자유경쟁 추세를 거스르지 않아야 한다는 것이다. 사람은 태어나면서부터 경쟁을 시작한다. 경쟁은 인생 역정에서 회피할 수 없는 법칙이다. 선의의 경쟁력을 길러주는 것이 교육의 몫이다. 21세기에 대비하는 국제경쟁력 강화도 이젠 중등교육에서부터 본격 착수해야 한다.

고교평준화도 경쟁체제로 바꿀 때가 됐다. 당장 평준화 전면폐지가 어렵다면 '일정지역 내 입시부활'부터 시작해도 된다. 바로 학군별 고교입시제다. 대입제도는 보완해 살려가고 고입제도는 경쟁시대에 맞게 바꿔보자.

《동아일보》 1994. 1. 21.

수범垂範과 방임

"이유는 저도 모르겠습니다." 졸업식 날 학교유리창 42장을 깨고 경찰에 붙잡혀 온 중학졸업생들이 한 말이다. 밀가루 뿌리기가 오랫동안의 유행이더니 이젠 유리창 깨기가 '졸업파티'로 등장했다. 니콜라스 레이가 1955년 제임스 딘을 등장시켜 만든 〈이유 없는 반항〉이 나온 지 근 40년 만에 나온 것이다. 하기야 청소년들의 이유 없는 반항은 소크라테스 시절에도 골칫거리였다니 시기가 따로 있는 것도 아니다.

졸업시즌을 맞았다. 중학교는 14일에 대부분 끝냈고 고교는 15일에 거의 마쳤다. 졸업생들은 학교를 떠나 낯선 사회에 첫발을 내딛거나 상급학교에 진학한다. 이들이 규율과 제약에서 벗어나는 해방감과 미지의 세계로 향하는 불안감 속에 저지르는 가벼운 몸부림으로 보아야 할까. 입시위주수업과 불건전한 경쟁유발로 3년간의 학교생활이 지긋지긋하기도 했을 것이다. 특히 상급학교 비진학자나 낙방생에게는 더욱 그럴 것이다.

올 들어 발생한 떼강도 사건의 범인 중 중고생을 포함한 10대 청소년이 60%나 차지했다. 20대까지 합치면 전체의 92%나 된다. 경찰이 최근 검거한 떼강도 사건 범인들을 조사해본 결과다. 10대 강도범들 중 절반이 편모 또는 편부슬하의 결손가정 출신으로 드러났다. 이들 대부분이 언론에 보도된 강도사건을 모방했거나 TV 폭력물을 보고 범죄수법을 배워 범행했다. 대부분 유흥비 용돈마련을 위해서였다.

비행청소년들은 사소한 법과 질서를 무시하는 주변 사람들, 특히 가족들의 행동을 모방하면서 비뚤어지기 시작한다. 졸업 뒤 공백기엔 가정교육이 더욱 강조될 때다. 가장 중요한 것은 어른들이 모범을 보이는 것이다. 자녀지도는 지나친 통제도 좋지 않지만 방임은 절대 금물. 독서나 외국어를 보충하도록 해주고 사회봉사나 여행을 통해 자율성을 기르도록 도와주자. 사회단체에서 마련한 각종 프로그램 참여도 바람직하다.

《동아일보》 1994. 2. 16

대학 졸업식, 썰렁한 마침표

지난 1947년 서울대 첫 졸업식부터 1974년까지 대통령이 참석했다. 1949년 졸업식에서 이승만 대통령은 명예 법학박사 학위를 받았으며 1952년 졸업식엔 신익희 국회의장과 무초 주한미국대사도 참석했다. 1962년엔 국가재건 최고회의 의장상이 등장했고 박정희 대통령도 줄곧 참석했다. 육영수 여사 저격사건 이듬해인 1975년 졸업식부터 국무총리가 참석해 왔으며 1982년부터 문교부 장관만이 참석했다.

서울대의 본격적인 파행 졸업식은 1986년부터 시작된다. 당시 박봉식

(朴奉植) 총장의 졸업식사가 시작되자 많은 졸업생들이 '우'하는 야유를 보내며 자리를 떴다. 파행의 절정은 이듬해 졸업식에서 벌어졌다. 박 총장의 식시가 시작되자마자 졸업생들이 "물러가라"는 야유와 함께 일제히 돌아앉아 〈아침이슬〉을 불러댔다. 참담하고 처절한 광경이었다. 1988년부터는 문교부 장관도 초청되지 않았고 1989년엔 총학생회에서 총학생회장 축사를 고집하다가 별도 행사를 치른 뒤 참석하는 2중 졸업식 광경이 벌어졌다.

김영삼 대통령이 실로 20년 만에 서울대 졸업식에 참석했다. 서울대 동문 대통령이기도 하다. 졸업생들의 퇴장이나 야유가 없었으며 '문민정부'를 이야기할 때는 박수도 나왔다. 역시 '문민'이 대단하긴 대단하다. 그러나 이날도 졸업생들의 참석률은 예년과 같이 50%가 안 됐다. 학교측이 '결례'를 우려해 참석요망 유인물까지 배포하고 교내 방송도 계속했지만 참석률은 저조했다.

파행 졸업식이나 식전불참 현상은 다른 대학들도 마찬가지다. 요즘 대학졸업식에 가보면 기념사진을 찍거나 가족, 친지 만나는 데만 열중이고 식 참석은 뒷전이다. 마치 별 볼일 없는 학생이나 멍하니 앉아 있는 것처럼 되어버렸다. 그러나 미국 등 선진국 대학 졸업식은 다르다. 불참하는 학생이 없다. 일생에 단 한 번뿐인 대학 졸업식이야말로 값진 마지막 수업이다. 특히 총장의 식사나 당부에는 평생 귀감으로 삼을 만한 소중한 가르침이 담겨 있다.

《동아일보》 1994. 2. 28

영어기피증 회화공포증

‘영어’하면 ‘셰익스피어’, ‘셰익스피어’하면 ‘영어’가 연상된다. 그러나 모든 외국어가 다 그렇듯 영어 습득이 그리 쉽지가 않다. 그래서 셰익스피어는 좋지만 영어는 싫다는 이야기가 있다. 푸슈킨이 어느 날 친구들에게 “셰익스피어를 원어로 낭독해 볼 테니 들어 보라”고 했다. 그의 영어실력에 의문을 가진 친구들이 영어 학자 한 명을 데리고 갔다. 푸슈킨이 몇 마디 읽어 내려가자 그 학자가 “지금 어느 나라 말을 읽고 있는 거요?”라고 물어 폭소가 터졌다.

한 프랑스 저명인사가 영어를 몹시 싫어했다. 어느 영국 귀족이 “당신이 아무리 영어를 싫어해도 우리 영국에는 셰익스피어가 있지 않소?”라고 큰소리쳤다. 그러자 그 프랑스인이 “셰익스피어? 그가 어쨌단 말이오. 그는 프랑스인이오. 그의 이름은 자크 피에르요, 그런데 당신네들이 마음대로 이름을 고쳐서 영국인으로 만든 것 아니오?” 했다. 학자간에 셰익스피어가 영국인인가 하는 논란이 있다. 특히 그의 성에 대해 여러 가지 해석이 있다. 프랑스에 ‘자크’, ‘피에르’란 성이 많은데 이 두 성 표기를 영국식으로 읽으면 셰익스피어에 가까운 음이 된다.

영어가 쉽건 어렵건 어찌됐든 지금 만국공통어가 됐다. 요즘 러시아 등 동구는 물론, 자나 깨나 ‘철천지원수 미제를 까부수자’고 부르짖는 북한에서도 영어가 제 1외국어로 채택돼 있다. 해방 후 미국은 우리와 가장 가까운 나라가 됐다. 더불어 우리는 영어를 엄청나게 가르치고 배웠다. 그런데도 막상 우리의 영어 실력은 신통치 않다. 얼마 전 국제관광공사가 김포 · 김해 · 제주공항 출국 대합실에서 출국하는 외국인 관광객 3천 7백여 명을 대상으로 설문조사를 했다. 절반 가까운 외국인들이 가장 불편했던 것으로 ‘언어장벽’을 꼽았다.

세계에서 교육열과 평균 학력이 가장 높다고 자부하고 중학 입학에서 대학 졸업 때까지 10년간이나 줄기차게 영어를 가르치는데도 그 같은 현상이 빚어지고 있다. 대다수 국민들이 '외국인 공포증', '영어 기피증'에 걸려있다. 그것은 무엇보다 영어 교육이 절름발이 교육이라는 데 큰 원인이 있다.

우리 영어 교육은 지나치게 독해와 문법 위주의 교육이었다. 언어 교육은 읽기 · 듣기 · 말하기 · 쓰기 교육이 적절히 조화를 이뤄야 하는데 가장 나중에 배워도 될 읽기 교육만 치중해 온 것이 사실이다. 이 때문에 학교 영어 교육은 일단 교실만 벗어나면 무용지물이 되기 쉽다. 거리에서 외국인에게 길 안내 하나 하지 못하고 영어 편지 한 장 쓰지 못한다. 외국인이 건 전화를 받게 되면 겁부터 먹는다. 외국인들은 한국 학생들을 보고 두 번 놀란다고 한다. 10년 가까이 영어를 공부하고도 영어 한 마디 할 줄 모르는 데 놀라고, 그에 비해 문법지식은 대단한 데 다시 한 번 놀란다는 것이다.

우리가 '죽은 영어 교육'을 할 수밖에 없는 이유가 있다. 첫째, 영어교육 교과 과정이 문법 위주로 짜여 있다. 그렇게 배우고 졸업한 사람이 교단에 서서 그렇게 가르칠 수밖에 없지 않은가. 그런 교사들이 말하기 · 듣기를 제대로 가르칠 수 있겠는가.

다음은 과밀학급이다. 시청각 교재도 제대로 갖추지 못한 콩나물교실에서 회화 교육 자체가 불가능하다. 셋째로는 문장 분석 중심의 지식을 요구하는 입시제도 아래에서는 암기식 입시 위주 교육을 받을 수밖에 없다는 점이다.

그렇다면 어떻게 해결해야 할 것인가. 오죽하면 한 교수는 대학입시 과목에서 영어를 빼 버리는 것이 한 방법이라고 주장했다. 우리 교육은 대학입시 위주로 되어 있고 입시과목 중 영어가 가장 중요한 과목이다. 철자 하나만 틀려도, 문법 하나만 틀려도 일생이 걸려 있는 대학입시에서 낙방하기 쉽다. 그래서 영어 소리만 들어도 주눅이 드는데 어떻게 영어 회화를 과감히 구사할 엄두를 낼 수 있겠느냐는 것이다.

영어는 어차피 살아가면서 필수불가결한 언어다. 입시과목에서 제외시켜도 습득해야 한다. 그래서 영어를 입시과목에서 제외시켜 한국인들이 영어 콤플렉스를 갖지 않도록 해 주면 자연히 쉽게 회화를 익히게 될 것이라는 견해다. 그래야 비행기 안에서 영어로 물 한 잔 달라는 말을 하지 못하고 갈증에 고통스러워하는 일이 없어진다는 것이다.

최근 영어 교육을 초등학교에서부터 공식 실시키로 했다. 영어와 국어는 체계가 달라 초등학교에서부터 영어를 시작하면 국어, 영어 모두 망치게 된다는 의견도 있다. 또 자질을 갖추지 못한 교사들로부터 엉터리 발음을 배우는 등 기초 교육이 잘못되면 오히려 영어 습득에 방해만 된다는 것. 일리 있는 지적들이다. 그러나 외국어 교육 시기는 10세 안팎이 가장 적당하고 효율적이라는 연구 결과도 나와 있다. 어렸을 때 가르치면 습득이 빠른 것은 사실이다. 실제로 초등학교나 학원 등에서 일찍부터 과외를 통해 영어를 배운 학생들과 그렇지 못한 학생들의 영어 성적을 비교 조사한 연구 결과를 보아도 초등학교 때 영어를 배운 학생들이 훨씬 학력이 높다는 사실이 밝혀졌다.

어차피 초등학교 영어 교육 실시가 확정돼 신학기부터 시행된다. 또 그동안 영어 조기 교육을 실시하지 않은 상태에서 결과적으로 영어 습득이 크게 저조했다. 그렇다면 새로운 시도를 해볼 만도 하다. 이왕 초등학교에서부터 시작됐으니 이제부터는 질적 문제가 중요하다. 해당 교사 회화 강습 강화 등 영어 조기 교육이 성과를 거둘 수 있도록 정부・학교・학부모 모두 협조를 아끼지 않아야겠다.

《대영어》 1994. 3.

대졸 후 전문대 입학

일자리가 없어서 다방이나 전전하던 사람들, 일명 고등룸펜이다. 요즘엔 룸펜이라는 말을 별로 사용하지 않지만 얼마 전까지만 해도 이 말을 모르는 사람이 없었다. 건달이라는 뜻의 이 말은 원래 부평초 같은 신세로 사회적 지위를 잃거나 직업이 없는 사람을 말한다. 부평초는 수면 위에 떠 있는 개구리밥이다. 요즘 이 신종 룸펜이라고 할 고등실업자가 크게 늘어 사회문제가 되고 있다.

"일할 능력은 있으나 다른 생계의 길도 없으면서 취업할 의사 없이 여기저기 떠돌아다니며…." 1983년 제정된 경범죄 처벌법 제1조 3항이다. '다른 생계의 길도 없으면서 취업할 의사 없이'란 표현이 실소를 자아낸다. 그 당시의 사회현상을 반영한 것으로 볼 수 있다. 이 조항이 역시 좀 심했다 싶었던지 1988년 말 삭제됐다. 일본의 경범죄 법에도 비슷한 내용이 들어있다.

통계청이 최근 발표한 《93 고용동향》을 보면 전체 실업률이 2.8%인데 비해 대졸 이상 학력의 실업률이 4.1%로 젊은 층, 특히 학력이 높을수록 실업자가 많은 것으로 나타났다. 고학력 실업문제는 전문대 입시에서도 여실히 나타났다. 서울대, 고대, 연대 등 세칭 일류대를 비롯해 4년제 대학 졸업자들이 1994년 입시에서 전문대에 대거 지원했다. 대학 및 전문대 졸업자 2천 4백 명이 지원, 1,064명이 합격했다. 어떤 학과는 15대 1까지 올라갔다.

고학력 젊은 층의 높은 실업률은 잠재적인 사회불안요인으로 작용한다. 높은 실업률은 경기침체 때문이다. 당연히 기업들의 투자 의욕을 되살리고 생산성 향상에 힘써야겠다. 그러나 경제 외적인 문제도 중요하다. 우선 인문계 고교나 4년제 대학 위주의 교육정책을 현대 산업사회에 걸맞은 직업기술 교육체제로 전환해야 한다. 또 학력위주의 고용관행이 바뀌어야 하며 학벌만 앞세우는 의식도 개혁돼야 한다.

《동아일보》 1994. 3. 13

중고교생 술 · 담배

최근 한 대학교수의 조사에 의하면 고교 남학생은 50%, 여학생은 25% 가량이 정기적으로 술을 마시고 남학생 66%, 여학생 21%가 흡연한다고 응답했다. 이 중 교내에서의 흡연이 더욱 말썽인데 얼마 전 교육부가 생활지도 중점과제로 흡연을 선정, 전국적으로 단속한 결과 한 학기에 중 · 고교생 9천여 명이 흡연하다 적발돼 징계를 받았다. 그 중 중학생이 2천여 명, 여중생이 7백여 명이나 돼 충격을 안겨주었다.

경기도 이천의 경남종합고교생 50여 명이 흡연단속 중지, 두발자유화, 수업시간 단축 등을 요구하며 난동을 부렸다. 수업시간에 술 마시고 교실 유리창을 150여 장이나 깼으며 교장의 간곡한 만류에 욕설로 응대했다. 그야말로 '우째 이런 일'들만 일어나는 것일까. 경찰에 잡혀온 학생들은 "학교도 그만두고 집에 가 잠이나 자고 싶다"고 했다니 우리의 교육은 학교생활 지도도, 부모의 가정교육도 없는 것일까.

우리 교육은 주입식 · 암기식 위주의 하찮은 지식교육에 머물고 있다. 윤리나 도덕 과목이 없는 것은 아니지만 수학이나 영어 과목처럼 점수 따는 것이 목적인 교육을 한다. 윤리도덕을 길러주는 훈육이 없다. 교육은 도덕과 지혜의 두 기반 위에 서야 한다. 전자는 미덕을 배우고 실천하기 위해, 후자는 남의 악덕에서 자신을 지키기 위해서다. 전자에 쏠리면 '사람 좋은' 인간밖에 나오지 않고 후자에 쏠리면 이기주의자밖에 나오지 않는다.

자녀를 가장 잘 관찰하고 지도할 수 있는 사람이 부모다. 일상행동을 통해 인생의 바른 길을 가르치는 것이 바로 살아 있는 가정교육이다. 부모나 교사부터 아이들 앞에서 술·담배나 언행을 조심해 모범을 보여야 한다. 이런 난동이 일어날 때마다 교사·학부모 책임이 거론되는데 물론 생활지도나 가정교육에도 잘못이 있지만 고교생 정도 되면 자신의 행동에 책임질 줄 알아야 한다. 옛날 같으면 처자식을 부양하고 사회적 책임도 지는 나이다. 이런 학생들에게는 응당 회초리를 들어야 한다.

《동아일보》 1994. 4. 2

아침에 고치고 저녁에 바뀌고

김숙희(金淑喜) 교육부 장관 취임 넉 달도 안 돼 우리 교육제도가 엄청나게 바뀌었다. 1월 말 청와대 보고에서 초중고교 월반제, 속진제를 도입하고 우수학급을 별도 운영하며 국민학교 4학년부터 조기영어교육을 실시하고 교사자격 유효기간제를 시행하며 5년제 전문학교 과정을 신설한다고 밝혔다. 2월 말에는 대학입시제도 개선안을 발표, 수능시험 2회 실시를 1회로 줄이고 계열별 출제도 도입했다.

잇따라 3월 말엔 대학 장기발전 계획을 발표, 1996년부터 대학정원 자율화를 추진하고 학생선발권은 대학에, 수능시험 출제관리는 민간 기구에 맡기며 대학을 대학원 중심 대학과 학부 중심 대학으로 다양화하겠다고 밝혔다. 또 국민학교 국어, 산수, 영어까지 과외를 허용키로 했다. 4월 들어서도 대학입학정원 지역별 할당제를 도입하고 중고교 교과서의 국어·영어 과목을 말하기·듣기 위주로 바꾸며 고졸 이상 외국어시험

폐지 등 해외 유학의 전면자율화를 추진키로 했다.

예술계 고교 내신성적 비교평가제를 놓고 한바탕 이랬다저랬다 하면서 망신을 사더니 이번엔 대학입학정원 지역별 할당제가 민자당의 반대에 부닥쳤다. 민자당 측은 교육기회의 형평성 문제가 제기되고 지역별 할당 기준에도 논란이 예상된다며 반대 입장을 분명히 했다. 김 장관은 13일 부산에서 돌연 96학년도부터 고교내신성적 반영방법을 대학자율에 맡기는 방안을 제기했다. 대학 측의 수용능력과 고교수업의 파행 등에 대해 심도 있게 분석해 보아야 한다.

김 장관은 실무자가 한 마디만 하면 두세 단계 앞질러 질문을 해 당황하게 만든다고 한다. 두뇌회전이 빠른 데다 성격까지 급해 말을 다 듣지도 않고 다음 보고 건까지 짚어버리는 스타일이다. 그래서 종종 즉석발언을 해버린다. 개인적으로야 두뇌회전이 빨라도 좋고 즉석발언이나 앞선 답변도 좋지만 백년대계의 교육정책을 책임진 공복으로서는 항상 신중해야 한다. 1온스의 사려분별은 100파운드의 기지(機智)보다 값지다.

《동아일보》 1994. 4. 15

한글 못 읽는 중학생

글은 왜 생겼을까. 말에는 시간, 공간의 제한이 있다. 말은 음성이 들리는 거리에서만 소통된다. 또 음향이기 때문에 곧 소멸된다. 공간적으로 멀리, 시간적으로 오래까지 전하려면 기억해 둘 수밖에 없다. 구비(口碑)와 전설이 있긴 하다. 그러나 정확성, 보급성, 영구성이 취약해 글이 탄생했다. 이제 글을 읽고 쓰는 것은 밥 먹고 옷 입는 것과 같다. 오죽하면 "글은 사람"이라고 선언했겠는가. 《박물지》(博物誌)로 유명한 프랑스

철학자 뷔퐁의 표현이다.

서울시 교육청이 중학생 50여만 명을 대상으로 조사한 결과 약 9천 명이 한글을 못 읽거나 기본적인 덧셈·뺄셈을 못하는 것으로 나타났다. 서울이 이 정도니 전국적으로는 그 비율이 더 높을 것이고 농촌 벽지는 더욱 심할 것이다. 두말할 것도 없이 초등학교에서 기초학습을 제대로 하지 못한 채 무시험으로 중학에 진학하고 중학교에서도 학습수준이 무시된 채 반이 편성되면서 누적된 학습결손을 보충할 기회를 갖지 못했기 때문이다.

우리는 입만 열면 전인교육을 되뇐다. 그러나 한 학급 학생이 50명이나 되고 37개 학급 이상 대형 국민학교가 20%나 되며 2부제 수업이 3천 개 교실에 달하는 대도시 콩나물 교육장에서 어떻게 교육다운 교육이 이뤄질 수 있겠는가. 교사 1인당 학생 수가 세계 최하위권이며 교사들이 잡무에 허덕이고 열악한 교육여건 속에 입시준비에만 혈안인 우리 교육현실에서 중학생이 한글을 못 읽는다고 누가 돌을 던질 수 있겠는가.

아프리카 문맹률은 3분의 1, 인도도 절반 수준이다. 우리는 일본, 유럽지역 등 선진국과 비슷한 10% 이하다. 중학생 문맹률도 높은 편은 아니다. 비율이 문제가 아니라 지금 그런 학생들을 어떻게 가르치고 있느냐가 문제다. 담당교사들의 자세가 문제다. 교사들의 부담이 많겠지만 특활시간 등을 이용, 개별지도해주고 학교 측도 특별반 편성, 책임지도 교사제를 활용해 정성껏 돌봐주어야 한다. 학부모들의 관심 또한 무엇보다 선결 문제다.

《동아일보》 1994. 10. 31

예능교수들의 개인레슨

서울대는 1995학년도 입시에서 수험생을 상대로 개인레슨을 한 교수들은 실기고사 출제, 심사 등 일체의 입시업무에서 배제키로 했다. 최근 몇 년 동안 엄청난 회오리바람을 불러일으켰던 대대적인 대학입시 부정 적발도 사실은 지난 1991년 1월 서울대 음대 신입생 선발 부정에서 비롯됐다. 실기부문 심사위원들이 학부모들로부터 거액을 받고 수험생 점수를 조작한 사실이 적발돼 교수, 강사 7명과 학부모 2명이 구속됐다.

귀나 코를 만지거나 턱을 괴는 방법, 손바닥을 비비거나 머리를 쓰다듬는 방법. 이것들은 야구 감독이 투수와 주고받는 암호가 아니라 당시 서울대 음대 기악과 실기 시험장 광경이다. 시험 당일 아침 실기시험이 있기 전 휴게실에서 학부모들과 연결된 심사위원들이 서로 '봐주어야 할 수험생'을 알려주는 수법이다. 수험생이 연주 전 악기 튜닝을 어떻게 한다는 정도는 이젠 고전적 수법이다.

직접 가르친 학생을 봐주기도 하지만 이런 수법으로 서로 바꿔 봐주고 수백, 수천만 원씩 나눠 먹는다. 학생, 학부모는 예능계 입시에선 이런 방법을 쓰지 않고 실력만으론 합격하기 어렵다는 것을 미리 알고 심사위원으로 위촉될 가능성이 많은 교수를 골라 과외지도를 받는다. 그래서 같은 악기를 2, 3중으로 과외를 시켜 학부모들의 부담만 가중된다. 실력 있는 학생들도 바리케이드(돈)를 쳐야(써야) 합격할 수 있어 과외에 매달린다. 유전합격, 무전불합격이다.

서울대 교수들이 개인 레슨을 않기로 결의했는데도 5명이 레슨을 했다가 총장으로부터 중지 통보를 받았다. 아무리 돈이 좋다 해도 대학교수가 그토록 품위를 잃을 수 있는가. 이 기회에 그동안 논란이 거듭됐던 현직 교수들의 개인레슨 전면금지규정을 마련하는 것도 한 방법이 아닐까. 대학의 발전은 엄정한 입시관리에서부터 출발한다. 해당 음대 교수들의 뼈아픈 자성이 아쉽다.

《동아일보》 1994. 11 .2

마약 같은 대마초 교수

마약은 술집 종업원이나 일부 연예인들이 복용해 이따금 구속되는 등 물의를 빚어 오다 최근엔 직종과 나이에 상관없이 확산되고 있다. 환각버스와 택시기사가 엄청난 사고를 유발, 애꿎은 시민에게 피해를 주는가 하면 가정주부, 농민들에게까지 번지고 있다. 얼마 전 한 조사에서는 고교 3년생 10명 중 3명이 환각약물을 복용해본 것으로 나타났다.

마약이 대학교수와 종교인에게까지 확산되고 있다. 대학 연구실이나 사찰 등지에서 대마를 상습적으로 피워 온 교수 · 강사 8명과 승려가 무더기로 적발됐다. 한 나라의 정신적 지도자격인 대학교수와 종교인이 대마초를 피우고 그 중 한 명은 아파트 베란다에 대마를 재배 · 보급까지 했다면 할 말이 없다. 또 교수 중 상당수가 해외 유학시절에 대마에 빠져든 것으로 밝혀져 일부 유학생들의 마약중독 현상도 심상치 않다.

마약중독자들은 늘 흥분 상태에 놓여 있다. 약효가 떨어질 때까지 거의 먹지도 자지도 않는다. 도박이건 유흥이건 한 번 몰입하면 며칠씩 계속한다. 그 결과 마약은 멀쩡한 사람을 폐인으로 만든다. 어떤 종류의 마약이건 일단 손을 댔다 하면 패가망신하지 않는 사람이 없다. 그런 구렁텅이에 다른 사람도 아닌 대학교수들이, 그것도 대학 연구실에서 대마초를 피워댔다니 여간 큰 문제가 아니다.

대학교수는 청년교육, 진리탐구와 사회정의를 수호하는 지적 양심이다. 사회 공동체가 나아갈 방향을 제시해주는 나라의 양식이기도 하다. 그럼에도 상당수의 교수들이 보직에만 매달려 수준 낮은 강의, 연구외면 등으로 질책을 받는 처지에 마약까지 건드리는 세태를 어찌 보아야 하는가. 대학교수도 사람이다. 유혹에 넘어갈 수도 있다. 그러나 그럴 지경이라면 애당초 강단에 스스로 서지 말아야 한다. 대마초 교수는 또 하나 우리 대학의 부끄러움이다.

《동아일보》 1995. 7. 27

8

통일의 실마리 풀 수 없을까 [국제/북한]

인민대회당과 자존심

북경의 천안문 앞 도로는 직선으로 40㎞나 되는 대도로로 마라톤도 직코스로 한다. 이 대로 가운데 널따랗게 자리 잡은 인민대회당(人民大會黨)에서 베풀어진 연회에 한국의 기자 자격으로 초청받아 참석했다. 지난 20일 저녁 이곳에서 열린 제1회 응창기배(應昌期杯) 쟁탈 세계바둑대회 개막식과 함께 열린 이 연회에는 중국 · 자유중국 · 한국 · 일본 · 홍콩 등지에서 5백여 명이 참석했는데 모두들 대회당 구경에 열중이었다.

이 연회장은 넓이 2천여 평, 4~5층 높이의 천장에 중간에 큰 기둥이 20개나 세워져 있는 큰 홀이다. 하늘색 기둥 중간에 화려한 금색 무늬가 새겨져 있고 바닥에는 갈색 카펫이 깔렸으며 사방 벽에는 산수화 · 꽃 · 공작새 등이 그려진 대형 동양화 7폭이 알맞게 걸려 있다. 이 인민대회당에는 이 홀과 비슷한 연회장이 중국 29개 성(省)에 맞춰 29개나 있다니 그 규모를 짐작할 만하다.

이날 연회에서 기자가 유달리 감회에 젖은 것은, 감회라기보다 차라리 충격을 받았다고 할 수 있는 것은 대회당의 큰 규모나 그들 이야기대로 한국인으로서는 첫 공식 초청을 받았다는 것이 아니라, 연회석의 좌석배치와 개막식 진행과정에서 짙게 나타난 중화의식이었다.

우선 20여 명이 앉은 헤드테이블에는 자유중국의 응창기(應昌期) 씨, 중국의 진조덕(陳祖德) 위기협회주석(圍棋協會主席)을 비롯해 중국과 자유중국 사람들만 앉았다. 세계적인 명성의 출전 기사(棋士) 16명 중에서도 이 테이블에 앉은 기사는 중국인인 임해봉(林海峯)과 섭위평(聶衛平) 9단뿐이었다.

일본의 노장 후지사와 슈코(騰澤秀行) 9단을 비롯, 고바야시 고이치(小林光一) · 가토 마사오(加騰正夫) · 다케미야 마사키(武宮正樹) 9단은 물론 하시모토 우타로(橋本宇太郎) 일본관서기원(日本關西棋院) 이사장도 세 번째와 네 번째 테이블에 앉혔고 한국의 조훈현(曺薰鉉)·조치훈(趙治勳) 9단, 미국의 미첼 레드먼드 5단은 물론 장재식 한국기원 이사장 역시 다섯 번째 테이블에 앉혔다.

개막식과 만찬에서의 언어도 중국어 일색에 일본어 통역이 있었을 뿐이며 한국·미국·호주 선수들이 참가했는데도 일체 무시해 버렸다. 손님에 대한 예우가 이 정도인가 하는 생각과 함께 그들이 지금도 주위의 여러 민족을 동이(東夷), 서융(西戎), 남만(南蠻), 북적(北狄)이라고 야만시하고 자기네가 세계의 중앙에 위치한 가장 문명한 나라라고 믿고 있는 것이 아닌가 하는 생각이 들었다.

이 같은 '중화자존심'(中華自尊心)과 함께 눈길을 끈 것은 양 중국 사람들 간의 허물없는 친밀감이었다. 임해봉과 섭위평 9단은 친형제 간이나 둘도 없는 친구처럼 행동했고 다른 사람들도 한 나라 한 팀 같은 인상에 조금도 어색함이 없었다.

물론 이 대회에 북한 선수는 참가하지 않았지만 북한에서 참가했을 경우 우리도 양 중국인들처럼 그토록 친밀하게 지낼 수 있을까. 우리는 지금 88올림픽이라는 유례 없는 큰 잔치를 눈앞에 두고 있지만 그동안 북한의 참가여부와 올림픽 방해책동 문제로 얼마나 많은 신경을 써 왔는가. 물론 이 순간에도 입국장소마다 테러방지에 초비상이 걸려 있다. 우리는 지금 남북한 왕래는커녕 민족적 대제전에 해코지나 하지 않을까 하고 크게 두려워하고 있다.

대만 사람 응창기 씨가 제 1회 응씨배(應氏杯) 쟁탈대회를 대만이 아닌 본토에서 갖겠다는 것을 북경 측이 흔쾌히 받아들이고, 또 대회를 진행하는 데 있어서도 인민대회당을 연회장소로 빌려줄 정도로 온갖 신경을 다 써 주었다. 홀이나 복도에서나 어느 곳에서도 양쪽 사람들은 조금도 스스럼없이 대했다. 서로 도와줄 일만을 찾는 모습을 목격하면서 우리의 처지를 돌이켜 볼 때 부끄러움을 느끼지 않을 수가 없었다.

만리장성, 자금성 관광 때도 북경 관리들은 자유중국 사람들을 예우를 다해 따뜻하게 안내해 주었다. 기자는 장성(長城)의 웅장한 모습 못지않게 그 관리의 온화한 눈길에서 더욱 웅장한 한민족의 자존심을 읽을 수 있었다. 아무리 오만한 중화사상이라 할지라도 이런 식으로 나타나는 자존심에는 부러움을 느끼지 않을 수 없었다. 우리는 언제쯤에나 금강산을 구경하면서 안내해 주는 북한 관리의 온화한 눈길에서 한민족의 자존심을 느끼게 될 것인가.

최근 자유중국에서는 우리가 중공을 중국이라고 부르는 데서 한국을 남조선으로 부르자고까지 한다는 기사를 몇 차례 읽었다. 해방 후 1980년대 초까지만 해도 우리와 가장 가까운 우방이었던 자유중국을 지금 우리는 북경 측의 눈치를 보면서 슬슬 피하고 있다. 6·25사변 때 중공군은 김일성을 돕기 위해 참전, 인해전술로 우리를 공포의 도가니에 몰아넣었다.

우리는 그동안 중국과 소련이 88올림픽에 참가해 줄 것을 두 손 모아 빌듯했다. 이에 대해 많은 사람들이 국제관계는 어제의 적이 오늘의 우방, 오늘의 우방이 내일의 적이 될 수 있다고 아는 체들을 한다. 하여간 그들은 서울올림픽에 참가한다. 이 시점에 와서 우리가 한 가지 염두에 두어야 할 일이 있다. 그것은 6·25사변 때의 중공군 참전과 소련의 KAL민항기 격추사실을 잊지 말아야겠다는 것이다. 적어도 그들이 '한국인들에게는 이렇게 대해 주어도 되는구나'하는 생각을 갖지 않도록 해야 한다. 이런 바탕에서 시작해야 앞으로 한·중, 한·소 관계가 더욱 공고해지지 않겠는가. 우리가 아무리 반도에 살고 있지만 유구한 5천 년의 역사를 가진 배달민족이 아닌가.

모택동(毛澤東)·주은래(周恩來)·등소평(鄧小平)·조자양(趙紫陽) 등 중국의 지도자들이 자리 잡고 있는 모습을 지상의 외신사진이나 TV 화면에서만 보던 인민대회당에 앉아 독한 茅台酒(마오타이)에 可口可樂(코카콜라)를 섞어 마시며 이런저런 상념이 떠올랐다.

《동아일보》 1988. 8. 30

문제를 싣고 오는 보트 피플

한민족(韓民族)은 옛날 좀더 나은 살 곳을 찾아 해 뜨는 곳을 향해 동방의 한반도에 정착했다. 베트남민족도 마찬가지로 우리보다는 남쪽인 인도차이나반도에 터전을 이루었다. 그 당시는 물론 국경이라는 것은 생각지도 못했다. 그 후 몇 만 년, 몇 천 년이 지나 인간들은 국경을 그어 놓고 백년전쟁, 십자군 전쟁, 제 1차·2차 세계대전 등 큰 전쟁을 일으켜 수천만을 살상했다. 바로 그 국경으로 인해 지금 수많은 베트남 보트피플이 아무 데도 상륙하지 못하고 망망대해를 정처 없이 떠다니며 인육까지 먹으면서 연명하다 죽어가고 있다.

"공포와 굶주림, 죽음의 그림자가 우리를 삼킬 듯이 기다리는 저 파도 속으로 어떻게 다시 떠나라는 말입니까." 한 달 전 제주도 남쪽해상에서 우리경비정의 인도로 공해상에 추방되던 베트남 난민 78명이 배에 불을 지르고 바다에 뛰어들었다가 구조되었다. 현재 여천상도(麗川上島)에서 두 번째 추방을 앞두고 초조, 불안 속에 떨고 있다. 유엔 난민고등판무관 사무소에 따르면 공산화 이후 베트남정부의 경제정책 실패로 연간 400%가 넘는 인플레와 높은 실업률로 난민이 급증, 지난 4월 말 공식 집계된 해외정착 및 미정착 난민만도 73만 명에 이른다. 우리나라에 와 있는 난민은 현재 225명.

원래 보트피플은 공산체제에 적응하지 못한 남부 베트남인들이었으나 최근엔 하노이 부근 북부출신도 많아졌다. 이에 따라 얼마 전부터 태국,

말레이시아, 인도네시아는 물론 홍콩도 이들을 받아들이지 않았으며, 유엔도 정치망명자가 아닌 경제적 사정으로 출국한 난민은 베트남에 송환한다는 방침을 정해 놓았다. 베트남은 비극적으로 공산화된 나라인 데다 지금도 참전 한국 병사들의 혼혈고아들이 그곳에 살고 있는 만큼 되도록이면 인도적 배려가 필요하다.

그렇기는 하지만 이들을 계속 받아들일 경우 수많은 보트피플이 무리를 지어 '따이한'으로 향할 때 감당키 어려운 더욱 큰 문제가 생길 것이다. 우리나라는 세계 3위의 인구고밀도 국가다. 정부당국자는 "내몰 수도 없지만 받아들일 수는 더욱이 없다"고 말한다. 그러나 인간에게 자신의 목숨은 우주보다 더 중요하다. 여천(麗川)의 베트남 난민들을 다시 내보내더라도 최소한 생명에 지장이 없는 조치를 마련해 놓은 뒤라야 한다.

《동아일보》 1989. 7. 22

일본총리와 한국

약 백 년 전 명치유신(明治維新)으로 입헌군주국이 되면서 생긴 일본의 내각 총리자리는 그 시작부터 우리나라와 인연이 깊은 인물들이 차지했다. 1885년 초대 내각총리대신에 오른 이토 히로부미는 초대 조선통감으로 '한일합방'을 주도해 나중에 하얼빈에서 안중근 의사의 총탄에 쓰러졌다. 또 우리나라를 전진기지로 삼아 중국, 동남아에까지 손을 뻗치고 태평양전쟁으로 악명을 떨친 도조 히데키는 48년 교수형에 처해졌다.

전후에는 맥아더 원수의 그늘 아래에서 일본 부흥에 전력을 쏟은 요시다에 이어 기시, 이케다, 사토, 다나카, 나카소네 등이 수상으로 명성을 떨쳤다. 미일 안보조약을 체결하고 한일 국교정상화 과정에서 주도적 역할을 한 기시와 오키나와를 반환받고 노벨평화상까지 수상한 사토는 이복형제로 전후 일본의 명재상이었다. 이케다는 드골 프랑스 대통령으로부터 트랜지스터 장사꾼이란 말까지 들으며 일본경제 부흥에 앞장섰다.

금권정치의 우상 다나카는 록히드 사건에 얽혀 구속까지 되었으며 나카소네는 레이건 대통령과 밀착, 소위 '론-야스' 밀월시대를 낳았다. 일본의 역대 수상은 당내 파벌과 재벌을 조정하는 데 주력했으나 소수파인 그는 직접적인 국민의 인기를 얻는 데 성공, 대통령 스타일의 재상으로 군림했다.

금권정치, 정경유착, 밀실담합 등으로 '모든 악의 근원'이란 혹평도 듣는 자민당 총재선거가 8일로 다가왔다. 총재선출에 확연한 명문은 없지만 몇 가지 신사협정은 있다. 첫째는 자유경쟁과 타협의 원칙. 누구나 이 경쟁에 나설 수 있으나 선출은 투표를 앞세우지 않고 타협의 융통성을 발휘한다. 경쟁자들은 결과에 무조건 승복한다.

다음은 수련기간을 거쳐야 하는 것. 일본엔 혜성처럼 나타난 수상은 없다. 자민당 안에는 여러 파벌이 있어 인사의 안배와 형평원칙이 지켜지고 있다. 29세에 29회 총선에서 당선되어 29년 후(1988년)에 수상이 되겠다고 호언한 가이후 도시키 의원이 소화(昭和)시대 태생으로는 첫 수상이 될 것 같다. 단 한번 서울을 방문한 적이 있는 그는 우리와 인연이 별로 없다. 이른바 '뉴 리더' 시대의 일본이 펼칠 대한(對韓)정책이 궁금하다.

《동아일보》 1989. 8. 4

통일의 실마리 풀 수 없을까

경평(京平) 고속도로로 2시간 반 정도 달려 평양 을밀대에서 점심을 들고 오후에 일을 본 뒤 저녁에 서울로 돌아온다. 좀 바쁘면 김포에서 30분도 안 걸리는 항공편으로 순안(順安) 비행장에 내려 일 보고 오면 된다. 꿈같은 이야기 같지만 서독의 루프트한자는 프랑크푸르트에서 동독의 라이프치히까지, 동독의 인터플루크는 라이프치히에서 뒤셀도르프까지 정기항공노선을 개설, 지난주 말부터 취항을 개시했다. 동서독은 이제 하늘의 장벽까지 헐어버렸다.

독일도 우리와 같은 분단국이지만 내적으로는 '실질적 통일상황화' 상태에 있다. 서독은 브란트의 동방정책 이후 대결구조에서 꾸준히 평화구조로 지향해가 주변 열강들로부터 분단영속화를 강요받는 상황에서도 쉬지 않고 인적·물적 교류를 추진해 왔다. 72년 동서독이 무력을 포기하고 자유왕래를 보장하며 독립과 주권을 존중하기로 한 기본조약이 체결된 뒤 지금까지 연 3천만 명의 서독인이 동독을 방문했다.

분단 반세기가 가깝도록 남북한 간에 적의에 찬 대결상황에서 한걸음도 떼어놓지 못하고 있는 한반도의 상황에서 볼 때 그들의 처지가 부러운 것은 말할 것도 없고 민족적 열등의식까지 느껴진다. 동서독의 모형에서 배울 수 있는 가장 큰 교훈은 체제의 쇄신, 즉 참된 민주주의와 복지화의 달성 없이는 통일문제의 실마리를 풀 수 없다는 것이다. 그리고 단순히 영토적·정치적 통합만이 통일의 모든 것이 아니라는 것을 알게 된다.

역사는 우매한 자들의 각성을 참을성 있게 기다려준다. 각종 정치적 쇼나 밀입북 등 결과적으로 남북한을 더욱 멀리 갈라놓고만 지금까지의 못난 수준에서 벗어나 부모·처자 간에 편지라도 한 장 나눌 수 있는 아주 작은 성취라도 이뤄지도록 노력해보자. 불타는 적개심으로 민족의 화해에 완강하게 저항하는 세력들은 앞으로 급속히 약해질 것이다. 6·25를 겪은 남북의 세대부터 20년 내에 사라지거나 무력해질 것이다. '남반부의 반동들이 얼마나 나쁜지를 모르고 요즘 젊은 아이들이 철없이 군다'고 개탄하는 소리가 지금 북한 체제에서조차 새어나오고 있다.

《동아일보》 1989. 8. 14

강택민의 정수불범하수론井水不犯河水論

과거엔 등소평(鄧小平)의 흑묘백묘론(黑猫白猫論)이 화제였는데 최근 중국의 변화와 관련, 강택민(江澤民)의 정수불범하수론(井水不犯河水論)이 나와 파문을 일으켰다. "흰 고양이거나 검은 고양이거나 쥐만 잡으면 좋은 고양이"라는 등소평의 발언은 그의 실용주의 노선을 한마디로 잘 집약해 놓은 표현이다. 이 말은 그가 실각할 때마다 어김없이 튀어나와 정적들이 그를 비판하는 데 좋은 재료로 삼았다. 그러나 그는 종내 '4마리의 쥐'(四人幫)를 잡고 부도(不倒) 옹(翁)으로서의 면모를 과시했다.

천안문사태 후 북경을 방문한 홍콩의 유력인사들에게 강택민은 "우물물이 강물로 흘러들어서는 안 된다"고 말했다. 수수께끼 같은 이 말을 놓고 홍콩의 신문·방송은 '정수불범하수론의 이해', '정수불범하수론을 논함' 등의 제목으로 연일 다루었다. 잇따른 토론 끝에 강택민의 말은 하나의 경고로 풀이된 모양이다. 천안문시위 때 홍콩에서 금품을 모아 비밀리에 시위학생들에게 보낸 데 대한 경고와 함께 홍콩, 마카오, 대만 등지의 부르주아들이 중국을 위협하려 한다면 우물물에 거대한 강물의 힘을 보여주겠다는 협박이라는 것.

최근 외신은 등소평이 강택민을 후계자로 확정하고 양상곤(楊尙昆) 주석과 이붕(李鵬) 총리도 이를 받아들이기로 했다고 보도했다. 강택민은 전 국가주석 이선념(李先念)의 사위이며 아들은 현재 미국유학 중. 그는 영어 · 러시아어 · 일어 · 루마니아어까지 능숙하게 구사하며 서방세계에 대한 경제개방정책에 부합하는 인물이라는 평판을 받고 있다. 테크너크랫 출신이면서도 예술감각이 있어 거문고 · 대나무 피리 연주솜씨도 대단하다는 것.

강택민은 지금 인구 11억의 나라, 세계 최대정당인 중국 공산당의 제1인자로 올라섰다. 청 말의 정치가 이홍장(李鴻章), 군벌통치자로 중화민국 초대 대총통을 지낸 원세개(袁世凱), 근대중국의 국부로 존경받은 손문(孫文)에 이어 중원을 쥐고 흔든 모택동, 등소평의 뒤를 그가 과연 성공적으로 이을 것인지, 아니면 호요방(胡耀邦), 조자양(趙紫陽)의 전철을 밟을 것인지는 두고 볼 일이다. 그는 지난 19일엔 북한의 방문단에게 민의가 반영된 법률을 만들어 민주화하라고 강조하여 북한 지도층을 간접적으로 비판했다는 보도다. 강택민 하수론(河水論)을 편 그의 앞날이 주목거리다.

《동아일보》 1989. 9. 21

북한 화학무기, 누굴 죽이려고?

월남전에서 미국은 정글 속의 베트콩을 소탕하기 위해 화학무기 '에이전트 오렌지'를 살포했다. 풀과 나무들이 금세 말라죽어 베트콩 은신처를 없애는 데 아주 유용했다. 그 후 이 고엽제에 노출됐던 월남인들에게서 눈이 멀고 팔이 없는 기형아들이 태어났다. 하지만 '형벌'은 공평해서 그 후유증은 미군에게도 나타났다. 참전했던 사람들이 암, 신경질환, 유산 등으로 엄청난 고통을 겪었다.

제1차 세계대전부터 등장한 이 처참한 화학무기를 그 뒤 소련이 아프가니스탄에서, 베트남이 캄보디아에서 사용했고 차드와 앙골라내전, 이라크-이란전에서도 사용됐다. 화학무기는 '빈국(貧國)의 원폭(原爆)'이라 불린다. 핵무기보다 제조법은 훨씬 간단하지만 그에 못지않은 대량살상력을 갖고 있다. 핵탄두 1톤을 만드는 데 100만 달러가 드는 데 비해 화학무기 1톤에는 만 달러밖에 들지 않는다. 저개발국을 포함, 22개국이 이를 보유하고 있는 것으로 알려졌다.

부시 미국 대통령이 이번 유엔총회연설을 통해 소련이 상응한 조치를 취하면 비축화학무기 80%를 폐기할 것이라고 선언했다. 또 국제금지협약이 체결되면 8년 안에 9%까지 감축하겠다고 다짐했다. 이에 세바르드나제 소련 외상도 유엔총회 연설에서 이를 즉각 수락한다고 밝히고 화학무기의 세계적 금지를 위해 함께 노력하자고 제의했다. 모든 대량살상무기를 제거하는 것이 바람직하지만 특히 화학무기는 가장 고통스러운 살상력에다 유효한 방위수단조차 없기 때문에 우선적으로 제거해야 한다.

무색·무미·무취로 오감에 의한 탐지가 불가능한 현대화학무기는 지금까지의 국지적 사용과는 달리 미사일·화학탄두 장착으로 대량살상의 엄청난 위력을 발휘한다. 더욱 두려운 것은 이 미사일을 제3세계에서 다투어 개발하고, 구입하는 것이 어렵지가 않은 점이다. 그 중에도 우리가 더욱 걱정하는 것은 북한이 화학무기를 독자생산하고 대량비축하고 있는 점이다. 바다건너 먼 곳의 이야기가 아니라 바로 우리 자신과 2세들이 치명적인 피해를 입을 수도 있다. 남북 간의 긴장완화는 이래서 더욱 절실하다.

《동아일보》 1989. 9. 27

영토보다 마음의 통일

남과 북이 완전한 하나가 되어 뜨거운 동포애를 만끽한 천금 같은 밤이었다. 지난 20일 밤 싱가포르 국립경기장에서 열린 월드컵 최종예선에서 남북한의 두 응원단은 남과 북을 전혀 가리지 않았다. 중국과의 경기에서 김주성(金鑄城)이 헤딩슛을 성공시키자 북한 응원단은 기립박수로 환호했고 남한 측 응원단도 '이겨라 북한'을 연호하며 열렬히 북한팀을 응원했다. 북한 선수단은 남한 관중석 앞으로 와 고개 숙여 인사하고 팀 감독은 감격의 눈물을 흘리기도 했다.

최근 여러 채널의 남북한 간 접촉을 보면서 통일이 그리 멀리에 있지만은 않은 것 같은 생각이 든다. 적어도 그렇게 보고 싶고 그런 생각을 서로 갖고 임해야 하지 않을까. 최근 남북 체육회담에서 최대 쟁점인 단일팀 호칭문제는 타결 못했지만 아리랑을 단가(團歌)로 하고 흰 바탕에 하늘빛 한반도 지도를 그린 깃발을 단기(團旗)로 하는 데 합의했다. 분단 반세기에 적의에 찬 대결상황에서 한 걸음도 나아가지 못하고 있는 판에 선수단 구성은 물론 단가·단기 채택에 합의를 보았다니 이 아니 반가울 수가 있는가.

이에 앞서 남북적십자 회담에서도 오는 12월 고향방문단 및 예술공연단을 교환하기로 합의하고 본회담을 12월 15일 평양에서 열기로 타결했다. 또 남북 고위당국자 회담을 위한 예비회담도 며칠 전 판문점에서 열렸다. 남북왕래에 대비한 남북통행통신에 관한 합의서, 상호비방중상 중지, 군사적 신뢰구축 등이 제안됐으며 1차 본회담을 서울에서 개최할 것에 합의했다. 25일의 남북국회 회담준비접촉에서도 좋은 성과가 있기를 기대해본다.

단순히 영토적 통일만을 한다고 민족의 숙원이 다 해결되는 것은 아니다. 그에 못지않게 마음의 통일이 소중하다. 만일 남한 내에서도 지역간 감정이 격화된다면 함께 산다는 것이 무슨 의미가 있겠는가. 무엇보다 남북한 간에 증오심부터 없애야 한다. 우선 대결구조에서 평화구조로 바꾸면서 인적 물적 교류를 확대해가는 '작은 통일'부터 시작해야 한다. 수해가 나면 도움을 받고 쌀이 남으면 부족한 쪽으로 보내야 한다. 싱가포르의 밤을 떠올리면서 북경대회 때는 중국 하늘에 남북 단일 깃발을 펄럭이고 아리랑을 합창하기를 기대한다.

《동아일보》 1989. 10. 25

제 4독일국과 한반도

베를린장벽의 붕괴는 독일 최초의 국민혁명으로 프랑스혁명과 견줄 만한 역사적 대변혁이라고 세계 주요 신문들이 평가했다. 〈워싱턴 포스트〉지는 지난 40년간 지속돼온 유럽의 현상유지가 종말을 맞았으며 주변 당사국들도 경제·문화적으로는 통일된 독일을 인정할 것이라고 전망했다. 〈뉴욕타임스〉지는 향후 5년 내에 동서독은 훨씬 밀접히 결합, 통일까지도 가능하며 이로써 유럽공동체 통합이 새로운 국면에 접어들 것이라고 내다보았다.

영국의 〈선데이타임스〉지는 90년대의 세계질서는 소련제국의 붕괴와 통일독일의 등장으로 좌우될 것이라고 예측했다. 예상보다 빨리 다가올 '제 4독일국'은 8천만 인구의 경제대국으로 나토의 종말을 가져오며 유럽경제권을 지배하고 동구의 자유경제체제를 유도할 것이라고 전망했다. 2000년대가 시작되면서 세계는 미국·일본·독일이 주도한다는 것. 무엇이 양독(兩獨)으로 하여금 그렇게 되도록 하는 것일까. 독일민족은 그렇게 되는데 우리는 왜 안 되는 것일까. 한반도의 장벽은 언제 어떻게 무너질까.

'김일성이 2월 8일 사망했다. 후계자로 등장한 김정일이 남한에서 이틈을 이용하여 북한을 공격하면 응징을 받을 것이라고 경고했다. 노태우 대통령도 대남 도발가능성에 대해 경고했다. 남한 초계정이 영해상에서 공격을 받았다. 접전 끝에 북한 초계정이 침몰됐다. KAL기가 납치되고 미 대통령은 항공모함 2척을 동해로 이동시키면서 한미양국은 데프콘2태세에 들어갔다. 소련 해군 기동병력이 남하하면서 상황은 계속 악화되어 갔다.'

이상은 최근 한국 국방연구원과 미국 국제전략센터가 공동실시한 한반도 위기관리 게임의 도상(圖上) 훈련 상황이다. 이 시나리오는 김정일에 대한 암살기도가 전해지더니 그의 사망이 확인되면서 남북긴장이 풀리고 북한의 내부 격동이 시작되는 것으로 종결된다. 이 밖의 다른 시나리오는 없을까. 김일성이 호네커처럼 용퇴하고 판문점 자유통행을 허용하는 '크렌츠결단'은 내려지지 않을까. 그래서 '오늘 한민족은 가장 행복한 민족입니다'라는 함성이 터져 나오고 휴전선의 남북한 병사가 포옹하며 악수하는 모습을 볼 수는 없을까.

《동아일보》 1989. 11. 15

두브체크와 프라하의 봄

남 보헤미아 계곡에서 발원한 물줄기는 체코 국토 곳곳을 누비며 유유히 흘러간다. 이어 강 연변의 여러 정경 — 숲속의 사냥, 농부의 혼례, 달빛 아래서의 수정들의 윤무가 환상적으로 묘사된다. 마침내 물줄기는 프라하 시내로 흘러들어가면서 체코슬로바키아인들의 영광된 과거를 회상

한다. 체코가 낳은 불멸의 작곡가 스메타나의 연작 교향시 〈나의 조국〉 중 제 2번 "몰다우 강"이다. 이 곡은 스메타나가 오스트리아에 짓밟힌 조국 체코에 대한 애정을 강에 부쳐 묘사한 애국의 시(詩)다.

이 '애국의 시'는 지난 1968년 '프라하의 봄'으로 다시 피어났다. 그때 알렉산데르 두브체크의 지도 아래 체코국민들은 민족자주노선과 인류의 평화적 공존을 염원하면서 경제개혁과 함께 탈소(脫蘇) 민주화운동을 전개했다. 그러나 그 해 8월 20일 소련을 비롯한 바르샤바 조약군의 탱크 아래 프라하의 봄은 무참히 짓밟혀버렸다. 그로부터 20여 년이 흘렀다. 조국을 사랑하는 체코인들의 '애국의 시'는 이제 다시 '웬체슬라스의 봄'이 되어 피어오르고 있다.

약 30여만 명의 체코인들은 당국의 강경진압 위협에도 불구하고 연 7일째 프라하의 웬체슬라스 광장에 모여 민주개혁을 요구하는 반정부시위를 벌였다. 마침내 체코민중의 정신적 지도자 두브체크도 이 광장으로 나오게 되었다. 그는 먼저 자신이 축출될 때 꼭두각시로 권좌에 오른 후사크 현 대통령과 아케스 서기장의 퇴진을 요구하고 시위 군중들에게 대중집회에 나가 연설하겠다고 약속했다.

가난한 목수의 아들로 태어난 두브체크는 공장노동자로 일하면서 독학으로 법학박사 학위까지 받았다. 적을 사지 않고 온건한데다 무난한 성품에 힘입어 46세의 젊은 나이에 공산당 제 1서기가 됐다. 그는 당시 동구권 지도자들이 상상도 못했던 자유화 개혁을 시도했다가 실각했다. 산림감시원, 정원사로 근무하다 은퇴해 있는데 22일 유럽의회는 "두브체크는 동구에서 평화적 변혁을 바라는 우리의 희망을 상징한다"며 그에게 '사하로프 상'을 수여키로 결정했다. 체코군부의 개입 여부로 정세는 아직 불투명하지만 웬체슬라스의 봄을 맞은 체코인들의 향도 역을 다시 맡게 된 그의 앞으로의 활동이 기대된다. 그리고 그의 뜻이 이루어지기를 기원한다.

《동아일보》 1989. 11. 24

가례아와 고리아

홍아리(洪牙利), 파란(波蘭), 불가리아(弗可里牙) 하면 아는 사람은 알겠지만 요즘 한창 개혁의 물결을 타고 있는 헝가리, 폴란드, 불가리아의 한자 국명(國名)이다. 이 밖에 지금 젊은 층에게는 낯선 유럽의 국명을 보면 분란(芬蘭; 핀란드), 낙위(諾威; 노르웨이), 애란(愛蘭; 아일랜드), 서전(瑞典; 스웨덴), 포도아(葡萄牙; 포르투갈) 등이 있고 우리 주변 아시아의 국명으로는 신가파(新嘉坡; 싱가포르), 면전(緬甸; 미얀마) 등이 있다. 우리의 국명은 남한은 한국, 북한은 조선인데 남북한을 통튼 명칭은 무엇이 되어야 할까.

최근 남북한 체육 회담에서 가장 어려운 사항인 대표단 명칭을 '코리아'로 하기로 합의했다. 그러나 중국에서 대회가 열리는 관계로 한자표기가 불가피해졌다. 그래서 우리 측은 '가리아'(可里亞), '가례아'(可禮亞) 두 가지 중 하나로 하자고 제의했고, 북한 측은 '고려'(高麗)를 염두에 두고 있는듯하다. '가리아'는 홍콩, 대만 등지의 상가에서 한국이나 조선의 표기를 쓰기가 난처할 때 사용하는 것이며 '가례아'는 우리가 예로부터 예(禮)를 숭상해 왔다는 데에 착안한 조어다. 이것들의 중국 발음은 '커리야'다.

숭실대 정연선(鄭然渲) 교수 등은 최근 본보에 글을 보내 '고리아'(高理雅) 또는 '고리아'(高理亞)로 하자고 제의했다. 이 제안의 첫째 이유는 '가리아' 등은 우리 한자표음상 '가리아', '가례아' 등으로 코리아와는 멀고 의미도 기껏해야 '예의 있는 버금가는 나라' 정도로 볼품이 없다는 것. 그러나 고리아(高理雅) 등은 우선 발음이 '고리아'로 '가리아'보다 낫고 뜻도 동방의 금수강산이란 내용이 함축돼 있으며 고구려와 맥이 통하는 역사성도 있다는 것. 이 표기는 북한의 주장과도 가까운 편이다.

한반도가 통일되어 새로운 국명이 생기기 전까지만이라도 양측을 통괄해 부를 수 있는 한자어 표기는 필요하다. 이 표기는 또 영원히 사용될지도 모른다. 미국, 영국, 소련도 우리가 부르는 그 나라의 국명인데 아시아의 여러 한자권 나라에서 우리를 어떻게 부를 것인지는 상당히 중요한 사항이다. 아이들 이름을 지을 때도 멀리 내다보면서 신중에 신중을 기하는데 하물며 남북을 통틀어 부를 이름을 정하는데 결코 가볍게 처리해서는 안 된다. 물론 명칭문제로 모처럼의 단일팀 구성기회를 잃지 않도록 남북한은 신축성을 보여야 한다.

《동아일보》 1989. 12. 11

공산주의의 디즈니랜드류

동구의 민주화 개혁이 한창이던 지난해 12월 6일 북한의 김일성과 루마니아의 차우셰스쿠가 개혁반대연합전선을 구축하기로 합의했다. 그런지 보름도 못 돼 루마니아정권이 무너졌고 차우셰스쿠는 처형당했다. 서방의 많은 언론들은 '다음은 김일성'이라며 북한의 군사쿠데타 가능성까지 내다보았다. 개혁의 선구 레흐 바웬사도 북한정권이 인민들과 대화하는 길을 걷지 않을 경우 올해에 붕괴될 것이라고 예언했다.

90년대를 여는 신년 초부터 또다시 세계의 시선이 북한에 쏠린다. 영국의 〈인디펜던트〉지는 북한과 루마니아의 통치는 소름이 끼칠 정도로 닮았다며 쌍둥이는 아무리 멀리 떨어져 있어도 선천적으로 육체적 고통을 함께 하는 속성이 있어 차우셰스쿠의 몰락은 김일성을 심각하게 괴롭힐 것이라고 지적했다. 폴란드, 헝가리, 유고가 한국과 외교관계를 맺은데 이어 불가리아, 체코, 동독과 새로 탄생하는 루마니아까지도 한국과 접근, 결과적으로 '북한의 고도화(孤島化)'를 촉진되고 있다는 것.

프랑스의 〈르몽드〉지도 북한은 이제 어쩔 수 없이 개방해야 할 궁지에 몰렸다고 지적했다. 알바니아와 함께 스탈린주의의 마지막 잔재로서 다른 곳에서는 이미 사라져버린 완고한 공산주의의 '디즈니랜드류(類)' 구경거리로 전락하는 것을 피하는 유일한 길은 오직 개혁이라고 분석했다. 미국의 〈월스트리트저널〉지는 북한의 문이 조금씩 열리고 있으나 내부에 큰 변화가 없는 한 남북한의 바람직한 관계개선은 쉽지 않을 것이라고 전망.

고르바초프 서기장은 신년 메시지에서 "1990년도는 진정 세계평화에 다가서는 한 해가 되어야 한다. 전 세계가 행복과 자유를 희구하고 있는데 이 추세를 거역하는 것은 용납될 수 없다"고 지적했다. 김일성도 신년사에서 자유여행과 '장벽' 해체논의를 위한 최고위급 회담을 갖자고 제의했다. 비록 '위장제안'이라고 할지라도 상당한 의미가 있다. 김일성이 재정파탄과 외교고립에 차우셰스쿠 몰락으로 생각을 달리했건, 동구개혁의 '바람'을 감지했건, 고르바초프의 개방 압력을 직간접으로 받았건, 그도 이젠 80세 가까이 되어 세계사적 대변혁이 머지않아 아시아에도 불어닥칠 것을 어렵지 않게 짐작하고 있을 것이기 때문이다.

《동아일보》 1990. 1. 4

에이즈 소년의 참 용기

지난주 미국 인디애나 주의 한 교회에서 있었던 18세 소년의 장례식에 대통령부인 바버라 여사, 가수 마이클 잭슨, 엘튼 존 등 저명인사들이 대거 참석하고 부시 대통령이 조문을 보냈는가 하면 주 전역에서 이 소년을 추모하는 반기 게양을 해 화제가 되었다. 주인공은 에이즈 환자인 라이언

화이트 군. 미국인들이 이 소년의 죽음을 그토록 애통해하는 데는 이유가 있다. 그것은 어린 나이에도 죽음의 공포와 좌절을 꿋꿋한 용기로 극복했기 때문이다.

이 소년은 13세 때 혈우병 치료를 위해 수혈했다가 에이즈 바이러스에 감염됐다. 학교 당국은 즉각 등교 중지시켰고 학우와 학부모들은 하루아침에 표변해 노골적으로 적대시했다. 이 소년과 부모는 2년여 법정 투쟁 끝에 승소했지만 어려움은 마찬가지였다. 소년은 굽히지 않고 TV 토크쇼, 에이즈 환자를 위한 자선기금 마련 모임은 물론 의회청문회에도 나가 에이즈 환자들에게도 인간의 존엄성이 있음을 역설했다. 학교에도 계속 다니면서 친구들과 어울리려고 노력했고 공부도 열심히 했으며 댄스와 스케이트보드를 즐겼고 16세엔 운전면허까지 획득했다.

현재 전 세계의 에이즈환자로 등록된 수는 223,000명가량 된다. 이 중 절반이 넘는 12만여 명이 미국에 있다. 세계보건기구는 실제 환자 수를 이보다 훨씬 많은 60만 명 정도로 추산. 2000년에는 600만 명에 이를 것이라 한다. 국내 환자 수는 보사부 공식발표는 75명이나 실제로는 500~700명으로 추산된다. 국내의 동성애자 수가 현재 약 3만 명 정도라는데 요즘 급증추세를 보여 앞으로 에이즈 감염률도 높아질 것으로 보인다.

악성 베토벤은 음악가로서는 그 무엇보다 소중한 청력을 잃었다. 그는 그래도 포기하지 않고 불후의 대작을 잇달아 작곡, 수많은 신체장애자들에게 희망을 안겨주었다. 화이트군은 죽을 때까지 정상인과 똑같이 생활하는 모습을 실천으로 보여주었다. 그래서 실의에 빠진 에이즈 환자들에게 용기를 불어넣어 주었고 다른 고통 받는 많은 사람들에게도 삶의 진실을 깨닫게 해주었다. 어린 나이에 죽음을 눈앞에 두고도 절망과 고통을 극복, 그토록 초연한 태도를 보인 것은 진정 위대한 참용기로 세계인의 가슴속에 새겨질 것이다.

《동아일보》 1990. 4. 19

소련의 한민족韓民族 공화국 설립

세계에서 면적이 가장 넓은 나라인 소련은 그에 걸맞게 민족 수도 120여 종으로 대표적인 다민족국가다. 소련의 민족은 대충 5개 유형으로 분류된다. 러시아인은 맏형민족, 우크라이나와 백러시아인은 동생민족, 에스토니아·라트비아·리투아니아·몰다비아·그루지야인은 피정복민족, 유태·아르메니아인은 이산민족, 타타르·아제르바이잔·우즈베크·카자흐·타지크·키르기스인은 예속민족. 인구비율로 약 30번째 되는 한족(韓族)은 소수민족으로 1989년 초 현재 43만 7천 명.

한족(韓族)이 소련에 유민 또는 이민을 시작한 것은 구한말의 기근과 일본제국주의에 희생되어 조국을 떠나면서부터다. 재소한족사(在蘇韓族史)는 1861년 러시아 극동의 프리모리예 지방에 조선인이 들어간 때부터 1937년까지의 연해주(沿海州) 80년사와 1937년 내륙으로의 강제이주 후 지금까지의 중앙아시아 50년사를 합쳐 130년사다. 한인들은 스탈린에 의해 '불온건 인민'이란 누명을 쓰고 중앙아시아 쪽으로 강제 이주당해 민족적 천대와 극심한 차별대우 속에 엄청난 고통을 겪었다.

그러나 지금은 다른 소수민족에 비해 생활수준이 월등히 높고 교육열도 유태인 다음으로 높아 부러움을 사고 있다. 동포들은 소수민족으로서 우리 언어, 고유풍습, 전통문화가 사멸되어 가는 것을 안타깝게 여겨 이의 보존과 함께 민족자치영토의 형성을 간절히 바라고 있다. 한인들의 모임인 전소고려인협회(全蘇高麗人協會)가 창립총회를 모스크바에서 가졌다고 소련 노보스티통신이 전해왔다. 동포들은 곳곳의 한인협회를 단일 조직으로 정비하는 한편 한민족 공화국을 설립하는 문제까지 논의했다고 한다.

공화국설립 후보지인 연해주 지역은 우리 유민의 한이 서린 곳으로 고구려 전성시대 우리의 영토였으며, 지금 우리 동포들이 가장 많이 살고 있는 우즈베크·카자흐지방은 우리 옛 조상이 동쪽으로 이동하기 전 주거하던, 바로 중앙아시아 지방이다. 한족(韓族)은 수만 년 전 이곳에서 몽고 지방으로 이동했다가 다시 남하, 한반도에 터전을 잡았다는 것이 한족중앙아시아 기원설이다. 우리민족과 관계 깊은 그곳 소련 땅에서 한민족 공화국 설립 문제가 논의됐다니 감개무량하다. 쉬운 일이 아니겠지만 소련정부는 지난날의 과오를 청산한다는 의미에서도 적극 협조해 주었으면 싶다.

《동아일보》 1990. 5. 17

남북예멘 통일과 한반도

아라비아반도 남단의 남북예멘은 300년간 오스만투르크의 지배를 받았다. 제 1차 세계대전에 참전한 터키가 패하자 1918년 북예멘은 독립을 쟁취, 왕정을 거쳐 공화정을 이룩했다. 남예멘은 영국의 지배를 받다가 1967년 뒤늦게 독립, 사회주의 노선을 채택함으로써 분단의 길을 걸어왔다. 양국은 국경전쟁을 치를 정도로 관계가 악화되었으나 시바왕국의 후예답게 끝내 재통일을 이룩, 인구 1천 3백만 명의 아라비아반도 최대공화국으로 탄생했다.

단일국가 예멘공화국의 등장은 이슬람교를 기초로 아랍민족주의를 지향해온 북예멘과 마르크스·레닌주의 노선을 걸어온 남예멘이 그들의 이념적 장벽을 허물고 또 하나의 분단극복 드라마를 연출했다는 점에서 특히 우리의 시선을 끈다. 독일과 예멘이 전격적으로 통일의 대로에 들어섬으로써 지구상에 분단되어 있는 나라는 우리밖에 없게 됐다. 중국도 두 개로 나뉘어 있지만 사정이 좀 다르다.

페레스트로이카 이후 소련의 관심 퇴조와 동구의 대변혁이 예멘의 통일을 앞당겼다. 양국은 냉전체제의 굴레를 과감히 벗어나 88년 유전공동개발에 합의하고 작년엔 양국정상회담을 가졌다. 이어 동·서독과 같이 화폐통합을 비롯해 경제협력 및 각종 제도의 통일에 앞서 남예멘 사회당은 북예멘에 대해 국경을 개방하는 한편 다당제 도입 등 획기적인 내부개혁을 단행, 통일 분위기를 조성했다.

남북예멘은 1인당 GNP가 각각 430달러, 650달러로 세계 최빈국 대열에 끼어 있다. 소득이 우리의 10분의 1 정도밖에 되지 않는다. 동·서독처럼 정치적·경제적 수준이 높아야 통일되는 것도 아니라는 것을 예멘공화국이 증명해주었다. 우리는 왜 이 모양일까. 모두 냉전의 구각(舊殼)을 벗어 던지고 새 시대를 맞는데 우리는 왜 못할까. 한민족의 민족성에 문제가 있는 것이 아닌가. 우리도 예멘의 본을 떠 우선 금강산공동개발을 추진하고 남북 정상회담을 갖고 이어 화폐통합을 이룩해보자. 분단의 아픔도 서러운데 세계유일의 냉전분단국으로 남아 세계인들의 비웃음과 경멸까지 받고 살아서야 되겠는가.

《동아일보》 1990. 5. 24

수치 여사, 미얀마의 빛나는 별

'꽝'하는 강력한 폭음이 터지면서 현장은 일시에 대혼잡에 빠졌다. 1983년 10월 9일 미얀마의 아웅 산 국립묘소에서 전두환 대통령을 기다리던 서석준 부총리를 비롯한 30여 명이 폭음과 함께 쏟아져 내린 천장 서까래와 흙더미에 파묻혔다. 흙먼지가 뒤덮여 한동안 시야를 가렸고 화약 냄새가 코를 찔렀으며 아웅 산의 대리석 묘도 파괴됐다. 이 사고로 서 부총리, 이범석(李範錫)·김동휘(金東輝)·서상철(徐相喆) 장관, 함병춘(咸秉春) 청와대 비서실장 등 17명이 순직하고 14명이 부상했다.

19세기에 들어서면서 영국의 식민통치를 받던 미얀마에 민족주의 운동이 싹트기 시작, 곳곳에서 독립운동이 일어났다. 이때 아웅 산과 우누가 지도자로 부상했다. 이어 제2차 세계대전이 발발하면서 미얀마는 일본에 점령당했고 아웅 산 장군이 앞장서서 영국군과 협동해 일본군을 격퇴했다. 48년 미얀마 연방이 탄생, 우누 정부가 들어섰으나 반란과 내전에 휘말려 혼란이 거듭되다 62년 네윈 장군이 쿠데타로 집권, 근 30년간의 군사통치가 계속됐다. 군사정부의 장기집권과 사회주의 쇄국정책으로 경제가 파탄에 이르렀고 반정부시위를 진압하는 과정에서 1988년에는 3천여 명이 사망했다.

네윈에 이어 르윈과 마웅 마웅이 집권했으나 사우 마웅이 친위쿠데타를 일으켜 의회를 폐지하고 국호를 미얀마로 바꿨다. 이 같은 우여곡절 끝에 상상을 초월하는 야당탄압 속에서 실시된 지난 27일 총선에서 아웅 산 장군의 딸 수치 여사가 이끄는 민주국민연맹이 75%가 넘는 득표로 승리했다. 선거기간 중 재야인사 천여 명이 구금되고 수치 여사는 가택연금됐으나 끝내 민주승리를 쟁취했다.

타협을 거부하고 스스로 반독재투쟁에 앞장서 민주화의 기틀을 마련한 수치 여사는 남편이나 부친의 정치적 유산을 바로 이어받은 아키노 필리핀 대통령이나 부토 파키스탄 총리와는 또 다른 높은 평가를 받을 만하다. 많은 미얀마 국민들은 군사정부의 민정이양 약속에 불안감을 갖고 있다. 군사정권은 현재 수치 여사와 협상을 벌이고 있다. 그녀는 6월 중순에나 연금에서 풀려날 것이라 한다. 지금 전 세계가 미얀마를 지켜보고 있다. 시간과 정의는 항상 인도(人道)·민주의 편에 있다는 것을 알아야 한다. 수치 여사의 조속한 석방과 미얀마의 민주정부수립을 지켜본다.

《동아일보》 1990. 5. 31

한・소 정상회담

'나선 정벌'(羅禪征伐). 효종 때 러시아를 정벌했다는 사실을 기억하고 있는 사람은 많지 않을 것이다. 17세기에 들어서면서 러시아 제국은 코사크군을 앞세워 동방경략에 나섰다. 러시아 원정대는 시베리아를 횡단, 곡물생산지이며 광물자원이 풍부한 흑룡강 방면으로 남하하기 시작, 청국과의 충돌이 잦아졌다. 원정대장 하바로프가 우수리 강변에 아찬스크성(현 하바로프스크)을 구축하자 청국은 병력 2천 명을 동원, 공격했으나 패퇴했다. 허약한 구식군대로는 당해낼 수가 없었다. 러시아군이 송화강까지 진출하자 1654년 청국은 조선에 총수대(銃手隊) 원병을 청했다.

조선은 임진왜란 후 조총부대 양성에 주력해 총술에 능했다. 효종은 함경북우후(咸鏡北虞侯) 변급(邊岌)에게 총사(銃士) 백여 명을 데리고 출정케 했다. 변급은 청군 3천 명과 함께 러시아군을 대파하고 개선했다. 1658년 청군 1만 명이 러시아군에 대패하자 다시 조선에 총수대 지원을 요청했다. 이번에는 함경북우후(咸鏡北虞侯) 신류(申瀏)가 3백여 명을 이끌고 가 청군과 함께 송화강과 흑룡강 합류지점에서 스테파노프 선대(船隊)를 만나 대승을 거뒀다. 러시아 선대 10척이 불타고 겨우 1척이 도주했다. 이 전투에서 스테파노프 제독 등 러시아 군 270명이 죽고 나머지는 흩어졌으나 부근지역에서 섬멸됐다. 그러나 결국 1860년까지 러시아는 연해주도 합병하여 동진정책을 완료하고 우리와 국경선을 접하게 된다.

우리 조정과 러시아와의 만남이 처음 이뤄진 것은 1246년 원나라 정종(定宗) 즉위식 때였다. 사절로 간 고려 고종의 두 왕자가 러시아의 에르슬라프 대공(大公)을 만난 것. 이어 1884년 조로(朝露) 수교통상조약이 체결되고 1896년에는 일본세력을 피해 조선 고종이 거소를 러시아 공관으로 옮기는 아관파천(俄館播遷) 사건이 일어나기도 했다. 같은 해 니콜라이 2세 대관식에 당시 궁내부특진관(宮內府特進官) 민영환(閔泳煥)이 특명전권대사로 참석했다.

이 사절은 인천에서 출발하여 상해, 장기(長崎), 동경, 태평양 횡단, 밴쿠버, 뉴욕, 대서양 횡단, 런던, 화란, 독일, 파란(波蘭)을 경유해 러시아에 들어갔다. 무려 7개월이나 걸린 여정이었다. 노태우 대통령이 4일 샌프란시스코에서 고르바초프와 한·소 정상회담을 갖는다. 그와 만나 한·소관계정상화와 함께 남북대화에 큰 돌파구가 있기를 기대해본다. 하벨 체코 대통령이 미국에 소련을 도와달라고 한 것처럼 우리도 고르바초프에게 북한 인민들, 북한의 민주화를 도와달라고 당부해야겠다.

《동아일보》 1990. 6. 2

노태우 대통령의 외교

미국의 조지 워싱턴 대통령은 "대통령이 되는 것은 사형대로 가는 수인(囚人)의 기분과 다름없는 느낌이 든다"고 말했다. J. Q. 애덤스 대통령은 "4년간의 대통령 임기는 내 평생 가장 비참한 시절이었다", 앤드루 잭슨 대통령은 "솔직히 말해 나의 대통령 시절은 고급노예의 생애였다", W. H. 태프트 대통령은 "백악관, 이곳은 세계에서 가장 고독한 장소다"라고 표현했다.

F. D. 루스벨트 대통령은 "대다수의 대통령이 그들이 듣는 훌륭한 충고조차 미처 받아들이지 못하고 임기를 끝낸다"고 털어놓았다. 우드로 윌슨 대통령은 "대통령은 법률상으로나 양심상으로나 능력껏 위대해질 수 있는 자유가 있다. 대통령직은 대통령의 인간성과 지혜, 그리고 그의 힘을 측정하는 척도가 된다"고 말했다. 드와이트 아이젠하워 대통령은 "모

든 주장, 모든 제안, 모든 제언, 모든 대안과 자기행동의 결과를 마치 기도하는 마음으로 음미해야 하는 것이 대통령"이라고 정의했다.

노태우(盧泰愚) 대통령은 5일 샌프란시스코에서 고르바초프 대통령과 역사적인 한소정상회담을 가진 데 이어 6일에는 백악관에서 조지 부시 대통령과 한미정상회담을 가졌다. 그는 바로 앞서 동경에서 한일정상회담을 가졌다. 중요회의나 조문사절 등으로 한곳에서 여러 나라 국가원수와 연쇄회담을 갖는 경우를 제외하고는 이번의 노 대통령처럼 10여일 사이에 각각 다른 지역에서, 그것도 지구상의 초강대국 정상들과 역사에 남을 정상회담을 가진 것은 아마도 유례를 찾아보기 힘들 것이다.

노 대통령은 한때 '물태우', '허(虛)태우', '속태우', '애태우', '불태우'라는 말을 들었다. 좋은 의미의 별명은 아니다. 그가 통치하는 스타일이 안타까워서 그렇게 불린 것이다. 그러나 그는 지금 결단과 강력한 의지로 격동하는 전환기에서 열심히 외교활동을 펼치고 있다. 공과는 역사가 평가하겠지만 그가 얼마나 국민의 사랑을 받고 성공한 대통령이 될 것인지는, 바로 지금부터 외교뿐만 아니라 내정에서 얼마나 진지하고 성실하고 과단성 있으며 슬기롭게 그 직책을 수행하느냐에 달려 있다.

《동아일보》 1990. 6. 7

서울-평양 항공노선

작년 이맘때만 해도 독일의 통일이 이렇게 빨리 이루어질 것이라고는 예측 못했다. 물론 브란트의 동방정책 이후 양독(兩獨)은 대결구조에서 꾸준히 평화구조로 지향해 가면서 인적·물적 교류를 추진해왔다. 그러나 이처럼 빨리 되리라고는 생각지 않았다. 통일이란 갈라졌던 것이 하나로 합쳐지는 것이다. 갈라졌던 것이 하나로 되는 데 있어 가장 중요한 것이 통로다. 통로가 있어야 오가며 토의하고 타협해 일을 성사시킬 수 있다.

양독이 이 통로를 마련한 것 중에 아주 중요한 것이 항공로 개설이다. 작년 8월 초 서독의 루프트한자는 프랑크푸르트에서 동독의 라이프치히까지, 동독의 인터플루크는 라이프치히에서 서독의 뒤셀도르프까지 정기 항공노선을 개설, 운항을 시작했다. 동·서독은 바로 그때 하늘의 장벽을 헐고 통로를 마련했다. 이 하늘의 장벽 붕괴가 베를린장벽을 헐어버리는 것으로 이어졌고 베를린장벽 붕괴는 독일의 통일로 이어졌다.

지난 6일 열린 남북고위급회담 예비회담 실무대표들이 합의서 문안을 합의한 것 중에 항공기를 통한 대표단 왕래가 포함돼 있다. 이와 함께 교통부는 서울-평양 등 남북 간 부정기항공노선 개설을 위한 준비작업을 서두르고 있다. 교통부는 이 항로개설에 관한 기술조사 작업을 벌이는 한편 국방부 측과 비행 정보구역 관리 및 안보문제 등에 대해 협의하고 있다는 것. 이와 관련, 일본에서 서울·평양을 거쳐 중국으로 가는 대망의 한-중-일 노선개설도 추진한다는 것이다.

북방정책의 성과로 우리 민항기가 시베리아 상공을 날아 소련과 유럽으로 운항하고 소련과 동구권에서도 한국과의 국교정상화 이후 서울에 민항기 취항을 결정했거나 추진중이다. 지금 세계 항공회사들은 지구상에 마지막 남은 황금노선인 북경노선 개설에 혈안이 되어 있다. 정부는 수도권 새 국제공항을 경기도 영종도 앞바다 매립지로 확정했다. 거대하게 건설되는 이 공항은 2000년대 아시아 태평양지역의 중심축이 되어 세계항공의 요충지가 될 것이다. 이런 판국에 우리 땅이요, 바로 코앞에 있는 평양행 노선이 없다는 것은 참을 수 없고 부끄러우며 슬픈 일이기도 하다. 서울-평양노선이 하루 빨리 개설되어야 한다.

《동아일보》 1990. 7. 8

한라산에서 백두산까지

세계의 지붕, 세계의 중심으로 여겨온 곤륜산계(崑崙山系)에서 동쪽으로 뻗어 나온 천산(天山) 줄기가 요동을 가로질러 솟아오른 것이 백두산이다. 우리 선조들은 이 곤륜(崑崙)의 맥이 백두산에 연결되어 있고 한반도의 모든 산이 백두산과 지맥(地脈)이 연결되어 있어 백두산을 곧 천산이요, 조산(祖山)으로 섬겨왔다. 결국 한민족은 이 산기슭에서 태어나 이 산 언저리에서 한평생 살다가 다시 이 산에 묻혀 백두산의 품안으로 돌아가는 것이다.

한반도의 남쪽 끝, 태평양의 검푸른 파도 위에 우뚝 솟은 한라산은 남한에서는 제일 높은 영산(靈山)이다. 금강산, 지리산과 함께 삼신산으로 꼽히는 한라산은 등고선에 따라 난대·온대·한대의 식물 2,500여 종이 분포돼 있어 세계적인 식물공원이란 명성까지 얻고 있다. 백두산에 천지가 있다면 한라산엔 백록담이 있다. 옛날 불로초를 캐기 위해 하늘에서 신선들이 타고 내려온 흰 사슴들이 목을 축였다는 설화와 신선들이 이곳에서 백록주를 마셨다는 전설이 있다.

법무·국방·통일원 등 3개 부처 장관이 23일 합동 기자회견을 갖고 판문점에서 개최되는 '범민족대회' 참가자들이 조국통일 대행진을 위해 백두산에서 한라산까지 행진하는 것을 환영한다고 밝혔다. 아울러 우리측 인사들이 한라산을 출발, 판문점을 거쳐 백두산까지 가는 것도 허용한다고 발표했다. 작년 6월 전대협 학생들이 '통일선봉대 한라산 출정식'을 갖고 백두산까지 행진하려다 당국에 의해 저지당했었다. 이어 7월에는 임수경 양이 북한학생 등과 백두산에서 한라산까지 행진을 시도했었다.

북한에서의 행진시도는 물론 치밀한 통제 하의 작위적인 면이 없지 않았다. 지금까지의 시도가 어떻든 간에 이번 정부의 조국통일 남북행진 허용은 남북교류에 새로운 장을 열 파격적인 것으로 평가된다. 정부가 이 남북행진을 발표한 7월 23일은 우연하게도 한반도에서 처음으로 '코리아' 라는 국가가 탄생한 기념일이어서 새로운 느낌이 든다. 지금으로부터 1072년 전 서기 918년 7월 23일 왕건이 분열된 한반도에 고려를 건국했다. 고려의 건국이념은 통합과 북진이었다. 고려의 건국정신으로 되돌아가 한반도 재통일을 앞당기는 데 심혈을 쏟아보자.

《동아일보》 1990. 7. 24

제 3세계 새 군사강국 18개국

미소(美蘇) 두 강대국의 협조무드와 그에 따른 동서냉전의 종식은 세계평화 기운에 크게 기여했으나 양국의 긴장 이완을 틈탄 지역분쟁이 고개를 들기 시작해 90년대에 유례없이 확산될 것이라고 저명한 연구소와 석학들이 우려하고 있다. 분쟁은 소규모 전투가 주류를 이룰 것이지만 제 3세계 국가들의 화학무기 및 핵무기 보유가 늘어나면서 대규모 살상파괴를 가져올 중간 규모의 전투가 발생할 위험이 커지고 핵전쟁으로 비화할지도 모른다는 것.

스톡홀름 국제평화연구소(SIPRI)는 제 3세계의 새 군사강국으로 18개국을 꼽는다. 아르헨티나, 브라질, 이집트, 리비아, 앙골라, 남아공, 이란, 이라크, 시리아, 사우디아라비아, 이스라엘, 터키, 인도, 파키스탄, 중국, 대만, 북한, 한국 등이다. 이들 중 남북한, 중국·대만, 이란·이라크, 이스라엘·시리아 등 경쟁·적대관계에 있는 나라가 10여 개국이나 된다. 전 세계 무기거래는 제 3세계 국가들이 도맡다시피 하고 있는데 그 중에서도 주로 이 18개국에 유입되고 있다.

냉전해빙에 따른 힘의 공동화 현상이 빚어지면서 중동이 그 대표적인 취약지역으로 나타났다. 이라크는 미국의 태도가 엉거주춤한 틈을 타 단숨에 쿠웨이트를 집어삼켜버렸다. 소련 역시 경제난으로 제3세계에 대한 원조를 줄여 입김이 점차 약해지고 있다. 그렇다고 해서 미국이나 소련이 자신들의 중요한 이해가 걸려 있는 지역에서조차 가만있지는 않을 것이다. 결국 제3세계 국가들과의 큰 충돌로 비화될 것이다. 또 이들 국가들 간에도 국경분쟁이 끊이지 않고 나라 안에서도 민족·종교·빈부간 분열이 계속돼 2000년을 앞두고 전 세계가 화약고나 다름없는 상태다.

여기에 이란·이라크 전 종식으로 타격을 입고 있는 미국, 소련, 프랑스 등의 무기산업체들이 가만있을 리 없고 유수한 무기상들도 부추길 것이다. 이들은 최근 동아시아를 겨냥, 시장쟁탈전을 벌이고 있다고 한다. 완제품 판매방식에서 기술이전 합작생산으로 바꿔 고객을 확보하고 있다. 제발 이 대열에 한반도가 끼이지 않아야 할 텐데 오히려 그 반대방향으로 나가는 것 같아 걱정이다. 전쟁은 일체의 인류죄악의 총괄이다. "전쟁은 동물에게나 적합한데 그 어떤 동물도 인간처럼 전쟁을 하는 것은 없다"고 한 토머스 모어 경의 경구(警句)를 되새겨 보아야 한다.

《동아일보》 1990. 8. 7

아랍은 하나?

"만두 파는 집에 만두를 사러갔더니 회회(回回) 아비 내 손목을 쥐더라/이 말씀이 이 점(店) 밖에 나명들명, 조고만한 삿기 광대 네 말이라 하리라/그의 자리에 나도 자러 가리라/그의 잔 데같이 울창한 것이 없다." 고려 충렬왕 때의 가요 〈쌍화점〉(雙花店)이다. 사실상 원나라 지배하에 있었던 고려 말은 역대 왕이 원조(元朝)의 왕녀들을 왕비로 맞아들였고 이들과 함께 들어온 아랍인들이 고려 여인들을 처첩(妻妾) 또는 노리개로 삼기도 했다. 이 작품은 당시의 퇴폐적인 성윤리가 잘 나타나 있다. 이것이 우리 작품에 나타난 아랍인의 첫인상이다.

경기도(京畿道) 평택군(平澤郡) 팽성읍(彭城邑) 석척리(石斥里)에 아라비아인 후손촌이 있다. 고려 말 충렬왕과 정략결혼한 원(元) 세조(世祖)의 딸 제국(齊國) 공주를 따라와 귀화한 아라비아인 삼가(三哥)의 후손들이다. 충렬왕으로부터 덕수(德水) 장(張)씨 사성(賜姓)을 받아 지금까지 700여 년 간 26대째 면면히 이어져오고 있다. 우뚝한 코에 큰 눈이 부리부리하고 거무튀튀한 얼굴빛에 큰 골격이 첫눈에 아랍인의 후예임을 느끼게 한다. 이들은 호방한 성품에 상술도 능해 대체로 유복한 생활을 하고 있다.

'아랍은 하나.' 아랍권에는 전통적으로 혈연·언어·종교 등에서 오는 동족의식이 내재해 있다. 이번 이라크의 쿠웨이트 침공과 관련해서도 많은 아랍 지도자들이 '어디까지나 아랍세계의 문제이며 우리가 알아서 할 것'이란 반응을 보였다. 실제로 이 같은 정신적 구조 아래 현대 국제사회에서는 생각하기 힘든 국가 간 통합, 분열이 간간이 이뤄졌다. 이라크-이란 전쟁처럼 서로 침공하는 것도 비아랍권에서 생각하는 만큼 심각한 문제가 아니다.

아랍인들은 대체로 호전적이며 보복감정이 강하다. 강경하게 버티다가도 싱겁게 수그러들고 맹목적 추종을 잘하며 교육수준이 낮아 눈앞의 실리에 급급하다. 이런 아랍인들과 우리는 70년대 초부터 급격히 밀착돼 왔다. 중동특수는 우리 경제발전에 커다란 몫을 했다. 현재 이라크·쿠웨이트 2개국에만 현대 등 7개사가 25억 달러어치의 공사를 시행중이다. 건설인력만도 950여 명에 이른다. 정부는 9일 유엔제재안에 동참하기로 하고 교역, 신규 건설공사 금지 등의 경제제재조치를 이라크에 통보했다. 원유확보, 미수금대책 등 난제가 많지만 특히 근로자보호에 현명한 외교적 대처를 취해야겠다.

《동아일보》 1990. 8. 10

한인가게 불매운동

뉴욕시 일원에는 약 1만 5천 개가량의 한인(韓人) 소유 상점이 있다. 뉴욕시에 거주하는 많은 한인들의 생계가 여기에 달려있다. 이 중 청과상이 1천 5백여 개, 잡화상이 2천 5백여 개, 생선가게 5백여 개로 추정되는데 이들 대부분이 흑인 빈민가를 상대로 영업한다. 거의 하루 24시간 문을 여는데 한 개 파는 데 단돈 몇 센트에서 3~4달러의 푼돈을 벌기 위해 고된 일을 마다 않는다. 이들은 힘든 영업 외에도 부랑인, 좀도둑, 알코올 및 마약중독자, 권총강도 등에게 수시로 시달린다.

흑인들이 특히 가게 안에서 슬쩍 훔치는 일이 빈발해 이들과 다투고 실랑이를 벌이는 일이 끊이지 않는다. 만성적인 가난 속에서 허덕이는 흑인들과 한인 상점주들은 근본 출신과 사고방식에서부터 다르다. 한인 상점주들은 거의 모두 대졸학력에 한국에서 사무직이나 전문직에 있었던 계층이다. 이들은 흑인사회에서 번 돈으로 자녀들을 명문대학에 보내고 백인 부유층들이 사는 지역에 주택을 갖고 있다. 이런 것들이 흑인들의 눈에 좋게 비칠 리가 없다.

흑인들의 이 같은 좌절감이 요즘 집단행동이나 과격한 방법으로 나타나고 있다. 뉴욕의 한인가게에 대한 불매운동은 조그만 시비에서 시발되었지만 어쩌면 우려했던 일이 벌어진 것이다. 일부 과격흑인들이 한인가게를 희생양으로 삼아 '흑인 복지향상', '개혁' 등 자신들의 메시지를 전파하려는 것은 공정하지 못하다는 것이 요즘 미국사회의 일반적 여론이다. 뉴욕시장도 한인가게 불매운동은 협박행위라며 흑인들이 자제해줄 것을 호소했다.

얼마 전 한국계 여기자에게 '눈이 치켜 올라간 황색잡견'이라고 폭언한, 퓰리처상을 수상한 미국의 칼럼니스트 브레슬린이 〈데일리 뉴스〉지로부터 2주간의 무급처분을 받았다. 소수민족계 기자들과 아시아계 미국언론인협회에서는 이 폭언을 인종차별에 성차별이라고 비난했다. 이때 뉴욕 흑인언론인협회도 이 한국계 여기자에게 폭언한 칼럼니스트의 직위를 정지시키라고 강력히 요청했다. 세상 어느 곳이나 소수민족의 설움은 있게 마련이다. 그 지역 주민들과 사이좋게 어울려 사는 지혜가 아쉽다. 아울러 흑인들로부터 '얻기만 하고 베풀지 않는다'는 이미지를 씻도록 노력하면서 상호공존 속에 평화롭게 사는 길을 모색해야 한다.

《동아일보》 1990. 9. 9

해외 파병

세계제국을 꿈꾸던 원(元) 세조(世祖)는 일본까지 지배하기 위해 동정(東征)에 나서면서 고려에 파병을 강요했다. 원의 도원수(都元帥) 흔도(忻都)가 이끄는 몽한군(蒙漢軍) 2만과 고려 도독사(都督使) 김방경(金方慶)이 이끄는 5천의 여원연합동정군(麗元聯合東征軍)이 1274년 합포・마산을 출발, 대마도, 일지도를 점령하고 북구주(北九州)의 하카타만으로 본토에 상륙했다. 고려군은 대승을 거뒀으나 원의 부원수(副元帥) 유복형(劉復亨)이 유시(流矢)에 맞은 데다 폭풍이 일어 1만 3천 5백 명을 잃고 회군했다.

원 세조는 고려 측의 만류를 뿌리치고 1281년 동로(東路) 강남군으로 나눠 2차 정벌에 나섰다. 여원연합동로군(麗元聯合東路軍) 4만은 다시 대마도, 일지도를 거쳐 하카타만으로 쳐들어갔고 강남군은 만병(蠻兵) 10만과 전함 3천 5백 척으로 하카타만에서 합류했다. 두 달 동안이나 피비린내 나는 결전이 계속되던 중 일인들이 신풍(神風)이라 하는 태풍이 불어 연합군 전함이 박살났다. 10만가량이 희생됐는데 그 중 고려군은 7,800여 명이 전사했다.

명(明)·청(淸) 교체기에 만주족 세력이 급속히 성장, 후금국을 세우자 명이 조선에 파병을 요청했다. 광해군은 강홍립(姜弘立)을 오도도 원수(五道都元帥)로 삼아 1만 3천여 명을 거느리고 출병케 했다. 광해군은 당시 복잡한 국제관계 속에서 양면외교를 폈는데 명이 패할 것을 예견한 강홍립은 적당히 싸우다 광해군의 의도대로 후금에 항복했다. 이는 광해군의 다변외교 작전으로 뒤에 후금의 침략을 피할 수 있었다.

효종 때 러시아군을 대파한 나선정벌(羅禪征伐)을 기억하는 사람은 많지 않을 것이다. 당시 허약한 구식군대의 청국이 동방경략에 나선 러시아군에 연패하자 조선에 원병을 청했다. 임진왜란 후 조총부대 양성에 주력한 효종이 함경북우후(咸鏡北虞侯), 변급(邊岌)과 신유(申瀏)에게 2차에 걸쳐 4백여 총사(銃士)를 주어 러시아군을 섬멸케 했다. 제 2공화국 때의 월남파병을 모르는 이는 없을 것이다. 1964년부터 1973년까지 미국의 요청에 따라 비둘기·맹호·청룡·혜산진·백마부대가 혁혁한 전공을 세웠다.

페르시아만 방위비 분담에 관한 정부의 결정이 늦어지고 있는 가운데 미국의회에서 한국군의 사우디파병 문제가 공식 거론돼 귀추가 주목된다. 분담금 4억 5천만 달러와 관련, 파병에 관해 여러 가지 의견이 있을 것이다. 이 문제가 거론된 배경을 아직 상세히는 알 수 없어 속단하기는 이르지만 한국의 국제적 이미지, 인명문제, 경제적 부담 등을 고려해 신중한 결정을 내려야겠다.

《동아일보》 1990. 9. 21

북 · 일 묘향산 대좌

평북 영변 · 희천군과 평남 영원 · 덕천군에 걸쳐 있는 해발 1,909m의 묘향산(妙香山)은 예로부터 동금강(東金剛), 남지리(南智里), 서구월(西九月), 북묘향(北妙香)이라 하여 4대 명산 중의 하나다. 빼어나게 아름다우면서도 웅장한 모습에 향나무, 동청(冬靑) 등 향기로운 나무가 많아 묘향산이라 했다. 환인(桓因)이 인간세상을 뜻을 둔 아들 환웅(桓雄)에게 천부인(天符印) 3개와 무리 3천을 주어 태백산 정상의 신단수(神檀樹) 아래로 내려가 인간세상을 다스리게 했던바, 일연(一然)은 삼국유사에서 이 태백산이 바로 묘향산이라고 적고 있다.

이 산에는 100여 개의 말사(末寺)를 거느린 보현사(普賢寺)가 있고 암자만도 380여 개에 이르렀다 한다. 이 절은 임진란 때 구국의 선봉장이었던 서산대사의 입적처로도 유명하다. 서산대사는 왜적이 침입하자 73세의 고령으로 전국 각지에 알려 의승(義僧) 궐기를 촉구했다. 사명당(四溟堂)이 앞장선 금강산의 의승, 처영(處英)이 중심이 된 지리산의 의승이 봉기하도록 했으며 자신은 묘향산에서 의승 5천을 모아 평양전투 등에서 공을 세우고 선조를 호위해 한양에 입성했다.

이처럼 유서 깊고 항일 의승의 본산이었던 묘향산에서 김일성과 김환신(金丸信) 일본 전 부수상이 회동해 요즘 신문마다 대서특필하고 있다. 일본 측은 김일성이 평양이 아니라 휴양지인 묘향산에서 만나자고 해 사뭇 당황했던 모양이다. 전혀 예상치 않은 곳인데다 연락도 되지 않는 장소다. 그보다 친밀도를 더하기 위해 그곳에서 만나자고 한 것인지 만나려면 하라는 대로 하라는 식의 대접인지 분명치가 않았다. 어떻든 일본의 이 실력자는 3시간 동안 야간열차를 타고 150㎞나 달려가야 했다.

김환신은 일본 자민당 최대파벌의 회장으로 널리 알려진 '킹메이커'다. 다케시타 전 수상은 물론 현 가이후 수상도 그의 작품으로 알려졌다. 김환신이 비록 실력자라고 할지라도 45년 독재의 김일성은 자신을 스탈린이나 모택동과 비견되는 위상이라고 생각해 그에 맞게 대접하는 것인지 모른다. 현존 인물 중에는 등소평, 고르바초프, 또는 일왕 정도가 동격이라고 여기고 있을지 모른다. 북한이 일본에 요구하는 배상액은 50~60억 달러 정도로 알려졌다. 김일성이 자신을 어떻게 생각하든 간에 일본에 대해 저자세가 아니란 점은 높이 살 만하다. 돈을 요구하면서도 큰 소리치고 있지 않은가. 대소(對蘇)·대중국(對中國) 접근에 엄청난 돈을 쓰면서도 구걸외교의 인상을 주는 우리의 처지와 비교하는 것은 지나친 억지일까.

《동아일보》 1990. 9. 28

한·소 수교의 전제조건

1983년 9월 1일 일본 왓카나이 북방상공에서의 KAL기 격추사건은 '20세기 최악의 범죄'로 일컬어진다. 269명의 무고한 목숨을 앗아간 이 참극은 우리 모두의 가슴 속에 통분과 원한을 안겨준 초강대국 소련의 반문명적·야만적 폭거였다. 사건 직후 소련당국은 이 고공(高空)의 집단학살을 "비행을 중지시켰다"는 군사기술용어로 처리했다. 이어 그로미코 외무장관은 "소련의 영토와 국경은 신성불가침의 것"이라고 선언하여 우리를 더욱 슬프게 만들었다.

그러다가 소련은 여러 선전기관을 동원, KAL기가 스파이 비행을 했다고 역정보 전술을 폈다. 그 중에서도 1984년 8월의 모스크바 방송은 이 같은 흑색선전의 압권이었다. 이 방송은 KAL기가 미 CIA의 앞잡이로 스파이비행을 하다가 소련 요격기의 총격을 맞고 낙하 중 스파이 행위의 증거를 없애려는 미 CIA의 원격조종 폭파장치에 의해 폭파, 추락했다고 주장했다. 교활하고 냉혹한 그들의 속성을 한눈에 보는 것 같았다.

러일전쟁으로 단절된 지 85년 만에 재개된 한·소 양국의 공식수교는 우리 정부의 북방정책 이래 가장 큰 이정표를 세운 외교적 대성과다. 수교시기가 앞당겨짐에 따라 이달 말 열리는 제 2차 양국경제 회담을 계기로 외교 및 경제협력이 본궤도에 진입할 것이다. 먼저 이미 가서명된 무역협정, 항공협정, 과학기술협정을 비롯해 투자보장협정, 이중과세방지협정, 어업협정 등을 마무리 지어야 할 것이다.

이에 못지않게 관심을 끌고 있는 정부차원의 경제협력도 곧 착수단계에 들어갈 것이다. 한·소 양국은 내심 서로를 필요로 하는 공통분모를 갖고 있다. 소련은 경제협력 외에도 태평양지역 진출을 위해 유럽식 집단안보협의 방식인 아태지역 안보기구의 창설에 총력을 쏟고 있다. 그러지 않고서 45년 혈맹의 북한을 그토록 쉽게 외면할 수 있겠는가.

전후 45년간 적이었던 소련이 마침내 우방으로 바뀌어 가고 있다. 소련이 진실한 우방이 되기 위해서는 협정이나 경제협력에 앞서 할 일이 있다. 한국인은 1983년의 잔악한 고공학살을 절대로 잊을 수 없다는 것을 그들은 깨달아야 한다. 그 만행은 어떤 이유로도 정당화될 수 없다는 것도 알아야 한다. 동족상잔의 6·25전쟁 역시 그들에게도 책임이 있다. 어떤 형태로든 한국인이 수용할 만한 내용의 사과가 앞서야 한다.

《동아일보》 1990. 10. 5

남북대화의 전제

9일로 미얀마의 아웅 산 묘소에서 우리 외교사절 17명의 피가 뿌려진 지 꼭 7년을 맞았다. 그날 낮 12시 55분 지축을 흔드는 굉음은 동족애는 물론 인류의 양심을 찢어 놓았다. 이 저열한 폭력으로 전두환 대통령의 미얀마 순방을 수행하던 서석준(徐錫俊) 부총리를 비롯해 행정부 요원 등 17명이 참혹하게 숨졌고 여러 명이 다쳤다. 한 달 뒤 미얀마 정부는 이 테러사건이 북괴군 특공대의 소행이라는 완전한 증거를 확보했다고 밝히고 북괴와의 외교관계를 단절하는 한편 북괴정권에 대한 승인도 취소한다고 발표했다.

아웅 산 묘소에서의 만행은 다름 아닌 한국의 국가원수를 위해하기 위한 테러였다는 점에서 단순한 살인범죄가 아니다. 전두환 씨 개인의 행적이야 어떻든 간에 그는 당시 한국의 대통령, 즉 국가원수였다. 이 테러는 특정집단에 대한 것이 아니라 한 국민 전체에 대한 모욕이다. 그래서 전 세계의 이목이 집중됐고 우리 국민의 격분을 더욱 촉발시켰다. 북한은 그로부터 겨우 4년이 지난 1987년 11월 29일 역시 미얀마국경 상공에서 KAL기를 공중폭발 시켜 115명의 무고한 생명을 앗아갔다. 올림픽 방해 목적이었다. 지금까지도 시신조차 찾지 못해 유족들이 애태우고 있다.

흐루시초프는 최근 발간된 세 번째 회고록에서 "지금까지 우리(소련)는 오랜 세월 동안 한국전쟁이 남한의 주도로 시작됐다고 주장해왔으나 진실은 김일성의 주도로 시작됐으며 스탈린 등의 지원이 있었다"고 고백했다. 아직도 북침설이나 남침유도설을 믿고 있는 '얼간이'가 없지 않지만 이 회고록은 또 한 번 김일성의 죄과를 확인시켜주고 있다. 우리 정부는 지금 대북접촉에 몸살이 날 정도로 심혈을 쏟고 있다. 남북 고위당국자회담이 진행중이며 곧 남북 축구경기가 열리고 통일음악회도 열린다.

통일에 대비하는 남북접촉을 누가 반대하겠는가. 그러나 남북접촉도 분명 하나의 외교다. 외교에는 절차와 화해와 함께 동반자적 대등성이 전제되어야 한다. 더구나 그토록 엄청난 피해를 본 우리로서는 먼저 사과라도 받고 나서 시작해야 한다. 최소한 사과를 요구하는 형식이라도 갖춰놓고 시작해야 한다. 그렇지 않고서는 지금까지 김일성 집단의 테러와 만행을 알고 있고 그 사실을 가르쳐 온 우리의 정당성을 어떻게 설명해야 할 것인가. 더구나 만일 노동당 창당기념일 '축하쇼'로 평양에서 남북 축구경기를 연다면 아웅 산 사건과 KAL기 폭발을 어떻게 설명해야 할 것인가.

《동아일보》 1990. 10. 9

금세기 대표인물 고르비

〈타임〉지는 작년 말 고르바초프 소련 대통령을 80년대의 인물로 선정하면서 그의 정치스케일을 대공황에 빠졌던 자본주의를 위기로부터 구출한 프랭클린 루스벨트 미 대통령과 비견했다. 고르바초프는 목적의식과 함께 개혁의지, 결단적 추진력과 함께 희망을 보여주면서 비전을 제시했다. 그는 진정 중요한 것이 무엇인지를 간파하는 통찰력을 지녀 동구권 지배가 소련의 발전에 장애가 된다고 판단, 철의 장막을 거두고 개방과 개혁을 실천해 '20세기의 해방자', '금세기의 대표인물'로 떠올랐다.

〈타임〉지는 또 고르바초프가 플라톤의 정치의 도를 터득했다고 기술했다. 그는 통치자란 국민들이 자유의지에 의해 지배를 받아들일 때 정통성을 확보할 수 있다는 치자(治者)의 왕도(王道)를 실천하고 있다는 것. 그는 진실을 이야기해 국민들의 의식에 충격을 주어 새 형식의 정치참여를 유도하면서 국민적 자부심을 유도해 냈다. 그는 신조차도 평화와 개혁의

무기로 동원했다. 소련체제에 대한 적대의식을 상징하는 대표적 표현인 '신의 부정(否定)'을 과감히 타파했다. 그는 마침내 교황을 성하(聖下)로 호칭, 교황으로부터 페레스트로이카에 대한 항복을 받아냈다.

일개 콤바인 보조운전사에서 공산권 최고권좌에 올라 세계사의 흐름을 바꿔놓은 그의 수완과 역량은 곳곳에서 빛을 발한다. 레이건과의 레이캬비크회담에서 대담한 평화제안으로 크게 압도했던 고르비는 부시와의 몰타회담에서 부시의 '열등공포'를 간파, 주도권을 양보함으로써 페레스트로이카에 대한 지지를 얻어 냈다. 그칠 줄 모르는 정열, 합리적 사고, 치밀한 통찰력과 함께 역사의식을 두루 갖춘 그를 두고 베이커 미(美) 국무장관조차 "어떤 상투적 표현으로도 고르바초프를 제대로 평가할 수 없다"고 말했다.

군축, 동구의 민주화, 통독에서 한·소 수교에 이르기까지 냉전체제를 종식시킨 평화의 사도로서 그의 업적은 역사에 찬연히 빛날 것이다. 그는 지금 아시아에 눈을 돌려 아태지역, 특히 동북아의 신질서를 모색하고 있다. 그는 폐쇄와 족벌독재의 북한에도 개방을 촉구, 지금 세계의 이목을 끌고 있는 남북대화 성사에도 숨은 공이 있다. 고르비의 올해 노벨평화상 수상은 너무나도 당연한 귀결로 여겨진다.

《동아일보》 1990. 10. 16

통일열기 악용 말라

남북 화해를 위한 환상의 무승부 스코어가 파괴되는 순간 가슴이 무너지는 절망감, 안타까움이 마음을 옥죄어 왔다. 전광판엔 이미 경기가 종료됐는데 간접 프리킥 정도로 충분한 하찮은 태클에 북한 주심은 페널티

킥을 선언, 평양통일 축구에 먹칠을 했다. 이어 더욱 애처로운 장면이 TV 화면에 비친다. 경기장 관객들이 북경아시아 경기에서 북한 종합 2위, 남한 3위라고 자신 있게 말한다. 참으로 안쓰러운 모습이다. 신문, 라디오, TV를 통해 모두 알고 있는 내용을 그토록 감쪽같이 속이고 있는 데 놀라지 않을 수 없다. 그쪽 체제에 불리한 것은 모두 숨기거나 유리하게 바꿔놓는 것이 그들의 진실인가. 북한은 그 어떤 분야에서도 남한에 져서는 안 된다는 논리인가.

수백 명이 일사불란하게 남한 측 일행 앞길을 가로막은 채 "통일", "통일" 구호를 외쳐대고, 네댓 살 어린이는 눈물 흘리며 "통일 위해 최선을 다해주세요"라고 당부했다. 그뿐인가. 식당 종업원이 임수경 양 항소이유서를 줄줄 외우고, 한 임산부는 "아이가 뱃속에서부터 통일을 부르짖어 '통일'이라 이름 지었다"고 말했다 한다. 그러더니 이번 2차 총리회담 대표 일행이 갔을 때는 갑자기 썰렁해졌다. 모든 사람이 하루아침에 극도로 냉담해졌다. 모두들 배후 조종을 받고 있는 로봇들이란 말인가. 북한에서의 진실이란 무엇인지 알지를 못하겠다.

김일성이 살아있는 한 통일(統一)은 안 된다고 자신 있게 말하는 이가 많다. 북한이 올 들어 일체 대화를 중단했다가 총리회담을 비롯해 범민족대회, 아시아경기 공동응원, 남북 축구, 통일음악회 등 화해의 제스처를 취하는 것도 체제유지 등 내부의 필요성 때문이라고 비판하는 사람도 있다. 북한은 지난해 세계청년학생축전에서 임수경 양, 지난번 범민족대회에선 황석영(黃晳暎) 씨 등을 등장시켜 인민들에게 남한 주민들의 김 부자에 대한 충성열기를 과시했다.

누구를 위한 접촉(接觸)인가

남북 축구도 로동당 창당 45돌 기념 경축행사로, 이번 2차 총리회담 대표 역시 창당 기념 축하사절의 일환으로 여기고 있다는 보도도 있다. 일본 자민 사회당 대표를 초청해 사죄와 배상 약속을 받은 것도 경제난 해소 목적도 있겠지만 충성심 고조가 필요한 북한 주민들에게 보이기 위한 계략의 인상도 풍겼다.

북한은 한·소 수교, 한·중 접근에 충격을 받았을 것이다. 소련으로부터 직·간접으로 개방 압력도 받고 있다. 스스로도 고립을 모면해 보려 애쓰고 있다. 그래서 지금 그들은 남한과 일본을 마주하여 뒷짐 진 미소나마 띠고 있다.

최근 한국을 방문한 소련과학원의 게오르그 아르바토프 소장과 개스턴 시거 전미(前美) 국무부차관보는 많은 북한 인사들이 새로운 현실감각으로 개혁의 필요성을 절감하고 있어 그들에게 이익이 되는 개방을 추구하지 않을 수 없을 것이라고 입을 모았다. 이들은 급변하는 국제정세에 계속 한 사람이 국가 운명을 좌우할 수는 없다고 진단한다. 지금 새 질서를 지향하는 세계사적 대변혁이 일고 있는데 구체제 유지를 위해 위장통일 열기를 조성하여 내치용(內治用)으로 활용하는 것이 계속 통할 수는 없을 것이다.

남한의 현실도 참으로 암담하다. 3당 통합 후 1노(盧) 3김(金)의 이전투구(泥田鬪狗) 속에 정치 진전은 갈수록 뒷걸음치고 파탄경제는 벼랑 끝에 몰려 있으며 사회적 갈등은 날로 심화돼 민생은 도탄에 빠져 있다. 극도의 이 난국을 노(盧) 정권은 그때그때의 허술한 대증요법(對症療法)으로 헤쳐가려 한다. 노 정권 역시 북방정책이나 통일열기에서 탈출구를 찾으려 안간힘을 쓴다. 그러나 회피한다고 해서 내부 문제가 해결되지는 않는다.

사실 이 땅에 서서 호흡하는 사람 중 통일을 바라지 않는 사람 없을 것이다. 통일 이야기만 나와도 거품을 물며 뒤질세라 관심을 표명하기도 한다. 이런 판에 아무것도 해결하지 못하고 있는 답답한 정부의 입장으로는 계속 그쪽에 조명을 비춰 나쁠 것이 없다.

김일성 역시 로동당 창당 45돌 기념식에서 1995년까지는 통일을 이룩해야 한다고 역설했다. 통일이야 빠를수록 좋겠지만 아무렇게나 이야기해서 될 일인가. 우리가 모델로 삼는 독일의 경우 양독(兩獨) 총리의 2차 회담은 통일 20년 전인 1970년에 이뤄졌다. 물론 그 회담은 성공하지 못했다. 양독이 역사적인 기본조약을 맺은 것은 1972년 12월이었으며 1973년 9월 유엔에 동시 가입했다. 양독이 친족방문 협정을 맺은 것은 이보다 훨씬 앞선 1963년이었다. 이 밖에도 체육·통신·문화 협정 등을 맺고 민간중심 교류가 끝없이 이어졌다. 독일 통일이 어느 날 갑자기 이뤄지지 않았다는 것은 우리 모두가 잘 안다.

사회주의 세계의 최선진국, 최우등생 동독이 공산정부를 붕괴시킨 것은 서독을 이상국가로 판단했기 때문이다. 남한을 서독에 비유하고 싶겠지만 경제력도 정치의식도 한참 못 미친다. 없느니만 못한 국회나 보안사의 비민주적 정치사찰, 때 아닌 야당총재의 단식 등은 저열(低劣)한 우리의 위상을 그대로 보여 준다. 국민들은 초조하기만 한데 신뢰성도 도덕성도 제대로 못 갖춘 대통령의 행보는 느리기만 하다.

인도(人道)와 평화가 소원

세습왕조 체제에 충성을 강요하는 방편으로 통일열기를 이용한다든지, 정치실종, 경제파국, 민생파탄에 쏟아지는 화살을 피하기 위해 통일열기나 조성하는 것은 국민들이 먼저 알고 이를 용납하지 않을 것이다. 통일대업이 회피용, 내부용으로 악용(惡用)될 수는 없다.

독일이 몇 십 년 걸려 이룩한 것을 우리는 지금 막 시작하고 있다. 이 시작이 결실을 보려면 정부는 물론 여야 모두 아집, 사리당략, 술책을 벗어던지고 국민을 성심성의껏 받드는 자세로 나서야 한다. 이와 함께 애걸조의 대북 접근을 지양하고 북한 측의 진정한 변화를 진지하게 촉구, 상호 진실하고 존중하는 자세로 임해야 한다. 남측이나 북측이나 대명천지에 얕은 수나 잔꾀가 계속 통할 것 같은가.

성공적인 통일기운을 조성하기 위해서는 무엇보다 상호신뢰를 구축할 수 있는 진실성이 요구된다. 허위는 허위끼리 싸우게 마련. 교묘히 꾸며 겉 다르고 속 다르게 응대하는 것은 서로 세월만 허비할 뿐이다. 우리 모두 거짓의 탈을 벗어던지지 않으면 안 된다.

대결은 분단이며 화해는 통합이다. 화해와 통합의 의지는 평화를 애호하는 마음에서 비롯된다. 평화는 그 자체가 덕성이며 인도적이다. 그리고 진실한 마음의 한 상태이다. 대결에는 승과 패가 있게 마련. 승리의 신은 한쪽에 평화를 주지만 평화의 신은 양쪽에 승리를 안겨 준다. 그래서 평화는 모든 정의보다 한결 고귀하다. 탐욕에서 벗어나고 이념을 초월하여 평화 애호의 정신으로 양보해 나갈 때 우리 민족의 소원, 꿈에도 그리는 통일을 성취할 수 있을 것이다.

《동아일보》 1990. 10. 17.

90년대는 세기의 징검다리

한 세기를 매듭짓고 또 다른 세기로 넘어가는 길목의 90년대는 어떻게 전개되고 무슨 일들이 일어날 것인가. 1991년 새해를 맞아 세계적인 석학들과 저명한 시사잡지 등이 매스컴을 통해 여러 시각에서 90년대를 내다보았다. 석학들은 '팍스 러소-아메리카나'(Pax Russo-Americana) 아래 40여 년간 버텨 온 세계질서가 탈냉전과 동구권 개편 등으로 재편돼 새 질서를 구축할 것이며 여기에서 초 경쟁시대가 도래한다는 데 대체로 의견을 같이 했다.

석학들은 국가주권의 개념이 약화되면서 국가분열이 심화되는 반면 국가 간 경제협력블록이 곳곳에서 형성될 것이라고 내다보았다. 미 브루킹연구소의 해리 하딩 수석연구원은 범태평양기구 등, 특히 동아시아에서 새 질서가 모색될 것이라고 주장했고 다른 학자들은 말레이시아, 싱가포르, 인니(印尼) 등 3국 합작형태가 곧 이루어질 것으로 내다보기도 했다. 남북한 문제는 한마디로 표현하기는 어렵지만 완만한 접근이 예견된다는 것.

시사주간지 뉴스위크 신년호는 90년대에 미군병력이 3분의 1로 크게 줄고 미 국방예산도 GNP의 6%에서 4%로 떨어질 것으로 예측했다. 날로 위축되어가는 소련에 군사쿠데타가 발생할 것이며 유럽엔 제 2차 세계대전 이후 가장 처참한 유혈사태가 빚어질 것이라는 것. 독일과 일본이 핵무기를 보유하게 되며 미국이 저지하지 않을 경우 아랍제국들도 대부분 핵무기를 구입한다는 것.

2000년까지 5백만 명이 넘는 소련인이 유럽·이스라엘·미국 등지로 이주하고 독일은 이를 저지하기 위해 곧 게르만 민족에 무제한적 권리를 제한하는 조치를 취한다는 것. 이와 함께 금세기 말에 유럽에 적어도 1개국 이상의 입헌군주국이 탄생한다는 것. 가장 가능성이 있는 나라는 루마니아, 알바니아, 러시아, 몬테네그로(유고 남서부 지방으로 원래 왕국이었다) 등이 꼽혔다.

부시 미 대통령은 공화당 내에서 반란을 겪게 되는데 대통령 후보지명은 획득할 것이나 치명적 손상을 입게 되고 카스트로는 결국 물러나 멕시코에서 회고록을 집필하지만 재미는 못 본다는 것, 쿠바는 자본주의 경제체제로 들어가지만 성공하지 못한다는 것, 남아연방 대통령 데 클레르크와 넬슨 만델라가 노벨평화상을 공동수상하게 될 것이라는 예견도 있다. 역사는 그 스스로 되풀이한다지만 90년대는 지난 연대와 달리 세계평화와 한민족의 번영이 이루어지는 연대가 될 것으로 기대해본다….

《동아일보》 1991. 1. 3

테러의 죄와 벌

"이스라엘에 관련된 모든 것은 모든 곳에서 공격한다." 팔레스타인 테러단 '검은 9월단'은 1972년 9월 5일 뮌헨 올림픽 선수촌의 이스라엘 선수 숙소를 습격, 코치 2명을 사살하고 선수 10명을 인질로 잡았다가 전원 사살해버렸다. 유태계 선수들은 물론 이집트 선수단까지도 철수해버렸고 올림픽 경기가 중단됐다. 올림픽이 1916년(베를린 예정), 1940년 (동경 예정), 1944년(미정) 대회가 제 1, 2차 세계대전으로 유산되기는 했으나 경기 도중에 중단되기는 올림픽 사상 처음 있는 일이었다.

88 서울 올림픽을 저지하기 위한 테러도 이에 못지않았다. 북한은 1987년 11월 29일 미얀마 국경 상공에서 KAL기를 공중 폭파시켜 115명의 무고한 생명을 앗아갔다. 지금까지도 유해조차 찾지 못한 유족들이 오열하고 있다. 서울 올림픽을 저지하기 위한 공작은 여기에 그치지 않았다. 지난 1970년 요도호 납치사건 범인 중의 한 사람인 시바타가 김일성(金日成) 부자의 올림픽방해 지령을 받고 일본에 잠입, 적군파(赤軍派)를 동원하다 체포됐다.

국제문제를 테러로 해결하려는 나라들이 늘어나면서 특정집단이 아닌 국가테러가 노골적으로 자행되고 있다. 현재 미국(美國) 정부가 지목한 테러국은 북한, 리비아, 이라크 등 3국. 후세인이 미국 등 다국적군 관련국에 대한 친(親)이라크 세력의 자살공격을 호소한 데 이어 세계 곳곳에서 걸프테러가 속출하고 있다. 전쟁 발발 후 지금까지 45건이나 발생했다.

각국이 철저하게 예방하고 있는데도 이 정도다. 우리나라도 테러 비상령이 내려진 가운데 위조·변조된 여권을 갖고 입국하려던 중동인(中東人) 10명이 적발돼 되돌려 보냈다. 우리도 군 수송기를 파견하는 등 29번째 다국적군에 포함됐다. 해외공관이나 교포들은 각별히 조심해야겠다.

테러리즘도 그 나름으로는 주장·근거를 갖고 있다. 사르트르 같은 사람도 알제리 독립전쟁 당시 FLN의 테러를 정당화하는 글을 썼다. 선의의 노예가 악독한 주인을 사살하는 것은 한 명의 압제자의 죽음과 한 명의 자유인의 탄생을 이룩한다는 것. 이런 이론이 아니더라도 민족의 생존문제 등 정규전으로는 당해낼 수 없어 살아남기 위해 테러에 의존할 수밖에 없는 사정도 있다. 그렇더라도 무작위로 무고한 제삼자들을 살상하는 테러는 도덕적 타락이며 용서받을 수 없는 중범죄다.

《동아일보》 1991. 2. 2

절대독재 절대붕괴

20세기 최악의 독재자 하면 뭐니 뭐니 해도 히틀러, 무솔리니, 스탈린이 꼽힌다. 스탈린은 정적들에게 둘러싸여 병사했지만 패전한 히틀러는 자살했고 무솔리니는 처형당했다. 20세기 들어 장기집권한 독재자는 무려 42년간 권좌에 있다가 병사한 알바니아의 엔베르 호자, 38년간 무력통치한 스페인의 프랑코, 36년간 집권한 포르투갈의 살라자르 등이 있다. 그런데 이보다 더한 무려 46년간이나 통치하고 있는 독재자가 있다. 바로 북한의 김일성(金日成)이다.

모든 독재는 붕괴하며 절대독재는 절대적으로 망한다는 것을 역사는 가르치고 있다. 이란의 팔레비는 38년간 집권했다가 쫓겨나 망명해 있다가 죽었고 21년간 집권한 필리핀의 마르코스도 같은 길을 걸었다. 니카라과의 세습 대통령 소모사도 망명해 있다가 폭살됐다. 이밖에 루마니아의 차우셰스쿠는 동구 민주화 열기에 쫓겨 붙잡혀 처형당했고 적도기니 대통령 프란시스 마시아스 응게마도 쿠데타로 처형당했다.

현재 망명해있는 독재자도 많다. 독재자 아버지로부터 세습 종신대통령을 이어받아 독재를 했던 아이티의 뒤발리에, 총리에 취임했다가 종신대통령이 된 다음 나라를 군주국으로 개편해 황제에 오른 중앙아프리카의 보카사, 영군(英軍)의 취사원으로 출발해 쿠데타를 일으켜 대통령이 되어 별의별 희한한 짓거리를 다 하던 우간다의 이디 아민, 35년간 장기 집권한 파라과이의 종신대통령 스트로에스네르 등이 모두 쫓겨나 망명생활 하고 있다. 독재자는 호랑이를 타고 뽐내며 다닌다고 한다. 독재자는 호랑이 등에서 내리려 하지 않지만 호랑이는 점점 배가 고파진다. 독재자의 말로는 그런 것이다.

프랑스의 〈르몽드〉지가 후세인 이라크 대통령이 알제리에 망명을 요청했다고 보도했다. 지금 이라크는 전후보상과 전범문제로 파탄에 직면해 있다. 이라크는 전쟁 전에 이미 700억 달러가 넘는 부채를 안고 있었다. 전쟁발발로 이라크, 쿠웨이트 양국의 피해액만도 2,100억 달러로 추정되며 이밖에 사우디아라비아, 이스라엘 등에도 배상해야 한다. 총액이 3,500억 달러에 이른다. 사우디에서는 후세인이 물러나면 보상을 요구하지 않겠다고 했다. 후세인이 망명하든 안 하든 그는 이미 패장으로 무대에서 사라져야 할 독재자다. 마지막 남은 것은 이라크의 이익을 위해 스스로 선택하는 길밖에 없다.

《동아일보》 1991. 3. 2

김일성 배지의 비밀

걸프전쟁에서 대패하고 내란 소요에까지 휘말려 풍전등화의 위기에 처해있는 이라크의 사담 후세인은 북한의 김일성과 닮은 점이 참으로 많다. 두 사람 모두 민족주의자로 자처하면서 스스로를 우상화하고, 호전적인 성격이어서 끊임없는 숙청과 처형으로 권력을 유지한다. 또 권력 상층부에 사돈의 8촌까지 가족 및 친인척을 집중배치 해 반대세력을 경계한다. 이들은 자신의 생일을 최대 국경일로 삼고 각종 행사도 자신에 대한 찬가로 시작하도록 했으며 전국 곳곳에 초상화를 널어놓았다. 배지도 마찬가지다. 그러나 이라크에서는 전 국민에게 강요하지는 않는다.

김일성의 차남 김평일은 후처 김성애의 소생으로 불가리아 주재 대사다. 북한 사람들 중에 김일성 배지를 달지 않은 사람 찾아볼 수 없는데 얼마 전 김평일이 공식석상에서 이 배지를 달지 않아 화제가 됐다. 그는 김일성 종합대를 나와 10년간 군복무(대좌) 했고 군단참모, 인민무력부국장, 헝가리 대사를 거쳐 불가리아 대사가 됐다. 그는 형인 김정일과 달리 수령의 아들 티를 내지 않고 항상 겸손하며 6개 국어를 구사할 정도로 두뇌도 명석하다고 한다. 최근 계속된 경제난으로 김정일의 통치력에 회의론이 일면서 민심이 김성애와 김평일 쪽으로 쏠려 그가 주목 받고 있다.

지난 8일부터 미국 캘리포니아 버클리 대학에서 열리고 있는 한반도 평화통일 심포지엄에 남북한의 학자, 종교인들이 참석했는데 북한의 조국평화통일위원회 박영수 부위원장과 통일문제연구소 김경남 위원이 김일성 배지를 달고 다니지 않아 눈길을 끌었다. 이들은 7일 샌프란시스코 공항에 내릴 때는 배지를 달았으나 "학생들이 거북하게 느끼는 것 같아 떼었다"고 말했다 한다. 이들은 밝은 표정으로 한국 학생과도 만나 먼저 말을 거는 등 유연한 태도를 보였다.

김일성 배지는 신분에 따라 모양이 다르다. 둥그런 것 · 네모난 것 · 기(旗) 모양에 큰 것 · 작은 것 등 여러 가지가 있다. TV나 신문사진 또는 북한 사람을 직접 대했을 때 이 심포지엄 참석자의 말대로 그들의 배지에 거북함을 느낀다. 한복차림의 부인이 이 배지와 함께 어린애 손바닥만 한 훈장을 저고리 앞에 주렁주렁 매달고 있는 모습에는 솔직히 말해 동족으로서 곤혹감과 함께 창피스러움을 느낀다. 휘장이나 훈장이 인간의 역사를 타락시킨 한 원인이란 것도 그들이 알았으면 싶다.

《동아일보》 1991. 3. 13

쿠르드족

"이 세상에 쿠르드족의 친구는 없다. 있다면 그것은 험산(險山) 뿐." 이라크 정부군의 보복과 대량살육을 피해 300만 명에 달하는 쿠르드족이 터키와 이란으로 피신하면서 폭격과 추위와 굶주림 속에 어린이, 임산부, 노약자들이 차례차례 숨을 거두고 있다. 눈 덮인 국경 산악지대에서 오갈 데 없이 고립된 채 이라크군 헬기의 무차별 공격과 터키군의 위협사격 속에 죽음만 기다리고 있다. 지금 이곳에서 '금세기 최악의 인간재난'이 벌어지고 있다.

쿠르드족은 역사와 민족은 있으나 나라가 없다. 2,500여 년이나 맥을 이어 오면서도 국가가 없는 지구상 보기 드물게 슬픈 민족이다. 인구는 적게는 1천 4백만 명에서 최대는 2,800만 명으로 추정된다. 쿠르드족 자료에 따르면 인구분포는 터키 52%, 이란 24%, 이라크 18%, 시리아 5%, 소련 1%로 약 20만 평방킬로미터에 걸쳐 거주하고 있다. 이라크의 경우 원유 생산량의 3분의 1이 쿠르드족 거주지역에서 생산돼 더욱 관심을 모은다.

쿠르드족 역사는 패배의 역사였다. 독립국 창설의 기회가 여러 번 있었으나 번번이 실패했다. 제 1차 세계대전에서 오스만 터키 제국이 멸망하면서 1920년 세브르조약을 통해 독립약속을 받았으나 1923년 로잔조약으로 무위로 돌아갔다. 제 2차 세계대전 직후인 1946년 소련의 협조로 이란에서 쿠르드 공화국을 선포했지만 소련군이 철수하면서 무산돼버렸다. 70년대엔 미국의 지원을 받은 팔레비 왕이 이라크 내 쿠르드족을 지원, 독립할 가능성이 비쳤으나 이란-이라크 협정이 이루어져 깨져버렸다. 80년대 이란-이라크 전쟁중에도 기대에 부풀어 이란에 협조했으나 그 대가는 1988년 이라크 화학무기에 의한 대량살상뿐이었다.

이번 걸프전쟁에서도 애써 중립을 지키다 이라크가 패하자 일어났으나 결국은 또 다시 비극적 참화만 겪고 있다. 쿠르드족은 부시 미 대통령이 후세인 타도에 나서라고 종용해 놓고 발뺌한다고 비난하지만 미국 측은 그런 일 없다고 주장한다. 메이저 영(英) 총리가 이라크 북부에 쿠르드 난민을 위한 안전지대를 설치하자고 제안하여 부시 대통령이 뒤늦게 동의했다. 쿠르드족은 같은 나라 없는 민족이지만 팔레스타인을 부러워한다. 그래도 그들은 친구들이 있고 세계가 관심을 가져준다는 것. 이제라도 유엔과 전 세계가 이 약소민족의 참극에 관심을 쏟아야겠다.

《동아일보》 1991. 4. 13

일日 · 소蘇 간 4개 섬 반환문제

국가영역은 영토 · 영해 · 영공으로 구성되는데 영토 없이는 영해도 영공도 존재하지 않는다. 어떤 면에서는 세계사는 끝없는 영토싸움이었다.

16일 고르바초프의 방일을 맞아 일본의 관심은 온통 '북방' 4개 섬 문제에 쏠려있다. 하보마이, 시코탄, 구나시리, 에토로후 섬을 소련으로부터 반환받으려는 일본의 열망은 이제 국시(國是)에 가깝게 되어버린 일본민족의 숙원이다. 이 섬 반환과 관련, 일(日)·소(蘇) 간 관계개선은 아시아·태평양 지역의 새 질서 구축과 직결되는 것이어서 주변국에서도 큰 관심을 갖지 않을 수 없다.

1855년 일(日)·노(露) 간 시모다(下田)조약에서 이 4개 섬은 일본령, 쿠릴 열도는 노령(露領), 사할린은 양국민 혼재지역으로 결정됐다. 이어 1875년 조약에서 사할린을 노령, 쿠릴열도를 일본령으로 했으나 1905년 러일전쟁에서 일본이 이겨 사할린 남부를 할양받았다. 제2차 세계대전 후 승전한 스탈린은 사할린 남부와 쿠릴 열도는 물론 4개 섬까지 차지해 버렸다. 이어 1947년 4개 섬에 대대로 살아오던 일본인 1만 7천 명을 모두 추방하고 자국인을 이주시켰다. 현재는 거주 소련인 2만여 명, 총면적 4,996평방킬로미터.

이 섬들엔 소련 해군·공군 통신기지가 있다. 너무 추워 생활환경은 열악하지만 어업은 활발하다. 이 밖에 금과 은이 생산되고 활화산과 온천이 많으며 산과 바다 경관이 좋아 관광지 개발이 기대된다. 이 4개 섬 반환이 논의되기 시작한 것은 1955년 일·소 국교회복 교섭부터다. 1956년의 일·소 공동선언에서 소련은 하보마이·시코탄 섬을 돌려줄 것을 약속했으나 일본은 4개 섬 반환을 요청했다. 최근 일본이 4개 섬에 대한 일본의 주권인정과 2도 선(先)반환, 2도 반환교섭 수준으로 물러서면서 280억 달러라는 엄청난 규모의 경협(經協)을 제안한 것으로 알려졌다. 이 액수는 독일이 통일의 담보로 지원한 125억 달러의 두 배가 넘는다.

고르바초프는 엄청난 경협규모에 군침이 당기지만 국내에서 보수·급진파가 모두 반대하고 동의를 구해야 하는 러시아 공화국에서도 극력 반대해 이러지도 저러지도 못하는 형편. 고르바초프는 일본이 먼저 대소

(對蘇) 경협을 하면 이를 바탕으로 소련 국내 정치적 안정을 이룬 다음 4개 섬을 반환한다는 전략이고 일본은 정치적으로 불안정한 고르바초프를 믿을 수 없는 입장이어서 4개 섬 반환 문제가 어떻게 종결될지는 여전히 미지수다.

《동아일보》 1991. 4. 17

일본의 세계 공영권 꿈

1931년 9월 일어난 '만주사변'은 일본이 중국 동북지방을 군사적으로 제패한 뒤 만주국이라 칭하여 식민지로 삼은 것이므로 당연히 전쟁이었다. 그런데도 일본은 사변이라고 했다. 1937년 7월 일본이 도발, 중국 전역에서 전개된 중일전쟁도 그들은 지나사변이라고 고집했다. 중국에 대한 군사행동을 마치 아시아 혁신과업을 수행하는 것처럼 꾸미려는 간계에서 비롯된 것. 우리도 물론 비슷한 수법으로 그들의 식민지가 됐다.

1941년 12월 진주만을 기습공격한 일본은 바로 말레이시아반도 해역에서 영국 전함도 기습 격파했다. 동시에 말레이반도, 필리핀, 싱가포르를 점령하고 영국 극동군을 무조건 항복시켰다. 이어 수마트라·자바 섬을 탈취하고 네덜란드군도 항복시켰다. 버마까지 점령한 도조 수상은 대동아공영권(大東亞共榮圈) 건설을 선포했다. 그러나 연합군에 밀리기 시작하더니 히로시마 원폭투하로 무조건 항복하기에 이르렀다.

그로부터 40여 년이 지난 오늘 일본은 다시 전승국들의 추종을 불허하는 경제대국이 됐다. '제 3차 세계경제대전'에서 지금 연승을 거두고 있는 것이다. 그들은 한국, 대만, 싱가포르 등 아시아에서 경제가 발전한 나라는 모두 그들이 전전(戰前)에 통치한 적이 있는 나라뿐이라고 주장한다.

타민족 말살의 비인도적 폭압정치를 했던 그들이 지금에 와서 그 압정을 시혜(施惠)인 양 떠들어대고 있다. 이런 일본이 위헌 시비를 딛고 그토록 갈망하던 해외파병을 드디어 결행한다.

일본 정부는 26일 걸프해역에 소해정(掃海艇)을 파견한다. 훈련, 친선 방문 등을 제외하고는 제 2차 세계대전 후 첫 해외파병이다. 자위대 활동 영역이 일본 근해로 한정돼 있는데도 미국의 정부답변서 등을 내세워 합리화시키고 있다. 사회당 등 야당은 물론 언론들도 국민적 합의 없는 정부의 일방적 결정은 안 된다고 반대했지만 결국은 '방위족'(防衛族)들이 득세했다. 이 파병은 일본의 분쟁지역 개입의 선례를 '장식'하게 될 것이다. 그들이 이제는 대동아공영권이 아니라 '세계공영권'(世界共榮圈)을 꿈꾸고 있지나 않은지 모르겠다.

《동아일보》 1991. 4. 24

히틀러 유겐트와 조선소년단

"이성은 투명하되 얼음과 같으며 지혜는 날카로우나 갑 속에 든 칼이다. 청춘의 끓는 피가 아니라면 인간이 얼마나 쓸쓸하랴. 얼음에 싸인 만물은 죽음이 있을 뿐이다. …청춘의 피가 뜨거운지라 인간의 동산에는 사랑의 풀이 돋고 이상의 꽃이 피고 희망의 놀이 뜨고 열락의 새가 운다." 민태원(閔泰瑗)은 이렇게 청춘을 예찬했다. 청년은 국가번영의 관재인(管財人)이며 인류의 미래다. 청년 한 명을 잘 다듬은 공(功)은 성(城) 하나를 취한 것보다 낫다. 자라나는 청소년은 우리의 모든 것이다.

청소년 파멸의 대명사는 히틀러 유겐트다. 18세 이하의 청소년들로 조직된 이 나치 돌격대는 국가 사회주의적 이념 속에 데모·선동활동에 동원됐다. 1934년엔 모든 청소년 단체를 흡수, 단원이 358만 명에 이르더니 이어 전 독일의 청소년을 강제가입시켰다. 이 돌격대는 스포츠나 사상 차원을 넘어 전시하의 군사보조원으로 충당됐다. 그런데 그에 못지않은 청소년 조직이 오늘날에도 있다.

"언제 어디서나 김일성 원수님의 가르침대로 생각하고 행동하여 원수님의 혁명위업을 대를 이어 받들어 나간다." 북한의 조선소년단의 입단선서다. 1946년 창단된 조선소년단은 현재 단원이 350여만 명. 임무는 김일성 주체사상으로 무장하고 계급적 '원쑤'와 끝까지 싸우는 용사가 되는 것. 북한은 김일성 혁명사적지 등 곳곳에 대규모 야영소를 조성, 김일성 우상화 학습의 일환으로 실시하는 '광복의 천릿길' 행진과 야영지로 활용한다.

박철언 체육청소년부장관은 청소년문제를 국가차원에서 다루기 위해 대규모 수련장 13,900개를 무려 6조 8천억 원이나 들여 조성하고 수련내용을 대입 내신성적에 반영하겠다는 것을 청와대 회의에서 보고했다. 물론 히틀러 유겐트나 조선소년단과는 다르겠지만 '관 주도'(官主導) 밖에 모르는 시대착오적 획일주의 발상이 아닐 수 없다. 1915년 미국에서 페기라는 어린 소녀가 길가에서 차에 치여 참혹하게 죽는 것을 목격한 한 청년이 이웃 청년을 규합해 어린이 놀이터를 마련한 것이 청년회의소, 곧 JCI의 기원이다. 아름다운 모임은 이처럼 항상 자율 속에서 자연스럽게 탄생한다는 것을 알아야 한다.

《동아일보》 1991. 5. 15

인도의 비극

인도의 전(前) 총리 라지브 간디의 죽음은 그의 어머니 인디라 간디의 죽음을 연상케 하고 더 거슬러 올라가 마하트마 간디의 죽음을 떠올리게 한다. 마하트마 간디는 영국의 식민통치에 맞서 철저한 비폭력 무저항주의를 통해 조국의 독립을 성취했다. 그는 손수 물레로 짜 만든 무명옷을 입고 단식으로 불복종을 실천, 영국도 그를 억누를 수 없었다. 그런 인도의 아버지가 인도의 독립 이후 1948년 동족의 흉탄에 쓰러졌다. 그것도 같은 힌두교도에게 희생되었다.

인디라 간디는 종교가 다른 시크교도들에게 살해당했다. 살인범들은 다른 사람이 아니라 바로 자신의 경호원들이었다. 1984년 정부군을 동원, 시크교도들의 성지인 황금사원(黃金寺院)을 무력점거했다가 반발을 산 것이다. 그녀는 마하트마 간디의 오른팔이자 인도 독립을 위해 싸우다 9회나 옥고를 치른 네루의 딸로, 부친을 이어 16년간 인도를 다스린 세기의 여걸이었다. 화장된 그녀의 유골은 아들인 라지브 간디가 히말라야에 뿌려 '히말라야 산맥의 딸'이란 그녀의 꿈을 실현했다.

인도 의회당의 지도자 라지브 간디가 21일 총선지원 유세길에 차에서 내리다 폭사했다. 인디라 간디는 당초 2남 산자이를 후계로 지목했으나 비행기 사고로 숨지자 라지브가 나서게 됐다. 어머니의 후광으로 1984년 총리가 됐으나 5년만인 1989년 물러났다. '미스터 클린'(Mr. Clean)으로 출범, 인도정치의 변혁을 시도했으나 스웨덴의 무기회사로부터 뇌물을 받았다는 폭로가 이어지면서 물러섰다.

이번 인도총선은 벌써 90여 명이 사망하는 등 유혈사태로 얼룩졌다. 힌두교도와 회교도 간의 종교분쟁, 카스트제도에서의 상·하층민 간의 불화, 카슈미르·펀자브 지방의 독립운동 등이 얽혀 일부 지방은 통금까지 내려졌다. 오직 진리만이 힘이고 비폭력사상은 혼(魂)의 힘이라며 순결과 정화를 강조한 마하트마 간디에 이은 인디라 간디, 다음 집권이 확실했던 그녀의 아들 라지브 간디의 피살은 8억 인도인의 수치이며 인도의 비극이 아닐 수 없다.

《동아일보》 1991. 5. 22

김일성의 역사 날조

"백전백승의 강철의 령장이시며 천재적인 군사전략가이신 김일성동지께서 1937년 6월 4일 조선인민혁명군 주력부대를 친솔하시고 일제의 전략상 요충지인 보천보를 들이쳐 일제침략자들에게 심대한 정치·군사적 타격을 줌으로써 일제의 식민지 통치 밑에서 신음하던 조선인민에게 민족해방의 서광을 안겨주신 전투." 북한에서 발간된 《력사사전》의 "보천보 전투" 항목이다. 김일성은 이 전투를 항일 유격활동의 대표적 전공으로 내세운다.

서대숙(徐大肅) 교수 저서 《북한의 지도자 김일성》을 보면 김이 이끄는 200명 정도의 제 1로군 제 2군 제 6사는 이날 만주 접경의 혜산진(惠山鎭) 부근 보천보(普天堡) 마을을 공격해 일본경찰지서·지방소학교·우체국 등에 방화하고 다음날 새벽 철수했다는 것. 일경(日警)이 압록강까지 추격했으나 김의 부대는 일본경찰서장 오카와 등 7명을 살해했다고 되어 있다. 이 공격이 대단한 전과는 아니지만 만주에서 국경을 넘어 본토에 들어와 일경을 공격했다는 사실 때문에 독립운동사에 기록돼 있다.

이 보천보 공격은 본명이 김성주(金成柱)인 김일성이 한 것이 아니라 전설적 항일투사인 진짜 김일성 장군이 지휘한 것이라는 내용이 폭로됐다. 소련에서 김일성과 함께 유격대원의 한 사람이었던 전(前) 북한군 중장 유성철(兪成哲) 씨(74)는 최근 재소(在蘇) 교민신문인 고려일보에 연재중인 회고록 〈피바다의 비화〉에서 이같이 밝혔다. 유씨는 6·25당시 인민군 작전국장으로 남침계획을 직접 작성한 인물로 뒤에 숙청위기에 몰리자 1959년 소련으로 망명했다.

유 씨는 마흔이 훨씬 넘은 진짜 김일성 장군이 이끈 유격대 40여 명이 보천보를 습격하고 보니 일군(日軍)은 없고 일경 몇 명뿐이어서 2명을 죽이고 양식·총기를 거둬 압록강을 건너 탈출했으나 뒤쫓아 온 일군과 전투가 벌어져 김일성 장군이 전사했다고 밝혔다. 이 내용을 들은 김성주가 장군의 이름을 도용, 김일성으로 행세해 왔다는 것. 이와 비슷한 설을 국내 일부 학자도 주장한 적이 있다. 김일성의 역사 허위날조는 한두 가지가 아니다. 허위는 언젠가는 껍질이 벗겨지게 마련. 허위란 뜬구름이요, 진실은 견고한 반석이다.

《동아일보》 1991. 6. 12

서울·모스크바 자매결연

12세기 수즈달리 공국(公國)의 유리 돌고루키가 유럽 러시아 중부 모스크바강 하반에 오늘의 크렘린궁의 기원인 목조 성새(城塞)를 구축하면서 모스크바란 지명이 역사에 등장한다. 1238년 몽고의 침입으로 불타버렸으나 1271년 다닐 공(公)이 이 지역을 차지해 모스크바 공국을 세웠다. 이어 이반 1세 때 영토를 확장하고 러시아 교회의 주교가 이곳으로 옮겨오면서 크게 발전, 14세기 전반에 러시아 제국의 기초를 이룩한 모스크바대(大) 공국이 탄생했다.

모스크바 대공국은 14세기 후반 북동러시아 여러 나라들 사이에서 중심적 지위를 인정받아 15세기에 들어와 모스크바는 전 러시아의 수도가 됐다. 17세기 들어서 시역(市域)이 런던을 능가하고 중심부엔 화려한 사원, 궁전, 귀족들의 석조저택 등이 들어섰다. 1712년 상트페테르부르크(레닌그라드)로 수도가 옮겨졌으나 섬유공업의 발달, 무역증대 등으로 최대의 상업중심지로 발전, 1899년엔 인구 100만이 넘는 대도시가 됐다. 10월 혁명직후인 1918년 모스크바는 다시 소련의 수도가 됐다.

모스크바시와 우리와의 직접적인 왕래나 교류는 별로 없었다. 1896년 니콜라이 2세 대관식에 당시 궁내부 특진관 민영환이 특명전권대사(特命全權大使)로 참석했는데 대관식은 상트페테르부르크에서 거행됐다. 대한민국 정부 각료로는 1978년 9월 신현확(申鉉碻) 보사부장관이 세계보건기구 회의에 참석하기 위해 처음 들어갔다. 그러나 이 도시에서는 우리도 모르게 우리의 운명이 정해지는 일이 적지 않았다. 1945년의 모스크바 3상(相) 회의에서 미소공동위원회 설치와 함께 신탁통치가 협의됐으며 동족상잔의 비극 6·25남침도 이곳에서 결정됐다.

바로 그 모스크바시와 서울시가 13일 자매결연을 맺었다. 모스크바 대학 교수를 역임한 급진개혁 성향의 경제학자인 최초의 민선 포포프 시장이 내한, 양 도시 간의 우호협력 협정에 조인했다. 서울시는 타이베이, 앙카라, 호놀룰루, 샌프란시스코, 상파울루, 보고타, 자카르타, 동경에 이어 아홉 번째로 모스크바와 결연했다. 지난날의 악연은 모두 잊고 친자매와 같은 애정을 갖고 두 도시가 활발한 교류를 할 것을 기대한다.

《동아일보》 1991. 7. 14

반인도적 인질억류

지난 1986년 1월 31일 레바논 주재 한국 대사관의 도재승(都在承) 2등 서기관이 출근 중에 피랍됐다. 검은 복면 괴한 4명이 소련제 기관단총을 들이대고 도 서기관을 강제 하차시켜 그들이 타고 온 벤츠 뒤 트렁크에 몰아넣고 사라졌다. 괴한들은 도 서기관이 타고 있던 대사관 차량의 키를 빼앗고 앞바퀴에 총을 난사, 따라오지 못하도록 했다. 우리나라 외교관이 임지에서 피랍된 사건은 정부수립 후 처음 있는 일이었다.

도 서기관은 두어 평가량의 창문 하나 없는 밀실에 갇혔다. 오른쪽 다리나 왼쪽 다리가 항상 밧줄에 묶여 있었다. 식기도 세면도구도 없고 오직 백열등 하나가 천장에 켜져 있었다. 하루 한 끼 아랍 빵이 지급됐는데 용변도 식사처럼 하루 한 차례뿐이었다. 소변이 큰 문제였으나 마시는 물의 양을 줄여 견뎌야했다. 빵 주는 것으로 날짜를 세다가 혼미해져 도중에 잊어버렸다. 도 서기관은 피랍 21개월 만인 1987년 10월 31일 풀려났다. 그는 자신이 왜 피랍됐는지를 알지 못했다. 그의 석방과 함께 백만 달러가 넘는 인질금이 지불됐다는 보도가 있었다.

서방인질을 억류해온 레바논 회교세력은 요 며칠 사이 미국, 영국, 프랑스인을 한 명씩 석방했다. "세상이 아직도 이렇게 존재한다는 것이 놀랍다. 나는 세상이 어딘가로 사라져버렸다고 생각했다. 나무를 보고 자동차 소리를 듣게 돼 기쁘다." 5년간이나 억류됐다가 풀려난 미국인 에드워드 트레이시의 석방감회다. 아직도 AP중동지국장 테리 앤더슨 등 미국인 5명, 영국인 2명, 독일인 2명, 이탈리아인 1명 등 10명이 풀려나지 못하고 있다. 한편 이스라엘이 억류 중인 포로 등 아랍인은 400여 명 된다.

인질의 일부 석방은 10월로 예정된 중동평화회담을 앞두고 서방측과의 관계개선 모색, 이스라엘 억류 포로석방 등을 노리고 선수를 친 것으로 보인다. 아랍인들은 말끝마다 '인샬라', '신의 뜻이라면'이란 말을 앞세운다. '인질신'(人質神)이 아닌 바에야 그 어떤 신도 납치 테러를 권장하지는 않을 것이다. 나머지 인질석방 교섭이 부디 잘 진척되기를 기대한다. 납치해 인질로 삼는 것은 누가 뭐라 해도 저열한 반인도적 범죄다.

《동아일보》 1991. 8. 13

보리스 옐친

1985년 고르바초프에 의해 중앙정치무대에 등단한 보리스 옐친은 고르바초프와 당 고위층에 개혁부진을 추궁, 통렬하게 비판하고 그들의 특권행위를 폭로했다가 모든 직책에서 쫓겨났다. 어느 날 고르바초프가 그에게 전화를 걸어 국가건설위원회 부의장직을 제의했다. 옐친이 이를 수락하자 고르비는 퉁명스럽게 "잊지 마시오. 당신을 다시 정계에 복귀시키지는 않을 것이오"라고 말했다. 그러나 옐친은 1989년 3월 실시된 인민대표회의 대의원선거에서 89%의 압도적 지지를 얻어 정치적 재기에 성공했다. 그리고 지난 6월에는 러시아 역사상 최초의 직선대통령이 됐다.

옐친은 그의 자서전 《고백》에서 고르바초프를 당 서기장직에서 축출하는 쿠데타가 일어난다는 이야기가 있는데 만일 그런 일이 일어나면 자신은 그를 구출하는 투쟁을 벌일 것이라고 적고 있다. 고르비는 어중간한 일만 사랑하고 호지부지한 방침만 즐기지만 달리 대안이 없기 때문이라고 기술했다. 쿠데타설은 소문에 그치지 않고 실제로 발생했으며 옐친은 2년 전 자서전에 적은 대로 고르비 구출투쟁을 전개했고 종내는 그를 구해냈다.

쿠데타 발생 직후 옐친은 의사당 앞에 진주한 탱크 위에 올라가 국민들에게 총파업과 시민불복종 투쟁을 선포했다. 그는 군인들에게 "진실과 거짓을 구별하라"고 촉구했고 러시아공화국 영토 내의 소련군에 대한 자신의 통제는 연방대통령이 기능을 재개할 때까지 계속된다고 선언했다. 국민과의 직접대화를 통해 설득하는 대중정치가 옐친을 두고 닉슨 전 미 대통령은 "고르비가 두뇌에 호소하는 정치가라면 옐친은 상대를 감동시키는 가슴에 와 닿는 인물"이라고 평했다.

스베르들로프스크주 브트카에서 농부의 아들로 태어난 옐친은 어린 시절 성적이 우수했고 줄곧 반장을 맡았으나 품행은 신통치 않아 퇴학처분 직전까지 간 일이 한두 번이 아니었다. 우랄 공대에서 토목학을 전공한 후 노무체험을 쌓은 뒤 당 활동을 시작했다. 고르비와 동갑인 옐친은 이제 고르비와 페레스트로이카를 구하고 '러시아인의 새로운 희망'으로 떠올랐다.

《동아일보》 1991. 8. 22

소련 신문 방송 통신의 변신

5공화국 때 저녁 9시 뉴스는 '땡전(全) 뉴스'라는 야유를 받았다. '땡'하고 KBS · MBC 9시 뉴스가 시작되면 바로 전두환 대통령이 나오는 데서 생겨난 것. 이와 함께 전 대통령의 호는 일해(日海)가 아니라 '오늘'이고 이순자 여사의 호(號)는 '또한'이라는 유행어가 나돌았다. 매일 저녁뉴스가 "오늘 전 대통령은…"으로 시작하고 이어 "또한 이순자 여사는…"으로 계속됐기 때문이다. 이 땡전(全) 뉴스 현상은 지난 20여 년 동안 소련 사람들의 일상생활도 지배해왔던 모양이다.

급진 개혁파의 승리로 소련의 신문 · 통신 · 방송이 종전의 보도태도에서 탈피해가고 있다. 보도의 독립성을 확보해가는 가운데 크렘린지도자들의 대변인 노릇을 해온 저녁 9시 TV 뉴스프로 〈브레미야〉(시간)가 폐지됐다. 그동안 소련사람들의 생활패턴은 이 뉴스시간과 연계해 짜여 있었다고 한다. 거의 대부분의 소련사람들이 이 뉴스시간 전에 저녁을 먹고 뉴스시간에 저녁차를 들고 뉴스가 끝나면 화장실에 간다는 것. 또 어린이들은 이 뉴스시간 직후 잠자리에 들게 한다.

신문·통신 역시 일대변신을 하고 있다. 쿠데타를 찬양했다가 정간당한 공산당 기관지 〈프라우다〉가 지난달 31일부터 새 모습으로 발행되기 시작했다. 재발행된 〈프라우다〉의 첫 페이지에는 레닌의 초상이 사라졌고 마르크스가 외쳤던 "만국의 노동자여 단결하라"는 구호도 자취를 감췄다. 편집인, 논설위원들도 모두 개혁인사로 교체됐다. 타스통신도 고르바초프의 대변인이었던 이그나텐코가 사장으로 취임해 지금까지의 정부정책홍보와 통제된 보도태도에서 벗어나 신속하고 객관적인 정보를 전달하고 있다.

이제야 소련국민들도 토머스 제퍼슨의 명언을 이해할 수 있게 되는 것 같다. 신문 없는 정부와 정부 없는 신문 중 어느 하나를 택하라는 결단을 촉구당한다면 지체 없이 후자를 택하겠다는 그의 선언은 국민의 알 권리와 자유언론의 중요성을 상징적으로 표현한다. 소련에서도 언론자유가 소생하고 있다니 이제야말로 참 개혁과 민주주의가 시작되는 것 같다. 한반도의 북쪽 북한에서는 언제나 〈브레미야〉 프로가 폐지될 것인지.

《동아일보》 1991. 9. 3

중국과 북한의 강제수용소

"높다란 감시탑, 붉은 벽돌담, 경비원의 살벌한 감시 눈초리. 이 속에서 다 해어진 푸른색 죄수복을 입은 강제노역자들이 고된 작업에 시달리고 있다." 중국의 강제수용소에 19년 동안 억류돼 있었으며 지금은 후버연구소 연구원으로 근무 중인 해리 우 씨가 지난 여름 수용소에 잠입해 취재한 비참한 실태를 〈뉴스위크〉지가 특집으로 다뤘다. 우씨는 현재 중국 전역에 이 같은 수용소가 1천 개나 된다고 폭로했다. 그러나 각종 자료에 따르면 수천 개가 더 있는 것으로 알려졌다.

〈뉴스위크〉지가 입수한 극비문서에 따르면 약 1천만 명이 강제수용소에 수용돼 있으며 이 중 10만 명가량이 정치범이라는 것. 북경 측은 수용 실태를 극비에 부치고 있는데 수용자들은 하루 한 줌의 옥수수빵으로 간신히 연명하며 화장실 가는 것도 하루 두 번만 허용된다는 것. 이 중에 약 300만 명가량이 재판도 받지 않은 채 '노동 재교육'이란 언도를 받고 각 공장에서 혹사당하고 있다. 이들은 하루 생산량을 달성하지 못했을 때는 심하게 구타당한다.

희한한 현상이지만 전과자 중에서도 수십만 명이 강제노역을 하고 있다고 우 씨는 증언한다. 이들은 일반 근로자들이 받는 급료의 60%를 받는데 수용소 울타리 밖에서 잠자는 것만 다를 뿐 죄수들과 마찬가지로 주거이동이 금지돼 있다. 중국이 미국 등에 내다 파는 값싼 수출품이 대부분 이 강제노역장에서 제조된 것들이다. 이 때문에 미국은 중국과의 무역불균형 시정을 거론할 때마다 인권문제를 들고 나온다. 이번 폭로가 미국의 대중국 정책에 영향을 미칠지도 모른다고 〈뉴스위크〉지는 진단했다.

〈뉴스위크〉지는 이 참상을 "마지막 강제수용소"란 표지기사로 다뤘다. 그러나 이보다 더한 곳도 있다는 것을 알아야 한다. 북한은 정치범 및 그 가족 약 15만 명을 보안이 완벽한 벽지수용소에 구금해 놓고 있다. 가족들의 결혼조차도 금지돼 있다. 시베리아 벌목장에도 1만여 명이 억류돼 있다. 얼마 전 〈모스크바뉴스〉지는 벌목장 안에 감옥까지 만들어 놓고 견디다 못해 탈출하려던 인부들을 처형하기까지 했다고 폭로했다. 이 지상의 생지옥들이 없어질 날은 언제쯤이나 될까.

《동아일보》 1991. 9. 20

유고, 유혈의 이전투구

영웅이란 말은 수없이 듣고 사용하지만 세계 역사상 가장 출중했던 영웅은 마케도니아의 알렉산더 대왕이 아닐까. 대학자 아리스토텔레스를 사사한 대왕은 그리스 문화를 숭앙, 원정(遠征) 때도 호메로스의 서사시를 지니고 다녔다. 대왕은 남유럽 전체와 중앙아시아 인도 및 아프리카에 걸쳐 대제국을 건설했다. 만인동포관을 지닌 대왕은 그리스 문화와 오리엔트 문화를 융합한 헬레니즘 문화를 이룩해 정복 못지않게 커다란 문화사적 업적을 남겼다. 얼마 전 유고연방의 슬로베니아, 크로아티아에 이어 마케도니아 공화국도 독립을 선언했다.

알렉산더 대왕에 비하면 티토는 '유고의 영웅'이었다. 나치독일에 맞서 싸워 독립을 쟁취했고 티토이즘을 창안해 스탈린과도 맞섰다. 35년 통치의 티토가 사망한 후 유고연방의 결속이 느슨해져 갔다. 동구 사회주의 정권이 잇따라 몰락하고 발트 3국이 독립하자 각 공화국, 각 민족들이 독립노선에 눈뜨기 시작했다. 유고는 그렇지 않아도 수 개의 문자·언어·종교에 민족도 큰 줄기로만 5개 민족이나 된다. 항상 분열의 씨앗을 안고 있는 복합국가다.

공화국간 독립분쟁은 내전으로 치달아 전투기에 함정까지 동원되고 있다. 유고연방군은 7일 크로아티아공화국 수도 자그레브시에 전투기 폭격과 함께 지대지(地對地) 미사일공격까지 감행했다. 대통령궁과 정부관서들이 박살났다. 연방 내에서도 특히 세르비아와 크로아티아 민족 간에 뿌리 깊은 적대감이 도사리고 있다. 나치독일의 괴뢰정권인 크로아티아의 우스타샤는 세르비아인 수십만을 학살했고 그 보복으로 세르비아 측에서도 크로아티아인들을 수없이 살해했다.

지금 유고 각 공화국 간, 민족들 간에 피의 보복과 살인게임에 땅따먹기 식 이전투구가 한창이다. 유고 연방국가는 이미 존재하지 않는다. 유고 경제는 파탄상태인데도 EC 등의 경제제재 위협이 아무런 효과를 거두지 못한다. 유고의 전 부통령 밀로반 질라스는 한 인터뷰에서 오늘의 비극은 개혁 부진 탓이며 서구 민주주의와 자유경제체제로의 전환만이 문제해결의 열쇠라고 말했다. 소수민족이 특히 많은 중국은 질라스의 이 경고를 새겨들어야 할 것 같다.

《동아일보》 1991. 10. 8

한흑韓黑 갈등, 검은 폭력

유태계, 이탈리아계, 중국계가 차례로 흑인 거주지역에 들어와 돈을 벌어 훌쩍 떠나버리고 다음 차례로 들어온 한인들에게 지금 미국 흑인들의 불만과 질시와 분노가 폭발하고 있다. 한인들은 대부분 흑인들을 상대로 청과상, 잡화상, 생선가게를 차려 24시간 문을 열고 푼돈을 벌기 위해 고된 일을 마다않는다. 그러나 이들이 겪어야 하는 고통이 이만저만이 아니다. 좀도둑, 마약중독자, 권총강도에게 수시로 시달린다.

한인과 흑인은 근본 사고방식과 출신배경에서부터 다르다. 열심히 일하고 돈을 모아 자식들이라도 잘 살도록 해보자는 의지가 희박한 흑인들은 만성적인 빈곤에서 헤어나지를 못한다. 반면 한인들은 대부분 대졸 학력에 한국에서 사무직이나 전문직에 있었던 사람들이다. 이들 중엔 벌써 자리를 잡아 자녀들을 명문대학에 보내고 백인 부유층 거주지역에 주택을 갖고 있기도 하다. 이에 대한 흑인들의 불만과 좌절감이 요즘 과격한 방법으로 표출되고 있다.

그동안 많은 우리 교포들이 흑인 강도에게 희생됐다. 흑인도 존스마켓과 엠파이어마켓에서 한인업주에 의해 사살됐다. 다시는 없어야 할 불행한 사건들이다. 서로 원망하고 증오할 수밖에 없는 사건들이지만 과격 흑인들이 이를 이용, 전체 한인들을 매도하고 한인 가게를 희생양으로 하여 자신들의 복지향상의 수단으로 삼으려 한다. 1980년대에 들어서면서 미 공화당 정권은 중산층의 인기를 얻고자 흑인 대상인 빈민복지예산을 삭감해 왔다. 정부의 빈민정책 등에 대한 누적된 불만이 한인들에게 전이되고 있다고 보는 사람들이 많다.

'그들의 상점을 털어 직장을 얻자', '흑인들을 존경하지 않으면 가게를 불태우겠다'. 지금 미국에선 인기절정의 흑인 가수 아이스 큐브가 교포들을 경멸하고 한흑(韓黑) 갈등을 조장하는 내용의 노래 〈블랙코리아〉를 발표해 물의를 빚고 있다. 폭언, 욕설이 난무하는 이 노래 앨범이 날개 돋친 듯 팔린다고 한다. 또 하나의 한인들에 대한 흑인 폭력이다. 인종분규를 조장해 무엇을 얻겠다는 것인가. 평화 파괴의 이런 저열한 장사는 조속히 중단돼야 한다.

《동아일보》 1991. 11. 4

철나비 이멜다

'사들레미'(SADLEMI). 필리핀의 많은 기업체 부동산이 이 명의로 되어 있었다. 이 가명은 다름 아닌 이멜다의 표기를 거꾸로 써놓은 것. 마르코스 망명 후 그들의 축재규모가 드러나기 시작했는데 밝혀진 것만도 50억 달러가 넘는다고 〈뉴욕타임스〉가 보도했다. 금, 석유, 부동산, 현금 형태로 세계 곳곳에 널려 있으며 일가친척 명의로 되어 있는 것을 합치면 소유기업체가 1천 개에 이른다는 것. 이멜다는 국가재산을 사유재산과 명확히 구분하지 않은 채 사용하면서 축재했다.

'철(鐵)나비 이멜다.' 두 삼촌은 대법원 판사, 상원의원으로 명성을 날렸으나 부친은 가난한 변호사였다. 타고난 미모로 18세 때 미인대회에서 '타클로반의 장미'로 뽑혔고 24세 때 필리핀 미인대회에서 '마닐라의 뮤즈'로 뽑혔다. 잡지사에서 근무하다 25세 때 젊은 국회의원 마르코스와 결혼했다. 1965년 일품인 노래솜씨까지 동원해 남편의 대통령 당선을 도와 퍼스트레이디가 되었으나 부와 권력에 맛을 들여 사치와 방탕 속으로 빠져 들어갔다.

'경국(傾國)의 여인.' 1986년 민중혁명 후 도망치듯 떠나버린 말라카낭궁 지하에는 최고급 구두 3천 켤레, 장갑 68켤레, 백화점 한 층을 채울 만큼의 세계 정상급 디자이너가 만든 의상, 각종 장신구와 핸드백 등으로 가득 차 있었다. 청구서류를 뒤져 보았더니 아침나절 100만 달러어치 보석을 샀고 저녁나절에 또 200만 달러어치를 샀더라는 것. 이브닝가운 한 벌에 10만 7천 달러를 지불했을 정도. 그녀의 침실엔 세계적 명화, 골동품이 그득했고 방 가운데에 거대한 디스코텍이 자리 잡고 있었다.

"나는 강청(江靑)처럼 실각하지 않는다"던 그녀가 4일 측근 2백여 명을 거느리고 수천 지지자들로부터 열광적 환호를 받으며 환국했다. 지금 필리핀은 이멜다 돌풍에 휘말려 있고 그녀는 내년 대통령 선거에 출마할지도 모른다. 아키노 정부의 거듭된 실정 탓도 있겠지만 사람들이 어찌 그리 쉽게 독재와 치욕의 과거를 망각해버리는지 안타깝다. 역시 민주주의가 제대로 꽃피지 못하고 실업과 물가고에 시달리게 되면 독재의 망령도 되살아나는가. 선택은 필리핀 국민이 하는 것이지만 멀리서 보기에 참으로 딱하다.

《동아일보》 1991. 11. 6

김일성의 대원수 칭호

제너럴리시모(*generalissimo*). 총통 또는 대원수로 번역돼 있다. 독일의 재상 히틀러는 1934년 힌덴부르크 대통령이 사망하자 국가원수로서의 대통령의 권한을 비롯, 당 국가 국방군의 전권을 장악하고 총통이 된다. 스페인의 독재자 프랑코도 팔랑헤당 일당 독재에 의한 파시즘 국가를 수립하고 총통이 됐다. 이 경우의 총통은 일당 독재 군국주의 국가의 종신대통령에 해당한다. 지금 대만의 총통제와는 약간 다르다.

소련공산당 서기장과 총리를 겸직하고 있던 스탈린은 대원수 쪽을 택했다. 당 서기장이 된 스탈린은 몰로토프를 내쫓고 총리직을 겸임한다. 이어 독소(獨蘇) 전쟁이 발발하자 연합국과 공동전선을 형성해 나치제국을 무너뜨리는 데 일익을 담당한다. 나치가 붕괴하면서 1945년 스탈린은 대원수가 됐다. 이때의 그의 명성은 레닌을 능가할 정도였다. 일본의 히로히토 왕도 종전직전까지 군 최고 사령관인 대원수였다.

김성주(金成柱)가 소련군 대위 계급장을 팽개치고 1945년 10월 평양시민 앞에 첫 모습을 드러낼 때는 33세의 '김일성 장군'이었다. 뒤이어 1946

년 8월 북조선 로동당 창립대회에서 그는 '위대한 영도자'로 격상됐다. '영명하신 지도자'로도 불렸다. 중국에서 문화혁명이 한창이던 1966년 당 대표자회의에서 그는 드디어 '위대한 수령' 칭호를 받는다. 1973년 북한에서 출판된 '정치사전'에는 마르크스, 엥겔스, 레닌, 스탈린이 수령 칭호로 기술돼 있다. 뒤이어 모택동도 수령으로 추가됐다.

6·25전쟁이 끝날 무렵인 1953년 2월 원수 칭호를 수여받은 김일성이 이번에 대원수로 추대됐다. 이 칭호격상은 군 최고사령관으로 추대된 김정일에게 원수 칭호를 수여하기 위한 조치로 풀이된다. 그래야 김일성 대원수, 김정일 원수, 오진우 차수 순으로 서열이 정립될 수 있기 때문이다. 김일성이 완전히 물러나지 않고 군 통수의 실권이 김정일에게 넘어가는 수순으로 파악된다. 김일성은 이제 스탈린과 일왕이 지녔던 대원수직에 올랐다. 군국(軍國) 독재자들의 말로가 어떤지를 그는 아직도 잘 모르고 있는 것 같다.

《동아일보》 1992. 4. 14

김일성의 80회 생일잔치

1912년 4월 15일 평남 대동군에서 김형직(金亨稷)의 아들로 태어난 김성주(金成柱). 만주 육문중학 재학 중 공산당 게릴라 등으로 활동하다 해방과 함께 소련군 대위로 귀국해 '김일성 장군'으로 둔갑했다. 그로부터 무려 47년간 절대 권력자로 군림해 온 김일성 주석의 80회 생일을 맞아 요즘 북한 전역에서 인민 최대의 명절잔치로 대대적인 축제행사 속에 요란법석을 떨고 있다.

중국 양상곤(楊尙昆) 주석, 캄보디아 시아누크 국왕 외에도 현직 대통령만 5명이 참석하는 등 3천 6백여 명의 외빈이 대거 평양에 몰려왔다. 800만 송이의 꽃 속에 묻혀 10만여 명의 학생이 동원된 가운데 김일성의 만수무강을 비는 집단체조와 카드 섹션이 벌어지고 충성의 편지 이어달리기에 생일선물도 갖가지다. 참새 70만 마리를 잡아 목 부위의 털로 만든 이불에 군인들이 강장제로 잡아 바친 자라 1천 3백 마리, 개구리 5천 마리 등이 포함돼 있다.

김일성은 여러 번의 와병설에 사망설까지 나돌았지만 80세가 됐는데도 비교적 건강한 편. 평양에 장수문제연구소를 설치해 그의 건강을 전담케 하고 있다. 그의 신체 각 부위에 대한 정확한 데이터를 마련해 음식 및 운동량을 조절한다. 잡곡밥을 주식으로 산나물, 버섯, 산천어를 좋아하며 노화방지 효과가 있다는 중국산 화차(花茶)를 마신다. 60세 때 시작한 담배는 75세 때 끊고 술은 포도주 4잔 이상은 안 마신다. 세균 감염을 우려해 가능한 한 악수 전에 상대편이 손을 씻도록 한다.

김일성의 생일 때마다 북한 전역에 세워진 흉상을 포함한 동상, 석고상 등을 합치면 자그마치 3만 5천여 개나 된다. 역대 로마 황제들이 세웠던 것보다 훨씬 더 많다. 지금 이 동상에 헌화 행렬이 끊이지 않고 있다. 전대미문의 봉건왕조 독재체제에서 북한주민의 생활수준과 인권은 날로 악화되고 있다. 10억 달러나 들었다는 김일성 우상화 축전은 피폐한 북한경제를 더욱 헤어나기 어려운 구렁텅이로 몰아넣을 뿐이다. 참으로 한심한 집단의 비극적 희화(戲畵)에 가슴 답답할 뿐이다.

《동아일보》 1992. 4. 16

LA흑인폭동의 뒷사정

"경악, 폭동확산 때 경찰은 늑장". 로스앤젤레스 흑인폭동사건 직후인 5월 1일자 〈뉴욕타임스〉지 1면에 커다랗게 게재된 폭동사태 기사 제목이다. 〈뉴욕타임스〉뿐만 아니라 미국의 여러 신문들이 이 문제를 다뤘으며 특히 로스앤젤레스 신문·방송들은 연일 로스앤젤레스 경찰의 과오를 폭로했다. 폭동 때 경찰이 현장에서 철수해 방화·약탈을 방조했다고 지적하고 한흑(韓黑) 충돌을 유도하지 않았는가 하는 의혹까지 제기했다.

〈LA타임스〉지는 폭동 발발 후 최초 수 시간 동안 한인교포 등 수천 명이 구조요청을 했는데도 경찰 책임자들이 현장배치 경관들을 철수시켜 본부에서 대기하도록 명령했다고 폭로했다. 이 신문은 로스앤젤레스 경찰의 무선통신 내용과 현장배치 경관, 소방수 등의 증언들을 함께 실었다. 또 아마추어 사진작가가 찍은 비디오테이프를 공개했는데 흑인 수십 명과 몸싸움을 벌이던 경관 25명이 갑자기 전원 철수해버리는 장면과 출동 순찰차들이 그냥 지나쳐버리는 장면도 담겨 있었다.

〈로스앤젤레스 데일리뉴스〉는 당초 현장에 투입된 병력은 기동타격대였으며 순찰차도 15대나 있었으나 진압을 기피했다고 보도했다. 또 ABC TV 등은 로스앤젤레스 경찰국이 폭동발발을 예상하고 대책회의를 열어 '폭동이 발생하면 경찰은 현장에서 철수한다'는 시나리오까지 만들어 놓았다고 폭로했다. 또 경찰은 폭동에 대비, 1백만 달러의 예비비까지 편성해 놓았었다는 것. 이 같은 엉뚱한 시나리오에 따라 흑인들의 방화약탈이 순식간에 확산, 코리아타운이 큰 피해를 보게 됐다.

현지 교민들은 폭동사태가 흑인 대 백인, 흑인 대 경찰로 번지는 것을 막기 위해 한인촌을 3일 동안 무방비 상태로 두어 한흑 대결 방향으로 유도했다고 주장한다. 당시 비버리힐스에서는 폭동 기미가 보이자 경찰이 신속히 출동, 5분 만에 60여 명을 체포했다고 한다. 현지 교민들은 경찰 당국을 상대로 손해보상청구 소송을 준비중이며 부시 대통령은 한인가를 방문, 연방기금 6억 달러를 배정하겠다고 약속했다. 부시 대통령의 말대로 피해지역 코리아타운이 '희망의 도시'로 복구되는 것을 우리 모두 주시하면서 지원을 아끼지 말아야겠다.

《동아일보》 1992. 5. 8

이산가족들의 애절한 사연

생이별한 지 41년 만에, 그것도 이국땅에서 어머니의 주검 앞에 찾아와 오열하는 자식. 로스앤젤레스에 사는 이행복 할머니는 6·25때 행방불명된 아들, 자나 깨나 잊지 못하던 장남이 북한에 살아있다는 소식에 충격을 받고 세상을 떴다. "어머니 살아생전에 찾아뵙지 못한 이 불효자식을 용서하소서." 뒤늦게 어머니 영전에 무릎 꿇고 엎드려 통곡하는 북의 아들을 보고 많은 교민들까지 함께 눈물을 흘렸다.

"마미…." "오! 내 새끼로구나. 어미가 잘못했다. 용서해다오." 지난 4월초 김포공항 대합실에서 찌든 가난에 자식까지 포기했던 어머니가 18년 만에 찾아온 4남매를 얼싸안고 주저앉으며 통곡했다. 20여 년 전 남편이 죽고 생계를 이을 수가 없어 울며불며 어린 4남매를 미국에 입양시켰는데 이들이 장성하여 아들은 결혼까지 해 꿈에도 그리던 어머니 품에 안겼다. 4남매는 헤어질 때 어머니가 신물(信物)로 쥐어주던 10원짜리 동전 한 닢과 현충사 방문기념 목걸이를 꺼내 보이며 눈물을 쏟았다.

부모형제 간에 헤어져 애타게 재회를 기다리는 사람이 어디 이들뿐이랴. 해외입양되어 간 먼 나라에서 날마다 부모 이름을 써보며 그리다가 고국으로 찾아왔으나 끝내 찾지 못하고 발길을 돌리는 입양 소년소녀들이 적지 않다. 해외입양 말고도 국내에서 생이별해 부모가 자식을, 자식이 부모를 찾는 애절한 사연도 수두룩하다. 1천만 이산가족들 역시 언제나 혈육상봉이 이루어질까 하고 고대하고 있다.

"부모님 찾겠다는 일념에서 이를 악물고 공부했습니다." 92학년도 서울시내 고입검정고시에서 수석 합격한 이종수(李鍾秀) 군(20)은 "수석 합격해 이름과 사진이 신문에 나면 부모님이 알아볼 것이란 생각이 들어 밤잠 자지 않고 공부했습니다"라고 말했다. 이군은 4살 때 형과 함께 기차를 타고 가다 헤어진 뒤 고아원을 전전하다 분식점, 피혁공장 등을 떠돌며 오직 부모님을 만나기 위해 공부에 열성을 쏟았다. 기억하고 있는 것은 아버지가 안경을 끼고 있다는 것뿐. 장차 공학박사가 되겠다는 이군이 애타게 그리는 가족들을 꼭 만났으면 싶다.

《동아일보》 1992. 5. 20

한 · 우즈베크 좋은 이웃이기를…

우리 민족은 태초에 어디에서 왔을까. 명확한 정론(定論)은 없지만 우랄 산맥 이남 카스피 해 동쪽, 천산산맥 서쪽의 중앙아시아 지방에서 구석기시대를 전후하여 몽고 지방으로 이동했다가 다시 남하해 한반도에 들어와 살게 된 우랄 알타이 어족인 원시 퉁구스족의 한 갈래로 여겨진다. 한편 중국의 《시경》(詩經), 《사기》(史記) 등에는 터키계통 또는 만몽(滿蒙) 계통과 공동 조상에서 갈라진 고대 아시아 민족인 퉁구스족의 하나로 곰을 수호신으로 숭배하던 맥(貊) 또는 예맥족으로 되어 있다.

우리 한민족의 시원지라고 할 수 있는 중앙아시아 지방엔 지금 우즈베크·카자흐공화국 등이 위치해있다. 그 중 우즈베크공화국은 투르크어 민족의 하나인 우즈베크족이 70%를 차지하는데 이 민족은 투르크계 및 투르크화한 몽골 유목민 집단이다. 우즈베크인은 생김새 등에서부터 우리 민족과 비슷한 데가 있고 문화적 공통점도 많아 친근감이 가는데 이 나라의 이슬람 카리모프 대통령이 16일 내한했다. CIS 11개 공화국 대통령 중 처음 우리나라에 오는 국빈이다.

우즈베크는 한반도의 두 배인 44만 7천 평방킬로미터에 인구는 약 2천만 명. 이 중 한인이 1%인 20만 명이나 된다. CIS에 살고 있는 전체 한인의 40%를 차지한다. 1937년 독재자 스탈린이 연해주의 한인 18만 명을 중앙아시아로 강제이주시켰는데 이들이 극히 어려운 환경 속에서도 끈질긴 민족정신과 근면성으로 이곳에 자리를 잡아 오늘에 이르렀다. 이들은 이 나라 120여 다민족 중 인구로는 일곱 번째이나 가장 잘사는 사람들로 선망의 대상이 되어 있다.

우즈베크는 면화와 면사 생산량이 구소련 전체 생산량의 3분의 2를 차지하는 목화의 나라이며 석유·천연가스·광물자원도 풍부한 나라다. 천산산맥의 기슭 오아시스에 위치한 수도 타슈켄트는 2천 년의 역사를 간직한 동서 교통의 요충지. 이 도시에 한인들이 특히 많이 살아 한국인의 이름을 딴 거리가 4개나 된다. 그동안 소원하게 지냈던 양국이 뒤늦게나마 경제·문화 교류를 확대해 좋은 이웃이 되기를 기대해 본다.

《동아일보》 1992. 6. 16

체코와 슬로바키아 분리 독립

체코슬로바키아연방이 결국은 체코와 슬로바키아로 갈라선다. 지난 1918년 오스트리아헝가리제국이 멸망하자 비슷한 말을 쓰는 슬라브계 민족이라는 명분으로 하나의 국가로 출발한 지 74년 만에 해체된 것. 서쪽 체코는 찬란한 문화유산을 보유하고 있는데 비해 동쪽 슬로바키아는 10세기 초 헝가리의 침입으로 1천 년 동안이나 그 지배하에 있었다. 그래서 모든 면이 낙후된 농업지역으로 남아 있다.

체코는 면적 8만 평방킬로미터에 인구는 약 1천만 명, 슬로바키아는 면적 4만 8천 9백 평방킬로미터에 인구는 약 5백만 명. 카르파티아산맥 서부 산지가 영토의 대부분을 차지하는데 수많은 협곡과 아름다운 석회암 동굴이 분포되어 있다. 다뉴브 강 지류의 남서부와 동부 평야에 밀, 보리, 옥수수 등 농업이 발달. 이 지역은 5세기경부터 슬라브계 슬로바키아인이 거주해 왔으나 침략과 수탈의 쓰라린 역사를 간직해 더욱 강렬한 독립의지를 불태우고 있다.

체코와 슬로바키아는 언어 · 풍습 · 전통이 달라 갈등을 빚어 왔지만 1989년 무혈혁명으로 공산정권이 무너지고 민주정부가 들어서면서 새로운 국면을 맞게 됐다. 공산정권 시절 무기산업이 번성해 나름대로 경제가 활력을 찾았으나 무기 금수조치와 시장경제 도입으로 움츠러들었다. 그래서 슬로바키아인들의 실업률이 체코의 4배가 넘어 경제생활이 날로 궁핍해져 불만이 고조돼 분리 독립을 표방한 민족주의 정당이 승리했다.

소련의 혁명적 변화와 함께 전후 냉전체제가 사라지면서 세계는 국가나 연방 내 공화국들의 긴장, 갈등, 전쟁, 해체 등으로 새로운 지도를 그려가고 있다. 구소련이 이미 해체되었고 유고슬라비아연방은 공화국끼리의 끝없는 전투와 휴전의 악순환 속에서 피폐일로를 내닫고 있다. 유고에 비하면 역시 조국과 민족과 평화를 애호하는 체코슬로바키아인들의 분리 독립은 평화적이다. 조국을 그토록 사랑했던 〈나의 조국〉의 작곡가 스메타나의 조국은 이제 2개의 국가가 돼버렸다.

《동아일보》 1992. 6. 22

살아서 돌아다니는 나치망령

싸움과 죽음의 이미지가 강한 게르만민족 공통의 신화가 있다. 세계 창조는 원초의 거인 유미르의 탄생에서 비롯되는데 주신 오딘과 그 형제 신들이 유미르를 죽여 살은 대지, 뼈는 산맥, 두개골은 하늘, 피는 바다로 세계를 만들었다. 이어 유목(流木) 두 개로 최초의 인간 남녀를 만들었다. 전사자는 오딘의 집으로 들어가게 되고 사자는 낮에는 무예, 밤에는 주연(酒宴)으로 보낸다. 사신(邪神), 거인, 우주뱀 등이 나타나 천지를 불속에 붕괴시키지만 다시 풍요 속에서 소생한다는 것.

바이킹의 후예다운 호전적 신화다. 게르만족은 오늘날의 스웨덴인, 노르웨이인, 아이슬란드인, 덴마크인, 앵글로색슨인, 네덜란드인, 독일인이다. 키가 크고 금발에 벽안의 백인종이다. 그 중에도 독일인들의 민족적 자부심이 강하다. 최근 독일의 극우분자들이 게르만민족의 우월성을 신봉한 비뚤어진 역사의 망령 히틀러를 새 우상으로 부각시키려 한다. 이 세력들은 외국인의 독일 이민을 막고 제 2차 세계대전으로 잃은 땅을 되찾아야 하며 독일이 유럽공동체를 리드해야 한다고 주장한다.

수년 전까지만 해도 적군파 등 극좌파 테러분자들이 정치가나 자본가들에 대한 테러를 자행해 서독정부가 곤욕을 치렀다. 공산주의가 붕괴되고 동독이 몰락해 서독에 흡수통일 되자 이번엔 '갈색의 공포'로 불리는 극우파가 날뛰고 있다. 이들은 외국인들을 극도로 증오해 올 들어서만도 희생자가 11명이나 된다. 이들에 대한 국내외적 분노가 고조되어 있는 가운데 24일 또 다시 외국인들의 숙소를 습격해 난동을 부렸다.

현재 독일에는 우리 교민 7,760여 명과 공무원, 상사직원 등 체류자 2천 7백여 명 등 1만여 명이 거주하고 있다. 이들에게도 무슨 피해를 줄지 걱정이다. 극우테러는 독일에 그치지 않고 유럽 전역으로 확산될 기미를 보인다. 스웨덴의 수도 스톡홀름에서도 유태인 묘지 묘석 50여 개가 뽑히고 그 중 일부에는 나치표지가 칠해졌다. 시대착오적 나치망령의 횡포가 더 확산되지 않도록 전 세계가 관심을 갖고 대처해야겠다.

《동아일보》 1992. 11. 26

보트피플 새 보금자리

'바다의 아우슈비츠.' 조그만 목선에 수십, 수백 명을 싣고 망망대해를 정처 없이 떠다니는 보트피플. 목선을 집어삼킬 듯한 폭풍, 굶주림과 공포, 여기에 해적의 시달림까지 받고 인육까지 먹으며 연명하다 마침내 죽어가는 보트피플을 두고 붙여진 별칭이 '바다의 아우슈비츠'다. 베트남 공산화를 전후해서 지금까지 국외로 탈출한 난민은 약 5백만 명. 그 중 해상탈출자만도 150만 명이 넘는다.

지난 1989년 6월 제주도 남쪽 해상에서 우리 경기정의 인도로 공해상에 추방된 월남난민 78명이 "죽음의 그림자가 기다리는 저 파도 속으로 어떻게 다시 떠나라는 말이냐"며 배에 불을 지르고 바다에 뛰어들었다. 이들을 포함, 지금까지 부산의 월남난민보호소를 거쳐 간 사람이 1,380여 명이나 된다. 이 보호소에 있던 마지막 150명이 2월 초 새로운 정착지 뉴질랜드로 떠난다. 그래서 29일 난민환송회와 함께 문을 닫는 현판 하강식이 있었다.

"오갈 데 없던 우리들을 그동안 정성껏 보살펴준 대한민국을 평생 잊지 못할 것입니다. 죽음을 무릅쓰고 고국을 탈출할 때 가졌던 마음가짐으로 열심히 일하면 어디를 가든 잘 살 수 있을 것입니다." 환송식장에서의 난민대표 답사다. 이어 한복을 곱게 차려입은 난민 어린이들이 그동안 익힌 아리랑을 부르며 고마움에 보답하자 의지할 데 없는 국제미아의 설움에 복받친 난민들은 한동안 울음바다를 이뤘다.

베트남은 전쟁 끝에 비극적으로 공산화됐다. 우리 국군도 파견됐었다. 월남에는 참전 한국군 장병들의 혼혈아도 많다고 한다. 그러나 세월이 흐르고 국제정세도 바뀌어 이제 한월(韓越) 국교정상화도 이뤄졌다. 그동안 보트피플이 무리지어 우리나라로 밀려올 때 내몰 수도 없었지만 세계 3위의 인구 고밀도국으로서 받아들일 수도 없었다. 어떻든 이들이 잘 있다가 제3국으로 가 새 보금자리를 마련하게 됐다니 반갑다. 이제 난민이 아니라 지구촌의 다정한 이웃으로 평화롭고 행복한 내일을 가꾸기를 진심으로 기원한다.

《동아일보》 1993. 1. 31

언젠가는 돌아가야 할 곳

사랑하는 연인이 젊어서 헤어져 백발이 되어 해후하는 애절한 내용의 세계명작 2편, 〈에반젤린〉과 〈페르 귄트〉. 헨리 롱펠로의 산문시 〈에반젤린〉은 대장장이의 아들 가브리엘이 농부의 딸 에반젤린과 사랑에 빠져 약혼하나 강제이주령이 내려 갈라진다. 에반젤린은 온갖 노력을 기울였으나 가브리엘을 찾지 못한다. 그와의 추억 속에 사는 그녀에게는 시간 같은 것은 존재하지 않는다. 찾아간 마을에 흑사병이 번져 진료소에 들어섰다가 병석의 백발노인 가브리엘과 마주친다. 에반젤린의 키스를 받으며 그는 조용히 숨진다.

입센의 5막 극시 〈페르 귄트〉. 지주의 아들 페르 귄트는 공상에 빠져 애인 솔베이그를 떠나 마왕의 딸과 결탁해 혼을 팔고 돈과 권력을 찾아 세계여행을 떠난다. 미국, 아프리카에서 노예상을 해 큰돈을 벌지만 파산한다. 고향과 애인이 그리워 귀국길에 올랐으나 난파당해 간신히 목숨을 건진다. 평생 그만을 기다린 솔베이그, 그는 옛집을 찾아가 그때까지 그를 기다리고 있는 백발의 솔베이그 팔에 안겨 숨을 거둔다.

"고향이란 조선사람에겐 언젠가는 돌아가야 할 곳입니다. 그곳엔 저를 유복자로 낳아 평생 수절하며 길러주신 임종조차 지키지 못한 어머니의 묘가 있고 40여 년 나만을 애타게 기다리며 독신으로 살아온 사랑하는 아내가 있습니다." 미전향 장기수 이인모 노인(76)이 국제적십자사 등에 탄원한 내용. 이 노인이 새정부의 용단으로 19일 북한에 송환돼 43년 만에 부인 김순임 씨(66)와 딸 등 가족과 상봉했다.

결혼한 지 2년밖에 안 된 스물셋의 꽃다운 아내와 갓난아이를 남겨둔 채 전쟁터로 나왔다가 잡혀 34년간의 미전향 장기수로 모진 목숨을 이어온 이 노인. 휠체어에 몸을 싣고 판문점에 도착한 그에게 부인 김 씨는 엎드려 눈물을 쏟다가 "당신이 고맙소. 이렇게 살아 돌아왔으니…"하고 반겼다. 새정부는 인도주의에 입각해 송환결단을 내렸다. 그러나 제 발로 남하한 이 노인은 돌아가는데 강제 납북된 남한인사들은 왜 돌아오지 못하는가. 생사조차 모르는 피납자들, 그리고 이산가족은 또 얼마나 많은가. 북한당국은 상응조치를 취해야 한다.

《동아일보》 1993. 3. 20

프란체스카 여사와 왕진王震 부주석

요즘 민자당 소속 국회의원들의 부동산투기, 직권남용축재, 재산 축소 공개 등 저열한 치부행위가 연일 대서특필되고 있는 중에 공직자들의 귀감이 될 만한 2건의 기사가 눈길을 끈다. 옷과 양산 등을 30여 년간 사용했다는 프란체스카 여사의 고결한 검약정신이 되살아나는 유품전과 손때 묻은 지팡이 한 개만을 남겼다는 중국의 국가부주석 왕진의 유산기사다.

프란체스카 여사 1주기를 맞아 4월 말까지 이화장에서 열리고 있는 유품전에는 40년간 아껴 입다가 며느리에게 물려준 검은색 예복, 아들로부터 선물 받아 31년간 사용한 협립양산 등이 전시돼 관람객의 가슴에 뜨거운 감동을 안겨준다. 또 최초로 생산된 국산 제일모직 옷감으로 만들어 34년간을 입던 옷, 며느리와 함께 쓴 10여 년 동안의 가계부도 눈길을 끈다. "장례식에 꽃을 사용해 돈을 낭비하는 일이 없도록 하라"는 유언에 따라 화환 한 개 없는 전시장은 바로 검약의 학습장이었다.

12억 중국인들을 슬픔에 잠기게 한 왕진 부주석의 죽음도 감동적이다. 청빈하기로 이름난 그는 부총리급 이상이 사는 중남해(中南海)가 아닌 비좁은 골목의 누추한 집에 살았다. 그의 유산은 책 1천여 권과 지팡이 한 개뿐이었다. 그는 이 지팡이에 의지하여 노구를 이끌고 20여 년간 전국의 인민들의 생활상을 직접 보고 들어 중앙에 전달했으며 손자들이 밥그릇가에 밥풀을 남기면 다 떼어먹을 때까지 종아리를 때렸다.

그는 월급에서 생활비만 남기고는 모두 초중고 교사장려금으로 썼고 죽기 전 각막을 기증하기도 했다. 우리 선조들 중에도 이토록 훌륭한 청백리가 많았다. 정신 못 차리는 공직자들은 우선 프란체스카 유품전에라도 가서 선조들의 근검정신 앞에 자신의 추한 모습을 비춰봐야겠다. 진정한 부자의 길은 탐욕에서 벗어나는 것이다. 탐욕을 버리지 않는 한 영원히 공복감을 면치 못하는 법이다.

《동아일보》 1993. 3. 27

국제정세는 격변하는데…

프랑스 총선에서 우파연합이 압승, 프랑스는 지난 1986~1988년에 이어 제 2의 코아비타시옹(동거) 시대에 들어섰다. 자크 시라크와 지스카르 데스탱이 제휴한 우파연합은 전체 의석의 84%나 휩쓸어 유례없는 거대 우파의회를 탄생시켰다. 우파연합은 미테랑 대통령을 상징적 존재로 전락시키겠다고 큰소리친다. 전통적으로 농민들의 지지를 받고 있는 우파 내각은 미국 EC간 농산물협상을 인정치 않을 것으로 보여 UR협상 타결이 더욱 어렵게 됐다.

러시아정국도 보혁(保革) 간에 혈투를 계속하고 있다. 인민대표대회는 옐친 대통령과 하스불라토프 의장이 위기해소를 위해 마련한 11월의 대통령선거와 의회선거 동시실시안을 거부해버렸다. 옐친은 다시 크렘린 광장에 나와 국가 영도권 소재를 묻는 등의 국민투표를 4월에 실시하겠다고 공언했다. 그러나 의회는 29일 옐친에 대한 신임을 묻는 국민투표를 실시하기로 결의했다.

중국에서도 권력구조에 큰 변화가 있었다. 강택민 공산당 총서기가 제 8기 전국인민대표대회에서 국가주석으로 선출됐다. 당 총서기 외에 중앙군사위주석을 겸하고 있는 강(江)이 양상곤을 퇴임시키고 국가주석까지 떠맡아 그야말로 당·정·군 삼권을 장악한 최고지도자가 됐다. 이번 조처는 개방에 대비, 당과 정부를 단단히 묶는 데 큰 의미가 있다. 뒤이어 장관급 22명을 교체하는 사상 최대폭 각료경질도 단행했으며 대만과 민간교류를 강화하는 회담을 곧 개최한다.

휴전선을 사이에 두고 있는 북한의 핵확산 금지조약 탈퇴로 한반도 안보환경에 큰 문제가 제기됐다. IAEA는 물론 유엔도 골머리를 앓고 있다. 지금 공직자 재산공개 파문으로 온 나라가 떠들썩한 판에 국제정세는 격변하고 있다. 국제적 변혁의 바람이 모두 우리와 무관치 않다. 우리의 안보와 외교 일선이 더욱 최선을 다해야 할 어려운 시기에 처해있다.

《동아일보》 1993. 3. 30

9

위대한 영화, 위대한 배우 [문화/언론/스포츠]

땅과 하늘과 미로… 바둑

바둑의 종횡 361로는 한 해를 상징하고 네 귀는 춘하추동 사계절을, 둘레 72로는 72절후를 뜻한다. 바둑판이 모가 나는 것은 땅이요, 돌이 둥근 것은 하늘을 상징한다. 361로는 도처에 안개가 자욱하고 첩첩이 마(魔)가 도사리고 있는 미로다. 중국 요순시대에 만들어졌다는 바둑은 융성과 패망의 이치를 간직한 탓으로 4천여 년을 이어왔다. 바둑은 중국에서는 고고한 우주론의 놀음이었고 우리나라에서는 한가한 사대부의 놀이였으나 일본에 가서 빼저린 승부로 변했다.

바둑 승부는 마음의 격렬한 고동이다. 파고드는 정신의 모서리는 바늘끝처럼 예민하고 공격하는 투지는 폭풍처럼 살벌하다. 생과 사의 순간이 지나고 잠시 마음이 아침바다처럼 평온해졌다 싶으면 다시 계산의 치밀한 숨소리가 뒤통수를 죄어온다. 한국의 조훈현(曺薰鉉) 국수가 11억의 중국 대표 섭위평(聶衛平) 9단을 눌렀다. 일본의 기라성 같은 기사들에 12연승을 거둔 세계 최강자인 섭 9단에 이긴 조 국수(國手)는 이제 세계 바둑 황제위에 등극했다.

현대바둑의 정석포석, 신수(新手) 개척 등으로 기성(棋聖)으로 추앙받는 오청원(吳淸源) 씨(74). 작년 9월 응창기배 세계바둑대회가 개막된 북경에서 그를 만나 의견을 나눴다. 그가 한창 활약할 때 '만약 기신(棋神)이 있다면 두 점을 접고 두어보면 어떨까'했다는 데 대해 물어보았다. "인간은 아무리 완벽하다 해도 실수가 있지요. 바둑이 아무리 세다고 해도 허점이 있게 마련입니다. 인간은 신과 바둑을 둘 수 없다고 생각합니다." 그는 기사(棋士)에게 건강과 승부기질 못지않게 겸허한 자세가 중요하다며 한국의 조훈현, 조치훈 9단은 큰 재목이라고 말했다.

조 국수는 꼭 장미 담배만 피운다. 그것도 한 판에 서너 갑씩. 그래서 대국이 끝나면 담배꽁초가 수북이 쌓인다. 그는 또 다리를 떤다. 승부처에 이르렀다 싶으면 놀라울 정도로 빨라진다. 격렬한 마음의 파동이 그대로 드러난다. 그는 '조(曺) 제비'란 별명답게 변환(變幻)의 천재다. 자유자재의 변신력과 화려한 행마(行馬), 빛살같이 빠른 감각에 포석·전투·끝내기의 3박자를 고루 갖춘 불세출의 명인이다. 그가 세계바둑을 제패한 9월 5일은 바로 '한국 바둑의 날'이다.

《동아일보》 1989. 9. 6

노벨문학상과 한국 문학

1975년도 노벨문학상 수상자인 이탈리아의 시인 몬탈레는 "시(詩)는 죽었다"고 선언했다. 1977년 11월 마드리드에서 그해 노벨상을 수상한 스페인의 시인 알레익산드레 옹(翁)을 필자가 만나 수상소감과 함께 "이 사회에서 아직도 시가 기능을 가졌다고 생각하는가"라고 물어보았다. "시어(詩語)는 인간 사회의 가장 정확하고 압축된 대화다. 시대 변천에 따라 형태는 변할지라도 어찌 그 생명이 끊기겠는가. '강은 그 강이로되 흐르는 물은 항상 새 물'이란 말로 답변하겠다." 그의 대답이었다.

스페인은 투우와 플라멩코의 나라다. 그에 못지않게 돈키호테의 나라이며 세르반테스의 나라다. 대문호 히메네스, 알레익산드레에 이어 다섯 번째로 셀라가 노벨문학상의 영예를 안았다. 그의 작품세계는 현실의 속박에서 탈출하여 철저한 자유를 추구하는 인간실존을 다룬다. 노벨문학상이 발표될 때마다 요란한 수상자 소개에 이어 재빠른 작품 출판과 함께 한국문학의 해외소개 문제가 사람들의 입에 오르내린다. 또 시상이 지나치게 서구인에게 편중되어 있다는 지적과 함께 보수적인 심사위원들의 취향도 도마 위에 오른다.

실제로 톨스토이, 에밀 졸라, 입센, 토머스 하디, 프란츠 카프카, 안톤 체홉, 제임스 조이스, 버지니아 울프 등 세계 문학사에 빛나는 대가들이 수상자에서 제외됐다. 스웨덴 한림원에서 발간한 《노벨문학상》이라는 책자에서도 심사위원들의 편견, 이기성을 배제하지는 않았다. 그러나 수상자 결정의 3분의 2는 옳은 판단이었다고 주장한다. 우리가 노벨상을 못 받았다고 해서 크게 의기소침해할 것은 없지만 그렇다고 이 상의 부정적인 면만 보고 외면하고 있을 필요도 없다.

《토지》의 박경리를 비롯해 김동리, 황순원, 서정주, 이청준, 이문열, 황석영 등 자랑할 만한 작가와 유수한 작품들이 많다. 문제는 훌륭한 번역가를 만나지 못한 데 있다고도 볼 수 있다. 가와바타의 《설국》(雪國)도 번역가 사이덴스티커가 노벨상을 받은 것이라는 이야기까지 있다. 한 가지 더 주목할 것은 동양권이나 제 3세계의 수상자들을 보면 대체로 토착적 서정묘사가 탁월한 작가들이라는 점이다. 히브리어 재생노력으로 평가받은 이스라엘의 야그논을 비롯, 과테말라의 아스투리아스, 일본의 가와바타, 나이지리아의 소잉카 등의 작품은 모두 향토색채를 잘 살린 것들이다.

《동아일보》 1989. 10. 21

탑 이야기

영국의 저명한 시인 윌리엄 모리스는 파리에 체재하는 동안은 항상 에펠탑 안의 식당에서 식사도 하고 집필도 했다. 한 친구가 그에게 물었다. “여보게, 뼈만 앙상하게 남은 에펠탑이 그렇게도 마음에 드나?” 그러자 그는 대답했다. “파리에서 에펠탑이 보이지 않는 자리라곤 이곳밖에 없으니 어쩌란 말인가.” 1889년 파리 만국박람회를 기념해 세워진 에펠탑은 유럽의 명물로 세계인의 사랑을 받기도 하지만 파리의 경관을 해친다고 해서 싫어하는 사람도 적지 않다.

구약성서 창세기 11장에 나오는 바벨탑이 가장 오래된 탑으로 전해진다. 노아의 홍수 후 사람들이 이를 극복하기 위해 하늘에 닿는 탑을 세우려 했다. 그러자 신이 노해 사람들의 마음과 언어를 혼란시켜 흩어지게 해 탑 건설이 중도에서 멈췄다. 이 탑은 높이 90m의 7층탑으로 전해진다. 잘 알려진 탑으로는 이집트 태양신의 상징인 오벨리스크, 갈릴레오의 낙체실험(落體實驗)으로 유명한 피사의 사탑, 피렌체 대성당의 종탑, 베를린 광장과 런던 트라팔가 광장의 전승탑, 런던탑 시계탑 등이 있다.

6·25 40주년을 맞아 국민들의 성금으로 서울 중지도에 전쟁기념탑이 세워질 것이라 한다. 그런데 탑의 높이가 330m로 남산타워(265m), 63빌딩(264m)은 물론 에펠탑(320m)보다 더 높게 설계된 것 등이 요즘 화제다. 선열들의 호국정신을 기리고 후손들에게 전쟁의 교훈을 전하기 위한 취지라지만 무엇을 기념한다는 것이 규모의 거대함으로 구현되는 것은 아니다.

외국에도 전쟁기념탑들이 많이 있다. 그러나 그것들은 전승을 기념한 것들이다. 우리가 수(隋)나라, 당(唐)나라의 침략을 물리친 것이라든지, 삼국통일을 기념하는 것이라든지, 왜적을 물리친 것이라든지, 아니면 남북통일이 되어 그 같은 거대한 기념탑을 세우는 것이라면 또 모르겠다. 동족상잔의 참극을 기념하기 위해 세계 최대 규모의 탑을 세운다는 데 국민이 모두 동의하겠는가. 그 엄청난 재원도 문제지만 그저 모든 것을 최장·최대로만 하려는 과대포장 취향에서 비롯된 것은 아닌가. ‘악행은 쇠붙이에 새겨지지만 선행은 물결에 쓰인다’는 금언을 되새겨보자.

《동아일보》 1990. 2. 22

정명훈과 베를리오즈

1824년 빈의 케른트나토르 극장. 베토벤의 지휘로 그의 교향곡 9번 〈합창〉의 역사적인 초연이 끝나자 청중들은 모두 일어서 우레와 같은 박수를 보냈다. 그러나 자신이 지휘한 연주뿐 아니라 청중들의 박수갈채 소리조차 들을 수 없었던 베토벤은 지휘석에 묵묵히 서있었다. 이를 보다 못한 알토 카롤리네 웅거가 그를 무대전면으로 이끌고 나가 충천하는 환호에 응답하도록 했다. 연주회장에서의 기립박수의 대명사격인 일화다.

한국의 정명훈(鄭明勳)이 17일 파리 바스티유 오페라극장의 첫 오페라로 까다롭기로 유명한 베를리오즈의 대작 〈트로이 사람들〉을 4시간 반 동안 성공적으로 지휘, 2천 7백여 관중들이 대부분 일어서 20분이 넘도록 열띤 박수갈채를 보냈다 한다. 그는 한 가닥 흐트러짐도 없이 원숙하게 지휘, 프랑스인들을 완전히 사로잡았다고 한다. 한국인의 자부심과 보람을 전 세계에 떨치고 자신도 세계 정상에 우뚝 섰다.

만년의 베를리오즈는 참으로 비참했다. 바그너와의 불화에다 리스트와의 우정에도 금이 갔고 아내 해리엇조차 숨져 슬픔 속에서 이 대작을 작곡했다. 끝내 작품의 공연 기회도 얻지 못한 채 재혼한 마리마저 죽고 아들 루이도 사망해 그는 뼈저린 고독 속에서 고뇌의 일생을 마쳤다. 이해하기 힘든 줄거리의 괴이함과 긴 공연시간 및 무대연출의 특이성 때문에 이 대작은 특히 프랑스에서 처음부터 외면당했다. 작품 완성 후 실로 132년 만에 한 동양인 귀재에 의해 그의 조국 프랑스에서 역사적 초연이 이루어졌다.

바스티유 오페라극장은 프랑스정부가 프랑스 혁명 200주년을 기념하여 3천억 원을 들여 건립했다. 한국인 정명훈이 이 극장 상임지휘자로 임명되자 세계음악계가 놀랐다. 첫 작품이 선율의 기복이 심한 난작(難作)

〈트로이 사람들〉로 발표되자 '도박'이라는 평가까지 나왔다. 그러나 그는 마술적인 황홀한 선율을 관객들에게 선사하면서 이 작품을 높은 예술의 경지로 끌어 올렸다. 그는 공연을 마치고 "오늘이 문제가 아니다. 이것은 단지 새로운 시작일 뿐"이라고 말했다 한다. 그의 높은 성취에 뜨거운 갈채를 보낸다.

《동아일보》 1990. 3. 20

위대한 영화, 위대한 배우

지금까지 만들어진 영화 중에 가장 훌륭한 작품은 어떤 영화일까. 또 가장 훌륭한 배우는 누구일까. 얼마 전 미국의 한 연구소가 영화평론가와 영화사학자들을 대상으로 한 조사결과를 보면 최고의 작품은 〈시민 케인〉. 역사상 가장 좋은 영화라는 이 작품은 1941년에 제작된 것으로 26세에 불과한 오손 웰스가 각본, 감독, 주연까지 맡은 영화다. 다음은 〈바람과 함께 사라지다〉, 3위는 〈카사블랑카〉.

가장 훌륭한 배우에 대한 믿을만한 조사는 찾아볼 수 없지만 누가 뭐라 해도 찰스 채플린, 오손 웰스, 로렌스 올리비에, 장 가뱅 등이 꼽힐 것이다. 그 다음은 누구일까. 기호나 성향에 따라 다르겠지만 게리 쿠퍼, 스펜서 트레이시, 프레드릭 마치, 험프리 보가트, 말론 브란도, 클라크 게이블, 베티 데이비스, 비비안 리, 잉그리드 버그먼, 엘리자베스 테일러 등이 거론될 것이다. 그러나 이상 열거된 배우 누구 못지않게 위대한 배우가 있다. 바로 캐서린 헵번이다.

캐서린 헵번은 한번 받기도 하늘의 별따기나 다름없는 아카데미 여우주연상을 유일하게 무려 4회나 수상했다. 수상작품은 〈승리의 아침〉, 〈초대받지 않은 손님〉, 〈겨울의 라이언〉, 〈황금연못〉이다. 심리학 박사이기도 한 올해 82세의 그녀는 유연한 움직임에 불가사의한 지적 매력을 풍기며 타의추종을 불허하는 연기력을 과시한다. 그녀를 연상케 하는 또 한 명의 훌륭한 배우가 탄생했다. 제 62회 아카데미 영화제에서 62년 사상초유의 최고령인 81세에 주연여우상을 수상한 제시카 탠디가 바로 그다.

제시카 탠디는 작품상도 수상한 〈드라이빙 미스 데이지〉에서 유태인 노파 역을 훌륭하게 소화해 영예를 안았다. 그녀는 수상소감을 '기적'이라고 했다. 그러나 그것은 지적 용모에 단아한 그녀의 성실하고 진지한 60년 연기생활의 결정이다. 출연작품으로는 〈새〉, 〈이브의 무분별〉, 〈여수〉, 〈보스턴 사람들〉 등이 있다. 올해 대종상 영화제에서 강수연양이 작년, 재작년에 이어 연 3년간 여우주연상을 받았다. 한국에도 큰 재목들이 많지만 30, 40세만 넘으면 대개는 사라지고 만다. 우리 배우들도 끊임없는 분발이 아쉽다. 나이는 숫자일 뿐이다. 그리스의 대문호 소포클레스가 위대한 비극 〈오이디푸스〉를 쓴 것은 여든이 넘어서였다.

《동아일보》 1990. 3. 29

파업중의 프로가 더 좋았다

방송은 방송사 종사자의 전유물도 아니며 정부의 도구도 아니다. 방송은 바로 국민의 것이다. 정부나 방송사원들은 무모한 힘겨루기를 중단하고 국민의 알권리, 국민의 시청권 회복을 위해 조건 없이 양보해야 한다. 정부는 힘으로 방송을 지배하거나 언론기관을 탄압하려 해서는 안 되며 방송인들도 시청자들을 방송의 주인자리에 모시는 노력을 게을리해서는 안 된다.

정부와 사원들이 현명치 못한 짓만 골라서 저지른 이번 KBS사태는 우리 방송사상 처음으로 '공권력 투입 진압'이라는 좋지 못한 선례를 남겼다. 끝내 사원 330여 명이나 경찰에 끌려가는 추태가 연출됐고 기자를 포함, 11명이 이미 구속됐으며 앞으로도 모두 50여 명이 더 검거될 것이라 한다. 이렇게 해도 되는 것인가. 이 사람들은 시위 대학생도 아니고 부두 노동자도 아니다. 국가에 막강한 영향력을 끼치는 공영방송의 종사자들이다. 민족해방이나 나라독립을 위한 투쟁이라도 벌이다 일어난 사태라면 또 모르겠다. 방송장악 기도 거부운동이라지만 사장 한사람 몰아내기 위해 사원들이 이런 꼴을 당해야하는 것인지 납득이 가지 않는다.

사실 그동안 공영방송이 제 역할을 다했다고 보는 시청자는 그리 많지 않을 것이다. 5공 시절까지 되돌아보지 않아도 보도나 프로의 질적인 면에서 몸체만 비대한 채 내실을 기하지 못했다. 시청료 거부움직임도 근거 없이 제기된 것이 아니다. KBS는 이번 파업기간 중 방송차질에 대한 항의전화 못잖게 일부 프로의 경우 정규방송 때는 볼 수 없었던 유익하고 뜻깊은 좋은 작품을 내보내주어 고맙다는 전화가 쇄도한 점을 잊지 말아야 한다.

파업기간동안 볼 수 있었던 6부작 다큐드라마 〈잃어버린 왕국〉, 8부작 미니시리즈 〈전쟁과 추억〉, 5부작 다큐멘터리 〈지구 대기행〉 등은 일부 재방영된 것이라 할지라도 이번 기회 아니면 접할 수 없었던 훌륭한 작품이었다. 이밖에 볼쇼이발레, 프랑스국립발레단 공연중계 등 값진 것들이 많았다. 파업기간 중의 프로가 더 좋았다고 생각하는 시청자들이 의외로 많았다는 역설적 현상을 외면하지 말아야 한다. 정부 역시 마찬가지다. 이번 사태와 관련, 미련하기 짝이 없는 일만 해왔다. 문제를 해결하는 데 오로지 경찰력밖에 믿을 것이 없다는 말인가. 시청자들의 불만이 폭발하고 있다는 것을 양쪽 모두 알아야 한다.

《동아일보》 1990. 5. 3

관영방송의 뉴스 보도

"여기는 런던, 드골 장군이 프랑스 국민들에게 말합니다." 지금으로부터 꼭 50년 전 6월 18일 나치독일이 프랑스를 점령한 후 샤를 드골 장군이 런던에서 BBC방송을 통해 프랑스 국민들에게 대독(對獨) 항쟁을 선언했다. 임시정부 '자유프랑스'의 수반자격으로 한 이 4분간의 대독항전(對獨抗戰) 궐기방송은 항전의식을 고취한 한편 전후(戰後) 프랑스가 승전국의 긍지를 가질 수 있게 해주었다. 마침 올해는 드골 탄생 100주년이자 그의 사거(死去) 20주년이 되는 해여서 지금 프랑스 국민들은 다시 그의 육성 방송을 들으며 프랑스의 영광을 되새기고 있다.

방송의 막강한 영향력은 새삼 강조할 필요조차 없다. 우리는 일상생활의 많은 부분을 방송과 함께 지낸다. 그래서 방송의 공정성·윤리성·책임감 등은 아무리 강조해도 지나치지 않다. 며칠 전 개국한 교통방송(TBS)의 편성운영을 둘러싸고 논란이 일고 있다. 서울시 산하 사업소로 발족, 관영방송으로 운영되고 있는 이 방송은 개국을 앞두고 공보처와 서울시로부터 공무원들이 운영하는 교통방송이므로 뉴스프로는 생활뉴스만 내보내고 시사뉴스를 취급해서는 안 된다는 지침을 받았다.

그러나 이 방송은 대통령의 보복범죄근절 지시 기사를 비롯해 외교·경제·사건 기사까지 일반 시사뉴스를 계속 보도했다. 오죽했으면 공보처에서 또다시 시사뉴스 방송중단 지시를 내렸을까. 사실 공공재산인 전파매체를 관(官)이 갖고 있다는 것 자체부터 문제다. 관이 방송국을 운영하는 것은 일부 독재국가나 권위주의 체제에서나 있을 수 있는 현상이다. 언론자유란 기본적으로 권력으로부터의 독립을 의미하는데 행정기구에 예속된 매체가 공정보도를 할 수 있을 것인가.

교통방송이 주요 프로그램으로 내보내는 교통정보는 〈오후의 교차로〉, 〈푸른 신호등〉 등 기존 라디오방송 프로에서 충분히 다루고 있다. 관영방송에서 비슷한 내용을 방송하는 것은 국고낭비일 뿐이다. 이런 방송이 앞으로 있을 지방의회나 총선관련 보도에서 어떻게 나올지는 불을 보듯 뻔한 일이다. 여론수렴과정을 외면한 채 만들어져 많은 비판을 받고 있는 방송구조개편안과 함께 교통방송도 본질적으로 재검토되어야 한다.

《동아일보》 1990. 6. 21

선수들의 약물복용

'단결 · 우의 · 진보'의 북경 아시아경기가 한 달 앞으로 다가왔다. 성화봉송에 1억 명이 참가, 2만 킬로미터의 대장정에 올랐다. 우리는 65개 이상의 금메달로 종합 2위를 목표로 삼고 있다. 금메달 수가 많은 육상과 수영에서 약하긴 하지만 거의 전 종목에서 금메달을 내다볼 만큼 종목 간 균형이 이루어진 장점을 안고 있다. 1986년 서울대회에선 금메달 93개로 중국에 한 개 차로 뒤졌지만 이번엔 북한도 출전, 중국 140여 개, 일본 56개, 북한 20개 정도로 전문가들은 예상한다.

금메달 획득은 해당선수는 두말할 것도 없고 해당국 국민들 모두가 열망한다. 그것을 위해 모두가 심혈을 기울여왔다. 결전의 그날, 감격의 눈물 속에 메달을 목에 건 선수가 곧바로 달려가는 곳이 있다. 그곳은 다른 데가 아닌 약물검사장이다. 금메달리스트에서 6위까지의 입상자는 반드시 소변을 제출해야 경기일정에서 풀려나게 된다. 도핑하면 덴마크의 옌센 선수가 들먹여진다. 로마 올림픽 때 사이클경기 도중 쓰러져 그 자리에서 숨졌다. 일사병 탓인가 했으나 검사결과 혈관확장제 복용에 의한 심장마비사였다.

1988년 서울 올림픽에서도 벤 존슨이 경이적인 신기록을 세웠으나 약물복용이 드러나 금메달 박탈은 물론 세계적인 망신을 당했음은 널리 알려진 사실. 경기 후 실시되는 도핑검사는 벤 존슨의 경우 근육흥분제를 비롯해 정신흥분제, 교감신경흥분제, 중추신경흥분제, 마약진통제 등등을 가려냈다. 약물복용으로 경기력이 얼마나 향상될까. 지금까지의 조사로는 남자의 경우 트랙경기에서 2~7%, 중량경기에서는 19~27%나 된다. 자유·평화·공정에서 스포츠맨십에 이르기까지 온갖 좋은 말은 다 동원되는 대제전의 이면에는 이런 검은 비극이 도사리고 있다.

우리 대표선수 중 여자 역도선수 2명이 약물복용으로 대표팀에서 제외되는 충격적인 사태가 발생했다. 1차 검사에서는 12명이나 양성반응을 보였다니 참으로 근심스럽다. 출전을 한 달 앞두고 이런 불상사가 생겼다. 약물 따위나 넘보는 선수는 이미 선수가 아니다. 고귀한 인간정신의 정수(精粹)를 보여주는 것이 스포츠다. 좋은 스코어는 이겼느냐 졌느냐가 아니라 잘 싸웠느냐 그렇지 않았느냐를 기록한다.

《동아일보》 1990. 8. 24

이창호 국수 시대

승부바둑은 일본에서 꽃을 피웠다. 여기에는 초대 혼인보(本因坊) 산사(算砂)의 역할이 컸다. 그는 본래 적광사(寂光寺) 소속 혼인보의 주지였는데 인품과 식견을 갖춰 도요토미 히데요시 등 호걸들이 한갓 바둑꾼으로서가 아니라 한 인물로 사귀었고 도쿠가와 이에야스는 자문역인 군승(軍僧)으로 삼았다. 도쿠가와가 명인기소(名人碁所)를 열자 산사는 실력으로 초대 명인이 되어 일본바둑을 일으켰다. 그는 그 후 수백 년에 걸친 혈투 속에서 기계(棋界) 최고 명문으로 자리 잡은 혼인보가(本因坊家)의 개조(開祖)가 됐다. 혼인보 가는 도사쿠(道策), 슈사쿠(秀策) 등 전설적인 고수들을 탄생시켜 오늘날 승부바둑을 이룩해 놓았다.

1928년 오청원(吳淸源)이라는 14세 중국 소년이 해진 슈사쿠의 기보집(棋譜集)을 들고 일본에 왔다. 그로부터 4년 뒤 일본 바둑계를 석권한 다음 일본 최후의 혼인보(本因坊)이자 최후의 명인(名人)인 슈사이(秀哉)와 대좌했다. 오(吳)의 선번(先番)으로 둔 이 바둑 중일전(中日戰)은 무려 14회나 중단되면서 몇 달을 끌었다. 오에 대한 위협도 많았다. 결과는 슈사이의 2집 승. 슈사이는 은퇴를 결심하고 세습제였던 본인방 명칭을 신문사에 내놓았다. 이것이 오늘의 쟁기(爭棋), 프로바둑의 효시다.

천재 소년기사 이창호(李昌鎬) 4단이 조훈현(曺熏鉉) 국수를 누르고 국내 바둑사상 최연소인 15세의 국수로 등극했다. 이 4단은 조 국수에 내리 3연승을 거두고 한국 바둑 황제 위(位)에 올랐다. 프로기사 입단 5년 만에 국내는 물론 세계 최대 기전인 응창기배 제패 등 세계 바둑을 석권한 스승 조 국수를 누르고 한국 바둑의 제 1인자가 되었다. '쌍십일(10월 10일 대국)의 대변혁'을 몰고 온 이 국수는 이미 통산 41연승이라는 놀라운 대기록을 수립한 바 있다.

동아일보 주최의 국수전 패자(覇者)가 국내 바둑계를 지배하는 것은 당연한 일. 조남철(趙南哲), 김인(金寅), 윤기현(尹奇鉉), 하찬석(河燦錫), 조훈현(曺薰鉉), 서봉수(徐奉洙) 국수에 다시 조훈현 국수로 이어졌다가 이제 이창호 국수시대가 개막됐다. 이 국수를 놓고 일본 바둑계에서 150년 전 17세의 어린 나이로 바둑의 달인이었던 혼인보 슈사쿠를 능가한다고 평가했다. 이는 물론 슈사이나 오창원보다도 대단하다는 이야기가 된다. 이 국수는 계산력이 뛰어나고 종반 수습이 탁월한 중후한 기풍. 현재 이 국수와 1승 1패 전적의 일본의 최고수 다케미야 마사키(武宮正樹)도 "끝내기에서 나보다 한수 위"라고 자인한다. 스승의 은혜에 보답한 이 국수의 정진을 기대한다.

《동아일보》 1990. 10. 12

상트페테르부르크

소련 북서부 핀란드연안 네바강 어구에 자리 잡은 레닌그라드는 1703년 표트르 대제가 도시명을 상트페테르부르크로 명명한 후 1917년 10월 혁명 때까지 제정 러시아의 수도였다. 1924년 10월 레닌이 죽자 그를 기념하기 위해 레닌그라드로 개칭됐다. 이 도시는 서구 문물을 맨 먼저 받아들여 '유럽으로 열린 창'이라 불리는데 1905년 '피의 일요일' 사건으로 시작되는 러시아 제 1혁명, 2월 혁명, 10월 혁명으로 공산주의 혁명이 성공을 거둔 곳이기도 하다. 제 2차 세계대전 중엔 29개월간의 독일군 포위 속에서 40만 명의 아사자를 내면서도 시를 방위해 '영웅도시'란 칭호를 갖고 있다.

소련을 방문한 노태우 대통령이 15일 유서 깊은 이 레닌그라드에 도착했다. 노 대통령은 이곳에서 키로프 발레단의 〈백조의 호수〉를 관람하고 에르미타주 박물관도 찾았다. 모스크바는 '러시아의 심장', 레닌그라드는 '러시아의 머리'라고 한다. 서구화 운동의 선두를 달린 레닌그라드는 학술, 문학, 음악은 말할 것도 없고 발레도 세계 정상급이다. 모스크바 볼쇼이발레의 모태도 이곳이다. 볼쇼이의 세계적 무용수들 거의 모두 키로프 출신이다.

〈백조의 호수〉를 작곡한 차이코프스키도 이곳에서 학교를 다녔고 작곡활동도 했다. 그는 1893년 저 유명한 교향곡 제 6번 〈비창〉(悲愴)을 초연한 직후 이 도시에서 숨을 거뒀다. 이곳에는 그의 묘는 물론 림스키 코르사코프, 무소르그스키 등 저명한 음악가들의 묘소도 있다. 음악가 말고도 톨스토이, 도스토예프스키, 푸쉬킨, 고리키 등 세계의 대문호들이 이 도시에서 수많은 작품을 완성했다. 이곳에는 키로프 기념극장, 푸슈킨 기념극장, 고리키 문화궁전 등 유서 깊은 문화시설도 많다.

이번에 노 대통령이 방문하는 에르미타주 박물관은 파리의 루브르 박물관, 런던의 대영제국 박물관과 함께 세계 3대 박물관으로 꼽힌다. 겨울궁전(冬宮)이라고도 불리는 이 박물관은 귀중한 작품을 250만 점이나 소장한 세계의 보고다. 이 박물관 광장에서 시작되는 4.5㎞의 네프스키 대로(大路)는 레닌그라드의 중심가로 도로변에 스트로가노프 궁전, 아니치코프 궁전, 하궁(夏宮), 카잔 사원, 페트로파보로프스크 사원 등 러시아의 산 역사가 숨 쉬고 있다. 이 박물관은 앞으로 한국중앙박물관과 소장품을 교환 전시할 예정이라 한다. 노 대통령의 이번 방문을 계기로 한소 간의 문화교류가 더욱 증진되었으면 한다.

《동아일보》 1990. 12. 15

최고의 발레리나 마고 폰테인

〈마고 폰테인을 위한 4개의 단막〉이 지난 1978년 5월 18일 밤 서울 세종문화회관에서 펼쳐졌다. 〈공기의 정(精)〉—단 1명만 출연하는 남자 무용수 앞에서 마고 폰테인의 정지된 표현동작은 한 폭의 회화였고 날아갈 듯한 율동의 감동은 한 편의 시 같았다. 이어 〈햄릿과 오필리아〉—폰테인의 원숙한 동적표현과 상대역인 이글링의 노련한 테크닉이 어우러진 두 사람의 춤의 대화는 유연하면서도 우아한 폰테인 발레의 참맛을 아낌없이 관객들에게 선사했다. 60 고령인 그녀의 뛰어난 예술성에 관객들은 열광의 도가니에 빠졌다.

영국에서 태어난 폰테인은 네 살 때부터 무용을 시작했다. 어린 시절은 홍콩, 상해(上海)에서 보냈으며 런던으로 돌아와 새들러스 웰스 발레학교에 입학했다. 어느 날 어머니가 그녀에게 세상에서 가장 훌륭한 무용수라며 파블로바의 사진을 보여주었다. 그러자 그녀는 파블로바 다음으로 이 세상에서 가장 위대한 무용수가 되겠다고 다짐했다. 그녀는 그 후 소련에서 망명한 루돌프 누레예프와 오랜 기간 단짝으로 춤을 추었는데 많은 사람들이 니진스키와 함께 춤춘 파블로바를 이어받았다고 칭송했다.

폰테인은 1934년 〈호두까기 인형〉으로 화려하게 데뷔한 후 영국 왕실에서 '데임' 작위까지 받은 마르코바의 뒤를 이어 로열발레단의 프리마 발레리나가 되었다. 누레예프와 단짝이 돼 〈잠자는 숲속의 미녀〉, 〈백조의 호수〉, 〈지젤〉, 〈로미오와 줄리엣〉 등 고전은 물론 프레드릭 애시턴 경의 작품들을 잇달아 공연, 금세기 최고의 발레리나가 됐다. 그녀 역시 '데임' 작위를 받았고 지난 1964년 빈에서의 〈백조의 호수〉 공연 때는 89번이나 커튼콜을 받았다.

그녀의 남편 로베르토 아리아스 박사는 파나마의 외교관으로 지난 1965년 저격당해 25년간 휠체어에서 지내다 1989년 별세했다. 그녀가 60이 넘도록 무대를 떠나지 않은 중요한 이유 중의 하나가 남편 치료비를 마련하기 위한 것이었다 한다. 남편을 잃은 그녀 역시 암에 걸려 파나마의 한 시골에서 목장을 경영하며 지내다 71세를 일기로 21일 타계했다. 이제 바람에 날리는 꽃잎처럼 흐르는 유연한 그녀의 무용을 다시 볼 수 없게 됐다. 그녀는 발레리나로서 가장 좋아하는 작품으로 〈백조의 호수〉를 꼽았다. 그 이유는 그 작품이 춤으로 표현하기가 가장 어렵기 때문이라고 말했다.

《동아일보》 1991. 2. 23

제주도, 삼무三無 아닌 삼보三宝

제주도는 예로부터 여자, 돌, 바람이 많다고 하여 삼다도(三多島), 거지, 도둑, 울타리가 없다 하여 삼무도(三無島)라 했는데 요즘엔 특유한 언어, 희귀한 한라식물, 풍부한 해산물로 삼보도(三寶島)라고도 한다. 한라산이 제주도이고 제주도가 한라산인 이 섬은 눈물과 한숨의 섬이라고도 하고 하늘의 축복을 받은 섬이라고도 한다. 한숨의 섬이란 쟁기가 두어 치밖에 들어가지 않는 척박한 돌밭을 갈며 육지를 향한 꿈과 좌절 속에 살아온 이 섬 주민들의 한이 서려있기 때문. 그래서 이 섬을 원악도(遠惡島)라고도 부르는데 이 별명은 이 섬이 조선조 이래 중죄인들의 유배지였음도 상기시켜 준다.

그러나 이 섬은 축복받은 환상의 섬, 동양의 진주라고도 불린다. 지금 이 섬은 온통 노란색 유채꽃으로 물들었고 조금 있으면 철쭉꽃이 한라산록에 붉은색 카펫을 깔아놓는다. 빼어난 경승지도 많아 녹담만설(鹿潭滿雪), 성산일출(城山日出) 등 제주 10경에 99곡(谷), 안덕계곡, 천지연, 천제연, 정방폭포, 용두암, 오백나한(五百羅漢) 등의 기암괴석, 비자림, 동백군 등 관광자원의 보고다. 일본의 작가 시바 료타로는 얼마 전 이 섬을 찾았다가 "2천 년 전 전생에 살았던 것 같은 꿈의 섬"이라고 표현했다 한다.

이 섬에는 고려사 지리지 등에 수록된 고(高)·양(梁)·부(夫) 3성(姓)의 개벽설화가 있다. 고을나(高乙那)·양을나(梁乙那)·부을나(夫乙那) 등 세 신인(神人)이 땅 속에서 솟아나 동해 벽랑국에서 온 세 공주와 혼인해 3성(姓)의 시조가 됐다는 것. 그 중 고을나의 15세손 고후(高厚)가 탐라국을 개국했다. 고르바초프 소(蘇) 대통령을 맞아 요즘 제주도에서는 한글 '고'씨 종친을 맞아 환영종친회라도 열자는 우스갯소리가 널리 회자

되고 있다한다. 탐라국은 통일 신라의 속국이 되었다가 1211년 고려 희종(熙宗) 때 이름이 제주로 바뀌었다.

제주도는 중국, 대만, 일본과도 가까운 거리에 있어 중개무역 기지로서의 잠재력을 갖고 있을 뿐만 아니라 극동의 하와이라 불릴 정도로 관광자원도 풍부하다. 정부는 21세기 아시아-태평양 시대에 대비, 현재의 제주 서귀포 중심 개발체계에서 성산 · 한림 · 대정(大靜)지역을 포함한 2대핵(大核) · 3중핵(中核) 체계로 발전시킬 계획이다. 그래서 2000년엔 관광객 600만 명을 유치한다는 것. 환상의 이 섬이 고르비의 방문으로 더욱 유명해져 세계의 이목을 끌고 있다. 한 · 소 제주도 정상회담이 좋은 결실을 맺고 아울러 제주도가 세계적 관광지로 발돋움했으면 참 좋겠다.

《동아일보》 1991. 4. 20

명동 에레지

'명동 백작' 이봉구(李鳳九)의 단편소설 〈명동 에레지〉는 달이 떠서 그 빛으로 명동거리가 적시어졌으면 하고 바라는 감상적 구절로 시작된다. 스토리는 명동거리에서 우연히 알게 된 차 따르는 여인을 10년 만에 다시 만나게 된 데서부터 펼쳐진다. 명동의 다방, 술집을 중심으로 작가의 사생활적 체험과 서정취향이 서술적으로 그려졌다. 그 밖에도 이진섭(李眞燮), 박계주(朴啓周), 김수영(金洙暎), 박인환(朴寅煥), 변영로(卞榮魯), 김동리(金東里), 조지훈(趙芝薰), 박목월(朴木月), 한하운(韓何雲), 고은(高銀) 등이 명동에서 지내며 명동 소재의 시나 산문을 남겼다.

고은은 "돌체다방 앞…그대들은 카바이트 술에 취하여 건달과 거지로, 룸펜 프롤레타리아로 떠돌았다"고 읊었고 박인환은 "지금 그 사람 그 이름

잊었지만 그 눈동자 그 입술은 내 가슴에 있네"라고 노래했다. 한하운은 "진가를 잃어버린 상품들이 진열장 속에 귀양 산다. 사람들은 모두들 덤과 에누리로 화류병(花柳病)을 사고 판다"고 읊었고 노문천(魯文千)은 "명멸하는 네온을 따라 출렁거리는 갈증의 바다, 오뇌의 언덕 위에 서서 파문도 일지 않는 돌을 던져본다"고 노래했다.

명동이란 이름은 조선시대 한성부 행정구역인 5부(部) 49방(坊)의 하나인 명례방(明禮坊)에서 유래한다. 그것이 1914년 일제가 경성부 정제(町制)를 실시하면서 명치정(明治町)으로 바뀌었다가 해방 후 명동이 되었다. 같은 명자(明字)가 들어 있지만 명례(明禮)엔 유학을 통치이념으로 삼았던 조선의 정신이 살아있고 명치(明治)엔 일왕의 통치 간계가 도사리고 있었다. 실로 엄청난 차이다.

명동만큼 많은 사람이 드나드는 곳은 없다. 하루 유동인구가 150만 명이 넘는다. 50~60년대엔 예술과 낭만의 거리, 70~80년대엔 최고의 상업지역으로 멋과 유행을 선도하더니 80년대 후반부터 명동성당을 중심으로 최루탄과 화염병의 거리로 바뀌었다. "우리는 명동을 평화의 거리로 선포한다." 잇단 시위농성에 시달리던 명동 상인들이 일어서 어떤 시위도 최루탄도 용납 못한다고 선언했다. 더 이상의 정치투쟁을 거부하는 외침이다. 이름 그대로 사회질서 유지를 위한 예절을 밝히는(明禮), 밝고 명랑한 고을(明洞)이 되었으면 한다.

《동아일보》 1991. 6. 20

TV의 언어폭력

20여 년 동안 교편을 잡고 있는 한 교사가 털어놓는 체험에 충격을 금할 수가 없다. 서울의 한 초등학교에 근무하는 이 교사는 평소 사제관계는 친구 사이 같아야 한다고 믿어왔다. 어린이들의 자기표현이 활발해져 가고 모두가 평등하다고 여기는 시대조류 속에 수업도 권위주의적이어서는 안 된다는 확신을 갖고 있었다. 어느 날 한 학생에게 산수문제를 풀어보도록 했다. 문제를 잘못 풀어 지적해주었더니 그 학생이 제자리로 가며 "잘났어, 정말"하자 아이들이 왁자지껄 웃어댔다. 고운 말을 쓰라고 했더니 이번엔 어디선가 "됐네, 이 사람아"하는 말이 들렸다.

한 번은 수업시간에 매를 들었다가 학생들로부터 "자네가 참게"라는 말까지 들었다. 학생들이 TV의 영향을 받아 선생님과의 관계를 '가르치고 배우는 관계'가 아니라 '농담이나 하는 관계'로 인식하고 있는 것이다. 학생들이 수업엔 관심이 없고 TV에서 들은 비속어 쓰는 데만 신경을 쓴다는 것. 이 교사는 제자를 친구로 대해온 자신의 교육방법에 문제가 있다고 생각하기에 이르렀다.

'뺑이야', '따봉', '뗏기리', '음메 기살아', '내비 둬, 이렇게 살다 죽을래', '김밥 옆구리 터지는 소리하고 있네'. 인천 석암국교 정관근 교사가 지난해 6개월간 학생들을 대상으로 조사한 자주 쓰이는 비속어들이다. 주로 TV연속극과 코미디에서 습득한 것들이다. 어린이 언어발달은 단순한 언어자극에 의해서가 아니라 대화 등 다른 사람과의 상호작용에서 이루어진다. TV는 언어를 일방적으로 내보낸다. 그것도 주로 천박스럽고 어린이 정서를 해치는 내용을 전달하는 데 문제가 있다.

인간의 뇌 좌반구는 언어와 관련이 있고 우반구는 시청각과 관련이 있다. TV에 쏠리게 되면 우반구만 발달, 비언어적인 시각경험에 치중하게 돼 좋은 대화를 할 수 없게 된다. 어린이들의 말과 글에서 TV오염을 막으려면 방송사의 상업주의 탈피와 방송심의 강화가 시급하다. 'TV어린이'의 결함을 고치려면 무엇보다 책과 가까이 하게 해야 한다. 책은 인류가 수천 년 동안 쌓아온 사색, 체험, 연구와 관찰의 보고다.

《동아일보》 1991. 7. 25

빼앗기고 흘러간 문화재

작년 4월 일본의 한국골동품 수집가 집에서 고려청자, 조선백자 등 9점을 훔쳐온 중개상이 구속돼 화제가 됐다. 물건을 훔친 것은 명백한 절도행위지만 훔친 물건이 문화재급이며 원래 우리나라 것을 일인(日人)들이 수탈해 간 것들이어서 더욱 관심이 집중됐다. 이 물건을 탈취해온 중개상은 소장자 히가사 겐이치가 갖고 있는 우리의 도자기류만도 250점이나 되는데 이를 감상하는 동안 황홀감에 빠져 현기증이 날 정도였다고 털어놓았다.

히가사는 반환해줄 것을 요구하다 일제의 한국문화재 수탈행위에 대한 우리 민족감정을 고려, 기증할 뜻을 비쳤다. 그러나 소유주에게 반환하라는 법원의 결정이 내려지고 문화부에서 반출을 허가해 결국은 일본 측으로 넘어갔다. 문화부 실태조사로는 현재 해외로 유출된 우리문화재는 12,000점으로 집계됐다. 그 중 일본과 미국이 96%를 차지한다. 이들 문화재는 대부분 임진왜란, 일제 통치시절, 6·25동란을 전후하여 유출된 것들이다.

그러나 관계 전문가들은 일본의 국·공립 대학 박물관 및 민간인 소장품이 엄청나 실제로는 10만 점도 넘을 것이라고 추산한다. 이 가운데는 〈몽유도원도〉, 〈금동여래입상〉, 〈석굴암 불상탑〉 등 보물·국보급이 수두룩하다. 거의 모두 도굴·강탈해간 것들이다. 영국의 대영박물관이나 프랑스의 루브르 박물관 등 강대국 소장품도 상당수가 이집트, 그리스, 중국 등 세계 도처에서 강탈해온 것들이다. 값을 따질 수조차 없는 고대 인류문화의 귀중한 이 유물을 놓고 20세기 후반 들어 국제 반환소송이 잇따르고 있다. 주로 제 3세계 국가들이 구미제국을 상대로 반환을 요청하고 있다.

일본으로 유출된 우리 문화재가 요즘 다시 돌아오고 있다 한다. 지난 1989년 7월 고미술품 수입자유화 조치 이후 벌써 2천여 점이 반입됐다는데 일본뿐 아니라 미국, 유럽에서도 들어오고 있다. 국내 고미술 시장이 매우 활발하게 움직이고 가격도 일본에 비해 뒤지지 않기 때문이다. 어떤 연유에서든 우리 문화재가 되돌아온다니 반갑기는 하나 투기대상으로 붐을 일으킨다니 한편으론 씁쓸하기도 하다.

《동아일보》 1991. 8. 10

라디오 · TV · 컴퓨터 세대

미국의 한 사회학자는 현 사회구성원을 라디오 · TV · 컴퓨터 세대로 구분했다. 라디오세대는 직장과 상사에 대한 충성심이 강한 기성세대이고 TV세대는 원칙을 존중하는 중간세대이며 컴퓨터세대는 자신의 희망을 가장 중요시하는 신세대다. 라디오세대는 일을 위해서라면 밤늦게까지도 근무하며 위계질서에 소속되어야 안심한다. TV세대는 직장과 가정 사이에서 균형을 유지하려 노력하고 컴퓨터세대는 자기 시간을 확보하기 위해 열심히 일하며 선택이 없는 생활은 상상조차 못한다.

각 세대의 윤리기준을 보면 기성세대는 부모의 가르침을 중요시하고 중간세대는 이상주의, 신세대는 냉철한 현실주의로 성장배경에 따라 판이하게 달랐다. 최근 대한상의(大韓商議)가 전국 근로자 5천여 명을 대상으로 조사한 의식구조를 보면 흥미롭기도 하면서 놀랍다. '조직보다는 개인, 직장보다는 가정, 수입이 다소 떨어지더라도 일은 피하고 여가를 즐기겠다'는 것이다. 미국의 컴퓨터세대보다도 더 이기적이다.

근로자들은 '회사에서 나이가 많은 사람의 의견에 따르는 것이 당연하다'는 견해에 59.4%가 반대했다. 1979년 조사에서는 22.7%만이 반대했다. 또 '돈으로 안 되는 일이 없다'는 견해에 55.7%가 동조했다. 돈을 좋아하지 않는 사람이 있을까마는 그래도 돈이 전부라는 견해에 거부감과 실망을 느끼지 않을 수 없다. 개인이기주의가 그토록 팽배해 있는 데에 아쉬움을 금치 못한다.

근로자들의 이 같은 의식구조를 무턱대고 나무랄 수만은 없다. 대다수의 기성세대들이 현실적 타산에 집착하지 않고 열심히 일하며 형제자매간의 우애를 강조하는 공동체적 삶을 영위하려 하지만 그래도 우리 사회는 지금 상호신뢰와 인륜을 상실해 가면서 탐욕적 이기주의가 팽배해 있다. 이기주의란 원래 그 속성이 항상 만족에 도달하지 못하고 계속 욕심만 채우려는 무한한 시도 속에 자신을 탕진하고 만다. 우리 모두가 평생 하찮은 소유물만 섬기다가 마음이 가난한 채로 인생을 마치는 우매함에서 벗어나야 하지 않을까.

《동아일보》 1991. 9. 26

장승백이 장승이 우상숭배?

우리 민족의 흔적이랄까 전통적 상징물은 어떤 것들일까. 어떤 사람은 초가지붕의 곡선이라 하고 어떤 사람은 버선코라고 주장하기도 한다. 이밖에 무속, 도깨비, 탈, 솟대 또는 장승을 꼽는 사람도 있다. 최근 들어 우리 문화의 원형을 찾자는 각종 문화적 행사가 활발하게 열리고 있다. 전통샤머니즘에 관한 학술회의, 공연, 서적출간 등도 눈길을 끈다. 미신으로 매도되던 본래 우리의 민간신앙 대상들이 제 대접을 받게 된 것이다.

국립민속박물관이 펴낸 《장승, 솟대신앙》은 우리의 기층문화(基層文

化)를 다룬 내용으로 주목을 끌었다. 장승은 우리나라 민간신앙의 대표적 상징물로 마을의 수호신 및 이정표로 사용됐다. 지금도 전국 각지에 100여 개가 세워져 있다 한다. 솟대는 마을 사람들을 외부재앙으로부터 보호하는 역할을 했다. 서울 노량진의 장승백이를 모르는 사람은 별로 없을 것이다. 서울시의 유적지 기념표석 설치계획에 따라 이곳 삼거리에 장승백이 표석이 세워지면서 주민들이 자발적으로 나서 장승건립을 추진했다. 동작구청에서도 적극 지원하고 있다.

높이 4미터짜리 천하대장군·지하여장군 한 쌍의 제작을 마쳐 삼거리에 세우려고 하는데 일부 개신교의 목사·신도들이 우상숭배라며 극력반대하고 나섰다. 이유는 우상숭배를 금하는 기독교의 기본교리에 위배된다는 것. 이들은 청와대 등에 진정서를 내는가하면 각종 반대시위를 준비하고 있다. 장승백이 일대 주민들은 지역의 유래를 밝히고 전통을 살리자는 뜻이 기독교계로부터 우상숭배로 매도되는 자체가 납득이 안 간다며 안타까워한다.

주민들은 이 장승건립과 함께 전통민속을 살려 해마다 마을의 단합을 다지는 축제까지 준비하고 있었다. 장승과 같은 전통 민간신앙의 본질은 자연과 인간을 조화시키는 데 있다. 일부 개신교는 심지어 국기에 대한 경례마저 교리에 위배된다며 거부하기도 한다. 그러나 전통민속이야말로 문화의 밑바탕을 이루는 본질이다. 교회 안마당도 아닌 장승백이 삼거리에 대장군과 여장군 장승이 세워질 날은 언제일까.

《동아일보》 1991. 10. 10

방송과 명예훼손

최근 TV뉴스들이 윤락가에서 많은 10대 소녀들을 끌어다 윤락행위를 강요하는 충격적인 실태를 보도해 사회의 관심을 환기시켰다. 특히 속칭 텍사스촌으로 불리는 서울 미아리 윤락가를 실종자 가족들과 함께 잠입 보도해 미성년 소녀들을 구해내 가족들의 품으로 돌려보내기도 했다. TV뉴스는 또 악덕업주의 횡포를 고발하고 보건소, 병원, 경찰 등의 각성을 촉구해 윤락가의 정화에 큰 몫을 해냈다.

방송뉴스가 윤락가의 실태를 상세히 보도해 사회악을 제거하려는 의도는 좋다. 그러나 보도과정에서 미성년 소녀의 모습과 부모의 인적사항 등이 상당히 노출돼 인권침해 우려가 높다. 방송뉴스는 그동안 성폭행 피해자의 신원을 자주 공개해버려 본인은 물론 가족들에게 수치감과 함께 불명예를 안겨주었음을 알아야 한다. 방송위원회에 따르면 방송이 지난 5월부터 지금까지 6개월 동안 성폭행 피해자의 인적사항을 공개하여 인권을 침해한 사례가 25건이나 됐다.

방송위원회는 그동안 권고조치를 내려 주의를 환기시켰으나 인권침해 사례가 계속돼 이번에 처음으로 방송법을 적용, 8개 방송사에 시정명령을 내렸다. 성폭행 피해자나 가족의 성명, 주소, 사진 등의 인적사항이 마구 보도돼 특정인의 명예와 사생활 및 권익이 심각하게 침해당했다는 것. 가족의 일원이 성폭행당한 것도 원통한 일인데 집안 망신까지 시켜서야 되겠는가.

방송이 특정분야나 직업인의 묘사에서 논란이 빚어진 것은 어제오늘의 일이 아니다. "회장님 우리 회장님", "꽁자 가라사대"가 재계와 유생들의 반발을 샀고 〈춤추는 가얏고〉도 국악인을 술집에서 기예를 파는 사람으로 비하했다고 지탄을 받았다. 그러자 방송이 마음 놓고 다룰 수 있는 것은 '도둑'과 '거지'뿐이라는 자조까지 나왔다. 방송에서 다루는 소재가 자유로워야 하고 또 국민의 알 권리를 충족시키는 기능을 제대로 수행해야 하지만 역시 국민 개개인의 명예나 권리는 존중되어야 한다. 특히 성폭행에 관한 인권침해사례는 마땅히 시정되어야 한다.

《동아일보》 1991. 11. 14

집행유예執行猶豫중에 하키협회장

올림픽 정식종목인 하키는 4천 년의 유구한 역사를 갖고 있다. 기원전 2000년의 나일강 유역 고대 이집트 분묘에서 두 사람이 마주 보고서서 스틱과 같은 긴 막대를 겹치고 있는 벽화가 발견됐다. 아테네의 유적에서도 현대 하키와 아주 비슷한 그림이 발견됐다. 근대 하키의 시작은 1887년 영국 하키협회가 설립되고부터다. 아시아에는 인도 주둔 영국군에 의해 보급되었다.

우리나라에는 고려 때 말을 타고 긴 막대로 공을 쳐서 골에 넣는 격구(擊毬)라는 경기가 있었는데 서민들 사이에는 말을 타지 않고 하는 땅공치기, 들공치기가 성행했다. 오늘날의 하키와 많이 닮은 이 경기는 일제 침략 후 우리 전통문화가 말살되면서 자취를 감췄다. 해방 후 조선하키협회가 창립됐고 1957년 대한하키협회가 발족해 지금에 이르렀다. 하키는 경기규칙이 엄격해 스틱을 어깨보다 높이 쳐든다든지 상대방을 때리거나 거는 등 위험한 플레이는 절대로 허용되지 않는다.

지난 9월 말 소장 하키인들에 의해 불신임으로 불명예 퇴진했던 정태수 전 한보그룹 회장이 16일 대한하키협회장에 재선임됐다. 아파트 특별분양 사건으로 국회의원, 청와대 비서관 등 9명에 유죄판결이 내려졌던 수서특혜비리 사건의 장본인이 집행유예의 상태에서 영예로운 경기단체장에 선출됐다. 엄청난 비리를 저질러 나라 전체를 시끄럽게 했던 본인의 끈질긴 명예회복 욕심도 한심스럽지만 그런 사람을 만장일치로 추대한 협회 대의원들의 소행 또한 개탄스럽다.

정태수씨는 "바르셀로나 올림픽에서 금메달을 따겠다", "나만큼 하키를 사랑하는 사람은 없을 것"이라고 자신 있게 말한다. 착각도 큰 착각이려니와 사고방식도 한심스럽다. 금메달만 따면 제일이란 말인가. 스포츠의 본질도 모르는 무책임한 언동이다. 또 하키를 진정 사랑한다면 스스로 하키협회장직을 사양했어야 한다. 어찌해서 집행유예로 나와 있지만 그가 취해야 할 자세는 항상 겸허한 자세로 근신하는 모습이다. 하키협회 대의원들도 협회가 대의원들의 것이 아니라 하키를 사랑하는 많은 국민들의 협회라는 깨달음이 있어야겠다.

《동아일보》 1991. 11. 18

누드 공연

〈오! 캘커타〉. 공연기간 13년 6개월, 공연 횟수 5,959회. 브로드웨이 사상 최대 공연 기록을 세운 이 나체 뮤지컬이 1989년 7월 30일 막을 내렸다. 이 작품이 처음 무대에 올랐을 때 유수한 평론가들조차 저질에 음란하다며 혹평했다. 그러나 이 작품은 섹스에 대한 솔직담백한 묘사와 함께 무대에서의 성해방이라는 새 지평을 개척했다는 평가를 받았다. 반면 성(性)에 악명을 붙여 준 작품이란 비판도 받았다.

국내에서는 1988년 정초 바탕골 소극장에서 공연된 〈매춘〉이 외설시비에 휘말렸다. 6·29선언 이후 공연윤리위원회의 사전심의를 둘러싸고 당국과 극단측이 대립한 것. 몸 파는 여자들의 실태를 비판적으로 그린 이 작품을 놓고 공연윤리위원회 측은 외설 일변도의 대사에 퇴폐·선정적 저질장면이 너무 많다며 대본 수정을 요구했고 극단 측은 책으로는 가능한 내용이 연극으로는 안 된다는 것은 연극에 대한 차별이라며 맞섰다. 좋게 보아 문화오염과 표현자유의 대결이었다고나 할까.

겨우 4년밖에 안 된 시비였지만 지금 생각해 보면 그 정도는 아무것도 아닌 것이다. 요즘 우리 연극무대는 에로물에 벗기기 경쟁으로 요란스럽다. 벗는지 벗기는지 배우들이 마구 벗어젖히고 있다. 에로티시즘을 표방한 연극 〈욕탕의 여인들〉에 이어 전라(全裸)로 등장하는 〈퍼포먼서와 콜걸〉과 〈불 좀 꺼주세요〉, 〈붉은 방〉 등이 공연중이다. 이 중에는 에로티시즘과 관계없이 눈요깃거리로 벗는 것도 적지 않은데 어떤 것은 원작에도 없는 스트립쇼 장면도 나온다. 무대뿐 아니라 제목·포스터·광고 문구까지 도색적이다.

나체는 순수하고 성스러우며 인간이 최초의 의상을 입은 상태라고도 한다. 에로티시즘은 예술이 추구할 수 있는 지순의 가치라고도 한다. 작품을 위해 벗는 행위에 대한 우리 연극의 터부가 사라진 것은 어쩌면 환영할 일이다. 그러나 어디까지나 거기에는 작품성과 당위성이 따라야 한다. 흥행목적으로 벗는 것은 작품의 격만 떨어뜨린다. 상업성에 눈이 어두운 누드경쟁은 지양되어야 한다. 여자가 옷 벗으면 부끄러운 마음도 벗어버린다는 그리스 역사가 헤로도토스의 경구를 되새기게 한다.

《동아일보》 1992. 1. 23

최연소 세계정상

지난 1989년 9월 한국의 조훈현(曺薰鉉) 9단이 세계 최대 기전(棋戰) 인 응창기배(應昌期杯) 대회에서 11억의 중국대표 섭위평(聶衛平) 9단을 꺾고 세계바둑 황제위(皇帝位)에 올랐다. 섭(聶) 9단은 일본의 기라성 같은 기사들에게 12연승을 거둔 세계 최강자였다. 일본의 후지쓰배 역시 한국의 조훈현 9단이 차지했는데 27일 동양증권배를 이창호(李昌鎬) 국수(國手)가 역전의 노장 임해봉(林海峯) 9단을 누르고 장악했다. 이로써 세계 3대 바둑선수권을 모두 한국출신 기사들이 석권했다.

중국 요순시대에 만들어졌다는 바둑은 흥망성쇠의 이치를 간직하고 심오한 묘미가 함축돼 있는 도락(道樂)이다. 종횡 361로(路)에 수없이 많은 생과 사의 순간들이 지나가고 폭풍과 노도가 휘몰아쳐가며 곧이어 아침 바다처럼 평온해진다. 바둑의 승부는 마음의 격렬한 고동이다. 앞을 내다보는 총명, 컴퓨터 같은 계산능력, 은근한 술수, 초긴장과 흔들리지 않는 평정심, 양보와 자제로 상대편을 제압한다.

제 3회 동양증권배쟁탈 세계바둑대회에는 한국・일본・중국・대만 등 세계 24개국 강호들이 참가했다. 우승상금은 5천만 원. 8강 진출 기사들의 면모를 보면 한국의 이창호 5단을 비롯, 조훈현・조치훈 9단, 중국의 섭위평(聶衛平)・전우평(錢宇平) 9단, 일본의 아와지 슈조(淡路修三)・가타오카 사토시(片岡聰) 9단, 대만의 임해봉(林海峯) 9단 등이다. 모두 세계바둑의 정상급 고수들이다. 일본의 강자인 오오다케 히데오(大竹英雄)・다케미야 마사키(武宮正樹) 9단이 탈락하는 이변도 보였다.

이 대회는 1990년 12월 시작됐는데 쟁쟁한 기사들이 모두 9단의 노장들이었으나 이창호 국수만이 당시 4단의 소년기사로 출전했다. 참고 기다릴 줄 알며 치밀한 수읽기에 끝내기가 세계 최강이라는 이 국수를 두고 패자 임해봉 9단은 "이미 내 실력을 뛰어넘고 있다. 엄청나다고 할 수밖에 없다"고 찬탄했다. 임 9단의 칭찬이 아니더라도 이미 일본 바둑계에서는 17세의 어린 나이에 전 일본을 휩쓴 달인, 전 일본인들이 추앙하는 혼인보 슈사쿠(本因坊秀策)를 능가한다고 평가하기도 한다. 이 국수는 1990년에 이룩한 41연승 기록에 이번에는 최연소 세계 정상기록까지 엮어냈다. '미륵불', '강태공', '두꺼비' 이 국수의 정진을 높이 평가한다.

《동아일보》 1992. 1. 28

골키퍼 홍덕영의 기도

"지금까지 예배당에 못 나간 죄를 용서하시고 여기에 과거를 회개하고 나왔으니 날 꼭 좀 도와주셔야겠습니다." 지난 1948년 제 14회 런던 올림픽 대회에 출전했던 한국 축구 골키퍼 홍덕영(洪德泳)의 기도문이다. 22세의 최연소 선수로 출전한 홍덕영의 선방으로 첫 경기에서 멕시코에 5대 3으로 이겼다. 2차전에서 우승후보인 강적 스웨덴 팀과 격돌했다. 체구, 속도, 개인기 모두 우리 선수와는 비교할 수 없을 정도로 월등했다.

전반전 스코어는 4대 0으로 대패했다. 스웨덴 선수들은 날아다니다시피 구장을 누비고 번개같이 대시했다. 물에 젖어 무거워진 볼을 총알처럼 쏘아댔다. 경기는 마치 스웨덴 선수들의 슈팅연습장 같았다. 홍덕영은 9번째 골까지는 셌지만 그 다음엔 세지도 못했다. 숨이 차기 시작하더니 다리에 경련까지 일었다. 넘어지면서 막고 누워서도 잡아냈다. 가슴이 뚫리는 것 같은 슈팅, 배가 터지는 것 같은 슈팅이 수없이 계속됐다. 우리 공격이 하프라인을 넘어선 것은 겨우 5, 6회뿐이었다. 12대 0이라는 기록적인 스코어였다.

홍덕영은 부끄러워서 운동장을 떠날 수가 없었다고 한다. 그러나 그렇지가 않았다. 관중석에서 그에 대한 환호가 일고 사인해달라는 청소년들이 우르르 몰려들었다. 그의 선방은 각 신문과 AP, UP 등에서 대서특필했다. 그가 화장실에 가서 보니 소변이 온통 핏빛이었다. 그로부터 44년, 한국 축구는 완전 자력으로 바르셀로나 올림픽 축구 본선에 진출하게 됐다. 1964년 동경 올림픽에 출전했으나 대만이 기권하는 등 어부지리로 진출했고 1988년 서울 올림픽에서는 주최국으로 자동 진출했다.

콸라룸푸르에서 열린 이번 아시아 최종예선에서 우리 팀은 처음엔 지지부진했다. 쿠웨이트에 어렵사리 비기고 카타르엔 졌다. 그러나 30일 밤 열린 대 중국전은 폭풍 같은 파괴력과 노도 같은 공격력을 여지없이 발휘했다. 팽팽한 접전이 되리라던 예상을 뒤엎고 초반 9분 만에 중국 골문을 통타, 곽경근(郭慶根), 서정원(徐正源), 김귀화(金貴華) 선수가 잇달아 3골을 집어넣었다. 만리장성을 훌쩍 뛰어넘어 당장 2위로 본선에 진출하게 됐다. 바로셀로나에서의 선전(善戰)을 당부한다.

《동아일보》 1992. 1. 31

스포츠신문 음란만화

종합일간지가 정치, 경제, 사회 등 각 분야에 관한 각종 정보를 제공하고 해설, 분석, 전망 등을 보도한다면 스포츠신문은 일상생활의 경직되고 꽉 짜인 현실을 스포츠를 중심으로 조금 풀어 젖혀 재미와 소일거리를 제공해 준다. 생활의 취미라고나 할까, 단조로운 삶에 새로운 활력을 불어넣어 준다. 그러나 요즘 스포츠신문들이 독자 확장에 눈이 멀어 반윤리적으로 앞다퉈 비속하고 자극적이며 선정적인 저질만화 등을 싣고 있다.

우리 청소년들 대부분이 스포츠신문의 음란·폭력만화를 즐겨보고 그 중 상당수가 심한 성적충동을 느꼈으며 성행위까지 하는 학생도 적지 않은 것으로 나타났다. 최근 서울 YMCA가 중고교생 1천 7백여 명을 대상으로 설문조사한 결과 83%가 스포츠신문의 저질 연재만화를 보았다고 응답했다. 스포츠신문마다 2~7개의 장편극화를 싣고 있다. 소재에 따라 다르지만 거의 모두 폭력·음란·외설이 판을 친다.

이런 음란만화의 등장인물들은 하나같이 이성을 순간적인 성적쾌락의 대상으로 여긴다. 어떻게 유도하면 여관이나 외딴 곳에 가 육체적인 쾌락을 즐길 것인가에 초점이 맞춰져 있다. 삶의 본질은 성적쾌락이며 남녀 간에는 육체관계가 모든 것이라는 그릇된 가치관이 청소년 독자들을 어디로 몰고 갈 것인가를 한 번이라도 생각해 보았을까. 지금 청소년 성범죄가 급속히 늘어나고 있다. 가정파괴범 중 36%가 청소년 범죄라는 조사보고도 있다.

음란만화 작가나 스포츠신문을 제작한 사람들은 신문을 집에 가져가지 않는다고 한다. 아내와 자식들이 볼까봐 두려워서다. 일본에서는 스포츠신문을 가판용과 배달용을 철저히 구분해서 제작한다. 가정을 보호하기 위한 배려다. 우리로서는 기대도 못할 일이다. 요즘 스포츠신문 음란·폭력만화를 추방하자는 시민운동이 일고 있다. 민망스럽고 낯 뜨거운 내용에 해독이 심각한 불량만화가 좋은 만화로 바뀔 때까지 정화운동을 계속하기로 했다. 이 시민운동이 결실 맺기를 성원한다.

《동아일보》 1992. 2. 1

달리는 한국 마라톤

42.195㎞의 마라톤 풀코스 경기가 처음 채택된 1924년 제8회 파리 올림픽의 최고기록은 2시간 41분 23초. 지난 1988년 로테르담에서 열린 국제 마라톤 대회에서 에티오피아의 딘사모가 지금까지 인간능력의 한계로 여겨졌던 2시간 7분 벽을 깨고 2시간 6분대에 진입했다. 불과 64년 만에 무려 34분 33초가 단축된 2시간 6분 50초의 초능력적인 기록이다. 이 기록을 단거리로 계산해 보면 100m를 18초에 뛴 것.

세계 최초로 30분대 벽을 깬 것은 1936년 베를린 올림픽에서 우리의 손기정 선수가 수립한 2시간 29분 19초. 당시 온 세계가 이 신기록에 열광했고 우리는 일제하에서 동아일보의 일장기 말소사건으로 망국의 설움을 달래보기도 한 잊을 수 없는 마라톤경기였다. 20분대 벽이 깨진 것은 1960년 로마 올림픽에서 에티오피아의 아베베 선수가 세운 2시간 15분 16초. 그는 1964년 동경 올림픽에서 자신의 기록을 3분이나 단축, 올림픽 2연패를 이룩했다. 10분 벽은 1967년 호주의 클레이튼이 2시간 9분 36초로 돌파.

손기정 선수의 명성으로 세계 마라톤 최강국으로 떠오른 한국은 해방 후 1947년 보스턴 대회에서 서윤복(徐潤福) 선수가 2시간 25분 39초로 우승을 차지하면서 우리의 건각(健脚)을 또 한 번 세계에 자랑했다. 전통과 권위를 자랑하는 이 보스턴 대회에서 1950년 또다시 '마라톤 한국'의 위세를 떨쳤다. 함기용(咸基鎔), 송길윤(宋吉允), 최윤칠(崔崙七) 선수가 1, 2, 3위를 석권했다. 1966년 동아 마라톤 대회에서 김복래(金福來) 선수가 2시간 19분 7초의 신기록을 수립하면서 10분대에 진입했으나 한국 마라톤은 침체의 늪에 빠져 헤어날 줄을 몰랐다.

지난 2일 일본에서 열린 제41회 벳푸 국제 마라톤에서 황영조(黃永祚)

선수가 우리 마라톤 사상 처음으로 마의 10분 벽을 돌파하면서 한국 신기록을 수립했다. 김완기(金完基) 선수가 세운 2시간 11분 2초를 무려 2분 15초나 단축했다. 황 선수는 작년 동아 마라톤 때 레이스 도중 넘어지는 역경 속에서도 불굴의 의지로 완주, 2시간 12분 35초로 3위에 오르기도 했다. 폐활량이 큰데다 지구력과 스피드를 겸비한 우리의 호프 황영조 선수에게 바르셀로나 올림픽 제패를 기대해 본다.

《동아일보》 1992. 2. 5

극성팬 기절하는 광기

인기절정의 5인조 남성 팝그룹 뉴키즈 온 더 블록이 16일 오후 내한했다. 이날 아침 일찍부터 김포공항청사는 극성팬들로 난리법석을 떨었다. 부산, 대구 등에서까지 몰려든 10대 소년 팬 천여 명이 고함·괴성에 비명까지 질러대며 난장판을 이뤘다. 그룹 이름을 새긴 옷을 단체로 맞춰 입었는가 하면 외국인 승객만 보이면 확인도 않은 채 무조건 달려들어 승객들을 놀라게 했다.

정작 큰 소동은 이 멤버들이 도착하면서 벌어졌다. 소녀 팬 2명이 뉴키즈의 모자를 동시에 빼앗아 서로 가지려고 싸우자 공항 직원이 가위로 잘라 나눠주었다. 뉴키즈의 머리카락을 뽑아 지갑에 챙기면서 눈물을 흘리기도 했다. '오빠'하고 외치며 차 앞에 드러누워 차가 가지 못하도록 했는가 하면 이들이 타고 온 버스에 올라가 버린 휴지까지 주워 소중히 간직했다. 8천~4만 원짜리 관람권 암표를 30만 원에도 구하기 어려웠다고 한다.

"비틀즈는 예수보다 유명하다"고 존 레논은 말했었다. 그에 못지않게 인기를 얻은 마이클 잭슨은 '20세기 미국의 영웅'이란 평판을 받았다. 두말할 것도 없이 이들의 공연에 청소년들은 광란한다. 국내 가수들의 공연장도 요란하기는 마찬가지. 조용필, 신승훈, 심신 등의 공연장에서 여중고생들이 괴성을 연발하다 옷을 벗어던지고 2층에서 뛰어내려 부상한 학생도 있다. 인기가수들의 공연장에서 보통 한두 명씩 기절하는 사태가 빚어지고 있다.

이 같은 청소년 문제를 걱정하면서 교육의 부재를 개탄하기도 한다. 학교 교육이 인격교육은 도외시한 채 입시교육 위주로 돼 있기 때문이라는 것. 물론 학교 교육의 책임이 크지만 그에 앞서 가정교육의 부재도 큰 문제다. 응석받이로 키우거나 무관심 속에 기르는 것은 교육이 아니라 사육일 뿐이다. 비뚤어진 대중문화의 방향에도 문제가 있지만 그보다 학교나 가정에서 아이들에게 자율과 자제의 시민정신과 품격있는 몸가짐을 함양해주어야 한다. 동시에 끈기있게 일하고 인내할 줄 알며 사리를 판단할 줄 아는 젊은이로 키워야 한다.

《동아일보》 1992. 2. 17

동계 올림픽 첫 금메달

장엄, 호쾌하기로는 동계 올림픽을 따를 경기가 없다. 험준한 산간계곡, 눈과 얼음이 덮인 아름다운 자연경관, 그 속에서 펼쳐지는 쾌속의 질주와 황홀한 활강. 이 환상의 제전, 동계 올림픽의 역사는 그리 오래지 않다. 동계 종목이 올림픽에 처음 등장한 것은 1908년의 런던 올림픽. 하계 올림픽의 일부로 남녀 페어 피겨스케이팅이 첫 선을 보였다. 그러나 바로 중단됐다가 1920년 앤트워프 올림픽에서 다시 소생했다.

IOC는 고전적 올림픽 개념을 중시, 동계종목 채택을 반대했으나 논란 끝에 1924년 남불(南佛)의 절경 샤모니 몽블랑에서 정식으로 첫 동계 올림픽이 열렸다. 동계 올림픽은 유럽의 올림픽이었다. 지금까지 16회의 대회 가운데 미국에서 세 번, 캐나다 일본에서 각각 한 번 열린 것 외에는 모두 유럽의 알프스 연봉(連峰)에 걸쳐 있는 도시에서 열렸다. 흰 눈의 은령(銀嶺), 흰 얼음의 은반에서 열려 백색의 제전으로 불리는 동계 올림픽은 항상 백인들의 독무대였다.

지난번 캘거리 대회까지 15차례의 대회에 걸쳐 금메달을 차지한 유색인은 1972년의 삿포로대회에서 텃세로 간신히 우승한 일본의 유키오 카사야(笠谷幸夫) 한 사람뿐이다. 이 금메달을 포함해 유색인이 따낸 메달 전부가 8개뿐이니 짐작할만하다. 이 중 7개는 일인 선수가 획득한 것이고 나머지 한 개는 1964년 인스부르크 대회에서 북한의 한필화(韓弼花)가 획득한 은메달이다. 자랑스럽게도 한필화는 동계 올림픽의 유색인 메달리스트 제 1호다.

한국 팀은 지난 1948년 스위스 생 모리츠 대회부터 출전해 왔으나 메달을 획득하지 못하다가 이번 알베르빌대회에서 김윤만(金潤萬)이 은메달을 획득한 데 이어 21일 새벽 우리의 호프 김기훈(金琪焄)이 온 국민이 갈망하던 대망의 금메달을 목에 걸었다. 쇼트트랙 남자 1,000m에서 김기훈에 이어 이준호(李準鎬)도 동메달을 획득, 당당히 세계 12위국으로 부상했다. 은반의 영웅, 장한 한국의 선수들에게 아낌없는 찬사를 보낸다.

《동아일보》 1992. 2. 21

짐승 울음소리와 좋은 방송

SBS TV 〈자니윤 이야기쇼〉는 진행자가 여성 출연자에게 퇴폐성 질문, 저질농담을 연발해 빈축을 산다. 어눌한 발음의 그런 질문 못지않게 자니윤 특유의 억양 구사도 거슬린다. '… 하지요'를 '해지요' 또는 '해지않아요?' 한다. '하더라구요'도 '해드라구요'한다. 반말도 많아 '… 해는데', '고생해라구'하며 묘한 여운을 강요한다.

KBS라디오 진행자도 한글 어법에는 없는 특유한 경음(硬音)을 연발한다. '이윤성 뜩빠원(특파원), 빡쎄민 기자, 빡경희 아나운서, 일쩡(일정) 빵문(방문), 껄프전(걸프전)'으로 발음한다. KBS의 장순천, MBC의 김연주 진행자도 마찬가지로 '뻐젓이', '꼴끼퍼', '냉장 창꼬', '안녕하쎄요' 한다. 일반 출연자도 바른말을 하려고 애쓰는데 하물며 고정 출연자가 고의성까지 있는 그른 말을 마구 남발해서야 될 일인가.

방송심의위에서 여러 차례 잘못을 지적, 주의를 환기시켰는데도 소용이 없다고 한다. '며칠'을 '매칠', '그대로'를 '고대로', '넣구요'를 '느쿠요', '만드는'을 '맹그는', '어디서'를 '어서', '버리지 않도록'을 '베리지…'로 발음한다. 또 '제가 말씀하는 것은', '남편님께서 오셨습니다'와 같은 부적절한 존칭도 쓴다.

비속어, 은어, 유행어도 마구 튀어나온다. '발모가지', '묵사발', '눈탱이' 등에 '풀빵이네요', '빵빵하게 나오시네' 등.

CBS의 송영길은 청취자와의 대화 중 '… 에?'란 반문을 자주 사용한다. '잘해요? 에? 에?', '어떻게 해요. 에? 에?' 하며 계속 '에?'를 붙인다. 참으로 듣기 민망하다. '마…'를 계속 사용하는 진행자도 있다.

출신지방 사투리 억양을 구사하는 경우도 많은데 특히 MBC TV 〈여론광장〉의 황산성 진행자는 유독 심한 경상도 억양을 구사해 한심스럽다는 지적을 받는다. 좋은 우리말을 두고도 유난스럽게 '프레시한', '와일드한', '언밸런스', '킬링타임' 등 외국어를 마구 토해내는 진행자도 많다.

대중을 상대하는 방송에서 그른 말을 사용하는 것도 나쁘지만 시청자들을 얕보는 것 같은 반말 사용은 더 큰 문제다. 반말이 너무 자주 들린다. 송해, 허참, 이창호, 박상규, 이경규, 황인용, 변우민, 이주일, 서세원, 장재남, 이택림, 주병진, 노사연, 강석, 김혜영, 배한성, 송도순, 최준환 등이 주로 출연자와의 대화중에 거침없이 반말을 쓴다. 상대편을 존중할 줄 모르는 반말의 폐해가 얼마나 큰지 미처 깨닫지 못하는 것이다.

방송언어가 국민 정서에 미치는 영향은 지대하다. 특히 어린이에게는 절대적이다. 방송 진행자의 그릇된 말은 소름끼치는 금수의 울음소리만도 못하다. 그보다 훨씬 해롭지 않을까. 말은 마음의 지표요 거울이다. 언어 그 자체가 문명이라고도 한다. 좋은 말은 사람을 신성케 하고 나쁜 말은 사람을 병들게 한다.

방송진행자들 못지않게 코미디언들도 언어파괴에 앞장선다. 코미디프로 〈봉숭아학당〉만 보아도 저질 비속어에 저급한 행동이 판을 친다. 천박스럽게 바보를 흉내내는 '맹구', '띠용'하면서 혀를 날름거리는 혐오스런 오 서방, 난무하는 폭력·고함, 선생님에 대한 무례한 언동은 우리 가정의 정서를 좀먹고 있다.

드라마도 마찬가지. 최근 방영된 MBC TV 미니시리즈 〈약속〉에서는 아버지가 의붓딸을 겁탈하려는 패륜적 상황, 여대생 신분으로 혼전 동거하는 부도덕한 상황설정 등 가정생활의 순결성을 저해하고 미풍양속을 해치는 내용이 수두룩했다. KBS 2TV 드라마게임 〈상흔〉에서는 교수인 남편과 두 자녀와 함께 시부모를 모시고 사는 주부가 술을 마시고 외간 남자와 동침하는 장면이 적나라하게 방영됐다. 친구 3명이 남자 3명과 각각 동침했다가 한 명의 남편이 성병에 걸리게 돼 모두 탄로가 나는 줄거리다. 패륜적 상황설정도 문제지만 호텔 방에서 수건으로 하체만 가린 모습

등을 전국의 안방에 내보내 어쩌겠다는 것인가.

광란의 '뉴키즈' 사태가 빚어진 데는 TV도 큰 몫을 했다. SBS TV는 자사가 후원하는 이 팝그룹이 내한하기 전날 밤 마이클 잭슨의 순회공연 도중 청소년들이 기성과 함께 옷을 벗고 눈물을 흘리며 기절해 실려 나가는 광란의 현장을 비디오 영상으로 내보냈다.

방송의 막강한 위력을 핵폭탄에 비유하기도 한다. 활자 시대에서 TV 시대로의 변천을 놓고 유목 시대에서 농경 시대로 넘어온 이래의 대변혁이라고도 한다. TV는 끈기, 지혜, 개성, 집중력, 판단력을 상실한 채 내면세계가 없는 촉각인간(觸覺人間)을 만든다고 한다. 얼마 전 미국의 대 광고회사 사장 제리 맨더가 《TV폐지를 위한 네 가지 주장》이란 책을 냈다. 지난 4반세기 동안 출판된 서적 중 가장 중요한 책이란 평가를 받았고 팔리기도 많이 팔렸다. 맨더는 TV를 개선할 여지가 있다는 것은 총과 같은 무용지물을 개선하겠다는 것과 같은 어리석은 얘기라고 했다.

TV는 힘 있는 사람의 말만 대변해 주고 서민에게는 복종만 강요한다. 또한 감각적인 말과 조각지식만 전해주면서 사고력을 앗아가고, TV시청은 수면과 같아 긴 시간 동안 최면 상태에 빠져들어 육체적으로 연약해지고 정신적으로 시청각 알코올 중독에 걸리게 한다는 것이다.

그럼에도 불구하고 지금 전 세계적으로 위성방송 확산, 지역 블록화, 프로그램 국제화 등으로 채널의 폭증과 함께 초국가적 신장이 계속되고 있다. 싫든 좋든 방송은 이제 골머리 아픈 생활의 동반역이 돼 버렸다.

우리는 지금 불신・비리・타락의 시대에 살고 있다. 퇴폐의 지루한 악순환에서 헤어나지를 못한다. 정치・경제・문화 각 분야에서 시급히 도덕성을 회복해야 한다. 이 혼돈과 분란의 시대에 우리 생활과 가까이 있는 TV의 도덕적 무장이 간절히 요청된다. 방송은 질적 향상을 기해 우리의 이성과 오성(悟性)의 정립에 큰 힘이 되도록 공적 책임을 다해야 한다.

《동아일보》 1992. 2. 23.

부채, 백 가지 바람과 멋

"잠자리 날개 같은 한산세저로 차린 여인이 옥같이 희고 고른 치열을 태극선으로 살짝 가리고 이야기를 주고받는 모습도 우아하려니와 구절(九絶) 오십시(五十矢)의 합죽선을 가끔 폈다 접는 선비의 풍채 또한 이에 못지않은 풍정(風情)이리라. 그 합죽선에 묵화로 산수화를 넣었다면 깊은 산골짜기의 물소리와 더불어 숲속에 이는 청풍을 동반하기 마련일 것이니 모터로 돌아가는 선풍기 바람에 비할 바 아니리라." 시인 신석정(辛夕汀)의 수필 〈멋〉의 한 토막이다.

부채를 두고 더위 쫓는 작풍(作風) 기능만 이야기한다면 그건 잘못된 것이다. 부채는 따가운 햇빛도 가리고 귀찮은 파리·모기 쫓고 비올 때 가릴 수 있으며 남녀 외면할 때도 유용하다. 부채는 판소리나 춤, 무당굿할 때 반드시 등장하는데 특히 판소리에서 기쁜 대목에선 부채를 활짝 펴고 성난 대목에선 접힌 부채를 앞으로 뻗치며, 안절부절 못하는 대목에선 폈다 접었다 한다. 우리 전통예술에서 부채의 역할은 이처럼 대단하다.

우리 부채는 고려 왕건(王建) 태조가 등극할 때 후백제의 견훤(甄萱)이 지리산에서 만든 공작선(孔雀扇)을 선물한 것이 최초의 기록이다. 조선시대에는 양반들이 소품으로 1년 내내 지니고 다녔으며 금고리, 은고리에 호박 등의 보석을 액세서리로 장식하기도 했다. 부채는 방구부채(團扇)와 접는 부채로 대별되지만 우리 부채의 종류만도 100가지가 넘는다. 합죽선, 태극선, 대륜선, 파초선, 백우선, 꼽장선, 세미선(細尾扇), 팔덕선(八德扇), 연엽선(蓮葉扇) 등.

"전력소모 많은 에어컨 줄이고 부채 사용합시다." 바르게살기 운동협의회에서 여름철을 맞아 가전제품 사용 줄이기 캠페인에 나섰다. 우리나라 한여름 에어컨 전력소모량은 100만kW 발전용량 원자로 4기의 발전량과 맞먹는다. 일상생활에서 에너지를 10%만 절약하면 연간 1조 원이 절약된다. 그렇다고 부채와 관련해 꼭 절약 측면만 강조하고 싶지는 않다. 선풍기나 에어컨은 우리 피부를 시원하게 하지만 부채는 마음을 더 시원하게 한다. 부채 속엔 바람이 잠들어 있다. 그것도 그냥 바람이 아니라 가장 깊은 산골짜기의, 가장 맑은 푸른 강의, 가장 높은 하늘의 바람이 부채 속에서 부는 것이다.

《동아일보》 1992. 6. 3

안익태安益泰 기념관

지금 우리의 애국가는 세 번째 것이다. 맨 처음 것은 1902년 고종황제의 명으로 만들어진 5음 음계 4분의 3박자 형식. "상뎨(上帝)는 우리 황뎨(皇帝)을 도으사…"로 시작되는 이 애국가는 당시 황실군악대 지휘자였던 독일인 에케르트가 작곡한 것. 일본국가 〈기미가요〉를 작곡한 에케르트는 일본해군 성악단에 소속돼 있다가 초빙되어 왔다. 작사는 그를 후원한 민영환 등이 손댄 것으로 알려졌다. 황실에 대한 충성이 주제인 이 애국가는 일제강점 후 국권상실과 함께 사라졌다.

두 번째 것은 3·1운동 후 지어진 지금의 애국가 가사에 스코틀랜드 민요 〈올드 랭 사인〉 곡을 붙여 해방 직후까지 불렸다. 이 곡은 독립운동 관련 여러 공식행사에서 빠짐없이 불렸다. 이 곡은 애국음악가 안익태가 작곡한 지금의 애국가가 나오면서 사라졌다. 1930년 샌프란시스코에 도착한 청년음악가 안익태는 한인교회가 마련한 환영예배에 참석해 처음 태극기를 접한다. 가슴속에서 감격의 물결이 용솟음쳤으나 뒤이어 불린 〈올드 랭 사인〉 곡의 애국가에 크게 상심한다.

안익태는 우리의 곡으로 된 애국가가 있어야겠다고 생각해 작곡할 것을 결심한다. 음악수업을 하면서 40여 국의 국가를 수집하고 틈만 나면 악상을 다듬어 1935년경 지금의 애국가를 완성했다. 그는 애국가 외에도 〈코리아환상곡〉, 〈강천성악〉(降天聲樂), 〈논개〉(論介) 등 고국에 대한 애정이 담긴 곡을 많이 작곡했다. 안익태는 작곡 외에도 베를린 필, 빈 필, 로마 교향악단 등을 지휘, 지휘자로도 세계적 명성을 날렸다.

안익태는 1946년부터 스페인의 마요르카 섬에 정착해 살다가 1965년 그곳에서 별세했다. 그가 20년간 임차해 살던 이 섬의 집이 매물로 나오자 마드리드 거주 교포 권영호(權榮浩) 씨가 그 집은 안익태기념관으로 꾸며야 한다며 매입해 안익태에 관한 각종 자료를 전시해 놓았다. 그런데 권씨가 이를 우리 정부에 기증하자 정부당국은 해외공관 및 문화원 외의 해외자산을 취득 관리한 전례가 없다며 이를 받아들이지 않고 있다 한다. 그토록 융통성 없는 당국의 처사에 불쾌하다기보다 측은한 마음이 든다.

《동아일보》 1992. 7. 4

무숙이 타령 사설 발견

광대 한 명이 고수 한 명의 장단에 맞춰 남도 특유의 곡조를 육성과 몸짓의 창극조(唱劇調)로 두서너 시간에 걸쳐 부르는 판소리는 우리 민족 특유의 자랑스러운 민속예술이다. 진양조, 중모리, 중중모리, 자진모리, 휘모리, 엇모리, 엇중모리 일곱 가지 장단에 맞춰 이리저리 변화시키고 아니리(말)와 발림(몸짓)으로 극적 효과를 높인다. 판소리는 평민문화가 꽃피기 시작하는 조선 숙종 무렵에 등장해 모두 열두 마당으로 꾸며졌다.

잘 알려져 있는 대로 춘향가, 심청가, 흥부가, 토별가, 적벽가, 장끼타령, 변강쇠타령, 무숙이타령, 배비장타령, 강릉매화타령, 숙영낭자전, 옹고집타령이 열두 마당이다. 영·정조 때 하한담(河漢潭), 최선달(崔先達)이 춘향가를 부르면서 펼쳐진 판소리는 순조 이후 권삼득(權三得), 고수관(高壽寬), 송흥록(宋興祿), 염계달(廉季達), 모흥갑(牟興甲), 신만엽(申萬葉), 박유전(朴裕全), 김제철(金濟喆) 등 절세의 8명창을 배출했다. 그러나 체계가 이루어지지 않아 산만해지고 변형이 심해 신재효(申在孝)가 어구 등을 실감나게 고쳐 여섯 마당으로 정리했다. 고쳐놓은 사설(辭說) 내용이 참으로 완벽하고 절묘해 신재효는 조선의 셰익스피어라고 불리기도 한다.

여섯 마당 중 변강쇠 타령을 제외하고 춘향가, 심청가, 흥부가, 토별가, 적벽가 등 다섯 마당만 전해지고 나머지는 실전(失傳)됐다. 그런데 지금까지 제목만 알려져 있던 열두 마당 중의 하나인 무숙이타령의 사설 정착본(定着本)이 발견됐다. 판소리 차원을 떠나 우리 민족예술의 커다란 수확이다. 이 작품은 1860년대에 성립된 것으로 추정되는데 국문 필사본이 다소 낙장이 있으나 전체적인 내용을 파악하는 데 지장이 없는 것으로 분석됐다.

줄거리는 성종 즉위년에 서울의 대방왈자 김무숙이 방탕하여 장안 갑부 말을 듣던 재산을 모두 탕진하자 평양에서 온 기생으로 무숙의 첩이 된 의양이가 친구들과 짜고 꾀를 내 무숙을 개과천선시킨다는 내용. 작품성 외에도 당시 서울의 시정 모습이 잘 나타나 있다. 판소리의 맛과 멋은 아무래도 형식에 구애되지 않고 창자(唱者)가 발휘하는 자유분방함과 즉흥성에 있다. 이 작품이 속히 공연되어 세계로 뻗어가는 우리 판소리가 더욱 빛나기를 기대한다.

《동아일보》 1992. 7. 5

독립공원 훼손

서대문구 현저동 101번지. 1908년 국내에서 처음 세워진 경성감옥이다. 2년 뒤 일제가 조선을 강점하면서부터 독립운동에 참여한 애국지사들이 속속 이곳에 수감됐다. 유관순 열사가 이곳에 갇혀 독립만세를 부르다가 순국했고 강우규(姜宇奎) 의사도 이곳 형장에서 순국했다. 손병희·한용운 선생 등 3·1독립선언 참여자들은 물론 안창호 선생 등 수많은 애국지사들이 모두 이곳에서 옥고를 치렀다.

애국선열들의 한이 맺힌 서대문형무소가 지난 15일 항일역사교육의 현장이 될 서대문독립공원으로 개장됐다. 100여 동에 달하는 건물 중 89동이 철거됐지만 제 9~13사(舍)와 나환자 수용사, 사형장, 보안과 청사 등이 남겨져 있다. 지하 옥사 중 그토록 푸른 하늘을 그리다 간 유관순 열사의 사지(死地)가 보호각으로 보존됐고 수많은 애국지사들의 목을 감았던 사형장 천장의 밧줄도 그대로 남아있다. 물고문 등 혹독한 고문을 자행했던 현장도 각종 기구들과 함께 보존돼 있다.

생생한 역사의 숨결이 간직돼 있는 이 독립공원이 개장되자마자 날림공사와 이용객들의 시설 훼손으로 볼썽사나운 모습으로 변해간다. 각종 시설 및 조경공사가 부실해 서울시에서 감사에 나섰고 이용객들도 역사유물·기물들을 마구 파손해 곳곳이 상처투성이다. 관람객의 편의를 위한 설치해 놓은 사형장 유리벽이 벌써 두 번이나 깨졌고 가로등도 100여개나 깨졌다. 공중화장실의 수도꼭지도 모두 고장 났다.

한때 제자리를 잡아가는 듯하던 공중질서가 다시 실종돼버렸다. 거리마다 담배꽁초와 껌, 휴지조각이 지저분하게 널려 있고 버스나 택시, 지하철 타는 질서도 엉망이 돼버렸다. 순국선열의 얼이 서려 있는 역사의 교육장에서 10대 청소년들이 술 마시고 본드 흡입하고 패싸움 벌이고 성폭행이나 저질러서야 될 말인가. 공중도덕은 학교에서도 가르치지만 자녀에게 실제 귀감이 되는 것은 부모의 일상 행동이다. 당국과 학교는 물론 각 가정에서부터 실종된 시민의식 회복을 위해 다함께 노력해야겠다. 특히 독립공원 훼손을 막기 위해 관계당국의 철저한 관리가 필요하다.

《동아일보》 1992. 8. 26

고창팔절高敞八絶

자랑은 졸렬한 치기(稚氣)에서 비롯되기도 하지만 때로는 순수하고 솔직하며 가식 없는 마음가짐에서 우러나오기도 한다. 그것이 자기 자랑이 아니고 이웃 자랑, 고향 자랑일 경우 더욱 순수한 일면을 갖는다. 고향 자랑은 고향 사랑에서 비롯되는 것이며 나아가 나라사랑, 나라 발전으로 이어진다.

중국 고시(古時)에 '북쪽에서 온 호마(胡馬)는 언제나 북쪽 바람을 향해 서고 남쪽 월(越)나라에서 온 새는 나무에 앉아도 남쪽으로 뻗친 가지에 앉는다'는 구절이 있다. 짐승도 그러하거늘 하물며 인간의 고향 사랑은 오죽하겠는가.

필자는 전북(全北) 고창(高敞)에서 출생해 어린 시절을 그곳에서 보냈고 근 40년을 서울에서 살면서도 한 해에도 몇 번씩 찾아간다. 선산도 있고 고향집도 있고 친척·친지·친우들이 있어 언제나 즐거운 마음으로 내려간다. 어떤 귀향길에는 옛 추억에 젖어 사무친 그리움 속에 감동의 눈시울을 붉히기도 한다. 필자는 살아가면서 그토록 고향 이야기와 고향 자랑을 하고 싶어 필자 주변에 고창 이야기를 듣지 않은 사람은 별로 없다.

내 고장 자랑거리 정리 보존하자

노령(盧嶺) 산맥이 마감되는 곳, 산수 좋고 인심 좋은 고창은 먼저 인걸(人傑) 배출의 명소다. 고창 사람들은 항당(抗唐) 항몽(抗蒙)에서부터 호국의 항쟁을 벌였고 특히 임진왜란과 병자호란 때에 수많은 우국지사들이 나서 나라를 지켰으며 한말 의병활동과 3·1운동 때도 결연히 나섰다. 반면 시인·문장가도 많이 배출했고 유학자들의 명성 또한 높았다.

여기에 역사적 인물들을 모두 열거할 수는 없다. 근현대에 들어와서부터 보면 먼저 전봉준(全琫準), 손화중(孫化中) 등 동학혁명의 풍운아들을 배출, '제폭구민'의 기치를 올렸다. 또 교육자요 경세가이며 정치가인 인촌(仁村) 김성수(金性洙) 선생을 배출했다. 선생은 중앙학교와 고려대 전신인 보성전문학교를 인수하여 이 나라 대표 사학의 요람으로 키웠고 경성방직을 창설했으며 동아일보를 창간해 민족교육·민족산업·민족언론의 선구자로서 역사적 소임을 다했다. 광복이 되자 한국민주당 수석총무로 정계에 진출했고 제 2대 부통령을 역임했다.

근촌(芹村) 백관수(白寬洙) 선생은 일본유학중 조선청년독립단을 조직, 그 대표가 되어 2·8 독립선언서를 발표했다가 옥고를 치렀으며 동아일보 사장에 취임하여 언론창달에 힘썼다. 해방 후 고창에서 제헌 국회의원으로 당선돼 헌법기초위원으로 국기(國基)를 다졌으며 이승만(李承晩) 대통령과 대립해 오다가 6·25동란 때 납북됐다.

이 고장 출신 백남운(白南雲)은 사회주의 경제학자로 유물사관적 입장에서 집필한 《조선사회경제사》로 유명하다. 그는 북으로 가 최고인민회의 의장, 조국전선 의장 등을 역임했다.

인촌의 장남 김상만(金相万) 선생은 동아일보를 민족의 대변지로 키웠으며 한국 최초의 일등비행사 신용욱(愼鏞頊)은 우리나라 최초의 비행 학교를 세우고 대한국민항공사를 설립했다. 보사장관 등을 역임한 진의종

(陳懿鍾) 씨는 국무총리를 지냈다.

미당(未堂) 서정주(徐廷柱) 선생은 한국을 대표하는 시인으로 등장했고 석전(石田) 황욱(黃旭)은 서예가로 명성을 날렸다. 서울대 교수를 역임한 신사훈(申四勳), 임석재(任晳宰), 유진(柳津) 등은 신학・민속학・영어학 등으로 큰 자취를 남겼다.

선운사(禪雲寺)는 금산사(金山寺)와 더불어 조계종의 전북 2대 본산 중의 하나로 장엄 수려한 경승과 함께 호남의 자랑이다. 사찰 뒤 5천여 평에 걸쳐 펼쳐진 동백 숲은 천연기념물로 장관을 이룬다. 도솔암 역시 기암괴석의 봉우리들이 연첩되어 있고 방석을 깔아 놓은 듯한 암반과 서해가 내려다보이는 천상굴 등은 태고의 신비를 간직한 정적 속의 선경(仙境)이다.

선운사 초입에서 잡히는 풍천장어는 담백하고 구수한 맛이 그야말로 천하 일미다. 요즘은 양식장어가 판을 치지만 이곳의 풍천장어는 예로부터 선약과 같은 보양식으로 이름 높았다. 풍천장어는 작설차(雀舌茶)와 나무딸기로 빚는 복분자술과 함께 선운산 3대 특미로 이름나 있다.

고창읍성은 조선(朝鮮) 단종(端宗) 원년에 호남지방을 노략질하는 왜적을 막기 위해 쌓은 것으로 모양성(牟陽城)으로 더 많이 알려졌다. 길이 1,680m의 성벽은 국내 유일하게 답성민속(踏城民俗)이 전승되고 있다. 이 성에서 멀지 않은 길이 1,400m의 무장읍성도 유명하다.

교육과 국악의 본향

고창은 국악의 본향이기도 하다. 동리(桐里) 신재효(申在孝)는 종래 계통 없이 불려온 광대소리를 통일해 춘향가・심청가・토별가・박타령・가루지기타령・적벽가 등 여섯 마당으로 체계를 세워 판소리 사설 문학을 집대성했다. 그 주옥같은 사설은 그가 '조선의 셰익스피어'라는 칭호를 받을 정도로 완벽한 것이었다. 춘향가 예능 보유자인 국창 김소희(金素姬)도 이 고장이 낳은 귀재다. 맑고 고운 애원성(哀怨聲)의 독특한 음색을 지닌 이 천부적 예술인은 우리 판소리를 세계무대에 올려놓았다. 현재 고창에는 신재효 고택(古宅)이 보존돼 있고 동리(桐里) 국악당이 신축됐다.

'이북에 오산고보, 이남에 고창고보'라는 고창고보(高敞高普)는 일제치하에서 고창군민이 교주가 된 사상 최초이자 유일무이한 민중학교로 출발했다. 독립사상을 가졌다는 이유로 퇴학당한 학생은 어느 학교에도 입학할 수 없었으나 고창고보만은 받아들여 독립투사로 육성했다. 당시 교과에서 금지된 한국어, 한국사를 이 학교에서는 가르쳤고 교실, 교무실 등에서 우리말이 거리낌 없이 사용됐다.

고창은 또 맛있는 고창수박으로 유명하고 한국에서 가장 수질이 뛰어나다는 석정온천도 명성이 높다. 이밖에도 고창이 자랑할 것은 수두룩하다. 그러나 우선 필자가 짚어 본 대로 첫째 인물배출, 둘째 선운사・도솔암, 셋째 고창읍성, 넷째 국악의 본향, 다섯째 고창고보, 여섯째 풍천장어, 일곱째 고창수박, 여덟째 석정온천 등을 이 고장의 자랑인 고창팔절(高敞八絶)이라고 하면 어떨까 싶다.

우리는 지금 30년 만의 지방자치제 부활이라고 하지만 질적으로는 처음으로 지자제를 체험한다. 지방의회는 거창한 국가적 현안이니 격동하는 중앙정치권의 얽히고설킨 문제들에 오염되지 말고 내 고장의 문화 발전에 관심을 가져야 한다. 내 고장 자랑 역시 주민을 위한 의정(議政)을 맡고 있는 이들의 몫이다. 내 고장 사랑이 곧 나라사랑이요, 인류사랑이다.

《전북시대》 1992. 9.

한국문학 해외번역

1901년부터 수여하기 시작한 노벨문학상은 90여 년간 88명에게 수여됐다. 수상자는 프랑스 작가가 13명으로 가장 많고 미국, 영국, 독일, 스웨덴 작가가 7~8명씩으로 절반 수준이다. 프랑스 문학의 수준이 돋보인다. 문학의 나라 프랑스에서 최근 한국문학에 폭넓은 관심이 쏠리고 있다. 지난 5월 성균관대에 재직중인 패트릭 모뤼스 교수가 〈르몽드〉지에 한국의 현대문학을 상세히 소개한 데 이어 이 신문이 1일자 독서특집에 작가 이문열 씨를 표지기사로 크게 실었다.

이씨의 작품을 5권이나 간행한 악트 쉬드 출판사 초청으로 프랑스를 방문한 이문열 씨는 이 밖에도 여러 잡지와 프랑스 앵포 등 3개 방송에도 출연, 자신의 작품세계와 한국문학을 소개했다. 이에 앞서 패트릭 모뤼스 교수는 한국문학은 남북분단이라는 특수상황과 장기집권 독재자들의 예술탄압으로 심각한 도전을 받았으나 많은 우수한 작가들이 이를 극복, 시대상황을 잘 반영한 걸작들을 남겼다고 평가했다.

그러나 우리 문학 작품은 해외에 소개된 것이 너무 적다. 우리 문학이 세계문학의 반열에 서려면 우선 외국에서 읽혀야 하는데 각국어로 번역된 것이 별로 없다. 국제펜클럽 한국본부는 작년 말 스웨덴 한림원으로부터 1992년도 노벨문학상 수상후보작 추천의뢰를 받고 최인훈(崔仁勳) 씨의 〈광장〉(廣場) 등 영역(英譯)된 그의 작품들을 추천했다고 한다. 이 작품들은 아일랜드 출신인 경희대 케빈 오룩 교수가 영역했다. 노벨문학상은 매년 10월 둘째 주 목요일에 발표된다.

팬클럽에서 추천했다고 해서 수상 가능성이 짙어지는 것은 아니지만 어떻든 한국문학을 많이 번역하고 자주 추천해야 한다. 프랑스 등 유럽 각국들은 지난 1960~1970년대에는 중남미, 1980년대에는 동구의 작품에 큰 관심을 갖더니 지금은 아시아 지역으로 쏠려 있다. 이문열 씨의 작품들이 지금 프랑스 독서계에서 바람을 일으키는 것도 그 같은 조류를 타고 있는 것이다. 가장 시급한 것은 유능한 번역자 확보다. 우리 현대문학은 물론 고전의 해외소개에도 힘써야겠다.

《동아일보》 1992. 10. 3

갈릴레오 복권

독일의 극작가 브레히트의 희곡 〈갈릴레오 갈릴레이의 생애(生涯)〉. 끝없는 천체 중 코페르니쿠스의 새로운 우주체계를 증명할 여러 현상을 발견했으나 종교재판에 회부되어 지동설(地動說)을 취소하면서도 눈이 먼 상태로 명저 《신과학 대화》(新科學對話)를 남긴 갈릴레오의 생애를 그렸다. 1943년 취리히극장에서 초연된 후 세계적 주목을 끈 이 작품은 갈릴레오가 과학자로서는 위대했으나 인간으로서는 지극히 나약한 존재로 묘사됐다.

브레히트는 이 작품에서 진리를 모르는 사람은 단순한 바보로 그치지만 진리를 알면서도 그 진리를 부정하는 것은 범죄라는 점을 강력히 시사했다. 갈릴레오는 성서와 지동설과의 모순성을 주장했다가 로마교황청으로부터 1차 경고를 받았고 계속 지동설을 확립하려다가 2차 재판에서 자신의 '과오'를 공개적으로 시인했다. 그는 법정을 나서면서 "그래도 지구는 돈다"고 혼자 중얼거린 것으로 전해진다.

갈릴레오는 성당에 걸려 흔들거리는 램프를 보고 진자(振子)의 등시성(等時性)을 발견했고 저서 《가속운동에 관하여》에서 이미 근대적인 관성의 법칙을 수립했다. 네덜란드에서 망원경이 발명됐다는 것을 듣고 손수

천체망원경을 만들어 수많은 천체관측을 남겼다. 당시 완전한 구체(球體)로 생각했던 달에 산과 계곡이 있는 것과 태양의 흑점, 목성의 위성, 토성의 꼬리 등을 처음 발견했다. 목성의 12개 위성 중 먼저 발견된 4개는 갈릴레이위성으로 불린다.

근대 자연과학의 시조 갈릴레오가 359년 만에 가톨릭교회로부터 공식 복권됐다. 요한 바오로 3세가 그의 교적(敎籍) 회복을 공식선언 했다. 복권하면 중국의 실력자 등소평(鄧小平)이 연상되지만 세계 대제국을 건설한 칭기즈칸도 소련사관(蘇聯史觀)의 영향으로 '흉포한 침략자'로 규정됐다가 개혁의 물결에 따라 재작년 '몽골민족의 영웅'으로 복권됐다. 역사상 한때 오해나 중상모략, 편견으로 인한 과오를 뒤늦게 시정해 복권시킨 경우는 많다. 그러나 이번 갈릴레오에 대한 복권조치는 교회가 성서의 오류까지 시인하면서 진실을 옹호한 데 커다란 역사적 의의(意義)가 있다.

《동아일보》 1992. 11. 3

저질 왜색만화

만화란 대상의 성격을 과장 또는 생략하여 익살스럽고 간명하게 인생이나 사회를 풍자·비판하는 그림의 한 형식이다. 자유로운 과장법, 생략법을 써 단순(單純), 경묘(輕妙), 암시(暗示)의 특징을 노리는 것이 순수회화와 구별된다. 만화는 내용, 특성에 따라 그때그때 시사(時事)에 맞게 상황을 풍자한 시사만화, 아동물이나 동물만화 등 예술성을 지향하는 유머만화, 소설처럼 장면, 장면을 순서대로 변화시켜가는 극화, 만화영화와 같은 애니메이션 등으로 구분된다.

만화는 우선 재미가 있고 독자들에게 웃음과 감동과 지식을 준다. 어린이들에게는 가까운 친구로 무한의 공상과 부푼 꿈을 안겨준다. 그러나 지금 우리 주변의 만화는 그렇지 못한 것 같다. 저질 불법 일본 복사만화가 범람, 특히 청소년들에게 엄청난 악영향을 미치고 있다. 소비자단체조사에 따르면 청소년 80%가 폭력·외설적 내용이 담긴 성인만화를 즐겨 읽고 있으며 90%가 저질 일본번역만화를 본 경험이 있다는 것.

만화가협회에 따르면 현재 시중에 유통되고 있는 만화 중 50%가량이 일본 복사만화라는 것. 이 일본만화는 대사만 우리말로 바뀐 채 그림은 그대로 복사돼 서점, 만화가게, 문구점 등에서 팔린다. 어떤 것은 30만권이나 팔려 불법 출판업자가 떼돈을 번 경우도 있다 한다. 이처럼 불법만화가 판을 쳐도 해당법규가 없어 단속이 어렵다. 저작권자인 일본만화업자의 고발이 있어야하는데 장차 한국 상륙에 대비한 '한국소년 일본 길들이기'를 노려 별다른 조치를 취하지 않고 있다는 것이다.

한국만화가협회 회원 백여 명이 최근 서울 탑골공원에서 불법 외국만화 퇴치 결의대회를 갖고 업자의 불량만화출판 중단과 관계당국의 강력한 단속을 촉구했다. 일본복제만화를 이대로 방치해두면 우리 청소년들이 우리의 것을 익히기도 전에 왜색문화(倭色文化)에 물드는 비참한 현실에 직면하게 될 것이다. 요즘 어린이들 사이에선 왜색 의성어(擬聲語)가 판을 치고 일본만화를 보지 않았다가는 대화에 끼지도 못하는 경우도 있다 한다. 당국, 학교, 학부모 모두가 저질왜색만화 침투저지에 총력을 기울여야겠다.

《동아일보》 1992. 11. 6

TV가 바람났다

아프로디테는 사랑과 미의 여신이다. 그러나 사실은 불륜과 애욕의 여신이다. 가장 아름다운 여신 아프로디테의 남편은 남신(男神)들 중 가장 못생기고 절름발이인 대장장이 신(神) 헤파이스토스다. 아프로디테는 남편의 눈을 속여 미남 중의 미남인 군신(軍神) 아레스와 불륜의 사랑을 즐긴다. 자신이 불륜을 즐기는 것은 물론 많은 인간, 특히 여성들을 애욕의 광연(狂戀)에 몰아넣었다. 그리스 신화에 나오는 몇 가지만 보면 스미르나는 친부와 광연에 빠져 잠자리를 함께 했고 파이드라는 아들과 비련(悲戀)의 관계를 맺었다. 유부녀 헬레네는 처음 본 외국 남자 파리스에 반해 가정을 박차고 따라 나섰고 왕비 파시파에는 황소에 반해 사련(邪戀)을 즐겼다. 이 모두가 아프로디테의 수작이었다.

이 불륜과 애욕의 여신 아프로디테가 요즘 동방의 예의지국 한국으로 날아온 것이 아닌가 하는 착각이 든다. 구체적으로 지적한다면 우리 안방의 바보상자, 그 중에서도 불륜 투성이인 TV 드라마 속에 들어앉아 수작을 부리고 있지 않나 싶다.

SBS 소설극장 〈물위를 걷는 여자〉. 미모의 난희는 디자이너로 성공해 파리에 갔다가 사업상 출장 온 절친한 친구의 남편 재민을 만나 혼외정사를 즐긴다. 귀국 후에도 재민은 자신과 두 자녀밖에 모르는 착한 아내를 속이고 불륜관계를 계속 하다가 들통 난다. 재민은 아내를 택했으나 난희가 결혼한다는 소식에 다시 난희를 찾아간다.

MBC 미니시리즈 〈창밖에는 태양이 빛났다〉. 부유한 유부남 석찬은 우연히 만난 유미와 밀회를 즐기다 아파트를 사주고 아내와 이혼한다. 석찬은 아내의 고통은 물론 자신에게 버림받은 충격으로 교통사고를 당해 죽은 딸조차 외면하고 유미와 즐긴다. 유미가 첫 애인과도 만나고 있는 것을 안 석찬은 화가 나 차를 몰다 사고로 실명한다. 그러자 유미는 첫 애인을 아예 집안으로 들여놓고 이중불륜을 즐긴다.

SBS의 〈가을여자〉, KBS 미니시리즈 〈남편의 여자〉도 유부남과 부하 여직원 등의 불륜관계, 그로 인한 임신, 이혼요구 등이 주제다. KBS·MBC·SBS 모두 최근 방영한 드라마 내용이 하나같이 불륜관계 구도다. 마치 불륜을 주제로 경쟁이라도 하는 것 같다. 많은 시청자들이 실망이나 걱정을 넘어 분노와 통탄을 금할 수 없다며 분통을 터뜨린다. 불건전한 TV드라마 내용이 문제가 된 것이 어제 오늘의 일은 아니다. 그러나 요즘처럼 각 방송사가 앞다퉈 불륜일색으로 나선 것은 전례가 없다.

불륜이나 사련(邪戀)도 물론 드라마 소재가 될 수 있다. 예전에도 불륜 소재 드라마가 없지 않았다. 그러나 요즘 범람하는 불륜 구도는 짙은 농도, 노골적인 행동, 잔혹한 관계 설정으로 가정파괴, 인륜파탄을 부채질하는 요소들이 가득 담겨 있다. 불륜을 소재로 한 작품이라도 최소한의 작품성은 고려되어야 한다. 그러나 이 드라마들은 작품성은커녕 최소한의 리얼리티조차 찾아볼 수 없다. 현실성 없는 저열한 애정놀음의 작위적 설정에 불과하다. 지금 세 방송사는 시청률 경쟁에 혈안이다. 건전하고 품위 있는 내용이나 질적으로 우수한 프로그램은 안중에 없다. 그저 시청자의 말초적 흥미를 유발시켜 시청률만 올리면 그만이다.

민영 SBS TV 개국으로 TV채널 다원화 시대를 맞으며 시청자들은 약간의 기대와 함께 심각한 우려를 안고 있었다. 방송사 간 선의의 경쟁으로 프로의 질적 향상을 기할 수도 있고 과도한 상업주의 경쟁으로 프로의 질적 저하를 가속시킬 수도 있다. 채널 다원화 2년의 결과는 끝내 우려 쪽으로 나타났다. 단순한 우려의 정도가 아니라 저질프로에 불륜드라마 일색으로 인륜을 저버리는 비극적 상황에 처해 있다. 민영 SBS는 퇴폐방송의 선두주자로 나섰고 공영 KBS·MBC가 뒤질세라 뒤쫓고 있다.

불륜 드라마 외에도 남녀 간의 정사장면 등 성적 충동을 자극하는 내용이 꼬리를 물고 방영된다. 토크쇼 프로에서도 음담패설이 난무한다. 노골적으로 생식기관과 연관시켜 이야기를 전개하는가 하면, 혼인의 신성함보다 남녀 간 육체관계를 더 중요시하는 대학교수의 주장이 여과 없이 방송된다. 코미디 프로에서는 미아리 퇴폐업소 풍자 중에 '서예 공부', '계란 까기' 등 성인들의 사석에서도 입에 담기 민망한 음란소재를 다뤘다. 보편적 삶의 양식에 어긋나는 부도덕한 내용, 건전한 가정과 사회윤리 신장을 저해하는 내용을 마구 방영, 최소한의 공공성마저 저버렸다.

저질 프로에 대한 제재가 없는 것도 아니다. 방송위원회에서 심의해 주의·경고·시청자에 대한 사과 명령을 내린다. SBS의 드라마 〈금잔화〉는 성추행, 폭력, 누드사진 촬영, 낙태수술 장면 등으로 경고 2회에 '최고형'인 사과명령까지 받았다. 방송위에서 나름대로 제재를 하지만 드라마들이 나아지기는커녕 더 악화만 되고 있다. 방송사들은 그 정도는 통과의례 정도로 무시해 버린다. 이런 추세에서 방송위 심의가 무슨 소용이 있겠는가.

TV의 엄청난 영향력은 새삼스레 강조할 필요조차 없다. 특히 자라나는 청소년들에게 드라마, 쇼 등 연예오락프로 내용은 일상행동양식의 규범으로 자리 잡는다. 이들의 의식 형성이나 가치관, 도덕관에 절대적인 영향을 미친다. 그런데도 성 문란이나 불륜 내용은 거의 모두 이들이 즐겨 보는 가족시청 시간대에 방영된다. 청소년들의 정서나 성문제에 어떤 영향을 미칠 것인지를 생각해 보면 소름이 끼친다.

TV의 역기능을 들어 '전파 쓰레기의 사막'이라 하지만 좋든 싫든 TV는 이제 우리 생활의 동반자가 돼 버렸다. 이 가족 공동매체가 퇴폐나 불륜 내용으로 일관되는 횡포를 계속 저지른다면 전파의 주인인 시청자가 가만있지 않을 것이다. 프로 양질화, 채널 특성화나 공민영체제(公民營體制)를 재고하는 제 2방송구조 개편문제가 제기될지도 모른다.

불륜드라마 제작진은 집에 가서 그 드라마를 보지 않는다고 한다. 이들

제작진은 '부정한 여자는 한가지로 부정한 남자를 남편으로 삼는다'는 코란의 경구를 명심해야겠다. 제작 책임자들은 남편을 속이고 불륜을 즐기던 아프로디테도 결국 남편이 쳐 놓은 보이지 않는 그물에 걸려 사로잡힌다는 신화 내용을 한번 음미해 보았으면 싶다.

《동아일보》 1992. 11. 13.

퇴폐 TV 드라마

최근 방송 3사 TV 드라마가 선정적 장면을 마구 내보내 많은 시청자들이 분노하고 통탄한다. 지금까지 금기시 돼왔던 남녀 간의 클로즈업된 진한 입맞춤 장면은 말할 것도 없고 성인영화가 무색할 정도의 노골적인 정사장면이 안방으로 쏟아져 들어온다. 여기에 그치지 않고 혼외정사를 예사로 아는 불륜관계를 각 방송사가 경쟁적으로 다룬다. 유부남과 전문직 여성 또는 부하 여직원 간의 불륜관계와 임신, 이혼과 낙태가 판을 친다.

그뿐 아니라 유부녀가 옛애인을 만나고 애인이 사고로 눈이 먼 것을 이용, 한 집안에서 두 남자와 불륜관계를 갖는 비인륜적 드라마도 있다. 쇼나 코미디는 노출과 선정성에서 한술 더 뜬다. 토크쇼도 음담패설이 난무한다. 방송위원회는 최근 '저질비디오'란 지탄을 받은 SBS TV 드라마 〈모래위의 욕망〉에 대해 시청자에 대한 사과와 해당 책임자나 관계자에 대한 징계 및 담당연출자 연출정지 조치를 내렸다. 이 드라마는 섹스 마약 폭력 밀입국자 불법수송 등 온갖 퇴폐가 난무한다.

방송위는 이와 함께 SBS TV드라마 〈모닥불에 바친다〉와 〈쇼 서울 서울〉에 대해서도 경고조치 했다. 이 같은 강경한 조치는 우리 방송 사상 처음 있는 일이다. 드라마의 소재선택은 자유로워야 한다. 남녀 간의 애욕이나 불륜도 소재가 될 수 있다. 그러나 이런 소재는 인간의 마음속에 잠재해 있을지도 모를 원초적 욕망을 이성으로 억제하는 갈등을 겪으면서 성숙해가는 모습을 부각시키는 것이 바람직하다.

그런데도 요즘 우리 TV드라마들은 예외적인 비윤리적 상황을 마치 보편적 삶의 양식인 듯이 그린다. 불륜을 인생의 자연스런 측면처럼 묘사한다. 그것도 농염한 저질정사 장면에 초점을 맞춰 가족 시청시간대에 무차별적으로 내보낸다. TV가 시청률에 얽매여 더 이상 가정의 순결성을 저해해서는 안 된다. 삶을 윤택하게 해주고 삶에 대한 진지한 성찰이 반영되는 드라마, 인간의 존엄성이 강조되는 그런 드라마를 내보낼 수는 없는 것인가.

《동아일보》 1992. 11. 27

북한문화재 해외 밀반출

"히가사 겐이치 씨가 소장한 우리 도자기류만도 250점이나 되는데 이를 감상할 때 분노와 함께 현기증이 날 정도였다." 지난 1990년 일본의 우리 골동품 수집가 집에서 고려청자, 조선백자 등 문화재급 골동품 9점을 훔쳐온 중개상의 자백이다. 이 사건은 사건 자체보다 이 골동품의 향방에 더 관심이 쏠렸다. 훔친 행위는 범죄지만 원소유주는 우리이기 때문. 히가사 씨도 한국에 기증하겠다고 밝혔으나 재판에서 반환판결이 나 일본으로 되돌아갔다.

일인들이 약탈해간 귀중한 우리 골동품이 10만 점도 넘는다고 한다. 1905년부터 이미 개성, 경주 등지에서 도굴이 시작돼 많이 훔쳐간 자들이 학계에서까지 신라통, 백제통으로 행세했다. 물론 우리만 침략자들에게 문화재를 빼앗긴 것은 아니다. 이집트, 그리스도 2천여 년 동안 빼앗겼다. 그래서 대영박물관이나 루브르박물관은 약탈전시관이란 별명까지 얻었다. 얼마 전 유엔은 선진국이 빼어간 문화재 본국환수를 촉구하는 결의안을 채택했으나 그 성과는 거의 없었다.

북한지역의 문화재가 특히 일본 쪽으로 계속 빠져나간다고 한다. 1987년부터 성행하기 시작한 문화재 밀반출은 상당수가 북한 관계당국의 직간접적인 묵인 또는 지원 아래 행해진다. 각 기관별로 운영되는 외화벌이 사업소들이 직접 고분을 발굴하거나 각 가정의 골동품을 수집해 해외로 반출하고 있다. 최근엔 할당된 외화를 채우기 위한 경쟁이 심해지자 기관별로 서로 상대편 수법을 폭로하는 등 알력을 빚고 있다고 한다. 고려, 조선조 것이 많은데 개당 3백~2만 달러 선에서 거래된다.

북한 골동품 밀거래에 밝은 재중(在中) 교포들이 최근 김정일이 밀반출을 직접 지휘하고 있다고 폭로했다. 김의 심복인 박종근 부부가 고려자기, 고서화 등 5백여 점을 60만 달러에 일인에게 팔려하고 있다는 것. 이 사실은 더 확인해야겠지만 어떻든 최근의 북한지역 문화재 밀반출은 큰 일이다. 일제강점 때 뺏긴 문화재를 되돌려 와야 할 판에 북한은 오히려 조직적으로 밀반출을 하다니 참으로 큰 걱정이다.

《동아일보》 1993. 2. 16

한인비하 영화 〈폴링 다운〉

“영어도 못하면서 돈만 밝히는 사람들.” 최근 미국에서 제작한 〈폴링 다운〉이란 영화가 한인교포들을 이런 사람으로 비하 묘사해 교포들의 분노를 사고 있다. 개봉에 앞서 17일 시사회에 참석했던 교포들은 이 영화가 미국사회에 한국인들에 대한 그릇된 편견을 조장할 것이라고 지적했다. 내용은 한인 가게주인이 "물건을 사야 동전을 바꿔주겠다"고 했다가 모멸과 함께 심한 구타를 당하는 것.

한국인을 비하해서 묘사한 미국영화로는 오래전에 국내 상영된 〈야전이동 외과병원〉(*MASH*)과 〈전송가〉(戰頌歌) 정도가 꼽힌다. 〈MASH〉는 미군의관 3명이 섹스를 주제로 벌이는 희극영화. 한국인들이 가난하고 미개한 사람들로 묘사돼 상영 당시에도 화제가 됐었다. 〈전송가〉(戰頌歌)는 '록 허드슨' 주연으로 6·25 전쟁 때 한국고아들을 수송기로 제주로 옮겨가는 줄거리. 당시의 실정이 물론 비참했지만 전쟁의 참상과 함께 한국인들이 중국옷을 입고 나오는 등 중국계로 묘사돼 더욱 반발을 샀다.

이 영화 2편 모두 한국사람을 비하 묘사했다지만 그 내용은 어디까지나 당시의 참상이 반영됐거나 무지에서 비롯된 것이지 고의적인 것은 아닌 것으로 본다. 그러나 이번의 〈폴링 다운〉은 다분히 한국인들의 심성을 비뚤어진 시각으로 묘사하려는 의도가 엿보인다. 그래서 교포들도 참기 어려운 것이다. 작품을 만드는 데 예술성과 리얼리티가 중요하다. 동전 교환을 거부하는 대목이 이 영화에서 꼭 필요했는지는 의문이다.

미국영화 중에는 수작이 많다. 저질 폭력외설영화도 적지 않지만 한국인의 가슴속에 영원히 살아있는 훌륭한 작품들이 많다. 미국영화 제작자들은 자주 인도주의를 내세운다. 인종차별로 말썽을 일으킨 작품도 있지만 휴머니즘에 입각한 작품들이 더 많았다. 영화가 끼치는 영향력은 엄청나다. 〈폴링 다운〉 같은 영화를 만들어 미국영화에 대한 동양인들의 기대를 꺾어버려서는 안될 일이다.

《동아일보》 1993. 2. 23

음주 흡연 부추기는 TV

술 마시지 않는 인간에게서는 사려·분별 기대하지 말라는 말이 있다. 나심(裸心) 술은 사람을 솔직담백하게 한다. 그러나 술의 폐해는 엄청나다. 사람이 술을 마시고 술이 술을 마시고 술이 사람을 마신다. 입술과 술잔 사이에 악마의 손길이 넘나든다고도 한다. 오죽했으면 버트런드 러셀이 음주는 일시적 자살이라고 표현했겠는가. 그런데 술보다 담배가 더 해롭다고 한다. 흡연은 폐암은 물론 위암, 간암, 유방암 발생에도 상당한 영향을 미친다.

뉴질랜드의 유해물질위원회가 지난 1970년부터 1986년까지 33개국을 대상으로 흡연과 광고와의 관계를 조사한 결과 노르웨이 등 광고를 금지한 나라에서는 담배소비량이 연간 1.6% 줄었다. 또 일본처럼 광고가 허용된 나라에선 1.7% 늘었다. 얼마 전 미국에서 TV·라디오 술광고가 금지된 17개 OECD 국가를 상대로 조사한 결과 술 소비량이 광고가 허용된 나라의 절반밖에 되지 않았다. 간경변이나 차량사고로 인한 사망률도 크게 낮았다.

일방적인 광고의 영향이 이 정도인데 TV의 작품 등을 통한 간접선전은 더욱 심각하다. 최근 TV 드라마에 불필요한 음주·흡연 장면이 지나치게 많아 시청자들에게 악영향을 끼치고 있다. 방송위원회 조사에 따르면 지난 1월 말 2주 동안 방영된 33편의 드라마 126회분 중 음주장면 135회, 흡연장면이 150회나 됐다. 등장인물의 연령별로는 음주는 20대가 가장 많아 약 40%나 차지했고 흡연은 30대가 39%로 많았다.

이번 조사에서 큰 문제점으로 등장한 것은 타방송에 모범이 되어야할 KBS가 가장 심한 것. 1TV의 단막극에서 무려 11회나 흡연이 묘사됐다. 연속극에서의 흡연은 2TV의 〈적색지대〉가, 음주장면은 역시 2TV의

〈가시나무꽃〉이 가장 많았다. 음주 · 흡연이 거의 모두 극의 리얼리티나 전개과정에 따른 당위성과는 관계없이 습관적인 소도구로 계속 묘사돼 시청자에게 잠재적 음주 · 흡연습관을, 청소년에겐 욕구를 자극하게 된다. 국민정서 국민건강을 위해서도 각별한 자제가 필요하다.

《동아일보》 1993. 3. 4

된장바둑

한국 · 중국 · 일본의 바둑실력이 어느 정도일까. 몇 년 전 일본기원이 발행하는 바둑잡지에 일인 기사들이 뽑은 '세계베스트 10'이 발표됐다. 다카키 9단은 고바야시, 조치훈, 다케미야, 오타케, 가토, 조훈현, 임해봉, 섭위평, 야마시로, 마효춘 순으로 꼽았다. 일인 5명 중국인 3명 한국인 2명이 포함돼있다. 이에 반발한 한국의 바둑잡지가 조훈현, 임해봉, 조치훈, 가토, 다케미야, 섭위평, 마효춘, 사카다, 고바야시, 서봉수 순으로 꼽아 발표했다.

이렇게 해서 세계 프로바둑대회가 생겨나게 됐는데 세계대회 중에서도 첫손 꼽히는 응창기배쟁탈 바둑대회에서 제 1회는 조훈현이 우승했고 제 2회는 20일 서봉수가 제패했다. 고바야시 등을 내세우는 일본과 섭위평이 세계최강이라고 큰소리치는 중국의 콧대를 납작하게 만들었다. 특히 서 9단은 일본에 유학하지 않은 순수국산파로 들풀처럼 끈질긴 뚝심의 명승부사다. 독학으로 배운 순토종 바둑이어서 '된장바둑'이라고 한다.

서 9단은 결승에서 일본의 최강자 오타케 9단과 맞붙어 강인한 생명력과 끈질긴 투지로 불계승을 거뒀다. 최초의 한일전은 조선의 이균사(李枃史)와 일본의 초대 본인방 산사(算砂)와의 대결이다. 일 측의 기록에 따르면 “산사(算砂)가 3점을 접고도 이겼다”고 되어 있다. 산사는 인품과 식견이 탁월하여 오다 노부나가, 도요토미 히데요시 등이 큰 인물로 대했다. 그 후 우리는 승부바둑을 꽃피운 일본을 못 이겼으나 최근 들어 세계 판도가 바뀌고 있다.

지난 1988년 제 1회 응씨배대회가 북경에서 열렸을 때 기성(棋聖)으로 추앙받는 오청원(吳淸源) 씨를 만났다. 그는 한국의 실력이 대단해 1년 뒤도 예측하기 어렵다고 말하면서 기사의 덕목으로 겸손과 승부기질을 꼽았다. 바둑의 고전 현현기경(玄玄棋經)에도 “스스로 적을 두려워하는 자는 강하고 스스로 제일 강하다고 믿는 자는 망한다”고 일깨운다. 바둑뿐만 아니라 인생만사가 다 그런 것 아닐까.

《동아일보》 1993. 5. 22

한국 호랑이의 귀향

중국의 용, 인도의 코끼리, 러시아의 곰, 이집트의 사자처럼 한반도의 상징동물은 호랑이다. 호랑이는 단군신화 이래 이 땅의 신수(神獸)로 떠받들려져 수많은 전래설화에 등장한다. 산신도(山神圖)에도 끼어있고 명당요건에도 백호맥(白虎脈)이 첫손 꼽힌다. 그래서 우리나라는 호담국(虎談國)이란 별명까지 얻고 있으며 88 서울 올림픽 제전의 상징동물도 호돌이였다.

박지원(朴趾源)은 《열하일기》에서 “호랑이는 착하고도 성스럽고 문채(文彩)롭고도 싸움 잘하고 인자롭고도 효성스럽고 슬기롭고도 어질고 엉큼스럽고도 날래고 세차고도 사납기가 그야말로 대적할 자가 없다”고 기술했다. 호랑이는 군기에 그려져 백호기가 나부꼈을 정도로 힘과 용맹의 상징이었다. 그러면서도 '백수 중의 군자'로서 함부로 작은 짐승들을 잡아먹지 않는 후덕한 심성을 가진 인(仁)의 상징이기도 하다.

호랑이는 수마트라, 벵골, 시베리아, 한국 호랑이 등으로 분류된다. 백두산에서 금강산에 이르기까지 험산에 서식하는 한호(韓虎)는 등면이 암적황색으로 불규칙한 검은 가로무늬가 많다. 눈과 뺨 밑은 순백색에 검은 점이 있고 머리 위와 복부 등에 갈색반점이 뚜렷하다. 몸길이는 190㎝, 꼬리길이는 90㎝가량. 남한에서는 72년 전인 1921년 경주대덕산 기슭에서 포수에 잡힌 186㎝의 수컷 한 마리가 마지막이었다.

일부 동물연구가들은 한민족 정기 말살에 나선 일인들의 계획적인 영물(靈物) 씨말리기 작전으로 한국호랑이가 멸종됐다고 주장한다. 그렇지만 현재 북한에는 백두산 주변에 50여 마리가 서식하는 것으로 알려졌다. 이 호랑이를 70여 년 만에 남한에서 다시 볼 수 있을 것 같다. 공연단체 '얼싸코리아'가 중국 흑룡강성에서 사육되고 있는 한 쌍을 들여오기로 했다 한다. 이 호랑이는 장백산맥 일대와 백두산 산악지대에 살아 백두산 호랑이로 불린다. '민족의 영물' 한국호랑이 귀환을 환영한다.

《동아일보》 1993. 6. 4

전쟁기념관과 국립박물관

서울의 심장부인 용산에 엄청난 규모의 전쟁기념관이 들어서고 있는 사실을 아는 사람은 그리 많지 않을 것이다. 옛 육본(陸本) 자리 대지 3만 5천여 평에 건평 2만 5천여 평의 대규모 기념관 공사가 지금 한창이다. 땅값까지 포함해 6천여억 원의 대역사가 곧 마무리될 단계에 이르렀다. 착공당시 별다른 여론수렴도 없었던 터라 뒤늦게 논란의 표적이 되고 있다.

이 전쟁기념관은 노태우 전 대통령이 '전쟁예방 및 평화적 통일에의 기여'를 명분으로 1990년 착공했다. 그러나 이처럼 막대한 돈을 쏟아 부어 우리 역사상 치욕의 한 부분인 동족상잔의 전쟁을 기념하는 박물관을 서울 한복판에 세울 필요가 있을까. 세계 어느 나라도 내전의 현장에 상징탑을 마련하는 것 외에 이처럼 거창한 기념관을 건립한 곳은 없다. 대외전쟁에서 여러 차례 승리한 나라도 자국의 모든 전쟁을 망라한 호전적 종합기념관은 세우지 않는다.

우리는 6·25 동란 때 전국 곳곳에서 혈전을 치렀다. 낙동강 방어전만 해도 다부동, 왜관을 비롯, 팔공산, 영천, 안강전투 등 유례없는 동족상잔의 격전을 겪었다. 그 비극을 후세에 교훈으로 길이 전해주기 위해서도 기념물은 조성해야 한다. 그러나 각지의 유물들을 한데 모아 호전적 모습으로 넘겨줄 것이 아니라 격전현장에 기념비와 함께 특징 있는 전시관을 마련하는 것이 제격이다.

용산의 엄청난 전쟁기념관에 비해 우리의 소중한 역사유물을 전시하는 국립중앙박물관은 지금까지도 치욕의 일제총독부 건물 안에 들어있다. 김 대통령은 얼마 전 총독부 건물을 헐고 국립박물관을 이전하라고 지시했다. 그러나 이 지시가 임기 내에 실현될 가능성은 현재로선 거의 없다. 국립박물관을 이곳 전쟁기념관으로 옮기는 것이 어떨까. 공청회 등 여론을 수렴해 보아도 좋다. 국민의 막대한 세금은 국민의 뜻에 따라 쓰여야 한다.

《동아일보》 1993. 6. 8

세계제패 여궁사들

동이족의 '이'(夷) 자가 '대'(大) 자와 '궁'(弓) 자의 합자다. 대궁의 민족이란 뜻이다. 고구려 고분벽화를 보면 마상(馬上)의 무사가 몸을 돌려 호랑이와 사슴에 강궁(强弓)을 당긴다. 그 기상이 고려 조선조에까지 면면히 계승돼왔다. 고려 우왕 때 왜장 아지발도(阿只拔都)가 2만 대병을 이끌고 침략, 남도 일대를 휩쓸었다. 그는 얼굴까지 철갑으로 감싸 아무도 대적하지 못했다. 삼도도순찰사(三道都巡察使) 이성계가 지리산 황산(荒酸) 협곡에서 이 왜병들과 맞닥뜨렸다.

이성계는 어렸을 때 화살 한 개로 날아가는 까마귀 5마리를 꿰뚫어 떨어뜨렸다는 신궁. 장군이 적장의 턱 밑 투구끈을 맞혀 끊어 투구가 벗겨지자 부장 이지란이 얼굴을 쏘아 장수를 잃은 왜병은 섬멸됐다. 우리의 활솜씨는 남성뿐 아니라 여궁도 대단해 서북지방에서는 향사(鄕射)에서 여궁사가 남성을 앞질렀다는 기록이 많다. 우리의 낭자(娘子)궁사들과 무부(武夫)들이 잇따라 세계를 제패했다.

터키에서 열린 제37회 세계 양궁선수권대회에서 여고 1년생인 김효정이 금메달, 조윤정이 은메달을 획득, 세계대회 3연패의 위업을 달성했다. 여자부에 이어 남자부 개인전에서도 박경모, 김경호 두 선수가 나란히 1, 2위를 차지, 한국 남자양궁이 처음으로 세계선수권대회 개인전을 제패했다. 35회 대회 때는 김수녕, 김경욱 양, 36회 대회에선 김수녕, 이은경 양이 각각 1, 2위를 차지했다. 이에 앞서 30, 32회 대회에선 김진호 선수가 우승했다. 1984년 로스앤젤레스, 1988년 서울, 1992년 바르셀로나 올림픽에서도 우리 낭자궁사들이 금메달을 휩쓸었다.

서양사람이 활을 쏠 때는 과녁에 눈을 맞추는데 동양사람은 먼저 마음에 눈을 맞춘다고 한다. 활을 쏠 때의 마음은 그야말로 일념무상의 정신

통일이 중요하다. 우리 선수들의 마인드 컨트롤 훈련은 육체와 정신을 이완시켜 뇌주파수를 낮춘 상태에서 기록에 대한 공포와 상대선수에 대한 불안감을 없앤다는 것. 그리고 머리카락의 휘날림으로 바람의 마음까지 읽는다고 한다. 우리 여자선수들의 3연패 위업도 대단하지만 끊이지 않고 솟아나는 신인들의 두각이 더욱 대견하다.

《동아일보》 1993. 9. 13

올림픽 유치

은청색 바다, 수려한 경관, 사시사철 요트를 즐기는 천혜의 아름다운 시드니 항구가 21세기를 여는 2000년 올림픽 개최지로 결정됐다. 마치 한 폭의 아름다운 풍경화를 그대로 옮겨놓은 듯한 세계 3대 미항 중의 하나 시드니. 이 도시가 북경을 따돌리고 선정된 것은 환경 올림픽을 캐치프레이즈로 내걸고 올림픽 패밀리에 대한 왕복항공권 부담 등 파격적인 선심공세도 주효했다는 분석이다.

호주는 지구상에 남아 있는 유일한 무공해 대륙이라는 것을 대대적으로 홍보, 전 세계적으로 일고 있는 환경보호 캠페인과도 맞아떨어져 행운을 잡았다. 유럽인들이 최초로 호주땅을 밟은 곳이기도 한 시드니는 그로부터 200년 만에 지구촌의 잔치마당이 됐다. 호주는 올림픽 개최로 무려 80억 호주달러(약 4조 2천억 원)의 경제적 효과와 함께 100만여 명의 관광객을 유치, 호주경제에 활력을 불어넣을 것으로 기대한다.

'개방된 중국이 올림픽을 기다린다'(개방적중국분오운: 開放的中國盼奧運). 요즘 중국을 여행한 사람들은 전국 어디서나 이 구호를 볼 수 있었다. 동부 연안의 개방도시는 물론 내륙 오지에도 이 구호가 내걸리지 않은 곳이 없다. 북경 주변에는 제 2, 제 3 도심순환도로의 논스톱 고속화와 공항연결고속 도로공사가 밤낮없이 진행되고 있다. 또 북경시는 올해를 '파리 · 모기퇴치의 해'로 지정, 대대적 정화사업을 벌였다.

북경, 베를린, 맨체스터, 이스탄불 등 유치경쟁에 나선 도시 중 북경이 단연 선두주자였다. 그러나 올림픽의 신은 중국에 행운의 미소를 보내지 않았다. 막판에 2표 차로 뒤집혀 북경은 지금 초상집으로 바뀌었다. 12억 중국인의 자존심이 좌절된 채 일부에서는 미국을 성토하는 목소리가 높다고 한다. 인권문제도 장애요인이었지만 재정적 로비에서 미숙해 패배했다는 뒷이야기도 들린다. 이번 실패를 교훈삼아 중국은 국제사회에서의 위상을 재인식하는 전화위복의 계기로 삼을 것을 중국문제 전문가들은 권고한다.

《동아일보》 1993. 9. 25

사람 잡는 TV광고

TV 광고제작팀들은 세탁기를 '골탁기'라고 부른다. 다른 광고보다 제작이 훨씬 어려워 골치가 아프기 때문에 붙여진 이름이다. 세탁기는 기술의 보편화로 각사의 제품들이 비슷해 차별화가 어렵다는 것. 수조에서 빨래가 돌아가는 장면이나 섬유질 사이의 때가 빠지는 장면 등은 그동안 너무 많이 써먹어 새롭지가 않다. 그래서 등장한 것이 투명인간 시리즈 광고다.

모델인 주병진 씨가 세탁조에 들어가 몸을 빨았더니 투명인간이 됐다는 내용으로 강한 세척력을 강조한 삼성퍼펙트 세탁기의 TV 광고다. 바로 이 광고를 국민학교 어린이가 흉내 내다 큰일 날 뻔했다. 다섯 살 난 동생을 세탁기 속에 넣고 작동시키려는 것을 부모가 발견, 간신히 구해냈다. 이 아이 부모로부터 TV 세탁기 광고에 문제가 있다는 고발을 받은 주부클럽에서 방송위원회에 광고재심을 요청해 방송위에서 뒤늦게 방송불가조치를 내렸다.

지금까지 TV를 보고 흉내 내다 변을 당한 어린이는 수도 없이 많다. 타잔흉내를 내다가 목에 줄이 감겨 질식사했는가 하면 무술영화나 마술을 보고 흉내 내다 아파트 베란다나 승강기에서 떨어져 숨지기도 했다. 〈600만 불의 사나이〉, 〈슈퍼맨〉 흉내를 내다 옥상에서 미끄러져 추락사하기도 했다.

얼마 전엔 TV 영화의 교수형 장면을 흉내 내던 국민학생이 나일론 끈으로 목매 숨진 일도 있다.

이번엔 TV 극이나 영화가 아닌 TV 광고를 흉내 내다 큰일 날 뻔했다. 요즘 TV 광고들이 강한 이미지를 전달하기위해 갖은 묘안을 다 내놓고 있다. 시속 150㎞가 넘는 고속질주, 급커브 언덕길에서의 추월곡예, 헬리콥터나 전투기와의 살인적인 스피드경주 등 안전운전을 저해하는 TV 자동차광고들이 쏟아져 나온다. 최근 시민운동단체인 '녹색교통운동'에서 광고시정캠페인에 나섰고 한국교통장애인협회에서도 시정을 요구했다. 안전을 위협하는 TV 광고의 자제가 시급하다.

《동아일보》 1993. 10. 20

풍산개, 임전무퇴 전설의 개

'삼수갑산에 가는 한이 있어도'의 삼수군, 갑산군과 북청 물장수로 유명한 북청군의 한가운데 자리 잡은 함남 풍산군은 우리나라 최대고원인

개마고원의 중심부를 차지하는 험악한 산악지대다. 백두산, 관모봉(冠帽峰, 2,541m) 다음으로 가장 높은 산인 북수백산(2,522m)이 이곳에 있으며 이 밖에도 검덕산 두운봉 등 해발 2천 미터가 넘는 봉우리가 수두룩하다. 오랫동안 여진족의 거주지였던 풍산의 명물, 곧 천연기념물로 지정된 풍산개다.

개는 수천 리 밖에 갖다놓아도 자신의 배설물 냄새를 맡으며 집을 찾아올 정도로 후각이 발달돼있고, 청각도 인간 청력의 4배나 된다. 이 같은 일반적인 개의 특성 중에도 가장 우수한 개가 풍산개라고 한다. 진돗개와 셰퍼드 중간 크기로 목이 굵고 다리가 곧으며 뛰어난 청력과 영리함, 날래고 용맹스러움으로 옛날부터 사냥개로 널리 쓰였다. 목덜미를 물고 늘어지는 치명적 공격으로 호랑이나 곰도 잡는다는 '전설의 개'로 전해진다.

평소에는 온순하나 일단 적수와 맞닥뜨리면 사나워진다. 10여 년 전 일본인이 일본의 대표적인 명견 아키다 견과 싸움을 시켰는데 풍산개가 이겼다한다. 일제 강점기간 중 2차 세계대전 때 방한화, 방한모 등에 쓸 털을 조달하기 위해 남획했고, 대다수가 잡종화되어버려 현재 멸종위기에 놓여있다. 북한은 휴전선, 해안지역, 중국접경지역 등에 이 풍산개를 군견으로 배치해놓고 있는데 짖지 않고 있다가 대상물을 공격해 놓아주지 않는다는 것.

생후 2~3개월의 풍산개 새끼 29마리가 수입됐는데 14마리가 죽고 15마리가 인천항에 들어왔다. 연변지방에 자주 드나드는 곡물수입상이 북한의 종견장과 연결이 돼 들여오게 되었다. 북한에서도 순종이 거의 없으며 민간사육 자체가 금지될 정도로 철저히 관리되고 있다는데 어느 정도 순종이 들어왔는지 궁금하다. 제발 한국산 호랑이꼴은 되지 않기 바란다. 진돗개, 삽살개와 함께 다시 잃을 수 없는 우리의 귀중한 유산을 정성들여 보호, 육성해야겠다.

《동아일보》 1993. 11. 8

방송의 언어공해

어쩌다가 나오는 출연자가 아닌 TV 고정출연자들이 비표준어·저속어·반말·외래어를 마구 쏟아 내고 사투리 어투와 발음도 아무 거리낌 없이 그대로 내뱉는다. "엄악(음악)의 교가서(교과서)라 할 베토벤 교향곡 중 발체(발췌)한 것을 덜려(들려) 드리고", "겡기(경기)는 기슨(기선)을 잡아야 하는데 처음부터 헌덜(흔들)리기 시작핸(한) 것이"라며 조금도 스스럼없이 토해낸다.

복뜩방(복덕방), 샹인(상인), 해수(횟수), 검늉(금융), 치지(취지), 위쉥법(위생법), 중뇨한(중요한), 격히(극히), 쪼매만(조금만), 그레고(그리고), 인저(인제), 숙이구(숙이고), 히가지고(희어서), 아이고매(아이고), 같애요(같아요), 했스요(했어요), 에렵다(어렵다) 등 예를 들자면 한이 없다.

권위주의 용어 홍수

쎄련(세련) 창꾸(창구) 방뻡(방법) 쳇쩡(체증) 등 불필요한 경음(硬音)을 연발하고 '무슨 상관이야', '올라가잖냐' 등 반발도 예사로 한다. 저질 비속어·은어·유행어도 무분별하게 뱉어내고 외래어가 홍수를 이룬다. 보도·오락·토론 등의 프로그램 명칭부터 외래어를 사용하지 않은 것이 별로 없다. 앵커에서부터 해외특파원·기자·프로듀서·연예인·기타 고정출연자에 이르기까지 잘못되고 무책임한 표현을 서슴지 않는다.

방송심의규정 63조를 보면 방송은 국어생활을 해치는 어조, 비속어, 은어를 사용해서는 안 되며, 원칙적으로 표준어를 사용하되 특히 고정 진행자는 표준어만을 사용해야 한다고 되어 있다. 매일 방송할 때마다 이

규정을 준수한다고 해 놓고는 고정 출연자들까지 비표준어, 저속어를 남발하고 있다. 비표준어, 저속어가 그토록 많이 나오는 것은 시청률만 노려 훈련받지 못한 연예인들을 집중 투입하는 데도 한 원인이 있다.

방송언어가 그 사회 언어문화와 국민 언어생활에 미치는 영향은 방송의 다른 어떤 사회적 영향력보다 강력하다. 일반적으로 국민들은 방송언어를 사회 표준어로 여긴다. 그래서 의식적으로 배우려 한다. 배우려 하지 않는다 해도 반복적으로 방송언어에 노출돼 있으면 방송언어에 길들여진다. 진행자들은 흥미유발을 위해 비속어, 반말을 무분별하게 사용하지만 시청자들은 자신도 모르게 그에 익숙해진다. 성인 모방심리를 가진 어린이, 청소년은 더욱 급속히 그 속에 빨려든다.

비표준어·비속어·외래어나 의미론·구문론적 문법에 어긋나는 비문(非文) 등은 명백하게 국어 순화에 역행하는 것들이다. 그런데 언뜻 보기에는 바른 언어생활을 해치지 않는 것 같아 별 문제가 없어 보이는 언어가 사실은 국어 순화를 해치는 언어보다 훨씬 더 심각하게 사회적 부작용을 초래하기도 한다. 국민들의 사고 체계와 가치관을 혼란시켜 큰 문제를 야기하는 방송언어 중 대표적인 것이 권위주의적인 언어다. 권위주의 언어는 국민의식을 권위주의적 사고영역에 가둬 민주발전을 저해하는 부작용을 낳는다. 대표적인 것이 대권·가신·하사금·통치권자·접견·사회지도층 등이다.

대권은 제왕의 전제권 같은 절대권한을 내포한다. 대통령 후보를 대권 후보라 하는 것은 국민에 의해 선출되는 것보다 왕권 쟁탈을 위해 싸웠던 봉건 시대 제후를 연상시킨다. 가신도 왕조 시대의 주종 관계가 강조된 표현이다. 문민 시대에 상도동 가신이 있을 수 있겠는가. 그것을 애용하는 방송 진행자나 그 지칭을 싫어하지 않는 해당자들 모두 한심한 사람들이다.

뉴스 시간 등에 '통치권자인 대통령께서는' 이란 말을 가끔 듣는다. 이 표현은 백성 위에 군림하고 지배하는 모습 또는 식민지 시대의 총독부 통치가 연상된다. 박태섭(朴泰燮, 광운대 신문방송학) 교수는 대권·수권·당권·집권 등의 '권세 권(權)'자를 권력보다 책임이 강조되는 '맡길 임(任)'자로 바꿔 대임·수임·당임·현임으로, 통치권자는 국가운영책임자로 쓰자고 제의한다.

사투리 남발 삼가야

이 같은 권위주의적 표현은 사실은 신문이 더 심하므로 신문의 책임도 크지만, 무엇보다 방송언어는 국민 언어문화를 선도하고 있다는 사명감을 잊어서는 안 된다. 국민들이 건강한 언어습관을 갖도록 하기 위해서는 방송언어부터 건강해져야 한다.

세계 여러 민족과 국가 중에 고유의 말이 없거나, 말은 있으나 글이 없는 경우가 적지 않다. 우리 민족의 자랑거리 중 가장 큰 자랑거리가 훌륭한 말과 글을 가졌다는 것이다. 언어는 민족의 혈통이다. 일제통치하도 아닌데 우리가 우리말을 박대할 이유가 없다.

명저 《존슨전(傳)》 저자이며 말의 명인으로 널리 알려진 영국의 평론가 사무엘 존슨은 '삼라만상이 하늘의 아들이라면 언어는 대지의 딸'이라고 비유했다. '언어는 각 시대를 하나의 공통되고 계속되며 전진하는 존재로 연결해 주는 생명의 끈이다. 언어 그 자체가 바로 인류 문명이다'라고 존슨은 정의했다.

지금 방송, 특히 TV는 거의 독점적으로 국민의 취향은 물론 의식까지 길들이고 있다. 특히 자라나는 청소년에겐 일상행동양식의 규범이 되고 있다. 방송이 무절제한 '말의 폭력'을 자제하지 않으면 전파의 주인인 시청자도 가만히 있지 않을 것이다. 지난번 TV끄기 운동으로 가구당 시청시간을 30분씩 줄였다. 이 운동은 종전의 정치적 저항 차원이 아니라 국민생활문화를 보호하려는 자발적 범국민적 캠페인이었다. 시민들이 방송의 질 감시자로 나선 것이다.

방송은 비표준어나 비속어, 권위주의 언어 사용을 삼가고 그동안 사용하지 않아 오히려 어색해진 고운 우리말을 되찾아 국민정서 순화에 이바지해야겠다. 말은 생각의 그림이며 마음의 소리다.

《동아일보》 1993. 11. 26

사람보다 나은 개

사람과 가장 친근한 동물이 개다. 인간과 개는 1만 년 이상 함께 살아왔다. 서양에서 가장 유명한 개는 영국작가 위다의 작품 〈플랜더스의 개〉다. 이 작품 속의 개처럼 의리와 충성과 지혜를 구현하는 사람이 있다면 그는 필경 성인일 것이라는 이야기가 있다. 우리나라에서 가장 유명한 개는 전북 임실의 '오수의 개'다. 우리 전래설화에 의견(義犬)이 많이 나오는데 오수의 개는 이른바 불속에서 주인을 살려냈다는 진화구주형(鎭火救主型) 개다.

이 밖에 호랑이나 맹수를 물리쳐 주인을 구한 투호구주형(鬪虎救主型), 독약이나 독이 든 물건을 주인이 받거나 먹으려 할 때 막아서 구하는 방독구주형(防毒救主型), 어미개가 주인의 아이에게 젖을 먹여 살리는 수유구아형(授乳救兒型)이 있고 주인이 억울하게 죽자 관가에 알려 시체와 범인을 찾아내 주인의 원수를 갚는 폐관보주형(吠官報主型)이 있다. 이외에도 주인의 시신을 지키고 눈먼 주인의 길잡이가 되고 중요 문서를 전달하고 명당 터를 잡아준 경우도 있다.

세계적 명견은 약 400종에 이른다. 거의가 영국, 독일이 만들어낸 개량종들이다. 우리나라에도 그 어느 명견에 뒤지지 않는 순종 명견(名犬)이 있다. 진돗개와 삽살개와 풍산개다. 진돗개가 영리하고 충성스러우며 야성이 강한 개라면 긴 털이 산중도사를 연상케 하는 삽살개는 악귀를 쫓아내고 가정행복을 지켜준다는 수호견이다. 북한의 풍산개는 치명적 공격으로 호랑이나 곰도 잡는 날래고 용맹무쌍한 개다. 최근 연변을 통해 몇 마리 들여와 키우고 있다.

갑술년 개의 해가 밝았다. 남의 앞잡이를 주구(走狗) 라고 하듯 개는 비루・비천・불길함을 뜻하기도 한다. 그러나 대체로 충직하고 영리하고 의로운 동물로 사랑받는다. 어떻든 명견은 청각이 인간의 4배가 밝고 후각은 인간의 5천 배나 된다고 한다. 국제화 시대에 개의 해를 맞아 개의 장점을 본받아야겠다. 멀리에서도 듣고 정확히 파악하고 대처하면서 매사에 견마지로(犬馬之勞) 를 아끼지 않아야겠다.

《동아일보》 1994. 1. 1

인간 한계 넘어서는 도전

탐험가에게 필요한 덕목은 한두 가지가 아니다. 정복욕・승부욕・강한 집념에서 동지애・희생정신・관용에 이르기까지. 그 중에서 빼놓을 수 없는 것이 진정한 용기와 불굴의 의지다. 노르웨이 오슬로 대학에서 의학을 공부하던 아문센이 어느 날 극지(極地) 탐험에 몰입한다. 1906년 소형선으로 북극해에 도전, 세계 최초로 북극 통과 항해에 성공하고 북극점 탐험에 나선다. 1909년 미국인 피어리가 먼저 북극점에 도달하자 목표를 남극으로 바꾼다.

1911년 그는 영국의 스코트와 불꽃 튀는 경쟁을 벌여 사상 최초로 남극점을 정복, 세계를 놀라게 했다. 뒤이어 시속 400~500㎞의 강풍이 몰아치는 북극점 상공을 비행정으로 통과하는 고난도 비행을 시도한 끝에 1926년 노빌레와 함께 이에 성공, 세계적 찬사를 한 몸에 받았다. 그러나 노빌레가 아문센은 북극 경치를 구경만 했을 뿐 비행 성공은 조종사인 자신이 해낸 것이라고 주장한다. 두 사람의 사이가 험악해졌다.

1928년 노빌레 일행이 비행에 나섰다가 조난당했다. 가장 앞장서 구조에 나선 것은 아문센. 한 달 뒤 노빌레 일행은 구조됐으나 아문센 일행은 영원히 돌아오지 못했다. 아문센과 스코트가 세기의 대결을 벌였던 남극점을 마침내 우리 탐험대가 정복했다. 세 극지를 석권한 것. 지금까지 도보 탐험에 성공한 나라는 영국, 이탈리아, 일본으로 우리가 네 번째. 중간보급 없이 쉬지 않고 이를 정복한 것은 우리가 처음이다.

남극은 지구상에서 가장 춥고 가장 바람이 세고 가장 건조한 빙판이다. 특히 허영호 공격대장은 1986년 에베레스트, 1991년 북극에 이어 이번에 남극점까지 정복했다. 탐험은 전인미답의 세계, 극한의 악조건에 대한 도전이며 인간의 한계에 대한 도전이다. 국제화·세계화를 표방하는 오늘의 시점에 우리 젊은이들이 이룬 쾌거는 참으로 소중하다. 그 기상, 그 정신을 새 시대, 새로운 도전의 밑받침으로 삼아야겠다.

《동아일보》 1994. 1. 13

찬란했던 대보름 풍속

24일은 음력 정월 대보름이다. 설날부터 시작되는 수세(首歲) 명절의 마지막 날이며 첫 만월(滿月)을 보는 날이다. 동시에 한 해 농사가 시작되는 날이다. 보름달 중에서도 으뜸인 이날 대보름 달빛이 진하면 풍년

들고 흐리면 흉년 들며 달빛이 희면 비가 많이 오고 붉으면 가뭄이 든다고 동국세시기에 적혀있다. 이날 오곡밥, 아홉 가지 나물, 약식, 귀밝이술을 먹고 줄다리기, 쥐불놀이, 달집태우기, 더위팔기, 널뛰기놀이에 달맞이 소원 빌기도 한다.

그토록 찬란했던 대보름 풍속들이 이젠 거의 자취를 감춰버렸지만 부럼 까먹기만은 요즘 대도시에서도 성행하고 있고 오곡밥을 해먹는 가정도 없지 않다. 부럼은 원래 이날 아침 일찍 일어나 밤, 호두, 잣, 은행, 땅콩 등을 깨물어 껍데기를 벗겨먹었다. 대개 나이 수대로 깨무는데 노인들은 이가 단단하지 못해 몇 개만 깨물었다. 단번에 깨무는 것이 좋다고 하는데 첫 번째 것을 마당에 던지며 소원을 빌었다. 한 해 동안 무사태평하고 부스럼나지 말라고 기원했는데 그렇게 하면 부스럼이 나지 않고 치아가 단단해진다고 믿었다. 부스럼은 단순한 부스럼이 아니라 각종 질병을 뜻한다. 또 이는 칫솔, 치약은 물론 치과도 없던 당시로서는 여간 신경써야 할 데가 아니었다. 오죽하면 '이가 자식보다 낫다'느니, '자식은 오복에 못 들어도 이는 오복에 든다'는 속담까지 전해올까.

정월 대보름을 앞두고 부럼이나 나물 등 성수기 농산물 값이 치솟았다. 껍데기 안 벗긴 피밤이 한 되에 3~4천 원으로 지난해보다 2~3배 뛰었고 피땅콩도 배로 올랐다. 도라지, 고사리, 찹쌀 등 나물과 오곡밥 재료도 올랐다. 지난해 냉해로 인한 흉작 탓도 있지만 일부 중간상들이 대보름을 겨냥해 수급을 조절하기 때문이라고 한다. 여기에 수입 부럼류와 나물류까지 판을 친다. 제발 우리 전통명절에라도 우리의 것을 먹자. 수입농산물은 아무리 까먹어도 부스럼이 나고 이도 단단해지지 않을 것이다.

《동아일보》 1994. 2. 23

10
생명에 대하여 [환경/과학]

자연파괴에 대한 대가

런던은 1300년대부터 근 600년간 살인적 대기오염 속에 잠겨 있었다. 1952년 12월에는 난방용 석탄매연과 안개에 뒤덮여 대낮에도 불을 켜야 할 정도로 컴컴했고 석탄 스모그로 겨우 나흘 동안에 4천 명이나 죽는 엄청난 재앙의 기록을 지니고 있다. 최근에는 산성비가 지구를 뒤덮다시피 해 북미 캐나다 접경의 호수들이 생물체가 살 수 없는 상태로 변해가고 그 아름답던 유럽 전역의 숲들도 말라 죽어간다.

서울시청 앞에 설치된 대기오염 전광판이 최근 잇달아 아황산가스 농도가 허용치를 넘어서면서 빚어진 대기오염 비상상황을 알리고 있다. 이 상태에서는 건강한 사람도 만성호흡기질환에 걸릴 수 있으며 1시간 이상 운동을 할 경우 천식, 폐기능장애를 일으키게 된다. 노약자는 더욱 위험하다. 아황산오염도는 장기 환경기준이 0.05ppm, 단기 환경기준은 0.15ppm이다. 서울의 경우 작년 12월 오염도가 장기기준의 두 배가 넘는 0.126ppm을 보였다. 더욱 심한 단기기준은 연간 3회를 넘지 않아야 하는데 세종로, 문래동, 불광동 등에서 한 달에도 10여 번씩 넘어섰다.

이 같은 대기오염은 바로 지상의 생태계를 파멸시키는 산성비를 가져온다. 지금 서울지역에는 알루미늄이 녹을 정도의 강한 산성비가 내린다. 비가 처음 내리기 시작해서 강우량이 1㎜가 되기까지가 가장 심하다. 이 사이엔 되도록 비를 맞지 말아야 한다. 서울에서는 요즘 방학 때가 되면 초중학교 담임교사들이 학생들에게 당부하는 내용이 한 가지 늘었다. "방학 동안은 가능하면 시골에 내려가 있거라. 시골에서는 산성비도 안 맞고 맑은 공기를 마음껏 마실 수 있다."

지난 1981년부터 저유황유 공급확대 등 강력한 행정시책으로 80년대 중반에는 대기오염도가 상당 수준까지 좋아졌다. 그러던 것이 1987년 이

후 사회적 혼란 속에 단속이 뜸해지고 연료사용의 절대량도 늘어나면서 지금 심각한 지경에 이르렀다. 저유황유 공급확대, LNG 난방사용 장려, 중질유 분해시설 확충 등 대책이 시급하다. 무절제한 자연파괴에 대한 대가지불이 지금 우리에게 닥쳐오고 있다. 자연의 보복이 얼마나 무서운지는 당해보아야 안다.

《동아일보》 1989. 11. 22

술 마시는 데도 법도 있다

"꽃 사이에 앉아 홀로 마시자니/달이 찾아와 그림자까지 셋이 됐네/내가 노래하면 달도 창공에서 서성대고/내가 춤을 추면 그림자도 춤춘다/이리 함께 놀다가 취하면 헤어지네/담담한 우리의 우정 다음엔 은하수 저쪽에서 만나세". '주선'(酒仙)이라는 당나라 시인 이백의 〈독작〉(獨酌)이다. 조선의 시선(詩仙) 정철(鄭澈)도 뒤지지 않는다.

"재 너머 성권농(成勸農) 집 술 익는단 말 어제 듣고/누운 소 발로 박차 언치 놓아 지즐 타고/아해야 네 권농(勸農) 계시냐 정좌수(鄭座首) 왔다 하여라".

국세청에 따르면 올해 각종 술 소비량은 2,634,000kℓ로 총 55억 병에 이르는 양이다. 술 종류별로는 맥주가 가장 많고 소주, 막걸리, 청주, 위스키 순. 국민 1인당 연간 130병을, 성인남자 13,180,000명을 기준으로 할 때는 한 해 417병으로 하루 한 병을 더 마시는 셈이다. 이 같은 양은 1인당 술 소비량에서 소련에 이어 세계 두 번째라니 이를 어떻게 보아야 할지 어리둥절해지면서 난감한 생각이 든다.

술이 몸에 너무 많이 배어들면 사지는 무거워지고 다리가 흔들리며 혀는 굳고 시각이 흐려지면서 이성은 함몰된다. 과음은 역시 평화와 질서와 가정의 적이다. 과음은 아내에게는 공포요, 어린이의 웃음을 뺏어가고 어머니의 머리를 세게 한다. 전쟁과 흉년과 전염병, 이 세 가지를 합쳐도 술이 끼치는 해독과 비길 수 없다고 말하는 사람도 있다.

죽은 후 북두칠성에 닿을만한 돈을 남기더라도 살아생전의 술 한 독만 못하다는 말도 있기는 하다. 그러나 올 들어 술을 마시고 운전하다 4천여 명이나 구속됐다니 한심스럽다. 술은 좋은 마음으로 편안하게 마셔야한다. 천천히 한가하게 마셔야 한다. 점잖고 호탕하게 마셔야 한다. 술은 봄철에는 집 뜰에서 마시고 여름에는 동산에서, 가을에는 배 위에서, 겨울에는 집안에서 마시며 밤술은 달을 벗 삼아 마신다. 그러면 마음이 슬플 때는 어떻게 마셔야 할까. 가슴이 답답할 때는 취하도록 마셔야 할 것인가. 정치나 경제나 세태나 온통 세상 되어가는 꼴이 요 모양이니 어찌 술 없이 이 답답한 심정을 달랠 수 있겠는가.

《동아일보》 1989. 12. 13

2023년에 세계인구 백억 명

1987년 7월 11일 아침 유고의 자그레브에서 세계 50억 번째 아기 마티자 가스파군이 태어났다. 케야르 유엔사무총장이 달려가 이 아기의 출생을 축하해주었고 구미 곳곳에서도 이 경사를 환호했다. 그러나 그때 가족계획 전문가들은 이와는 반대로 침울하고 착잡한 표정이었다. 어떻든 지금 세계 인구는 1분에 150명꼴로 늘어나 2000년에 62억, 2053년경에는 백억에 달해 비로소 그 수가 고정될 것이라고 유엔은 예측한다. 남한은 2023년에 5천 200만 명 선에서 멈출 것이라는 것.

이 같은 인구증가를 '지구멸망의 인구폭탄'이라고 경고하는가 하면 식량부족, 에너지고갈, 환경오염 등의 심화로 인류생존까지 위태로워질 것이라는 우려도 있다. 그러나 인구증가는 지금까지 인류역사발전의 원동력이었다는 것을 간과해서는 안 된다. '아시아의 사룡(四龍)'이라는 한국, 대만, 싱가포르, 홍콩은 아시아 지역은 물론 세계에서도 가장 높은 인구 조밀국이다. 인구가 적었다면 그 같은 성장 기적이 이루어지지 않았을 것이다. 일본도 마찬가지다.

최근 보사부가 추진하는 가족계획사업이 예산이 대폭 삭감돼 큰 차질을 빚게 됐다고 떠들썩하다. 이에 따라 올해 인구증가억제 목표 42만 명선이 무너져 15만 명가량이 더 출생하게 되었다는 것. 한 나라의 인구가 일정한 조건이 갖추어진다면 1억은 돼야 경제적 자립 내지는 경제대국이 될 수 있다는 학설도 있다. 1억 정도면 내수산업으로 모든 것을 해결할 수 있고 큰 시장을 바탕으로 국제경쟁력도 강해진다. 실제로 핀란드, 노르웨이는 500만도 안 돼 시장이 좁아 신상품 개발이 힘들고 서적출판, 영화제작이 부진해 문화열등국으로 전락할 위기에 놓여 있다.

인구문제에서 가장 큰 걱정거리는 식량문제다. 그러나 FAO에 따르면 세계농산물 저장량은 전 세계의 배고픈 사람들이 꼬박 2년간 먹고도 남는다. 미국에서는 농촌을 황폐화하는 등, 선진국들은 곡물생산을 억제하고 있다. 우리도 쌀이 남아 골칫거리다. 일본에서는 토마토 한 그루에 1만 2천 개가 열리고 오이 한 넝쿨에 3천 3백 개가 열려 화제가 됐다. 우리 가족계획 예산삭감이 잘 된 것은 아니나 타성에 젖어 고착된 사고방식에서 못 벗어나는 것은 잘못이다. 낳느냐 안 낳느냐도 중요하지만 어떻게 기르느냐가 더 중요하다.

《동아일보》 1990. 1. 11

영하 43.6도와 88.3도

"추위가 하도 심해 말을 하자마자 얼어붙는데 보통 겨울에 말하면 이듬해 여름에나 그 말이 녹아 들린다." 플루타르크 영웅전에 나오는 이야기로 지독한 혹한을 과장한 표현이다. 지금까지의 기록으로는 1933년이 가장 추웠던 해로 나타나 있다. 국내에서는 그해 1월 12일 중강진의 영하 43.6도가 가장 낮았고 세계적으로는 그해 2월 시베리아의 오이먀콘이 영하 67.7도로 최저 기온을 기록했다.

극지까지 합치면 1960년 8월 24일 남극대륙 보스톡 지역의 영하 88.3도가 기록이다. 해방 후 남한에서의 최저기온은 1981년 1월 5일 양평의 영하 32.6도, 서울은 1927년 12월 31일의 영하 23.1도가 최저기온. 23일 아침 서울이 영하 15.4도, 가장 낮은 곳은 철원의 영하 24.8도로 오랜만에 전국이 꽁꽁 얼어붙었다. 최근의 혹한으로 인한 기상재앙은 지난 83년 12월 북미에 몰아닥친 살인한파로 400여 명이 동사했다. 미국 로키산맥과 서부지방이 영하 50도까지 내려가면서 폭설까지 겹쳐 참화를 빚었다.

그러나 지구의 기온은 계속 상승하고 있다. 대기의 온실효과로 우리나라도 80여 년 전보다 평균 1.5도 가량 높아졌다. 기상학자들은 자연적 원인으로는 태양활동과 해면활동의 변화와 화산활동을 들고 인위적 원인으로는 공해로 인한 대기 중 이산화탄소 농도의 증가와 자외선을 차단하는 오존층 파괴 등을 지적한다. 이로 인해 최근 수년 동안 세계 곳곳에서 이상난동이 계속되면서 태풍, 호우, 폭설 등 기상재해가 꼬리를 물고 있다.

30여 년 전만 해도 한겨울 눈길을 속옷은커녕 목도리나 장갑도 없이 맨발로 등하교하는 어린 학생들이 적지 않았다. 그러나 요즘 사람들은 추위에 대한 저항력이 떨어진 것 같다. 난방시설이 발달된 탓도 있지만 모두들 조금만 추워도 꼼짝을 못한다. 춥다고 웅크리지만 말고 가슴을 펴고 해야 할 일들을 펼쳐나가자. 그리고 주변에 정말 추운 사람이 없는지 살펴보자. 강추위 속에 어린이 가장이 이끄는 수천 가구가 끼니를 제대로 잇지 못하는가 하면 연탄도 제대로 못 피우는 단칸방에서 7, 8명이 새우잠을 자기도 한다. 추위를 모르는 훈훈한 아파트에 사는 부유층은 강추위에 고통 받는 사람의 처지를 돌아보았으면 한다.

《동아일보》 1990. 1. 23

독재자 위한 생체실험

이 세상에서 장수자들이 가장 많은 사는 곳은 소련 카스피해안의 그루지야 고원지대로 알려졌다. 소련정부가 세계 최장수자라고 발표한 시랄리 미스리모프도 이곳 출신으로 지난 1973년 168세에 죽었다. 1805년에 태어난 그는 매일 아침 양을 몰고 산에 가거나 숲에 나무를 베는 일, 과수원 일 등, 들과 산에서 평생을 보냈다 한다.

이 최장수자는 술, 담배를 않고 낮잠을 잔 적이 없으며 식사는 야채, 과일, 수수빵, 저지방의 치즈로 하되 평생 식욕을 억제했다는 것. 그러나 죽을 때는 107세의 세 번째 아내와 219명의 직계 자손을 거느렸다. 요즘 일본에는 '3세기를 사는 모임'에 참여하는 노인들이 많아졌다. 1899년에 태어나 2001년까지만 생존하면 19세기부터 21세기까지 3세기를 산다는 이야기다. 이들은 늙지 않는 방법으로 지적 대화, 독서, 적당한 자극 등 세 가지를 든다.

장수의 비결을 찾는 일은 인류역사와 함께 계속되어온 소망이다. 그러나 아직 이렇다 할 획기적 비결은 없다. 하지만 비결 아닌 비결은 수없이 많다. 80수를 누린 석가는 해탈을 강조했고 고희를 넘겨 산 공자는 정갈한 식사, 정결한 생활을 신조로 삼았다. 벤저민 프랭클린도 일찍 자고 일찍 일어나 부지런히 일하는 절제의 삶을 84년이나 영위했다. 이에 비해 불로초를 구하고자 동남동녀(童男童女)를 삼신산(三神山)으로 보냈다는 진시황은 49세밖에 살지 못했다.

김일성이 78세 생일을 맞아 온통 요란을 떠는 속에 북한은 김일성 개인의 건강과 장수를 전문적으로 연구하는 '위대한 수령 김일성 동지 만수무강연구위원회'를 설치해 김의 노쇠 및 돌발적 신체기능변화에 대비하고 있다고 한다. 북한의 가장 권위 있는 의사·학자 등 3천여 명이 동원된 이 연구소는 전립선염, 난청 등 노인성 질환으로 고통 받는 김의 폐·위·간·뇌 등을 중점 분석·연구한다는 것. 연구소는 김과 비슷한 체질의 80세 이상 노인 20~30여 명을 수용해 개발된 각종 음식물 약품 등을 투여, 장수효과를 임상실험하고 있다는 것. 독재자 1인을 위한 생체실험과 다를 바 없다. 김은 독재자 중에서도 가장 이기적이고 저질수준에 비인간적인 것만 골라 하고 있다.

《동아일보》 1990. 4. 17

지구, 몸이 아파 달아오르나?

9일 영덕지방의 낮 최고기온이 35.2도까지 치솟고 전주, 청주, 의성 등지의 기온도 34도가 넘는 등 가마솥더위가 계속되고 있다. 지금까지 기록된 우리나라의 최고기온은 1942년 8월 12일 경주의 43.5도다. 다음은 그해 7월 12일 영월의 42도, 1939년 7월 21일 김천의 41.5도, 그해 8월 22일 선산의 41.4도, 1942년 7월 17일 밀양의 41.3도 순이다. 세계에서 가장 더웠던 공식기록은 1922년 9월 13일 리비아의 아지지아 지방의 58

도다.

거의 1세기 동안 지구 기온이 계속 상승하고 있다. 기상환경학자들은 머지않아 인류가 엄청난 기상재앙을 맞을 것이라고 경고한다. 이 같은 이상고온은 해수면 온도가 급격히 상승하고 있는 자연적 요인도 있지만 그보다 일상생활에서 내뿜는 이산화탄소 등 대기오염으로 인한 것이 심각하다. 세계 각국에서 낸 보고서에 따르면 세계평균기온은 지난 90년 동안 0.3~0.7도 상승했고 이대로 계속될 경우 2030년경에는 평균기온이 다시 1.5~3.5도까지 올라갈 것이라 한다.

이 같은 기온상승은 헤어스프레이 등에서 나오는 프레온가스나 석탄·석유 등 화학연료를 사용할 때 나오는 탄산가스·프로판가스 등이 대기층에 두꺼운 막을 형성, 대류권(對流圈) 밖으로 빠져나가야 할 지상의 열을 차단해 생기는 것. 이 같은 이상고온현상으로 앞으로 30년 안에 지구에서 매일 50여 종의 동식물이 멸종될 것이며 고온에 잘 견디는 새로운 농작물 개발을 서두르지 않을 경우 인류는 더욱 심각한 식량난에 허덕이게 된다는 것.

지난 1980년 여름 한 달 동안 미국 남부에 휘몰아친 살인무더위로 농작물이 말라 죽고 소, 닭 등 가축이 떼죽음 당했으며 인명피해만도 1천 2백 명이나 됐다. 1988년 여름 중국 남경시에서도 83명이 죽고 1천 5백여 명이 치료받았다. 그렇지 않아도 더워죽겠는데 더위이야기만 하니 더욱 덥다. 공해도 냉장고도 없던 시절의 판소리 박타령이나 한번 들어보자. "담양대 땀받이에, 한산모시 고의적삼, 전주죽선은 왼손에 들어라. 굳이 죽선 부쳐 무삼 소용이냐. 아흔아홉 발 틈으로 새어드는 바람 아흔아홉 뼈마디가 아리도록 시리는데 ⋯ ."

《동아일보》 1990. 7. 10

그린벨트는 20세기 인류 유산

숲은 '신의 위대한 환희'라고 한다. 숲은 신(神)이 지상에 심어 놓은 것 가운데 가장 훌륭하고 아름다운 것이기 때문이다. 태고를 간직하고 있는 유장(悠長)함에서 우리는 가장 자연적인 것을 느끼고 배운다. 녹엽과 녹엽 사이에 일어나는 가느다란 파동, 비단같이 매끈하고 보드라운 느낌, 꿈결같이 향긋한 녹향(綠香)은 이 세상 그 어느 것보다 아름답다.

여태까지 우리 정부가 세운 업적 가운데 가장 훌륭한 것은 산림녹화와 그린벨트 보존이라고 말하는 사람이 많다. 얼마 전 국제회의에서 일본의 국토청 고위직을 지낸 분이 "국토개발 분야에서 20세기 인류가 무엇을 남겼느냐고 묻는다면 그것은 바로 한국의 그린벨트"라고 말했다 한다. 거창하게 지구환경을 들먹일 필요도 없이 우리나라에 그 같은 녹지가 없었을 때의 도시모습을 연상해보면 쉽게 알 수 있다. 88서울올림픽 때 내한한 소련 사람들이 가장 놀란 것도 산림녹화였다.

지금 설악산이 걷잡을 수 없이 망가지고 있다. 콘도미니엄, 오피스텔, 골프장에 대규모 야영장까지 들어서 아름답던 설악이 곳곳에서 흉한 몰골을 드러내고 있다. 대도시 주변도 마찬가지다. 도시 과밀화와 인구집중을 부채질하는 주택공급 우선정책의 대세에 밀려 우리 주변에서 녹색이 사라지고 있다. 1989년까지 녹지지역과 풍치지구 등 근 1천만 평이 지목변경되거나 해제된 데다 올 하반기에도 140여만 평이 택지로 전환될 예정이다.

이런 실정에서 얼마 전 건설부는 그린벨트 내에 개인사업자들이 체육시설을 설치할 수 있도록 허용했다. 자연훼손은 말할 것 없고 특정인 특혜 의혹까지 사면서 졸렬한 정책을 펴고 있다. 지금까지 20년 동안 그린벨트를 유지할 수 있었던 것은 제 3공화국 이래 통치자의 강력한 의지 덕분이다. 그동안 그린벨트를 잘못 관리했다가 처벌당한 공무원이 5천 2백여 명에 달한 데서도 알 수 있다. 그 어느 감사보다 그린벨트 감사가 제일 무섭다는 이야기도 그래서 생겼다. 녹색의 황폐화는 단순히 녹지가 줄어드는 데 그치지 않는다. 수질·대기오염은 말할 것 없고 이 메마른 세상에 정서까지 앗아가 버린다.

《동아일보》 1990. 7. 12

남산은 서울의 중핵, 손대지 말라

"남산 위의 저 소나무 철갑을 두른 듯, 바람서리 불변함은 우리 기상일세." 애국가 2절은 어딘지 애조를 머금어 부를 때마다 쓸쓸하고 애처로운 느낌이 든다. 남산의 본명은 목멱산(木覓山)이다. 인경산(引慶山), 종남산(終南山)이라고도 불린다. 목멱산은 북악(北岳), 인왕(仁旺), 낙산(駱山)과 함께 서울 분지를 둘러싸고 있는 내사산(內四山)의 하나다. 이 네 산은 서울의 위곽(圍郭)을 이루고 있는데 정도(定都) 후 이 능선을 따라 성벽을 쌓았다. 그러나 오늘날엔 남산이 위곽이 아니라 대서울의 중핵이 돼버렸다.

남산… 하면 소나무가 연상된다. 남산에는 소나무가 빼곡히 들어차 있었는데 땔감으로 베어내고 일제 때 번식력 강한 아카시아를 이식, '민족의 기상' 소나무를 밀어냈다. 이어 심각한 도심공해에 호텔 등이 들어서면서 녹지가 잠식당했다. 남산은 화강암으로 뒤덮였다. 남산의 소나무는 이 바위땅에도 깊게 뿌리를 내려 버티고 서서 풍운을 이겨냈다. 만고풍상을 겪은 모양답게 이리 휘어지고 저리 비틀린 등걸은 지난 세월 전쟁·빈곤·좌절 속에서도 희망을 잃지 않고 꿋꿋하게 살아온 우리 민족의 기백,

바로 그것이나 다름없다.

남산의 황폐화는 일인들로부터 시작됐다. 그들은 임진난 때 이 산 북쪽 산허리에 왜장대(倭將臺)라 불린 성채를 쌓아놓고 주둔해 있었다. 이어 1897년 예장동(藝場洞) 일대에 왜성대(倭城臺)를 설치했으며 뒤이어 경성신사, 조선신궁 등을 세웠다. 이렇게 해서 왜인촌이 들어섰다. 해방 후 군사정권이 들어서면서 또 다시 파괴되기 시작했다. 안기부, 수방사, 미군통신부대, 외국인아파트 등이 들어섰다. 5·16 후 정보부 등이 들어서 한때 '남산'은 공포의 대명사가 됐다.

정부는 이 같은 부적격 시설을 옮기고 자연생태를 회복시켜 공원기능을 되살리기 위한 남산 제모습찾기 사업을 확정했다. 사업계획 중에서도 각 도별 소나무단지를 조성하고 식목원 등 생태전시장과 함께 작은 동물들을 방사한다는 것이 듣던 중 반가운 이야기다. 이처럼 자연으로 돌아가는 데 한 가지 걸리는 것이 있다. 대부분 20층이 넘는 하얏트·신라·타워·앰베서더·힐튼호텔, 대우·국제화재·대한화재보험 빌딩 등 거대 고층빌딩이 남산의 경관을 크게 해치고 있다. 어느 시장 때 이런 것들의 건축허가를 해주었는지 참으로 한심스럽다. 이에 대한 장기대책도 세워야 한다.

《동아일보》 1990. 8. 18

끽연권과 혐연권

강인하게 보이고 싶은 애연가는 손을 컵 모양으로 해 담배를 잡는데 이 스타일은 명화 〈카사블랑카〉의 험프리 보가트에 의해 유명해졌다. 베티 데이비스는 상대방의 눈을 지그시 응시하면서 담배연기를 내뿜는 연기로 관객들을 사로잡았다. 위세를 좋아하는 시가 애용가들은 시가를 질끈 깨문 채 "이봐"하며 명령하는 에드워드 로빈슨 식을 흉내 낸다.

콜럼버스는 아메리카와 함께 시가도 발견했다. 콜럼버스와 동행한 선원들 중에서도 맨 먼저 피워본 사람은 로드리고 데 헤레스. 그는 1492년 10월 28일 지금의 도미니카공화국 근처에서 문명인으로서 첫 흡연을 경험했다. 서기 700년대에 마야족이 팔렝케에 세운 신전석벽에 신관(神官)이 흡연하는 모습이 조각돼 있는데 이것이 최고(最古)의 담배에 관한 기록. 우리나라에는 17세기 초에 들어온 것으로 이수광(李睟光)의 지봉유설(芝峰類說)에 적혀있다.

생각이 막혔을 때 한 모금의 흡연이 막힌 생각을 틔워준다. 근심이 있을 때 담배 한 모금은 근심을 반감해 주며 권태로울 때 일할 의욕을 북돋워주고 피곤할 때 피곤을 잊게 해준다. 더울 때 흡연은 양미(凉味)를 주고 추울 때 흡연은 온미(溫味)를 주며 우중에 떠오르는 담배연기는 시인에게 시감(詩感)을 주고 암중(暗中)의 흡연은 공상가에게 철리(哲理)를 준다. 공초(空超) 오상순(吳相淳)은 손가락에 끼인 담배는 육체의 일부분이며 사라지는 자연(紫煙)은 육체의 일부분이 명멸하는 것이라고 노래했다.

흡연은 지구상에서 13초에 한 명 꼴로 목숨을 앗아간다고 최근 세계보건기구는 경고했다. 이런 추세로 가면 현재 건강한 어린이 1억 5천만 명이 흡연피해로 사망하게 된다는 것. 끽연권(喫煙權)과 혐연권(嫌煙權)이 갈수록 논란을 일으키고 있는 가운데 담배를 피우지 않아도 직장에서 담배 피우는 동료와 함께 근무하면 폐암에 걸릴 위험성이 높다는 유권해석이 미국학자들에 의해 내려졌다. 이에 따라 미 환경청은 담배연기를 인공발암물로 규정, 규제책을 강구중이다.

그렇지 않아도 사무실은 물론 공공장소, 여객기, 기차 등에서 천덕꾸러기인 끽연자들이 더욱 설 자리를 잃게 됐다. 사실 흡연은 소화성 위궤양, 십이지장궤양을 발병·악화시키고 뇌졸중, 심부전증 유발요인이기도 하다. 하지만 담배는 끊기가 어렵다. 마크 트웨인은 "금연처럼 쉬운 일이 없다. 나는 천 번도 더 끊어보았기 때문에 잘 안다"고 말했다. 처음부터 손대지 않는 길 외에 왕도가 없는 것 같다.

《동아일보》 1990. 12. 8

술이 사람을 마셔서야

1930년대의 어느 여름날 소나기가 억수같이 쏟아지는데 거나하게 취한 네 사람이 소를 잡아타고 서울 대로상에 나타나 행인들을 경악케 했다. 그도 그럴 것이 이 네 사람은 백주에 하나같이 실오라기 하나 걸치지 않은 맨몸으로 혜화동까지 진출했으니 이 광경에 놀라지 않을 사람이 있었겠는가. 왕술꾼 수주(樹州) 변영로(卞榮魯)의 주당 일행이 벌인 소동이었다.

수주는 평생 동안 술에 취해 몽롱한 눈빛으로 세상을 살았다. 그의 수필집 《명정(酩酊) 40년기》의 제목에서도 나타나 있지만 마셨다 하면 인사불성이 되었다. 김칫독이나 부엌의 솥을 소변통으로 알고 볼일을 보았는가하면 귀갓길에 다리에서 굴러 떨어져 익사할 뻔도 했다. 횡보(橫步) 염상섭(廉尙涉), 공초(空超) 오상순(吳相淳) 성제(誠齊) 이관구(李寬求) 등과 어울려 청탁불문, 안주불문, 현금외상불문의 술집 순례를 일삼았다. 수주는 술을 끊으려고 금주라는 두 글자를 새겨 목에 걸고 다녔지만 끝내 실패했다.

프랑스 사람들도 술에 관한 에피소드가 많다. 희곡작가 몰리에르의 친구들이 만취해 철학과 인생을 논하다 죽음을 찬미하더니 "귀찮은 세상, 차라리 센강에 몸을 던져 죽는 것이 얼마나 시적인가"라며 집단투신자살을 만장일치로 가결했다. 이들이 달려 나가는데 당황한 몰리에르가 "숭고

한 자살을 밤에 하면 후세에 남지 않을 테니 내일 아침 파리 시민들이 지켜보는 앞에서 거행하자"고 제의했다. 이튿날 아침에 술이 깨자 아무도 그 이야기를 꺼내지 않았다.

술로 인해 패가망신하는 것은 다반사이고 망국(亡國)에 이른 일도 없지 않다. 제 1차 세계대전 때 프랑스군은 전쟁의 공포를 술로 달래다 취한 상태에서 독일군에 파리를 점령당했다. 프랑스군은 제 2차 세계대전 때도 마지노선을 난공불락이라고 믿고 맘껏 마셨다가 독일군에 대패했다. 술은 프랑스 사람보다 소련사람들이 더 많이 마신다. 그들은 보드카 한 병 사려고 한나절씩 줄을 선다. 소련사람 다음으로 우리가 많이 마신다는 통계다.

송년회철을 맞아 요즘 곳곳에서 폭음하는 사람들이 많다. 며칠 전 입사 동기생들과의 망년회식 자리에서 과음한 은행원이 쓰러져 숨졌다. 18일에는 만취한 청와대 경호관이 유흥업소에서 추태를 부리다 출동한 경찰관까지 폭행하는 등 난동을 부렸다. '취하자는 술'이지만 술이 사람을 마셔서는 안 되겠다.

《동아일보》 1990. 12. 20

동물보호법

얼마 전 미국의 호사가들이 개가 베토벤을 좋아하는지 모차르트를 좋아하는지에 대한 실험을 해 보았다. 개가 어느 작곡가를 좋아하는지 분명히 판명되지는 않았지만 슬픈 가락이 나오면 제법 감상적인 모습으로 엄숙해졌다는 것이다. 개는 청각이 매우 예민하고 소리의 가락도 식별할 수 있으며 특히 후각은 인간이 전혀 알지 못하는 것까지 맡을 수 있어 그 정도가 인간의 몇백 배나 된다고 한다. 눈도 인간이 보지 못하는 악령이나 죽음의 사신을 본다고 주장하는 학자도 있다.

개는 애완동물 가운데서도 첫손 꼽힌다. 구미에서처럼 고급 식탁에서 차이코프스키를 들으며 성찬을 즐길 정도는 아니지만 우리나라 애완견도 미장원에 다니고 패션쇼도 한다. 그러나 일반 개는 대부분 식용으로 희생된다. 얼마 전 유럽에서 한국인이 개를 잔인하게 죽이는 모습이 TV에 방영돼 큰 반향을 일으켰다. 죽이는 방법도 몽둥이로 때려죽여야 맛이 좋다고 하여 산채로 때려잡는 것도 소개됐다고 한다. 아무리 보신탕을 좋아한다고 해도 그렇게 해서는 안 될 일이다.

동물학대가 동양에만 있는 것은 아니다. 얼마 전 호주에서 열린 세계자연보호연맹의 종 보존위원회에 보고된 바에 따르면 유럽, 아시아, 아프리카 등지에서 밀렵이 심해 호랑이·코끼리·침팬지 등이 멸종위기에 놓여있다는 것. 특히 호랑이는 8개 아종(亞種) 중 발리·자바·카스피 해 호랑이 등 3종은 금세기에 절멸(絶滅)됐다 한다. 금년 초 강원도에 폭설이 내려 먹이를 찾지 못한 야생조수가 민가로 많이 내려왔었다. 주민들이 노루, 고라니, 토끼 등을 보호하다 눈이 녹으면서 놓아주는 동물사랑을 베풀었다. 당국에서도 헬리콥터까지 동원해 먹이를 공중 투하했다.

우리나라에서도 앞으로 합리적인 이유 없이 동물을 죽이거나 학대 또는 유기할 경우 처벌을 받게 된다. 정부는 동물학대를 근절하기 위해 동물보호 법안을 마련, 내년 초 임시국회에서 통과되는 대로 상반기 중 시행할 예정. 앞으로는 동물을 거세하거나 뿔을 자를 때도 수의학적 방법으로 해야 한다. 동물보호는 당연하다. 그러나 우리의 처지를 뒤돌아볼 때 '수권'(獸權)도 좋지만 인권보호에 더욱 관심을 가져야 한다. 그토록 인권을 짓밟은 고문기술자 이근안 씨를 2년 동안이나 '안 잡고'있지 않은가. 이런 일부터 해결해가는 것이 일의 순서가 아닐까.

《동아일보》 1990. 12. 22

핵보다 무서운 화학무기

페르시아만에서 전쟁이 터지면 유가폭등 등 세계경제의 어려움은 물론 사상 유례없는 참혹한 독가스전쟁이 될 우려가 있어 세계의 이목이 쏠려 있다. 기원전 5세기에 이미 스파르타 군이 아테네를 침공할 때 유황 태운 독가스를 사용했다고 하나 화학병기가 가공할 위력을 발휘한 것은 제 1차 세계대전 중인 1915년 4월 벨기에 북부 이프로 전투에서였다. 독일이 염소가스를 사용, 프랑스·캐나다 연합군 5천 명을 몰살하고 1만 5천 명에게 치명상을 입혔다. 제 1차 세계대전 중 독가스로 인한 연합군 측 사상자만 1백만 명이 넘었다.

10여 종의 독가스 중 가장 지독한 것이 신경가스와 수포성 가스. 최초의 신경가스는 1936년 독일이 감자해충을 제거하는 살충제를 제조하다 개발한 '타분'. 이어 독일은 이보다 5배나 강한 '사린'(GB)을 만들어냈는데 냄새, 색깔 등이 없는 이 가스는 가랑비 한 방울 분량만도 못한 0.1㎎만 몸에 흡수돼도 죽는 엄청난 살인무기다. 이 가스 5톤이면 20메가톤의 수폭(水爆)과 맞먹는다는 것. 제 2차 세계대전 때 370만 유태인들이 바로 이 가스의 인체실험대상이 되어 죽어갔다. 그런데 요즘에는 '사린'보다 10배나 강한 VX 신경가스가 개발됐다.

수포성 가스는 접촉부위를 문드러지게 하거나 굳게 해 처참한 죽음을 맞게 한다. 이라크-이란 전쟁 때 이라크가 독가스를 사용하기 시작했다. 1986년 이란 민간인 100~200명이 희생된 것이 확인됐고, 1988년엔 이란에 협조했다는 이유로 이라크가 쿠르드족 마을인 하라브자읍에 수포성 이페리트가스를 살포, 5천여 주민이 얼어 죽은 듯 빳빳하게 질식사했다. 이라크는 현재 7천여 톤에 달하는 독가스를 보유하고 있는데 이보다 더 무서운 생물학 무기도 생산하고 있는 것으로 알려졌다. 이 무기에는 탄저

병, 페스트, 콜레라균 등이 포함돼있다.

미 언론이 전하는 페르시아만 개전 시나리오에 따르면 개전 2시간 후 독가스를 장착한 스커드미사일이 이스라엘을 향해, 개전 3시간 뒤에는 사우디의 미 공군기지로 발사된다는 것. 미군이 이에 대비한 훈련을 받았고 각종 장비가 구비된 방독의를 준비하고 있지만 숨 막히는 열사(熱砂)에서 얼마나 효과가 있을지 의문이다. 방독면, 방독의는 지금까지 수십 차례 개량됐지만 실제 화학전에서 큰 도움을 주지 못했다. 핵보다 더 무서운 화학무기를 이 지구상에서 영원히 파기해버려야 한다.

《동아일보》 1991. 1. 16

관동팔경 사라지나

영동의 동해안을 따라 연이어 있는 절경 중의 명승인 통천의 총석정(叢石亭), 고성의 삼일포(三日浦), 간성의 청윤정(淸潤亭), 양양의 낙산사(洛山寺), 강릉의 경포대(鏡浦臺), 삼척의 죽서루(竹西樓), 울진의 망양정(望洋亭), 평해의 월송정(越松亭)을 관동팔경(關東八景)이라 한다. 고래로 많은 시인, 묵객들이 이곳을 찾아 풍류를 즐기고 빼어난 경승을 노래했다. 일찍이 신라의 국선(國仙)으로 일컬어지는 영랑(永郎), 술랑(述郎), 남석랑(南石郎), 안상랑(安祥郎) 등 사선(四仙)이 이곳에서 시문(詩文)을 읊었고 여말의 근재(謹齋) 안축(安軸)과 조선 선조 때의 송강(松江) 정철(鄭澈)이 각각 관동별곡을 남겼다.

"고성(高城)을 바라보며 삼일포(三日浦)로 찾아가니 새긴 글씨 완연한데 사선(四仙)은 어데 갔나. 여기 사흘 머문 후 어데서 또 머물고. 선유담(仙遊潭) 영랑호(永郎湖) 거기에나 가 있는가." 송강가사 관동별곡 중 신라 사선(四仙) 대목이다. 취흥에 젖은 송강은 해변으로 들어간다. "명사(鳴沙) 길 익숙한 말이 취한 신선 빗기 실어 바다를 곁에 두고 해당화로 들어가니 백구(白鷗)야 날지 마라. 네 벗인 줄 어찌 아는가", "북두성을 국자 삼아 창해수(滄海水)를 길러내어 저도 먹고 나도 먹어 서너 잔 기울이니 화풍(和風)이 슬슬 일어 겨드랑이 치켜드니 구만 리 장공(長空)에 자칫하면 날겠도다".

그토록 수려한 관동팔경의 동해안 절경이 무분별한 개발로 크게 망쳐졌다는 소식이다. 속초, 고성, 양양, 강릉, 명주(溟州) 등지의 동해안 곳곳에 32개 건설업체가 들어서 호텔·콘도미니엄·휴게시설 등을 짓고 있다. 마구잡이 공사로 풍광 좋은 산 10여만 평과 아름다운 해변 20여만 평이 파헤쳐져 자연경관이 훼손되고 있다. 1988년 말 군부대의 건물신축 동의규제가 풀리면서 너도나도 들어서 휴양시설을 짓고 있기 때문.

바닷가에 서 있노라면 공연히 가슴 설렌다. 햇빛 부서지는 해안, 뭉게구름 피어오르는 수평선, 은빛 반짝이는 모래, 그리운 바다의 파도소리에 새삼 자연에의 외경심을 갖는다. 이 천혜의 자연경관은 한번 망가지면 돌이킬 수가 없다. 온 국토가 훼손되어 가는 중에도 접적지역인 동해안만은 보존해 왔는데 이제 이곳조차 무차별 훼손되고 있다. 대자연은 신의 섭리이며 창조주의 영원한 작품이다. 자연은 인간이 순응할 때 베풀고 거역할 때에는 포용해 주지 않는다.

《동아일보》 1991. 6. 22

용서 못할 나무학대

굳건하게 서 있는 나무만큼 믿음직한 것은 없다. 나무 주변에선 세상이 온갖 소란을 피워도 나무는 그 뿌리를 대지 속에 깊이 내리고서 의젓하게 서 있다. 나무에 비가 내리고 폭풍이 지나가고 눈이 덮여도 나무 안에는 힘찬 생명이 빽빽이 들어차 꾸준히 성장해간다. 나무에 귀 기울일 줄 아는 사람이야말로 진리를 아는 사람이다. 왜냐하면 나무는 고독의 철인이요, 안분지족(安分知足)의 현인이기 때문이다.

예전엔 동서양을 막론하고 나무나 숲에 대한 숭배사상이 대단했다. 나무에는 정령(精靈)이 있어 비를 오게 하고 해와 달이 뜨고 지게 하며 풍년이 들게 하고 가축을 증식시키며 해산을 돕는다고 믿었다. 우리나라에도 당산나무가 있어 마을 안의 이 거목 아래 돌을 쌓아 단을 만들고 당산제(堂山祭)를 지냈다. 마을사람들의 평안과 풍년을 빌고 재해 예방을 기원했다. 마을의 수호신과 같은 이 나무를 훼손한 자에게는 혹독한 형벌이 내려졌다.

얼마 전 군포에서 자연녹지 내 20~50년생 소나무 400여 그루 밑동에 지름 1㎝가량의 구멍을 뚫고 그 안에 독극물을 넣어 나무를 고사시켰다. 이 일대가 주택가와 가까워 지가상승을 위한 형질변경을 노려 나무를 없애려고 약물을 투입한 것. 그러더니 이번엔 서울시내 한복판인 강남구 삼성동에서 콘도・골프회원권 판매 중개업체인 정인레저 직원이 회사간판을 가린다고 플라타너스 20여 그루를 큰 가지까지 모두 잘라 앙상한 채로 말라죽게 했다.

수많은 공장과 차량의 매연, 가정에서 태우는 기름과 연탄에서 엄청난 공해물질이 쏟아져 나온다. 그 중에도 탄산가스, 아황산가스, 이산화질소 등이 인체에 치명적 피해를 안겨준다. 나무는 무한한 산소공급원일 뿐 아니라 이 같은 오염물질을 흡수해 대기를 정화시킨다. 이 밖에도 소음차단, 도시미관은 물론 자연재해방지, 야생동물보호 등 무한한 역할을 한다. 이 같은 나무를 감히 누가 밑동에 독극물을 집어넣고 가지를 베어 고사시킨단 말인가. 이런 무리들은 철저히 가려내 엄벌에 처해야 한다.

《동아일보》 1991. 7. 5

콩나물과 농약

농약콩나물이 하도 말썽을 부리자 얼마 전 한 소비자단체에서 실험재배를 해 공개했다. 6일 동안 물로만 재배한 것과 소독제(호마이)를 사용한 것, 성장촉진제(인돌비)와 소독제를 함께 써서 기른 콩나물 등 세 종류다. 물로 재배한 것은 몸이 가늘고 뿌리 부분이 길며 잔뿌리가 있고 맛이 구수하면서 약간 질긴 것이 특징. 소독제만 사용한 것은 약간 통통한 듯했으나 물로 재배한 것과 구별하기 어려웠다. 성장촉진제를 사용한 것은 잔뿌리가 없고 통통하지만 쉽게 부러지고 속이 비어 삶았을 때 양이 절반으로 줄었다.

콩나물은 콩을 불린 다음 시루에 볏짚이나 시루 밑을 갈고 콩을 담아 어두운 곳에서 고온다습하게 발아시킨다. 계속 물을 주어 5~7㎝ 됐을 때 먹기 시작하는데 빛깔은 흰색이나 담황색이 좋다. 콩나물은 콩 단백질과 비타민 B_1, C의 보고로 우리 식탁에서 사랑을 받아 왔다. 요리할 때는 지나치게 가열하지 말고 풋내가 약간 나는 듯한 정도로 익혀 먹으면 맛과 영양가를 살릴 수 있다.

보사부가 14일 전국에서 837건의 콩나물을 수거, 검사한 결과 상당량에서 호마이, 톱신엠 등의 농약이 검출됐다. 이 농약은 콩나물이 썩는 것을 방지하고 속성재배를 위해 사용된다. 이 농약은 심하면 두통, 시력감퇴, 언어장애 등을 일으킨다. 시판 콩나물 농약 사용은 아무리 단속해도 계속 되풀이된다. 그것은 콩나물이 식품이 아닌 농작물로 분류돼 식품위생법상 식품제조 허가대상에서 제외돼 재배과정에서 규제를 받지 않기 때문이다.

유해농약을 사용해 기른 콩나물이 '무공해 콩나물'로 둔갑, 시중 백화점에서도 버젓이 판매되자 요즘엔 집에서 길러 먹는 소비자가 크게 늘었다. 가정에서 재배하면 유해성분이 없고 깨끗할 뿐 아니라 자라는 모습을 직접 볼 수 있어 도시인의 정서함양과 자녀교육에도 좋다. 그 많은 작물재배에 농약을 안 쓰는 경우는 거의 없다. 한마디로 믿고 먹을 식품이 없다. 도처에 유해불량식품이 범람, 독버섯처럼 번져 국민건강을 해친다. 위생당국이나 소비자 모두 특히 여름철을 맞아 식품위생에 각별히 신경을 써야겠다.

《동아일보》 1991. 7. 15

태아 성감별은 인공재앙

초등학교 신입생 중 남자 짝꿍끼리 앉는 학급이 늘어나고 있다. 신입여학생 수가 계속 줄고 있기 때문이다. 올해만 해도 전국 초등학교 신입생 65만 3천여 명 가운데 남학생이 34만여 명이나 됐다. 초등학생 전체로 보아도 여학생 2,345,000여 명에 비해 남학생은 2,488,000여 명이나 된다. 이런 현상은 특히 서울 강남지역에서 더욱 심해 일부학교에서는 남녀학생 구성비가 3대 2까지 되는 어처구니없는 현상까지 빚어졌다.

남아선호의 고정관념은 오랜 세월을 통해 인습으로 다져졌다. 그러나 딸부자니 하는 이야기는 있었지만 그것이 별문제는 아니었다. 그러던 것이 태아 성감별방법이 실용화하면서 심각한 사회적 문제가 야기됐다. 처음 양수검사로 식별하더니 융모막 세포검사, 초음파검사로 발전해 갔다. 그러자 성감별 행위를 하는 의료인은 면허가 취소되도록 법이 개정됐고 대한의학협회 등에서도 자체 윤리위원회에 회부해 조치하겠다고 밝혔다. 그러나 면허가 취소됐거나 처벌을 받았다는 의료인에 관해 들어본 적은 없다.

이처럼 성비불균형 상태가 커다란 사회문제가 되어 있는 실정에서 태아성감별 진단시약이 대량 수입돼 주목을 끈다. 화공약품 취급업체인 D화학이 병원 등에 돌린 안내문을 보면 호주에서 개발된 이 약은 별다른 기구나 기술 없이도 누구나 간단하게 태아 성별을 감별할 수 있다는 것. 임신 12주 이상 된 임신부의 소변을 채취해 이 시약용액에 5~7시간 넣어두어 변하는 색깔로 쉽게 판정이 난다는 것이다.

지금까지의 추세로 보아 성감별을 통해 여아로 판명돼 낙태한 건수가 한 해에 2만 건이 훨씬 넘을 것이라고 전문가들은 추정한다. 이런 추세로 가면 미구에 신부기근이란 인공재앙에 직면하게 될 것이다. 보이지 않는 섭리가 마련해준 자웅(雌雄)의 균형을 파괴한 데 대한 업과(業果)를 자초할지도 모른다. 업과에 대한 우려를 떠나서도 인간의 존엄성이 그런 식으로 무너져서야 될 일인가. 보건당국의 철저한 감독과 의료인들의 자성을 촉구한다.

《동아일보》 1991. 10. 13

자연휴식년제

시인 김광섭(金珖燮)은 산은 답답하면 솟아서 높은 봉우리가 되고 물소리를 듣고 싶으면 내려와 깊은 계곡이 된다고 노래했다. 산은 사람들과 친하고 싶어 기슭을 끌고 마을에 들어섰다가도 사람 사는 꼴이 어수선하면 슬슬 기어서 높은 봉우리로 올라간다고 읊었다. 슬플 때 심산계곡을 소요하노라면 한결 마음이 가라앉고 위안을 받을 수 있다. 산은 아무리 험해도 포근함이 있어 인생의 비애와 번뇌를 어루만져 준다.

국립공원 설악산에 단풍이 곱게 물들기 시작했다. 단풍 행렬은 오대산, 속리산, 계룡산, 내장산을 거쳐 지금 지리산에서 한창 타오르고 있다. 유리알처럼 맑은 가을 하늘 아래 홍엽(紅葉)이 만개, 그 황홀한 자태를 다퉈 뽐내면 평소 산을 잊고 살던 사람들도 한 번쯤 산행을 결행한다. 급속한 산업화 속에서 각종 공해에 찌든 도시민들은 더욱 그렇다. 그래서 요즘 주말마다 전국의 명산에는 30~40만 명의 단풍인파가 몰려 북적댄다.

산을 먹고 마시며 질탕하게 노는 장소로 인식, 자연을 황폐화시키는 왜곡된 산행문화가 아직도 개선되지 않아 등산로 주변과 계곡마다 쓰레기가 널려 있다. 또 개발이란 미명 아래 자연경관이 무수히 훼손되고 있다. 국립공원 대부분이 공원지정 후 더욱 파괴되었다니 더 할 말이 없다. 1895년 지정된 남아연방의 크루커국립공원은 500종의 조류와 114종의 포유류가 공원지정 후 단 한 종도 멸종되지 않았다. 미국 등의 공원도 자연 그대로 잘 보존돼 있다.

그러나 우리 국립공원은 그렇지가 못하다. 주요 등산로별로 입산을 통제하는 자연휴식년제를 도입, 올해부터 설악산 한계령~대청봉 간 등 28개 산 47개 지역을 3년 동안 폐쇄했다. 그러나 설악산의 경우만 보아도 몰려드는 발길에 오솔길이 넓혀지면서 주변 산림이 훼손되고 생태계가 파괴되고 있다. '사경'을 헤매는 국립공원을 살려내야 한다. 공원 내 위락시설을 대폭 줄이고 야유회 등 집단적인 행락객은 산행을 삼가야 한다. 자연휴식년제도 확대해 산도 좀 쉬게 해주어야 한다.

《동아일보》 1991. 10. 30

새만금간척사업

국토가 좁아서 그런지 우리 국민의 땅 소유욕은 정말 놀랍기만 하다. 재산증식이 주목적이기도 하지만 때로는 그저 '내 땅'을 소유하고 싶은 욕구에서 비롯된 것도 적지 않다. 전통적 농경민족이기에 땅에 대한 애착이 강하고 과거의 지주에 대한 선망까지 곁들여 너도 나도 좀더 많은 땅을 갖고 싶어 한다. 그로 인해 망국적인 부동산 투기가 일어 온 나라를 뒤집어 놓기도 했다.

그동안 바다를 메워 국토를 넓히는 간척사업을 꾸준히 벌여왔다. 해방 후 작년 말까지 1,610개 지구에서 53,500ha가 매립됐다. 그중 가장 큰 규모가 영암 해남지구의 12,800ha다. 현재 공사중인 지역으로는 1993년 완공예정인 현대그룹의 서산간척지 1만 5천 6백ha와 1994년 완공예정인 시화지구 17,300ha가 있다. 28일 전북 부안의 새만금간척 종합개발사업이 착공됐다. 2004년까지 무려 40,100ha의 간척지를 조성하는 대역사(大役事)다.

새만금 지역은 거의 부안군 면적과 맞먹는 규모이며 인천광역시의 두 배나 되는 광활한 지역이다. 연간 쌀 18만 톤 생산규모의 농지조성은 물론 신도시, 산업단지, 담수호, 해수호도 만들어 물고기·바닷고기 양식사업도 벌인다. 또 부산항보다 더 큰 연간 5천만 톤 하역능력에 5만 톤급 대형선박접안이 가능한 새만금 국제항도 건설된다. 부안 변산반도에서 고군산(古群山) 열도로 이어지는 세계 최장의 방조제 33㎞를 쌓아 그야말로 창해가 육지로 바뀐다.

국립공원인 변산반도는 수온이 체온과 같고 모래가 부드러운 변산해수욕장과 풍우와 파도에 씻겨 침식당해 수만 권의 책을 쌓아놓은 듯한 단층의 절경 채석강으로 명성 높다. 고군산열도 역시 명사십리의 선유도 해수욕장과 기암절벽의 경승에 낙조의 장관으로 유명하다. 관광단지개발계획이 들어있긴 하지만 국립공원인 이 지역 해양명승지 보전의 노력은 물론 생태계 파괴방지와 인근 피해어민 대책에 차질이 없도록 추진되어야 한다.

《동아일보》 1991. 11. 29

독감, 인류의 오랜 숙적

한기, 두통과 함께 높은 열이 나면서 전신이 나른하고 근육통이나 관절통에 식욕이 떨어지며 기침에 콧물 등이 쏟아지는 증세. 이를 겪어보지 않은 사람은 별로 없을 것이다. 바로 독감에 걸린 것이다. 보건사회부는 13일 전국에 유행성독감 경보를 내렸다. 서울지역 감기환자에게서 북경 A형 및 파나마 B형과 유사한 바이러스가 분리되었다는 것. 이번 독감은 특히 근육통에 고열이 심해 급성폐렴 등 합병증을 일으키기 쉽다고 한다.

독감은 히포크라테스도 언급했을 정도로 오래전부터 있었던 증세다. 그 중에서도 1918년의 치명적인 스페인독감, 1957년의 아시아독감, 1968년의 홍콩독감이 유명하다. 스페인독감은 당시 전 세계의 가정에 침투했다. 갑자기 호흡곤란을 일으키면서 고열로 얼굴이 자줏빛이 되어 하루 이틀 만에 질식, 또는 출혈로 숨졌다. 미국에서만 55만여 명이 죽었고 전 세계적으로 2천만 명 이상이 목숨을 잃었다.

독감 병원체는 인플루엔자 바이러스로, 현재 성질이 각기 다른 바이러스 A형, B형, C형이 발견돼 있다. 과학자들은 각종 백신을 만들어 내지만 감기 바이러스엔 속수무책인 상태. 감기 바이러스는 200여 종으로 알려져 있다. 이 중 어느 한 개를 겨냥해 백신을 만들어내면 그 바이러스는 어느새 다른 모양으로 바뀌어 그 백신이 효능을 잃는다. 지금 우주를 정복하고 첨단기술은 초고집적 전자회로를 개발했지만 아직도 감기 바이러스 제거처방은 발명하지 못했다.

독감 감염경로는 환자의 기침이나 재채기 등으로 공기 중에 확산된 바이러스가 다른 사람의 상기도(上氣道)를 통해 들어가 점막 등의 부위에 증식하면서 온몸에 퍼진다. 재채기를 세차게 하면 바이러스가 섞인 수천 개의 미세한 침방울이 시속 80㎞의 속도로 튀어나온다. 때문에 우선 환자나 사람 많은 곳을 피하는 것이 최선이다. 귀가 후엔 양치질과 손을 씻는 것이 예방의 첩경이라고 의사들은 조언한다. 독감에 걸리면 안정, 보온에 유의하고 전문의의 지시에 따라 대증요법을 취해야 한다. 3일 이상 갈 경우 합병증에 유의해야 한다. 특히 어린이, 노인들이 피로하지 않도록 신경 써야 한다.

《동아일보》 1991. 12. 14

금연엔 의지력이 당방當方

생각이 막혔을 때 담배 한 모금은 막힌 생각을 틔워준다. 근심이 있을 때의 한 모금은 근심을 반감시켜주고 피곤할 때의 한 모금은 원기를 회복시켜 주며 우중에 떠오르는 담배연기는 시인에게 시상을 떠올려 준다고 김동인(金東仁)은 담배를 찬미했다. 공초(空超) 오상순(吳相淳)은 금연이란 두 글자를 가장 싫어한다며 이 글자를 보면 송충이나 독사를 보는 것같이 소름끼친다고 했다. 그러나 흡연은 폐암 외에도 위궤양, 십이지장궤양 발병에 뇌졸중 등을 유발시킨다. 흡연은 지상에서 13초에 한 명꼴로 생명을 빼어간다.

시거하면 윈스턴 처칠이 연상되지만 아이젠하워야말로 담배를 굴뚝처럼 피워대는 애연가였다. 심한 경우 하루에 대여섯 갑씩 피워댔다. 컬럼비아대 총장 재직 때 맥박이 빨라져 의사의 권고로 담배를 끊었는데 그 후 맥박이 정상으로 돌아왔는데도 입에 대지 않았다. 외부 사람이 그의 집무실에서 흡연하는 것이 못마땅하지 않느냐고 묻자 그는 한바탕 웃어대며 "천만에! 도덕적 우월감을 느껴요. 내겐 금연할 의지력이 있지만 그들에겐 그런 의지력이 없다고 생각해요"라고 응답했다.

요즘 저개발국을 빼놓고는 마음대로 담배 피울 수 있는 나라는 찾아보기 힘들다. 세계보건기구에 따르면 166개 회원국 중 100개국이 공공장소에서의 흡연제한 조치를 취하고 있다. 보건시설은 물론 정부건물·회의장·학교·오락시설·작업장·음식점·대합실 등 광범위하게 제한되어 있다. 오늘날처럼 산업화된 사회에서는 많은 사람들이 실내에서 생활하는데 밀폐장소에서의 끽연은 비흡연자에게도 심각한 피해를 주기 때문이다.

우리나라도 공중위생법 시행규칙을 개정, 공공시설에 흡연구역설치 등을 의무화했으나 제대로 이행되지 않고 있다. 우리 실정엔 너무 이르다며 제대로 단속하지 않기 때문이다. 그러나 일부 민간단체와 기업들이 금연운동에 앞장서고 있다. 국내 처음으로 금연빌딩을 등장시킨 금호그룹은 23개 계열사의 모든 사무실과 공장을 금연빌딩으로 지정했으며 서울대 소아과병원, 아주대 의대, 일부 외국인회사 빌딩도 이에 적극 호응하고 있다. 각계의 '담배와의 전쟁'이 결실 맺기를 성원한다.

《동아일보》 1992. 1. 7

신토불이… 최선의 처방

조선 최고의 명의 허준(許浚)은 중국의 의학서 본초강목(本草綱目)을 접해 보는 것이 필생의 소원이었다. 이 책은 명나라 이시진(李時珍)이 제자백가(諸子百家) 700여 서책을 참고로 엮은 약용식물집으로 당대 최고의 의서다. 허준은 필생의 노력 끝에 이 의서를 구해 독파하고 그에 따라 시술해 본 뒤 고개를 흔든다. 신토불이(身土不二). 중국의 의서는 어디까지나 중국인의 체질에 맞춰 그 지역 약초로 치료하도록 되어 있는 것으로 조선사람의 치료는 조선사람 체질에 맞는 조선 땅에서 난 약초로 치료해야 된다는 것을 깨닫는다.

사람의 체질과 그 사람이 태어나 살고 있는 토양은 떼려야 뗄 수 없는 단일체라는 신토불이의 진의를 간파한 허준은 16년간의 오랜 연구 끝에 불멸의 의서 동의보감(東醫寶鑑) 25권을 집대성한다. 살아가는 터전에서 자란 곡식과 채소를 먹고 성장한 부모에게서 태어나 역시 평생을 그 터전에서 살아가는 자식이 그 터전과 관련이 없을 수 있겠는가. 우리 선조들은 이 불가분의 관계를 잘 알고 살아왔지만 요즘 우리 주변은 그렇지 못한 것 같다.

모두들 외제품이라면 사족을 못 쓰는 외제선호 고질병에 걸려있다. 이제는 먹는 것조차 외제밖에 모른다. 과소비풍조에 업자들의 장삿속까지 가세해 지난 한 해 동안의 식품・식기류 수입액이 39억 달러로 물경 3조원에 이른다. 품목 또한 다채롭다. 고가의 생선회에서부터 미꾸라지, 구렁이, 번데기, 자라분말, 도토리에 이르기까지 대량 수입되고 있다.

이렇게 수입된 것들 중의 상당수가 중금속, 대장균이 초과 검출되거나 유통기간이 지나 부패 변질된 것들이라고 한다. 메주에선 애벌레, 고추장에선 모래 등 이물질이 나오고 백합조개에선 장염 비브리오균, 딸기주스 제품에선 카드뮴이 검출됐다. 변질 바나나는 5억 원어치나 폐기처분됐다. 우리가 언제부터 이렇게 돼버렸는지 답답하기만 하다. 신토불이, 한국인에게는 역시 한국산 식품이 최고라는 평범한 진리를 다시 한 번 마음속에 새겨 본다.

《동아일보》 1992. 2. 29

첫 한국 인공위성

세계 최초의 인공위성은 1957년 10월 구소련이 발사한 스푸트니크 1호. 다음은 이듬해 1월 발사된 미국의 익스플로러 1호. 1989년 말까지 발사된 인공위성은 3,196개. 이 중 작동중인 위성은 1,864개로 구소련 1,124개, 미국 557개, 일본 37개, 영국·프랑스 등이 10여 개. 인공위성 실태조사보고서인 스페이스 로그의 통계다. 기능은 과학기술개발용, 달·행성 탐사, 방송통신, 기상지구관측, 군사용 등이다.

작년 9월 일본 미쓰비시 중공업 유도추진시스템 제작소에서 로켓엔진 시험중 사고가 발생했다. 이 로켓은 2톤급 대형위성을 발사할 수 있는 성능으로 이것만 개발되면 미·소와 어깨를 나란히 할 수 있을 정도다. 사고는 1명 사망에 그쳤으나 가장 중요한 엔진에서 사고가 나 순일본제 대형로켓 H2를 발사하는 계획에 차질이 우려되고 있다. 본격 우주개발에 나서려던 일본의 꿈에 찬물을 끼얹었다. 세계 첨단기술국에서조차 이 정도니 우주항공개발이 얼마나 어려운 것인지 알만하다.

뒤늦긴 했지만 우리도 인공위성을 갖게 된다. 무게 50kg의 소규모이지만 과학위성 키트새트 A호가 오는 7월 23일 중남미 프랑스령 기아나에서 발사된다. 한국과학기술원이 영국 서레이대학과 공동제작한 이 위성은 프랑스의 아리안스페이스사 로켓에 실려 띄워진다. 이 위성은 적도상공 1,300㎞ 궤도를 돌면서 방송통신기능, 지상관측, 우주과학연구 등의 임무를 수행한다.

국내에서 완전 독자적으로 설계·제작한 순수 국산위성 키트새트 B호는 1993년 8월 발사될 예정이다. 이 위성발사는 소련 우주왕복선의 부란 로켓을 이용할 것으로 알려졌다. 뒤이어 무게 600㎏의 본격 방송통신위성 무궁화호가 1995년에 발사될 예정. 우주상공 3만 6천㎞에 정지해 있을 이 중형위성의 수명은 12년으로 선진통신 서비스가 기대된다. 우리는 지금 치졸하고 볼썽사나운 이전투구(泥田鬪狗)의 선거운동에만 매달려 있을 수는 없다. 정신과 마음을 가다듬어 과학기술 진흥에 박차를 가해 새 시대에 대비해야 한다.

《동아일보》 1992. 3. 17

80㏈ 이상이면 청력손실

쾌적한 생활환경을 해치는 소리, 사람이 원치 않는 소리가 소음이다. 차량통행이 많은 도로변 소음의 환경 기준치는 70dB(낮) ~60dB(밤). 조용한 주택가의 밤은 30dB, 도서관은 40dB, 보통의 대화는 60dB, 전화벨 소리는 70dB, 지하철역 80dB, 자동차 경적 100dB, 제트기 이륙 때는 120dB 정도라고 한다. 보통 10dB 오를 때마다 그 소리의 충격은 8배 정도로 높아진다. 작년 말 서울 동대문의 평균 소음도는 낮 79.7dB, 밤 75dB로 환경 기준치에 비해 엄청난 소음이다.

서울역, 세종로, 잠실, 부산 부전동도 비슷한 수준으로 대도시 도로변의 교통소음도가 갈수록 심해지고 있다. 소음은 40dB이 넘으면 인체에 영향을 미치기 시작하는데 60dB에 수면장애, 70dB엔 말초혈관수축반응, 80 dB 이상이면 청력손실을 가져온다. 소음은 청력장애뿐 아니라 만병의 원인이 된다. 전문가들에 따르면 심한 소음은 고혈압, 심혈관질환, 위궤양, 심리적 불안정, 작업능률 저하, 사고율 증가, 비정상의 사회적 행동 유발 등을 가져온다는 것.

소음에 대한 감응은 심신 상태나 건강정도에 따라 다르다. 건강한 사람보다 환자나 임신부가, 남성보다 여성이, 노인보다 어린이가 더 심한 영향을 받는다. 또 지속적인 소음보다 충격음에 의한 영향이 더 심하다. 갑자기 뒤에서 나는 자동차 경적에 놀란 사람이 많다. 자동차 중에서도 버스나 대형 트럭의 급작스런 경적은 기절할 정도다. 심장이 멎는 듯한 충격을 받기도 한다.

대구 지방환경청은 허용기준치 이상의 경적을 울린 트럭 운전사들을 적발, 개선 명령과 함께 과태료 50만 원씩을 부과했다. 급작스런 경적에 혈압이 오르고 맥박이 증가하며 호흡 횟수가 늘어난다고 한다. 그렇지 않아도 세상 돌아가는 꼴에 혈압이 오르고 숨이 차는데 자동차 경적까지 끼어들어 사람들을 괴롭힌다. 경적 소음은 대부분 운전사들의 부주의로 인한 것이다. 불쾌하기 짝이 없는 자동차 경적을 계속 엄중히 단속해주기 바란다.

《동아일보》 1992. 4. 4

생명에 대하여

6월은 모든 가능성이 배태되는 계절이다. 온 천지에 활력이 넘쳐 생명(生命)력이 용솟음친다. 6월은 푸르른 계절, 나날이 푸르러 가는 이 산

저 언덕, 그리고 하늘을 달리고 녹음을 스쳐 오는 향기로운 바람을 맞노라면 마음속의 잔잔한 기쁨에서 시작되는 생명의 희열이 솟아오른다. 녹엽(綠葉)과 녹엽 사이에 일어나는 가느다란 파동, 비단같이 부드러운 음향의 촉수, 햇빛을 타고 반짝이는 이파리의 빛나는 웃음, 새들의 노래를 타고 흐르는 교향악은 우리를 환희와 열락(悅樂)과 평화와 본원(本源)의 세계로 이끌어 준다.

6월은 생명의 계절. 생명의 아름다움을 새삼 일깨워 주는 계절이다. 이 세상에서 생명보다 더 소중한 것은 없다. 사람이 온 세상을 다 얻는다 해도 제 목숨 잃으면 무슨 소용이 있겠는가. 이 세상에서 사람의 목숨과 바꿀 것이 어디에 있겠는가. 이 세상 최고의 악(惡)이 죽음이라고 한다면 이 세상 최고의 선(善), 최대의 가치는 생명이다.

영국(英國)의 고사(故事) 한 토막이 생각난다. 영국의 헨리 8세는 프랑스의 왕 프랑수아 1세를 지독하게 증오했다. 하루는 '본나'라는 신부(神父)를 불러 칙사로 프랑스 궁전에 가서 프랑수아 1세를 위협하는 말을 전하라고 명했다. 그러자 본나 신부는 부들부들 떨면서 "만약 폐하께서 하라는 대로 말을 했다가는 저는 살아서 돌아오지 못할 것입니다"라고 말했다. 이 말에 헨리 8세가 "그것은 문제가 되지 않소. 만일 프랑스 왕이 경을 사형에 처해 버린다면 짐은 프랑스 사람들을 닥치는 대로 모조리 잡아다가 목을 베어버리겠소"라고 말했다. 그러자 본나 신부는 머리를 만지면서 "폐하께서 무수히 목을 자르는 것은 자유입니다만 영국 어디를 가서 찾아보아도 이 머리처럼 제 목에 맞는 머리는 없다고 생각되는 바이옵니다."

그토록 귀중한 단 하나뿐인 목숨이지만 지금까지 이 세상에서 무수한 생명이 아무 이유 없이, 또 아무 가치도 없이 무수히 꺾였다. 제1, 2차 세계대전이나 나치 히틀러, 또는 소련 스탈린의 독재 아래서 수천만 명이 비명에 갔다. 하나같이 원통한 죽음들이다. 6월을 맞는 우리로선 동족상잔의 비극 6·25사변을 잊을 수 없다. 3년간에 걸친 전화는 전 국토를 폐허로 만들었으며 막대한 인명피해를 냈다. 임진왜란 이후 가장 큰 인명손실을 낸 아픈 역사다.

인명은 전쟁이 아니라도 무수히 희생된다. 사고, 범죄, 질병에 희생되고 굶주림으로 아사하는 사람도 많다. 매일같이 신문 · 방송에 사람 죽는 이야기가 꼬리를 물고 이어진다. 최근 발생한 양평(楊平)의 일가족 생매장 살해 사건은 우리를 전율케 한다. 시체 수색에 나선 경찰이 양평의 까치봉 계곡에서 돌무더기 사이로 빠져나온 하얀 버선을 발견하고 파 보니 팔십 노인 자매가 돌 더미 아래 거꾸로 묻혀 죽어 있었다. 생매장된 것이다. 부근에 아들이 처참한 모습으로 살해 암장돼 있었고, 조금 떨어진 곳에서 흙 속에 쪼그리고 앉아 죽어 있는 어린 최서연(崔敍娟) 양 시체가 발견됐다. 범인들은 돈 20만 원을 뺏기 위해 노인과 어린이까지 그토록 무참하게 생매장했다. 조금 지난 사건이지만 의령(宜寧)의 우범곤(禹範坤) 순경의 양민 집단 살해사건, 박순자(朴順子) 사교(邪教)의 오대양 집단 살해사건, 화성(華城)에서의 연쇄 엽기 살해사건 등 생각만 해도 몸서리쳐지는 인명 살상사건이 이루 헤아릴 수 없이 많이 저질러졌다.

알베르트 슈바이처 박사는 나무에서 잎사귀 하나라도 의미 없이는 따지 않았다. 의미 없이는 한 포기의 들꽃도 꺾지 않았다. 벌레도 밟지 않으려고 조심했다. 여름밤 램프 아래서 일할 때 날아든 많은 날벌레가 램프 불에 타 죽는 것을 보고는 무더운 여름밤에도 창문을 닫고 일을 했다. 우리 선조들도 생명외경사상이 대단했다. 이유 없이는 아무리 미물(微物)이라도 생명을 빼앗지 않았다. 잡힌 생물도 놓아 살려 주는 방생(放生)하는 마음이 몸에 배어 있었다. 우리의 할머니들은 하다못해 기명(器皿)물을 버릴 때도 식혀서 버렸다. 뜨거운 물이 하수구로 들어가 수많은 미물들을 해칠 것이 두려워서다.

인생이란 단지 기쁨도 아니고 슬픔도 아니며, 그 두 가지를 종합해 나아가는 과정에서 파악되어야 한다. 커다란 기쁨도 커다란 슬픔을 불러오며 또 깊은 슬픔이 깊은 기쁨으로 통하기도 한다. 자기의 할 일을 발견하고 자기가 하는 일에 신념을 가진 자는 행복하다.

태어나고, 서로 만나서 알고, 사랑하고, 헤어지고, 사라지는 것이 모든 인간의 슬픈 이야기라고 한다. 그렇게 보면 인생은 짧은 이야기나 다름없다. 중요한 것은 그 이야기의 길이가 아니라 값어치이다. 인생은 본디 선도 악도 아니라고 한다. 어떻게 사느냐에 따라 그 이야기가 선의 무대도 되고 악의 무대가 되기도 한다.

생명이란 끊임없는 혁신이 아닐까. 습성에 이끌려 무의식으로 살아가는 것은 물질적 생명이지 진실한 생은 아니다. 매사에 성실하고 닥쳐오는 일에 창의적으로 대처하는 등 꾸준히 혁신하는 자세로 값어치 있게 삶을 이끌어가는 것이야말로 생명을 사랑하는 것이다. 사랑은 생명의 꽃이다. 지상의 생명, 살아 있는 모든 것을 아끼고 사랑하는 것이 참 인생이 아닐까.

《동아일보》 1992. 6.

쓰레기 공해

배보다 배꼽이 더 크다는 말이 있지만 요즘 각종 상품의 과대포장이 너무 심한 것 같다. 소비자단체 등의 조사에 따르면 4중, 5중으로 겹겹포장된 것이 많고 내용물에 비해 지나치게 크고 요란하게 포장된 것들이 많다. 국산차 한 가지만 보아도 비닐 포장한 것을 알루미늄 캔에 넣고 다시 나무상자에 담아 종이상자에 넣은 것을 다시 포장지로 싸서 판다. 지나치게 큰 포장도 많은데 어란 세트의 경우 여섯 배 이상 큰 바구니에 비닐 등으로 모양을 내어 포장해 팔고 있다.

백화점에서 팔고 있는 과일바구니세트는 바구니 가격만 1만 원이 넘는다. 이 밖에 굴비·육류·육가공·수산가공 제품도 포장비가 5천 원이 넘는다. 이 비용은 모두 소비자가 부담한다. 그뿐만 아니라 과대포장은 자원낭비를 가져오고 그만큼 쓰레기만 늘어난다. 과대포장은 일종의 속임수 판매며 이 같은 포장 재료의 상당부분이 비닐, 스티로폼 등 재사용은커녕 심각한 쓰레기 공해를 유발하는 것들이다.

유엔환경개발회의 서울지역 위원회는 5일을 쓰레기 없는 날로 정하고 쓰레기 발생 자체를 막자는 범시민 캠페인을 벌였다. 이 위원회는 이를 위한 시민행동지침으로 포장상품을 거절하고 장바구니를 들고 다니자고 제의했다. 언제부터인가 우리 주부들 사이에 장바구니가 없어지고 대신 비닐봉지에 물건을 넣고 다니는 것이 습관이 돼버렸다. 비닐은 한 번 버리면 영원히 썩지 않는 무서운 공해물질이다. 일본, 유럽 등지의 외국 주부들은 장바구니를 들고 다니는 것이 하나의 생활패턴으로 정착돼 있다.

이번 범시민 캠페인은 또 음식물 안남기기, 자동판매기 안 쓰기, 종이 양면 쓰기 등도 제안했다. 우리나라 음식쓰레기 발생량은 전체 쓰레기의 27%가 넘는 하루 2만 4천 톤에 이른다. 식탁에서 버리는 음식이 연간 8조 원에 이른다는 것. 국내자동판매기용 종이컵 생산량도 연간 150억 개나 된다. 이 종이컵은 한 번 쓰고 버려져 환경오염의 주범이 되고 있다. 이번 캠페인이 단기간에 그치지 말고 연중 내내 이어졌으면 싶다.

《동아일보》 1992. 6. 6

엽도獵道

짐승을 쫓아 잡는 재미는 인간의 원시본능을 충족시키는 최고의 도락이다. 좋아하는 엽총을 들고 충직한 사냥개와 함께 대자연 속에서 마냥 걷는 것이 얼마나 야성미 넘치는 모습인가. 그러다가 갈대밭 사이를 뚫고 날아가는 꿩을 향해 다가서는 쾌감이란 그야말로 레저의 진수다. 대상물에 총부리를 겨누어 방아쇠를 잡아당기는 그 순간의 황홀함은 예술적 감흥과도 일치한다고 한다.

사냥은 동물을 사랑하는 마음으로는 차마 할 것이 못되어 예로부터 지나침이 없도록 엽도(獵道)를 지켜 왔다. 오경(五經)의 하나인 예기(禮記)에서 "천자는 사냥할 때 완전히 포위하고 잡지 않으며 제후는 떼 지어 있는 짐승을 몰래 덮치지 않으며 대부는 새끼 낳은 짐승이나 알을 품는 새를 잡지 않으며 선비는 새둥지를 엎어버리지 않는다"고 가르친다. 한꺼번에 다획하지 않고 오랫동안 많이 죽이지 않으려는 의도가 면면히 배어 있다.

예기까지 거슬러 올라가지 않더라도 양식 있는 사냥꾼은 앉아 있는 꿩을 날려 보낸 뒤 쏘고 풀을 뜯는 노루는 뛰어 보낸 뒤에 쏜다. 무조건 잡고 보겠다는 욕심보다 비겁하게 잡지 않겠다는 수렵정신을 갖추게 되면 아무 짐승이나 보는 대로 방아쇠를 당기는 나쁜 습성은 갖지 않게 될 것이다. 그렇게 하면 무조건 엽총을 장전하고 다니다가 오발로 동료사냥꾼이 다치거나 나무꾼을 짐승으로 오인해 쏘는 실수도 저지르지 않을 것이다.

울 안에 꿩을 가둬 놓고 쏘아 죽이는 실내 사냥터가 도심에 등장했다. 사격대에 기대어 7~8m쯤 떨어진 그물 안의 꿩을 석궁을 쏘아 잡는 것이다. 잡은 꿩은 가져가거나 즉석에서 탕을 끓여먹기도 한다. 사육한 꿩을 가둬 놓고 돈을 버는 상행위도 한심스럽지만 그런 꿩을 쏘아 죽이는 재미에 빠지는 비인간적인 작태야말로 지지리도 못난 사람들이다. 우선 선조들은 벌레한 마리도 밟지 않으려 했고 나뭇가지 한 개도 이유 없이는 꺾지 않았다. 그 후손들이 어쩌다가 이토록 잔인하고 양식 없는 짓을 하게 되어버렸는지 참으로 가슴 아프다.

《동아일보》 1992. 6. 10

한강 못 살리면 파멸

수만 년 전 구석기 시대부터 한강 유역에 사람이 살기 시작했다. 그러나 이 지역에 유적을 남겨 놓은 것은 6천여 년 전부터 정착 생활을 시작한 신석기 시대 인들이다. 반수렵·반농경 생활로 미사리와 암사동 일대에 움집 자리와 빗살무늬 질그릇을 남겨 놓았다. 뒤이어 무문(無紋) 토기와 고인돌이 한강 유역 곳곳에서 수없이 발견되었다.

역사시대에 접어들어 기원전 1세기에 고구려 왕자들이 남하, 온조왕이 한강 유역에 백제의 국기를 다진다. 하북(河北) 및 하남 위례성이 그것이다. 한강을 근거로 강성해진 근초고왕(近肖古王)은 고구려를 쳐 고국원왕(故國原王)을 살해했다. 한강 유역을 빼앗은 고구려 장수왕은 백제 개로왕(蓋鹵王)을 사로잡아 죽여 설욕한다. 신라는 진흥왕 때 이곳에 진출해 북한산 순수비(巡狩碑)를 세우고 한강을 통해 당과 접근, 끝내는 백제를 멸하고 고구려를 굴복시켰다. 한 마디로 한강을 지배하는 세력이 한반도의 주인이 됐다. 태백산 금대봉(金臺峰)에서 발원하여 김포 월곶으로 빠지는 장장 500㎞의 한강은 바로 우리 민족이 걸어온 발자취며 생명의 젖줄이다. 당장 2천만여 수도권 주민이 이 물을 마시고 이 물에 의존해 살고 있다.

한강은 흐르는 지역에 따라 각각의 이름이 있다. 뚝섬에서 옥수동까지는 동호(東湖), 한남동 근처는 그대로 한강, 동작동 앞은 동작강(銅雀江), 노량진 앞은 노들강, 용산 앞은 용호(龍湖), 마포 앞은 마포강, 서강 앞은 서강, 김포 근처는 조강(祖江)이라 했다. 특히 노들강변과 서강은 강폭이 넓고 물결이 잔잔하며 강가에 숲이 우거져 낚시질·뱃놀이하기에 좋아 많은 문인, 명사들이 찾아와 시를 짓고 읊는 등 풍류에 젖었던 곳이다. 그러던 이 한강이 풍류는 간데없고 심한 오염으로 날로 썩어간다. 이번에 물고기 수천 마리가 떼죽음당해 하얗게 떠오른 곳은 다름 아닌 옛 풍류가 서려있는 노들강변과 서강 하류의 당산철교 부근이다. 이 같은 떼죽음이 지난 한 달 동안에만도 여섯 번이나 발생했다. 전문가들은 저항력이 강한 어종까지 희생된 것으로 보아 수질오염이 광범하고 심각한 상태라고 진단한다.

전두환 전 대통령 때 한강종합개발사업을 마무리해 한동안 수질이 상당히 좋아졌다. 자취를 감췄던 어류, 조류들이 다시 찾아와 시민들을 기쁘게 했다. 5공 부정(失政)이 많았지만 그래도 '한강은 다스린 대통령'이란 평판을 얻었다. 그러나 그것도 잠시, 6공 들어 한강은 또다시 급속도로 오염됐다. 얼마 전 노량진 수원지 부근에서 강물 1㎖당 27만 마리의 대장균이 검출돼 3급수 환경기준 5천 마리를 무려 54배나 초과했다. 2급수인 구의 수원지 부근에서도 14배나 초과했다.

알고 보면 한강은 수도권 시민의 '공동우물'인 팔당호에서부터 시궁창처럼 버려져 있다. 주변 공장에선 중금속이 함유된 공장폐수를, 농장에선 가축분뇨를, 호텔 음식점에선 생활오폐수를, 골프장은 맹독성 농약을, 양식장에선 인체에 유해한 항생제까지 뿌려 댄다. 이래서 팔당 식수원은 곳곳에 길게 띠를 이룬 적갈색 기름덩어리와 폐유찌꺼기가 뒤엉킨 암녹색 이끼로 뒤덮였다. 또 수초더미 부근에는 농약병, 요구르트 병, 비닐 조각에 온갖 잡동사니가 널려 있다. 악취 또한 지독하다.

한강 오염에는 변칙으로 식당 영업을 하는 유람선과 바지선도 큰 몫을 한다. 특정 업체의 유람선을 띄우기 위해 설치한 수중보도 찌꺼기 적체에 한몫을 한다. 무분별한 개발과 심각한 수질오염으로 한강의 생태계가 변해 버렸다. 61종의 다양한 물고기가 서식했으나 지금은 21종만 서식, 40여 종이 자취를 감췄다. 조류도 52종에서 25종이 모습을 감춰 현재는 27종만 눈에 띈다.

한강오염을 말할 때 흔히 영국의 템스 강이 거론된다. 대도시 런던을 가로질러 흐르고, 한때 중병 상태였으나 정화노력으로 되살아났기 때문이다. 템스 강은 1세기 전만 해도 영국에서 악명의 대명사였다. 1849년부터 런던 지역에 콜레라가 창궐, 무려 4만여 인명을 앗아갔는데 그 주범이 바로 오염된 템스 강물이었기 때문이다. 새와 물고기가 사라지고 악취와 소독약 냄새로 강변에 자리잡은 의사당에서 의정활동을 할 수 없을 정도였다.

이 템스 강에 '150년 만의 감격'이 솟아났다. 이 강에 바다표범이 헤엄쳐 다니자 TV는 생중계까지 하며 환호했다. 물고기도 1백여 종이나 소생했다. 이 죽은 강이 다시 살아나는 데는 영국인들의 각고의 노력과 시간과 돈과 기술이 뒷받침됐다. 서울 한강에는 하수처리장이 4개뿐인데 템스에는 4백 개가 설치됐다. 이를 관리하는 회사의 직원 수가 7천 8백 명이나 된다.

영국인이 한 일을 지금의 한국인이 못할 리 없다. 사업의 선호를 잘 가리면 돈도 충당할 수 있고 기술도 갖고 있다. 문제는 그런 일을 달성하고야 말겠다는 의지력과 사명감이다. 한강 정화는 쉽게 눈에 띄는 사업이 아니다. 경부고속전철이나 영종도 국제공항건설에 비하면 생색도 나지 않는 사업이다. 그러나 2천만 수도권 주민의 생활과 직결되는 한강 오염을 지금처럼 버려둘 수는 없다. 생색나지 않는 사업이지만 그 고마움은 2천만 주민의 가슴속에 따뜻하게 남을 것이다.

그동안 한강 정화의 구호는 귀가 따갑도록 들어 왔다. 관계당국의 홍보성 보도도 꼬리를 물고 이어졌다. 그러나 수질은 계속 악화돼 지금 사강(死江)으로 변해가고 있다. 이대로 가다가는 재앙으로 다가올 것이다. 하루속히 하수처리장을 늘리고 폐수배출사업장 감독을 강화하고 상수원 특별보전책을 강구하는 등 한강 소생에 모두 함께 힘을 모아야 한다.

태고 적부터 멎음 없이 흐르는 강은 인류에게 진실로 거룩한 예지의 젖줄이다. 거룩한 예지를 상실하고는 안락한 생활도 미래의 발전도 기약할 수 없다. 한강에서 시작된 서울 정도(定道) 6백 년을 맞아 한강 정화는 기필코 이룩해야 한다.

《동아일보》 1992. 7. 3.

에너지 비상

세계에서 가장 더웠던 공식기록은 1922년 9월 13일 리비아의 알지지아 지방의 섭씨 58도로 알려졌다. 우리나라는 1942년 8월 12일 경주의 43.5도다. 금년 들어서는 지난 8일 대구 지방의 낮 최고기온이 37.8도로 전국에서 가장 높았다. 대체로 한여름 최고 온도가 40도에 가까워지면 우리나라는 폭염으로 고통 받는다. 요즘은 온갖 냉방기기가 많이 나와 있고 생활수준도 향상되어 사람들이 조금만 더워도 참지를 못한다.

동자부는 연면적 3천 평방미터 이상의 업무시설과 도매시장·백화점 및 연면적 2천 평방미터 이상 숙박시설의 실내온도를 26~28도로 정했다. 13일부터 이를 어길 경우 3백만 원 이하의 과태료를 물게 된다. 대상 건물은 7천 5백여 개로 이 규정은 겨울철 난방에도 적용된다.

금년 들어 관공서 등에서 냉방기기 사용을 금지해 놓아 해당 건물에서 근무하는 직원들의 불만이 높아지는 것은 물론 업무효율도 떨어진다고 한다. 대부분의 건물들이 중앙냉난방식으로 지어져 문을 모두 열어놓아도 덥기는 마찬가지. 일부 직원들은 찜통더위에 시달려 일손을 놓는가 하면 이석하는 사람도 부쩍 늘었다. 지금까지의 권장사항이 앞으로 의무규정으로 바뀌어 직원들의 짜증은 더욱 악화될 것이다.

지금 우리나라는 에너지 비상에 걸려 있다. 해마다 에너지 소비가 큰 폭으로 늘어 작년 에너지 수입액이 125억 달러에 달했다. 해마다 여름철이 되면 전력 태부족으로 곳곳에서 공장들이 조업을 단축한다. 무더위를 참기 어렵겠지만 우리 모두 합심해 견뎌야 한다. 그리스 속담에 '한 시간의 인내는 10년의 안락'이란 말이 있다. 항상 잘 견디어 내는 사람이 승리한다. 추위나 더위, 배고픔이나 불쾌한 일을 참고 견딜 힘이 없는 사람은 아무것도 이룩해낼 수 없다. 모두가 합심해 더위를 참아내야겠지만 그 중에도 사회의 지도층, 사무실의 상급자부터 앞장서 참아내야 한다.

《동아일보》 1992. 7. 13

시각장애아의 놀라운 창의력

22일 오전 국립서울과학관에서 열린 제 14회 전국 학생 과학발명품 경진대회 수상작품 시상식에서 가냘픈 맹인 어린이가 눈길을 끌었다. 어머니의 손을 잡고 시상대에 올라온 앞 못 보는 이 어린이가 바로 영예의 대상인 대통령상을 받는 것을 보고 식장은 숙연해졌다. 이 어린이가 바로 시각장애아의 구구단 학습기를 출품해 대상을 안은 대전 대명초등학교 4학년 유석종(劉錫鍾) 군이다.

14번째 열린 과학기술처 주최의 학생과학발명품 경진대회에는 전국에서 무려 6,421점이나 출품됐다. 유군의 작품은 구구단이 점역돼 있는 누름판을 피아노 건반처럼 누르면 구구셈 곱이 점역된 솟아오름판이 음악과 함께 튀어 올라 시각장애아들이 쉽게 구구단을 배울 수 있게 한 학습도구다. 현재의 것은 점자판이 7~8페이지나 되고 계속 사용하면 점자가 지워져 틀리기 일쑤라는 것.

유군은 "점자 교과서 구구단은 부피도 크지만 배우는 데 시간이 많이 걸리고 이용하기도 어려워 아이들이 고통스러워해요. 그래서 친구들이 쉽게 배울 수 있는 방법이 없을까 하고 궁리하다 이 학습기를 만들었지요" 라고 말했다. 평소 음악적 재능이 뛰어난 유군은 단순한 학습기에 그치지 않고 1에서 9까지의 숫자에 적절한 음을 매겨 장애 어린이들이 구구셈을 재미있게 배울 수 있도록 했다. 시각장애나 청각장애아를 위한 특수교육용 학습용품이 너무나 부족한 실정에서 이 같은 발명품은 참으로 소중하다.

두 살 때 시각장애 · 청각장애 · 언어장애인이 된 헬렌 켈러는 엄청난 역경을 딛고 하버드 대학에 입학해 세계 최초의 맹농아 졸업생이 된다. 여류저술가로 수많은 저서를 남기고 미국 각지는 물론 해외로까지 강연여행에 나서 장애인들의 용기를 북돋웠으며 평생을 사회사업에 바쳤다. 그녀는 마침내 삼중고의 성녀(聖女)로 불렸다. 이번에 대상을 받은 유군도 앞으로 이 분야 연구를 계속해 헬렌 켈러처럼 장애인의 빛과 소금이 되겠다고 다짐했다. 유군의 앞날에 은총이 내리기를 기원한다.

《동아일보》 1992. 8. 23

환경파괴는 인간파괴

도시의 개발산업입지 및 공단의 조성, 에너지 개발, 항만 및 도로건설, 수자원 개발 등 환경보전에 영향을 미치는 사업을 하려면 그 사업이 환경에 미치게 될 영향을 예측하고 평가해 환경처 장관에게 협의를 요청해야 한다. 각종 개발사업으로 인한 환경오염과 자연생태계 파괴의 최소화를 위해 우리는 지난 1982년부터 이 환경영향평가제를 채택, 10년 동안 실시하고 있다. 그러나 현실적으로 이 제도는 유명무실한 실정이다.

환경처에서 지난 1월부터 7월까지 전국 282개 사업자에 대해 환경영향평가 협의사항의 이행여부를 조사한 결과 204개 사업장이 이를 위반한 것으로 나타났다. 그 중에도 앞장서서 준수해야 할 건설부, 철도청 등 중앙부서와 서울시, 부산시 등 지방자치단체 및 토개공(土改公) 등 정부투자기관들이 대규모 개발사업을 하면서 협의사항을 무시하고 있다. 그러니 신설 골프장들이 이를 준수할 리가 없다.

'하나뿐인 지구를 살리자'는 기치 아래 지구환경 정상회담이 열리는 등 환경보전을 위한 범세계적 관심이 고조되고 있으나 우리 정부의 각종 환경정책은 계속 겉돌기만 한다. 현행법상 대규모 개발사업장은 반드시 환경영향평가를 받아 협의사항을 이행하도록 돼 있으나 '힘' 있는 사업장일수록 이를 외면하고 있다. 더욱 아쉬운 점은 현행법에 이 협의사항을 이행하지 않는 사업자에 대한 처벌규정이 없는 점이다.

환경문제 전문가들은 대규모 개발 사업을 허가해준 뒤 사후점검이 필요하고 불이행자에 대한 처벌조항 마련도 시급하지만 생태계 파괴가 뻔한 사업장은 아예 개발하지 못하도록 해야 한다고 주장한다. 또 환경영향평가를 사업주가 지정한 대행업자가 하고 있어 대체로 사업주가 원하는 대로 진행될 수밖에 없다는 것. 평가심사 역시 탁상심사로 끝나는 것이 대부분이라고 한다. 요식행위에 그치고 있는 환경영향평가제의 전면 재검토가 요망된다. 환경파괴는 곧 인간자신의 파괴다.

《동아일보》 1992. 10. 6

쓰레기 매립지 아파트

직장에서 하루의 고된 일을 마치고 귀가해 가족들과 함께 저녁상에 둘러앉는 것보다 더 행복한 모습이 있을까. 집은 안락과 평화의 장소이며 외부의 모든 위해로부터의 피난처일 뿐 아니라 모든 공포와 의혹과 분열 등으로부터 해방되는 안식처다. 아무리 작고 보잘것없는 집이라도 이 세상에서 내 집보다 더 안전하고 편안한 곳은 없다. 그리스의 속담에도 '참으로 행복해지고 싶으면 집안에 머물라'고 했다.

이런 집이 침하할 우려가 있는 지반 위에, 악취가 심한 쓰레기더미 위에 건설된다면 어찌되겠는가. 토지개발공사가 평촌 신도시 조성공사를 하면서 그 일대에 쌓여있던 생활쓰레기 15만 톤을 가연성과 불연성으로 분리해 처리하지 않은 채 매립한 뒤 아파트 건설용지로 공급한 사실이 이번 국정감사에서 밝혀졌다. 현재 이곳에 아파트를 짓고 있고 앞으로 농수산물 도매시장도 들어서게 된다. 이곳에 세워지는 건물은 지반이 가라앉을 가능성이 높을 뿐 아니라 주민들이 심한 악취를 견디기 어려울 것이라는 것이 전문가들의 진단.

쓰레기 매립지 위에 세워진 서울시내 일부 아파트의 경우 여름철에 악취가 심하고 쓰레기 썩은 지하수 때문에 주민들이 고통을 겪고 있다. 평촌의 이 지역도 4, 5년 후에는 악취를 풍길 가능성이 높다. 이 같은 방법으로 아파트 부지를 조성하면 쓰레기 이동처리비와 성토비 등 공사비가

20억 원 가량 절감된다고 한다. 토개공 측은 가연성, 불연성 쓰레기가 뒤섞여 분리가 어려워 양질의 토사를 섞어 분산처리했기 때문에 침하 우려는 없을 것이라고 주장했다.

성경에도 지혜로운 자는 반석 위에 집을 짓고 어리석은 자는 모래 위에 집을 짓는다고 했다. 나쁜 땅에 집을 짓는 것은 자신과 가족을 스스로 감옥에 맡기는 것과 같다고 했다. 집뿐만 아니라 모든 것이 항상 기초가 잘 돼있어야 한다. 입시공부도 그렇고 학문연마도, 예술정진도 마찬가지다. 하물며 이 세상에 둘도 없는 안식처를 그 같이 불안한 곳에 세우다니 말이 되는가. 당국의 적절한 대책을 기대한다.

《동아일보》 1992. 10. 19

당뇨병과 일병식재一病息災

한국은 지금 '당뇨병과의 전쟁'을 벌여야할 정도로 당뇨병이 심각한 국민병이 되어 있다. 국내 당뇨병 환자 수는 전 국민의 5%인 2백만 명가량으로 추산된다. 당뇨병 환자가 급증하고 사망자도 크게 늘어 점차 사회문제가 되어가고 있는 가운데 우리나라에서도 처음으로 9일부터 당뇨병 주간이 설정됐다. 이 환자들은 상당수가 합병증으로 목숨을 잃고 있는데 국민들이 그 심각성을 잘 알지 못하고 있다.

당뇨병 증세는 삼다(三多) 현상으로 나타난다. 물을 많이 마시고(多飮) 음식을 많이 먹으며(多食) 소변을 자주 본다(多尿). 70년대 이후 경제성장에 따른 식생활 변화와 함께 국민보건상 중요 질병으로 등장했는데 병 자체보다 합병증이 치명적이다. 처음엔 증세가 심하지 않아 환자들이 혈당관리를 소홀히 하다 몇 년 뒤엔 실명, 동맥경화, 신부전증 등의 합병증에 걸리게 된다. 삼다(三多) 현상 외에도 가려움증, 체중감소, 피로감 등을 느끼며 상처가 잘 낫지 않는다.

당뇨병환자는 무리한 생활을 하는 사람들 중에 많다. 과음, 과식, 과로, 스트레스에 운동부족이 겹쳐 병이 생긴다. 특히 정신적 스트레스 때문에 악화되는 경우가 많으므로 스트레스를 피하는 생활이 예방과 치료에 아주 중요하다. 환자가 반드시 지켜야 할 것은 스트레스를 피하고 체중을 불리지 말아야 하며 폭식하지 않고, 설탕, 꿀 등 정제된 당류(糖類)는 인슐린 분비를 방해하므로 피해야 한다.

환자들 중엔 당이 들어있지 않은 소주, 양주 등은 괜찮다고 알고 있는데 술은 열량이 많고 안주를 먹게 돼 비만의 원인이 된다. 흡연은 합병증의 하나인 동맥경화를 촉진하므로 금물. 우리가 자주 먹는 곡식, 고구마, 과일 등은 피하고 야채를 많이 섭취하되 식사량은 밥공기의 3분의 2 정도로 줄여야 한다. 물론 싱겁게 먹어야 한다. 운동요법은 걷기, 등산, 에어로빅 등을 연령, 체력에 맞게 1주 4회 이상 꾸준히 하는 것이 좋다. 당뇨병이 불치병이라지만 평생 생활요법으로 혈당치를 잘 조절하면 된다. 이 병을 평행 동반자로 여겨 잘 달래면서 살아가면 매사에 무리를 하지 않아 오히려 장수(長壽) 하기도 한다. 그래서 한 가지 병을 지니면 다른 재앙이 멎는다는 일병식재(一病息災) 라는 말이 있다.

《동아일보》 1992. 11. 9

장수장락보주長壽長樂寶酒

지난 1985년 닉슨 전 미국대통령이 북경을 방문해 등소평(鄧小平)과 담소하는 자리에서 건강문제가 화제가 됐다. 닉슨은 당시 81세임에도 건강한 등소평에게 건강비결에 관한 책을 내면 미국에서만도 수백만 부 팔릴 것이라고 말했다. 등소평이 얘기한 비결은 세 가지. 첫째 낙관적 사고방식을 가질 것, 둘째 너무 많은 일을 하려들지 말 것, 셋째 모든 근심걱정을 떨쳐버릴 것 등이었다.

등소평이 문화혁명에 몰려 농촌으로 쫓겨났을 때 이미 62세의 노인이었다. 아무와도 말을 할 수 없는 감시 속에 아침엔 공장에서 막일을, 오후엔 채소밭 일을, 저녁엔 마룻바닥 닦는 일을 했다. 그는 혹독한 추위 속에서도 냉수마찰과 뜰 안 산책을 거르지 않았다. 평범한 사람 같았으면 분노와 증오와 좌절 속에서 건강은커녕 제풀에 주저앉았을 것이다. 칠전팔기한 등소평을 보고 모택동은 '그의 마음은 둥글다'고 말했다. 등소평은 가래가 많아 계속 뱉으면서도 평생 줄담배에 폭주(暴酒)도 즐겼다.

고집 센 그가 또 하나 즐기는 것이 있다. 하루도 빼지 않고 수영을 했다고 한다. 그러나 담배는 얼마 전에 끊었다고 전해진다. 그가 애용하는 보약술의 비방을 얻기 위해 한국의 한 재벌급기업 회장이 5천만 달러를 제의했다가 거절당했다고 홍콩의 〈신만보〉(新晩報)가 2일 보도했다. 등이 고령에도 그토록 건강하고 정확한 판단력을 유지하는 비결 중 하나는 장수장락보주(長壽長樂寶酒)라는 보약술을 매일 반주로 두 잔씩 마시기 때문이라고 한다.

이 술은 증초문(曾超文)이란 한의사가 제조해 중국 의약보건박람회에서 최고상 금학배를 획득했고 벨기에 세계발명박람회에서 대상을 차지했다. 이 박람회에서 한국인 재벌회장이 거액을 제시하며 비방을 알려다 거절당한 것. 장수도 좋지만 비법을 알기 위해 4백억 원이나 들이려했던 것이 사실이라면 참으로 못마땅하다. 마침 홍콩의 〈명보〉(明報)는 89세인 등소평의 건강이 최근 악화돼 내년 봄을 넘기기가 어렵겠다고 보도했다. 인명은 재천인데 장수에만 너무 집착하는 것도 건강에 해롭다.

《동아일보》 1993. 2. 4

종種의 멸종이 부르는 연쇄 멸종

지상의 생물들은 기상변화 등 자연적 과정에 따라 멸종해간다. 영국에 본부를 둔 세계보전감시센터 보고에 따르면 지난 1660년 이후 지상에서 311종의 동물들이 멸종됐다. 무척추 동물이 가장 많고 다음은 조류, 포유류, 파충류 순. 우리나라는 좁은 국토면적에 비해 1만 6천여 종이나 되는 다양한 생물종을 보유하고 있었다. 그러나 급격한 산업화, 도시화 등으로 인해 호랑이, 원앙사촌 등 180여 종이 멸종됐거나 멸종위기에 놓여 있다.

우리나라에서는 자연적 과정에 따른 것보다 인위적 남획 등으로 인해 멸종위기를 맞고 있는 것이 많다. 특히 우리사회 전반에 만연해 있는 잘못된 보신풍조로 야생동식물이 심각한 수난을 겪는다. 뱀을 잡기위해 산속 곳곳에 그물을 쳐놓고 겨울잠 자는 개구리를 배터리나 포클레인까지 동원해 서식지를 파헤쳐 포획한다. 또 전국 곳곳에 혐오식품을 취급하는 보신업소가 계속 늘어난다.

한국산 뱀인 무자치가 정력제로 각광받으면서 자취를 감췄다. 전래설화에 자주 등장하는 구렁이도 이제 민통선 지역을 제외하고는 거의 발견되지 않는다. 꼬리치레도롱뇽도 신경통, 요통에 좋다고 하여 모두 잡아버렸다. 장수풍뎅이도 애벌레를 볶은 기름이 간경화 등에 효험이 있다 해서 포획돼 멸종위기에 있다. 이들 종(種)의 멸종은 그 종과 생태학적 관계에 있는 주변의 다른 종에 연쇄적 영향을 미쳐 생태계를 파괴한다.

한국산 야생개구리가 식용뿐 아니라 유럽의 연못 관상용으로 대량 팔려나간다. 맑고 깨끗한 피부색깔 때문에 인기를 끈다. 청개구리, 무당개구리만도 한 해 10만여 마리나 잡혀나간다. 야생동물 남획을 단속할 법규가 없는 것도 아니다. 지난해 9월 발효된 자연환경보존법은 위반자는 1년 이하 징역이나 3백만 원 이하 벌금을 물도록 규정해 놓았다. 요즘 한창 겨울잠 자는 뱀, 개구리가 수난을 당하고 있다. 뒷짐만 지고 있던 관계당국이 뒤늦게 단속에 나섰다. 자연의 생태계 보전을 위해 모두 함께 힘써야겠다.

《동아일보》 1993. 2. 4

러시아 과학자들 유치

소련의 핵물리학자 사하로프박사의 서거 1주기를 맞은 지난 1990년 말 〈모스크바뉴스〉지가 실시한 여론조사에서 시하로프 박사가 레닌을 누르고 예수 다음으로 가장 위대한 인물로 뽑혔다. 그는 '수소폭탄의 아버지'라는 과학적 성과보다 반체제 인권운동의 기수로 더 잘 알려진 소련 양심의 대변자였다. 7년의 유배생활까지 겪은 박사는 페레스트로이카의 정신적 선구자로 평생 핵실험은 인간에 대한 범죄라며 중단할 것을 호소했다.

소련의 과학기술은 매우 높은 수준이다. 1957년에 벌써 최초의 인공위성 스푸트니크를 발사했고 1961년에 최초의 유인우주선 보스토크 1호를 띄웠다. 그러나 소련방이 무너지면서 나치스 독일의 유태인 박해에 의한 과학자 대량유출 이래 최대 규모의 두뇌유출이 지금 진행되고 있다. 지난 1990년 한 해 동안만도 7만 명의 과학자가 미국과 제 3세계 등지로 빠져나갔다. 이론물리학, 초전도 반도체 등의 분야에서 분자전자학에 이르기까지 매우 폭넓게 해외로 유출됐다.

우리는 미·일 등 선진국이 최첨단 과학기술 이전을 기피해 어려움을 겪고 있다. 그래서 한·러 과학기술장관 합의에 따라 러시아과학자들을 대거 유치하고 있다. 작년에 이미 91명이 들어와 국내 연구기관과 기업체 등에서 활동중이다. 보수는 월 2천 달러 수준으로 알려졌다. 올해에도 우수과학자 150명이 들어온다. 이와 함께 그동안 러시아에 파견됐던 국내 과학자 50명도 연구를 마치고 귀국한다.

이들이 국내에서 연구할 테마는 비군사분야 중 경제성 높은 첨단기술. 과학기술처에 따르면 다이아몬드 합성, 산업용 이온주입 기술, 고순도 초고온 세라믹기술, 공구표면강화 기술, 항공기설계, 형상기억합금, 천연가스 겸용 자동차 개발, 레이저 의료원소 개발, 고성능필터 개발, 방진재(防振材) 개발 등이다. 지금 세계는 군사전쟁에서 무역전쟁으로, 다시 기술전쟁으로 치닫고 있다. 모처럼 유치한 러시아 과학자들의 좋은 연구 성과를 기대한다.

《동아일보》 1993. 2. 18

서양인 닮아가는 얼굴

분자시계이론은 진화론을 바탕으로 돌연변이의 진행정도를 역으로 환산, 사람을 비롯해 각종 동식물의 종이 분류돼 나간 연대 등을 정확히 추정하는 것이다. 국내에서는 아직 초보단계지만 일부 학자들이 이 분자시계로 한민족의 기원을 밝혀내는 데 성과를 거뒀다 한다. 이에 따르면 약 1만 3천여 년 전 충적세(沖積世)에 기온이 올라 따뜻해지면서 바이칼 호 부근에 있던 몽골족이 우리나라를 비롯, 중국 북부와 아메리카 대륙으로 퍼져나가 정착했다는 것.

이 같은 추정은 우랄알타이어족인 원시퉁구스족의 한 갈래인 한족(韓族)이 중앙아시아에서 몽골지방으로 이동했다가 다시 한반도로 들어왔다는 많은 고고인류학자들의 견해와 일치한다. 한족(韓族)은 뒤통수에서 눈까지가 짧고 눈에 속쌍꺼풀이 있으며 두드러진 광대뼈와 중키에 몸매가 옆으로 바라졌다. 속쌍꺼풀, 실눈, 광대뼈 등은 오랫동안 혹독한 추위와 모래바람에 견디고 감기, 축농증, 폐렴 등을 이겨낸 사람들에게서 볼 수 있는 것으로 바이칼 호 남쪽에 펼쳐졌던 빙하에 적응하면서 나타난 것이라 한다.

지구상의 인간의 얼굴모형은 타원형, 원형, 네모형 등 10여 가지로 분류된다. 우리 민족의 얼굴형은 대부분 달걀형, 역달걀형이며 다섯모형도 약간 섞여있다. 그러나 얼굴 모습도 시대변천에 따라 달라진다. 광대뼈, 두툼한 눈두덩, 펑퍼짐한 코로 상징되던 우리 모습이 최근 들어 서양인을 닮아간다는 것. 두 대학 교수가 20세 남녀 160명을 선정, 공통점을 골라내 컴퓨터로 합성해 평균얼굴을 만들어 보았더니 그렇더라는 것이다.

여자는 어디선가 본 듯한 전통인상이고 남자는 서구화되고 일본 젊은이 얼굴과도 유사해지고 있다한다. 최근 청소년들이 추위를 모른 채 인스턴트식품을 먹고 자라 턱뼈발달이 지체되면서 얼굴형도 변했을지 모른다. 한국이나 일본이나 모두 주식(住食) 생활이 서구화되면서 서구인을 닮아가는 것일까. 인류는 결국 다원의 진화론의 범주를 못 벗어나는 것 같다.

《동아일보》 1993. 2. 25

환자권리장전

'3시간 기다려 3분 진찰한다.' 오진, 진료거부 등 병원 부조리와 함께 환자들이 불편해 하는 것들이 한두 가지가 아니지만 그 중에서도 더욱 고통스러운 것이 종합병원의 진료기회를 얻기 힘든 현실이다. 요즘 대도시의 웬만한 종합병원 응급실은 흡사 전쟁 때의 야전병원을 연상케 한다.

침대에는 물론 응급실 좁은 복도에까지 응급환자들이 즐비하게 누워있다. 응급환자를 신속히 처치해야 하는 응급실은 필요한 치료가 끝나면 다음 환자를 위해 비워놓아야 하는데 응급실이 일반병실이 되어가고 있다.

병실구하기가 하늘의 별따기가 되자 최근엔 병실잡기 급행료라는 게 성행한다. 종합병원에 입원하려면 4~6개월 기다려야 하는 병실난이 계속되자 거액의 입원급행료를 내고 병실을 얻는 사례가 빈발한다. 병실을 구하는 데는 권력과 배경도 동원된다. 그래서 서민은 줄을 서고 지도층은 직행한다는 유행어까지 나돈다. '인술(仁術)의 수장(首長)'이라 일컬어지는 서울대병원장이 가장 시달리는 것이 입원청탁이라고 한다.

의술에는 병을 약으로 다스리는 약의(藥醫), 음식으로 다스리는 식의(食醫), 의료기술로 다스리는 기의(技醫) 등이 있다 한다. 그 중에도 으뜸가는 명의는 마음을 다스려 병을 고치는 심의(心醫)라고 한다. 심의란 환자와 격의 없이 마음이 통함으로써 환자가 불안에서 벗어나 동요 없이 의사를 신뢰케 해 안정 속에서 병을 낫게 한다는 것. 그러나 오늘의 우리 의료현실은 편안은커녕 환자가 불안과 불만 속에 가득 차 있다.

미국에서는 환자는 가히 왕이다. 우리도 컴퓨터를 이용한 예약제를 도입하고 환자에게 진료기록내용을 알려주는 등 조금씩 개선되고 있는 것은 사실이다. 그러나 아직도 인술이나 의애(醫愛)는 찾아보기 힘들다. 연세의료원은 환자가 존중받고 환자의 알권리를 인정하며 환자에게 치료선택권을 주는 환자권리장전을 선포했다. 무엇이든 선포보다 실행이 중요하다. 의사와 환자가 합심해 좋은 결실 맺기를 기대한다.

《동아일보》 1993. 3. 9

그린벨트는 푸른 생명선

도시의 무질서한 확산방지와 녹지공간 확보를 위해 지난 1971년부터 그린벨트를 지정해 그 면적이 16억 3천여만 평에 이른다. 70년대 초 이 제도를 도입했다는 것은 대단한 결단이었고 20여 년간 지켜온 것도 훌륭한 업적이다. 특히 대도시 주변 녹지보전은 여간 힘든 일이 아니다. 만일 그린벨트 지정을 안했다면 지금의 서울이나 주변 도시들은 매우 기형적인 모습이 되어있을 것이다.

그린벨트가 이 정도로 지켜져 온 것은 제 3공화국 이래 국정최고책임자들의 강력한 의지덕분이다. 그동안 그린벨트를 잘못 관리해 처벌된 공무원이 5천 명도 넘는다. 반면 그린벨트 지역에 살면서 더할 수 없는 불편과 사유재산권을 제약받는 주민 100여만 명의 고충도 간과할 수 없다. 이런 불편과 제약은 공평하게 부담해야 하는데 실정은 그렇지가 않다. 돈 있고 힘 있는 사람들은 온갖 이유를 갖다 대며 수십만 평씩 마구 훼손하는데 힘없는 서민들은 불어난 식구를 위해 방 한 칸 넓히기가 무섭게 단속된다.

김상철 전임 서울시장이 그린벨트를 훼손한 것이 적발돼 7일 만에 물러났다. 영세서민들은 천막 하나만 쳐도 즉각 달려와 헐어내면서 김 전 시장의 경우는 시정명령을 내리고도 집행하지 않았다. 그런데 사실 지금까지 그린벨트를 가장 많이 훼손·잠식한 것은 정부를 비롯한 공공기관과 골프장 신·증설에 앞장선 재벌기업들이다. 1983~1992년의 10년 동안 당국의 허락하에 훼손된 그린벨트가 무려 2,325만여 평이나 된다.

서울시는 도봉산 그린벨트 3만 7천여 평에 쓰레기소각장을 설치키로 했다. 정부는 최근 중소도시지역 그린벨트를 점차적으로 풀 방침이다. 피해를 보고 있는 주민들의 처지는 신중히 고려되어야 한다. 그러나 푸르름은 지켜야 한다. 유럽지역은 토지이용이 여간 까다롭지 않다. 독일 등은 사실상 전 국토가 그린벨트다. 우리도 앞으로 그런 방향으로 나아가야 한다. 위대한 유산을 지키는 것이 애국하는 것이다.

《동아일보》 1993. 3. 6

중국발 공해

중국과 한반도 사이에 있는 바다가 황해지만 더 정확하게는 북쪽은 요동반도와 산둥반도로 이어지는 발해와 경계를 이루고 남쪽은 제주도와 양자강 하구를 연결하는 동지나해와 경계를 이룬다. 약 40만 평방킬로미터에 평균수심 44미터로 세계적으로 이름난 얕은 바다다. 황하가 중국 본토에서 운반해내는 흙탕물로 인해 바닷물이 누렇게 흐려져 있어 황해로 명명됐다. 황해는 원나라 때부터 한국·중국·일본을 연결하는 중요 해상교통 및 무역로였다.

황해는 조기, 황돔, 갈치 등이 많이 잡히는 황금어장으로 예로부터 우리 서해안 주민들의 생계터전이었다. 이 황해에 황하, 양자강, 요하 등 중국의 주요 하천에서 흘러드는 오수 및 폐수 총량이 우리나라에서 흘러드는 것의 20배가 넘는다. 최근 환경처가 중국과 환경협력 방안을 모색하기위해 조사한 것을 보면 중국에서의 아황산가스 배출량도 우리나라의 20배가 넘는다는 것. 이 중 3분의 1 이상이 우리와 인접한 중국의 동북 및 해안지방에서 배출돼 우리에게 심각한 피해를 안겨주고 있다.

중국은 석탄을 많이 사용해 이로 인한 아황산가스 배출량도 엄청나다. 이 같은 대기오염 물질이 편서풍을 타고 우리 쪽으로 몰려와 전국에 산성비 피해를 준다. 국내발생 대기오염물질까지 겹쳐 전 국토의 절반이 넘는 산림이 타격을 입고 있다. 피해는 산림뿐이 아니다. 산성비를 자주 맞으면 사람도 머리카락이 빠지고 피부병, 눈병 등에 걸려 고통을 겪는다.

황사공해도 심각하다. 올봄에도 여러 차례 겪었지만 몽골과 중국 화북 지방에서 강력한 흙모래바람이 중국의 공업벨트를 지나면서 알루미늄, 철 등 중금속을 포함한 채 국내로 날아든다. 우리나라에 떨어지는 황사가 연간 200만 톤이 넘는다고 한다. 중국의 경제개발이 가속화되면서 앞으로 우리에게 미치는 오염피해는 더욱 심해질 것이다. 한·중 간의 긴밀한 환경협력으로 피해를 줄이는 데 최선을 다해야겠다.

《동아일보》 1993. 6. 14

소음과 청력손실

"깊은 소나무가 퉁소소리 내는 것은 듣는 이가 청아한 탓이요, 뭇개구리가 다퉈 우는 것은 듣는 이가 교만한 탓이요, 대피리가 수없이 우는 것은 듣는 이가 노한 탓이요, 천둥과 우뢰가 급한 것은 듣는 이가 놀란 탓이요, 거문고가 궁우(宮羽)에 맞는 것은 듣는 이가 슬픈 탓이요, 종이창에 바람이 우는 것은 듣는 이가 의심나는 탓이니 모두가 바르게 듣지 못하고 품은 뜻을 가지고 들리는 대로 소리를 만든 것이다." 《열하일기》에서 박지원이 소리 종류를 비교해 본 것이다.

정비석은 《애정무한》에서 소리란 반드시 귀로 들을 수 있는 것만이 아니라 피부로 느끼고 마음으로 깨달을 수 있다고 했다. 또 아무리 고요한 밤이라도 귀 기울이면 여러 소리가 들린다고 했다. 봄 저녁이면 얼었던 땅 녹아내리는 소리, 나무뿌리가 진을 빨아올리는 소리, 가을밤에는 가랑잎 떨어지는 소리, 서리 맺히는 소리, 겨울밤에는 하다못해 땅 속에서 동면하는 짐승들의 꿈꾸는 소리라도 없을 리 없다고 했다.

대체로 물건은 그 상태가 평정함을 잃으면 소리가 난다. 초목 자체는 조용하지만 바람이 불어 흔들면 소리를 내고 물도 바람에 물결이 일면서 소리를 낸다. 그러나 이런 자연의 소리는 모두 친근하고 아름다운 음향이다. 자연의 소리는 인간이 만든 그 어떤 음악보다 진지하다. 그러나 지금 우리는 자연의 소리는 잊고 인간이 만들어낸 못된 소음에 밤낮으로 시달린다.

각종 공사장과 자동차가 급증하면서 많은 사람들이 소음성 난청 등 청력손실을 겪고 있는 현실이다. 특히 버스나 대형트럭의 급작스런 경적은 소름끼친다. 폭발적인 파열음에 심장이 멎는 듯 전율한다. 전국의 대도시 상당지역이 소음환경 기준치를 넘어섰다. 환경부서는 교회·사찰 종소리를 규제하고 가전품 소음표시를 의무화하는 등 소음진동 규제법 개정안을 마련, 입법예고했다. 무엇보다 학교주변 소음과 대형차량 불법 경적을 엄단해야 한다.

《동아일보》 1993. 7. 14

수질 악화

물은 모든 생명이 비롯된 원초적 바탕이다. 땀, 눈물, 피, 침은 물론 우리 몸의 70%가 물로 구성되어 있다. 철학자 탈레스는 생명 있는 일체의 것은 물에서 생겨났다고 했다. 물은 생명의 근원이다. 한편 이 세상에서 물보다 더 무른 것은 없다. 그러나 딱딱한 것, 흉포한 것 위에 떨어질 때 물보다 더 센 것도 없다. 그런가하면 물은 능히 배가 다니게 하고 또한 배를 전복시키기도 한다.

오염되지 않은 맑은 물에 대한 욕구는 인간의 가장 본질적인 욕망이다.

그러나 불행하게도 우리는 수십 년 동안 깨끗한 물을 마시지 못하고 있다. 새삼스럽게 수질오염 실태를 열거할 것도 없다. 최근의 한 조사를 보면 전국에서 수돗물을 그대로 마시고 있는 가정은 8%에도 못 미쳤다. 끓여서 마시는가 하면 약수터물이나 시판생수를 마시는 것으로 나타났다.

1급수란 맑고 깨끗한 우물물처럼 안심하고 마실 수 있는 물이며 2급수는 멱 감을 수 있는 물, 3급수는 황갈색의 농업용수로 구분된다. 우리의 주요 상수원인 팔당호, 대청호 등의 물은 어떤가. 겨우 멱 감는 물, 농업용수로 쓸 수 있는 2~3급수다. 지하수도 마찬가지다. 최근 환경처 조사에 따르면 전국 지하수의 17%가 오염돼 있다고 한다. 그 중에도 공단지역 지하수는 발암물질에, 도시농촌지역은 몸이 파랗게 변하는 청색증의 원인이 되는 질산성 질소에 오염돼 있다는 것.

정부는 오는 1997년까지 5년 동안 15조 원을 들여 상수원 수질을 개선한다고 밝혔다. 8개 다목적댐을 건설하고 4대 강 하·폐수장 시설을 확충한다는 것이다. 솔직히 말해 이 발표가 믿어지지 않는다. 종전에도 비슷한 청사진이 수도 없이 발표됐다. 1991년 페놀사건 직후엔 얼마나 요란했는가. 그러나 수질개선은커녕 수질악화만 계속돼 온 것이 오늘의 현실이다. 행정시책을 펴는 데 가장 중요한 것은 전시효과가 아니라 작은 것이라도 실천하는 것이다. 정부는 실천행정의 의지를 보여주어야 한다.

《동아일보》 1993. 7. 26

천지수와 백록담수의 합환

우리 옛 선조들은 세계최고봉인 에베레스트를 포함한 히말라야를 곤륜산이라 했고 이 세상의 중심지, 세계의 지붕으로 여겼다. 이 산에서 동쪽으로 뻗어 내린 천산산맥 줄기가 요동을 가로질러 불쑥 솟은 것이 백두산이며 한반도의 모든 산이 백두산 지맥과 연결되어 있다. 이 지맥의 마지막 종결이 한라산이다. 우리 민족은 바로 이 두 산 사이를 삶의 터전으로 삼고 있다.

북한이 최근 정밀 조사한 바에 따르면 백두산 천지의 둘레는 14.4㎞, 수심은 최심부가 384m로 세계 제일의 깊은 산중호수다. 백두산 화산활동이 멎은 후 생성된 천지의 나이는 백만 살. 그 뒤에도 몇 차례 폭발은 있었다. 천지수량은 약 20억 톤. 빗물 70%, 바닥에서 솟는 샘물이 30% 정도다. 천지의 물은 경도 2도로 그 어떤 유명약수보다 정갈한 천혜의 약수다. 연중 폭설·비바람이 휘몰아치는 천지의 물빛은 오색으로 달라지는 신비를 안고 있다.

한라산 산정의 백록담은 천지와 같은 화구호(火口湖)다. 옛날 신선들이 이곳에서 백록주를 마시고 놀았다는 전설에서 백록담으로 불리었다. 화구는 동서 600m, 남북 500m의 타원형 모양. 서벽은 초기에 분출된 조면암(粗面岩), 동벽은 후기에 분출된 현무암(玄武巖)으로 서벽이 풍화작용으로 주상절리(柱狀節理)가 발달해 기암괴석의 절경을 이룬다. 빗물이 고여 형성된 백록담은 가물면 물이 줄어들지만 한라탐승의 정점으로 이름 높다.

4일 대전 엑스포 북한 물산관에서 천지수와 백록담수 합수식이 이루어졌다. 천지와 백록담에서 길어온 물을 축소 제작한 백두산 천지모형에 담아 남북통일을 염원했다. 한라산은 백두산의 지맥이며 천지나 백록담이나 한 지맥 양대 산의 같은 화구호다. 우리 민족은 이 두 산 사이에서 5천 년 역사를 가꾸어 왔으나 지금은 남북분단으로 오갈 수가 없다. 이 합수식처럼 남북한 주민들이 천지와 백록담을 서로 찾고 마음을 합치는 날은 언제 오려는가.

《동아일보》 1993. 8. 6

나무사랑 인간사랑

인류 역사는 태초부터 나무와 함께 시작한다. 창세기 에덴동산의 나무도 선악과를 지닌 지혜의 나무와 영원한 삶의 나무라는 양면성을 지닌다. 석가모니는 보리수 아래에서 깨달음을 얻었는데 해마다 석가가 입적한 날에 그 잎이 시든다고 한다. 우리 역사도 하느님의 아들 환웅이 무리 3천을 거느리고 태백산으로 내려와 신단수아래에서 신시를 베푼 데서부터 시작한다.

나무는 신수(神樹)에서부터 생명의 나무, 죽음과 재생의 나무, 모성 속성과 남성 생산성을 함께 갖춘 나무, 세계의 축(軸) 나무, 우주목, 역사와 전통을 상징하는 나무 등 전 세계적으로 신화와 전설 속에서 큰 몫을 차지한다. 나무는 또 "봉래산 제일봉의 낙락장송"이나 "일송정 푸른솔"처럼 의지와 결단을 상징하며 인재나 재목, 기둥, 대들보처럼 인격에 비유되기도 한다. 나무는 스피노자가 말했듯 내일 지구가 멸망해도 오늘 능금나무를 심는 희망을 상징하기도 한다.

인간에게 생명이나 다름없는 소중한 이 나무에 농약을 주입해 말라죽게 한 악랄한 수법이 서울 평창동일대에서 다시 고개를 들고 있다. 임목도가 50%를 넘으면 형질변경 허가를 받아야 하기 때문에 소나무, 아카시아 나무 등에 농약 '글라신'을 넣어 고사시켰다. 이와 함께 서울시가 평창・구기 신영동 일대 울창한 산림과 경관을 보호하기 위해 추진해온 북한산 보존대책이 종로구의회의 건축규제조례안 부결처리로 전면 백지화되게 됐다.

수필가 이양하(李敭河)는 나무를 사랑했다. 나무는 주어진 분수에 만족할 줄 알고 나무로 태어난 것을 탓하지 않으며 왜 여기 놓이고 저기 놓이지 않았는지를 말하지 않는다고 읊었다. 나무는 물과 흙과 태양을 주는 대로 받고 득박(得薄)과 불만족을 내비치지 않는다. 나무는 안분지족의 현인이며 고독의 철인이다. 그러나 우리 민속에 당산나무를 함부로 베면 목신이 노하여 역병을 일으키고 재앙을 불러온다고 한다. 나무를 사랑하자. 나무사랑이 곧 인간사랑이다.

《동아일보》 1993. 9. 4

폐타이어도 자원이다

고무타이어의 원조는 나무바퀴, 쇠바퀴였다. 고무타이어는 1865년 R. W. 톰슨이 처음 사용했다. 이후 거듭 개량돼 스노 경주용, 항공기, 타이어 등 다양하고 유용하게 쓰인다. 용도가 늘어나면서 폐타이어가 엄청나게 발생한다. 우리도 해마다 1천만여 개씩 쌓여 처리에 골치를 앓고 있다. 일부업소에서 하천이나 야산 계곡에 몰래 버려 자연훼손이 심각한 실정이다.

폐타이어를 재생타이어로 다시 사용하는 것은 전체의 8%도 안 된다. 선박 등의 완충물, 트럭용 고무밧줄, 골프장의 매트, 시멘트 공장연료, 도로건축자재 등으로 쓰이지만 여전히 남아돈다. 폐타이어는 썩지도 않고 태우더라도 매연과 악취가 심하며 아황산가스 분진 등을 발생시켜 심각한 대기오염을 유발한다. 그래서 폐타이어 활용을 위한 갖가지 아이디어도 속출했다.

지방도시에서 폐타이어로 화분을 만들어 도시 미관을 조성하고 경비도 절감했다고 한다. 경북 김천시는 대형화분 한 개를 설치하려면 개당 10만 원정도 드는데 폐타이어에 색칠해 개당 2만 원으로 예쁜 화분을 만들어 도로변에 설치했다. 서울 송파구는 폐타이어 공원을 조성하기로 했다.

타이어 사이로 드나드는 너구리 사냥, 장벽 통과, 의자, 휴지통, 펜스 등 각종 시설을 모두 폐타이어로 활용키로 했다.

강원 양구에서는 폐타이어를 이용한 집까지 등장했다. 지붕, 벽, 바닥을 타이어로 설치했는데 단열효과도 좋고 건축비도 크게 절감됐다는 것. 그런데 앞으로는 천덕꾸러기 폐타이어가 없어서 못 팔게 될 것 같다. 환경처와 타이어 공업협회 등에 따르면 폐타이어를 냉동분해해 분말로 된 재활용 고무원자재를 만드는 기술을 독일에서 들여와 내년부터 자전거·리어카 타이어를 원료로 바꾸어 중국에 대량 수출한다는 것. 우리선조들은 깨진 바가지도 꿰매어 썼고 못 쓰게 된 책도 종이노끈을 꼬아 종이미투리까지 삼아 사용했다. 재활용은 미덕 중에서도 첫손 꼽히는 덕목이다.

《동아일보》 1993. 11. 2

한강 물 죽이는 납 오염

납중독은 한꺼번에 대량 흡수해 급성위장염을 일으키는 급성은 드물지만 극소량을 장기간 지속적으로 섭취해 생기는 만성이 문제다. 납중독은 납 제련업 활판인쇄업, 도장업, 축전지제조업 등 납이 함유된 물질을 다루는 사람에게 발생하기 쉽다. 초기엔 빈혈이나 떨리는 증세가 나타나고 근육마비, 신장장애, 소화기장애 증세를 보이며 환각이나 흥분 등의 뇌증세를 보이기도 한다.

납중독은 치료보다 예방에 치중해야 한다. 납 증기나 가루가 발생하지 않도록 작업환경을 개선하고 손가락, 피부 등을 통해 납이 체내에 들어가지 않도록 예방해야 한다. 손을 자주 씻고 양치질을 자주 하며 통근복과 작업복도 구별해야 한다. 납중독은 직업병에 국한되지 않는다. 식생활과도 직결돼있다. 최근 수도권 주민 식수원인 한강물에서 인체에 치명적인 납이 환경 기준치의 6배 이상이나 검출됐다니 큰일이다.

서울시 수도기술연구소가 지난 7, 8월 두 차례에 걸쳐 소양댐, 청평댐, 잠실대교, 구의지역 등 10개 지역에서 한강수질을 조사한 결과 8개 지역에서 기준치를 넘어섰다. 이 밖에 일부 한강지천에서는 9배나 넘게 검출됐다. 그런데 더욱 놀라운 것은 같은 기간 한강물에 대한 환경처의 조사에서는 모두 환경 기준치 이하로 나타났다. 어느 쪽이 정확한 조사를 했는지는 몰라도 분명히 한 쪽은 잘못 조사한 것이다.

다른 기관도 아닌 정부기관들이 이렇게 서로 다른 조사를 하고 있으니 국민들은 누구를 믿으란 말인가. 조사대상이 하찮은 것이라든가, 큰 관심을 갖지 않아도 될 정도라면 또 모르겠지만 국민건강과 식생활에 직결되는 수돗물과 연관되는 것이니 모른 체할 수도 없지 않은가. 얼마 전 한 민간연구소에서 조사한 것을 보면 서울 근교 하천에서 채집된 피라미에서 기준치의 9배가 넘는 납이 검출됐고 밤섬 오리들의 납 오염도 심각한 실정이다. 한강의 납 오염은 가볍게 넘겨버릴 일이 아니다.

《동아일보》 1993. 11. 20

썩은 수돗물을 마시라고?

찰스 다윈이 대서양을 건널 때 큰 파도가 일었다. 배가 파도에 몹시 흔들렸으나 풀잎 하나만은 파도에 밀려가지 않고 그냥 제 위치에 있었다. 다윈이 신기해서 조사해 본 결과 그 풀이 바다 속 깊이 뿌리박고 있음을 알았다. 생명의 뿌리를 굳게 박고 있으면 세파에 밀리지 않는다는 것을 다윈은 깨달았다. 우리 속담에도 '낙락장송도 근본은 종자'이며 '뿌리 깊은 나무는 가뭄 안 탄다'고 했다. '맑은 샘에서 맑은 물 난다'는 격언도 있다.

요즘 썩은 수돗물 사태로 온 나라가 뒤집혀 있다. 물 오염 문제를 들여다보면 근본에서부터 잘못돼 있음을 알게 된다. 우선 국민학교 교과에서부터 환경문제가 외면 받고 있다. 학년마다 고작 한두 단원에 불과하다. 그 중 5학년 사회교과서가 가장 상세한데 그것도 한강수질 문제는 도외시된 채 한강 종합개발계획으로 물이 맑아졌다는 자랑만 늘어놓았다. 국가적 차원에서 어렸을 때부터 환경교육에 주력하는 구미제국과 너무나도 동떨어져 있다.

우리 수돗물은 수질관리의 기본인 검사항목부터 극히 부실하다. 이번 발암물질 사건은 우리 국민들이 지금까지 무슨 물인지도 모르고 발암물질이 함유된 물을 마셔 왔다는 것을 명백히 확인해주었다. 극소량만으로도 유해한 벤젠이나 톨루엔의 경우 우리 수질당국은 측정조차 하지 않았다. 수질기준에 포함되어 있지 않기 때문이다. 세계보건기구가 정한 필수검사항목 48가지, 권장항목은 121가지인데 우리는 38가지만 검사해 왔다. 미국의 경우 85가지다.

우리의 수돗물은 정수 기술도 뒤져 있다. 염소만 잔뜩 쏟아 붓는 구태의연한 수법에서 벗어나지 못하고 있다. 지금 우리는 환경문제가 생활을 지배하는 시대에 접어들었다. 그 중에서도 물은 우리의 삶 그 자체나 다름없다. 불교에 겁수(劫水)라는 게 있다. 세계가 마지막으로 파멸될 때 일어난다는 큰물이다. 물을 잘 보살피고 다스리지 않으면 수화(水禍)를 당하게 된다. 제대로 된 환경교육 등 근본에서부터 다시 시작해야 한다.

《동아일보》 1994. 1. 19

의료보험과 국민건강

의료보험에 가입한 사람들은 이따금 이런 불만을 토로한다. '월급 좀 많이 받는다고 의료보험료를 너무나 차이가 나게 많이 공제한다' 또는 '별로 병원에 가지 않는데 의료보험료만 계속 내 손해다' 등. 그러나 그런 생각은 잘못이다. 의료보험 제도는 소득 능력에 따라 부담하는 보험료를 기금으로 하여 개인이 겪는 질병의 고통과 부담을 사회 구성원 모두가 연대하여 해결하는 '공동부담, 공동책임, 공동관리'의 공동체 의식을 그 기본정신으로 하고 있다. 갑자기 닥친 나와 내 가족의 질병치료를 내 동료와 이웃이 부담을 함께 짐으로써 위험을 나누어 가지는 것이다. 그렇기 때문에 소득이 많은 사람은 그만큼 어려운 처지에 있는 사람을, 건강한 사람은 주위에서 질환으로 고생하는 이웃을 돕고 있는 것이다.

국민들의 생활수준이 크게 향상되면서 건강에 대한 관심과 욕구가 증대했다. 그런데도 건강에 대한 인식 부족과 무절제한 생활로 건강을 해치는 사람들이 의외로 많다. 현대 산업사회로 발전하면서 경제·문화적으로 생활수준이 향상되고 평균 수명이 연장되는 등 긍정적인 면이 많이 나타났으나 도시화·산업화에 따라 환경오염, 사고 발생의 증가와 더불어 부정적인 효과도 많이 나타났다.

먼저 생활양식의 변화에서 빚어진 영양의 불균형, 스트레스 축적, 과다한 흡연·음주, 약물 남용 증가, 문란한 성행위 등 건강을 해치는 요인들이 크게 늘어났다. 이에 따라 각종 만성 퇴행성 질환이 크게 늘어났다. 조기 진단과 치료가 힘든 암, 뇌혈관 질환, 고혈압, 당뇨병 등 성인병 관련 질환의 이환율이 계속 증가하고 있다. 여기에 최근엔 유사 이래 최악의 불치병이라 할 수 있는 에이즈까지 급속히 확산, 인류를 위협하고 있다.

이런 질병은 평소 건강을 해치는 생활양식이나 습관에 의해 자신도 모르는 사이에 발병하여 서서히 진행되기 때문에 치료만으로 해결되는 것도 아니어서 감염된 사람은 평생을 고통 속에 살아야 하는 불행에 빠지게 된다. 국민건강을 해치는 주요 상병의 대부분이 국민들의 잘못된 건강의식에 기인하고 있다는 점을 고려할 때 국민들은 건강에 대한 올바른 인식을 가져야 한다. 건강을 해치는 생활 습관은 버리고 건강에 이로운 생활 습관을 키워 나가야 한다.

보지 못하는 소경이나 듣지 못하는 귀머거리를 보았을 때 당신은 듣고 볼 수 있는 자신의 건강을 고맙게 생각할 것이다. 당연히 고맙게 생각해야 한다. 그러나 보고 듣는 그 문(門)으로 반드시 행복된 것만 들어오지 않는다는 것도 알아야 한다. 때로는 보았기 때문에 괴로움을 얻고, 들었기 때문에 불행한 유혹에 끌리는 일이 수없이 많다. 소중한 귀와 눈으로 불행한 씨가 들어가지 않도록 항상 경계해야 한다. 우리가 진실로 경계해야 할 것은 남의 눈이나 귀만이 아니라 내 자신의 눈과 귀라는 것을 알아야 한다. 그리고 남의 심정을 경계하기보다는 내 마음속에 움트는 나쁜 정념을 경계할 일이다. 이목과 견문이 때로는 나의 원수가 된다는 것을 알아야 한다. 마음의 자세가 중요하다는 이야기다.

인간의 행복이란 먼 곳에 있는 것이 아니고 자신 안에 있다고 한다. 영어의 행복이란 단어 'Happiness'는 본시 옳은 일이 자신 속에서 일어난다는 뜻을 가진 'Happen'에서 나온 말이다. '행복'이란 글자가 가진 뜻과 같이 그것은 그 사람이 올바르게 행동한 성과인 것이며 우연히 외부에서 찾아온 운명의 힘은 아닌 것이다. 그러면 누가 행복한가. 통상적으로 그것은 건강하고 돈이 있고 학식과 명예가 있는 사람이다. 그 중에서도 많은 사람들은 돈을 꼽는다. 그러나 있다가도 없고 없다가도 있는 것이 자본이다. 영원토록 변함없는 자본이야말로 자신의 건강이다. 건강은 그 자체가 하나의 자본이며 건강한 사람은 가장 확실하고 안심할 수 있고 믿을 수 있는 자본을 갖는 것이다.

건강한 사람은 두려움이 없다. 두려움에 처해도 그것을 받아들이지 않는다. 그것은 자신이 있기 때문이다. 그래서 배우지 못한 가장 무식한 사람도 병약한 지식인보다 행복하다. 어리석은 일 중에서도 가장 어리석은 일은 어떤 이익을 위해 건강을 희생하는 것이다. 그런데도 많은 사람들이 그것을 알면서 이익을 위해 건강을 희생시키고 있다. 그토록 소중한 건강을 누가 지켜 줄 것인가. 가족이 지켜 줄 것이라고 믿는가. 회사가 지켜 줄 것이라고 믿는가. 국가가 지켜 줄 것이라고 믿는가. 삼정승 부러워 말고 내 한 몸 튼튼하게 잘 간수하라는 말이 있다. 옳은 말이다. 자신의 건강을 지킬 사람은 자신밖에 없다.

건강을 지키는 첫 수칙은 예방이다. 미리 예방하지 않고 있다가 병에 걸리면 몇 곱절 더 큰 희생을 치른다. 그래서 1온스의 예방은 1파운드의 치료에 맞먹는다는 속담이 전해진다. 누구나 자신의 건강은 자신이 생각해야겠지만 더불어 사는 공동체의 비중이 커지고 공동체 의식이 향상되면서, 여러 가지 여건상 미처 생각하지 못했거나 개인의 능력으로는 한계가 있는 건강을 공동체에서 해결해 주려는 움직임이 갈수록 활발해져 가고 있다. 큰 테두리로 보아 국민의 질병·부상뿐만 아니라 사망 등에 대해 보험급여를 지급함으로써 국민 보건을 향상시키고 사회보장의 증진을 도모하려는 것이 의료보험이다.

우리는 지금 의료보험 시대에 살고 있다. 여기에서 가장 중요한 것은 보험자 역할이다. 근래 인구의 노령화와 질병구조의 변화에 대응하는 보험자의 새로운 위상정립 문제가 대두되고 있다. 전 국민 의료보험시대에서 본격적인 선진화를 기하기 위해 보험자의 역할이 새롭게 제기되고 있다.

의료보험 사업은 국민의 건강 향상과 사회보장 증진을 위한 국가사업이다. 보험자는 이 같은 국가사업을 대행하는 의료보험의 주체이다. 세계화를 지향하는 시점에서 보험자가 의료수요와 공급의 변화 여건에 적절히 대처해 나갈 수 있도록 보험자의 선도적 기능 및 역할의 정립이 필요하다. 보험자는 제 기능과 역할을 다하여 예방과 복지의료의 새로운 보험 기능을 다해야 한다.

피보험자는 물론 보험자도 국민 질병 예방·관리에 힘써야 한다. 질병의 조기 발견 및 치료를 통한 건강수준 향상과 국민의료비 절감을 위해 실시하고 있는 건강진단 사업이 '95년부터는 40세 이상 지역 의료보험 피보험자에 확대된다. 이미 실시하고 있는 공·교 의료보험 피보험자와 피부양자의 건강진단 사업은 물론 직장 의료보험 피부양자, 지역 의료보험 피보험자에 대해서도 성인병 검진사업을 실시할 계획이며, 사업장근로자 일반건강진단 사업도 직장의료보험조합에서 실시한다.

이 같은 사업을 실시하면서 보험자는 내실 있는 검진이 되도록 최선을 다해야 한다. 특히 공평하고 신속한 업무 처리로 민원이 발생하지 않도록 해야 한다. 이와 함께 최신 정보기술을 활용한 사무 혁신을 위해 인사, 회계 등을 지원하는 경영정보시스템을 개발·운영하는 등 사무자동화를 적극 추진해야 한다.

구미 선진국에서도 40년 내지 90년이 걸렸다고 하는 전 국민 의료보험을 우리나라는 1977년 처음 부분적으로 실시한 이래 12년 만에 달성했다. 이렇듯 짧은 기간에 전 국민 의료보험을 달성할 수 있었던 것은 의료보장에 대한 모든 국민들의 간절한 소망과 의료계 및 의료보험 관계자들의 헌신적 협조 때문이다. 지금 우리나라 의료보험은 우리의 경제 수준을 감안할 때 세계 어느 나라에 비해서도 뒤지지 않는 수준에 도달했다고 해도 과언이 아니다. 그러나 앞으로도 지속적인 제도와 운영의 혁신을 통해 발전시켜 나가야 한다.

의료보험은 보험료를 부담하고 진료를 받는 환자, 환자를 진료하는 의료인, 그리고 보험을 관리 운영하는 보험자 등 3자가 공동으로 이끌어가는 제도다. 따라서 당사자 모두가 공동체 의식을 갖고 상호 이해하고 협조하고 인내하면서 이 제도를 발전시켜 나가야 한다. 보험자나 의료인에게만 맡길 일이 아니라 피보험자 역시 협조하고 감시하면서 소중히 가꾸어야 한다. 그래서 훌륭한 복지 유산으로 후세에 물려주어야 한다.

많은 사람들이 병이 나면 병·의원에 가면 되는 것으로 생각한다. 국민들 스스로 건강해지려는 노력이 부족하다. 국가 보건의료정책도 질병의 예방이나 건강 증진보다는 질병의 치료에 더 많은 관심을 갖고 투자해 왔다. 오늘날 국민 건강을 해치는 주요 상병의 대부분이 국민들의 잘못된 건강 의식과 행동에서 기인하고 있음을 고려할 때 국민들은 건강에 대한 올바른 인식을 갖고 건강에 유익한 생활양식과 습관을 키워 나가야 한다.

무엇보다 건강과 조화를 존중할 줄 알아야 한다. 육체와 정신의 건강과 조화에 힘쓰는 사람은 항상 천지와 자연의 대덕을 따르는 사람으로 복락과 건강이 함께 그를 지켜 준다.

G. R. 기싱은 이런 말을 남겼다. '건강한 신체와 맑은 정신을 가진 자에게는 악천후처럼 좋은 것도 없으리라' 변화무쌍한 하늘은 그것대로 아름다움이 있으며 우리를 짜릿하게 해주는 폭풍우는 혈관을 한층 격렬하게 순환시켜 주기 때문이라는 것이다. 네덜란드의 명의 베르하이트는 임종시 7백 페이지에 달하는 〈숨은 법〉이란 유서를 남겼다. 나중에 알고 보니 전부가 백지이고 마지막 장에 '머리는 차게, 발은 따뜻하게, 밥은 양에 조금 덜 차게 먹어야 한다'고 쓰여 있었다.

《의료보험회보》 1995. 5.

질병은 천 가지, 건강은 단 하나

인생이란 다른 무엇도 아닌 단순한 시간이란 생각이 든다. 인간은 주어진 시간을 살다가 시간이 다 되면 떠나가는 것이다. 인간이 얼마나 하찮은 것인지 한 번 눈여겨보라. 어제까지만 해도 태아였던 것이 오늘을 살다가 내일이면 빳빳한 시체나 한 줌의 재로 변하고 만다. 인생 각자에게 할당된 시간은 그토록 짧다.

그런 시간이 이 순간에도 쏜살같이 날아간다. 그런데도 대부분이 멍청하게 자기 시간을 허비해 버린다. 그뿐 아니라 자기 관리를 잘못 해 수형(受刑) 생활을 하든가 병마에 시달린다.

"인생은 병이요, 세계는 병원이다. 그리고 죽음이 우리들의 의사인 것이다" 독일의 서정시인 하이네의 독백이다. 병든 사람이란 정상적인 사람보다도 저승에 보다 더 가까이 다가서 있는 사람이다. 건강을 지키지 못해 조물주가 잠시 맡겼던 시간을 빼앗아가 버리는 것이다.

생활수준이 크게 향상되면서 건강에 대한 관심이 높아지고 그 욕구도 증대했다. 그런데도 한편으로 건강에 대한 인식 부족과 무절제한 생활로 건강을 해치는 사람들이 의외로 많다. 현대 산업사회로 발전하면서 경제 문화적으로 생활수준이 향상돼 평균 수명이 연장되는 등 긍정적인 면이 많다. 그러나 도시화, 산업화에 따라 환경오염, 사고발생의 증가와 더불어 부정적인 요인도 많아졌다.

불균형적인 영양 섭취, 스트레스의 축적, 과다한 흡연·음주, 약물남용 증가, 문란한 성행위 등 건강을 해치는 요인들이 크게 늘어났다. 암, 뇌혈관 질환, 고혈압, 당뇨병 등 성인병 관련 질환의 이환율이 계속 증가하고 있다. 여기에 최근엔 최악의 불치병인 에이즈까지 급속히 확산, 인류를 위협한다. 이런 질병은 평소 건강을 해치는 생활양식이나 습관에 의해 자신도 모르는 사이에 발병하여 진행된다. 치료만으로 해결되는 것도 아니어서 감염된 사람은 평생을 고통 속에 살아야 하고 수명도 단축된다. 이런 질병 대부분이 각자의 잘못된 건강의식에서 기인한다.

이 세상에 건강보다 더 중요한 것도 없다. 건강한 몸을 가진 사람이 아니고는 조국에 충성할 수가 없다. 사회에 봉사할 수도 없다. 아내나 자녀를 사랑할 수도 없고 자신의 발전을 위해 노력할 수도 없다. 다시 말하면 좋은 아버지, 좋은 아들, 좋은 남편이나 아내, 좋은 형제, 좋은 이웃, 좋은 국민이 될 수가 없다. 건강이란 실로 사람들이 그것을 위해 시간뿐 아니라 땀이나 노력이나 재보까지도, 아니 생명까지도 소비할 값어치가 있는 이 세상의 유일한 것이다. 건강이란 그토록 이를 데 없이 값비싼 것이고 잃기도 쉬운 보배인데 사람들은 그것을 소홀히 해 허술하게 관리하고 있다.

질병은 천 가지도 넘지만 건강은 단 하나뿐이다. 있다가도 없고 없다가도 있는 것이 자본이다. 그러나 영원토록 변함없는 자본은 자신의 건강이다. 건강을 잃으면 모든 것을 잃지만 건강한 사람은 그 건강 자체가 하나의 자본이다. 가장 확실하고 안심할 수 있고 믿을 수 있는 자본이다. 건강한 사람은 두려움이 없고 두려움을 당해도 두려움으로 받아들이지 않는다. 의욕과 자신이 있기 때문이다.

아무리 배우지 못한 무식한 사람도 병약한 지식인보다 행복하다. 아무리 부자라도 병이 들면 가난하더라도 건강한 사람이 가장 부럽다. 이 세상 어리석은 일 중에서 가장 어리석은 일은 어떤 이익을 위해 건강을 해치는 일이다. 많은 사람들이 그것을 알면서도 이익을 위해 계속 건강을 희생시키고 있다.

그토록 소중한 건강을 누가 지켜 줄 것인가. 가족이 지켜 줄 것이라고 믿는가. 친구가 지켜 줄 것이라고 믿는가. 회사가 지켜 줄 것이라고 믿는가. 아니면 국가가 지켜 줄 것이라고 믿는가. 삼정승 부러워 말고 내 한 몸 튼튼하게 잘 간수하라는 말이 있다. 자신의 건강을 지켜 줄 사람은 자신밖에 없다는 사실을 알아야 한다.

이래도 한 세상 저래도 한 세상 사는 인생이라면 이왕에 건강하고 기쁘게 살아야 하지 않겠는가. 건강하고 기쁜 마음은 사람에게 생동감을 안겨주고 수명을 연장시킨다. 건강을 잃고 병마에 시달리고 기쁨이 없는 인생은 기름이 없는 램프와 같다. 희망찬 인생의 불꽃을 피울 수가 없는 것이다.

인류에게는 세 가지 큰 적이 있다. 그것은 질병과 기근과 전쟁이다. 이 세 가지 중에서 가장 크고 무서운 적은 질병이다. 그러나 병은 조기에 파악해서 일찍 치료하면 고칠 수 있다. 질병이란 치료가 가능한 것이지만 여섯 가지 불치(不治)가 있다고 한다. 불치의 제 1은 교만해서 도리를 무시하는 것이다. 불치의 제 2는 몸을 가볍게 여기고 재물을 중히 여기는 것이다. 불치의 제 3은 의식이 온당치 못한 것이다. 불치의 제 4는 음양이 오장에서 합병하고 기운이 불안정한 것이다. 불치의 제 5는 형용까지 쇠약하여 약을 받아들이지 않는 것이다. 불치의 제 6은 무당, 박수의 말을 믿고 의사를 믿지 않는 것이다. 이것들 중에 한 가지라도 있으면 치료하기가 매우 어렵다. 사기열전(史記列傳)에 나오는 말이다.

병은 그토록 지겨운 것이다. 그러나 꼭 그렇기만 한 것일까. 김동인(金東仁)은 "병이라는 것은 한 아름다운 꿈이외다. 아편과 같고 공상과 같은 한 가지 즐거운 환각이외다. 그런 즐거움을 맛보지 못한 사람은 불행하고 가련한 사람이랄 수도 있습니다"고 노래했다. 유치환(柳致環)의 〈병처〉(病妻)를 읽어 보면 병이란 것은 처연(悽然)하면서도 찬란하기도 하다.

> 아픈가 물으면 가늘게 미소하고/ 아프면 가만히 눈 감는 아내/
> 한 떨기 들꽃이 피었다 시들고 지고/
> 한 사람이 살고 병들고 또한 죽어가다/
> 이 앞에선 전 우주를 다 하여도 더욱 무력한가/
> 내 드디어 그대 앓음을 나누지 못하나니

그러나 사람은 입을 조심해야 한다. 병은 그곳으로 들어가는 법이다.

《추나저널》 1995. 10.

11

참된 아름다움, 생활 속에서 찾자 [가정/생활]

고향, 시골 찾아가 배우자

일상의 잡일을 훌훌 털고 도심에서 빠져나가면 인파가 몰리는 곳 빼고는 전국 어느 곳이든 안 좋은 데가 없다. 그런데도 사람들은 굳이 해운대다 경포대다 남들이 알아주는 해수욕장 몇 군데만을 정해놓고 뒤질세라 같은 시기에 떼거리로 몰려간다. 인파에서 빠져나와 다시 인해 속에 파묻힌다. 잠자리 없어서 고생, 먹을 것 마땅치 않아 고생, 인파에 부딪쳐 고생, 바가지 써서 생고생. 어떻게 보면 삶이란 일과 쉼, 긴장과 이완이 교대되는 과정이다. 일과 쉼은 끊임없이 교체되어야 한다는 점에서 들이쉬고 내쉬는 숨과 비슷하다. 고된 쉼이나 폭발성의 놀이는 숨쉬기가 고르지 못한 병자의 숨에 비길 수 있다.

여행전문가들은 지난해의 고생을 상기해 올해는 생각을 바꿔 오랜만에 농어촌의 고향집이나 친척집을 찾아가볼 것을 권한다. 자녀들이 온화한 시골 인심을 접할 수 있으며 동네 아이들과 어울려 자연도 배운다. 어촌일 경우 배를 타고 섬마을에 가보자. 일출과 낙조의 장관은 평생 잊지 못할 추억으로 남을 것이며 새벽 고깃배가 잡아온 싱싱한 생선은 별미의 극치다. 밤이면 검푸른 하늘에서 쏟아지는 듯한 은하수를 바라보며 자녀의 손을 꼭 잡고 하늘에 총총히 박혀있는 별을 함께 세어 본다.

대학생들에게는 협동심과 호연지기를 함께 기를 수 있는 고원지대를 권하고 싶다. 고원은 여름에도 이불을 덮고 자야 할 정도로 시원하다. 모기도 없다. 사람이 적어 나름대로 사색할 여유도 가질 수 있다. 합천 해인사에서 오르는 초장동 마을, 밀양 표충사의 사자평고원 등은 해발 1천 미터로 여름에도 울긋불긋 단풍이 좋고 폭포도 시원하다.

감명 깊게 읽은 문학작품의 무대를 찾아도 좋다. 박경리의 《토지》 주무대인 하동의 평사리나 서정주의 시향 고창 선운사에 가 그들의 작품을 한 번 더 음미해본다. 그도 저도 싫으면 그냥 혼자 정처 없이 떠나보라. 인생은 고작해야 이 세상의 나그네일 뿐. 나그네는 어디로 갈 것인지 어디에서 왔는지를 알 필요가 없다. 나무랄 데 없는 나그네는 자기 성명이 무엇인지조차 모르는 경지라고 한다. 이 땅의 새 빛, 미래의 주인 대학생들이 농활(農活)에 나가 의식화 교육을 하려다 농민들한테 매나 맞아서야 되겠는가….

《동아일보》 1989. 7. 21

홀로 얼마나 적적하실까

"무덤에는 한 그루의 나무와 가을바람/자녀도 없는 고인의 허전함/그리고 여기에서 헤어지던 우리들의 추억/달빛과 또 누군가가 강 건너서 불고 있는 피리 소리". 당대 말의 천재 시인 두목(杜牧)이 친구의 묘소에서 읊은 시다.

"묘지는 바다/아지랑이처럼 영원히 설레는 초록의 물결/오늘은 추석이다/일 년에 단 한번, 이 묘지가 꽃밭이 되는 날". 박희진(朴喜璡)의 〈미아리 묘지〉의 한 구절이다.

첫 3일 연휴 추석을 맞아 전국적으로 2천만 명의 귀성객이 고향으로 돌아가 조상의 묘소를 찾아 성묘했다. 꽃 피고 녹음 무성하고 낙엽지고 눈 날리는 한 해 내내 깊고도 고요한 적막 속에 잠겨있던 백골청대(白骨靑臺)가 요 며칠 새 북적거렸다. 그 누구보다 어머니의 묘를 찾았을 때 우리는 오랜만에 온 것이 그리도 죄송스럽다. 돌아설 때 '홀로 얼마나 적적하실까. 이제 또 언제나 올지…' 하며 눈시울을 적신다.

이제 묘 쓸 곳도 없다고 한다. 묘지가 엄청나게 늘어나 서울의 경우 내년 말이면 돈 주고도 구할 수 없는 형편에 이르게 된다. 남한 전체묘지 총면적은 2억 8천 8백만 평으로 전 국토면적의 1%를 넘어섰다. 연간 사망자 25만 4천여 명 중 21만 3천여 명이 매장된다. 소요면적이 350만 평으로 한 해 여의도 면적의 1.5배가 묘지로 둔갑하고 있다. 화장률은 15.8%. 묘지의 집단화, 공원화, 면적의 축소, 묘지설치 금지구역지정, 화장권장 등 묘지제도를 개선하는 대책 마련이 시급하다.

한 명의 이집트 군주와 그 왕비의 무덤을 만들기 위해 10만 명의 노예가 30년 동안 피와 채찍과 철쇄의 노력에 종사, 피라미드를 만들었다. 중국 서안의 진시황 지하궁전도 그에 못지않다. 폭군들의 흉내라도 내려는지 요사이 부유층 사이에 호화분묘가 경쟁적으로 조성되고 있다. 수천 평의 땅에 요란한 석등, 석상, 인공호수, 관리실, 주차장까지 갖춘 현대판 왕릉들. 개중에는 살아 있는 졸부들의 호화 가묘(假墓)도 수두룩하다. 죽을 때 우리를 위안해주는 세 가지가 있다. 하나는 이미 죽은 친구들이요, 다음은 남겨놓고 떠나는 사랑하는 사람들이요, 마지막은 우리들의 어리석음과 뻔뻔스러움과 끝장을 내는 것이다.

《동아일보》 1989. 9. 16

분노와 어리석음은 나란히 걷는다

노발충관(怒髮衝冠). 초나라 항우와 한나라 유방이 함양(咸陽) 교외 홍문(鴻門)에서 만났다. 항우의 군사(軍師) 범증(范增)이 장사에게 검무를 추게 하여 은밀히 유방의 목을 노렸다. 유방의 장수 번쾌(樊噲)가 이 계략을 알아차리고 화가 치밀어 머리카락이 꼿꼿이 일어나(怒髮) 갓을 찌를 정도(衝冠)가 되어 항우를 노려보니 범증이 차마 이를 실행하지 못해 유방이 살아났다. 이 고사(故事)는 화를 내 큰 덕을 본 경우다. 그러나 대체로 화를 자주 내면 실수가 많아 패가망신하기 일쑤다.

화는 누구든지 낼 수 있다. 그것은 아주 쉬운 일이다. 그러나 번쾌처럼 올바른 대상에게 올바른 때와 장소에서 올바른 목적과 방식으로 성을 내는 것은 누구나 할 수 있는 일이 아니다. 화를 내는 것은 일종의 짧은 광증이다. 분노를 제압하지 못하면 분노에 제압당한다. 분노하여 가하는 일격은 종국에는 자기 자신을 때리는 것이다. 분노란 야성 속에서 패한 것에 대한 보상심리로 나타난다. '지독히 화가 날 때는 인생이 얼마나 덧없는 것인지를 생각해보라'는 경구가 있다.

"뭐, 서명운동을 해", "당내에서 싸움박질이나…". 노태우 대통령이 최근 청와대 당직자회의에서 5공 청산 협상지연과 민정당 내분상황에 격노하여 이처럼 질책했다고 한다. 노 대통령이 그토록 화를 낸 모습은 측근들도 처음 보았다니 그야말로 대로한 모양이다. 하기야 해외에 나가면서 잘 해결해 놓으라고 신신당부했는데 더 악화시켜 놓았으니 화도 날만했다. 그러나 난마(亂麻)처럼 얽힌 현 정국이 대통령의 분노와 질책만으로 쉽게 풀릴 것 같지가 않다. 국민들은 대통령의 결단을 촉구하고 있는데 대통령은 또다시 당에 돌렸다. 누가 이 꼴을 만들어 놨는지를 모르는 것인가, 아니면 각본인가.

성질이 급한 사람이 심장병에 걸릴 확률이 높다는 것이 지금까지의 정설이다. 그러나 급한 성질보다 화가 날 때 억제하지 못하고 공공연히 드러내는 행위가 심장병을 더 많이 유발, 악화시킨다는 새 학설이 최근 미 심장협회 학회에서 발표되었다. 세밑고개에선 울화병 환자가 크게 늘어난다고 한다. 한 해를 다 보내고도 풀지 못한 숙제, 실패한 일들에 대한 심리적 압박이 한데 얽히기 때문이다. 분노와 우행은 나란히 걸으며 회한은 그것들의 뒤꿈치를 밟는다.

《동아일보》 1989. 12. 8

장모권丈母權과 처권妻權

지금 태어난 사내아이가 중년이 되었을 때 가장 큰 고민거리는 고독과 세금과 장모(丈母)일 것이라고 최근 미국의 한 잡지가 예측했다. 예로부터 우리나라에서는 사위가 오면 장모가 신을 거꾸로 신고 나갈 만큼 반가운 사이였다. 그러나 미국에서는 다르다. 험악할 정도의 사이가 수두룩하다. 어머니보다 아버지, 아내보다 남편에게 권리가 많은 우리 사회는 남편의 어머니인 시어머니의 입김이 세지만 이와는 반대로 아버지보다 어머니, 남편보다 아내에게 권리가 많은 구미사회에서는 아내의 어머니인 장모의 간섭이 심하다.

그러나 우리 사회에서도 부권(父權)이 절대적인 전통적 가족제도가 붕괴되어가고 있다. 차츰 핵가족 시대로 접어들면서 구미와 비슷하게 모권(母權) 내지는 처권(妻權)이 강해지는 현상이 두드러져간다. 그래서 부부가 남편 쪽인 시집보다 부인 쪽인 친정에 자주 들락거리게 되고 요즘 자주 열리는 송년회에서도 아내의 동창모임에 남편이 같이 나가 어설픈 분위기에 적응하느라 진땀을 빼기도 한다.

이런 현상은 앞으로 더욱 가속화할 것이다. 우리도 사위가 장모로부터의 해방을 소망하게 될 날이 멀지 않은 것 같다. 여성단체들이 그동안 주장하던 가족법 개정이 이루어져 2천만 여성이 기뻐할 일이라고 여권운동가들 사이에서 환호가 일고 있다. 호주상속제가 호주승계제로 바뀌고 남녀가 균등하게 재산을 상속할 수 있게 됐으며 이혼 때 재산축적 기여도에 따라 재산을 분할토록 됐다. 자녀의 친권도 법원이 결정하고 배우자는 재산을 직계존비속보다 50% 더 받도록 됐다.

삭막한 세상에 가족이란 말처럼 정겨운 말은 없다. 잘못이 있어도, 서운한 일이 있어도 한 핏줄기를 나눈 가족끼리는 모든 것이 애정의 이름으로 용서된다. 임금이든 백성이든, 부자건 가난하건 가정에서 평화를 찾는 자가 가장 행복한 인간이다. 우리 가족 형태도 차츰 서구화로 치닫고 있다. 그러나 이혼·독신의 대폭 증가로 구미에서는 가정의 소멸현상이 심각하다. 무조건 서양을 따를 것이 아니라 우리 고유의 좋은 전통을 바탕으로 새로운 가족윤리를 정립해 사랑과 행복이 넘치는 가정을 이룩해야 한다.

《동아일보》 1989. 12. 20

말띠의 속설과 허설

경오년 새아침이 밝았다. 우리 조상들은 한 해가 시작되는 설날을 신일(愼日)이라 하여 몸가짐에 그릇됨이 없도록 조심하는 날로 삼았다. 이 첫날이 앞으로 한 해의 운수를 좌우한다 하여 몸과 마음을 가다듬고 사(邪)를 다스리고 복(福)을 부르는 풍습이 있었다. 이와 함께 어른이나 친구들을 만났을 때 새해에 복 많이 받고 소원 성취하라는 인사말의 덕담이 연면히 이어져 내려오고 있다. 이 얼마나 아름다운 전통인가.

경오 새해는 말(馬)띠 해다. 말은 예로부터 용기, 인내, 속도와 힘의 상징으로 통했으며 현몽하면 길조로 여겨왔다. 아시아권에서 통하는 풍습으로 12지(支)의 일곱 번째인 말은 특히 중국, 일본, 인도 등지에서 신성한 동물로 여겼다. 우리의 경우도 신라의 국조탄생을 알려준 영물로 대접받았다. 따라서 말띠 해에 태어난 인물들은 지혜롭고 재주가 많으며 기민하고 독립심이 강한 사람으로 알려져 왔다.

어떻든 근세에 들어와 말띠 해는 대단한 인물들을 배출했다. 프랭클린 루스벨트 미 대통령, 흐루시초프 소련공산당 제 1서기를 비롯, 사다트 이집트대통령, 슈미트 서독총리, 다나카, 나카소네 일본총리, 발트하임 유엔사무총장, 노벨문학상 수상자 솔제니친, 미국의 유명한 전도사 빌리 그레이엄 등 많은 걸물들이 이 해에 태어났다.

말띠 가운데서도 60년 만에 한 번씩 백마의 해가 있다고 한다. 육십갑자로 경오인 올해가 '백마의 해'라는 이야기가 있어 일부 임신한 부인들이 우울해 있는 모양이다. 새해에 태어난 여자는 팔자 사나운 여자가 된다는 속설 때문에 요즘 '근심 많은' 임신부들은 산부인과를 찾아가 태아감별을 부탁하는가 하면 심한 경우 인공유산까지 시키는 사례가 있어 충격을 주고 있다.

일본에서 유래한 것으로 알려진 이 미신을 믿는 사람들이 딱하기만 하다. 그런 근거 없는 미신에서 벗어나 편안한 마음으로 태교나 열심히 할 일이다. 백말띠인지는 모르겠으나 성종(成宗)의 정현왕후(貞顯王后) 윤(尹)씨, 인조(仁祖)의 인열왕후(仁烈王后) 한(韓)씨, 효종(孝宗)의 인선왕후(仁宣王后) 장(張)씨, 현종(顯宗)의 명성왕후(明聖王后) 김(金)씨 등 조선조에서만 말띠 왕비가 4명이나 배출되었다. 오히려 큰 인물이 태어날 것을 기대해 봄직하다.

《동아일보》 1990. 1. 1

5월을 되돌려 주소서

눈부신 성숙의 계절 5월이다. 밖을 내다보면 달콤한 보랏빛 라일락 향기와 신록의 반짝임에 마음은 벌써 시정(詩情)에 잠긴다. 산과 들은 눈부신 황금빛 햇살을 안고 그 호사스런 꽃 장막을 거두면서 푸르름을 띠고 살아있는 모든 것들이 싱싱한 삶을 기쁨으로 확인한다. "5월, 꽃으로 장식된 이 달은 젊음과 사랑과 노래로 넘치니…." 헨리 W. 롱펠로는 5월이란 말에서는 향기가 배어나온다고 했다.

자연의 힘은 위대하다. 그 속엔 사랑스러움과 너그러움이 있고 어떤 역경 속에서도 생명을 감싸주는 부드러운 관용의 포용력이 있다. 이처럼 생명력 넘치는 5월은 그 어떤 달보다 행사도 많다. 5일은 어린이날, 어린이들이 구김살 없이 마음껏 뛰놀고 훌륭하게 자라도록 정한 날. 8일은 어버이날, 15일은 스승의 날, 21일은 성년의 날. 삶의 원초적인 경사스런 날들이 모두 이달에 몰려있어 5월을 청소년의 달, 가정의 달로 정하고 여러 가지 뜻 깊은 행사들을 베풀게 된다.

이 밖에 이 달엔 1일 법의 날, 2일 석가탄신일이 들어있고 22일은 권농의 날이며 28일은 바로 단오다. 이처럼 상서로운 달에 가슴 미어지는 아픔의 날이 끼어들어 우리들을 슬프게 한다. 5·16과 5·18로 인해 이 달은 기억하고 싶지 않은 불안과 공포와 좌절의 달이기도 하다. 그 중에서도 5·18은 이번으로 10주년을 맞는데도 아직까지 여러 논쟁과 미결상황이 남아 있어 이번 달엔 더욱 소란스러울 것 같다.

어디 그뿐인가. 울산 현대중공업의 노사분규가 계열사 파업으로 확산되고 마창노련(馬昌勞聯), 인노련(仁勞聯) 등 전노협 산하 노조원들이 1일 메이데이를 기해 총파업 움직임을 보이고 있다. 여기에 전대협까지 가세하겠다니 공단이나 도심, 길거리에서 전투경찰과 시위대 간에 화염병과 최루탄이 난비할 것이다. 5월이 어느새 우수에 젖고 악몽과 같은 달이 되어버렸다. 꽃바람 부드러운 5월, 화사한 신록이 신선한 5월, 가정화목과 사랑과 젊음과 노래가 울려 퍼지는 우리의 5월은 어디로 가버렸는가. 전지자(全知者)여, 마음이 가난한 우리에게 제 모습 그대로인 우리의 5월을 찾아 되돌려주소서….

《동아일보》 1990. 5. 1

어머니, 어머니

"어머니는 어린것의 피난처요, 호소처요, 선생이요, 동무요, 간호부요, 인력거, 자동차, 기차대신이요, 모든 것이다. 밥 주고, 물 주고, 옷 주고, 버선 주고, 사탕 주고, 참외 주고, 떡 주고, 누룽갱이 긁어두었다 주고, 놀다가 돌아오면 과자 주고, 동네 잔칫집에 가서 가져온 빈대떡 주고 — 모든 것을 어머니가 준다." 전영택(田榮澤)의 〈나의 어머니〉의 한 구절이다.

방학이 끝나 시골집을 떠나올 때면 헝클어진 머리에 허리가 나오도록 치마를 끌며 한길까지 따라 나오시다 뒤돌아보고 뒤돌아보면서 속으로 눈물지으며 자식을 떠나보내는 고향의 늙고 병든 홀어머니. 지금은 저 세상에 계시는 그 어머니를 위해 할 수 있는 일이 무엇이 있겠는가. 사무치게 그리운 마음에 눈물짓는 것뿐. '우는 자식을 데리고 다니는 것은 어머니뿐'이란 말이 있다. 하늘이 무너지고 땅이 갈라져도 변하지 않는 것이 있다면 그것은 바로 자식에 대한 어머니의 사랑이다. 천평칭(天平秤) 한 쪽에 세계를 실어 놓고 다른 쪽에 어머니 사랑을 실어 놓으면 어머니 쪽이 훨씬 무거울 것이다.

미국 웨스트버지니아 주 웹스터라는 마을에 신앙심 두터운 애너 재비스라는 여인이 어머니와 단둘이 정겹게 살고 있었다. 어머니가 세상을 뜨자 홀로 남은 딸은 어머니가 살아계셨을 때 좀더 잘해 드리지 못한 것이 뼈저리게 후회됐다. 어느 날 친구들을 초대한 그녀는 가슴에 하얀 카네이션을 달고 나와 단 하루라도 좋으니 어머니를 생각하자면서 울먹였다. 그녀는 10만 달러를 내놓으며 '어머니날' 제정을 전 세계에 호소했다. 1914년 미국 의회는 이에 감동, 5월 둘째 일요일을 어머니날로 공식 선포했다.

이 세상에서 자신의 몸보다 더 소중한 것이 없을 것이다. 또 사랑보다 값진 것도 없다. 내 몸을 있게 해주고 온 사랑을 내게 쏟은 분은 누구인가. 우리나라에선 1973년부터 5월 8일을 어버이날로 정해 기념해오고 있다. 최근 들어 부모·자식 사이에 말로는 차마 표현할 수 없는 끔찍한 살인, 폭행, 동반자살이 급격히 늘어났다. 이 세상 어느 곳보다 사랑이 넘쳐흘러야 할 가정에서 반인륜의 비극이 꼬리를 물고 있다. 참사랑이 있는 곳엔 부족이 있을 수 없다. 사랑은 생명보다도 강하고 죽음보다도 강하다.

《동아일보》 1990. 5. 8

어린이는 하늘의 계시

할머니, 어머니 무릎에서 재미있는 이야기를 들을 때 어린이는 이야기에 빠져 왕자도 되고 고아도 되고 나비도 되고 새도 된다. 어린이는 본 것, 느낀 것을 그대로 노래하는 시인이다. 여름날 나무숲이 바람에 흔들리는 것을 보고 바람의 어머니가 아들을 보내 나무를 흔든다고 말하는 것도 시요, 오색찬란한 무지개를 보고 하느님의 따님이 오르내리는 다리라고 하는 것도 그대로 시다.

마른 잔디에 새 풀이 나고 나뭇가지에 새 움이 돋는다고 먼저 기뻐 날뛰는 이도 어린이요, 봄이 왔다고 꽃이 피었다고 나비와 함께 춤추는 이도 어린이다. 별보고 좋아하고 달보고 노래하는 이도 어린이요, 눈 온다고 기뻐 날뛰는 이도 어린이다. 어린이에게는 모든 것이 기쁨이요, 모든 것이 사랑이요, 모든 것이 친한 동무다. 자비와 평등과 박애와 환희와 행복, 그리고 이 세상 모든 아름다운 것만 한없이 많이 가지고 사는 이가 어린이다. 소파 방정환은 '어린이 예찬'에서 어린이는 그대로가 하늘의 뜻이요, 우리에게 주는 하늘의 계시라고 찬미했다.

어린이헌장에도 어린이는 위험할 때 맨 먼저 구출해야 하고 어떤 경우에라도 악용의 대상이 되어서는 안 된다고 되어있다. 그런데 우리 어린이는 지금 어떤 대접을 받고 있는가. 초등학교 3학년 어린이가 유괴되고 30분 만에 암매장된 뒤 아버지가 20차례나 금품을 요구받고, 다섯 살짜리 어린이가 납치·살해돼 저수지에 버려졌다. 3학년 희성(喜星) 군의 아버지는 아내에 이어 이 세상에 단 하나뿐인 핏줄마저 빼앗겼다. 다섯 살짜리 완희(完熙) 군은 목 졸려 차 트렁크에 실려 다니다 저수지에 이르러 눈을 뜨고 숨을 몰아쉬자 범인들이 다시 목 졸라 수장했다.

우리말에 '애 끊는다', '단장(斷腸)의 슬픔'이란 말이 있다. 감당할 수 없는 슬픔을 당하면 창자가 끊긴다는 뜻이다. 《대동야승》(大東野乘)에 이런 이야기가 나온다. 꾀꼬리 모자를 조롱 속에 넣어 기르다 새끼를 갖고 싶어 하는 사람이 있어 내주었다. 어미 꾀꼬리가 그날부터 먹지 않고 계속 울기만 하더니 닷새 만에 죽었다. 이상하여 배를 갈라 보았더니 창자가 녹아 형체를 알 수 없게 되었더라는 것. 짐승의 모정이 이럴진대 사람의 모정이야 오죽하겠는가. 참으로 가련한 유괴범, 지옥에 가서 그 업보를 어찌 감당하려는가.

《동아일보》 1990. 9. 11

아삼삼한 삭은 맛, 김치

신맛, 쓴맛, 매운맛, 단맛, 짠맛이 오미(五味)다. 여기에 한민족 고유의 삭은 감칠맛의 미묘한 제 6의 맛, 발효미가 있다. 된장, 고추장, 젓갈, 김치 담그기는 우리민족이 개발해낸 출중한 발효 솜씨인데 그 중에서도 야채를 양념과 함께 발효시켜 만든 김치는 아삭아삭 씹히면서 오묘하고 아삼삼하게 삭은 맛이 절묘하다. 이 맛은 우리만이 알고 우리만 즐기는 독특한 맛의 경지다.

삼국시대부터 기록에 나와 있는데 고려 때까지도 나박김치, 동치미 정도였다. 임진왜란 후 고추가 들어오면서 다채로워지기 시작했다. 고추 맛은 생선의 비린 맛을 다스리고 갖가지 넓고 깊은 맛을 자아내 요즘의 김치는 160여 가지나 된다. 백김치, 통배추김치, 보쌈김치, 열무김치, 총각김치, 갓김치, 파김치, 고들빼기김치, 오이소박이, 섞박지, 굴깍두기 등 이름만 들어도 입안에 침이 돈다.

김치는 서양의 대표적 발효식품 요구르트와 젖산을 비교할 때 적게는 10배, 많게는 100배나 많다. 또 각종 미생물이 작용해 우리 몸에 필요한 여러 가지 아미노산을 만들어낸다. 각종 비타민도 풍부하다. 김장은 예로부터 한 해의 반 식량으로 가장 소중한 저장식품. 섭씨 5, 6도에서 담그는 것이 맛이 좋다. 요즘부터 12월 초까지가 적기. 일찍 먹을 것은 젓갈, 마늘, 고춧가루 등 양념을 넉넉하게 하고 소금을 적게 넣는다. 봄까지 먹을 것은 양념은 적게, 소금은 넉넉히 넣는다.

김장철을 맞아 배추, 무가 풍작으로 산지 농민들이 헐값으로 팔게 되어 울상이다. 서울 일반시장에서 배추가 포기〔상품(上品)〕당 500~600원, 무가 개당 300~400원 선, 양념류는 오름세. 시판 젓갈류에 부패, 변질된 것이 많다고 소비자단체에서 조사·발표했다. 수협 공판장을 찾는 것이 안전한 방법. 한편 못쓰게 된 고추와 고추씨 등에 공업용 물감을 넣어 유해 고춧가루를 만들어 판 13명 모두 구속됐다. 잘 살펴 사야겠다.

우리 민족의 이 고유 전통음식 섭취량이 줄어들고 있다. 특히 간편식을 선호하는 도시 어린이들이 외면한다. 이런 실정에서 일본인들 사이에서는 폭발적 인기가 일어 대규모 김치관광단까지 내한할 정도. 더욱 놀라운 것은 미국 등 해외시장에서 일제 김치가 판을 쳐 서구인은 물론 우리 교포들까지 진공포장의 일제를 찾는다는데 종주국의 체면이 말이 아니다. 세계 김치시장은 당연히 우리가 지배하도록 정신 바싹 차려야겠다.

《동아일보》 1990. 11. 20

화장火葬, 깨끗한 땅에의 귀향

람다스 간디는 횃불을 들고 아버지 마하트마 간디 시신이 안치된 백단향(白檀香) 장작더미 주위를 다섯 바퀴 돈 후 불을 붙였다. 화염이 솟자 운집한 군중들은 일제히 통곡했고 아낙네들은 머리와 옷을 쥐어뜯으며 간디 시신이 타고 있는 불속으로 뛰어들려 했다. 〈어둠에서 광명으로 죽음에서 영원불멸로〉란 베다 성가(聖歌)가 울려 퍼지는 가운데 조용한 갈색 체구는 불꽃 속에서 타 없어졌지만 성인 간디는 불멸의 화신으로 다시 살아났다. 유골은 갠지스 강에 뿌려졌고 강은 그의 유골을 대양으로 옮겨 영원히 간직했다.

중국의 주은래 총리도 화장됐다. 그의 유골은 당초 혁명가 묘지인 팔보산 공묘(公墓)에 안치될 예정이었으나 고인의 유언에 따라 중국의 산하에 뿌려졌다. 중국은 다른 사회주의 국가와 마찬가지로 대부분 화장을 해왔다. 무신론의 영향에 토지를 효율적으로 이용하려는 생각도 작용했다. 그러나 최근엔 농촌에서부터 다시 토장(土葬) 풍습이 되살아나고 있다.

매장법에는 여러 가지가 있으나 대표적인 것은 역시 토장(土葬)과 화장(火葬). 힌두교와 불가에서 특히 화장을 택하는 것은 화장이 윤회의 고통에 매듭을 짓는 것이라고 생각하기 때문이다. 이 화장법을 천주교에서 도입한다. 매장 후 15~20년이 지난 구묘(舊墓)의 유해를 화장하는 방법으로 묘지를 관리한다. 가톨릭교회에서는 몇 차례 화장금령이 내려졌었으나 지난 1963년 정식으로 이 금령(禁令)이 철폐됐다.

매장을 좋아하는 우리 관습에 따라 비좁은 국토가 해마다 묘지로 잠식돼 묘지 포화상태에 이르렀다. 현재 전국에는 1,850만 기의 분묘가 산재해 있다. 매년 여의도 면적의 1.4배가량이 묘지로 바뀐다는 것. 묘지 1기당 면적이 평균 15평으로 현재 국민 1인당 주거면적 14평을 앞지르고 있다. 사자(死者)가 산자보다 더 넓은 면적을 차지하고 있다. 여기에 수백, 수천 평 규모의 호화분묘가 등장, 위화감을 조성한다.

이 '현대판 왕릉'은 현란한 석등, 봉분 둘레석에 인공연못, 주차장, 정자각(丁字閣)까지 갖춘 곳도 있다. 이 밖에 호화 가묘(假墓)도 수두룩하다. 우리의 묘지문화도 이젠 바뀔 때가 됐다. 금수강산이 무덤으로 덮여 있어서야 되겠는가. 영국, 스위스, 스웨덴, 체코 등도 화장률이 50%가 넘는다. 천주교의 구묘(舊墓) 화장제는 용기 있는 결단임에 틀림없다.

《동아일보》 1990. 11. 23

근검절약과 주인 의식

아테네의 명장 포키온은 청백리로 명성이 높았다. 포키온 못지않게 부인도 검약한 살림으로 많은 사람들의 존경을 받았다. 아테네에서 시민들이 연극을 관람하고 있을 때 왕 배역을 맡은 배우가 비싼 고급의상을 입은 많은 시녀들을 딸려 달라며 무대에 등장하지 않고 버티면서 관객들을 기다리게 했다. 화가 난 연출자가 이 배우를 무대로 밀쳐내면서 "저기 포키온 부인께서도 보시지 않느냐. 저런 분도 시녀 한 명만 두고 계신데 너는 네 분수도 모르고 우리 아내들을 총동원할 셈이냐"고 소리 지르자 관중들이 일제히 포키온 부인을 향해 박수갈채를 보냈다. 또 많은 고관 부인들이 모인 장소에서 돌아가면서 포키온 부인에게 보석 자랑을 했다. 그러자 포키온 부인은 내가 자랑할 것이라곤 집주인이 사욕 없이 아테네를 20년째 보위하고 나는 그런 남편을 그동안 섬기고 있는 것뿐이라고 말했다.

낭비풍조와 절약정신이 항상 교차하는 데서 생겨난 일화다. 헤프게 쓰는 것과 아끼는 마음은 동서양이 똑같다. 우리나라에서도 많은 훌륭한 위인들이 모두 청빈했고 절약정신이 투철했다.

청렴하고 자주의식 강했던 선인들

고려(高麗)의 강감찬(姜甘瓚) 장군은 자주의식이 강한 분이었다. 현종 원년 거란〔契丹〕의 군사 40만 명이 압록강을 건너 쳐들어오자 강조(康兆)가 응전했으나 패전해 포로가 됐다. 대신들이 모두 항복하자고 할 때 강감찬 장군 혼자서만 싸울 것을 역설했다. 마침내 장군은 싸워서 거란군을 물리쳤고 뒤이어 거란의 소손녕이 80만 대군으로 쳐들어오자 30만 군사로 영주〔榮州, 지금의 안주(安州)〕에서 신기한 전략을 펼쳐 대승을 거둬 나라를 구했다.

강감찬 장군은 삼국 시대의 을지문덕(乙支文德), 조선 시대의 이순신(李舜臣) 장군과 비견되는 고려의 명장이다. 그러나 장군은 청렴하고 검소하여 재산에 대해서는 일체 관심이 없었다. 항상 소식(蔬食)으로 만족했고 옷은 해진 것을 그대로 입었다. 그러면서도 주인 의식, 자주 의식은 그 누구보다 투철했다. 고려 창왕(昌王) 때 최영(崔瑩) 장군도 자주 의식이 강했다. 명나라가 철령(鐵嶺) 이북의 땅을 차지하겠다고 하자 요동(遼東) 정벌을 주장, 출진까지 했으나 이성계의 위화도(威化島) 회군으로 뜻을 이루지 못하고 이성계 일파에 의해 희생됐다. 장군은 형을 당할 때 '내가 만일 탐재를 했거나 나쁜 일을 했다면 무덤 위에 풀이 날 것이다'고 했다. 그의 무덤에 과연 풀이 나지 않았다. 장군은 본래부터 강직하고 청렴하며 충성심이 지극했고 주인 의식이 강했다. 대장과 정승을 지냈고 오랫동안 병권을 잡고 있었으나 사사로운 부탁은 한 번도 들어주지 않았고 생활도 아주 검소했다.

이 시대 마지막 청백리 변영태 선생

조선시대에도 황희 정승 등 자주 정신, 주인 의식을 갖고 작은 것에서부터 큰 것에 이르기까지 아껴 쓰는 청백리(淸白吏)가 많았다. 조선 시대 청백리는 그 동안 많이 소개되었으므로 생략하고, 주인 의식이 강했던 이 시대의 마지막 청백리, 고관답지 않게 청빈 속에서 옥같이 맑디맑은 생애를 학처럼 고고하게 살다 간 변영태(卞榮泰) 선생의 절약 정신을 살펴본다.

1947년 1월 선생은 이승만(李承晩) 박사에 의해 정부수립에 대한 필리핀의 승인을 얻기 위해 특사로 임명됐다. 외무부에서는 필리핀은 더운 나라이므로 동복과 하복을 준비해 가라고 권했다. 그러나 선생은 혹한 속에서도 하복을 입은 채 애지중지하던 아령도 놓아 둔 채 떠났다. 수하물 운송료를 절약하기 위해서였다. 마닐라에서도 전차와 버스를 타고 다녔다. 귀국 후 경무대 보고에서 쓰다 남은 출장비 10달러를 이 박사에게 반납해 주위를 놀라게 했다. 선생은 외무장관으로서 국제회의에 참석할 때마다 남은 출장비를 꼬박꼬박 반납했다. 외무부 직원들에게도 전차・버스 타기와 걷기를 권했다. 공직에서 떠난 뒤 빈한한 살림 속에서도 언제나 담담하게 영어학원에 나가 생계를 이었다. 선생은 아궁이의 연탄을 갈아 넣다가 가스로 숨졌다. 장례는 고인의 뜻에 따라 가족장으로 치러졌고 정부에서 나온 부의금 3백만 원은 고려대에 장학금으로 기증했다.

개인 및 집단 에고이즘 팽배

요즘 국회의원 뇌물외유사건, 예체능계 대학입시부정사건, 수서(水

西) 의혹사건 등 초대형 독직사건이 우리 사회를 온통 뒤집어 놓았다. 국회의원은 으레 부정한 돈을 받아 흥청망청 써도 무방하고 예체능 교수는 레슨을 하며 실기시험을 봐 주고 큰돈을 챙기며, 정치권과 공직자와 재벌이 결탁해 부정과 부패가 만연해 있는 세상이 돼 버렸다. 그뿐이 아니다. 정치는 사리당략에 얽혀 퇴행을 거듭하고 경제는 침체의 벼랑 위에 놓여 있으며 사회는 향락과 사치풍조가 만연되더니 급기야는 범죄와의 전쟁을 선포하기에 이르렀다. 상식, 신뢰, 협력, 도덕성이 상실되어 가면서 개인 및 집단에고이즘만 팽배해졌다. 온갖 부정・불의로 오직 내 이익만 챙기고 탐욕적 이기주의 속에서 서로 으르렁대면서 적대감만 팽배해 있다. 주변이나 상대방을 아끼려는 기색이 전혀 없다. 이웃을 돌보려는 생각 자체를 하지 않는다.

얼마 전 서울의 시내버스에서 한 할아버지가 여자 승객 핸드백을 찢은 30대 소매치기의 멱살을 잡고 "소매치기다!"라고 외쳤다. 그러나 공범이 면도날로 이 할아버지의 손을 그어 피투성이가 되었는데도 청년 등 30여 명의 승객들은 모두 구경만 했다. 버스가 근처 파출소에 이르러 범인은 경찰에 넘겨졌으나 면도날로 그은 공범은 승객 틈에 끼어 있다가 그대로 도망쳤다. 우리 주변은 언제부터인가 이렇게 소매치기를 보고도, 청소년들의 비행을 보고도 못 본 체 외면해 버리는 풍토가 됐다. 옆집에 강도가 들어도 경찰 신고는커녕 자기 집 문만 꼭 걸어 잠그고 모른 체한다.

주인 의식 갖춘 창조적 인간상

이 세상 어느 것 하나도 나와 관계없는 것이 없다. 가정의 불화, 이웃과의 소원(疏遠), 직장에서의 알력도 나와 직결돼 있으며 이 세상의 진리, 정의, 도덕의 문제도 나의 일이다. 그 길이 멀고 거창한 것 같지만 사실은 모두 내 주변에서 내가 눈을 떠 실행하기를 기다리고 있다. 가족에게 다정스런 한 마디를 건네고 이웃을 배려하며 직장 동료의 입장을 세워 주고 사회 공공질서를 지키는 것이 무엇보다 중요하다. 그리고 청백리의 언행에까지 이를 수야 없지만 가정에서 수돗물 아껴 쓰고 직장에서 사무용품 아껴 쓰고 공공시설물을 내 재산처럼 여기는 마음가짐이 바로 살아 있는 주인 의식 아니겠는가.

낭비와 탐욕, 이런 역병(疫病)은 개인은 물론 국가를 파멸시킨다. 인간은 탐욕에 눈이 멀어 인생의 태반을 낭비한다. 만물 중에 가장 귀중한 것이 시간이라고 한다면 이것을 낭비하는 것이야말로 최대의 낭비다. 창조적 인간상은 주변의 모든 것을 아끼고 하찮은 일에 시간이나 재능을 낭비하지 않는 자주적 상식인이다. 많은 사람들이 하루의 태반을 직장에서 보낸다. 직장에서의 협조, 이해, 양보, 절약, 솔선수범 등의 창조적 작업이 직장의 안정은 물론 인류역사를 발전시킨다.

《우성가족》 1991. 2.

입춘하면 대길

"온 겨우내 검은 침묵으로/추위를 견디었던 나무엔 가지마다 초록의 눈을/그리고 땅속의 벌레들마저 눈뜨게 하옵소서/이제사 풀리는 하늘의 아지랑이/골짜기마다 트이는 목청/내 혈관을 꿰뚫고 흐르는 새소리, 물소리에 …". 박희진(朴喜璡)의 〈새봄의 기도(祈禱)〉다. 길고 음침한 겨울이 가고 벚나무, 매화나무 어린 가지에 희열충만한 생명의 수액이 흐르고 어디선가 노고지리의 소리 들리는 듯하면 대지에 홀연히 새봄이 찾아든다.

4일은 24절기의 시작인 입춘(立春). 이날을 고비로 동장군은 퇴각하고 봄이 상륙 채비를 서둔다. 이날 아침에 봄눈이 내렸다. 입춘이 거꾸로 붙어 지각한파가 밀어닥치기도 한다지만 그래도 봄은 따스하고 보드라우며 달착지근한 빛깔로 찾아온다. 예전엔 입춘날이 되면 대문에 '입춘대길'(立春大吉), '건양다경'(建陽多慶) 등 복(福)을 맞아들이고 액(厄)을 쫓는 입춘서를 크게 써 붙여 새봄을 맞았다. 그러나 요즘은 양옥과 아파트만 부쩍 늘어나고 마음조차 각박해져 입춘서를 찾아보기 어렵다. 마음속에서라도 춘방(春榜)만은 잊지 말고 오래 기억하고 싶다.

동양 고유의 풍습으로 입춘절식(立春節食)이 있다. 이날 햇나물무침을 만들어 이웃과 나눠먹었다. 당나라 시성(詩聖) 두보(杜甫)도 "입춘날 봄 채반에 오른 어린 생채"라며 나른한 춘곤 속의 입맛을 돋웠고, 송나라 소동파도 "파란 쑥과 노란 부추가 봄 채반에 올랐도다"라고 읊었다. 우리 조상들도 입춘날이면 눈 밑으로 돋아난 햇나물을 뜯어다 무쳐 겨울 동안 결핍되었던 신선한 채소를 체내에 공급해주었다. 비단 육신만이 아니라 마음도 지루하고 혹독한 겨울을 떨쳐내고 기운찬 소생의 새봄을 맞아들여야겠다.

입춘을 연초로 보기도 한다. 모든 잡절(雜節)이 이날을 기준으로 정해져 있다. 밭에 씨뿌리기가 시작되는 88야(夜), 태풍시기 210일 등이 모두 입춘일로부터 계산된 기간이다. 지난겨울은 뇌물외유로 인한 공직자비리, 예체능대학 입시부정, 천정부지로 치솟기만 하는 물가고에 시달렸고 국제적으로도 걸프전쟁으로 세계평화가 위협받는 암담한 계절이었다. 입춘을 실질적인 새해 시작으로 삼아 새 생명탄생의 환희를 안고 찬란한 희망에 부풀어 남쪽나라 훈풍을 타고 날아오는 새봄을 맞아 우리 모두 새 각오로 새 출발해야겠다.

《동아일보》 1991. 2. 4

참된 아름다움, 생활 속에서 찾자

클레오파트라는 잘 알려진 대로 이집트의 프톨레마이오스 왕조 최후의 여왕이다. 그녀는 남동생 프톨레마이오스 13세, 막내 동생인 프톨레마이오스 14세와 잇달아 결혼하여 공동 통치했으며 로마의 카이사르와 결혼해 아들을 두고, 다시 안토니우스와 결혼했다.

그녀는 용모와 자태에서 최고의 매력을 풍기고 수개 국어를 자유롭게 구사하는 외교적 수완을 발휘, 로마의 영웅들을 자유자재로 조종하여 격동기의 왕국을 유지해 가다 옥타비아누스 군(軍)의 공격을 받고 독사가 가슴을 물게 해 자살했다. 절세의 고혹적 매력과 함께 요부라는 평판까지 받았던 그녀의 생애는 셰익스피어의 〈안토니우스와 클레오파트라〉, 버나드 쇼의 〈카이사르와 클레오파트라〉 등 많은 문학작품의 소재로 등장했다.

일세를 풍미한 점도 그렇지만 미모에 있어 서양의 클레오파트라에 대조되는 동양의 미인은 당(唐)나라 현종(玄宗) 때의 양귀비(楊貴妃)다. 현종의 제 18왕자 수왕(壽王)의 비였던 그녀는 절세의 미모로 현종의 눈길을 끌어 황제와 결합해 나라를 쥐고 흔들다가 안록산(安祿山)의 반란으로 도주하던 중 목을 매어 죽었다. 미색은 물론 총명한데다 가무에도 뛰어나 그녀 역시 많은 문학작품의 소재가 되었다. 이백(李白)은 그녀를 활짝 핀 모란에 비유했고, 두보(杜甫)는 시 〈애강두〉(哀江頭)에서 명모호치(明眸皓齒: 밝은 눈망울과 하얀 이빨)로 표현했다. 백낙천(白樂天)은 현종과 양귀비의 로맨스를 노래한 〈장한가〉(長恨歌)에서 '얼굴 돌려 한 번 웃으면 백 가지 미태(美態)가 생긴다'고 했다.

여성의 미의 조건을 다음과 같이 표현하기도 한다. 세 개는 희다 — 피부 · 이 · 손, 세 개는 검다 — 눈 · 속눈썹 · 눈썹, 세 개는 붉다 — 입술 ·

빰 · 젖꼭지, 세 개는 길다 — 신체 · 머리칼 · 손가락, 세 개는 넓다 — 가슴 · 이마 · 눈과 눈 사이, 세 개는 가늘다 — 허리 · 손 · 발, 세 개는 얇다 — 손가락 · 발목 · 콧구멍, 세 개는 풍부하다 - 입술 · 가슴 · 엉덩이.

성서에 '분별없는 미인은 마치 돼지 코에 장식한 보석과 같다'는 말이 있다. 미인은 '눈에는 극락, 마음에는 지옥, 돈주머니에는 연옥을 갖는다'는 말도 있다.

춘원(春園) 이광수(李光洙)는 여성미로서 체격미 · 동작미 · 용모미 · 음성미 · 표정미 · 취미미 · 정신미 등을 들었다. 그 중에서도 성격이 쾌활하며 뜨거운 열정이 있고 자비심이 많은 여인이 참 미인이라고 했다.

여성, 특히 우리나라 여성은 오랫동안 인간으로 존재하지 못하고 어머니 · 부인으로서 남편과 자식을 통한 삶만을 영위했다. 그 길만이 여성이 가장 행복해지는 길이라고 믿게끔 길들여졌던 것. 그러나 그렇게 길들여진 의식이 근대화 · 산업화 · 사회구조의 변모 등으로 깨어지기 시작했다.

베티 프리단은 저서 《여성의 신비》에서 박제되어 있는 여성상에 정면 도전했다. 프리단은 여성들이 아내나 엄마로서의 임무를 하는 대신 한 인간으로서 행동할 때 죄책감을 느끼게 하는 것이 무엇인지를 찾았다. 그에 의하면 모든 여성들이 가정 · 학교 · 직장 등 생활에서 '여성의 신비'라는 거짓말을 믿고 살아왔으며 특히 여성을 치료한 의사나, 여성 문제를 연구한 전문가들이 그 거짓말을 영속화시켜 왔다는 것이다. 프리단은 '여성의 신비'라는 고정관념을 깨뜨리고 인간으로서의 여성을 신중하게 바라보면, 여성이 거짓 기초 위에 서 있으며 여성에 대한 예찬도 허위임을 알 수 있다고 했다.

이러한 지적 때문이 아니더라도 요즘 많은 우리의 여성들은 자아실현을 위해 각종 사회활동에 노력하고 있다. 인식과 행위의 주체로서 자아의 완성 내지는 실현을 궁극적 목표로 삼는 것은 의식 있는 현대여성으로서 당연한 일이다.

의식 있는 여성이 아름답고 보람차게 살아가는 방법은 각자의 개성·취미에 따라 다양하겠지만 그 중에서도 이웃을 생각하고 배려하고 사랑하는 것이야말로 가장 소중한 마음자세가 아닐까. 여기에서의 이웃은 동료나 이웃 주민만이 아니라 모든 생물은 물론 무생물(자연)을 포함한 지구촌의 환경까지를 포괄한 개념이다.

잿빛 하늘, 공장 폐수와 가정 하수로 더럽혀진 하천, 각종 화학 첨가물과 농약으로 오염된 식품, 날로 심각해져 가는 산성비 등 환경오염 문제는 우리 모두의 숨통을 죄는 공적(公敵)이다. 비싼 정수기가 날개 돋친 듯 팔린다지만 그것으로 해결되지 않는다. 환경보호 단체가 활약하고 있지만 공해 문제는 일부 단체의 노력만으로 해결되지 않는다. 남성이든 여성이든 한 사람 한 사람이 공해 시발요인을 없애 나가는 것이 참으로 아름다운 자세가 아니겠는가.

환경 전문가들은 병든 지구를 살려 나가는 길은 결코 먼 곳에 있지 않고, 특히 주부들이 일상생활에서 조금만 더 노력을 기울이면 커다란 효과를 거둘 수 있다고 주장한다. 주부들의 환경오염 억제 생활 태도는 절약까지 2중 효과를 거둘 수 있다. 시장에서 물건을 살 때 포장해 주는 비닐봉지는 분해되지 않으며, 불에 소각해도 대기오염을 유발한다. 그래서 요즘 깨끗한 장바구니 들고 다니기가 유행하고 있다고 한다. 또 개인 젓가락을 휴대하고 다니면서 1회용 나무젓가락을 쓰지 않는 주부 모임도 있다고 한다. 예쁜 공단 천으로 젓가락집을 만들어 핸드백에 넣고 다닌다는데, 이런 작은 실천이 목재 소비를 줄여 열대림을 보호하고 대기의 온실효과도 억제한다. 난방온도를 낮추거나 불필요한 전등 끄기, 수돗물 아껴 쓰기 등이 바로 환경보호를 실천하는 일이다. 발전소에서 석탄을 적게 때면 대기오염이 줄고 지구 온난화도 막아 준다.

무턱대고 화장만 짙게 하고 머리카락을 곱슬머리로 파마한 모습이 아름다운 것인가. 아니면 단정하고 기품 있고 친근감 느껴지는 자세가 더 마음을 끄는 것일까. 요즈음처럼 곳곳에 비리·부정·의혹이 속출해 보통 사람들을 우울하게 만드는 때 단정한 마음가짐으로 열심히 맡은 바 일을 수행하고 매사에 감사하면서 이웃에게 따뜻하게 대하며 사는 모습이 참 아름다움이 아니겠는가.

사랑스럽지 않은 아름다움은 미끼 없는 낚싯바늘과 같아 어떤 물고기도 접근하지 않는다. 흠잡을 데 없는 우아한 아름다움이란 그것이 그 사람의 행위와 완전히 일치되었을 때, 그리고 당사자가 자기의 아름다움을 의식하지 않고 있을 때 두드러지게 나타난다. 미(美)는 단지 용모에 있는 것이 아니라 노력의 조화 속에 있는 것이다. 사람들이 미를 구하여 전 세계를 여행한다고 하더라도 스스로 몸에 미를 지니고 있지 않으면 결코 미를 발견하지 못할 것이다.

《남해화학》 1991. 3.

어린이 보호

어린이들은 실제로 경험하지 못한 일을 이야기 속에서 훌륭히 경험한다. 어머니, 할머니 무릎에 앉아 재미있는 이야기를 들을 때 이야기 세상 속에 들어가 왕자도 되고 공주도 되고 고아도 된다. 마크 트웨인의 톰 소여는 담배를 피우고 학교도 가기 싫어 가출해 큰어머니를 걱정시킨다. 톰은 문명사회의 속박에서 벗어나 자연 속에서 모험을 즐기는 소년의 꿈을 펼친다. 용감하고 의협심 강한 이 악동의 건강한 측면이 부러움을 사기도 한다.

지난달 26일 대구의 한 마을 초등학생 5명이 집단으로 집을 나간 뒤 보름이 넘도록 소식이 끊겨 부모는 물론 학교와 이웃 주민들이 애를 태우고 있다. 이 어린이들은 마을 뒤 와룡산에 개구리 잡으러 간다며 집을 나간 뒤 생사마저 확인되지 않고 있다. 이들의 행적을 찾고 있는 경찰은 지금까지도 단순가출인지 집단납치 사건인지조차 밝혀내지 못하고 있다. 다니던 직장까지 그만두고 어린이를 찾아 나선 부모들은 아무리 호기심으로 가출했다 해도 평소 말썽 한번 부리지 않던 아이가 이렇게 소식이 없을 리 없다며 아무래도 감금되어 있는 것 같다고 말했다.

경찰도 이 어린이들이 돈을 갖고 있지 않고 학교・가정생활이 원만했으며 실종 다음날 10여 차례 괴전화가 걸려온 점 등을 들어 불량배에 의해 납치 또는 감금되어 있을 가능성이 짙은 것으로 보고 있다. 이들이 앵벌이 폭력조직이나 소매치기 또는 인신매매단에 끌려가 혹독한 고통을 받고 있는지도 모른다. 심한 경우 마약으로 기억을 상실케 하거나 일부러 병신으로 만들어 구걸해 오게 하는 악당들도 있다는 것을 알아야 한다. 우리 사회의 타락상은 톰 소여의 낭만과는 거리가 멀다.

어린이 헌장에도 어린이는 인간으로서 존중하고 사회의 일원으로 올바르게 키워야 하며 마음껏 놀고 공부할 수 있도록 해주어야 하며 위험한 때 맨 먼저 구출해야 한다고 정의했다. 그러나 불행하게도 오늘의 우리 어린이들은 열악한 환경 속에 보호받지 못한 채 버려져 있다. 어린이 가출의 일차적 원인은 부모의 무관심, 과잉기대, 가정불화 등 가정적 요인이다. 다음은 학업성적이 부진한 데서 오는 강박관념, 선생님 꾸중에 상처 입는 경우 등이다. 4, 5월엔 특히 가출이 늘어난다. 부모나 교사들이 더욱 애정을 갖고 신경을 써야 한다.

《동아일보》 1991. 4. 10

노인 공경

"노인은 우리를 낳아 기르고 문화를 창조 계승하며 국가와 사회를 수호하고 발전시키는 데 공헌해온 어른으로 국민의 존경을 받으며 노후를 안락하게 지내야 할 분들이다." 노인공경 정신이 담긴 〈경로헌장〉이다. 그러나 실제 우리 주변엔 외로움, 서러움 속에 끼니조차 제대로 잇지 못하는 불우노인들이 너무나도 많다. 누구하나 의지할 데 없이 쥐꼬리만한 정부지원금으로 사는 무의·무탁노인이 전국에 10여만 명이나 된다.

대부분 배우자를 잃고 혼자 사는 무의탁 노인들은 거의 모두 전·월세집에 거처한다. 판잣집이나 슬레이트집, 지하실 등에서 살기도 한다. 거택보호자의 경우 양곡과 극히 적은 액수의 정부보조비로 살아야하는데 이들은 부식비를 아끼기 위해 야채를 간장에 절여놓고 그것을 반찬으로 한 달 내내 생선 한 토막 못 사먹는다. 그뿐만이 아니다. 찾아주는 사람도 없어 뼈저린 외로움 속에서 온갖 질병에 시달리기도 한다.

근래 핵가족 선호 추세에 따라 노인과 동거하는 비율이 점차 줄어들고 있다. 별거는 말할 것도 없고 어른에 대한 공경심조차 없다. 동시에 효의 정신이 퇴색, 요즘의 젊은이들은 효도는커녕 불효한 짓만 골라 한다는 개탄의 소리도 높다. 형제끼리 부모를 맡지 않으려고 볼썽사나운 추태를 벌이는가 하면 심한 경우는 방기(放棄) 해버리는 불효도 없지 않다. 부모를 모시는 경우도 얼마나 마음 편하게 해드리는지 의문이다.

초국(楚國)의 노래자(老萊子)는 노부모를 즐겁게 해드리기 위해 칠십의 나이에도 아이옷을 입고 어리광을 부렸다 한다. 후한의 곽거(郭巨)는 노모가 자기 몫의 밥을 손자에게 주고 굶자 궁리 끝에 자식을 구덩이에 묻으려 했다. 올해 전국 최우수 효행자로 뽑힌 고승여(高升汝) 여사(60)는 반신불수 시어머니를 10여 년간 극진히 보살피고 간질환 남편 대신 품팔

이를 해 열 식구를 부양했다 한다. 이 같은 효성은 엄두도 내기 어려운 경지다. 5월 8일을 어버이날로 정한 것은 그래도 효의 정신을 일깨워 보려는 데 있다. 어버이에 대한 효도를 되새기고 그 효행이 이웃사랑으로 이어지게 해 우리 모두 노인을 공경하는 마음자세를 가져보자.

《동아일보》 1991. 5. 8

고속도로 휴게소 위생

여행객들이 국수 코너에서 길게 줄을 서 있다. 고객들이 내미는 돈을 종업원들은 낚아채듯 재빨리 받아 챙긴 뒤 국수그릇을 팽개치듯 내놓는다. 다른 판매대도 밀집 인파로 몸을 비벼댈 정도로 북적댄다. 즐거워야 할 주말의 고속도로 휴게소가 짜증과 불만으로 가득 찬다. 그렇지 않아도 거북걸음, 차량홍수 속에 지칠 대로 지친 여행객들이 잠시 요기를 하러 들른 휴게소에서 판매원들의 불친절과 얌체상혼으로 기분만 더 상한다.

간신히 국수나 어묵 그릇을 받아내 입석 식탁으로 가 훌훌 마시다보면 식탁 주변에 먹다 남은 단무지 등 음식찌꺼기가 어지러이 널려있다. 바로 옆에는 음식찌꺼기 등 오물을 담은 검은색 비닐봉지가 악취를 풍기며 널려있고 대형 플라스틱 오물통은 뚜껑도 없이 방치돼 있어 비위를 상하게 한다. 화장실도 바닥이 더러운 물기로 그득하고 손 씻는 수도는 고장이나 있다. 말이 휴게소지, 여행자가 차분히 앉아 차 한 잔 들며 담소할 공간이 없다.

휴게소의 매상고는 얼마나 될까. 작년 한 해 동안 전국 55개 휴게소의 총매출액은 물경 1,244억 원이나 된다. 이 중 29개소는 도로공사 산하 시설공단이 운영하고 나머지는 여러 업체들이 나눠 운영한다. 작년에 가장 많은 매출액을 올린 곳은 재벌계열의 금강개발이 운영하는 금강휴게소로 104억 원이나 됐다. 다음은 죽암, 망향, 예산 휴게소 순. 이처럼 매출액이 는 것은 최근 들어 자동차가 엄청나게 늘어나 고속도로 교통량이 폭주하면서 운행시간이 길어져 여행객들이 쉬어갈 수밖에 없기 때문이다.

요즘 행락철을 맞아 휴게소의 위생상태가 더욱 엉망이다. 보사부 조사에 따르면 보리차에서 일반세균이 권장 기준치보다 무려 3,200배나 더 검출됐다. 도대체 어떻게 관리해서 이런 상태가 되는지 답답하다. 혼합어묵도 부적합 판정을 받았다. 어물어물 계약을 해서 막대한 수익을 올리면서 앉아서 떼돈 버는 업자들이 투자에는 인색해 이런 지경이 되었다. 업자나 관계당국이나 짜증 주행 끝에 잠시 휴식의 '작은 행복'을 찾아가는 여행객들의 입장을 조금이라도 생각해주었으면 싶다.

《동아일보》 1991. 5. 14

필적은 뇌적腦跡

약간 낯설지만 필상학(筆相學)이란 것이 있다. 필적에 관한 종합적인 체계를 갖춘 학문으로 이 학문의 영역은 글씨를 쓸 때의 동작과 행동의 생리학적·심리학적 연구, 필적과 성격과의 관계에 대한 연구와 응용, 필적에 의한 개인 식별, 글씨를 쓰기 위한 필기자료의 화학적·물리학적 연구 등이 포함돼 있다. 필상학 학자들은 필적을 형태·크기·방향·속도·강도·필순(筆順)·조화 등 7개 측면에서 글씨의 특징을 분류한다.

독일의 생리학자 W. 프레이어는 필적은 대뇌가 지배하는 생리작용으로 손으로 쓰나 입으로 쓰나 발가락으로 써도 그 특징이 일치해 필적은 뇌적(腦跡)이라고 해야 한다고 주장했다. 우리나라 국립과학수사연구소 문서감정실의 필적 전문가는 글자모양만 보아도 그 사람의 성별·연령·학력·성격은 물론 얼굴 생김새까지 짐작한다고 한다. 변조한 경우도 자외선을 쏘이거나 적외선 촬영으로 잡아낸다.

이윤상(李潤相) 군 유괴사건의 범인이 윤상 군의 체육교사 주영형(朱永炯)이라는 결론을 얻는데도 필적감정이 큰 역할을 했다. 문서감정실은 윤상 군 집에 날아든 20통의 협박편지 가운데서 각각 다른 글씨체로 쓴 5통의 편지를 동일인의 것으로 골라냈고 그 편지의 주인공은 범인으로 수배된 몽타주의 소녀일 것으로 추정했다. 뒤에 밝혀졌지만 몽타주의 소녀는 공범 이(李) 모 양이었고 이양이 5통의 협박 편지를 보낸 것으로 수사결과 드러났다.

요즘 나라를 뒤집어놓다시피 한 전민련(全民聯) 사회부장 김기설(金基卨) 씨의 유서만큼 요란한 유서도 유례가 없을 듯하다. 분신자살한 김씨의 유서를 둘러싸고 검찰과 전민련의 '대필'(代筆) 대 '자필'(自筆) 공방이 일주일째 계속되고 있다. 국립과학수사연구소에서 뒤늦게 김씨의 자필 유서 쪽으로 결론을 내린 모양인데 수사에 적극 협조하지 않은 전민련 측에도 아쉬움이 있지만 무엇보다 검찰의 졸렬한 수사태도가 한심스럽다. 모두들 제 입장만 고집하지 말고 이 사태의 조속한 해결에 힘을 모아야 한다.

《동아일보》 1991. 5. 25

살신성인… 제 목숨을 바쳐

살신성인(殺身成仁)은 공자의 가르침을 일관한 정치적, 윤리적 이상이다. 인인(仁人)은 삶을 구하여 인(仁)을 해치는 일이 없고 살신함으로써

인을 이룩한다는 것이다. 인도(人道)의 극치인 인(仁)을 성취하기 위해 죽음도 각오한다는 공자의 가르침이다. 성서(聖書)에도 사람이 온 천하를 얻고도 제 목숨을 허무하게 잃어버리면 무엇이 유익하겠느냐고 경고하면서도 친구를 위해 목숨을 버리면 그보다 더 큰 사랑이 없다고 했다.

지나친 경쟁사회 속에 팽배한 이기주의는 이웃의 고통을 모른 체하는 메마른 풍토를 조성해 놓았다. 타인의 아픔을 보고도 못 본 체, 불의를 접하고도 그냥 지나쳐버리는 가슴 아픈 현실이 돼버렸다. 오직 나밖에 모르는 이기적 배타정신으로 이웃의 생명의 위협에도 감각이 둔해져간다. 이런 세태에서도 어둠 속에서 자신을 불태워 빛을 발하는 자기희생의 이웃사랑이 전해져 우리를 감동케 한다.

30일 정오 팔당대교 부근 한강에서 물놀이하던 중학생 3명이 급류에 휩쓸려 허우적거리는 것을 발견한 양필석(梁弼錫) 씨(24)가 뛰어들어 학생들을 모두 구하고 자신은 힘에 부쳐 익사했다. 사람은 죽고 난 뒤에는 아무것도 바랄 수가 없다. 목숨은 단 하나밖에 없는 것. 하나뿐인 목숨이니 제 목숨 아끼기는 누구나 다 마찬가지다. 그러나 훌륭한 시민 양필석 씨는 위험 속에 뛰어들어 인과 의를 함께 실현하는 자기희생을 이룩했다.

본격적인 무더위가 시작되면서 강과 바다를 찾는 사람이 줄을 잇는다. 철모르는 어린이들의 익사사고는 올여름에도 수없이 발생할 것이다. 어린이들의 생명뿐 아니라 양씨의 경우와 같은 희생을 줄이기 위해 부모 등 어른들의 각별한 주의가 요망된다. 수영 등 물놀이에는 큰 위험이 뒤따른다는 것을 계속해서 숙지시켜야 한다. 물에서 끌어내자마자 윗몸을 높이고 턱을 위로 당겨 기도가 열리게 한 후 공기를 불어넣는 인공호흡법과 환자를 엎드린 자세로 허리를 올렸다 내렸다 하는 물 토하는 법도 익혀두어야 한다. 이 같은 불의의 사고를 예방하는 첩경은 무엇보다 어린이에 대한 어른들의 깊은 관심이다.

《동아일보》 1991. 7. 1

동화는 어린이의 자양분

어린이에게 존댓말을 쓰자는 운동을 벌인 것만으로도 소파(小波) 방정환(方定煥)이 얼마나 어린이를 깊게 생각하고 사랑했는지 알 것 같다. 9일은 잡지 〈어린이〉를 창간하고 어린이날을 제정했으며 최초의 동화구연대회를 갖는 등 어린이 사랑에 평생 바친 소파의 탄신 92주년 기념일. 색동회는 이날을 '동화의 날'로 제정해 각종 행사를 벌였다. 물질적 풍요만 내세우는 TV에 정신이 팔려 정서가 메말라가는 어린 자녀들에게 꿈과 사랑이 담긴 동화를 들려주고 읽게 하면 얼마나 좋겠는가.

최근 서울 YWCA가 서울의 국민학교 5, 6학년생들을 대상으로 조사한 결과 90% 이상이 일본 번역만화를 본 것으로 나타났다. 불법복사한 저질 일본만화로 고발된 '시티헌터', '점프맨' 등을 보면 성묘사가 지나친데다 여기저기 폭력이 난무한다. 민망스런 대사와 함께 알몸으로 여자를 덮치는 모습이 자주 비치고 '피분수를 뿜는다', '네 피로 화장하고 싶다' 등의 대사에 신체에 못을 박는 장면 등 한심스런 내용이 수두룩하다. 이런 내용은 어린이에게 잔인성을 심어줘 각종 범죄를 유발시킨다.

우리말 파괴현상도 큰일이다. 철자법 틀린 것은 말할 것도 없고 국적불명의 불량용어가 난무한다. '션셍님', '악쓰', '촐라당' 등 이상한 의성어나 도무지 짐작조차 안가는 표현도 많다. 저질 비디오테이프 역시 폐해가 심각하다. 아이들이 무한한 상상의 세계와 아름다운 꿈의 날개를 마음껏 펼칠 수 있는 동화가 있는데 선정적이고 폭력이 난무하는 퇴폐만화나 비디오에 얽매여 있게 하는 우리의 현실이 안타깝다.

동화는 아이들에게 착한 일과 나쁜 일을 분별하고 옳은 것과 그른 것을 깨달으며 소중한 일과 하찮은 일을 판단할 수 있도록 도와준다. 많은 부모들이 한결같이 자녀들에게 학교성적만 강조하고 정서발달엔 무관심해 어린이들이 비뚤어지게 자라고 있다. 우리의 미래인 어린이들을 동화의 세계로 인도해 자연과 친숙해져 탐험심을 기르고 동식물을 사랑하여 생명의 존엄성을 알도록 모두가 힘을 모으자. 그 속에서 정직, 성실과 책임감, 인내심을 키워나가야 한다.

《동아일보》 1991. 11. 9

주차전쟁

차량이 폭발적으로 늘고 있는데도 아파트들이 충분한 주차면적을 확보하지 않아 곳곳에서 '주차전쟁'이 일어나고 있다. 시공업체들이 건설면적을 늘리기 위해 상대적으로 주차면적을 줄여 설계해 더욱 심한 주차난을 겪고 있는데 오래된 아파트일수록 더욱 심하다. 그래서 밤이 늦을수록 아파트 단지를 배회하다가 이중주차 또는 중앙선 주차로 다른 차의 출입에 큰 지장을 주고 있다.

아파트에서 주차공간을 얻지 못하면 인근 도로변, 주택가 등에 불법 주차하게 되는데 이때부터 주민들과 마찰이 끊이지 않는다. 일반 주택가의 승용차도 몰래 아파트 안에 주차하다가 경비원들과 승강이를 벌인다. 일부 지역에선 이들 차량의 타이어 바람을 빼버리거나 열쇠구멍에 성냥개비 등을 가득 채워 놓아 이웃 간에 욕설, 멱살잡이가 벌어지기도 한다. 막혀있는 앞차를 빼달라고 한밤중에 경적을 계속 울려 아파트 주민들이 밤잠을 설치는 경우도 심심찮게 일어난다.

요즘 대도시 아파트에서는 주차난 해소를 위한 고육책으로 단지 내 화단, 테니스장 등 부대시설을 주차장으로 불법 전용하고 있다. 그뿐 아니라 어린이놀이터, 인도까지 주차장으로 바꾸어 놓았다. 화단 등이 주차장으로 변해 주거환경을 해치는 것도 견디기 어려운 일이지만 어린이놀이터까지 주차장으로 전용하는 처사에는 울화가 치민다. 아파트나 빌딩숲의 시멘트에 뒤덮여 사는 어린이들에게서 그 조그만 미끄럼대와 그네까지 뺏어 가버려서야 될 일인가.

이런 현상은 폭발적으로 늘어난 주차공간 수요를 미리 예측하지 못한 채 아파트를 지어서 그렇겠지만 지금 와서 어떻게 해결해야 할지 참으로 답답하다. 자전거 보급으로 자가용을 줄이는 방법, 주변 유휴지 활용, 소형 주차빌딩 신축 등의 대책이 제안되고 있으나 모두 쉬운 일이 아니다. 이웃 일본에선 곳곳에 공원, 광장이나 도로 밑 지하주차장을 마련해 놓았다. 지금도 계속 건설중이다. 서울도 겨우 몇 군데 공원 지하주차장 건설에 착수했다. 쏟아져 나오는 차량을 못 막는다면 지하주차장 건설밖에 다른 길이 없을 것 같다.

《동아일보》 1991. 12. 1

불쾌한 연하장

묵은해를 보내고 새해를 대비하는 연말이 되면 친척, 친지들 사이에 연하장이나 크리스마스카드를 주고받는다. 평소 마음은 있어도 세파에 시달리고 생업에 얽매이다 보면 문안 한 번 못해 보고 한 해를 넘기게 마련. 꼭 한 번 찾아보아야지 하면서도 끝내 실행에 옮기지 못한 채 한 해를 보내면서, 송구스럽고도 아쉬운 마음으로 연하장이나 성탄카드를 보내 정을 표시하는 것은 참으로 바람직한 미덕이다.

연하장은 일종의 짤막한 편지다. 이 편지는 몸은 비록 가지 못하지만 마음은 달려가는 '글월의 방문'이다. 그러기에 그 형식과 내용에 정중한 예의와 정성과 인정이 담겨 있어야 한다. 그러나 요즘 주고받는 연하장은 갈수록 허례허식의 정도를 넘어서 결례와 오만의 폐단을 자아낸다. 특히 정당이나 사회단체의 간부, 기업체의 임원들이 보내는 연하장을 받아보면 자신의 신분을 과시하는 현시욕(顯示慾)이 강하게 풍기고 받는 이의 이름이 틀린가 하면 같은 사람으로부터 두세 장씩 오는 경우도 있다.

백화점, 슈퍼마켓, 기성복업체들, 양복점, 동네 치과 등에서 날아오는 것도 마찬가지다. 거의 모두 '성탄과 새해를 맞아 만복이 깃들기를 기원합니다'라거나 간단하게 '하정'(賀正)으로 인사 내용이 천편일률적이다. 인사말과 보내는 이의 이름, 직책, 사인까지 모두 인쇄로 처리돼 있다. 이런 연하장을 보내는 사람은 공사업무에 눈코 뜰 새 없이 바빠서 그렇다고 하겠지만 그것은 본인의 사정이고 받는 측은 반갑기보다 불쾌하기까지 하다.

12월 들어서면 우체국마다 이런 우편물이 산더미처럼 쌓인다. 특히 국회의원이나 예비후보들은 10만 장, 15만 장씩이나 한꺼번에 부친다. 한 장에 최하 3백 원에서 고급은 3천 원까지 한다. 3백 원짜리로 보낸다 해도 우표값까지 5천만~6천만 원이 든다. 보내는 사람이 부담하는 것이라 하면 그뿐이지만 그 많은 비싼 종이를 낭비하는 것은 물론 우편집배원의 수고가 안쓰럽다. 일면식도 없는 사람이 보내는 연하장, 상대방이 반가워하지 않는 겉치레 연하장 남발은 낭비이며 무례한 행위다.

《동아일보》 1991. 12. 3

근검절약은 좋은 인생 만드는 기술

1억 원이라 하면 사람들은 어느 정도로 느낄까. 우선 부피로는 1천 원짜리 다발로 쌓으면 조그만 방은 꽉 채울 수 있을 정도다. 그러나 서울 강남지역 중대형 아파트 가격의 10분의 1밖에 안 되고, 요즘 국회의원 후보 1인 선거 자금의 20분의 1, 30분의 1밖에 안 된다. 하지만 40~50만 원 봉급쟁이는 근 20년 동안에 걸쳐 받는 액수이며, 이 돈을 은행에 넣어 놓아도 매달 1백만여 원씩 나온다.

그런데 소파와 탁자 등 이탈리아제 응접세트가 무려 1억 원이 넘는다. 그런데도 서울의 부유층이 앞 다투어 구입한다고 한다. 영국 왕실에서 사용한다는 탁자 한 개에 1천만 원, 크리스털로 장식된 오스트리아제 샹들리에도 5백만 원이나 한다는 것이다. 부엌치장에도 1억 원이 넘게 든다고 한다. 주방세트, 냉장고, 식기세척·건조기에 홈 바(*home bar*) 시설까지 수입해 주방설치비만 1억 원이 넘는다. 하기야 15억 원짜리 호화빌라가 지역에 따라서는 짓기가 무섭게 팔린다니 더 할 말이 없다.

의상에도 과소비 바람이 엄청나다. 고급 제품만 다루는 하이패션 부티크에서 여성정장 한 벌 주문에 5백만 원이 넘는 것도 적지 않다. 수입의류 중엔 이보다 더 비싼 것도 많다. 고급 의류를 주종으로 한 우리나라 하이패션업계의 연간매출 추산액이 8천억 원, 몰려들어오는 외국산 고가의류까지 합치면 1조 원에 이른다니 놀라지 않을 수 없다.

이처럼 엄청난 돈이 옷치장으로 지출되는 것은 외화(外華)에 눈이 어두운 겉치레 사치성 소비심리 때문에 빚어진 현상이다. 그래서 오직 호사스런 것만 좇는 계층은 집안의 곳곳 — 거실·부엌·안방을 초호화 비품으로 꾸며 놓고 드레스 룸을 고급 의상으로 채우고도 모자라 새 유행만 뒤쫓는다. 이런 계층의 사람들은 무조건 아파트는 큰 것이어야 하고 자동차는 고급이어야 하며 옷은 비싼 것이어야 하고 음식은 보기 좋은 것이어야 한다는 그릇된 생각에 항상 젖어 있다. 이런 사람들은 사치스런 생활이 곧 잘 사는 것으로 여기고 또 자랑으로 생각한다. 부(富)란 마치 낭비해 버리기 위해 있는 것처럼 마구 써 버린다.

부동산 투기 등으로 인한 불로소득으로 땀과 돈의 귀함을 모르는 졸부들이, 가진 돈의 규모에 비해 턱없이 모자라는 인격을 물질적인 과시를 통해 보충해 보려는 것이다. 교육수준, 교양, 삶의 자세 등에서의 개인적인 열등감을 과소비 현시로 대리만족하려는 것. 이 같은 일부 계층의 낭비벽은 없는 재산에도 해야 할 도리를 다하면서 근검절약해 열심히 살아가고 있는 많은 선량한 사람들에게 좌절감과 위화감을 안겨 준다. 자칫 사치·방탕의 소비생활에 대한 욕구를 충동질할 수도 있다.

요즘 조금 잘 살게 됐다고 그 같은 꼴불견을 연출하지만 우리 선인(先人)들은 그렇지 않았다. 새벽에 일어나 마당을 쓸고 새끼 한 토막, 나뭇가지 한 개도 아꼈다. 수챗구멍에 밥풀 한 알이라도 떨어져 있는 날이면 그 집 며느리에겐 불호령이 떨어졌다. 부인들도 연탄 한 장 아끼려고 밤잠을 설치고, 콩나물 한 줌을 놓고 구멍가게 주인과 실랑이를 벌였다.

풍요 속의 낭비야말로 부족의 원천이 된다. 자기가 번 것, 또는 가진 것을 마구 써 버리는 사람은 거지가 되어 가는 과정에 놓여 있다. 돈지갑이 밑바닥이 났을 때의 절약은 이미 늦다. 지갑 속에 넣은 것이 없으면 꺼낼 것도 없지 않겠는가. 예부터 낭비는 역병(疫病)이라 했다. 이 병에 걸리면 가족은 물론 모든 사회, 모든 국가가 파멸에 이르게 된다.

검약은 참으로 멋진 수입이다. 절약이야말로 수입 중의 제1수입이다. 근면은 부유(富裕)의 오른손이요, 절약은 그의 왼손이라고 하지 않는가. 근면과 절약은 삶의 질(質)을 높여 준다. 사치와 낭비가 부끄러움이라는 것을 알 때 비로소 근면과 절약이 높은 삶의 질을 안으로 여물게 해 준다. 근검절약은 가장 좋은 일생을 만드는 기술이다. 검약에 너그러움이 따르면 더더욱 좋다. 불필요한 경비나 소비를 줄이고 그것을 필요로 하는 사람들을 위해 쓰면 오죽 좋겠는가. 검약은 바로 분배의 미덕이다.

지금 우리는 소련 제국이 붕괴하고 미국도 경제난에 허덕이는데 일본만이 욱일승천(旭日昇天)의 기세로 세계에 군림하고 있음을 목격한다. 자원의 빈국 일본이 그 같은 경제대국으로 급성장한 바탕이 무엇인가 하는 의문이 남는다. 그것은 다른 것이 아니라 평범하게도 근검절약에 있다. 일본 국민은 1인당 소득이 2만 달러를 훨씬 넘으면서도 선진국 중에서는 물론 어느 중진국 사람들보다도 부지런히 일한다. 일본의 저축률 역시 세계에서 가장 높다. 저축한 자금은 생산에 투입된다. 기업의 이윤은 재투자 재원으로 쓰인다. 소유나 경영층이 솔선해 검소하게 생활하면서 기업이윤을 개인 재산이나 소비자금으로 빼돌리지 않는다. 이것은 종업원들이 잘 안다. 때문에 경영층을 믿는다. 서로 믿고 열심히 일하고 저축하고 이것이 재투자되는데 국가경제가 잘 안 될 리가 없다.

지금 우리는 어떤가. 사회 전반에 과소비와 사치풍조가 만연해 있고, 상호 불신과 타락이 팽배해 있다. 이미 모두들 '샴페인을 너무 일찍 터뜨렸다'는 것을 잘 알고 있으면서도 조금도 개선의지(改善意志)가 보이지 않는다. 지금 우리는 어떻게 해야 하는 것일까. 무엇보다 지도층의 전시적인 사치와 낭비 풍조부터 시정되어야 한다. 모두들 입이 마르도록 지도층부터의 반성을 촉구하지만 도로 아미타불이었다. 결국 의식 있는 사람, 사리를 분별할 줄 아는 사람, 이웃을 아끼는 사람이 스스로에게 책임이 있다고 생각하여 근검절약에 솔선수범하는 수밖에 없다. 그 길이 가족과 사회와 국가를 진실로 사랑하는 것이 아닐까.

근검절약이라 해서 엄청난 대역사(大役事)가 아니다. 우리 선조들이 새끼줄 한 토막, 밥 한 알도 아꼈듯이 수돗물・전깃불 아끼고, 전시적 소비행태를 건전한 소비 양식으로 바꿔 나가면 된다. 건전한 사고방식에 밝게 웃고 과식하지 않으며 부지런히 일을 찾아 하면 정신적으로는 물론 육체적으로도 건강하고 보람 있는 삶을 영위할 수 있다. 한강물도 쓰면 줄고, 천만 냥도 한 냥부터 시작한다는 것을 우리 모두 잘 알고 있지 않은가.

《현대백화점》 1992. 3.

가정을 소중히 여기자

요즘 도시 어린이들은 아버지를 '회사 가는 사람, 일하는 사람, 신문 보는 사람'으로 여기고 농촌 어린이들은 '밥 먹는 사람, 일하는 사람, 술 마시는 사람'으로 알고 있다고 한다. 반면 어머니는 '밥 해 주며 옷을 빨아주고 먹을 것 주며 업어 주고 함께 자는 사람', 그리고 '집에 있는 사람, 살림하고 밥하는 사람, 설거지하는 사람'으로 되어 있다. 우리나라 한 연구기관이 조사한 어린이들의 '우리 부모상'이다.

아버지가 신문 보는 사람, 술 마시는 사람으로 비쳐 안타깝다. 우리의 부모들이 자녀와의 대화나 접촉이 유달리 부족한 것은 사실이다. 생업에 바빠 자녀와 함께 보내는 시간이 모자라겠지만 그보다 이에 관한 관심부터가 적다. 어머니의 빈번한 외출 또한 문제지만 자녀와 대할 적마다 '공부해라'만 되뇌는 것이 우리의 현실이다. 구미의 부모들은 산책이나 스포츠, 실내 게임을 자녀와 같이 하는 경우가 많다. 또 자녀들의 공부도 돌봐준다. 그러나 우리는 별로 그렇지 못하다.

아버지는 직장을 핑계 삼아 집안의 일이나 아이들 교육을 몽땅 주부에게 미뤄버린 채 나 몰라라 하고, 어머니는 여성도 이제 집안에서 무조건적인 희생만 하고 있을 수는 없다며 기회만 있으면 나가려 한다. 그런가 하면 자녀들은 잘못된 교육환경 속에서 친구에게마저 경쟁상대라는 적대감을 가진 채 진학의 확신도 없는 입시공부에만 매달려 있다. 노인들은 어떤가. 자신들을 달갑지 않게 여기는 자식들에게 얹혀살면서도 부모로서의 권위를 지키려 안간힘을 쓰며 갈등과 회의를 느낀다. 이것이 오늘날 대부분의 우리 가정생활 모습이 아닐까.

겉으로는 평온하고 정상적인 모습으로 보여도 실제 내면을 들여다보면 많은 가정이 삐걱거리는 소리를 내며 위기에 처해 붕괴될지도 모를 위험을 안고 있다. 실제로 날마다 신문 지면을 채우는 가족 간의 끔찍한 살상이나 살인 사건은 가족 해체의 위기감마저 느끼게 한다.

얼마 전 어린 3남매가 술에 취해 어머니를 때리고 자신들을 괴롭히는 아버지를 살해한 사건은 아무리 아버지가 나쁘고 또 어린애들이 순간적으로 저지른 일이라고 해도 납득하기 어려운 참극이었다. 사건 자체보다도 우리나라의 가정이 이 지경에까지 이르렀는가 하는 비통함을 안겨 주었다. 이 같은 불상사는 한 마디로 아버지가 아버지 역할을, 어머니가 어머니 역할을 제대로 하지 못하는 데서 비롯된다. 부모가 자녀 교육에 사랑과 인내와 대화로 나서지 않는 데서 청소년 패륜문제가 발생한다. 그저 내 자식 일류대학 진학에만 관심이 있지 인격 형성이나 교양이 어떻게 이루어지고 있는지는 관심이 없다. 장차 사회에 진출해서 돈만 벌면 된다고 생각할 뿐 사회의 일원으로서의 자질 향상에는 관심이 없는 것이다. 딸을 결혼시키는 어머니도 대부분 혼수 준비에는 신경을 쓰면서 실제 행복의 성패가 달린 남편과 시부모 친인척과의 원만한 관계를 유지하도록 갖추어야 할 자세는 가르치지 않는다. 이 때문에 시댁 식구들과 불협화음이 빚어지고 남편과도 사이가 나빠져 원만한 가정이 이루어지지 않는다. 가정을 잘 경영해 내지 못하는 여자는 집에 있으면서 행복하지 않다. 그리고 집안에서 행복하지 못한 여자는 어디에 가든지 행복할 수 없다. 모든 행복한 가정은 가족 서로가 닮아 있지만 불행한 가정은 모든 사람이 따로따로 논다. 임금이든 백성이든 자기 가정에서 평화를 찾는 자가 가장 행복한 인간이다.

사실 삭막한 세상에 '가족적'이란 말처럼 정겨운 말도 없다. 잘못이 있어도, 서운한 일이 있어도 한 울타리 안에서 한 핏줄기를 나눈 가족끼리는 모든 것이 애정의 이름으로 용서된다. 즐거운 일이 있으면 같이 즐거워하고 슬픈 일이 있으면 함께 슬픔을 나누는 것이 가족이다.

최근 한국인의 스트레스 측정표가 나와 눈길을 끌었다. 스트레스가 가장 심한 것은 역시 가족의 사망 때였다. 첫째가 자식 사망, 다음이 배우자 사망, 부모 사망 순으로 나타났다. 그 다음이 이혼, 형제자매 사망이었다. 살아가면서 가장 충격적인 불안·긴장 상태에 빠지는 것은 다름 아닌 가족과의 이별이다. 이런 면에서 가장 이상적인 가족이란 한 가정에서 어느 한 식구도 희생되지 않은 상태라고 할 수 있다.

급속한 산업화의 물결은 우리 가정의 연대의식을 약화시키고 있다. 온 식구가 한 자리에 모일 기회는 점점 줄어들고 설사 모이더라도 바쁜 생활에 쫓겨 대화를 나누기가 힘들다. 가정의 최대 행복은 사랑이 충만한 상태라고 한다. 가족간에 사랑이 깃들게 하는 첫 길목이 대화다. 부부간에 대화가 없다면 별거와 다를 것이 없는 동거상태다. 부모자식 간에 대화가 없다면 그 가정은 이미 스위트홈이 아니라 기나긴 절망의 터널일 뿐이다. 서로 할 이야기가 없다고 외면하면 벽만 높게 쌓여진다.

대화는 특정한 시간장소에 구애됨이 없이 자연스럽게 편안한 분위기에서 이루어져야 한다. 잘못된 대화법도 큰 문제다. 배우자나 자식에게는 아무 말이나 해도 괜찮다는 생각은 잘못된 것이다. 가족간의 대화에는 먼저 상대방의 말을 귀담아 듣고 상대방을 비난하지 않아야 하며 자기의 생각이나 느낌을 솔직하게 표현해야 한다. 언짢은 일이 있을 때는 이해를 구하는 자세로 임해야 한다. '부부생활은 긴 대화'라는 말이 있다. 대화 없이는 부부생활도, 가정도 영위해 나갈 수가 없다.

인간관계에서 한쪽은 상대방의 고독의 핵심 속으로 뚫고 들어가 거기에서 대화를 나눠야 한다. 보통 앉은 자리에서 주고받는 이야기는 익살이 교묘한 슬기보다 낫고 원만한 것이 고매한 지식보다 낫다. 사랑의 대화와 함께 서로 상담자가 돼 주고 취미·오락 활동도 가능한 한 집안에서 가족이 함께 하는 것이 바람직하다. 가족간에 명령이나 요구 또는 심한 간섭은 삼가야 한다. 여기에 권위나 체통을 내세우고 강압적이거나 독선적이어서도 안 된다. 그렇다고 해서 가정에 구심점이 없어서는 안 된다. 전통 역시 소중한 것이므로 전통과 시대적 변화를 적절하게 조화시키는 일이 중요하다. 어른들의 따뜻한 보살핌과 자식들의 정성어린 공경이 화목한 가정을 창출해 낸다.

《동아일보》 1992. 5.

5월은 사랑과 공경의 달

5월은 피어나는 장미꽃만 보아도 절로 가슴 울렁이는 사랑의 달. 신록으로 성대하게 장식한 숲과 생동감 넘치는 대지에 고요히 귀 기울이면 고동치는 생명력과 함께 삶의 훌륭한 가치·보람·희망이 새삼스럽게 느껴진다. 5월은 역시 생명과 환희와 희망과 사랑의 달이다. 이 5월에 어린이날, 어버이날, 스승의 날을 두고 있는 것을 볼 때, 역시 사람은 현명하고 지혜롭다는 것을 느끼게 된다.

가정의 달 5월은 어린이날로부터 시작된다. 두말할 것도 없이 어린이는 나라의 보배요, 장차 나라를 걸머지고 나아갈 미래의 일꾼들이다. 어린이들이 튼튼하고 구김살 없이 바르게 성장하는 사회는 밝은 내일이 약속된 사회다. 어린이를 튼튼하고 바르게 성장하는 미래의 일꾼으로 키우는 것이 성인들의 중대 과제다.

영국에서는 대여섯 살만 되면 어린이를 기숙학교에 보낸다고 한다. 미국에서도 다섯 살만 되면 말을 태워 들판에 내보낸다고 한다. 티베트의 라마교에서는 열 살만 되면 절에 들어가 3년간 고행을 하게 하는데, 여름에는 벼랑 끝에 올라가 있게 하고, 겨울에는 동굴 속에서 고행을 하게 해 의타심을 버리도록 한다. 요즘 구미(歐美) 각국에서는 아무리 부잣집 자녀일지라도 푼돈을 함부로 주지 않는다. 필요한 돈은 스스로 노력해 벌어서 쓰도록 한다. 초등학교에 입학하는 연령만 되어도 남의 집 아이 보기, 이웃집 앞 낙엽이나 쌓인 눈 쓸기, 차 닦기, 심부름 등 아르바이트를 해 용돈을 벌어 쓴다.

구미의 여객기에서는 열 살 안팎의 어린이가 가슴에 행선지 꼬리표만 달고 혼자서 대륙이나 대양을 건너는 장거리 여행을 하는 것을 볼 수 있다. 우리나라에서는 상상하기 어려운 일이다. 물론 유괴, 납치 등의 위험도 없지 않지만 그보다는 부모들이 그런 모험적인 사고방식이나 독립의지 배양정신과는 동떨어져 있기 때문이다. 어머니가 유치원은 물론 학교 앞까지 데려다 주고 데려오는 경우가 적지 않은 우리의 현실이다. 그래서 아이들이 우물 안 개구리에 제 몫만 아는 유약하고 이기적인 성향으로 흐르게 된다. 이 아이들은 밖에 나가서는 큰소리 한번 못 치면서도 집안에서는 요란하다. 사내아이일수록 더욱 그렇다. 부모가 뜻을 너무나 잘 받아 주어 장난감을 한없이 사들여 낭비하고 식성도 까다로워져 부모들을 애타게 한다. 텔레비전 시청도 어린이들 위주요, 외식 선택도 아이들이 결정한다. 이렇게 성장한 아이들은 집에서만 큰소리치고 밖에 나가서는 남의 눈치만 본다.

독수리는 새끼에게 먹이를 줄 때 적정한 거리를 둔다. 새끼가 용기를 내어 어느 정도 비약해야 받아먹을 수 있도록 유도하는 것이다. 사람이나 짐승이나 부모에게 의존할수록 독립심은 약해진다. 어린이들에게 독립심을 키워 주는 것이 그 무엇보다 중요하다.

해마다 어린이날만 되면 공원이나 동물원 한 번 데리고 갔다가 오는 것으로 부모의 책임을 다했다고 여기는 경우가 적지 않다. 그토록 심한 교통난과 엄청난 인파에 시달리며 하루 종일 고생만 하고 돌아온 어린이가 무엇을 배우고 무슨 재미를 보았다고 할 수 있겠는가. 어버이날도 어린이날과 별로 다를 것이 없다. 선물 사 드리고 카네이션 달아 드리는 것으로 자식 도리 다했다고 여기는 사람이 적지 않다. 널리 알려진 중국의 사화(史話) 한 토막이 떠오른다.

후한(后漢) 시대의 곽거(郭巨)는 몹시 가난했다. 모친과 아내, 세 살짜리 아이가 전 식구였지만, 끼니를 잇기가 어려웠다. 곽거는 자신은 굶어도 노모는 굶지 않도록 애쓰고 있는데, 손자를 애지중지하는 노모는 자라는 아이는 배를 곯려서는 안 된다며 자기 몫의 밥을 손자에게 주곤 했다. 곽거는 노모가 굶는 것이 너무나 가슴 아팠다. 궁리 끝에 차라리 자식을 구덩이에 묻어 버리기로 했다. 자식은 다시 낳을 수 있지만, 부모는 다시 모실 수 없다는 갸륵한 효성에서였다. 자식을 묻을 구덩이를 파는데 무언가 괭이에 부딪치는 것이 있어 꺼내 보니 금으로 만든 큰 솥이었다. 솥 안에는 하늘이 곽거의 효성을 기특하게 여겨 보낸다는 글귀가 들어 있었다.

옛날에는 정말 그런 분이 없지 않았다. 그러나 요즘 세상에 그런 사람이 있을 것이라고는 아무도 믿지 않을 것이다. 오히려 그 반대되는 행동에 가까운 불효를 하는 경우가 이따금씩 신문지상에 보도된다. 노부모를 모시기가 싫어 형제간에 볼썽사납게 싸우거나 제주도 등 다시 집을 찾아올 수 없는 곳에 부모를 데리고 가 버려두고 도망치는 경우가 종종 있다. 효도를 하기는커녕 불효막심한 패악을 저지르는 것이다. 부모를 모시고 있는 경우도 얼마나 부모 마음을 편하게 해 드리고 있는지 의문이다. 자신 있게 잘 모시고 있다고 말할 사람이 얼마나 될까.

그러나 아무리 세상이 변했다고 해도 대부분의 자식들은 마음속으로 부모를 생각한다. 또 진실로 잘해 드리고 싶은 마음이 용솟음칠 때도 많다. 정말 잘해 드려야겠다고 하면서도 막상 실천으로 옮기지 못하는 경우도 많다. 차일피일 미루다 보니 실행에 옮기지 못한 경우도 있지만, 마음은 있어도 현실여건이 되지 않는 경우도 있을 것이다. 그러나 사실은 대부분의 부모들은 물질적 효도를 원치 않는다. 부모들이 원하는 것은 최소한의 자식으로서의 도리와 효도하는 마음가짐이다. 마음으로 효도를 할 때 실망하거나 꺼리는 부모는 없다. 대부분의 경우 진정으로 우러나오는 효도의 마음이 약할 때 물질로 대신하려고 한다. 크고 비싼 물질로 효도가 큰 것처럼 위장하려고 한다. 논어(論語)에 이런 내용이 있다.

"물질로 부모를 봉양하는 것을 효도라고 하는 모양인데, 집집마다 개나 고양이나 말도 먹이지 않는가. 이것을 효도라고 할 수 있겠는가. 공경하는 마음이 따르지 않으면 봉양하는 것만으로 효도라고 할 수 없지 않은가."

'우는 자식을 데리고 다니는 것은 어머니뿐'이라는 말도 있다. 저울 한쪽에 세계를 실어 놓고 다른 쪽에 부모의 사랑을 실어 놓으면 부모의 사랑 쪽이 훨씬 무거울 것이다. 자식이 아무리 효도를 해도 부모의 은공에 도달할 수는 없다. 그러나 할 수 있는 데까지 하는 게 자식의 도리다. 하지만 인명은 유한이라 때가 되면 부모는 세상을 뜬다. 이런 옛말이 있다. '나무는 고요하고자 하나 바람이 가만 두지 않고 자식은 효도하고자 하나 어버이는 기다려 주지 않는다.'

군사부일체(君師父一體), 우리는 예로부터 스승을 그토록 존경했다. 그러나 격변하는 세태 속에 스승상도 많이 변했다. '언제나 단아하고 청아하고 따스한 선생님의 향기'를 모두들 가슴속에 안고 있지만, 현실은 그렇지 못하다. 사제 간에 관용·아량·사랑·존경이 메말라, 흔히 교사와 학생은 있어도 스승과 제자는 찾아보기 어렵다고 한다.

5월 가정의 달의 15일은 스승의 날이다. 요즘 우리 사회에서는 스승의 날을 떠올릴 염치조차 없는 한심한 작태가 무수히 저질러졌다. 물론 스승들도 문제는 있다. 그 같은 파행적 교육풍토를 개탄만 하지 않고 자리를 걸고 바로잡겠다는 스승이 별로 없는 것 같다.

스승과 제자가 따뜻한 대화를 나누고 스승은 제자를 아끼고 제자는 스승을 존경하는 풍토 조성이 아쉽다. 지금 이 시점에서 교사나 학생이 해야 할 일은 서로 상대편이 무엇을 해 줄 것을 바라지만 말고, 스스로 무엇을 할 것인가를 생각해 내는 일이다.

5월 가정의 달을 맞아 가족원 각자가 현재의 위치에서 자신이 해야 할 역할기능을 검토해 보는 것은 물론, 그 역할을 성공적으로 수행하기 위한 가족간의 협의나 조언을 구하는 일이 무엇보다 중요하다. 부모가 자식을 소유물인양 함부로 대하거나 과보호해도 안 되며, 자식은 부모를 진정으로 공경하고, 제자는 스승을 진심으로 존중하는 그런 사회 풍토의 조성이 아쉽다.

급속한 산업화의 물결은 우리 생활의 기본적 연대 단위인 가정마저 붕괴시키려 한다. 모두가 갈등에서 헤어나 제 역할을 찾아서 정립해 대화와 협조와 양보로 연대 의식을 회복해야겠다. 어버이나 자식을 진실로 사랑하는 사람은 남을 증오하지 않고, 스승을 존경하는 사람은 오만한 행동을 하지 않는다.

《대교사랑》 1992. 5.

농촌민박 프로그램

“앞벌 논가에선 개구리들이 소낙비 소리처럼 울어대고 삼밭에선 오이 냄새가 풍겨 오는 저녁. 마당 한 귀퉁이에 엉겅퀴, 다북쑥 이런 것들이 생짜로 들어가 한데 섞여 타는 냄새란 제법 독기가 있는 것이나 다만 모깃불로만 쓰이는 외에 값진 여름밤의 운치를 지닌다. 달 아래 호박꽃이 화안한 저녁이면 군색스럽지 않아도 좋은 넓은 마당에 이 모깃불이 피워지고 그 옆에 멍석이 깔려지고 여기에서 여름살이 다듬질이 한창 벌어진다." 시인 노천명의 농가 찬가다.

우리 농촌도 산업화에 따라 많이 변했다. 영농 기계화가 진척되고 젊은 이들의 이농(離農)이 잇달아 농촌 공동화 현상이 가속되고 있다. 지역에 따라서는 빈집이 수두룩하고 취학 어린이가 없어 초등학교들이 문을 닫았다. 그러나 우리의 농촌, 우리의 고향, 자연의 정경은 어디 가겠는가. 한낮엔 매미, 뻐꾸기, 꾀꼬리 한가히 노래하며 한밤중엔 검푸른 하늘에서 은하수가 쏟아지는 듯 영롱하고 한 맺힌 두견새 피어린 흐느낌으로 울어댄다.

우리는 그동안 농촌의 아름다운 정경을 너무나 잊고 살아왔지 않았나 싶다. 평소에는 물론 여름 휴가철이 되어도 뒤질세라 유명 해수욕장을 찾아 인파공해 속에 파묻힌다. 온통 북적대는 속에서 잠자리도 제대로 구하지 못하고 바가지 상혼에 먹을 것도 제대로 먹지 못한다. 이제 그런 답답한 곳에서 벗어나 한 가족이 땀방울 흘리며 농사일도 하고 아이들은 산에서 들에서 곤충채집, 식물채집도 하며 마음껏 뛰어놀 농촌으로 찾아가는 것도 좋겠다.

'농촌 민박농원에서 고향의 숨결을 느끼고 자녀들에게 자연과 농업을 가르치지 않으시렵니까?' 농협중앙회가 농촌민박프로그램을 개발, 도시민의 휴가철 고향나들이 유치에 나섰다. 농협은 7월 1일부터 2개월간을 하계 민박 특별유치기간으로 정하고 전국 농촌에 2,025가구 민박가정을 확보해 놓았다. 올 휴가 때는 온 가족이 고향에 가 삽, 호미 들고 농촌 일손 도우며 찌든 도시의 때를 씻고 스트레스도 풀면서 자녀에게 농업교육도 시켜보는 여름이 되었으면 한다.

《동아일보》 1992. 6. 19

보신탕과 개도둑

연이은 무더위 속에 초복·중복을 넘기고 말복이 다가오고 있다. 해마다 여름철이면 복날과 관련, 보신탕을 찾는 사람들이 늘어 개들이 수난을 겪는다. 우리가 개고기를 먹기 시작한 것은 중국 주나라 때에 전래됐다니 꽤 오래된 풍습이다. 그러나 문헌에 상세히 나타나기는 17세기부터다. 《음식지미방》(飮食知味方) 이란 책에 개고기 요리가 자세히 소개돼 있다. 그러나 어디까지나 토속음식이었을 뿐 품격 있는 상에는 오르지 못했다.

개에 대한 관념은 동서양이 다른 것 같다. 서양 속담에 '개는 나의 친구, 아내는 나의 적, 자식은 나의 주인'이란 말이 있다. 그들은 개를 가장 친밀한 동물로 여긴다. 동물인데도 경우에 따라서는 혈육보다 가까운 가족처럼 애정을 갖는 습성이 있다. 동양에서도 충직한 개의 이야기가 많이 있지만 그래도 개는 어디까지나 가축으로 여긴다. 욕설에도 개와 관련된 표현이 많고 속담도 개에 관한 것은 대부분 천박한 내용이다.

88 서울 올림픽이 개최되기 얼마 전 영국 런던에 본부가 있는 국제동물보호협회에서 한국인 가운데 최소한 4분의 1가량이 개고기를 먹는다는 조사결과를 발표하면서 동물학대 차원에서 한국인을 비난했다. 정부 당국에서도 올림픽 손님들을 위해 보신탕집 단속에 나섰다. 주요 도로변과 관광호텔, 관광지, 공원 부근 등 눈에 많이 띄는 곳을 보신탕 영업행위금지구역으로까지 정했다. 그래서 한때는 보신탕집을 찾아보기 어려운 때도 있었다.

그러나 지금 다시 성업중이다. 식품으로서의 보신탕에 대해 찬반양론이 있다. 찬성론자들은 영양가가 높은 보신탕은 원기회복에 좋을 뿐 아니라 떳떳한 우리 고유음식이라는 것. 무조건적인 금기는 잘못된 것으로 김치, 된장처럼 머잖아 진가를 인정받을 것이라고 호언한다. 반대론자들은 가난했던 옛날의 별식인데 당국에서 혐오식품으로 지정했고 다른 육류도 많은데 하필 개고기만 찾을 이유가 있느냐고 반문한다. 보신철을 맞아 개 도둑이 극성이어서 개가 사람을 지키는 것이 아니라 사람이 개를 지키는 세상이 되었다. 애견가들은 개 도둑에 신경을 써야겠다.

《동아일보》 1992. 8. 2

담배자판기 설치 통제

24시간 동안 잠 한숨 안자고 말 한 마디 없이 열심히 일하는 판매원, 진짜 주화와 주화 비슷한 금속물체를 식별할 줄 아는 영리한 판매원이 바로 자동판매기다. 또 구매자에게는 때와 장소 안 가리고 필요한 물품을 공급해주는 편리한 기계다. 요즘엔 능률적인 판매기를 만드는 기술만 발전해 있지만 얼마 전까지만 해도 구미에선 유머 감각이 뛰어난 판매기가 많았다. 철제 암탉에 주화를 넣으면 달걀이 나오고 황소 뿔을 잡아당기면 황소콧구멍에서 고객 손수건에 향수 콧김을 뿜어주었다. 담배도 한 갑씩 팔기도 했지만 한 개비씩 팔되 불이 붙여진 담배를 팔기도 했다.

요즘 우리나라에서 이 담배자판기가 말썽이다. 외국산 담배회사들이 국내 유통업체를 통해 자판기를 경쟁적으로 설치, 전국의 자판기 1만 3천여 대 중 외국산 담배가 90%가량을 차지한다. 이 담배자판기는 학교 주변 등 청소년 보호를 위해 설치해서는 안 될 지역까지 마구 파고들어 부작용이 심각한 실정이다.

지자제 실시 이후 적지 않게 물의를 일으켜 주민들의 눈살을 찌푸리게 했던 지방의회들이 이 담배자판기 설치문제를 놓고 바람직한 조치를 내려 최근 좋은 호응을 얻고 있다. 지난 7월 부천시의회가 처음 담배자판기 설치금지조례를 제정한 데 이어 최근 서울, 부산, 대전, 광주 등의 지방 의회에서 같은 조례안을 통과시켰거나 비슷한 조례제정을 추진중이다. 대체로 학교, 학원, 체육관, 도서관 등에서 200m 이내에는 담배자판기 설치를 못하게 한 것이다.

이 같은 조치는 시민모임 및 소비자단체 등에서 학교 주변 담배자판기 설치금지 추진위원회를 구성, 캠페인을 벌이고 시의회에 조례제정을 청원한 데서 비롯됐다. 자판기의 급속한 보급으로 청소년들이 손쉽게 담배를 살 수 있었다. 청소년 흡연은 건강을 해치는 것은 물론 정서적으로도 매우 나쁜 영향을 미친다. 청소년 보호에 앞장선 지방의회의 이번 결정은 참으로 신선한 충격이다. 지방의회가 이번처럼 주민생활의 가려운 데를 긁어주고 환경개선을 위해 노력할 때 풀뿌리 민주주의의 꽃이 활짝 필 것이다.

《동아일보》 1992. 8. 29

교통안전은 운전에 달렸다

자동차운전면허를 획득하려면 주행능력과 함께 교통법규를 제대로 습득해야 가능하다. 자동차를 운전하면서 보면 도로 앞 위쪽에 행선지 표지와 신호등이 있고 도로 바닥에는 차선, 방향표지, 주행속도 등이 표시돼 있다. 또 도로 양쪽에 갖가지 교통 표지판이 즐비하게 세워져 있다. 운전자가 이 같은 교통표지를 잘 보고 규정을 준수하면서 주행하면 아무런 문제가 일어나지 않을 것이다. 그런데도 날이면 날마다 수천, 수만 건의 교통법규위반이 적발되고 수많은 교통사고가 뒤따른다.

지난 추석연휴 4일 동안만 해도 교통사고로 194명이 숨졌다. 작년보다 32%나 줄어들었다는 것이 그 정도다. 이 같은 사고는 거의 모두가 교통법규를 위반해서 발생한 것. 현재 전국적으로 하루 평균 1만 5천여 장의 지도장과 2만 7천여 장의 범칙금 통지서가 발부된다. 위반내용은 신호위반 등 전방주시 태만으로 인한 것들이 가장 많고 다음으로 안전거리 미확보, 중앙선침범, 교차로, 통행방법위반, 보행자보호, 의무위반, 과속, 음주운전, 무면허운전 등이다.

지금 우리나라는 어느 도시를 가나 교통 혼잡을 빚는다. 특히 서울, 부산 등 대도시 출퇴근 시간대엔 교통체증이 극도에 달한다. 이 시간대에 경찰이 교통위반 단속을 해 교통 혼잡을 가중시킨다는 지적이 많다. 서울 종로경찰서와 경기 과천경찰서는 9일부터 교통체증을 최소화하기 위해 경미한 위반 운전자에게는 차를 세우지 않고 그대로 운행케 하면서 황색카드를 보여주는 현장 계도제도를 시범시행키로 했다.

이 제도는 통행 우선순위 위반, 서행 · 일시정지 위반, 경음기 사용제한 위반 등에 적용된다. 한 달 동안 시범 시행해 본 뒤 효과가 있으면 전국으로 확대할 방침. 얼마 전 영국의 로이터통신이 '사는 것이 심심해지면 신경자극을 위해 한국에서 운전해보라'고 한국 교통질서 난맥상을 보도했다. 한국에서의 운전은 러시안룰렛 게임보다도 흥미진진하다고 냉소적으로 보도했다. 오죽하면 그런 이야기가 나오겠는가. 도로확장도 시급하지만 운전자들이 조금씩 양보하는 미덕을 발휘해 교통안전준수, 교통체증 해소에 협조해야겠다.

《동아일보》 1992. 10. 9

편리한 가스, 부주의면 큰 재앙

네덜란드의 화학자 J. B. 헬몬트가 1600년 처음으로 가스란 말을 사용한 이래 가스는 인간생활에서 필수적인 불의 역할을 도맡다시피 하고 있다. 나무나 석탄 등 재래의 연료에서 가스로의 전환은 농경사회에서 현대 산업사회로의 발전과 비견되는 획기적인 변화다. 이토록 현대생활에 불가결하면서도 편리한 가스지만 최근 들어 이로 인해 생명을 잃는 사고가 급증하고 있다.

지난 12일 서울 상계동 개인주택에서 LP가스 폭발사고로 일가족 5명이 숨진 데 이어 지난 20일엔 경북 달성군의 한 식당에서 가스가 폭발해 불이나 손님 5명이 목숨을 잃었다. 한국가스안전공사에 따르면 종전엔 가스사고로 한 해 10여 명이 희생됐으나 지난해엔 무려 91건의 가스사고가 발생해 38명이 숨졌고 올해는 이보다 더 늘어날 것으로 보인다는 것. 가스가 편리한 것은 좋지만 이토록 인명손상이 커서는 큰 문제가 아닐 수 없다.

가스안전사고의 주범은 사용자와 사업자의 사고위험에 대한 무감각이다. 가스사고는 60% 이상이 사용자의 부주의로 인해 발생한다. 사용자가 안전점검을 제대로 하지 않아 가스가 누출돼 폭발사고가 발생한다. 또 도시가스의 경우 사업자가 1년에 1회 이상 각 설치장소의 가스 안전공급 상태를 점검토록 의무화 되어 있으나 상당수가 점검을 받지 못하고 있다. 특히 호스와 중간밸브간의 연결부분은 최소한 반년에 한 번씩은 누설여부를 시험해보아야 한다.

LP가스 용기는 반드시 지하실, 주방 등 실내가 아닌 곳, 통풍이 잘되는 옥외보관소에 두어야 한다. 가스레인지는 벽이나 커튼 등 인화성 물질과 충분한 거리를 두고 설치해야 하며 실내는 자주 환기해주어야 한다. 가스사고는 특히 이사철에 많이 발생한다. 지난해 사고의 3분의 1가량이 가을 이사철에 발생했다. 이사 가면서 밸브를 제대로 잠그지 않고 가버려 사고가 발생하기도 했다. 가스레인지나 가스난로 등을 설치하고 철거하는 이사철이나 환절기엔 반드시 유자격자에 의뢰하는 등 안전수칙의 생활화만이 가스사고를 예방할 수 있다.

《동아일보》 1992. 10. 23

분유는 모유에 비길 것이 못 된다

인류는 약 100만 년 전 홍적세(洪積世)에 벌써 동물의 젖을 짜먹기 시작한 것으로 추정된다. 젖소 말고도 물소, 들소, 염소, 순록, 양, 암말, 야크의 젖도 식품으로 이용된다. 우유는 완전식품으로 일컬어진다. 우유는 87%가 물이며 나머지 13%가 완전식품의 성분인데 과학자들은 이것을 '완전한 단백질'이라고 한다. 이 단백질은 인체의 피와 조직의 생성에 불가결한 아미노산을 충분히 함유하고 있다. 또 칼슘과 인의 주요공급원이다.

우유의 질은 젖소의 건강과 먹는 사료에 따라 크게 다르다. 젖소가 야생양파를 먹거나 잠시 그 냄새만 맡아도 그 젖에서 양파냄새가 난다고 한다. 그만큼 젖소의 건강상태가 중요하다. 현대는 조제분유의 시대라고 할 만큼 분유가 판을 친다. 우리의 분유보급률은 세계적인 수준이자 한계수준에 육박해있다. 우리 어린이의 75% 가량이 조제분유를 먹으며 자란다. 역으로 말하면 25%만이 모유를 먹는 셈.

분유 보급률이 높아진 것은 모유가 적은 여성이 있는데다 직장 있는 어머니가 늘어나고 분유업체들이 분유를 먹이면 더 잘 자라고 머리가 좋아지는 것처럼 허위과장 광고로 어머니들을 현혹하기 때문이다. 또 병원들도 신생아에게 무료로 제공하면서 분유를 먹이도록 권장(?)하고 있다. 업체들이 아무리 선전해도 분유는 모유에 비길 것이 못된다. 모유에는 면역물질이 들어있어 모유 먹는 어린이는 감기나 설사에 잘 걸리지 않아 건강하다.

분유판촉에 혈안이던 남양분유, 매일유업, 파스퇴르분유 등 국내 유명 유가공품 제조업체가 항생물질이 함유된 원유를 사용하거나 유통기한 등의 표시사항을 허위로 기재하고 첨가물을 속여 판매해오다 23개 제품에 대해 품목 제조정지 처분을 받았다. 항생물질이 불필요하게 인체에 들어가면 인체의 면역기능을 저하시킨다. 완제품에서는 항생제 농도가 희석돼 문제가 없다고 주장하지만 그 성분은 잔류돼 있다고 보아야 한다. 더구나 상대는 유아들이다. 모든 불량제품은 엄단해야 하지만 특히 불량식품은 용납할 수 없는 범죄행위다. 그 중에서도 어린이 식품부정은 일벌백계로 처벌해야 한다.

《동아일보》 1992. 12. 10

은행 앞의 오토바이

'은행 앞의 오토바이를 조심하라.' 지난 1990년 5월 한 달 동안 서울에서만 50여 건의 오토바이 날치기사건이 발생하자 소집된 40여 금융기관장들이 모여 내린 결론이다. 이 밖에 은행 청원경찰 증원, 다액예금 인출자 특별관찰 등의 대책도 마련됐다. 지금까지 가장 많은 액수를 날치기 당한 것은 1989년 8월의 4억 원. 추석보너스를 주기위해 은행에서 돈을 찾아 나오던 회사직원이 문을 나서는 순간 오토바이강도를 당했다.

오토바이치기배들은 각 조직원 사이의 역할분담이 정해져 있다. 신사복차림이나 어린애를 업은 가정주부차림으로 은행 안에서 많은 돈을 찾는 고객을 점찍는다. 여성고객이 좋은 목표다. 이 연락책이 알려주는 대로 다른 1명이 돈가방을 낚아채고 또 다른 1명이 오토바이로 달아난다. 시민이나 경찰의 추격에 대비해 이를 저지하는 일당이 있는가 하면 범행 후 수표처분을 맡는 조직원도 있다.

이들은 수표를 별로 좋아하지 않는다. 잘못 사용했다가 들통 나기 쉽기 때문. 수표를 처분할 때 소액권이 더 유리하다. 10만 원짜리는 4~5만 원, 50만 원권은 3~4만원, 100만 원권은 2~3만 원에 처분한다. 그 이상 고액권은 휴지나 다름없다. 대부분 도난수표로 신고하므로 고액권일수록 사용이 어렵다. 수표를 싼 값에 사들인 사람들은 은행이 휴무하는 토요일 오후나 공휴일에 주로 유흥업소나 구멍가게 등에서 사용한다.

이들은 범행대상을 점찍는 '찍새'가 없이는 범행할 수 없다. 경찰은 이 '찍새'가 은행 안에 발붙이지 못하도록 해야 한다고 강조한다. 또 거액을 인출할 때는 남성과 동행하고 돈을 봉투나 가방에 넣고 다니지 말라고 당부한다. 은행날치기에 대한 감시가 강화되자 요즘은 한적한 도로변에서 부녀자들의 손가방을 날치기하는 오토바이범죄가 늘어나고 있다. 2일에도 10대 상습범 4명이 범행하다 붙잡혔다. 훔친 차로 핸드백을 낚아채는 차치기도 날뛴다. 차안당국도 철저히 대비해야겠지만 우선 시민들이 피해보지 않도록 각자가 허점을 보이지 않아야겠다.

《동아일보》 1993. 2. 3

윤달과 '손 없는 날'

달을 지구의 위성으로 보아 태음(太陰)이라 한다. 달이 차고(望) 이지러짐(朔)을 기초로 만든 책력이 곧 태음력이다. 한 삭망월은 29.53059일인데 한 태양년(太陽年)은 365.2422일이어서 음력 12달은 한 태양년보다 약 11일 짧다. 그래서 3년에 한 달 정도로 윤달을 넣지 않으면 안 된다. 만일 음력에 윤달이 없으면 17년 후엔 5, 6월에 눈이 내리고 동지섣달에 찜통더위를 겪게 된다.

이 윤달을 두는 방법은 여러 가지로 고안됐다. 그 중 19년에 7개월을 두는 십구년칠윤법(十九年七閏法)이 가장 많이 쓰였다. 이에 따르면 19 태양년이 235 태음월과 같은 일수가 된다. 이 계산법은 동양에선 BC 600년경 중국 춘추(春秋)시대에 발견했고 서양에선 BC 433년 그리스의 메톤이 발견했다. 서양에선 이것을 메톤주기라 한다. 이 윤달이 올해에 적용돼 오는 5월 22일부터 5월 20일까지가 윤 3월. 윤달은 상서롭지 못한 달이라 해서 결혼을 꺼린다.

4, 5월은 본격 결혼시즌인데도 예식장 호텔 등 관련업계가 울상이다. 예년에 비해 예약 실적이 30~40% 가량 줄었다. 영호남 등 남도지역에선 윤달이 아닌 음력 2월에도 결혼을 기피한다. 2월은 '연등할미의 바람 올리는 달'이라 하여 부인네들이 종이를 태워 바람에 날리며 한 해의 액운을 쫓는 의식이 행해졌다. 이것이 '바람달'로 둔갑, 결혼하면 바람이나 파혼하게 된다며 혼인을 기피해 왔다.

요즘은 이사철이다. 이사에도 일시 기피현상이 심하다. '손 없는 날'을 택하는 사람들이 의외로 많다. '재수 없는 손님이 오지 않는 날'이라는 9, 10, 19, 20, 29, 30일을 택한다. 그러나 모두 이날에 몰려 일꾼·차량부족으로 서비스가 엉망일 뿐 아니라 웃돈요구 등 피해만 가중된다. 마음이 무엇에 끌려 잘못 믿거나 아무런 과학적 근거 없는 것을 맹신하는 것이 미신이다. 미신이기에 믿는 사람만 어리석으면 그뿐이나 주변에 피해를 주어 큰일이다. 이제 그런 수준에서 벗어날 때도 됐다.

《동아일보》 1993. 3. 17

패륜에 묻힌 효도전통

"나무는 고요하고자 하나 바람이 그치지 않고 자식은 효도하고자 하나 어버이가 기다리지 않는다"는 옛말이 있다. 옛날 초국(楚國)의 노래자(老萊子)는 늙은 양친을 즐겁게 해드리기 위해 칠십의 나이에도 색동옷을 입고 무릎 위에 누워 어린애처럼 어리광을 부렸다 한다. 한나라 한백유(韓伯愈)는 나이 들어서도 어머니의 매를 계속 맞으면서 울지 않았는데 어느 날 울고 있었다. 어머니가 그 이유를 묻자 아들은 "전에는 매가 아팠는데 이젠 아프지 않습니다. 그만큼 기력이 쇠하셨다는 증거이니…"라고 대답했다 한다.

조선조 세종 때까지만 해도 노부모를 유기하는 '고려장'에 관한 기록이 적지 않다. 현종 때 병든 아버지를 초막에 유기했다가 숨지기도 전에 매장한 시부(弑父)사건이 발생했다. 형조에서 아들, 며느리, 손자를 능지처참한 다음 파가저택(破家瀦澤), 그들의 집을 헐고 못으로 만들어버렸다. 부모를 때린 구부모죄(毆父母罪)도 사형으로 다스렸고 과실로 부모를 치사케 했어도 종신유배형에 처했다.

동서고금에 우리나라만큼 노인이 대접받은 나라도 찾아보기 어려웠다. 아침저녁으로 아들, 며느리의 문안을 받고 햇과일이나 별식이 생기면 반드시 먼저 입에 댔으며 뒤주열쇠와 안방 차지는 늙어죽을 때까지 했다. 문중은 물론 마을사람들도 출타하거나 외지에서 돌아오면 반드시 마을노인에게 인사드리고 길에서 만나면 걸음을 멈추고 비켜서 두 손 들어 읍(揖)을 했다. 마을잔치가 있으면 아무 연고가 없어도 노인들을 상석에 모셔 대접했다.

이 같은 노인천국이 요즘은 지옥으로 변해버렸다. 3년 복상(服喪), 3년 시묘는커녕 노부모를 어느 날 갑자기 낯선 길거리나 양로원 부근에 버려두거나 병원에 입원시키고는 줄행랑쳐버린다. 최근 창령에서는 아들, 손자가 80 노인을 무허가 흥신소에 부탁해 두 번이나 유기해 숨지게 한 패륜사건이 발생했다. 효도에 대한 전사회적 반성과 함께 노인유기 등에 대한 당국의 적절한 조처와 노인대책을 마련해야 겠다.

《동아일보》 1993. 4. 27

교통대란 체증혼란

이 땅에 자동차가 첫 선을 보인 것은 구한말 1903년의 일. 고종황제 재위 40년을 기념해 칭경예식(稱慶禮式)을 치르는데 축하식장인 광화문의 광무대까지 고종을 모시기 위해 포드차를 들여온 것이 효시다. 그로부터 8년이 지난 1911년 국내차량은 황실용 2대, 일본총독용 1대, 프랑스영사용 1대 등 4대였다. 1931년 조선총독부령으로 자동차 교통사업법이 공포됐으며 해방 당시 남북한 통틀어 보유차량은 7,326대였다.

1992년 10월 10일 현재 자동차 등록대수가 5,002,387대로 만 1년 만에 100만 대가 늘어났다. 이 추세로 가면 2000년엔 1천 2백만 대를 넘어설 것이라는 추계다. 현재 등록차량 중 승용차가 66%를 차지하며 연간 운행거리가 일본의 10,200km, 미국의 14,700km의 2배가량인 23,300km로 시간과 장소에 관계없이 심각한 교통체증을 유발하고 있다.

이 같은 자동차 증가로 소통과 주차문제가 날이 갈수록 심각해지고 있다. 출퇴근길이 하루하루 더 막히고 혼잡한 길을 겨우 뚫고 나가봐야 주차가 하늘의 별따기 만큼 어렵다. 체증은 또 얼마나 심한가. 서울 강북에서 강남으로 퇴근하는 데만 1~2시간이 걸린다. 주차난도 낮 시간의 도심뿐만 아니라 밤 시간의 주택가 골목도 포화상태다. 소방차, 청소차, 응급

차의 진입조차 막혀 있다.

정부는 내년 1월부터 한 가구당 2대 이상의 승용차를 가질 경우 취득세, 등록세 등 각종 자동차관련 세금을 중과하기로 했다. 새정부는 각 분야에 걸쳐 대대적인 사정과 개혁을 추진하고 있다. 요즘은 군 수뇌부를 개편하고 폭력단 등을 비호한 검찰 고위관계자를 조사하고 있다. 그러나 서민들이 가장 고통스러운 것은 일터로 출퇴근하면서 겪는 교통지옥이다. 지금 우리 대도시는 교통대란을 겪고 있다. 교통난 해소는 그 어떤 개혁보다 앞서 해결해야할 선결과제다.

《동아일보》 1993. 5. 25

문제는 사람답게 사는 것

작년 5월 미국의 인구위기위원회가 세계 141개국을 대상으로 조사한 국민고통지수에 따르면 한국은 38위, 북한은 41위로 나타났다. 이 지수는 삶의 질을 나타내는 것으로 평균수명, 인권, 정치적 자유, 중등학교 진학률, 인플레이션, 1인당 소득 등을 평가한 것. 지상낙원의 영예는 덴마크, 벨기에, 네덜란드 순이고 삶이 가장 고통스러운 나라는 모잠비크, 소말리아 순.

금년 5월 중순 유엔이 발표한 '삶의 질'에 관한 조사에서는 일본, 캐나다, 노르웨이 순으로 나타났다. 한국은 33위. 25일 재무부가 세계은행이 발표한 1993년 사회개발지표를 토대로 한국의 위상을 분석해냈다. 이에 따르면 1인당 GNP는 35위, 평균수명은 61위, 생산활동가능 인구비율 3위, 1인당 의사 수 65위, 국민학교 교사 1인당 학생 수 120위로 나타났다. 한마디로 국민학교 교사확보와 의료혜택 면에서 형편없는 후진국이다.

앞서 제시된 국민고통지수에 따른 삶의 질에서 한국 38위, 북한 41위로 나타난 데 대해 의아해하는 사람들이 적지 않을 것이다. 인권이나 정치적 자유에서 최악의 상태이며 하루 세 끼도 제대로 못 먹는 북한과 우리가 비슷한 수준인 것이 납득이 가지 않을 것이다. 그러나 깨끗하지 못한 음료수, 중등학교 진학률, 유아예방접종, 인플레이션 항목 등에서 남한이 크게 뒤져 그 같은 결과가 나왔다.

이번 세계은행지표에서도 국민학교 교사와 의사 수가 크게 부족한 것은 교사 1인당 학생 수가 노르웨이 스웨덴 6명, 우크라이나 등도 8명인데 우리는 36명인 것만 봐도 그 심각성을 알 수 있다. 실제로 대도시에서는 벌써 수십 년째 한반에 50~60명씩 콩나물수업을 계속하고 있다. 국가 운명은 청소년교육에 달려있다. 빵 다음에 가장 중요한 것은 교육과 질병으로부터 벗어나는 것이다. 사는 게 중요한 문제가 아니라 사람답게 사는 것이 중요한 문제다.

《동아일보》 1993. 5. 27

안전사고… 널려 있는 죽음

국내 스턴트맨 제 1인자는 정사용 씨였다. 영화, TV드라마 등 40여 편에 스턴트맨으로 출연, 명성을 날렸던 정씨도 작년 10월 SBS TV드라마 〈비련초〉를 촬영하다 자동차사고로 숨졌다. 지난 5월에는 MBC 미니시리즈 〈사랑의 방식〉에서 스턴트맨으로 출연한 정우창씨가 물에 빠져 사망했다. 이 밖에도 촬영 중 구경하던 시민들이 크게 다치는가 하면 촬영을 마치고 돌아오다 교통사고가 나 50여 명이 사상한 일도 있다.

14일 한강에서 영화를 촬영하던 헬리콥터가 추락, 6명이 숨지고 인기

탤런트 변영훈 씨가 중태다. 근접 촬영을 위해 고도를 지나치게 낮췄다가 변을 당했다. 촬영팀은 항공 운항규정을 멋대로 어겼다. 기장이 조정석을 촬영기사에게 넘겨주고 부기장석에 앉아 조종했는가 하면 부기장은 인원이 넘친다고 탑승조차 하지 않았다. 안전수칙을 전혀 지키지 않았다가 참변을 당했다.

언제 어디서나 조심하지 않는 곳에 사고는 도사리고 있다. 지난 10일 연천의 포병사격장에서 포탄과 장약통 폭발로 훈련중이던 현역과 예비군 19명이 숨진 사고도 그렇다. 포진지에서는 포탄과 장약통을 분리해 놓아야 하는 기본안전 수칙조차 지키지 않았다가 사고를 당했다. 그뿐 아니라 우리 주변은 곳곳에서 안전이 실종된 상태다. 건설현장마다 안전사고가 빈발하고 교통사고는 전 세계에서 첫손 꼽힐 정도다.

안전사고는 가정에서도 자주 발생한다. 가스 폭발 등 화재위험이 여기저기 도사리고 있고 특히 어린이들의 안전사고가 잇따라 발생한다. 아파트 베란다에서의 추락, 전기기구 등에 의한 감전, 약품이나 세제 등으로 인한 사고 등 수두룩하다. 위험은 방심의 틈새를 비집고 다가온다. 요즘 우리는 너무나도 안전의식이 빈약한 것 같다. 안전할 때에도 경계하는 사람이 위험으로부터 안전하다. 돌다리도 두드려 보고 건넌다는 속담이 공연히 있는 게 아니다.

《동아일보》 1993. 6. 16

해수욕장 철조망 철거

1949년 헝가리와 오스트리아 국경을 따라 설치된 철조망으로 '철의 장막' 시대가 비롯됐다. 그로부터 10여 년 후 1961년 8월 어느 일요일 새벽 서베를린 시민들이 단잠을 자고 있는 사이 동독 군인들이 동서 베를린 경계에 철조망을 쳐버렸다. 이 냉전의 유물들도 동서 해빙무드에 따라 모두 철거됐다. 헝가리 오스트리아 국경선 전기철조망은 1989년 5월, 베를린 장벽은 그해 11월 전 세계인의 주시 속에 모두 헐렸다.

동족상잔의 비극인 6·25도 결국 휴전선에 철조망을 치는 것으로 끝났다. 한반도를 가르는 길이 249㎞, 너비 4㎞의 휴전선 비무장지대는 지금이 지구상에서 가장 살벌한 철조망지대다. 이 철조망은 휴전선에서 그치지 않고 동서해안을 따라 무려 963㎞에 걸쳐 설치돼 있다. 간첩침투 저지 등 군사적 목적으로 쳐진 유자철선(有刺鐵線) 장애물이다. 우리들에게 이 철조망은 군사적 목적 외에 분단과 적대감, 단절과 불신 등 동족 간 비극으로 우리들 가슴속에 인각되어 있다.

특히 풍치 좋은 동해안을 여행하다보면 눈에 거슬리는 것이 해안철조망이다. 해수욕장도 마찬가지다. 모처럼 바다를 찾아가 자연 속에 파묻히려던 탈속욕구를 일순간에 망쳐놓는다. 마침 국방부에서 전국 900여㎞의 해안선 철조망 중 117㎞를 이번 피서철 이전에 완전 철거하고 후방지역 87개 해수욕장 출입통제도 해제한다고 발표했다. 참으로 반가운 소식이다.

명사십리 해당화로 상징되는 동해안의 절경 화진포를 비롯, 낙산·설악·주문진·망상·옥계·연곡 등 유명해수욕장에서 이번 여름엔 철조망으로 인해 기분을 상하지 않게 됐다. 국방부는 이와 함께 지역주민들의 재산권 보장 등을 위해 군사시설 보호구역 범위를 대폭 축소키로 했다. 주민편익을 돌보는 것은 바람직하다. 그렇지만 안보문제와 특정지주 특혜와 관련된 물의는 발생하지 않도록 엄정을 기해야 한다.

《동아일보》 1993. 6. 26

고향으로 돌아가자

"고향으로 돌아가자 내 고향으로 돌아가자/암데나 정들면 못 살리 없으련마는/그래도 나의 고향이 아니 가장 그리운가/방과 곳간들이 모두 잿더미 되고/장독대마다 질그릇 쪼각만 남았으나/게다가 움이라도 묻고 다시 살아봅시다/삼베 무명옷 입고 손마다 괭이잡고/묵은 그 밭을 파고 일구고/그 흙을 새로 걸구어 심고 걷고 합시다". 이병기(李秉岐)의 〈고향으로 돌아가자〉다.

호마(胡馬)는 언제나 북쪽 바람을 향해 서고 남쪽 월나라에서 온 새는 나무에 앉아도 남쪽으로 뻗은 가지를 골라 앉는다. 짐승이 그렇거늘 인간의 수구초심(首丘初心)이야 오죽하겠는가. 고향이란 그 사람의 가슴엔 사랑의 원류이기도 하고 눈물의 원천이기도 하다. 때로는 보석이기도 하고 때로는 병이기도 하다. 버리려야 버려지지도 않는 모토(母土)이며 뽑으려야 뽑아지지도 않는 마목 같은 것이기도 하다.

휴가철이 시작됐다. 일부 관광명소나 휴양지는 벌써부터 붐비기 시작했다. 올 무더위는 8월 말까지 계속될 것이라는 장기예보이고 보면 올해 피서지 인파는 엄청날 것으로 보인다. 가족과 함께 조용한 분위기 속에 휴식을 취하려면 유명 피서지는 적당치 못하다. 유명 관광지를 피해 고향을 찾거나 고향마을 찾는 기분으로 한적한 곳의 민박마을을 찾아 편안하게 쉬면서 부근의 볼 만한 곳을 둘러보는 것도 좋을 듯싶다.

농협이 지정한 전국의 민박가구가 2천 2백여 호나 되고 관광 농업지구도 66개소나 된다. 지역특산의 향토음식을 맛볼 수 있고 현지에서 신선한 농산물을 구입해 직접 음식을 만들어 먹을 수도 있다. 낮에는 원두막에 올라 싱싱한 수박, 참외를 맛보고 밤이면 검푸른 하늘에 뿌려 놓은 듯한 은하수를 바라본다. 자녀의 손을 꼭 잡고 아빠별, 엄마별, 아기별하며 하늘에 총총히 박혀있는 별을 세어본다. 시인 조지훈도 "고향산천은 그 어떠한 이름난 명승지보다도 아름답다"고 노래했다.

《동아일보》 1993. 7. 12

주차장 무료개방

저승이 아닌 이승에도 두 가지 지옥이 있다. 다름 아닌 입시지옥과 교통지옥이다. 입시지옥은 수험생이나 학부모가 집중적으로 겪는 지옥이지만 교통지옥은 도시민들이 집 밖에만 나오면 겪는 지옥이다. 그래서 대도시에서는 교통지옥 속에서 다시 교통대란을 겪고 있다. 교통대란은 크게 나눠 두 가지다. 소통난과 주차난이다. 모두가 치유할 방도가 없는 난제 중의 난제다.

교통난 해소를 위한 방안이 나오지 않은 것도 아니다. 교통당국, 교통전문가, 매스컴 등에서 갖가지 대안을 제시해왔다. 도로를 넓혀야 한다, 지하철을 증설해야 한다, 자가용 출퇴근을 억제해야 한다, 통근버스를 늘려야 한다, 걸어 다니는 습관을 길러야 한다 등. 모두가 일리 있는 의견이다. 그러나 날로 폭증하는 차량으로 그 대안들은 금세 무색해진다.

최근에 나온 교통체증비를 보면 우리는 하루 133억 원을 길거리에서 허비하고 있다. 연간으로는 4조 8천억 원이다. 이처럼 교통소통난은 해결의 기미가 보이지 않으나 주차난은 최근 조금씩 해결의 실마리가 보인다. 그것은 유료주차장 증설로 인한 것이 아니라 각 기관·업체 등에서 주차시설을 야간에 자발적으로 무료제공하기 시작한 데서 비롯됐다. 동사무소, 공공시설, 예식장, 상가 등에서 지역주민들에게 무료개방에 나섰다.

경찰관서 앞은 지나기를 꺼리는 시민들이 없지 않다. 그런데 최근엔 몇 군데 경찰서와 파출소가 청내 주차장을 지역주민들에게 무료개방, 시민들이 자연스럽게 이용하고 있다. 지난달 문을 연 청와대 앞 공원은 일부를 주차공원으로 개방하여 주민들이 이용하기도 한다. 앞으로 더 많은 기관・업체들이 주차장 무료개방에 나서면 지역 주민들의 주차난 해소에 큰 도움이 될 것이다. 이런 바람직한 조치는 중단돼서는 안 된다.

《동아일보》 1993. 8. 10

흙처럼 무너지는 철길

우리의 철도역사가 100년을 맞는다. 한 세기 가깝게 국토의 동맥역할을 하며 그 많은 승객운송 등 국민생활과 밀접한 관계를 맺어 왔다. 철도는 오랫동안 문학작품의 주제가 되어왔고 숱한 유행가도 낳았다. 기적, 철마, 막차, 야간열차, 철길, 텅 빈 대합실, 이별, 상봉, 기다림에 기차길 옆 오막살이, 옥수수밭에 이르기까지 철도는 우리에게 많은 추억을 남겨주고 또 감상에 젖게 했다.

그러나 불행하게도 오늘날에 와서 철도는 국민들의 사랑을 받지 못하는 것 같다. 다른 많은 교통수단의 발달로 철도는 육상교통의 왕자자리를 내놓게 되었지만 그보다는 낙후된 접객시설, 불편한 이용절차, 불친절한 서비스에 철도사고까지 자주 발생해 국민들로부터 외면당하고 있는 것이 사실이다. 무엇보다 관료적이고 구태의연한 부실경영에 큰 원인이 있다. 철도공사로 전환한다지만 막대한 적자 때문에 이러지도 저러지도 못하고 있다.

철도는 많은 문제점을 안고 있지만 그 중에서도 사고가 가장 큰 문제다. 지난 20일 밤부터 내린 비로 전남과 경남지역 곳곳에서 노반유실 등으로 철도운행이 한때 중단됐다. 경부선 5군데, 전라선 4군데, 경전선 14군데 등 모두 27군데나 된다. 경전선에서 통일호가 탈선해 6명이 중경상을 입는 데 그쳤지만 여러 군데서 대형 참사가 날 뻔했다. 아무리 집중호우였다지만 그 정도의 비에 그토록 여러 군데서 무너지는 철도는 위험하기 짝이 없다.

우리철도는 앞으로 뒤떨어진 접객시설과 매표방식 및 서비스 개선으로 고객들의 불만을 덜어주고 새상품 개발 등으로 경영쇄신을 기해야한다. 그보다 더 시급한 것이 있다. 낡은 철길 점검이다. 육중한 열차가 지나가는 철로 밑 지반은 특별히 견고해야 할 텐데 그토록 허약한 상태이니 큰일이다. 고속전철공사만 서두를 일이 아니라 기존철도의 안전에도 총력 대비해 대형 참사를 예방해야 한다. 아무리 강조해도 지나침이 없는 것이 바로 안전이다.

《동아일보》 1993. 8. 23

고속도 난폭운전은 죽음의 지름길

세계 최초의 자동차는 1769년 프랑스에서 니콜라스 조셉 퀴뇨가 만든 3륜차로 최고 시속이 3.6㎞였다. 자동차 주행속도는 날로 빨라져 경주용차 속도는 시속 320㎞가 넘는다. 시판 스포츠카 중에서도 빠른 것은 280~300㎞의 속도를 낼 수 있다. 가속력이 중요한데 정지 상태에서 출발해 400m 구간을 주파하는 데 걸리는 시간이 실용차는 17~25초이나 스포츠카는 14~18초다.

이 같은 속도는 어디까지나 기록적인 수치이고 실제 주행에서는 그렇게 달릴 수 없다. 더구나 우리나라와 같이 굴곡이 많은 고속도로에서는 과속은 대형윤화와 직결된다. 확장된 경부고속도로 서울~대전구간이 요즘 난폭운전자들의 무법지대가 돼버렸다. 6~8차선으로 확장개통되면서 이 구간이 제 기능을 발휘할 것으로 기대했으나 시속 150㎞가 넘는 난폭과속으로 달려 대형사고가 잇따른다.

차도는 추월선, 승용차, 버스, 화물차 주행선으로 정해져 있는데도 1차선에서 4차선까지 종횡하며 살인묘기를 벌인다. 이 결과 완전 개통된 7월엔 사고 139건에 사망 18명으로 6월보다 사고 19건 사망자는 6명이 더 늘었다. 적발된 위반차량의 절반이 화물차와 속도광들의 난폭운전이었다. 최근 텔레비전의 추적프로 중에 고속도로 간이휴게소 주변 음식점에서 화물차운전사들이 음주한 후 마구 달리는 모습이 비쳤다. 두렵고도 끔찍한 만행이다.

교통사고는 한 해 25만여 건 발생해 1만 3천 명가량이 사망한다. 과속·난폭운전 등 안전운행 불이행이 68%를 차지한다. 특히 트럭, 버스, 택시 등 사업용 차량의 1만 대당 사고건수가 2천여 건으로 승용차 5백여 건의 4배나 된다. 일상생활에서 쉽게 접하는 교통사고를 운 없는 사람들의 재수 없는 사건으로 간과해버리기 쉽다. 그러나 그것이 바로 내게 닥칠지 모른다는 것을 알아야 한다. 당국에서도 단속에 좀더 신경을 써야겠다.

《동아일보》 1993. 8. 31

팔도八道 김치

해마다 날씨가 추워지면 집안 대소가의 아낙들이 한데 모여 겨우내 먹을 김장을 담그는 모습은 오랫동안 전해 내려온 우리의 미풍이었다. 《동국세시기》(東國歲時記)에 새우로 젓을 담가 무, 배추 결삭은 뒤 마늘, 고추, 생강, 전복, 소라, 굴, 조개, 조기, 소금으로 김치 담그는 이야기가 나온다. 원삼국시대부터 담가먹었다는 김치는 우리 식탁에서 떼어내고 생각할 수 없는 반양식이나 다름없다. 김치의 역사는 바로 우리의 식생활사다.

소박하고 구수한 경기도 보쌈김치, 과일나박지, 싱거우면서도 시원한 황해도 냉이김치 · 호박김치, 자극성이 강하면서도 입맛 당기는 전라도의 고들빼기 · 갓김치 · 동치미, 강원도의 콩나물김치 · 무청김치, 충청도의 시금치김치 · 굴섞박지, 경상도의 파김치 · 콩잎 · 깻잎김치, 함경도의 배추김치 · 식혜김치, 시원하고 담백한 평안도의 백김치 · 가지김치 등 8도의 김치가 저마다 각각 특이한 맛을 자랑한다.

그 중에서도 겨울을 넘겨 가장 많이 먹는 배추김치는 오묘하게 삼삼한 삭은 맛에 사각사각 씹히는 신선미가 혀와 이를 통해 온몸에 짜릿하게 전달된다. 배추는 배추김치나 보쌈김치, 백김치, 동치미 외에도 배추쌈찜, 배추속댓국으로 먹고 날배추를 고추장에 찍어먹기도 한다. 이토록 우리와 친근한 배추가 요즘 최악의 푸대접을 받고 있다. 과잉생산으로 남아돌자 정부에서 가격폭락을 막고자 생산농가의 손해를 줄여주기 위해 포기당 50원에 7천만여 포기를 폐기처분했다.

그렇지 않아도 어려운 농민들이 배추농사까지 망쳐 더욱 심한 고통을 겪고 있다. 농협은 내달 20일까지 전국 322곳에 김장시장을 개설한다. 배추 다섯 포기 더 사먹자는 운동도 일고 있다. 모두가 수입농산물에만 쏠리지 말고 배추 한 포기라도 더 사먹어 우리농촌을 돕자. 발효에서 우러나는 맛깔스런 삭은 김치 맛은 이 세상 어느 식품에서도 찾아볼 수 없는 우리 고유의 감칠맛이다.

《동아일보》 1993. 11. 24

좌측통행 사고 많다

운전자가 인명피해를 내지 않기 위해서는 횡단보도 부근에서 가장 조심해야 한다. 횡단보도에 이르러서는 당연히 일단 멈추고 언제든지 정차할 수 있도록 서행해야 하는데 많은 운전자들이 이를 지키지 않는다. 정차해도 횡단보도 안에까지 들어가 서고 보행자가 건너고 있는데도 움찍움찍 보행자를 위협하면서 통과한다. 횡단보도에서만 매년 1만여 건의 교통사고가 발생, 6백여 명이 죽고 1만여 명이 다친다.

운전자들이 그 모양이니 보행자가 조심할 수밖에 없다. 서울경찰청이 지난해 1월부터 10월까지 횡단보도 교통사고 약 2천 건을 분석한 결과 좌측통행사고가 60%가까이 되고 우측통행사고는 40% 정도로 나타났다. 접근해오는 차와 가까운 좌측통행 쪽의 피해가 더 크다. 경찰은 좌측통행하도록 돼있는 현행 횡단보도표지를 우측통행으로 바꾸고 우측통행을 권장할 방침이라니 앞으로 보행자들은 우측통행습관을 익혀야겠다.

달리는 '살인무기'로부터 인명을 보호하는 데는 보행자들의 조심만으로는 미흡하다. 구미 선진국에서는 운전자들에게 횡단보도가 가까워지면 '어린 양이 건너는가를 잘 살펴보라'고 가르친다. 거듭 주의하라는 경구다. 얼마 전까지도 AFKN TV에서 '한국에는 횡단보도가 없으므로 각자 조심해서 건너라'는 내용의 안내방송까지 했다. 횡단보도에 이르러서는 운전자의 발이 항상 브레이크 위에 있어야 한다.

교통안전진흥공단에서도 교통사고 예방을 위해 주간점등 운행을 적극 권장하고 나섰다. 조사 결과 지난해 교통사고 중 전조등을 켜고 다녔더라면 사망자의 1%가량을 줄일 수 있었다는 것이다. 공단 측은 눈·비·안개지역 주행 때나 아침저녁 무렵엔 전조등 점등운행을 의무화시켜야 한다고 주장한다. 최근 우리의 '교통사고 세계 1위'란 불명예가 중국으로 넘어갔다는 보도가 있었다. 다른 것은 몰라도 제발 교통사고만은 꼴찌를 향해 달려가야겠다. 교통사고율이 바로 문화수준의 척도다.

《동아일보》 1994. 1. 26

약화藥禍, 약엔 독이 들어있다

모든 의약품은 개발단계에서 동물을 대상으로 한 독성실험과 임상실험을 거쳐 안전성과 유효성을 관계당국으로부터 확인받아야 판매할 수 있다. 그러나 판매허가가 난 약이라도 광범위하게 사용되면서 갖가지 해독과 부작용이 나타난다. 계속 부작용 사례를 수집·분석·검토·연구해 필요한 조치를 강구해야 한다. 국내 임상뿐 아니라 해외문헌과 각종 사례를 통해서도 정보를 얻어 활용해야 한다.

약의 오남용으로 인한 약화(藥禍)가 심각하다. 잘 알려져 있지 않은 부작용으로 수많은 이용자들이 고통을 당한다. 정부는 치료제별로 연차적 재평가 사업을 펴고 있는데 작년에 해열·진통·소염제, 이번엔 항생제 부작용을 밝혀냈다. 시판중인 항생제 중 단일성분 1,759개 전품목이 새로운 부작용을 일으킬 수 있는 것으로 밝혀졌다. 그 중 3분의 2 이상은 효능을 과대 표시했고 절반 이상이 용법을 잘못 설명했다는 것.

페니실린은 알레르기성 약물반응을 일으키는 대표적인 항생제다. 투여 후 얼굴과 혀가 붉어지고 정신이 혼미해지는 현상은 심할 경우 복통에 호흡곤란을 일으키며 혈액순환장애로 인한 쇼크사도 발생한다. 이 밖에 홍반성 발진, 관절통, 혈청병 등도 유발한다. 항생제인 테트라사이클린은 태아나 성장아에게 뼈 성장장애를 일으킨다. 특히 치아에 치명적이다. 임산부나 8세 이하의 사용은 금물. 스트렙토마이신은 불치의 난청을 일으킬 수 있다.

의약품 부작용에 대한 국가차원의 피해구제 제도가 시급하다. 병·의원 투여 의약품이나 약국판매 약품 또는 수입 의약품을 사용하다가 생긴 질병, 신체장애 등 부작용을 구제해주는 약화 보상제 도입을 서둘러야 한다. 약품제조업자와 수입업자의 출연금으로 구제기금을 마련해 운용하도록 돼 있는 규정이 있는데도 보사부가 늑장을 부리고 있다. 약이란 부작용이 따라다니는 법이다. 정부와 사용자 모두가 약화에 철저히 대비해야겠다.

《동아일보》 1994. 2. 6

설맞이 예의

우리 생활문화에서 설맞이는 참으로 정결하고 깍듯하고 경건하기까지 하다. 부산한 분위기 속에 정성과 예의가 깃든 설 행사는 우리 민족 고유의 자랑스러운 미풍양속이다. 그 중에도 집안어른과 친지께 드리는 세배는 우리 전통예절 중 으뜸이다. 먼저 조상에게 다례를 지내고 집안어른들께 세배한다. 차례 때는 큰절, 세배는 평절로 하는 것이 보통이다. 요즘 아무렇게나 세배 절을 하는데 이왕이면 전통예절을 살려 정성껏 세배하자.

먼저 두 손을 마주잡고 선다. 남자는 왼손이 위로, 여자는 오른손을 위로 한다. 남자는 두 손을 바닥에 대고 무릎 꿇어 절하고 여자는 양손을 어깨넓이로 벌려 앉으면서 팔을 구부리지 않은 채 허리 굽혀 절한다. 일어선 뒤 남자는 무릎 꿇고 앉아 두 손을 맞잡고 여자는 약간 뒤로 물러 오른쪽 무릎을 세워 앉는다. 어른의 덕담을 들은 후 '고맙습니다', '감사합니다' 등의 인사말을 한다. 어른이 덕담을 하기 전에 '새해 복 많이 받으세요', '건강하십시오' 등의 인사말은 좋지 않다.

우리는 전통명절에나 한복을 차려입는데 한복은 정중동의 생활리듬에 적합한 멋스럽고 우아한 전통의상이다. 옷깃 위에 조붓하게 덧꾸민 동정이나 어깨와 소매의 곡선은 수줍음의 아름다움을 섬세하게 표현한 선의 미학이다. 미혼여성은 노란 삼회장저고리에 꽃분홍치마, 새댁은 연두색 회장저고리에 다홍치마, 나이 든 여자는 옥색 회장저고리에 남색치마를 입는다. 자주고름은 남편 있는 여자만 맨다.

모처럼 온 가족이 모인 설날, 어른들은 망국적인 고스톱에, 어린이들은 닌텐도 오락게임에 몰두하는데 이번 설엔 즐겁고 훈훈한 전통 민속놀이판을 벌여 보자. 신라 때부터 성행했다는 윷놀이를 비롯해 고누, 끝말잇기, 포수놀이도 해 보고 밖에 나가 널뛰기, 연날리기, 제기차기도 해 보자. 온 가족이 오순도순 모여앉아 재미있고 푸근한 인정이 감도는 놀이 시간을 가져 보자.

《동아일보》 1994. 2. 9

한국인 승객 푸대접

해외여행을 둘러싸고 속상하고 분통터지는 일이 잇달아 일어나고 있다. 모처럼 올해를 '한국방문의 해'로 정해놓은 판에 오히려 방문객은 줄고 대신 내국인 해외여행객만 크게 늘었다. 1월 한 달 동안 출국자가 작년에 비해 근 30%나 늘었다. 그런가하면 국제항공승객협회에서 한국을 중부 아프리카, 중국 등과 함께 항공여행 위험지역으로 규정, 한국여행을 피하도록 권장했다. 이런 상황에서 어느 미 항공사가 유독 한국인 승객을 푸대접해 말썽이다.

17일 마닐라발 미 유나이티드항공편으로 귀국한 한국인 승객 1백여 명이 항공기가 결항되면서 한국인 승객들에게만 푸대접해 2~4일이나 늦게 왔다며 기내농성을 벌였다. 항공사 측은 예약을 늦게 한 자국인을 먼저 태워 보냈고 안내한 숙소도 여인숙 수준으로 형편없었으며 주차장에 마련된 임시식당에서 식사했다는 것. 여행경비를 다 써버린 승객들은 걸인 같은 생활을 했고 권총강도를 당한 사람도 있다.

이 모든 이야기들은 승객들이 전한 내용이다. 항공사 측이 200달러씩 보상한 것을 보면 스스로도 잘못을 인정한 셈이다. 푸대접을 당한 내용 중 가장 가슴 아픈 부분은 항공사 측이 한국인 승객들을 차별대우했다는 점이다. 이에 대해 항공사 측은 서울 경유 미국으로 가는 미국인들에게 다른 항공편을 알선해준 것뿐이라고 해명했다. 어떻든 당한 사람들로선 분통터지는 일이다.

이번 일은 일차적으로 항공사 측에 큰 잘못이 있다. 그러나 승객들의 주장대로 한국인 승객들에게만 푸대접했다면 결과적으로 우리에게도 무언가 미흡한 점이 없지 않다. 승객들이 기내농성을 벌였는데 그보다는 한 발짝 물러서 정식 배상소송을 제기하고 유나이티드항공 탑승거부운동을 벌이는 한편 이 항공사의 인종차별을 국내는 물론 전 세계에 알리는 노력이 아쉽다. 그런 대접 받을 바엔 나가지 않는 것만 못하지 않은가.

《동아일보》 1994. 2. 19

흔들리는 가정윤리

유학까지 한 20대 장남의 부모 살해, 대학 교수의 부친 살해에 이어 중학생이 어머니를 살해한 사건이 또다시 발생해 충격을 던져 준다. 20대 장남의 한약재상 부부 살해사건이나 대학 교수의 학원 이사장 살해사건은 모두 아버지의 막대한 유산을 노린 황금에 눈이 먼 반윤리적 범행이었다. 이들은 집 안에서 범행한 뒤 장례식까지 태연하게 치르는 악행을 저질렀다.

유학한 장남의 부모 살해사건은 밑바탕에 신세대 특유의 황금만능주의 풍조와 도박과 사치에 물든 무분별한 조기 유학의 위험성이 자리 잡고 있었다. 아직 완전한 사회인으로 자라나지 못한 청년의 순간적인 범행의 성격이 짙다. 그러나 대학 교수의 경우는 국내 일류 대학 법대를 졸업하고 미국 웨스트일리노이 주립대학과 테네시 대학에서 수학한 엘리트다. 이러한 그의 지식이 아버지를 죽이는 데 교묘하게 알리바이를 만들어 완전범죄를 꾸미는 간지(奸智)에 동원됐다. 이 두 사건의 범인이 모두 미국 유학 경험이 있다.

물질주의, 이기주의 만연

미국의 폭력 문화가 영화나 비디오를 통해 우리 안방에까지 침투한 지 오래인 상황에서 꼭 유학생들만이 이런 범죄를 저지르리라고는 생각되지 않는다. 이미 우리 사회도 패륜적 범행을 예방해 줄 윤리 규범이 상실된 지 오래라고 지적하는 사람도 있다. 최근 어머니를 살해한 중학생의 경우가 그런 현상을 반증해 주는 것이 아닐까. 이 학생의 범행은 우발적으로 저질러진 것 같다. 범행 후 죄책감에 유서까지 쓰고 자살을 기도했다. 순간적으로 어머니를 증오해 야구방망이를 휘둘렀는데 그것은 자신이 싫어하는 것을 어머니가 강요했기 때문인 것 같다. 바로 '공부하라'고 다그친 데서 발단됐다.

중학생인 아들의 잘못으로 이런 참변이 발생했지만, 우리 부모들도 자녀의 성적에 지나치게 민감한 반응을 보이는 경향이 있다. 과잉 기대의 산물이지만 자녀의 적성이나 능력은 헤아려 보지도 않고 무조건 공부만을 강요하는 경우가 허다하다. 부모로서야 자식이 잘되도록 하려고 공부를 강요하지만, 공부에 진력이 나 있는 자식에게는 그것이 반항심을 키우고 세상을 증오하게 만드는 빌미가 된다.

이 같은 현상은 한 마디로 60년대 이후 급속한 근대화 과정에서 효(孝) 의식(意識)이나 가족 간의 우애 등 전통 윤리관이 실종된 채 물질적 가치만 추구하는 등 경제적 효율성만을 중시하는 사회 풍토가 조성돼 있기 때문이다. 돈과 물질이 강조되는 사회, 이기주의가 만연한 사회에선 돈 이외의 다른 가치는 소멸된다. 이웃 사랑이나 협동 정신은 아무 소용이 없는 개념이 돼 버리고 만다.

대학교수는 우리 사회의 도덕과 윤리의 최후 보루가 아닌가. 그런데 교수인 살부범(殺父犯)에게 아버지의 존재는 도대체 무엇이었는가. 그가 지금까지 제자들에게 가르친 내용은 어찌할 것인가. 가르침을 받은 제자들의 입장은 또 어떻게 되는가. 그에게 부모와 자식이라는 인륜 관계는 상속자와 피상속자의 법률적 관계뿐이었는가. 아버지를 살해한 입장에서 어머니와의 관계는 무엇으로 설명할 수 있으며 형제들과는 또 어떻게 관련지을 수 있겠는가. 참으로 처참하고 암담한 현실이다. 가부장적 사회 구조 아래에서 자녀들에게 큰 재산을 물려주려는 부모들과 노력하지 않아도 불로소득을 얻을 수 있다는 자녀들의 잘못된 인식이 이 사건의 저변에 깔려 있다. 그런 측면에서 생각해 볼 때 유산의 맹목적인 상속은 재고해 볼 만하다.

최근 부(富)의 대물림에 대한 폐해를 지적하며 벌이고 있는 '유산 남기지 않기 운동'은 신선한 충격을 안겨 준다. 재산을 어떻게 사용하는 것이 의미 있는 일인지를 잘 가르쳐 주는 본보기다. '사회로부터 얻은 이익은 사회에 되돌려 준다'는 소박한 생각을 그대로 실천하는 이 운동이 나와는 거리가 먼 다른 사람들의 일이라고만 치부할 수 없는 규범으로 다가오고 있다.

가족 건강이 사회 건강

유산도 문제지만 그에 앞서 풍비박산이 나고 있는 가정의 복원이 초미의 과제다. 가정은 사회를 구성하는 기본 단위다. 가족이 건강하면 사회도 건강하고, 가족이 병들었을 때는 사회도 파탄으로 치닫는다. 살부 사건이 아니라도 오늘날 급증하고 있는 청소년 비행, 가출, 미혼모, 음주와 마약 남용, 가정 폭력, 그리고 온갖 범죄는 대부분이 가정의 불안정에서 비롯된다. 가정의 파괴가 사회의 붕괴를 초래한다.

가정은 부부로 시작된다. 부부는 사랑과 신뢰로 대해야 한다. 그런 모습을 보고 자란 자녀는 부모의 모습을 배워 정서적으로 안정되고 사랑을 할 줄 알고 신뢰성을 쌓는다. 아버지는 어떤 역경에 처하더라도 가족을 위해 그 역경을 극복하는 데 최선을 다해야 할 의무가 있다. 어떤 경우는 자신을 희생시켜야 할 때도 있을 것이다. 그 어떤 고난과 슬픔 속에서도 지혜와 용기와 사랑으로 가족을 돌볼 줄 알면 그 가정은 행복한 가정이 된다. 또 아내로서 남편의 입장을 존중하고 순종의 미덕을 갖추며, 어머니로서 해야 할 직분을 다하면 그 가정은 행복하다. 그런 가정이 많으면 많을수록 그 사회는 건강하고 윤리적인 사회가 될 것이고 그렇지 않으면 않을수록 병들고 퇴폐적인 사회가 될 것이다. 가정의 단란은 이 지상에서 가장 빛나는 기쁨이다. 그리고 가족을 보는 즐거움은 가장 성스러운 즐거움이다.

그렇지만 가정이란 행복을 채굴하는 곳이 아니라 행복을 저축하는 곳이다. 얻기 위해 이루어진 가정은 반드시 무너지고 주기 위해 이루어진 가정만이 행복한 가정이다. 주려고 하는 자세, 양보하고 희생할 줄 아는 그런 자세가 바로 가정윤리를 확립시켜 주는 기초다.

《사학연금》 1995. 1.

1940	전북 고창 출생
1965	고려대학교 경영학과 졸업
1966~1996	동아일보 편집국에 입사해 30여 년 재직
	사회부 기자, 차장, 부장, 논설위원 역임
1996	국민복지추진연합 창립, 상임공동대표
1996	고려경영포럼 창립, 공동대표
1996	은광학원재단 이사장
1997~2003	방송위원회 위원, 부위원장, 상임위원 등 2기 연임
1997	대통령선거방송특별위원회 위원
1998	방송개혁위원회 위원
1998	국제로타리 3640지구 천지로타리클럽 창립 초대회장
1998	코리아리서치센터 회장
2000	기네스한국위원회 총재
2004	한양대 언론정보대학원 객원교수
2005	생활경제TV, 건설부동산TV 대표이사 회장
2003~현재	사단법인 방송통신연구원 원장

저서

《역사의 고전장》, 《백년대계, 아침에 고치고 저녁에 바꾸고》

편저

《중용》, 《한비자》, 《육도삼략》

수상

황조근정훈장

중앙고교 총동창회 '올해의 장한 중앙인상'

고려대 교우회 '올해의 자랑스러운 고대인상'

고려대 언론대학원 교우회 '올해의 장한 언론대학원 교우상'